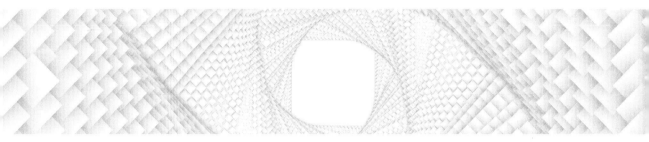

民法典侵权责任编实用教程

A Practical Coursebook
on the Part of Tort Liability
in the Civil Code

周利民　贺小电◎著

图书在版编目(CIP)数据

民法典侵权责任编实用教程/周利民,贺小电著.—北京:北京大学出版社,2023.11
ISBN 978-7-301-34578-8

Ⅰ.①民… Ⅱ.①周…②贺… Ⅲ.①侵权法—中国—教材 Ⅳ.①D923.7

中国国家版本馆CIP数据核字(2023)第202388号

书　　　名	民法典侵权责任编实用教程 MINFADIAN QINQUAN ZERENBIAN SHIYONG JIAOCHENG
著作责任者	周利民　贺小电　著
责任编辑	杨丽明
标准书号	ISBN 978-7-301-34578-8
出版发行	北京大学出版社
地　　　址	北京市海淀区成府路205号　100871
网　　　址	http://www.pup.cn　新浪微博:@北京大学出版社
电子邮箱	zpup@pup.cn
电　　　话	邮购部 010-62752015　发行部 010-62750672　编辑部 021-62071998
印　刷　者	天津中印联印务有限公司
经　销　者	新华书店
	787毫米×1092毫米　16开本　26.75印张　626千字 2023年11月第1版　2023年11月第1次印刷
定　　　价	88.00元

未经许可,不得以任何方式复制或抄袭本书之部分或全部内容。
版权所有,侵权必究
举报电话:010-62752024　电子邮箱:fd@pup.cn
图书如有印装质量问题,请与出版部联系,电话:010-62756370

前　言

"有权利必有救济""无救济就无权利"。这一法谚告诉我们，法律权利倘若失去法律的救济，就会沦为一种摆设。要防范、避免这种现象的发生，就需要法律在设定民事主体民事权利的同时即配备好切实可行的权利救济制度，对各种各样的侵害民事权利的行为及其责任作出规范。前者主要通过《民法典》中的物权编、合同编、人格权编、婚姻家庭编、继承编等基本民事权利法律规定来实现，后者则主要依靠《民法典》中的侵权责任编来实现。《民法典》总则编则是有关民事权利设置的基本原则以及民事主体、民事权利、民事责任、诉讼时效等有关民事权利及其保护的基本制度等的规定，为适用《民法典》设置具体民事权利的其他各编，《民法典》之外设置其他民事权利的特别法律法规，以及为保护《民法典》和其他法律设置的民事权利而同时配备的侵权责任编所要共同遵守的基本法律规范。于是，与《民法典》总则编、基本民事权利设置各编一样，有关侵权责任编的法律规范学习及其课程，乃是现代法学教育中一门不可缺少的必修课程。

如何引导法科学生学好侵权责任法律规范，培养法科学生分析与解决侵权责任问题的能力，为有效充分保障人们的民事权利做好必要的相关法律原理、知识的储备，为法科学生分析与解决问题奠定基础，便成了现代法学教育的重点和难点之一。因此，笔者基于侵权责任法律规范的长期教学与司法实践，根据侵权责任编教学大纲的基本要求，编写了这一教材，并做了如下努力：

一是注重侵权责任法律知识的系统性、重点性。侵权责任编作为法律权利保护、救济的规范，自然涉及各种各样的权利本身，对不同权利的保护，其法律责任及构成既具有共性，又具有个性。从个性的角度来讲，有关规范汗牛充栋，不可能一一道来，尤其是《民法典》之外的特别法律作出的侵权责任法律规范，如《铁路法》《民用航空法》《电力法》分别规定的铁路运输损害责任、航空运输损害责任、电力运行事故责任等。所以，本教材主要按照《民法典》侵权责任编的体例和体系，对侵权责任法律规范的基本知识、基本原理、基本规则等作出详细分析，并对司法实践中经常发生的具体侵权责任进行详实的解读，以期读者在对侵权责任法律规范的基本体系、结构有一个全面认识的同时，对于重要的具体侵权责任有深入的了解。

二是注重侵权责任法律规范分析阐述的适用性、新颖性。本教材在适度阐述侵权责任法律规范的一些基本理论如基本概念、构成等的同时，特别注意对它们的理解、分析与运用，有的通过具体的案例加以阐释，以求深入浅出、言简意赅。另外，法律规范的适用性必然要求有关论述紧跟司法实践的步伐以及知识理论的不断完善。所以，我们在参阅有关司法解释的基础上，还查阅了《民法典》通过后出版的数十部侵权责任方面的重要著作，从而保持了本教材的新颖性。

三是注重侵权责任法律规范教学的针对性、实用性。本教材依据教育部《全国高等学校法学专业核心课程教学基本要求》，参照司法部近些年的《国家统一法律职业资格考试大纲》，确立了章节结构，全面阐述有关知识的同时，对一些重点、难点问题作了更加深入的解读。本教材既讲求侵权责任知识理论体系的完整性，又突出重大理论及其实践问题的针对性，更致力于法律职业资格考试备考的实用性。

总之，我们力求充分反映有关侵权责任的法学研究最新成果、前沿理论、最新司法观点，以期读者在对侵权责任的基本理论及其适用有一全新认识的同时，能够提高分析问题、解决问题的能力。但因心力所限，瑕疵之处在所难免，诚请读者在厚爱、宽容的同时不吝批评指正。

本教材分工如下：

周利民：第一章、第二章、第三章、第七章、第八章、第十四章。

贺小电：第四章、第五章、第六章、第九章、第十章、第十一章、第十二章、第十三章。

作　者

2023 年 5 月

凡　　例

　　一是侵权，有实害侵权与危及安全侵权之分，又有狭义侵权与广义侵权之别。给他人民事权益造成实际损害后果的行为称为实害侵权；尚未给他人民事权益造成实际损害然已危及他人人身、财产安全的非实害侵权行为谓为危及安全侵权。狭义侵权仅指实害侵权，广义侵权则既包括实害侵权，又包括危及安全侵权。相应地，因实害侵权所产生的侵权责任为实害侵权责任、狭义侵权责任；源于危及安全侵权产生的侵权责任为危及安全侵权责任；既包括实害侵权责任又包括危及安全侵权责任的便为广义侵权责任。实害侵权责任，又称损害侵权责任、损害赔偿责任、损害责任，构成侵权责任的核心，《民法典》侵权责任编规范的主要就是这种实害侵权责任。本书第一章在对侵权（行为）、侵权责任等有关概念进行界定时不只讲狭义的实害侵权、实害侵权责任，而是将实害侵权与危及安全侵权、实害侵权责任与危及安全侵权责任等加以区分；自第二章起，除非明确说明或者根据上下文含义可以体现为非实害的危及安全侵权、危及安全侵权责任外，所称的侵权、侵权责任均为狭义上的实害侵权、实害侵权责任。

　　二是对于一些重大、疑难、复杂问题的解决，新的规则设置的立法原意的解读、评注、评释，本书引用、参考了不少著作，特别是《民法典》编纂人员、最高人民法院法官以及理论大家的著述。为了体现这些解读、评注、评释的原意及其资料的权威性，笔者不采取概括、修正、增加、删减的一般做法，而是直接引用，有的引用内容还比较多。以是，在同一自然段中多次直接引用或者间接引用同一著作的，不在每处都予以注明，而是在该自然段最后引用处注明。另外，若某一标题下的内容直接引用或者间接引用同一著作，也不在每处都予以注明，而是在该标题处注明。

　　三是国家法律、行政法规的名称一般使用简称。例如，《中华人民共和国民法典》简称为《民法典》。但是，部门规章、司法解释及其他规范性文件、著作等名称涉及法律、行政法规的名称时，仍使用全称。

　　四是对部门规章、司法解释及其他规范性文件，会在其名称前后或者通过注释尽力标明其制定机关、文号及通过、颁布或者施行的时间。例如，《关于加强见义勇为人员权益保护的意见》（国办发〔2012〕39号）。

　　五是国家法律、行政法规、部门规章、司法解释及其他规范性文件的章、节、条、款、项、目的序数，除非特殊情况如完全引用法律规范条文或者他人著作的规定，都使用阿拉伯数字。完全引用法律条文时，一个条文的各个款、项之间一般不分行、不分段。

六是一些法律、行政法规、部门规章或者司法解释等规范性文件，因为不符合时代发展需要，或者被新的规范性文件修改、取代、废止而无效，对之一般不再作介绍。但基于一些法律规范的历史演变，或者在一些规范性文件中尚有提及，或者其有关精神并未被新的规范性文件所改变而依旧可以参照执行，如此等等，便会在有关分析中提及。显然，提及不是承认这些规范性文件尚继续有效，更不说明需要依照执行。这里需要特别加以说明。

七是对于名称冗长而又多次出现的部门规章、司法解释或其他规范性文件，使用简称。为了便于查找全称以及相关内容，本书按简称的第1个字的拼音首字母顺序排列；第1个字的拼音首字母相同的，则按第1个字的拼音的第2个字母顺序排列。第1个字相同的，则按第2个字的拼音字母依前述顺序排列，如此类推，具体如下：

《交通事故基金管理办法》的全称为：2020年11月26日经财政部部务会议审议通过，经银保监会、公安部、卫生健康委、农业农村部同意，并报经国务院批准，2021年12月1日发布、2022年1月1日起施行的《道路交通事故社会救助基金管理办法》。

《关于处理汶川地震案件意见（二）》的全称为：最高人民法院2009年3月23日发布实施的《关于处理涉及汶川地震相关案件适用法律问题的意见（二）》（法发〔2009〕17号）。

《民法典总则编司法解释》的全称为：最高人民法院2021年12月30日通过、2022年3月1日起施行的《关于适用〈中华人民共和国民法典〉总则编若干问题的解释》（法释〔2022〕6号）。

《民法通则意见》的全称为：最高人民法院《关于贯彻执行〈中华人民共和国民法通则〉若干问题的意见（试行）》，已由最高人民法院2020年12月23日通过、2021年1月1日起施行的《关于废止部分司法解释及相关规范性文件的决定》废止。

《民事案件案由规定》的全称为：最高人民法院2007年10月29日通过，根据2020年12月14日通过、2021年1月1日起施行的《关于修改〈民事案件案由规定〉的决定》第2次修正的《民事案件案由规定》（法〔2020〕347号）。

《确定精神损害责任解释》的全称为：最高人民法院2001年2月26日通过，根据2020年12月23日通过、2021年1月1日起施行的《关于修改〈最高人民法院关于在民事审判工作中适用《中华人民共和国工会法》若干问题的解释〉等二十七件民事类司法解释的决定》（以下简称《关于修改二十七件民事类司法解释的决定》）修正的《关于确定民事侵权精神损害赔偿责任若干问题的解释》。

《审理国家赔偿案件精神损害赔偿解释》的全称为：最高人民法院2021年2月7日通过、同年4月1日起施行的《关于审理国家赔偿案件确定精神损害赔偿责任适用法律若干问题的解释》（法释〔2021〕3号）。

《审理环境侵权案件解释》的全称为：最高人民法院2015年2月9日通过，根据2020年12月23日通过、2021年1月1日起施行的《关于修改二十七件民事类司法解释的决定》修正的《关于审理环境侵权责任纠纷案件适用法律若干问题的解释》。

《审理交通事故赔偿案件解释》的全称为：最高人民法院2012年9月17日通过，根据2020年12月23日通过、2021年1月1日起施行的《关于修改二十七件民事类司法解释的决定》修正的《关于审理道路交通事故损害赔偿案件适用法律若干问题的解释》。

《审理利用信息网络侵害人身权益案件规定》的全称为：最高人民法院2014年6月23日通过，根据2020年12月23日通过、2021年1月1日起施行的《关于修改二十七件民事类司法解释的决定》修正的《关于审理利用信息网络侵害人身权益民事纠纷案件适用法律若干问题的规定》。

《审理侵害信息网络传播权案件规定》的全称为：最高人民法院2012年11月26日通过，根据2020年12月23日通过、2021年1月1日起施行的《关于修改〈最高人民法院关于审理侵犯专利权纠纷案件应用法律若干问题的解释（二）〉等十八件知识产权类解释的决定》修正的《关于审理侵害信息网络传播权民事纠纷案件适用法律若干问题的规定》。

《审理人身损害赔偿案件解释》的全称为：最高人民法院2003年12月4日通过，根据2022年2月15日通过、同年5月1日起施行的《关于修改〈最高人民法院关于审理人身损害赔偿案件适用法律若干问题的解释〉的决定》第2次修正的《关于审理人身损害赔偿案件适用法律若干问题的解释》。

《审理医疗损害责任案件解释》的全称为：最高人民法院2017年3月27日通过，根据2020年12月23日通过、2021年1月1日起施行的《关于修改二十七件民事类司法解释的决定》修正的《关于审理医疗损害责任纠纷案件适用法律若干问题的解释》。

第一章　侵权责任法律规范概述 / 1
　　第一节　侵权行为概述 / 1
　　第二节　侵权责任概述 / 11
　　第三节　侵权责任法律规范概述 / 15
　　第四节　侵权责任法律规范保护的权益范围 / 22

第二章　侵权责任的构成要件 / 30
　　第一节　一般侵权责任构成要件概述 / 30
　　第二节　损害 / 33
　　第三节　侵害行为 / 42
　　第四节　因果关系 / 46
　　第五节　过错 / 59

第三章　侵权责任的归责原则 / 67
　　第一节　侵权责任归责原则概述 / 67
　　第二节　过错责任原则 / 71
　　第三节　过错推定责任原则 / 73
　　第四节　无过错责任原则 / 75
　　第五节　公平责任原则 / 79

第四章　减免责事由 / 84
　　第一节　减免责事由概述 / 84
　　第二节　一般减免责事由 / 87
　　第三节　准一般减免责事由 / 98
　　第四节　理论界常见的数种减免责事由 / 109

第五章　侵权责任方式 / 113
　　第一节　侵权责任方式概述 / 113
　　第二节　侵权损害责任 / 118
　　第三节　财产损害责任 / 122
　　第四节　精神损害赔偿 / 134

第六章　数人侵权责任 / 143
　　第一节　数人侵权责任概述 / 143
　　第二节　共同侵权行为 / 154
　　第三节　共同危险行为 / 159
　　第四节　教唆、帮助行为的侵权责任 / 163
　　第五节　分别侵权责任 / 167

第七章　一般特殊主体的侵权责任 / 173
　　第一节　特殊主体侵权责任概述 / 173
　　第二节　监护人责任 / 175
　　第三节　教育机构责任 / 183
　　第四节　用人单位责任 / 187
　　第五节　劳务派遣工作人员侵权责任 / 193
　　第六节　提供劳务者致害责任 / 196
　　第七节　提供劳务者受害责任 / 201
　　第八节　暂无意识或失去控制人损害责任 / 205
　　第九节　定作人侵权责任 / 211
　　第十节　网络侵权责任 / 213
　　第十一节　违反安全保障义务的侵权责任 / 222

第八章　产品责任 / 231
　　第一节　产品与产品缺陷 / 231
　　第二节　产品责任的构成要件与归责原则 / 237
　　第三节　产品责任的责任承担、免责条件与诉讼时效 / 245

第九章　机动车交通事故责任 / 252
　　第一节　机动车交通事故责任概述 / 252
　　第二节　机动车交通事故责任原因方责任的连带承担 / 259
　　第三节　机动车交通事故责任原因方责任的非连带承担 / 266
　　第四节　机动车交通事故责任的承担 / 275

第十章　医疗损害责任 / 281
　　第一节　医疗损害责任概述 / 281

　　　　第二节　医疗损害责任的构成要件 / 292
　　　　第三节　医疗损害责任的数种特殊形态 / 295

第十一章　环境污染和生态破坏责任 / 307
　　　　第一节　环境污染和生态破坏责任概述 / 307
　　　　第二节　环境污染和生态破坏的行为方式 / 312
　　　　第三节　环境污染、生态破坏致人损害责任的减免责事由 / 322
　　　　第四节　环境污染、生态破坏致人损害责任的承担 / 324

第十二章　高度危险责任 / 326
　　　　第一节　高度危险责任概述 / 326
　　　　第二节　各种具体的高度危险责任 / 337

第十三章　饲养动物损害责任 / 363
　　　　第一节　饲养动物损害责任概述 / 363
　　　　第二节　饲养动物致人损害责任的构成要件和免责事由 / 367
　　　　第三节　各种具体的饲养动物损害责任 / 372

第十四章　建筑物和物件损害责任 / 384
　　　　第一节　建筑物和物件损害责任概述 / 384
　　　　第二节　各种具体的建筑物和物件损害责任 / 387

主要参考书目 / 413

第一章

侵权责任法律规范概述

第一节 侵权行为概述

一、侵权行为的概念与特征

（一）侵权行为的概念

侵权行为的概念，虽然直接来源于罗马法的私犯概念，但在历史上第一次使用"侵权行为"这一名称的乃是《法国民法典》。该法典第1382条规定："人的任何行为给他人造成损害时，因其过错致该行为发生之人有义务赔偿损害。"[①] 后来，在借鉴、吸收《法国民法典》近100年的适用实践经验的基础上，《德国民法典》对侵权行为作出更为详细且具体的定义，该法典第823条规定："因故意或过失，不法侵害他人之生命、身体、健康、自由、所有权或其他权利者，对于该他人，负赔偿因此所生损害之义务。违反以保护他人为目的之法律者，负同一之义务。依法律之内容，无可归责事由亦可能违反该法律者，仅于有可归责事由之情形，始负赔偿义务。"第826条规定："故意以背于善良风俗之方法，加损害于他人者，对该他人负损害赔偿之义务。"[②] 再后，其他各国的法律大多亦对之作了规定。然而，对于这样一个在现实生活中广泛存在，在法学理论及司法实践中如此重要的概念，无论是在立法上还是在司法上，却没有一个统一的，为人们所共同接受的准确界定。大陆法系国家的学者大多根据本国法典构筑侵权行为的概念，侧重于用侵权责任的构成要件要素加以表述；英美法系国家的学者大多则以侵权行为的特征或者侵权责任构成要件中的某一个要件给侵权行为作出定义。

我们认为，侵权行为作为一种人的行为，首先，自然指的是行为，而不是一种客观的损害或者不利影响状态。这种行为有时用过错行为来表示，有时用不法行为来表达，无论以什么行为来明确，其本意都是对侵害他人权利或利益的行为作出的描述。

其次，侵权行为乃是一种侵害他人权益的行为，行为的目标或指向的是他人的民事权利和受到法律保护的利益，而不是自身权利或利益。这种行为通常是指行为人作

[①] 《法国民法典》，罗结珍译，北京大学出版社2010年版，第351页。
[②] 《德国民法典》，台湾大学法律学院、台大法学基金会编译，北京大学出版社2017年版，第732—734页。

出的侵害行为，然又不限于行为人本身作出的侵害行为，它还包括在法律上应当承担责任的准侵权行为，如其雇员对他人作出的侵害行为，受自己监护的被监护人致人损害的行为，以及自己所有或者保管的物件致人损害的行为等。一般情况下，对"侵权行为"一词，不宜简单地进行文义解释，而宜作扩张解释：其中所受"侵害的'权益'不仅包括民事权利，而且包括受到法律保护的利益；'行为'不仅包括侵害人自身亲行为（作为或不作为），也包括'准行为'（他人之行为、动物致人损害等）"①。

最后，侵权行为是一种对他人民事权益造成不利影响并由此产生相应侵权责任的行为。总之，侵权行为就其固有的内涵而言，是指一种对他人的民事权益进行侵害并危及他人人身、财产安全甚或造成一定损害结果由此要承担相应民事责任的行为。

（二）侵权行为的特征

1. 侵权行为是一种侵害他人合法权益的行为

法律上所指的行为，是指人的有意识的活动。以是否具有意思表示的要素为标准，在民法上可以将行为划分为事实行为与法律行为。侵权行为作为一种能够引起一定民事法律后果的行为，是让行为人承担侵权责任的根据，法律并不考虑行为人在实施侵权行为时主观方面是否具有变动法律关系的意图以及该意图的内容怎样，只要行为符合了法定的构成要件，就会依法产生一定的法律效果。因此，侵权行为不同于合同等法律行为，不以具有意思表示的要素为必要，属于事实行为的范畴。就侵害的对象而言，它不仅仅限于人身权、财产权等民事权利，而且包括法律所保护的一切利益即法益。换言之，凡是为法律所保护的法益，都可以构成侵权行为的对象与目标。法律所保护的法益一旦受到侵害，侵权责任法律规范就要给予救济。

2. 侵权行为的构成以行为人具有过错为原则，不具有过错为例外

我国《民法典》第1165条规定："行为人因过错侵害他人民事权益造成损害的，应当承担侵权责任。依照法律规定推定行为人有过错，其不能证明自己没有过错的，应当承担侵权责任。"第1166条规定："行为人造成他人民事权益损害，不论行为人有无过错，法律规定应当承担侵权责任的，依照其规定。"据此，侵权行为作为侵权责任法律规范中的一个特定概念，按照行为人主观方面是否存在过错在外表上表现为肯定与否定两种形态：一种形态是指，因过错而对他人民事权益加以侵害并造成一定损害或者危及他人人身、财产安全应负侵权责任的行为。如故意侵害他人知识产权、侵害自然人人身权益造成严重精神损害、侵害他人人身权益造成财产损失等就都属于过错侵权行为。另一种形态则是指，行为人在实施行为时可能不存在过错，但在法律规定的一些特殊情况下致他人民事权益损害或者危及他人人身、财产安全也应当依法承担侵权责任的行为。此类行为，不考虑行为人有无过错（当然，不是说无过错责任行为都一定没有过错），只要其行为对他人民事权益造成损害或者危及他人人身、财产安全，就都应依法承担相应的责任。例如，因产品存在缺陷造成他人损害的，生产者应当承担无过错侵权责任；因污染环境、破坏生态造成他人损害的，侵权人应当承

---

① 张新宝：《侵权行为法的一般条款》，载《法学研究》2001年第4期。

担无过错侵权责任；动物园饲养的动物造成他人损害的，动物饲养人或者管理人应当承担无过错侵权责任；等等。所以，侵权行为不仅包括由于过错而给他人人身、财产等民事权益造成侵害产生不利影响而应依法承担侵权责任的过错侵权行为，而且还包括对于对他人民事权益产生不利影响虽无过错，但按照法律规定应当承担侵权责任的无过错侵权行为。①

一般来说，侵权行为的构成要以行为人具有包括故意和过失在内的过错为前提，正因为如此，有人将其称为过错行为。但如前所述，有些行为并不需要行为人具有过错，法律也会规定让其承担侵权责任，从而成为无过错的侵权行为。其实，行为人在主观方面的过错乃是其侵权行为不正当性和非道德性的重要标志，本身包含了法律对行为人所实施的侵权行为的否定评价。是以，具有过错应当成为大多数侵权行为的构成要素，不具有过错的行为必须在法律明确规定应当承担侵权责任时才能构成侵权行为而成为例外。在过错责任制度下，一个人只对其过错行为承担法律责任。过错在某种程度上起到了对责任承担的限制作用，以求最大限度地维护民事主体的行为自由。过错责任原则适用于大多数侵权行为，在一般情况下，行为人只对自己的侵权行为所造成的不利影响负责。但在特殊情况下，法律也规定了无过错责任原则，此时无论行为人是否存在过错，都不影响其责任承担。

3. 侵权行为属于一种具有作为和不作为两种外在表现形式的行为

侵权行为首先必须是一种客观的行为，而不能是思想活动。这种客观行为既可以表现为作为的方式，也可以表现为不作为的方式，其具体方式的形成根源在于法律赋予行为人法定义务的性质。除了作为和不作为，侵权行为没有其他表现方式。

4. 侵权行为是一种对他人民事权益造成了不利影响的行为

对他人民事权益造成了具体的实际损害，固然属于对他人民事权益产生了不利影响，属于侵权行为；虽然没有造成实际损害，但该行为已经危及他人人身、财产安全，同样属于对他人民事权益造成了不利影响，也属于侵权行为。对此，《民法典》第1167条规定："侵权行为危及他人人身、财产安全的，被侵权人有权请求侵权人承担停止侵害、排除妨碍、消除危险等侵权责任。"倘若不能对他人民事权益产生不利影响，既没有造成他人民事权益的实际损害，又不会危及他人人身、财产安全的，则不能构成侵权，由此也就不存在承担所谓的侵权责任的问题。

5. 侵权行为是一种会给侵权人自身带来不利法律后果需要依法承担侵权责任的行为

侵权行为，不仅会对他人民事权益造成侵害，产生不利后果，也会给自身带来不利的法律后果，自己也要为此付出代价，依法需要承担相应的责任：造成他人损害的，要承担以损害赔偿责任为主要责任形式的侵权责任；未造成他人损害，但已经危及他人人身、财产安全的，则要承担停止侵害、消除危险、赔礼道歉等侵权责任，不过由于没有损害，无须承担损害赔偿责任。

---

① 王利明：《侵权责任法》，中国人民大学出版社2021年版，第4页。

应当指出，造成他人损害的侵权行为，产生的侵权责任主要为损害赔偿责任，但这不是说损害赔偿责任乃是该侵权所要承担的唯一法律责任，只是说侵权行为给他人法益造成损害，必然引起损害赔偿法律关系，行为人承担的主要法律后果就是损害赔偿，同时不排除承担法律规定的其他民事责任，如恢复原状、返还财产、停止侵害、消除影响、恢复名誉和赔礼道歉等民事责任。当然，这些民事责任的承担乃是损害赔偿责任的补充，不能代替损害赔偿在侵权责任中的法律地位和作用。

二、侵权行为与相关行为的主要区别

（一）侵权行为与犯罪行为的主要区别

侵权行为和犯罪行为作为均会给他人法益造成侵害的行为，自然有着密切的联系。在法律发展的最早阶段，两者往往不加区别，一般都是作为违法行为规定在一起，我国古代律令通常就是这样，国外的法律如《乌尔纳姆法典》亦是如此。后来，随着人们对它们之间行为本质认识的不断深化，以及法律作为一门科学不断发展与成熟，才将它们逐步加以区分，并形成了现代意义上的本质完全不同的两种行为。就区别而言，主要表现在：

1. 用以规范调整的法律不同

犯罪行为，是指具有严重社会危害性、触犯刑律即具有刑事违法性、依照刑法规定应受刑罚处罚的行为。只有那些触犯刑律具备了刑法规定的犯罪构成的行为，才能认定为犯罪；离开刑法的规定，自无犯罪行为可言。这样，犯罪行为乃由属于公法性质的刑法规范调整；而侵权行为则由属于私法范畴的民事法律规范调整。

2. 所侵害客体不同

犯罪行为所侵害的客体极其广泛，既包括主体的人身权利和财产权利，又包括受我国法律保护的一定的社会关系，如政治的、军事的、经济的、文化的等权利和利益等；侵权行为所侵害的客体主要为两大类：一是人身权益；二是财产权益，其他社会关系除非法律有特别规定，如事关所有人利益乃至安全、生存的生态环境，否则不能成为侵权行为所侵害的客体。如此，犯罪行为的客体更为广泛，侵权行为的客体则比较狭窄。

3. 社会危害程度不同

犯罪行为不仅必须具有社会危害性，而且必须具有达到应受刑罚处罚程度的危害性。如此，必须达到具有法定的社会危害程度才能构成犯罪行为，不具有社会危害性或者虽具有社会危害性然不需要以刑罚加以惩治的行为不能构成犯罪行为；侵权行为则只需要具有损害他人权益或者危及他人人身、财产安全的事实，不论其社会危害程度的大小，也不论是否需要受到刑罚处罚，均可以构成。

4. 行为主体要求不同

犯罪行为主体要求达到刑事责任年龄且具有刑事责任能力。其中，刑事责任年龄，一般以 16 周岁为界，但是，已满 14 周岁不满 16 周岁的人，犯故意杀人、故意伤害致人重伤或者死亡、强奸、抢劫、贩卖毒品、放火、爆炸、投放高度危险物质罪的；已满12周岁不满14周岁的人，犯故意杀人、故意伤害罪，致人死亡或者以特别残忍手段致人重伤造成严重残疾，情节恶劣，经最高人民检察院核准追诉的，也可以构成为相应犯罪的主体。因此，不满12周岁的人，一定不能成为犯罪行为主体；12周岁以上不满16周岁的人只有实施了刑法明确规定的社会危害性极其严重的少数特定犯罪时，才有可能成为犯罪主体。至于刑事责任能力，系对自己的行为属于刑事犯罪的性质能够辨识并加以控制从而应对之承担刑事责任的能力。不具有刑事责任能力的精神病人，即在不能辨认或者不能控制自己行为的时候造成危害结果，经法定程序鉴定确认的精神病人，也不能成为犯罪主体。就侵权行为而言，无完全民事行为能力人，包括不满8周岁的未成年人，16周岁以上并非以自己的劳动收入为主要生活来源而不能视为完全民事行为能力人的未成年人，以及不能辨认自己行为的8周岁以上的未成年人与成年人，不能成为侵权行为主体，所实施的加害行为给他人造成损害的，赔偿责任由其监护人承担。如此，犯罪行为及其责任主体必须是实施了犯罪行为的人；而侵权行为及其责任主体并非一定是实施了侵害行为的人，没有实施侵害行为依法也要对他人的加害行为或者存在的加害事实承担责任的人也可能构成侵权责任的主体。

5. 行为人主观恶性不同

犯罪行为在主观方面必须具有过错，而作为侵权行为一种的无过错责任的特殊侵权行为并不一定要求在主观方面具有过错，没有过错依照法律需要承担侵权责任的仍然可以构成侵权。至于犯罪行为与一般侵权行为，尽管主观方面均要求具有过错，且过错的外在表现形式都为故意与过失，似乎一样。但其实，两者的内容及程度有着本质的区别，法律对行为人的主观恶性要求大不一样。刑法要求犯罪行为人的主观恶性必须达到一定的程度，即主观恶性较大；虽有主观恶性但没有达到较大的程度，就不能认为构成犯罪。所以，犯罪通常要出于故意才能成之，绝大多数是故意犯罪。行为人在主观方面具有过失的，只有在法律明文规定的情况下才能认定为犯罪。这样，即使过失地给他人或者国家、社会的一定关系造成损害，没有明确规定为犯罪的，也不能作为犯罪处理。而一般侵权行为只要具有过失，并给他人法益造成了不利影响，不论过失即主观恶性的程度如何，哪怕是一般的过失，均可以构成。倘若出于故意，则不像犯罪行为那样必须具有较为严重的社会危害性，如，故意侵害公私财物，构成《刑法》第275条规定的故意毁坏公私财物罪，必须出于故意；过失致他人财物损毁的，则不构成犯罪，但可以构成侵权，应当依照民法有关规定承担侵权责任。再如，伤害他人的身体健康，出于故意且造成轻伤的，构成故意伤害罪；过失致人轻伤的虽不构成犯罪，但可构成侵权。

6. 法律对行为形态要求的不同

犯罪行为无论是既遂、未遂还是预备都可能构成。既遂当然构成犯罪，未遂在多数情况下也构成犯罪，在法律有规定的情况下，犯罪预备也可作为犯罪处理。而损害性的实害侵权行为只能是既遂且造成了损害结果的行为才能构成。行为未遂或者预备，无论情节多么严重，由于尚未造成损害结果，都不能认为构成实害侵权让其承担损害赔偿责任。当然，不构成实害侵权，并不意味着就一定不构成侵权，此时可以构成危及他人人身、财产安全的应当依法承担停止侵害、排除妨碍、消除危险等责任的非实害侵权。

7. 法律后果不同

犯罪行为所产生的法律后果为承担刑事责任，表现为接受刑事处罚，如判处拘役、管制、有期徒刑、无期徒刑或者死刑，单处或者并处罚金、剥夺政治权利或没收财产等；侵权行为所产生的法律后果则表现为承担损害赔偿、赔礼道歉、恢复原状等民事责任。

8. 除外事由不同

对于形式上已经构成犯罪的行为，因不可抗力、意外事件、正当防卫、紧急避险、依法执行职务等法定事由而在实际上排除其为犯罪行为，不承担刑事责任。而对于侵权行为，法律规定了更为宽泛的免责事由，如受害人故意、第三人造成、自助、自甘风险、不可抗力、正当防卫、紧急避险、自愿实施紧急救助等均可依法构成免责事由；至于意外事件，除非法律特别规定，否则不能构成免责事由。

应当指出，上述有关侵权行为与犯罪行为的区别，是从静态上对两者进行比较时作出的结论。但是，现实生活中的行为是动态的，基于行为的多样性、复杂性等特征，两者可能发生竞合，也就是某一行为既可能属于侵权行为，又可能属于犯罪行为，不能将两者绝对分离。如故意伤害致他人伤害或死亡、过失致人重伤或致他人死亡、故意毁坏他人财物等对人身、财产或民法保护的法益进行严重侵害且需要以刑罚处罚的行为，本身就属于侵权，而不能因为其行为的危害性达到了应受刑罚处罚的程度，已经构成犯罪，就否定其在民事法律上的侵权性质。也正因为如此，犯罪行为给他人的人身、财产或者法益造成损害或者危及他人人身、财产安全的，在追究其刑事责任的同时，受害人或其近亲属仍然有权依照《民法典》的有关规定请求行为人承担侵权责任。

（二）侵权行为与行政法上的违法行为的主要区别

所谓行政法上的违法行为，是指违反国家有关行政管理方面的法律、行政法规等法律规范依法应当承担行政责任的行为。它与侵权行为既相互联系，又相互区别，需要严格加以区分。

1. 违法主体不同

侵权行为的主体为具有完全民事行为能力的自然人、法人或非法人组织；而行政违法行为，对于职务违法行为，要求为国家机关等的工作人员；对于非职务违法行为，则要求具有相应的行政违法能力，就自然人而言，要求年满14周岁且具有辨认或控制自己相应行为的能力。不满14周岁或者不能辨认或控制自己相应行为的精神病人，则不能构成行政违法行为。

2. 性质不同

侵权行为作为民事违法行为，属于民法这一私法规范调整的范畴；行政法上的违法行为作为行政主体违反行政法的行为，属于作为公法的行政法规范调整的范畴。

3. 归责原则不同

侵权行为的责任以过错归责为原则，无过错归责为例外。只要具有过错，无论出于故意还是由于过失，均构成侵权行为。而就行政法上的违法行为而言，对于职务行政违法行为，其责任主要采取违法原则，意在减轻受害人证明侵害人存在主观过错的责任，利于受害人获得赔偿从而维护自己合法权益的同时，有效抑制、减少行政法上的违法行为；对于非职务行政违法行为，则要求具有过错，且绝大多数为故意，只有举办文化、体育等大型群众性活动，违反有关规定，有发生安全事故危险，或者旅馆、饭店、影剧院、娱乐场、运动场、展览馆或者其他供社会公众活动的场所的经营管理单位及其工作人员，违反安全规定，致使该场所有发生安全事故危险等极少数情形才可以出于过失。

4. 其他诸如法律后果不同、赔偿主体不同、适用的责任追究程序不同

侵权行为的法律后果主要是赔偿，赔偿的主体是侵权人，程序适用《民事诉讼法》。行政法上的违法行为的法律后果，对于职务行政违法行为，承担的责任为国家赔偿、行政处罚、自行纠正、责令履行职责等行政责任形式，国家赔偿的主体是国家，程序适用《行政诉讼法》；对于非职务行政违法行为，承担的责任为警告、罚款、行政拘留、吊销公安机关发放的许可证等责任形式，对违反治安管理的外国人，可以附加适用限期出境或者驱逐出境，程序适用《治安管理处罚法》。

如上所述，侵权行为与行政法上的违法行政行为虽然存在这样或那样的区别，但同时作为违法行为，它们之间亦存在着一定的联系，在现实生活中也可能发生竞合，既属于侵权行为又属于行政法上的违法行为的现象，不能因为两者存在上述区别就将它们在任何时候都绝对分开，不注意它们之间在一定条件下具有违法行为的同质性，如行政法上的违法行为的行为人在实施行政违法行为的时候，如果侵害了其他自然人、法人或非法人组织的民事权益造成损害或者危及他人人身、财产安全时，就会与侵权行为发生竞合或者牵连的同时又会对受害人构成侵权，应当按照有关法律及其司法解释的规定处理；没有规定的，则按侵权竞合或者牵连规则进行处理。

（三）侵权行为与违约行为的主要区别

违约行为，是指合同的当事人违反合同约定或者法律规定，不履行或者不完全履行合同，从而应当承担违约责任的行为。如此，它与侵权行为所产生的法律效果一样都会对特定人产生请求权。所以，大陆法系国家都将两者作为债的发生原因加以规制。尤其是，两者在一定条件下还常常会产生竞合或者牵连，即同时满足违约责任与侵权责任构成条件而既属于违约行为又属于侵权行为。对此，《民法典》第186条规定："因当事人一方的违约行为，损害对方人身权益、财产权益的，受损害方有权选择请求其承担违约责任或者侵权责任。"尽管如此，两者之间仍然有着如下明显的区别：

1. 产生的基础不同

违约行为的当事人之间须事先存在特定的合同关系，对合同义务的违反即构成违约，解决纠纷主要适用《民法典》合同编的有关规定；侵权行为的当事人之间则没有

因合同而产生特定的关系，行为发生后，在当事人之间产生损害赔偿之债，解决纠纷主要适用《民法典》侵权责任编的有关规定。

2. 违反义务的性质不同

侵权行为违反的义务是法律事先规定的义务，属于一般人都应遵守的义务；违约行为违反的义务则是当事人自己约定的义务，属于针对特定的一人或数人约定的义务。

3. 侵犯的权利不同

侵权行为侵害的权利一般为绝对权，违约行为侵害的权利为相对权，即债权。是以，侵权行为的侵害一般是针对他人的非合同权利进行的不法侵害，而违约行为则是针对当事人因约定而产生的债权进行的侵害。

4. 行为实施的后果及承担责任的方式不同

违约损害赔偿仅限于财产损害，只有损害赔偿、违约金等责任形式，不可能存在消除危险、排除妨害的责任形式，精神损害赔偿等责任形式也不被认可；而侵权行为产生的责任具有多元性，除了损害赔偿的责任形式之外，还包括消除危险、排除妨碍等预防性的责任形式。

（四）侵权行为与不当得利的主要区别

对于同时属于债的发生原因的不当得利与侵权行为，在司法实践中，有的往往把前者当作后者对待，认为无法律原因获利而致他人受损的不当得利行为，亦属侵权行为。虽然侵权行为与不当得利都会产生法定之债，有时还可能发生竞合或者牵连的情况，但依法都有着各自独立的构成要件，属于两类不同之债，存在着一定的区别，主要有：

1. 性质不同

侵权行为作为行为人出于过错或者虽无过错但基于法律的特别规定而对自己或者他人实施的或者其他原因导致的致人损害或者危及人身、财产安全应当承担侵权责任的行为，属于法律事实中的行为范畴；而不当得利的得利没有法律上的根据，是在无法律原因的情况下的获利，并致他人受损，由此属于法律事件的范畴，就法律性质而言，法律事件本身并不存在合法与违法的问题。

2. 制度设置的目的与价值不同

侵权行为制度的设置目的主要在于填补受害人所受到的损失，旨在调整侵害他人权益所产生的损害，期待兼顾侵害人的行为自由和受害人保护的需要，在两者之间寻找适度的平衡；不当得利制度的设置目的则主要在于调整无法律根据所产生的财产利益的变动，使受益人向受害人返还该项利益。

3. 构成要件不同

（1）不当得利以一方无法律上的原因获得利益为要件，没有实际获利，顾名思义自然不能构成不当得利。因此，规定不当得利的主要目的是纠正财产的不当移转，以使不当移转的财产回归到物的权利人，取消受益人无法律原因所受之益。侵权行为却不以自身受益为要件，而以致他人遭受损害或者危及他人人身、财产安全为构成要件。(2) 侵权行为除法律特别规定不需要过错可以构成外,其他均必以行为人在主观方面具有过错为构成要件;而不当得利的产生在原因上多种多样,如自然事件、人的给付行为等,均可以构成不当得利发生的原因,并不要求取得不当得利的人一定存在过错,行为一定违法。(3) 不当得利中的"致他人遭受损害"中的"损害"与侵权行为中的"损害"的意义有所不同。不当得利中的一方"损害"的参照物,是相对于他方的"得利"而言的,即一方获得的利益乃是他方所受到的损害。侵权行为中的"损害"的参照物,则是与损害前相比较得出的结论。前后比较,受害人有损,但侵害人并不一定获利。故不当得利要求物的所有权等权利发生不当移转,损害与得利相对应。(4) 在因果关系的构成要件上,不当得利多选直接因果关系,侵权行为则多择相当因果关系,后者比前者复杂。

(五) 侵权行为与无因管理的主要区别

无因管理作为没有法律规定或者约定义务而为他人管理事务的行为,与侵权行为一样,也属于债的发生原因。在法律性质上,无因管理为合法行为,一定不为非法行为。而侵权行为系不法行为至少为具有过错的一般侵权行为。除此之外,它们之间还存在着如下主要区别:

(1) 在主观方面,侵权行为人不具有为他人谋取利益或者使他人避免损失的意图;而无因管理人则以此为其行为实施的目的,属于人们在社会中生活互相依靠、互相帮助、见义勇为的表现,为维持和促进社会平和、稳定所需要,由此应当加以赞扬和鼓励。

(2) 在客观方面,无因管理行为乃为保护他人的合法权益,对社会有益,具有行为的正当性;而侵权行为侵犯他人的合法权益,对社会具有破坏性,存在法律否定禁止的不法性。

当然,正当的无因管理人在未尽到善良管理人的注意义务时,也有可能产生侵权行为之债的效力,此时不能因为无因管理前提的合法性就排斥侵权行为的成立。

三、侵权行为的基本分类

按照不同的标准,侵权行为主要分为以下类型:

(一) 一般侵权行为和特殊侵权行为

以行为构成要件是否需要特别要件为标准,侵权行为可以分为一般侵权行为和特殊侵权行为。一般侵权行为是指行为人基于主观过错实施的,具有侵权行为一般构成要件,从而依照一般责任法律条款承担责任的致人损害或者危及他人人身、财产安全的行为。特殊侵权行为则系在侵权责任的主体、主观等构成要件上存在由法律具体规定的特殊要求,从而应当适用特别责任法律条款的致人损害或者危及他人人身、财产安全的行为。两者具有如下主要区别:

1. 法律规定不同

对于一般侵权行为的类型,法律没有作出具体规定,只是作出抽象的统一界定,如《民法典》第1165条第1款关于"行为人因过错侵害他人民事权益造成损害的,应当承担侵权责任"的规定,仅仅对侵权行为作了笼统的描述;但对于特殊侵权行为,法律则直接规定了它的具体种类,如《民法典》侵权责任编第 3 章至第 10 章规定的诸如监护人对无民事行为能力人、限制民事行为能力人等被监护人致人损害的加害行为应负的无过错责任行为,产品责任行为、机动车交通事故责任行为、医疗损害责任行为等就属于法律明文规定的特殊侵权行为。

2. 侵权责任主体不同

一般侵权行为的主体为一般主体,凡是具有民事权利的主体,只要具有辨识或控制自己行为及其后果的能力,就应对自己的侵权行为依法承担侵权责任。特殊侵权行为的主体为特殊主体,如用人单位侵权行为的主体为用人单位,加害主体为执行工作任务的工作人员;产品责任行为的主体为产品的生产者、销售者或者运输者、仓储者等相关人员;机动车交通事故责任行为的主体为机动车使用人或者所有人、管理人;饲养动物损害责任行为的主体为动物饲养人或者管理人等。

3. 主观构成要件不同

一般侵权行为要求行为人主观方面具有过错,或出于故意,或出于过失,既不具有故意又不具有过失的,不能成为一般侵权行为。而特殊侵权行为对行为人来说一般采用过错推定责任或者无过错责任原则,后者不管行为人主观方面有无过错,只要其他构成要件具备,依照法律的特别规定就构成侵权;前者乃是在行为人主观方面是否具有过错无明确的外观显示,无法判断确定的情况下,除行为人可以证明自己主观方面没有过错的外,都推定其对自己的行为具有过错,可以构成侵权。

4. 举证责任分配不同

一般侵权行为的责任依照"谁主张,谁举证"的举证责任形式,由被害人一方承担举证责任,如果有一个构成要件无法证明,则不能认定行为人的行为构成侵权。而特殊侵权行为的责任采取过错推定责任或者无过错责任:在采取过错推定责任的情况下,要由行为人就自己没有过错予以证明,无法证明自己没有过错的,就推定为有过错而构成侵权;在采取无过错责任的情况下,则无须考虑行为人是否具有过错,这样,受害人与侵权人双方都无须对行为人有无过错加以证明。

5. 法律适用不同

一般侵权与特殊侵权是一般与特殊的关系,法律对特殊侵权有规定的,根据特殊法优于一般法的适用规则,从特殊法;法律没有特殊规定的,则适用法律关于一般侵权的规定。

(二)单人侵权行为与数人侵权行为

以行为的主体人数为标准,侵权行为可以分为单人侵权行为与数人侵权行为。其中,数人侵权行为既包括多人具有共同过错等的存在意思联络的共同侵权,又包括多人不存在意思联络但对同一结果都具有原因关系的分别侵权行为。

(三)亲侵权行为与准侵权行为

以致人损害或者危及他人人身、财产安全的加害行为实施与责任承担主体是否分离为标准,侵权行为可以分为亲侵权行为和准侵权行为。亲侵权行为,是行为人自己亲自实施的侵害他人权益并由行为人对自己的侵害行为承担责任的侵权行为；准侵权行为，系对他人的民事权益，责任人本人没有亲自实施加害的行为，只按照法律规定应对他人的行为或者自己所有或者占有、管理的物品致他人损害或者危及他人人身、财产安全的事实等承担责任的侵权行为，如用人单位对其工作人员在执行工作任务过程中造成他人损害的责任行为，动物饲养人或者管理人对所有或者管理的动物致人损害的责任行为等，就属于准侵权行为。一般来说，准侵权行为主体在责任的承担上适用较为严格的无过错责任或者过错推定责任原则。

（四）作为的侵权行为和不作为的侵权行为

以行为的外在表现方式为标准，侵权行为可以分为作为的侵权行为和不作为的侵权行为。作为的侵权行为，又称积极的侵权行为，系违反对他人的不应当作或为的不作为义务以积极的动作表现等所实施的侵害行为，如殴打他人、毁坏他人财物等。不作为的侵权行为，又称消极的侵权行为，指负有对他人应当作或为的作为义务，却不履行或者不适当履行该作为义务致他人损害或者危及他人人身、财产安全的行为，如施工者未设置明显标志或采取安全措施而致他人损害等。

第二节 侵权责任概述

一、侵权责任的概念和特征

（一）侵权责任的概念

侵权责任，是指侵权人因实施侵害他人民事权益行为而依据侵权责任法律规范所应当承担的法律后果，属于民事责任的一种类型。民事责任乃为民事主体因违反民事义务（法定义务或约定义务）而应当承担的民事法律后果，包括违约责任、侵权责任与其他责任。

（二）侵权责任的基本特征

侵权责任作为侵权行为所应承担的不利法律后果，就其特征而言，主要有：

（1）侵权责任的存在要以侵权行为的存在为前提。侵权行为是行为人承担侵权责任的前提，或者说侵权责任产生的法律基础是侵权行为，没有侵权行为便谈不上侵权责任的承担；侵权责任则是侵权人实施侵权行为所应承担的法律后果。法律规定侵权责任的目的就在于保护公民、法人的民事权益，恢复被侵权行为破坏了的财产关系和人身关系，并一定程度上对侵权行为予以制裁。当然，侵权行为可能不仅仅只产生侵权责任，有些侵权行为因与行政违法行为、刑事犯罪行为竞合还会产生行政责任甚至刑事责任。此时，行为人在承担非财产性的行政责任和刑事责任后仍然不能免除其在民法上应负的侵权责任。对于罚款、罚金或者没收财产的财产性行政责任或刑事责任，行为人的财产不足以同时承担时，则应当先承担侵权责任；承担侵权责任后有剩余的，才再用于承担财产性的行政责任或刑事责任。

（2）侵权责任产生的法律根据为侵权责任法律规范。换言之，它是一种由侵权责任法律规范所规定的应承担的责任。《民法典》第1164条规定:"本编调整因侵害民事权益产生的民事关系。"据此,侵权行为发生以后,都要依据侵权责任法律规范即主要根据《民法典》侵权责任编的规定来承担责任。

(3)侵权责任主要属于合同外的一种民事责任。侵权行为是行为人承担民事责任的依据,并非违反合同约定而生,不具有合同之债的特定性,属于一种广泛的对非特定人的人身、财产实施侵害的非特定之债所产生的非特定民事责任。

(4)侵权责任以损害赔偿为核心,但又不限于损害赔偿。其主要功能在于对已经遭受损害的受害人提供补救,使受害人遭受的全部损失尽量得到恢复。因此,侵权责任属于一种以损害赔偿为核心的民事责任。但对于尚未造成他人损害,只危及他人人身、财产安全的侵权行为,也需要加以规制,让其承担诸如停止侵害、消除危险、排除妨碍、赔礼道歉等侵权责任。故侵权责任又属于一种不限于损害赔偿责任形式的民事责任。

(5)侵权责任乃为一种对受害人所应承担的责任。法律责任要以国家强制力保障其实现,但是,侵权责任与刑事责任和行政责任的不同之处主要在于,它主要是通过损害赔偿等方式对受害人实现直接救济;而刑事责任和行政责任则是行为人对国家所承担的责任,尽管也可以间接地发挥保障受害人的作用,但毕竟不是对受害人直接进行救济。

(6)侵权责任具有明显的强制性。强制性是法律责任区别于道德、宗教等其他社会责任的重要特征,侵权责任作为一种法律责任,亦具有强制性,具体表现为:一是责任成立的强制性。行为只要符合法律规定的构成要件,行为人就应当依法承担责任;二是责任范围的强制性;三是责任承担方式的强制性。

二、侵权责任的功能

侵权责任的功能,系侵权责任在社会生活中所发挥的具体作用,作为民法功能的具体体现,也是全部侵权责任法律规范存在的目的。具体而言,它主要包括救济、预防与制裁三种功能。

(一)救济功能

救济功能,又称为补偿、填补损害功能,指在受害人遭受侵害以后,要通过行为人对其侵权责任的承担,使受害人尽可能恢复到如同侵害没有发生的状态。侵权责任法律规范对民事主体民事权益的保护就是通过救济对其所受到的损害予以填补、补偿的方式进行的。由于受到损害权益的性质不同,填补、补偿的方式也会有所区别:(1)对受到损害的法定财产权,主要采用返还财产、恢复原状或者赔偿损失的责任形式,使受到损害的法定财产权尽可能恢复到受害前的状况。(2)对受到损害的人身权,则主要采取消除影响、恢复名誉、赔礼道歉以及损害赔偿(包括医疗费、护理费、交通费、营养费、住院伙食补助费等为治疗和康复支出的合理费用的赔偿,以及死亡赔偿、残疾赔偿、精神损害赔偿等),使受害人尽可能恢复到受伤害前的身体或者精神状况,或者使亡者的近亲属得到精神上的慰藉,或者让遭受损害的名誉和人格尊严重新得到社会的认可。(3) 对危及他人人身、财产安全尚未造成实际损害的侵权，则要求侵权人承担停止侵害、排除妨碍、消除危险、消除影响等，防止侵害行为给他人民事权益造成实际损害。

侵权责任法律规范作为一种私权保障，强化救济功能是普遍发展趋势。《民法典》顺应这一趋势，从以下几个方面对其救济功能进行了强化：

(1)《民法典》在过错责任中规定了过错补充责任、相应的过错非补充责任等，就是要尽可能让受害人获得补救。例如，《民法典》第1198条规定："宾馆、商场、银行、车站、机场、体育场馆、娱乐场所等经营场所、公共场所的经营者、管理者或者群众性活动的组织者，未尽到安全保障义务，造成他人损害的，应当承担侵权责任。因第三人的行为造成他人损害的，由第三人承担侵权责任；经营者、管理者或者组织者未尽到安全保障义务的，承担相应的补充责任。经营者、管理者或者组织者承担补充责任后，可以向第三人追偿。"《民法典》这样规定，目的就在于尽可能强化对受害人的救济。

(2)《民法典》规定了公平责任。公平责任体现的是损失分担的思想，很大程度上是在无过错且不应以无过错责任原则承担侵权责任的情况下，如由于意外或者无法查清侵权人等原因产生的损害，在相关人员之间进行的合理分配与承担。如《民法典》第1254条第1款就明确规定："禁止从建筑物中抛掷物品。从建筑物中抛掷物品或者从建筑物上坠落的物品造成他人损害的，由侵权人依法承担侵权责任；经调查难以确定具体侵权人的，除能够证明自己不是侵权人的外，由可能加害的建筑物使用人给予补偿。可能加害的建筑物使用人补偿后，有权向侵权人追偿。"

(3)《民法典》通过设置过错推定、因果关系推定的做法，减轻受害人的举证责任负担。如《民法典》第1230条规定："因污染环境、破坏生态发生纠纷，行为人应当就法律规定的不承担责任或者减轻责任的情形及其行为与损害之间不存在因果关系承担举证责任。"

(4) 通过机动车强制保险、垫付责任和建立赔偿基金，给予受害人侵权责任以外的救济。如《民法典》第1216条规定："机动车驾驶人发生交通事故后逃逸，该机动车参加强制保险的，由保险人在机动车强制保险责任限额范围内予以赔偿；机动车不明、该机动车未参加强制保险或者抢救费用超过机动车强制保险责任限额，需要支付被侵权人人身伤亡的抢救、丧葬等费用的，由道路交通事故社会救助基金垫付。道路交通事故社会救助基金垫付后，其管理机构有权向交通事故责任人追偿。"

(二) 预防功能

所谓预防功能，是指侵权责任法律规范通过规定侵权行为人应负的民事责任，有效地教育不法行为人，引导人们正确行为，预防和遏制各种损害的发生，以保持社会秩序的稳定和社会生活的和谐。预防功能可以分为特殊预防和一般预防，前者系对侵权人的预防，根据侵权责任法律规范对实施了侵权行为的人进行处罚，防止其再实施侵权行为；后者通过对侵权行为人适用侵权责任法律规范让其付出必要代价，教育和警戒社会上某些可能效仿侵权行为人实施侵权行为的人不敢、不想实施侵权行为。在

强化预防功能方面,其主要表现在:

(1)《民法典》第179条规定,承担民事责任的方式包括停止侵害、排除妨碍、消除危险等。之所以这样规定,主要就是为了防患于未然。如通过网络披露他人的隐私,损害发生之后就不可逆转,有必要通过停止侵害的形式对侵权行为予以制止。

(2)《民法典》设定了监护人侵权责任、教育机构责任、违反安全保障义务责任等特殊侵权责任,强化了侵权责任人的注意义务,督促潜在责任人积极采取安全保障措施,预防损害的发生。如《民法典》第1199条规定:"无民事行为能力人在幼儿园、学校或者其他教育机构学习、生活期间受到人身损害的,幼儿园、学校或者其他教育机构应当承担侵权责任;但是,能够证明尽到教育、管理职责的,不承担侵权责任。"第1200条规定:"限制民事行为能力人在学校或者其他教育机构学习、生活期间受到人身损害,学校或者其他教育机构未尽到教育、管理职责的,应当承担侵权责任。"

(3)在过错推定责任中,责任由物件的所有人、管理人与使用人等分别或者共同承担,以督促其采取措施避免损害的发生。如《民法典》第1209条规定:"因租赁、借用等情形机动车所有人、管理人与使用人不是同一人时,发生交通事故造成损害,属于该机动车一方责任的,由机动车使用人承担赔偿责任;机动车所有人、管理人对损害的发生有过错的,承担相应的赔偿责任"。第1210条规定:"当事人之间已经以买卖或者其他方式转让并交付机动车但是未办理登记,发生交通事故造成损害,属于该机动车一方责任的,由受让人承担赔偿责任。"之所以这样规定,主要源于机动车在使用人和受让人的控制之下,要求其承担责任,才能督促其尽到谨慎的义务,以避免损害的发生。

(4)在无过错责任的严格责任中,法律往往要求能够控制危险发生的人来承担责任。严格责任的一个重要功能就是着眼于对风险的控制,预防损害的发生。如《民法典》第1239条规定:"占有或者使用易燃、易爆、剧毒、高放射性、强腐蚀性、高致病性等高度危险物造成他人损害的,占有人或者使用人应当承担侵权责任;但是,能够证明损害是因受害人故意或者不可抗力造成的,不承担责任。被侵权人对损害的发生有重大过失的,可以减轻占有人或者使用人的责任。"之所以这样规定,主要原因依然是让风险控制人承担责任,从而有利于督促和预防损害的发生。

(三)制裁功能

所谓制裁功能,乃指侵权责任法律规范通过将责任强加给民事侵权主体来教育行为人,以维护一个良好的社会生产生活秩序。侵权责任法律规范之所以称为"责任法规",目的之一就是通过对侵权行为人的制裁来教育其他民事主体不再实施侵权行为。其制裁功能主要表现在以下几个方面:

(1)侵权责任区分为过错责任、过错推定责任与无过错责任,从责任的承担上看,行为人的责任越来越重,如果说因为过错才构成侵权责任而让行为人承担损害赔偿责任等体现着一定制裁功能的话,那么,对于没有过错时亦应承担侵权责任的无过错责任,制裁功能则更为明显。

（2）侵权责任形式的规定也体现了制裁功能。侵权责任本身就具有强制性，强加责任，自然就体现了对行为人的制裁。如《民法典》明确规定的知识产权惩罚性赔偿、产品责任惩罚性赔偿、精神损害责任惩罚性赔偿就具有制裁功能。

（3）在责任范围上，过错程度的不同常常影响到责任范围。如《民法典》第1172条规定："二人以上分别实施侵权行为造成同一损害，能够确定责任大小的，各自承担相应的责任；难以确定责任大小的，平均承担责任。"该条中的责任大小实际上主要是按照过错的大小来确定的，亦在一定程度上体现了侵权责任的制裁功能。

第三节 侵权责任法律规范概述

一、侵权责任法律规范的概念与特征

（一）侵权责任法律规范的概念

侵权责任法律规范为规范调整侵权行为及其责任的法律规范的总和或总称。《民法典》第1164条关于"本编调整因侵害民事权益产生的民事关系"的规定，不仅确立了侵权责任的调整对象，而且还明确了侵权责任法律规范的概念。从内容和体系上来说：一方面，侵权责任法律规范要对各种各样侵害民事权益的行为作出规定。在绝大多数情况下，行为人可能具有过错；在有些情况下，行为人可能没有过错，但在法律规定其应当承担侵权责任的情况下，依然要承担侵权责任。另一方面，侵权责任法律规范还要对侵权人在实施侵权行为之后的责任作出明确规定。故侵权责任法律规范不仅仅要就侵权责任的构成要件、归责原则予以界定，还要对侵权责任的责任形式、赔偿范围及减免责事由等予以明确。所以，侵权责任法律规范乃属有关侵权行为的定义、种类，以及对如何制裁，对其损害或者危及他人人身、财产安全后果如何补救等的所有民事法律规范的总和或总称。

关于侵权责任法律规范主要法律形式的具体名称，在有关法律制定的过程中一直存在争议，主要有两种观点：一种观点认为，应称为侵权行为法，因为在两大法系中都称为侵权行为法或不法行为法。另一种观点认为，应称为侵权损害责任法。持这一观点的人特别是学界的人很多，我国很多民法教材通常就将侵权责任法律规范的主要法律形式称为"损害赔偿法"，因为侵权行为主要引起损害赔偿责任，至于损害赔偿之外的其他责任形式，应当由其他法律如物权法律规范等加以规范调整。

（二）侵权责任法律规范的特征

侵权责任法律规范作为民事法律的重要组成部分，就其特征而言，主要表现为以下四个方面：

（1）侵权责任法律规范属于保护民事权益的法。根据《民法典》第1164条的规定，侵权责任法律规范所保护的乃是民事主体的民事权益，从属于保护私权的法的范畴。当然，尽管不是所有的私权都会受到侵权责任法律规范的保护，如合同债权主要受合同法律规范保护，但是，绝大多数私权都会受到侵权责任法律规范保护。基于现

代法治保障私权、规范公权的基本精神,侵权责任法律规范作为保障私权的基本法律规范之一亦为现代法治的构建提供了前提与基础。

侵权责任法律规范对私权的保护,具体来说是通过对遭受侵害的权利进行救济的方式来完成的。换言之,当各种包括权利和权益在内的法益遭受侵害以后,通过运用侵权责任提供全面的、充分的救济。没有权利就不存在救济,合法权利是救济得以产生的前提;同样,没有救济就没有权利,一种无法诉诸法律保护的权利,实际上就是一种存在于纸上而毫无意义的权利。这两种因素合成一个整体,构成了法治社会价值的两个要素。法律不仅应宣示权利,同时应配置救济的手段。[①] 因此,作为保护权利的法的侵权责任法律规范,主要功能并不在于确认权利或者权益,而是在于对受到侵害的法益进行救济。《民法典》其他部分的主要功能在于确认权利或者权益,如人格权编确认人格权、物权编确认物权等。当这些权利或者权益受到侵害的时候,就需要通过侵权责任法律规范予以救济。所以,侵权责任法律规范必然表现为保护权利或者权益的法的重要特征。

(2)侵权责任法律规范乃为一组相关法律规范的总和。这些法律规范不仅包括《民法典》中的相关规定,而且包括其他法律、行政法规、部门规章、司法解释等规范中的相关规定,如《道路交通安全法》《产品质量法》《消费者权益保护法》《环境保护法》《医疗事故处理条例》等一系列行政法、经济法等行政法规中所包含的侵权行为法律规范等,共同构成了我国完整的侵权责任法律规范的体系或系统。

(3)侵权责任法律规范作为民事法律的一个组成部分,所调整的对象乃是平等主体之间的财产关系和人身关系。尽管所调整的对象与物权关系、合同关系或知识产权关系等有所不同,但它依旧是平等主体之间的财产或人身关系。所以,民法的基本原则以及诸多一般性规定,均适用于侵权民事关系的规范调整。

(4)侵权责任法律规范属于救济法、实体法和财产法。它是救济法,不是设权性法律。有关物权、合同、婚姻家庭、继承、知识产权等的法律规范,都是设权性法律。在这些权利或者权益受到侵害并致损害或者危及他人人身、财产安全后果发生时,需要恢复到损害或者人身、财产安全受到危及前的状态,而实现这种恢复性功能的规范,就是侵权责任法律规范。从这种意义上来说,侵权责任法律规范乃属于救济法的范围。在造成受害人损害的救济方式上,侵权行为可能会造成他人人身损害甚至死亡,所采取的均为给予受害人一定财产的补偿方式,故它又具有财产法的性质。另外,它对侵权行为及其责任的构成要件,以及承担责任的方式、规则、数额确定等进行规范,构成民法体系中的一个不可缺少的部分,固然属于实体法而非程序法的范围。

二、我国民法典侵权责任编的体系

所谓民法典侵权责任编的体系,是指将侵权责任编中的各项规则、制度加以有机

---

① 程燎原、王人博:《权利及其救济》,山东人民出版社1993年版,第349页。

结合时所应遵循的科学、合理的逻辑结构,[①] 意在解决诸多侵权责任法律规范按照何种体例和结构进行排列布局的问题。通观各国侵权责任法律规范,所采取的体系并不完全相同。在我国,基于我国的实际情况与现实需要,在总结我国之前40多年的立法和司法经验的基础上,采用"一般条款与类型化"相结合的方式,体现了鲜明的本土特色。

所谓侵权责任的"一般条款",就是《民法典》第1165条关于"行为人因过错侵害他人民事权益造成损害的,应当承担侵权责任"的规定。有的"从立法论的角度主张,侵权责任一般条款需要类型化的规定予以配合,以解决一般条款抽象性特征引发的缺乏操作性问题"[②]。对此,没有任何问题。如果没有具体侵权责任的规定,对一般侵权均适用一般规定,那么会混淆本质不同的类型化侵权行为之间的区别,无法根据不同类型的侵权行为采取不同的构成要件及其责任,也就根本无法适用复杂多样的侵权及侵权责任的各种情况。有的则考虑将"一般条款"如何"类型化":"从解释论的角度主张,《侵权责任法》第6条第1款[③]应当作'目的性缩限'解释,进而具体化出三种主要类型:(1)因过错不法侵害他人绝对权并造成损害;(2)因过错违反保护他人的法律并造成损害;(3)故意以违反善良风俗的方式损害于他人。这三种类型与德国侵权法上三个小一般条款相呼应,我国台湾地区也是采行此种模式。一般条款非常具有弹性,法官享有充分的自由裁量权,类型化一方面可以为法官提供指引,另一方面也可以适度约束法官自由裁量权。"[④] 有的则认为:"本条第1款展开形成上述三个类型,虽可能受到德国模式的潜在影响,但其具有自身价值体系的内在合理性,也系逻辑推演的自然结果。而尤其值得关注的是,作为大一般条款,其展开并不止步于这三个类型,而具有面向未来的开放性,具备为无法被涵摄于此三个类型的利益直接提供保护的可能性。这也正是本条第1款存在的核心价值之一。""对于在上述三个可自然形成的类型之外扩展的可能性,主要是基于法律发展、法律与社会同步之考虑,我们没有必要人为阻断大一般条款所具有的法律发展功能。大一般条款透过法官自由裁量权寻得个案妥当判断,既可以实现个案正义,又可以为法律发展累积经验。前述学者主张缩限解释需排除的三种情形,似均存在综合权衡之后得出构成侵权之结论的可能。未涉及权利侵害且未违反保护性法规又不与公序良俗相冲突的情形下,导致他人损害,一律否认构成侵权的可能,是不妥当的。虽然公序良俗极具弹性,背俗侵权类型的辐射范围的扩张,可以增加刚性三类型模式的弹性,但公序良俗仍然有其辐射边界,有其力不逮之处,保有大一般条款开放性仍然有其意义。更为关键的是,大一般条款原有的开放性,为何要被解释论肢解、封闭,弹性与刚性之间的选择已由立法完成,透过解释论加以限制并没有正当的基础。被侵害的利益虽没有为某项权利所覆盖,也没有保护性法规可确立其应受保护属性,行为又不违背公序良俗的情形下,完

[①] 王利明、周友军、高圣平:《中国侵权责任法教程》,人民法院出版社2010年版,第96页。
[②] 王利明:《论侵权责任法中一般条款和类型化的关系》,载《法学杂志》2009年第3期。
[③] 《侵权责任法》现已废止,其第6条第1款即现行《民法典》第1165条第1款。
[④] 葛云松:《〈侵权责任法〉保护的民事权益》,载《中国法学》2010年第3期。

全可能经权衡得出应当为受害人提供救济的可能。此时，救济的实证法依据仍然是本条第 1 款之规定。"① 我们认为，不是所有法律应当保护的民事利益一定会归于按照"目的性缩限"论解释的"三种类型"或者其他解释的"某些类型"中。"一般条款"的规定，其主要目的及功能就在于，对于没有法律明确规定之民事利益的侵害，无法适用法律具体规定但需要予以法律救济保护的，尽管不能归于某一具体类型之中，也应根据"一般条款"的规定加以保护、救济。否则，将"一般条款"局限于具体的"类型化"条款中，对不在"类型化"规定范围内的民事利益就不加保护救济，实际就是将"一般条款"封闭适用于"类型化"的条款内。如此，也就失去了该"一般条款"设置的意义。不仅如此，也无法适应社会日益变化，可能出现一些新的利益而现有法律又无法涵盖的现实需要。

（一）我国《民法典》侵权责任编的立法结构

《民法典》侵权责任编在立法结构上基本沿袭了《侵权责任法》的做法，既具有大陆法系侵权法的成文法特点，又存在英美法系侵权法相对独立性的特征。在结构体例上按总则、分则结构布局，总则采用大陆法系侵权法的一般性规定，分则则采用英美法系侵权法的类型化规定。全编共 10 章 95 条，大体上分成两部分：第一部分为第 1 章与第 2 章，为侵权责任法律规范的总则部分，就侵权责任的一般规定、责任构成、责任形式以及不承担责任和减轻责任的抗辩事由等作出规定，一般侵权行为的责任适用总则的规定。第二部分为第 3 章至第 10 章，属于分则。第 3 章 "责任主体的特殊规定"规定的为特殊主体的侵权责任；第 4 章至第 10 章规定的则是各种具体的特殊侵权责任，相当于一个不完善的侵权责任法律规范分则。特殊侵权行为的责任适用分则规定，同时也适用总则的相应规定。《民法典》侵权责任编的这种结构安排，系在吸收两大法系侵权法立法结构之所长的基础上，结合我国长期立法与司法实践经验形成的，具有较为鲜明的自身特色。

（二）我国《民法典》侵权责任编的立法结构特点

侵权责任编作为民法的重要组成部分，系保护民事主体合法权益，明确侵权责任，预防并制裁侵权行为，促进社会和谐稳定的民事基本法律规范，为中国特色社会主义法律体系中的支架性法律规范之一。在体系的构建、立法结构上也表现出自身的独立特色，具有科学性和合理性。

（1）体系按归责原则进行构建。《民法典》侵权责任编主要采取过错责任、过错推定责任和无过错责任三元归责原则。正是根据这样一种归责原则的设计，构建了我国侵权责任法律规范的体系。具体体现在，有关过错责任的一般规则适用《民法典》侵权责任编的总则的规定，而侵权责任法律规范的分则基本上是按照过错推定责任和无过错责任等特殊归责原则加以构建的。

（2）采用"一般条款与类型化"相结合的方式。我国《民法典》侵权责任编根据"一般条款＋类型化"的模式进行构建，这在世界民事立法史上，具有开创性意义。

---

① 邹海林、朱广新主编：《民法典评注：侵权责任编》（第 1 册），中国法制出版社 2020 年版，第 8—10 页。

《民法典》第1165条第1款关于"行为人因过错侵害他人民事权益造成损害的,应当承担侵权责任"的规定,就是在法律上对过错责任一般条款的确定。然而,仅仅依靠一般条款来发挥作用显然不够。因此,我国《民法典》侵权责任编在规定了过错责任、过错推定责任和无过错责任的一般条款的基础上,又采用类型化的方式,对适用过错推定责任、无过错责任和公平责任的特殊情形作了类型化的规定,从而实现了过错责任一般条款与特殊侵权责任、非侵权公平责任的类型化规定的结合。

(3) 采用一般责任形式与具体损害赔偿规则相结合的方式。责任形式是侵权责任的具体实现方式,我国《民法典》侵权责任编的重要内容是对责任形式进行规定。关于侵权责任的承担方式,《民法典》第179条作了明确,在《民法典》侵权责任编中便不再另行规定,但对具体的赔偿规则作了比较详细的规范,如《民法典》第1179—1187条就对侵害他人造成人身损害伤亡,同一侵权行为造成多人死亡,侵害他人人身权益造成财产损失、严重精神损害,故意或者重大过失侵害自然人具有人身意义的特定物造成严重精神损害,侵害他人财产,故意侵害他人知识产权情节严重,受害人和行为人对损害的发生都没有过错等的损害赔偿规则进行了明确的规定。

三、我国侵权责任法律规范的渊源

侵权责任法的渊源是指侵权责任法律规范借以表现的形式。具体包括以下几个方面:

(一) 宪法

《宪法》作为规定国家社会生活中的最重要、最根本问题如国家性质、经济制度、国家政权组织形式、公民基本权利与义务、国家机构组织体系及其活动基本原则等的大法,是统治阶级的根本意志和最高利益的最集中、最全面的反映和体现。它是国家的根本大法,具有最高的法律效力,是其他一切普通法律的立法基础。其他一切法律包括基本法律、部门法律、法令的制定都要以《宪法》为根据,均要符合《宪法》的基本精神及其各项具体规定,不能与之有任何抵触,否则就不具有法律效力。《宪法》中关于公民基本权利和义务的规定,是侵权责任法律规范立法和司法的重要根据,对侵权责任法律规范的各种规范在解释和适用上具有指导意义。所以,《宪法》理所当然地应构成侵权责任法律规范的渊源。

(二) 立法机关颁布的有关调整规范侵权民事关系的法律、法令、条例、决定

国家立法机关即全国人民代表大会及其常务委员会制定的《民法典》,以及对侵权行为及其责任作出规范的其他法律、法令、条例、决定,构成了侵权责任法律规范最为广泛、具体的渊源,具体包括:

(1)《民法典》。它是侵权责任法律规范最为主要的表现形式。其中总则所规定的包括侵权责任法律规范在内的所有民事法律规范的一般性原则,如民事法律关系的基本原则、主体制度、民事权利、民事法律行为和时效制度、民事责任等,自然也适用于侵权行为及其责任。因此,《民法典》总则属于侵权责任法律规范的渊源之一。除此之外,《民法典》物权编、合同编、人格权编、婚姻家庭编、继承编等分则部分,

对于民事主体各种民事权利或者权益的规定,构成了各种各样侵权行为的基础,从广义上来说,亦属于侵权责任法律规范的渊源。至于侵权责任编,则是对侵权行为等有关内容,如一般规定、损害赔偿、责任主体的特殊规定等的最为集中、明确、重要的规定,自然属于侵权责任法律规范的渊源且为最为重要的渊源。

(2)其他法律,即《宪法》《民法典》之外的就有关侵权行为及其责任等内容作出规范的其他法律,既可以是单行的民事法律,又可以是非单行的民事法律;既可以是基本法,也可以是部门法,包括对侵权行为或其责任作出规范的所有法律,如对侵权民事关系进行规范的《环境保护法》《产品质量法》《道路交通安全法》《反不正当竞争法》《反垄断法》《铁路法》《公司法》《证券法》等法律,亦构成侵权责任法律规范的渊源。

(3)立法机关制定的除法律以外的规范性条例、决议、决定、立法解释等其中关于侵权行为及其责任的规定,也可以成为侵权责任法律规范的表现形式,亦属于侵权责任法律规范的渊源。

(三)国家行政机关有关调整侵权民事关系的行政规范

国家行政机关即国务院及其部、委、局等依法发布实施的有关调整侵权民事关系内容的行政法规、部门规章等,自然亦可构成侵权责任法律规范的渊源,具体包括三个层次:

(1)行政法规。所谓行政法规,是指国务院制定和颁布的有关国家行政管理活动的各种规范性文件的总称,一般采用条例、办法、规则、规定等形式。国务院作为国家最高行政机关,要依照各种法律对国家、社会各个方面行使行政管理权,必须制定、颁布大量行政法规,有关侵权民事关系的行政法规,就属于侵权责任法律规范的渊源。

(2)国务院制定、颁布的除行政法规以外的规范性决定、命令、批复及行政措施,倘若具有调整侵权民事关系的规定,如《关于核事故损害赔偿责任问题的批复》,也属于侵权责任法律规范的渊源。

(3)国务院职能部门如部、委、局依照法律规定制定的命令、指示、部门规章,也可成为侵权责任法律规范的表现形式与渊源。如《关于加强见义勇为人员权益保护的意见》(国办发〔2012〕39号)、《高速铁路安全防护管理办法》(交通运输部令2020年第8号)等,就属于国务院职能部门依法发布实施的有关调整侵权民事关系的法律规范。

(四)司法解释及其他规范性文件

我们知道,法律规范具有简洁、概括、适用等规范性特征,但被规范的行为却多种多样、变化多端,加之适用法律规范者的经历、学识、解释与运用法律规范及分析解决有关法律问题的能力存在客观差别等各种各样的原因,对于现实生活中的许多行为、问题的理解往往不同,需要统一解释、规范,不然就会导致适用者在处理有关纠纷时裁判不一,公民遇到此类问题时也无所适从,司法者遇到这类有争议却无法统一规范的情况时还可以借充分行使自由裁量权而徇人情甚至寻求私利,从而影响法律的统一实施，并因裁判之间的矛盾损害司法权威。故最高人民法院在总结司法实践经验的基础上，根据法律规定的原则与精神，就一些司法实践中理解存在争议而又较为普遍或者重大、疑难等必须予以统一解释规范的问题，以解释、规定、补充规定、批复、复函、意见、通知、指导性案例等形式就法律规定从文义、内涵等进行文理、逻辑等解释，有的还以通知、纪要、指示、指导案例等非解释性的规范性文件提出统一要求，供人民法院在审理案件时适用。这样，最高人民法院就审判侵权责任法律问题所作的解释及规范性文件，体系庞大，比法律规定得更细，构成了侵权责任法律规范的广泛而又重要的表现形式。如《审理环境侵权案件解释》《审理利用信息网络侵害人身权益案件规定》等。

（五）地方性行政法规及民族自治区域的权力机关依据法律、行政法规所制定、颁行的有关调整侵权民事关系的规范性文件

各省、自治区、直辖市的人民代表大会及其常务委员会制定的地方性法规，如天津市人大常委会 2020 年 12 月 1 日通过、2021 年 1 月 1 日起施行的《天津市道路交通安全若干规定》，深圳市人大常委会 2011 年 10 月 31 日通过，根据 2020 年 8 月 26 日《关于修改〈深圳经济特区道路交通安全管理条例〉的决定》第 4 次修正的《深圳经济特区道路交通安全管理条例》等，所包含的侵权民事关系内容的规范，亦属侵权责任法律规范。不过，这种规范只在该地区具有效力，只能在该区域适用，而不具有适用于全国的普遍效力。尽管如此，规范侵权民事关系的地方性法规或其他规范性文件，亦属于侵权责任法律规范的渊源。

（六）我国缔结和参加的有关调整规范侵权民事关系的国际条约

随着社会的进步，交通尤其是航空工具及网络、电信技术的飞速发展，人们交往的范围日益扩大，涉外民事关系包括涉外侵权民事关系日益增多。调整含有涉外因素的侵权民事关系，不仅要以我国侵权责任法律规范为依据，而且要考虑国际条约，甚至他国有关侵权责任法律规范的规定。就我国参加的知识产权的有关公约便有《成立世界知识产权组织公约》（1980 年加入）、《保护工业产权巴黎公约》（1985 年加入）、《商标国际注册马德里协定》（1989 年加入）、《商标国际注册马德里协定有关议定书》（1995 年加入）、《保护文学和艺术作品伯尔尼公约》（1992 年加入）、《世界版权公约》（1992 年加入）、《保护录音制品制作者防止未经许可复制其录音制品公约》（1992 年加入）、《专利合作条约》（1993 年加入）、《关于供商标注册用的商品和服务的国际分类的尼斯协定》（1994 年加入）、《国际植物新品种保护公约》（1999 年加入）、《与贸易有关的知识产权协议》（又称《TRIPS 协议》，2001 年加入）、《世界知识产权组织版权条约》（2006 年加入）、《世界知识产权组织表演和录音制品条约》（2006 年加入）等，其中所包括的知识产权侵权及侵权责任的规范，从广义上讲亦构成侵权责任法律规范的渊源。

应当指出，《涉外民事关系法律适用法》第 2 条规定："涉外民事关系适用的法律，依照本法确定。其他法律对涉外民事关系法律适用另有特别规定的，依照其规定。本法和其他法律对涉外民事关系法律适用没有规定的，适用与该涉外民事关系有

最密切联系的法律。"据此,解决有关涉外侵权民事关系时可能适用外国的侵权责任法律规范,但这只是法律适用问题,不能认为外国有关侵权责任法律规范的法律等,也构成我国侵权责任法律规范的渊源。因为这些法律与国际条约完全不同,未得到我国立法机关的承认、认可或者主动加入甚至制订,未能体现我国立法机关的意志,固然不能构成我国侵权责任法律规范的渊源。

(七)民事习惯

基于民事行为的广泛性、多样性以及变化性,有关法律不可能对所有民事行为及其责任作出明确规定。此时,处理有关法律关系就要根据公序良俗原则适用有关的民事习惯进行。如此,有关侵权民事关系的民事习惯,在一定条件下也可以构成侵权责任法律规范的渊源。不过,作为民法渊源的习惯需要受到限制,只有经国家认可的民事习惯才可能成为侵权责任法律规范的渊源。我国幅员辽阔、民族众多,尤其是在少数民族聚居地区,一些民事习惯对于处理侵权民事关系具有一定的意义,故在国家法律承认的前提下,自可以成为侵权责任法律规范的辅助性、补充性的渊源。

第四节 侵权责任法律规范保护的权益范围

一、境外侵权责任法律规范保护权益范围的主要立法模式

侵权责任法律规范保护的权益范围又称侵权责任法律规范的适用范围,是指哪些权利和利益要受到侵权责任法律规范具体保护的问题。也就是说,受害人的哪些权利和利益受到侵害以后就可以根据侵权责任法律规范请求保护。对此,国外民法典的规定存在较大区别,主要体现为以大陆法系的法国和德国为代表的两种不同立法模式。

1. 两者在主观方面要求是否具有过错不尽相同

《法国民法典》第1382条规定:"人的任何行为给他人造成损害时,因其过错致该行为发生之人有义务赔偿损害。"第1383条规定:"任何人不仅对其行为造成的损害负赔偿责任,而且对因其懈怠或疏忽大意造成的损害负赔偿责任。"第1384条规定:"任何人不仅对自己的行为造成的损害负赔偿责任,而且对应由其负责的人的行为或在其照管之下的物造成的损害负赔偿责任。"① 这样,在法国只有因过错造成他人损害的才需承担侵权责任。

《德国民法典》第823条规定:"因故意或过失,不法侵害他人之生命、身体、健康、自由、所有权或其他权利者,对于该他人,负赔偿因此所生损害之义务。违反以保护他人为目的之法律者,负同一之义务。依法律之内容,无可归责事由亦可能违反该法律者,仅于有可归责事由之情形,始负赔偿义务。"第826条规定:"故意以背于善良风俗之方法,加损害于他人者,对该他人负损害赔偿之义务。"② 如此,违反以保

---

① 《法国民法典》,罗结珍译,北京大学出版社2010年版,第351页。
② 《德国民法典》,台湾大学法律学院、台大法学基金会编译,北京大学出版社2017年版,第732—734页。

护他人为目的的法律对他人造成损害的,不论是否出于故意或者过失,与故意或者过失造成他人损害的一样,均需要负侵权责任。

2. 两者对侵权行为所侵害对象的范围规定不尽一致

法国模式就侵害的对象没有区分权利和利益,对侵权造成的损害都要承担责任。这样,侵权法所规范、调整的范围便非常宽泛;德国模式则将对权利和利益的侵害加以区分,并分别设置了不同的侵权标准。

3. 两者在司法适用上区别较大

在法国,立法上对有关侵权行为规定的是过错责任,即在归责原则上采用"一元论";可在实务中采用的归责原则为"两元论",即区分人的责任和物的责任:人的责任适用过错责任,物的责任适用无过错责任。无过错责任由《法国民法典》中物的责任和特别法的规定共同组成。不过,有关侵权行为的特别法比较少,大约只有六七部,原因似在于《法国民法典》对物的责任采用无过错责任,解决了一部分问题,不需要制定那么多特别法。在德国,立法和实务保持统一,对绝大部分侵权行为适用过错责任。《德国民法典》第833条规定:"因动物致人于死,或人之身体或健康受侵害,或物受毁损者,动物持有人对被害人负赔偿因此所生损害之义务。损害系由家畜所致,而该家畜系供其持有人职业上、营业活动或生计上之需要,且持有人于管束动物已尽交易上必要之注意,或纵加以其注意仍将发生损害者,不生赔偿义务。"① 这一规定就非家畜及非必需家畜造成的损害明确了无过错责任,其他无过错责任则由特别法规定,特别法相对较多,有近20部。

二、我国侵权责任法律规范保护的权益范围

我国原《侵权责任法》借鉴《德国民法典》采取具体列举式的做法,对所保护的权益进行了具体的列举,第2条规定:"侵害民事权益,应当依照本法承担侵权责任。本法所称民事权益,包括生命权、健康权、姓名权、名誉权、荣誉权、肖像权、隐私权、婚姻自主权、监护权、所有权、用益物权、担保物权、著作权、专利权、商标专用权、发现权、股权、继承权等人身、财产权益。"《民法典》侵权责任编则改变了这一做法,仅在第1164条规定:"本编调整因侵害民事权益产生的民事关系。"之所以如此,我们认为,主要基于以下方面:(1)有关民事权利部分已经在总则中有专门规定,并由其他分则如物权编、合同编、人格权编、婚姻家庭编、继承编等具体规定,在此规定就会显得多此一举。(2)原《侵权责任法》第2条列举了18种具体的权利,并未将也无法将所有权利加以列举,实际上有很多重要的权利也没有加以列举,如身体权、信用权、配偶权、债权等。随着社会的发展,民事权利的范围不断扩大,与其不能穷尽,还不如借鉴《法国民法典》的做法作概括性的规定。(3)原《侵权责任法》第2条列举的18种具体的权利并不处于同一逻辑层次,多数为某种权利,有的

---

① 《德国民法典》,台湾大学法律学院、台大法学基金会编译,北京大学出版社2017年版,第732—733、737页。

属权利类型，如此一来，显得逻辑层次不清，亦不够严谨。

按照《民法典》第1164条的规定，侵权责任法律规范所调整、保护的对象为民事权益，具体包括民事权利与民事利益。对于民事权利，侵权责任法律规范是为了保护民事主体的某种利益而赋予的法律上的力，具有法定性，如《民法典》第110条规定的自然人享有的生命权、身体权、健康权、姓名权、肖像权、名誉权、荣誉权、隐私权、婚姻自主权等权利，及法人、非法人组织享有的名称权、名誉权和荣誉权；第112条规定的自然人因婚姻家庭关系等产生的人身权利；第113条规定的民事主体的财产权利；第114条、118条、123条、124条规定的物权、债权、知识产权、继承权；第125条、126条规定的股权和其他投资性权利、法律规定的其他民事权利；第127条规定的数据、网络虚拟财产的保护，等等，这些权利均由《民法典》或者其他法律如《公司法》《证券法》等加以规定。

应当指出，《民法典》对公民民事权益的赋予与《宪法》规定的基本权利密切相关。前者乃是后者在民事领域对民事主体的基本权利的具体化，如《民法典》第990条有关民事主体的生命权、身体权、健康权、姓名权、名称权、肖像权、名誉权、荣誉权、隐私权等人格权利，基于人身自由、人格尊严产生的其他人格权益，以及由此产生的民事法律关系等的规定，便是《宪法》第37条关于"中华人民共和国公民的人身自由不受侵犯。任何公民，非经人民检察院批准或者决定或者人民法院决定，并由公安机关执行，不受逮捕。禁止非法拘禁和以其他方法非法剥夺或者限制公民的人身自由，禁止非法搜查公民的身体"，第38条关于"中华人民共和国公民的人格尊严不受侵犯。禁止用任何方法对公民进行侮辱、诽谤和诬告陷害"，第39条关于"中华人民共和国公民的住宅不受侵犯。禁止非法搜查或者非法侵入公民的住宅"等规定的具体体现，有助于《宪法》和《民法典》两者之间、双向互动关系的良性发展。当然，《民法典》关于民事主体民事权利的规范，系从民事法律规范的角度就民事主体、民事权利（益）的内容、边界和保护方式等作出的规定，并不涉及公民的政治、社会等方面的基本权利，对此不应加以混淆。

民事利益则为民事主体依法所享有的一定好处，是未被法律明确规定为权利但依然要受到法律保护的各种利益，如个人信息权益、声音权益、死者人格利益、胎儿人格利益等。既可以是由法律明文规定的民事权益，也可以是法律没有明文规定而要通过法律保护的民事权益。民事权益涉及各个方面，比民事权利更为广泛，要一一加以列举并作出规范也不可能。因此，凡是可以给民事主体带来各种好处，不具有违法性，不论是否为法律规定，均应依法加以保护。至于它与民事权利的区别，界限模糊，众说纷纭，《民法典》亦未作明确区分。因此，有的便以法律是否明确为权利而作形式上的划分。"对于民事权利，应当形式化判断，即以现行法有无规定为准，这一点十分明确。"不过，这种观点又认为："权利的边界都是不清晰的，于权利边界处会出现解释论和立法论的交融，即在主张对某项权利的保护应否延伸至某处时，该主张既可以说是解释论立场,也可以说是立法论立场。"① 换言之,对于权利边界处的一些利益,是否归属于某项权利可能覆盖的范畴,会因为所处的立场不同而有不同的结论:从解释论立场可以解释属于某种权利的范围,从而为权利;从立法论的严格立场则可能认为不能归属于某一权利的范围,从而不界定为权利。有的则认为,按照结合说这一目前的通说认为:"'权利乃享受特定利益的法律之力',其落脚点实际上还是利益,很难把权利和利益划分清楚。从权利的形式上看,法律明确规定某某权的当然属于权利,但法律没有明文规定某某权而又需要保护的,不一定就不是权利。"事实上,民事权利与民事利益不能绝对化,两者在一定条件下根据保护的需要可以相互转化。当某种利益与人们普遍相关,并经常受到侵害,司法实践通过判例就可以将原来认定为利益的民事利益转而认定为民事权利,即将利益"权利化"而加以保护。② 如果一概固守权利与利益的传统认定,那么,许多原来并不存在后来因为现实生活变化未认定为权利的利益就无法转化为权利。其实,很多权利在被法定化之前,通常就是司法实践先行确定为民事利益随后再由法律明确的。法律明确后,两者的内容可能并无多大变化,但对之保护的力度则因为法律规定的明确性大大得以强化,并可避免司法实践中借无法律规定为由而不加保护的现象发生。所以,《民法典》第1164条在规定侵权责任编调整规范的对象即"因侵害民事权益产生的民事关系"时未对民事权利与民事利益作明确区分,而是由民事权益加以概括。

此外,在所保护的权益范围理解上,还需要注意以下几点:

1. 绝对权属于侵权责任法律规范的保护范围

民事权利的种类很多,性质各不相同,以民事权利效力范围为标准,民事权利可以分为绝对权和相对权。绝对权也称对世权,是指无须通过义务人实施一定的行为即可能实现,并可以对抗不特定人的权利。换言之,权利人之外的不特定人都负有不得妨碍这些权利的义务。具体来说,《民法典》总则编第5章所列举的民事权利均为绝对权类型,如《民法典》第110条规定的自然人享有的生命权、身体权、健康权、姓名权、肖像权、名誉权、荣誉权、隐私权、婚姻自主权等权利;法人、非法人组织所享有的名称权、名誉权、荣誉权等,就为绝对权。有关财产性权利,如所有权、用益物权、担保物权、知识产权(包括但不限于著作权、专利权、商标专用权)、股权等也属于上述绝对权的范畴。除此之外,监护权、发现权、继承权等亦为绝对权,也属于《民法典》侵权责任编的保护对象。

2. 相对权亦属于侵权责任法律规范的保护范围

(1) 债权等相对权可以构成侵权行为的客体。相对权也称对人权,指仅对特定人发生效力,必须通过义务人实施一定的行为才能实现的权利。其中,债权属于典型的相对权。一般来讲,相对权不属于侵权责任法律规范的保护范围,但债权属于侵权责任法律规范的保护范围在学界没有分歧,只是对如何保护以及保护到什么程度争议很

---

① 邹海林、朱广新主编:《民法典评注:侵权责任编》(第1册),中国法制出版社2020年版,第7页。
② 黄薇主编:《中华人民共和国民法典人格权编解读》,中国法制出版社2020年版,第222页。

大。如原《侵权责任法》第 2 条第 2 款就没有列举债权，《德国民法典》明确地将债权排除在第 823 条第 1 款"因故意或过失，不法侵害他人之生命、身体、健康、自由、所有权或其他权利者，对于该他人，负赔偿因此所生损害之义务"① 中的其他权利之外，理由是债权具有相对性，第三人无侵害的可能性。

事实上，从非严格意义上来说，任何权利都是对世的，都具有不可侵害性。但是，债权不具有社会典型公开性的特征，缺乏相应的公示方法，债权人与债务人之外的人由此难以得知债权的存在。只是债权设置的目的并不在于划定第三人自由意志的支配范围，这导致第三人不太容易意识到自己的行为对某类债权实施了侵害。此时，债权人并不能通过理性人标准证明第三人的过错存在，因为债权并没有被公示出来，一般的理性人无从知晓。是以，债权人只有证明第三人明知特定的债权存在，而且其行为的目的正是阻止该债权的实现，即在主观上存在过错时，第三人侵害债权的行为才能成立。也就是说，债权并非一定不具有可侵害性，只是在主观要件上要求更加严格，即使立法没有明确规定这种要求，通过对债权性质的分析也不难推导出来。②

事实上，对于当事人之间债权的侵害，并非一定限于债权债务关系人本身。债权债务关系人外的第三人，如债务人的亲戚朋友或者利害关系人也可以基于各种各样的原因参与进来，对他人的债权及其行使构成妨碍、侵犯，从这种意义上来说，自然属于侵权而要受到侵权责任法律规范的调整。是以，认为债权不属于侵权责任法律规范调整保护的观点，值得商榷。对此，第三人侵害债权的行为，如果行为足够恶劣，有了过错，能够构成相应侵权行为的，可以适用《民法典》侵权责任编的规定。③

（2）债权侵害的构成要件。通常认为，债权侵害的构成，需要满足如下条件：① 该债权合法有效存在。债权不存在或者违反法律、行政法规的强制性规定而无效，一般不会存在第三人侵害债权的问题。② 行为人明知该债权存在。因为债权不具有公开性，从维护行为自由以及交易便捷和安全的角度考虑，不可就社会不特定人对其并不能知晓的权利苛以过重负担。③ 行为人实施了相应的侵害债权的行为。这一行为通常为妨碍债权实现的情形。至于其为个人单独行为还是与他人包括与债务人合谋，在所不问。④ 该行为造成了债权部分或者全部不能实现的后果。该要件既包括对损害后果的要求，又包括对因果关系成立的要求。第三人侵害债权的问题较为复杂，在实务中宜将此作为例外规则适度加以规范。

（3）合同违约特定情况下可以同时构成侵权行为。合同义务人不履行义务，属于违约行为的范畴，一般不能构成侵权，但也不能绝对排除违约行为有的本身的侵权性。在司法实践中，有的为了不履行义务而妨碍相对权利人行使权利，其妨碍权利人行使权利的行为，固然构成侵权。此时，对于能够通过债务不履行规则解决的，要尽量按照债务不履行或不当履行等违约行为进行处理，避免将债务人侵害债权的规则泛

---

① 《德国民法典》，台湾大学法律学院、台大法学基金会编译，北京大学出版社 2017 年版，第 732 页。
② 方新军主编：《侵权责任法学》，北京大学出版社 2013 年版，第 16 页。
③ 石宏主编：《〈中华人民共和国民法典〉释解与适用（人格权编侵权责任编）》，人民法院出版社 2020 年版，第 124 页。

化,冲击正常的交易秩序乃至社会秩序。然而,这并非绝对排除可以根据侵权责任法律规范进行规制。对此,《民法典》第186条就明确规定:"因当事人一方的违约行为,损害对方人身权益、财产权益的,受损害方有权选择请求其承担违约责任或者侵权责任。"

(4)《民法典》关于债权侵害的明确规范。例如,第43条第3款规定:"财产代管人因故意或者重大过失造成失踪人财产损失的,应当承担赔偿责任。"第316条规定:"拾得人在遗失物送交有关部门前,有关部门在遗失物被领取前,应当妥善保管遗失物。因故意或者重大过失致使遗失物毁损、灭失的,应当承担民事责任。"第500条规定:"当事人在订立合同过程中有下列情形之一,造成对方损失的,应当承担赔偿责任:(一)假借订立合同,恶意进行磋商;(二)故意隐瞒与订立合同有关的重要事实或者提供虚假情况;(三)有其他违背诚信原则的行为。"第618条规定:"当事人约定减轻或者免除出卖人对标的物瑕疵承担的责任,因出卖人故意或者重大过失不告知买受人标的物瑕疵的,出卖人无权主张减轻或者免除责任。"第660条规定:"经过公证的赠与合同或者依法不得撤销的具有救灾、扶贫、助残等公益、道德义务性质的赠与合同,赠与人不交付赠与财产的,受赠人可以请求交付。依据前款规定应当交付的赠与财产因赠与人故意或者重大过失致使毁损、灭失的,赠与人应当承担赔偿责任。"第662条规定:"赠与的财产有瑕疵的,赠与人不承担责任。附义务的赠与,赠与的财产有瑕疵的,赠与人在附义务的限度内承担与出卖人相同的责任。赠与人故意不告知瑕疵或者保证无瑕疵,造成受赠人损失的,应当承担赔偿责任。"第823条规定:"承运人应当对运输过程中旅客的伤亡承担赔偿责任;但是,伤亡是旅客自身健康原因造成的或者承运人证明伤亡是旅客故意、重大过失造成的除外。"第897条规定:"保管期内,因保管人保管不善造成保管物毁损、灭失的,保管人应当承担赔偿责任。但是,无偿保管人证明自己没有故意或者重大过失的,不承担赔偿责任。"第929条规定:"有偿的委托合同,因受托人的过错造成委托人损失的,委托人可以请求赔偿损失。无偿的委托合同,因受托人的故意或者重大过失造成委托人损失的,委托人可以请求赔偿损失。受托人超越权限造成委托人损失的,应当赔偿损失。"第962条规定:"中介人应当就有关订立合同的事项向委托人如实报告。中介人故意隐瞒与订立合同有关的重要事实或者提供虚假情况,损害委托人利益的,不得请求支付报酬并应当承担赔偿责任。"

至于司法实践中可能存在的其他侵害债权的情形,可以在具体案件中进一步探索。需要把握的原则是,考虑到确定侵权责任法律规范所保护权益的范围涉及权益保护与行为自由维护的平衡问题,应当做好两者即债权安全与行为的协调,确保法律适用的可预见性。

3. 民事利益还是属于侵权责任法律规范的保护范围

民事利益是否属于侵权责任法律规范保护的范围,在原《侵权责任法》起草的过程中,曾有不同看法:(1)侵权责任法律规范保护的利益应当是私法上的,属于绝对性的合法利益,具有可救济性。具体的范围包括一般人格利益、死者人格利益、财产利益及其他合法利益。① （2）民事法益具有类似民事权利的某些属性，但具有不同于民事权利的特征，部分民事法益可以上升为民事权利，而另一部分则只能以受到法律保护的利益形态存在，如死者的姓名、肖像、名誉、隐私、遗体、遗骨等人格利益，就只能作为法益而不能成为权利受到侵权责任法律规范的保护，等等。民事利益，是指民事主体享有，能够给自己带来一定便利，尚未被法律认可为民事权利的私法上的利益。除了成为民事权利客体、明确受法律保护的民事利益外，民事利益可以分为：其一，法律规定应当予以保护但未上升为民事权利的民事利益，即通常说的法益；其二，不受法律保护的民事利益。法益肯定属于原《侵权责任法》所保护的利益。

我们认为，原《侵权责任法》以民事权益统领民事权利与民事利益，对二者并未明确区分，而是均列入保护范围。但由于民事利益的特殊性，并不能不加区分地一概予以保护：（1）凡是法律已经明文规定应当保护的合法利益，都是原《侵权责任法》保护的范围，如死者的人格利益。（2）故意违反法律包括善良风俗等法律原则的不法利益，不属于原《侵权责任法》调整的范围，也就是不应受到法律规范包括侵权责任法律规范的保护，如违法犯罪所得的利益，从事色情、赌博活动所获得的利益等。（3）利益应当达到一定程度，轻微的民事利益不应当作为原《侵权责任法》保护的范围，以更好地对民事主体的行为自由予以保障。②

至于明知用于非法利益取得而采取诸如提供场所、设备设施使用等所产生的利益，是否也属于不法利益不受保护，有的认为，对这种利益应当加以保护，即不能作为不法利益认定。③ 我们认为，这种情况关键在于能否认定为非法利益。倘若明知他人用于非法出租场所等获取利益的，属于非法或者侵权的帮助行为，不应受到法律保护；倘使对他人用于非法或者侵权并不明知，即使具有过失，也不应认定为不法利益，应受到法律保护。

具体而言，在界定哪些民事利益要受到侵权责任法律规范的保护时需考虑以下因素：

（1）民事利益是否被一些特别的保护性法律规范予以保护。例如，《证券法》第85条规定，信息披露义务人未按照规定披露信息，或者公告的证券发行文件、定期报告、临时报告及其他信息披露资料存在虚假记载、误导性陈述或者重大遗漏，致使投资者在证券交易中遭受损失的，信息披露义务人应当承担赔偿责任；发行人的控股股东、实际控制人、董事、监事、高级管理人员和其他直接责任人员以及保荐人、承销的证券公司及其直接责任人员，应当与发行人承担连带赔偿责任，但是能够证明自己没有过错的除外。这便是对投资者经济利益的保护。当然，这些法律规范并不限于私法领域，亦包括行政法规等属于公法领域的法律规范。

（2）行为人侵犯该民事利益时的主观状态。倘若侵权人的主观状态出于故意，那

---

① 王利明：《侵权责任法律规范研究》（上），中国人民大学出版社2010年版，第92—98页。
② 杨立新：《侵权责任法》，人民法院出版社2013年版，第40页。
③ 王泽鉴：《捣毁私娼馆、正当防卫与损害赔偿》，载王泽鉴：《民法学说与判例研究》（第八册），北京大学出版社2009年版，第147页。

么被侵犯的民事利益通常可以通过侵权责任法律规范予以保护。

（3）行为人在实施侵害行为时，是否与受害人之间处于一种紧密关系，以至于行为人可以合理预见到自己的行为将会给受害人的利益带来损害，或者受害人可以合理信赖行为人不会从事侵害行为，从而对行为人施加危险的行为未注意防范避免具有合理性。

（4）在界定受保护的利益范围时，应当考虑行为人的行为自由。强调对他人利益的保护，需要不以限制他人行为的合法自由为前提，而过分强调他人利益的保护，又可能限制他人的合法自由。故需要在他人的民事利益保护与他人行为的自由之间寻找合理的平衡。

第二章

侵权责任的构成要件

第一节 一般侵权责任构成要件概述

一、一般侵权责任构成要件的概念

一般侵权责任的构成要件是指承担一般侵权责任所必要的各种条件的因素总和，即行为人承担侵权责任所必须具有的一切条件，也就是判断行为人是否应当承担侵权责任的标准。仅有损害事实尚不足以让行为人承担侵权责任，责任的确定必须依据一定的标准加以判断：一方面，有侵害行为并不意味着就有侵权责任。如果行为与损害结果之间的因果关系链条过长，或者行为人基于某种正当理由实施了损害行为，或者行为人尽到了合理注意义务而没有过错，或者受害人具有故意或重大过失，如此等等，行为人据此都可能不需要承担侵权责任。另一方面，没有侵害行为也不意味着就没有责任，如物件致人损害的，物件的所有人或管理人应当依法承担责任。至于"一般侵权责任"，其一是指亲侵害行为（自己实施的狭义侵权行为）造成损害的责任；其二是指亲侵害行为适用过错责任原则情况下的责任。本章讨论的构成要件适用于一般侵权责任，无过错责任行为或者准侵权行为在责任构成方面有特殊要求，具体在各种特殊侵权责任中加以介绍。

二、侵权责任构成要件的理论学说

关于侵权责任的一般构成要件，各国学者有不同看法，主要有三要件说与四要件说。

（一）法国法的三要件说

该学说认为，侵权责任一般构成要件包括过错、损害事实、行为与损害事实之间的因果关系三个要件。基于《法国民法典》第1382条关于"人的任何行为给他人造成损害时，因其过错致该行为发生之人有义务赔偿损害"；第1383条关于"任何人不仅对其行为造成的损害负赔偿责任，而且对因其懈怠或疏忽大意造成的损害负赔偿责任"；第1384条关于"任何人不仅对自己的行为造成的损害负赔偿责任，而且对应由其负责的人的行为或在其照管之下的物造成的损害负赔偿责任"等规定,① 违法行为不足以作为侵权行为责任的构成要件,主要理由在于:

(1)《法国民法典》以过错作为判断是否构成侵权行为的依据。尽管在过错责任中,多数侵权行为系违法的,但是,违法性要件通常被过错要件所包括,不法行为就是侵权行为的别称或同义语。与此同时,某种行为可能并没有违反法律的明确规定,然因行为人具有过错,也可能要承担侵权责任。

(2)"违法性"一般不被承认为单独要件。"违法性"是否应当作为一个单独的构成要件,理论界存在着不同看法,主张三要件的所持态度是否定的。他们认为,倘若给它附上"违法性"这样一个条件,显然会加重受害人的举证责任,使当事人在程序上的权利义务难以得到保障而达到平衡。

(3)"过错一方面是指行为人主观方面的责难性,另一方面是指行为人客观方面的义务违反行为。"② 如果一个人在客观方面没有尽到自己该尽的注意义务,其行为即使不具有不法性,在他的主观方面仍然要受到责难,即行为人违反了自己的义务,必然受到一种否定性的评价甚至遭到制裁。换句话说,法律对人的行为要求应该具有可预见性,倘若行为人在主观方面不是出于故意或者过失,就无法说明他的行为具有"违法性"。

(4)将不法与过错区分开来的初衷在于运用不法概念便于确定人们的行为准则,没有必要,实益不大。③

(二)德国法的四要件说

该学说认为,侵权责任的构成由损害事实、违法性、过错、侵权行为与损害事实之间的因果关系四要件构成。《德国民法典》第 823 条规定:"因故意或过失,不法侵害他人之生命、身体、健康、自由、所有权或其他权利者,对于该他人,负赔偿因此所生损害之义务。违反以保护他人为目的之法律者,负同一之义务。依法律之内容,无可归责事由亦可能违反该法律者,仅于有可归责事由之情形,始负赔偿义务。"④ 据此,对于侵权责任的构成确立了四个要件,主要理由有:⑤

(1)违法行为作为行为要素和违法性要素的结合,由行为和违法性合二为一,成为侵权责任构成的客观要件之一,加上损害事实和因果关系这两个客观要件,构成完整的侵权责任客观要件的体系。作为侵权责任构成客观要件的违法行为,其行为要素和违法性要素的作用各不相同。行为,确定侵权行为的外观表现形态;违法性,确定该行为在客观方面与法律规范之间的关系。若侵权责任中没有行为要件,则无法说明侵权行为的客观表现形式;若没有违法性要件,又无法确认侵权行为与法律之间的关

---

① 《法国民法典》,罗结珍译,北京大学出版社 2010 年版,第 351 页。
② 王利明、周友军、高圣平:《中国侵权责任法教程》,人民法院出版社 2010 年版,第 202 页。
③ 孔祥俊、杨丽:《侵权责任要件研究》(上),载《政法论坛》1993 年第 1 期。
④ 《德国民法典》,台湾大学法律学院、台大法学基金会编译,北京大学出版社 2017 年版,第 732—733 页。
⑤ 杨立新:《侵权责任法》,法律出版社 2018 年版,第 81 页。

系，因而使得侵权责任无法认定。

（2）过错作为侵权责任构成的主观要件不能代替违法行为这一客观要件。前者是行为人的主观心理状态，体现了行为人主观方面的应受非难性。基于民法上判断过错的标准主要采取客观标准，以及行为本身就具有行为人的意志因素，有的学者于是提出了客观过错的概念，使过错这一主观要件变成了客观要件，并且主张过错能够代替违法行为这一客观要件，认为违法行为包含于过错之中。我们认为，主观和客观作为哲学上的一对范畴，既相互区别又相互联系，对立而统一。在某一具体的行为中，一般情况下，既包括行为人的主观状态，也包括客观方面的外在行为。这两种形态表现形式虽然不同而独立存在，可又相互联系统一而构成一个整体。在理论上，将行为人的主观心态与客观行为严格区分开，并不是要割裂两者之间的内在联系，乃是要确立主观心态和客观行为各自成立的不同标准，检验行为人在其实施的行为致人损害中是否具备这样两个方面的要件。是以，主观过错和客观行为不仅应当分开，而且能够分开，从而均可也应作为侵权责任的构成要件。过错仍然是人的观念形态，而不是客观行为本身，是"行为人通过违背法律和道德行为表现出来的主观状态"①。客观过错并不是指过错已经不再是行为人的主观状态，只是在确定行为人在主观方面有无过错时，不以主观标准进行考察，而以客观标准衡量，违反一般注意义务的为主观方面具有过错。不过，侵权责任法律规范并非完全以客观标准衡量过错的有无，主观标准仍有适用的必要。在行为人故意侵权，其行为完全表现出故意的心理状态时，仍旧采用主观标准，而不采用客观标准。违反一般注意义务这一客观标准不是衡量一切过错的标准，而是衡量行为人主观方面是否存在过失的标准。既然客观过错只是对某些过错的判断方法的表述，而非过错已由主观心理状态的性质改变为客观的性质，那么，也就改变不了过错为侵权责任构成主观要件的性质。所以，过错也就不能替代违法行为这一客观要件而使行为的违法性列入侵权责任的构成要件之外。

（3）否认违法行为作为侵权责任的构成要件，则无法处理因果关系这一要件。侵权责任构成要件中的因果关系，是指违法行为与损害事实之间的因果关系，为这两个要件之间的引起与被引起的关系。倘若否认违法行为为侵权责任的构成要件，则只能将因果关系表述为"过错与损害之间的关系"②。这种表述的结果把主观的思想或意志与客观的损害强行拉扯在一起，显然无法得出两者之间具有引起与被引起的客观因果联系的结论。如此推论下去，就会得出侵害人的思想可以导致受害人权利损害这一客观结论。之所以产生这样的结论，就是因为在过错与损害之间缺少了行为这样一个客观要件作为中介。因为只有行为才能造成损害，过错不能直接造成损害。它们之间的逻辑关系是："过错→行为（违法性）→损害"，逻辑上不能是"过错→损害"。③

（三）中国理论界与实务界对侵权责任构成要件的态度

关于侵权责任的一般构成要件，在中国理论界，三要件说、四要件说两种观点难

---

① 王利明主编：《民法侵权行为法》，中国人民大学出版社1993年版，第154页。
② 孔祥俊、杨丽：《侵权责任要件研究》（下），载《政法论坛》1993年第2期。
③ 杨立新：《侵权责任法》，法律出版社2018年版，第81—82页。

分轩轾。在实务界，司法解释虽没有明确确认三要件说或者四要件说，然《关于审理名誉权案件若干问题的解答》（法发〔1993〕15号）[①] 第7问"侵害名誉权责任应如何认定"中指出："是否构成侵害名誉权的责任，应当根据受害人确有名誉被损害的事实、行为人行为违法、违法行为与损害后果之间有因果关系、行为人主观方面有过错来认定。"这样，在认定侵权责任至少是名誉权侵害责任时，采取的为四要件说。

第二节 损　　害

一、损害的概念

损害，作为侵权责任必备的构成要件之一，说明任何人只有在因他人的行为受到实际损害时才能获得法律上规定的赔偿救济，而行为人也只有在因自己的行为及自己所控制的对象致他人损害时，才有可能承担损害赔偿责任。然而，通观世界各国的法律规定，却少有对其作出明确定义的。在我国，原《侵权责任法》和现行《民法典》也未明确加以界定。在法学理论上，对损害有广义与狭义两种理解。广义理解中的损害，包括人身损害与财产损害；狭义理解中的损害则仅指财产损害，人身损害作为非财产损害或精神损害，则不包括在内。在一般情况下，侵权责任中的损害，乃采广义说，既包括人身损害，又包括财产损害，还包括精神损害。

按照《说文解字》的解释，损，减也；害，伤也，均属一种不利益。所以，损害作为权利或利益遭受侵害时所产生的不利益，是指一定的行为致使权利主体的人身权利、财产权利以及其他利益受到侵害，并造成财产利益和非财产利益的减少或者灭失的客观事实。

二、损害的本质

关于损害的本质，在法学理论上存在两种学说，即利益说和组织说。

（一）利益说

利益说，也称差额说，最早由德国学者麦蒙森提出。他认为，损害就是指被害人对该特定损害事实的利害关系，也就是说，因为某项特定损害事实的发生使其丧失了一定的利益，事实发生后的利益状况与发生前的利益状况差额，就是受害人所遭受的损害。利益说也可以这样理解，是指权利或者利益所遭受的不利益状态，即损害等于不利益。没有不利益也就没有损害，损害赔偿也就是恢复利益状态。该说提出后，一直为德国学说和判例所采纳，并且对大陆法系国家的侵权损害赔偿理论产生了重要影响。

按照这一学说，"损害"可以分为"积极损害"与"消极损害"，两者在我国台湾

[①] 最高人民法院1993年8月7日发布施行，已由最高人民法院2020年12月23日通过、2021年1月1日起施行的《关于废止部分司法解释及相关规范性文件的决定》（法释〔2020〕16号）废止。

地区分别称为"所受损害"与"所失损害"。前者指现有财产的积极减少，后者则为应得财产的消极不增加。就价值优势而言，主要体现在以下三个方面：(1) 将损害等同于利益关系，即损害等于不利益，实际上就是将损害转化为可计算的利益。(2) 衡量损害时，应当以受害人的财产状况为准确定其差额。这样，为损害赔偿确立了一个客观标准。(3) 强调以总财产的变动来判定损害是否存在，并确定损害的大小。至于损害所造成的物的外形破坏，与损害无关，不能作为损害的计算标准。① 利益说，作为德国民法关于侵权损害赔偿的权威学说，之所以用于解决侵权损害赔偿的实务问题，主要原因在于《德国民法典》以完全赔偿作为侵权损害赔偿的基本原则。按照这一学说，损害就是被害人的总财产状况在有损害事故发生与无损害事故发生的情况下作出比较所产生的差额。是以，利益说又称为"差额说"。不可否认，在大多数情形下，差额说都能比较顺利地解决损害的认定问题，如甲将乙的明代花瓶打破一个缺口，花瓶原价值10万元，现价值3万元，那么乙的损失就是7万元。但是，在某些特定的情况下，差额说亦会存在解决力不足的问题，如乙有两个明代花瓶，每个10万元，甲打破其中一个，但是另一个变成了孤品，价值上升到了50万元，此时从乙的总财产状况看，乙的财产不仅没有减少，反而还有所增加。如果按照差额说，乙没有损失，甲就无须赔偿。这样就会与常识相违背，因为甲确实打碎了乙的一个花瓶。针对上述差额说的不足，有人提出了损害的"组织说"。

(二) 组织说

组织说，最早由德国学者奥特曼提出。他认为，损害指法律主体因其财产的构成成分被剥夺或毁损或身体受到侵害而遭受的不利益。该说认为，"特定物体损毁本身亦构成损害观念之一部分，具有独立性，系第一位的损害，可称为'客观损害''真实损害''直接损害''毁损损害'；第一位的损害导致的财产减少（如支出修复费用）为第二位的损害；'损害'在观念上系由该客观损害（第一位损害）与财产总体上出现差额之'利益损害'（第二位损害）组织而成，其中，客观损害亦应客观估定并应于任何情形下予以填补"②。"'组织说'系针对侵害财产权利造成财产损失提出，其客观损害系指财产损毁，本身可以客观估定其价值。但对于侵犯人身权利所致生命、身体、健康之人格所受伤害，无法客观估定其价值。因此，在人身损害赔偿领域里，因生命、身体、健康遭受损害，其第一位的损害即人格本身所受损害（肉体痛苦与精神痛苦），系'非财产上损害'，只能诉诸精神损害赔偿；对因人身受侵害所引起的第二位损害，即因支出医疗费、护理费、丧葬费以及收入损失等财产利益损害，则可依据'利益说'衡量其价值而予以赔偿。因此，解释上对人身损害赔偿之财产上'损害'的含义，系依据'利益说'予以认识和评价。"③

---

① 曾世雄：《损害赔偿法原理》，中国政法大学出版社2001年版，第120页。
② 同上书，第119—120页。
③ 唐德华主编、最高人民法院民事审判第一庭著：《最高人民法院〈关于确定民事侵权精神损害赔偿责任若干问题的解释〉的理解与适用》，人民法院出版社2001年版，第333页；邹海林、朱广新主编：《民法典评注：侵权责任编》（第1册），中国法制出版社2020年版，第164—165页。

(三) 两种学说的优缺点

由上所述，两种学说都在一定程度上从不同的角度揭示了损害的某些本质属性，但影响最大的还是差额说。因为差额说从利益差别角度来确定损害，其精神与赔偿法中的赔偿全部损害这一最高赔偿原则相符。另外，损害观念较易理解，并因确定了损害赔偿的标准，要求比较损害发生前和发生后的利益状态的差额，以确定利益的损害程度，具有较强的可操作性和实用性。尽管如此，因差额说维护的只是被害人的所谓价值和财产利益，对于不具有财产价值的法益的侵害，没有考虑在内。[①] 同时，对于损害利益，只注重按照市场价格计算损失，然很多损失并不能以金钱来衡量，于是也就存在一定的不足。正如日本学者北川善太郎所说，对于非财产损害、因原状恢复的赔偿等难以确定的情形，损害只能依推定暧昧地进行。[②] 此外，根据该学说的观点，受害人在遭受损害以后因为社会捐助使其获得外来的利益（如赠与等），应当排除在损害赔偿计算范围之外，对受害人也未必有利。此时，组织说则为财产差额大于客观损害的损害赔偿提供了理论依据。

(四) 司法解释的态度

关于人身损害赔偿制度的设计，《审理人身损害赔偿案件解释》"并未完全采纳'利益说'，而是按照'具体损失差额赔偿，抽象损失定型化赔偿'的原则设计赔偿标准。其中，因残疾赔偿金的赔偿采取'劳动能力丧失说'而非'所得（收入）丧失说'，实际上是按定型化赔偿来确定赔偿标准的，而非'利益说'的差额赔偿"[③]。

三、损害的认定

(一) 损害的可补救性

损害的可补救性，乃系受害人能够在法律上获得救济的最终后果。受害人的人身或者财产上的不利益，只有在法律上被认为具有补救的必要性时，才会让侵害人承担侵权责任，以对受害人的损害进行相应的补偿。损害的可补救性包括以下内容：

（1）从量的方面来看，损害必须达到一定的程度。损害已经发生，且必须达到一定程度，在法律上才具有可补救性。损害虽已发生然未达到一定程度而在法律无补救必要，则无须让行为人承担侵权责任。这是因为，在社会生活中，基于各种各样的原则，损害的产生在所难免。为了维持社会生活的安定，法律上常常要求人们容忍来自他人行为的轻微损害，或使行为人对他人造成的轻微损害后果不承担法律责任。如《德国民法典》第906条第1款就规定："土地所有人对于瓦斯、蒸气、臭气、烟、煤、热、音响及振动之侵入，及其他来自邻地之类似干扰，并不妨害其对土地利用，或其妨害仅系不重大者，不得禁止之。法律或法规命令所定之上限值或标准值，不为

[①] 〔德〕迪特尔·梅迪库斯：《德国债法总论》，卢谌等译，法律出版社2004年版，第432页。
[②] 〔日〕北川善太郎：《损害赔偿论序说（一）》，载《法学论丛》第73卷第1号，第9页。
[③] 邹海林、朱广新主编：《民法典评注：侵权责任编》（第1册），中国法制出版社2020年版，第165页；最高人民法院民事审判第一庭编著：《最高人民法院人身损害赔偿司法解释的理解与适用》，人民法院出版社2004年版，第437—438页。

依该规定确定及评估之干扰所超过者,通常不构成重大之妨害。"①

至于判定侵害是否达到需要补偿程度的依据,通常为两个:一是法律的明确规定;二是法官根据法律的精神和社会公众的一般认识作出的判定。在侵权行为中,实行无损害无实害侵权的原则,侵权责任的承担要以损害事实为基础。倘若不存在损害事实,则不存在侵权责任。例如,甲骑自行车上班,在一拐弯处,没有减速,将一行人乙撞倒在地,但乙毫发无伤,甲走上前去,告诉了乙自己的姓名和住址,说:"如有问题,请来找我。"乙当时拍了拍身上的灰便走了。回到家后,乙说起此事,邻居丙告诉他,此种情况下,可向甲讹一笔钱。于是,乙向法院起诉,要求甲予以赔偿。在此案中,骑车人甲虽将乙撞倒,然其行为并未造成乙的损害,乙起诉的目的是在受到邻居丙的唆使后企图对甲进行讹诈,主观动机具有不道德的因素。所以,甲的行为不构成侵权,也就不存在所谓的承担侵权责任的问题。

(2)从质的方面来讲,损害在本质上乃是对权利和利益进行侵害后所产生的后果,且受害人请求保护的权利和利益必须是侵权责任法律规范所保护的对象。例如,某人开设了一家饭店,生意很好,有人便在它旁边也开设了一家饭店,导致竞争激烈,其营业额下降。这种因合法竞争所造成的损失,不属法律保护的范围,不能认为后者开设另一饭店的行为构成侵权而让其承担所谓的侵权责任。

(3)从因果关系的角度来说,损害必须与义务人的行为存在着法律上的关系,具有可补救性。如纯粹经济损失因为因果联系的不密切,在大多情况下就不能得到赔偿。

应当指出,损害的可补救性,并不是说损害必须能够以金钱计量。既然损害为对权利和利益的侵害,那么,应予补救的损害就不限于能够计量的损害。其实,民法上的补救措施并不限于损害赔偿,还包括停止侵害与恢复原状等其他责任形式。所以,具有可补救性的损害并非仅仅指能够产生损害赔偿责任的损害。

(二)损害的确定性

损害的确定性,意味着损害事实是一个确定的事实,不是臆想的、虚构的、尚未发生的现象。从侵权责任的确定与承担来看,损害事实必须确定,才能对因果关系和过错问题作出判断,进而确定行为人的责任问题。其内容包括:

(1)损害是已经发生的事实。损害未来的利益或者尚未发生的损害因不具有确定性,不构成侵权责任中的损害。但是,行为人的行为对他人权利的行使构成妨碍,虽未形成实际的财产损失,也可能构成损害,如误工损失和预期收入损失就是如此。

(2)损害是真实存在的损失,不是当事人纯主观方面的感觉或臆想的损失。例如,仅仅怀疑他人披露了自己的隐私感到精神痛苦,并要求赔偿,此种所谓臆想的损害就不具有确定性。

(3)损害是对权利和利益侵害的事实,确定损害的标准为社会的一般观念和公平

---

① 《德国民法典》,台湾大学法律学院、台大法学基金会编译,北京大学出版社2017年版,第796—797页。

意识。如某商店遭受火灾，房屋和其他财物被烧毁是一个确定的事实。但是，某人因商店被毁，不能正常购买生活必需品，影响了正常生活，其所受到的损害按一般观念就应该是难以确定的事实。

（三）损害是侵害合法利益的结果

受害人所受到的损害之所以能够获得法律上的补救，原因就在于其合法利益受到了不法侵害。因此，法律要对不法行为人施加制裁，并对受害人提供法律保护。只有在合法利益受到侵害的情况下，才可视为有损害的发生。至于侵权行为所造成的损害，既包括对他人权利的侵害，又包括对他人权利之外的合法利益的侵害。损害包括对权利之外合法利益的侵害，表明法律对一切合法利益均予以保护。不论合法利益是否构成法定权利，任何人对此都负有不得侵害的义务。在我国，侵权责任法律规范对权益的保护范围尽管极为广泛，但并没有将非法利益纳入其保护范围。《民法典》第1165条第1款规定："行为人因过错侵害他人民事权益造成损害的，应当承担侵权责任。"据此，侵权责任法律规范保护的对象为合法的民事权益。对非法利益的侵害或剥夺原则上不能寻求侵权责任法律规范的救济。不过，一个人因为受贿、盗窃等获取的财产为非法利益，最终不能取得所有权。但是，在没有经过法定程序认定属于非法利益之前，除非当场发现，一般不能以某种财产属于受贿、盗窃等的非法所得而加以侵害。换言之，对这种实际虽然属于违法但未经法定程序加以确认的非法利益造成损害的，仍然要承担侵权责任。所以，是否属于非法利益，要通过法律程序依法认定，不能由行为人自己随意加以认定。

四、损害在侵权责任法中的法律意义

损害在侵权责任法律规范中的意义在于界定侵权责任的构成要件与确定侵权行为的范围，具体来说，主要表现为：

① 明确损害的可救济性，确定侵权责任法律规范的保护范围。并非所有的损害都可以受到侵权责任法律规范的救济，只有那些侵害了《民法典》第1164条所确立的民事权益，并在法律上具有可补救性的损害，才能获得赔偿。

② 明确损害的概念有利于将侵权责任制度与相关法律制度加以区分。现代社会，对损害采取了多元的救济机制。对损害的救济，不仅可以通过侵权责任制度来进行，还可以通过社会保险、社会救助等方式来进行。但是，社会保险、社会救助制度与损害的救济范围不同，因而，明确损害的概念，才能确定侵权责任的基础，并为侵权责任的完全赔偿原则奠定逻辑前提。

③ 明确损害的概念，有助于区分侵权责任与绝对权请求权制度。侵权责任法律规范中的损害不同于绝对权请求权中的妨害。在绝对权请求权中，权利行使的前提是存在妨害或者可能的妨害，而不是损害。所以，明确损害的概念，有助于将侵权责任与绝对权请求权制度加以区分。

五、损害的类型

(一)事实损害与法律损害

以所受到的损害是否具有法律性质为标准,损害可以分为事实损害与法律损害。前者仅从客观上考察受害人是否遭受不利益;后者则要求受害人不仅遭受了事实上的不利益,而且这种不利益还为法律保护并要求行为人依法予以赔偿或者补偿的不利益。作为侵权及侵权责任构成要件的损害,则是后者这种不利益。受害人倘若遭受了事实损害这种不利益,但是不属于法律保护并要求予以赔偿或者补偿的不利益,则也不能认为侵权及侵权责任已经构成。

(二)财产损害与非财产损害

以所受到的损害是否属于财产损害为标准,损害可以分为财产损害与非财产损害。财产损害,是指对他人的财产或人身权利进行侵害而造成的受害人的经济损失。凡是权利人遭受的一切具有财产价值的损失,均可称为财产损害。这种损害,一般可以金钱衡量确定,不仅包括积极损失(所受损害)即财产价值的直接减少,而且也包括消极损失(所失利益或逸失利益)即财产价值应该增加而没有增加。非财产损害,则系赔偿权利人所遭受的财产损害以外的损害,主要指但不限于精神损害。两者的区别如下:

(1)是否可以依金钱进行衡量。财产损害可以金钱衡量,而非财产损害不能以金钱衡量。对"同命不同价"的诠释应为:人的生命、身体是不能用金钱来衡量的,侵害生命的赔偿并非赔偿生命的价钱,而是赔偿因侵害生命权所引发的财产损害和精神损害。最高人民法院《民事审判信箱》第34期就指出,"死亡赔偿金"并非"赔命钱",也不是赔给死者的。死者在法律上和事实上都不能享有或者行使此项损害的赔偿请求权。"死亡赔偿金"在内容上是对构成"经济性同一体"的受害人近亲属未来收入损失的赔偿,其法律性质为财产损害责任,赔偿请求权人系具有"钱袋共同"关系的近亲属,"死亡赔偿金"是受害人近亲属所具有的人身专属性质的法定赔偿金。是以,"死亡赔偿金"不是遗产,不能作为遗产继承,死亡受害人的债权人也不能主张受害人近亲属在获得死亡赔偿金的范围内清偿受害人生前所欠的债务。

(2)赔偿是否需要严格的法律依据。一般来说,财产损害都应该予以赔偿。但是,对于非财产损害而言,许多国家的法律都规定,只有当法律明确规定给予赔偿时方能加以赔偿。如《德国民法典》第253条规定:"非财产上损害之金钱赔偿,仅以法律所定之情形为限。因侵害身体、健康、自由或自主而应赔偿损害者,亦得就非财产上之损害请求公平之金钱补偿。"① 《意大利民法典》第2059条规定:"非财产的损害,以由法律所定场合为限,实行赔偿。"② 《葡萄牙民法典》第496条第1款亦规定:"在

---

① 《德国民法典》,台湾大学法律学院、台大法学基金会编译,北京大学出版社2017年版,第235页。
② 《意大利民法典》,陈国柱译,中国人民大学出版社2010年版,第355页。

定出损害赔偿时,应考虑非财产之损害,只要基于其严重性而应受法律保护者。"[1] 我国《民法典》第 1183 条规定:"侵害自然人人身权益造成严重精神损害的,被侵权人有权请求精神损害赔偿。因故意或者重大过失侵害自然人具有人身意义的特定物造成严重精神损害的,被侵权人有权请求精神损害赔偿。"据此,《民法典》规定的精神损害责任,原则上限于侵害人身权的范畴。

(3) 适用主体不同。例如,法人通常只有财产损失,而没有非财产损失。

(4) 赔偿目的不同。赔偿财产损害在于恢复原状,赔偿非财产损害则在于给予慰藉。人身损害虽不能以金钱来衡量和支付,然人身损害事实是可以确定的,抚慰受害人的精神痛苦的物质条件是可以用金钱来衡量和支付的。

(三)所受损害和所失利益

以所受到的损害是属于现有财产的减少还是属于应增加利益的失去为标准,损害可以分为所受损害和所失利益。

(1) 所受损害。它是指现有财产的直接减少,也称为积极损害,主要包括:① 因为财产遭受侵害所支付的费用,如汽车被撞毁后所支付的修理费。② 物品遭受的毁损,如汽车被撞毁后不能修理,由此导致汽车价值的降低。③ 侵害生命权、健康权所遭受的积极财产损害。例如,就医治疗支出的费用,如医疗费、护理费、住宿费、住院伙食补助费、必要的营养费、康复费、后期治疗费、交通费;因增加生活上需要所支出的费用,如残疾辅助费。④ 财产权益丧失或者受到限制,如故意使他人的抵押权不能登记,致使抵押权不能取得,使抵押权丧失。⑤ 附随的损失,如开车将他人汽车撞毁,尽管对该车进行了赔偿,但在赔偿仅限于修理费用时,汽车贬损的费用,则可以认定为附随的损失。

(2) 所失利益。它是指因损害事故的发生使赔偿权利人的财产应增加而未增加的相对损害,又称为"逸失利益",主要包括:① 侵害财产权而造成的利益损失。如因侵害财产权而引起的利润损失。② 侵害生命健康权所造成的各种消极损害。如因全部或部分丧失劳动能力导致收入丧失或减少,或者因死亡而导致的收入损失或误工损失等。③ 各种机会的损失,即因侵权行为而致受害人丧失某种机会产生的损失。例如,甲工作勤勤恳恳且业务能力强,单位准备为他升迁。但在公示过程中,乙出于忌妒,捏造事实说甲有行贿行为,甲由此失去升迁机会,便可以要求乙赔偿机会损失。

机会损失,就其特点而言,主要表现为:① 它既不体现为现有财产的损害,又不体现为实际财产利益的损失。尽管机会的丧失可能会给受害人造成一定的损害,甚至可能非常巨大,然毕竟机会本身并不属于财产的范畴。因此,如果要对机会损失给予赔偿,所遇到的最大障碍就是损害如何以金钱进行确定和计算的问题。绝大多数情况下,甚至难以找到一个市场价格用以确定、计算各种机会的损失。② 机会损失是一种未来利益的损害。在侵权行为发生时,机会尚未实现,它仍然是未来利益的损害。也就是说,机会能否在将来实现,尤其是在实现后能否为受害人带来一定的经济利益,

---

[1] 《葡萄牙民法典》,唐晓晴等译,北京大学出版社 2009 年版,第 88 页。

难以确定。③ 机会利益不具有确定性。受害人要主张机会损失的赔偿，应当证明机会的实现具有确定性，尤其要证明这种机会的实现会给其带来一定的经济利益，可这些却因机会利益的不确定性而难以甚至无法做到。故对于这种机会损失，除非法律具有特别明确而具体的规定，原则上不应该予以赔偿。

（四）直接损害与间接损害

以损害是否为侵权行为直接所致为标准，损害可以分为直接损害与间接损害。

（1）直接损害，又称积极损害，一般是指受害人现有财产的减少，也就是侵权行为侵害受害人的财产权利、人身权利，致使受害人现有财产直接受到的损害。例如，财物被毁损而使受害人财富的减少，致伤、致残后受害人医疗费用的支出，人格权受到侵害后支出的必要费用等，就都是直接损害。

（2）间接损害，系不是由侵权行为直接引发的而由其他媒介因素的介入所造成的损害，具有如下主要特点：① 损失是一种未来的可得利益，而不是既得利益。在侵害行为实施时，它只具有财产取得的可能性，还不是现实的财产利益。是以，间接损害又称可得利益的丧失。② 这种丧失的未来利益是具有实际意义的，通常情况下是可以获得的，而非假设利益。③ 这种可得利益必须限定在一定范围，即为侵权行为直接影响所及的范围，超出该范围的损害，不属于间接损害。

（五）一般财产损失和纯粹经济损失

以损害是否属于人身、财产损害为标准，损害可以分为一般财产损失和纯粹经济损失。

（1）一般财产损失，是指行为人的行为给他人造成的直接或者间接的损害。例如，直接侵害他人财产而致他人财产的损毁，以及该财产损害在通常情况下可能给权利人带来的间接损害，如砸毁他人的出租车给出租车司机带来的营运收益损失，就是一般财产损失。《民法典》所称的人身、财产损失，往往指的就是一般财产损失。

（2）纯粹经济损失，又称纯粹财产上的损害，是指行为人的行为虽未对受害人的权利造成直接侵害但给受害人造成了人身伤害和有形财产损害之外的经济上的损失。这种纯粹的经济损失，属于近几十年来侵权责任法律规范发展过程中的一个新问题。传统侵权责任法律规范仅仅对财产权和人身权遭受的损害予以救济，而没有对其他损害予以补救。然而，随着科学技术的不断进步和经济一体化的日益强化，各主体之间在经济上更相互依赖，并促进了彼此之间的相互作用。在此情况下，损害发生以后往往会产生一系列连锁效应，一个部门、一个企业的损害可能影响到其他部门或其他企业。尤其是大工业的发展、污染活动的增加以及职业行为的细化等，都使得很多损害会波及合同之外的第三人。例如，某工厂排泄废油污染某海域，该地区的渔夫无法出海捕鱼，所捕之鱼遭受污染，不能出售；而靠经营鱼类为主的海鲜餐厅多告歇业；周围旅馆住客率大大下降；城市相关配套设施的生意锐减，等等。上述渔夫不能捕鱼，海鲜餐厅歇业，旅馆住客率大降，相关配套设施的生意锐减等，皆属于上述纯粹经济损失。又如，某注册会计师就公司的资产出具虚假验资报告，股民因相信该报告购买该公司的股票后因股票价值大幅下跌所受到的损失，也属于纯粹经济损失的范围。再如，某人驾驶不当与前车相撞而致道路堵塞，后面的车主因为不能及时驾车出席演唱会，造成财产损失，亦为纯粹经济损失。正是由于损失遭受者与直接被侵害之物存在着这样或那样的关联，这种纯粹经济损失又被称为"关系性经济损失"。

对于纯粹经济损失，各国法律规范所确认的原则是一般不予赔偿，原因在于：① 纯粹经济损失与侵害行为之间的因果关系不直接，有的甚至过于遥远，依传统的相当因果关系理论很难给予赔偿。② 倘若都给予赔偿，则会妨碍行为自由。因为这种损害后果往往超出了一般人的行为预期，不具有可预见性，让行为人对所造成的纯粹经济损失都给予赔偿将会导致其责任过重。③ 社会成本增加。要是对这些损失都给予赔偿，实质上提高了全体社会成员的生活成本，影响了正常的经济流转。④ 容易导致诉讼泛滥。如果给予赔偿，则犹如开闸放水，要求赔偿的请求会像洪水一样铺天盖地卷来。不过，在例外情况如故意造成的损害下，对这种纯粹经济损失也可以依法给予适度赔偿。

在我国，法律没有对纯粹经济损失作出规定，其概念并不确定，但也不能对此全部予以否认和拒绝。在实际生活中，侵权行为及其结果千姿百态，个案发生的原因也多种多样，遇到具体情况时，可以具体问题具体分析。

应当指出，纯粹经济损失和间接损失不同。后者即继发（嗣后）经济损失的根本特征在于，它是发生于初始经济损失之后，与初始经济损失之间存在着财产和人身权利上的联系性。两者的主要区别体现为：损失是否与受害人的财产损害或者人身损害相联系。如果受害人存在初始的财产损害或者人身损害，那么此后发生的损失就属于间接经济损失，反之则属于纯粹经济损失。

（六）侵权损害与非侵权损害

以损害形成的原因是否为侵权行为所致为标准，损害可以分为侵权损害与非侵权损害。侵权损害，乃是指民事主体对受害人民事权益进行侵害造成的损害，以民事主体侵害行为构成侵权行为为前提，属于侵权责任中的损害；与此相对应，非侵权行为所造成的损害，如属于过错责任中完全由不可抗力造成的损害、主观上不存在过错造成的损害等，就属于非侵权损害，乃属于非侵权责任中的损害。

（七）有责任人损害与无责任人损害

以行为人对损害是否需要承担责任为标准，损害可以分为有责任人损害与无责任人损害。有责任人损害，是指依法有责任人对受害人的损害负责，有责任人应对损害承担责任的损害；无责任人损害，系受害人的损害依法没有责任人承担，而由受害人自行承担的损害。

应当指出，一种损害是否属于有责任人损害，并不完全取决于是否属于侵权损害。侵权损害，从理论上来说，固然要求有人承担责任，但是基于各种各样的原因，如过错责任中具有受害人故意、不可抗力等（准）一般免责事由的，在无过错责任中具有法定的特别免责事由的，则不承担责任，便属于没有责任人对该损害负责的损害。对于非侵权损害，既然没有侵权，就不存在对该损害赔偿的侵权责任。然无须进行赔偿，不承担侵权责任，也不意味着在任何情况下都绝对不会承担任何责任。基于一些特定情形，如行为人因此获利，或者完全由不可抗力造成，加上损害毕竟与行为人的行为相关，法律便按照公平原则让行为分摊一些损害，承担一定的补偿责任，就是如此。当然，不属于侵权损害，行为人根据公平原则承担的损害责任，乃非侵权责任的赔偿责任，而是基于公平责任的补偿责任。

以其他标准，损害还可以有其他分类方式。如以对损害所应承担责任的性质为标准，损害可以分为过错责任中的损害与无过错责任中的损害、侵权责任损害与非侵权责任损害；以是否由行为人行为所致为标准，损害可以分为行为人行为所致损害与非行为人行为所致损害等。

第三节 侵害行为

一、侵害行为的概念

侵害行为是任何侵权行为都必须具备的构成要件。只有存在侵害行为才可能构成侵权并可能承担相应的民事责任，否则不可能构成侵权，也就不存在任何民事责任及其承担的可能。

对于侵害行为，国外学者进行过较为广泛的探讨。有人认为，它是一种"民事上的过错行为"；有人认为，它为一种违反法定义务的行为；也有人认为，它系一种在合同关系之外的引起他人损害且无法定免责事由的行为；还有学者指出，一个令人满意的关于侵害行为的定义，至今尚未找到，人们的各种尝试不过是在不同的语言表达方式上取得了一些进展。法律逻辑学要求我们用最精炼、最准确的定义揭示一个法律概念的本质内涵。从这个意义上来说，我们尚未找到一个完整的关于侵害行为的定义。这不仅仅因为人们在对侵害行为的特征、范围和种类等的认识方面存在差异，更因为随着现代工业和科学技术的迅猛发展，基于无过错责任的行为大量出现，打破了传统的过错责任理论，也对侵害行为的概念提出了新的挑战。

我们认为，探讨侵害行为的概念，首先应当将侵害行为与过错区别开来。作为侵权行为的一个构成要件的侵害行为，是指行为人实施的具体的、客观的行为，而不是一种主观心理状态。虽然过错与侵害行为相互联系，侵害行为往往也会出于一定的过错，但过错要件所关注的是侵害人内心的故意或过失以及过错作为承担民事责任的基础问题；侵害行为并不讨论侵害人的主观心理状态，而是重点研究侵害人实施的行为的客观方面，包括这种行为与法律规定的关系、与侵害人的法定义务的关系以及与受害人受到保护的民事权益的关系等。应当指出，并非任何侵害行为都具有过错，根据无过错责任原则认定的侵害行为就不考虑侵害人的过错问题。基于上述认识，侵害行为作为一般侵权行为的构成要件之一，系行为人实施的侵害他人民事权益的一般表现为不法的行为，既包括侵害人自己侵害他人受到侵权责任法律规范保护的民事权益的亲侵害行为，也包括雇员、被监护人等致人损害或物件致人损害的事实状况这一准侵害行为。

应当指出，行为系指人的受意思支配的有意识的活动，不受意思支配的无意识的举止行动，如梦中骂人、受药物支配而无法控制的行动等，则不属于行为的范畴，也不能成为侵害行为乃至侵权行为。

二、侵害行为的性质

（一）它是侵害他人人身权、财产权以及法律保护的利益的行为

侵害行为所作用的对象是受害人的民事权益，包括人身权、物权和准物权、知识产权和其他无形财产权利等。婚姻家庭方面的权利有时也可能成为所侵害的客体。债权在一些特别的情况下才能成为所侵害的客体，这由债权的相对性所决定，单纯的违约一般不构成侵权责任。某些人身和财产方面的利益包括受到法律保护的精神利益（如死者的人格利益）和财产利益等，按照法律规定，亦可成为侵害客体。原《侵权责任法》第2条第2款对所保护的民事权益进行了列举，基于这种列举不可能穷尽，《民法典》于是没有采用这种不完全列举的立法模式，而是采取概括的立法模式，于第1164条规定，凡是为法律规范所保护的民事权益均属于侵害行为可以进行侵害的客体。

（二）它在一般情况下具有不法性

侵害行为的不法性是一般侵权责任的构成要件或者本质特征，某些特殊侵权责任虽不以行为违法为构成要件，但这不能否定一般侵权责任领域中的侵害行为的不法性。不法性也称违法性，是指侵害行为违反法律或者行政法规等规范性文件中的禁止性规定，或所侵害的是受到法律保护的民事权益尤其是绝对权利，或与法律的基本原则、精神价值相对立等。侵害任何一种绝对权利的行为当然具有违法性；违反以保护他人为目的的法律的侵害行为、故意违反善良风俗的侵害行为，也具有广义的违法性。《民法典》第1165条第1款使用动词"侵害"一词，在一定意义上也鲜明地显示了法律对侵害"行为"性质的否定性判断。

其实，违法性具有一定的层次性，既包括行为本身的违法性，又包括行为后果的违法性。显然，侵权行为以给他人造成损害后果或者危及他人人身、财产安全为必要。任何没有法律根据而致他人遭受损害或者危及他人人身、财产安全的行为，均为法律所否定，从这种意义上来说，所有侵权行为均具有违法性。当然，有的损害结果本来不系责任人的行为造成，如不可抗力、意外事故等造成的他人损害，由于不可抗力、意外事故乃系假借责任人的行为造成，基于救济受害人的需要等各方面的考虑，法律规定仍然让其承担责任，此时的责任行为则不宜认为具有违法性。当然，这种不具有违法性的行为乃为极为特别的情形，只有法律明确规定时才能让这种既无过错又无违法性的行为承担损害赔偿责任。

（三）它包括行为人自己实施的亲侵害行为与源于其他原因存在的加害这一非自身实施的准侵害行为

从广义上实施侵害行为的主体来看，侵害行为包括行为人自己实施的亲侵害行为

与由他人实施的行为或者其他原因导致的但由其对损害承担赔偿责任的准侵害行为。后者如雇员在执行雇佣工作的过程中或者为了雇主的利益实施的行为造成他人的损害等。应当指出,动物致人损害不是人的侵害行为,物件的内在危险之实现造成的损害(如建筑物倒塌造成人身伤害)也不属于人的侵害行为。在侵权责任法律规范理论中,一般侵权责任构成要件中的侵害行为,仅指行为人(即某人既是行为实施者也是责任承担者的情况)所实施的亲侵害行为(狭义侵害行为),而不包括雇员、被监护人等实施的侵害行为,以及动物、物件致害等情况的准侵害行为(广义侵害行为)。

三、不作为侵害行为

（一）不作为侵害行为的概念

不作为侵害行为,又称消极侵害行为,相对于作为侵害行为而言,指负有对他人应当作或为的作为义务,却不履行或者不适当履行该作为义务致他人损害的行为。其构成必须同时满足三个要件:一是行为人具有作为即采取积极行为防范或者避免他人遭受损害的义务;二是行为人具有实施作为义务的能力;三是行为人不实施作为的行为即不作为与损害结果之间具有因果关系。例如,夫妻甲、乙利用假期旅游,来到一个风景如画的大海旁边,不料,两人因照相事情发生激烈争吵,妻子乙于悲愤中纵身跳入大海中自杀。丈夫甲虽说是游泳潜水运动员,然并不救助,扬长而去,乙于是溺水身亡。对此,甲具有救助的义务,又有救助的能力,其不救助的行为与乙的死亡存在因果关系,便属以不作为的方式对乙实施了过错侵权。在刑法上,甲的行为还可构成故意杀人罪。再如,三九严寒天气,甲、乙、丙三个朋友相聚豪饮,丙醉得厉害。酒后,甲、乙将丙送至丙家的门前马路上后离开,丙来到自家门前时,酒劲发作而无法再动,酣睡于楼梯道上,不幸冻死。基于三人的先前行为,甲、乙负有将丙交给其成年家属或者亲自照顾的作为义务。甲、乙未尽义务,致使丙被冻死,构成不作为侵害。

（二）作为侵害与不作为侵害区别的不同观点

两者的本质区别如何,或者说对两者怎样进行区分,主要存在以下四种不同观点:

(1)违法情形不同。德国学者费肯杰教授从违法的含义入手对作为和不作为加以区分,认为违法就是指人的行为违反了法律秩序,包括违反法律命令和法律禁令两种情形。作为侵害与不作为侵害的区别,就在于违反法律的情形不同:作为是违反了法律禁令,不作为则是违反了法律命令。

(2)因果关系不同。德国学者冯·巴尔教授乃从因果关系链条的角度对作为和不作为进行区分,主张作为是指侵权行为人在受害人的法益上制造了危险;不作为则是指具有义务排除却未排除威胁到受害人的危险。确切地说,在作为的情况下,侵害人自己启动了具有法律意义上的危险因果关系链;而在不作为的情况下,则是侵害人没有中断自己应当中断的具有法律意义上的危险因果关系链。

(3)行为的表现不同。王泽鉴教授则从行为的外部表现区分作为和不作为,提出作为是指有所而为,可以由外部来认识,如手术开刀、出版刊物与通奸等;不作为则是指有所不为,如见到亲友遭绑架,无动于衷;孩童溺水,不予救助等。①

(4) 侵害行为对受害人利益影响不同。美国学者普洛塞教授从侵害人的行为是否已对受害人的利益造成损害来区分作为和不作为,认为是作为还是不作为,应当根据行为人的行为是否已对受害人的利益造成损害来判断。例如,司机驾车不慎,没有关好车门就启动汽车,造成乘客受伤。但是,没有关好车门并不会对乘客的利益发生影响。这就是说,司机仅没有关好车门并不要紧,如果他不开车,仍然不会发生乘客受伤的结果。因而,侵害行为是司机驾车不慎的行为,而不是没有关好车门。②

总体来说,上述理论都具有一定的合理性,其实只要综合考虑各种观点,就不难对作为和不作为的本质进行区分。例如,《民法典》第1256条规定:"在公共道路上堆放、倾倒、遗撒妨碍通行的物品造成他人损害的,由行为人承担侵权责任。公共道路管理人不能证明已经尽到清理、防护、警示等义务的,应当承担相应的责任。"这里堆放人、倾倒人、遗撒人就是通过自己的作为侵害他人的;而对公共道路负有管理职责的人,则因不作为而给受害人造成了损害,故亦需要承担相应的责任。

(三) 不作为义务产生的原因

不作为即应为而不为义务产生的原因,归纳起来,主要包括法律规范的直接规定、双方存在的特殊关系、行为人先前的行为以及其他应当作为的情形等。

(1) 法律规范的直接规定。违反法律规范规定的不作为,是指行为人依据法律规范规定负有作为的义务,但违反该义务的有关规定而不作为。其中的法律规范规定,既可以是私法上的规定,又可以是公法上的规定,而且以后者居多。对于前者,有如下规定:《民法典》第819条规定:"承运人应当严格履行安全运输义务,及时告知旅客安全运输应当注意的事项。旅客对承运人为安全运输所作的合理安排应当积极协助和配合。"第822条规定:"承运人在运输过程中,应当尽力救助患有急病、分娩、遇险的旅客。"对于后者,《道路交通安全法》第70条第1款规定:"在道路上发生交通事故,车辆驾驶人应当立即停车,保护现场;造成人身伤亡的,车辆驾驶人应当立即抢救受伤人员,并迅速报告执勤的交通警察或者公安机关交通管理部门。因抢救受伤人员变动现场的,应当标明位置。乘车人、过往车辆驾驶人、过往行人应当予以协助。"

(2) 双方存在的特殊关系。特殊关系,包括合同关系、社会关系和事实关系等。在合同关系中,合同的相对方没有依照合同约定履行其应尽的义务即视为不作为,构成违约责任。在特定情况下,又可能构成侵权责任。如保姆根据合同的约定负有照顾雇佣者孩子的义务,假使没有尽到此种义务导致孩子受到伤害,就应当承担不作为的侵权责任。社会关系包括职务上或业务上形成的社会关系,如医生对于病人有救死扶伤的义务,停车场的保管员有采取安全措施妥善管理停车场内车辆不受侵害的义务

---

① 王泽鉴:《侵权行为法》(第1册),中国政法大学出版社2001年版,第91页。
② 王利明、周友军、高圣平:《中国侵权责任法教程》,人民法院出版社2010年版,第414页。

等。在事实关系中，双方因某种单一或者共同行为而产生相应的注意义务，如实施共同饮酒行为的双方，相互之间产生的安全注意义务等。

（3）行为人先前的行为。因先前行为而认定的不作为，是指行为人因先前行为产生了作为义务，却违反此作为义务而构成的不作为。例如，某成年人带着邻居的孩子去游泳，孩子遇险，该成年人却不予救助。又如，甲男与乙女有"N夜情"，甲男明知自己患有性病，却不告诉乙女，致使乙女将性病传染给丈夫丙男。甲男的不作为即构成对乙女健康权的侵害。此时，甲男所违反的就是因先前行为而产生的作为义务。

应当指出，这里的"先前行为"属于一种"先前危险行为"，而且因该先前行为产生的作为义务仅仅限于产生了较大危险的情形。也就是说，这种危险已经超过了社会生活中通常面临的危险。否则，"因先前行为而产生作为义务"这个标准就会失去明晰性，并退化为一个被人们可以随意适用于任何事件的"空壳"。在司法实践中，倘若先前行为带来的危险只是生活中通常面临的危险，或者先前行为并没有使得危险升高，那么，就不应当认定产生了作为义务。例如，路人在路边发现他人生命垂危却不予救助，就不应承担不作为侵害责任。因为路人发现他人生命垂危这一行为，并没有使得危险升高。再如，数个"驴友"相约去郊游，夜里突降大雨导致1人被洪水冲走，其他"驴友"是否因其先前行为而负有作为义务，就要考虑相约去郊游是否产生了超出通常情况所面临的较大危险。此外，这种"先前危险行为"应当具有合法性。倘若先前危险行为违法，那么，就直接属于作为的侵害。如歹徒行凶致他人遭受重伤不加救治后死亡。此时，歹徒承担侵权责任是因其先前的行凶行为，而不能认定其因行凶负有救助受害人的义务而构成所谓的不作为侵害。

（4）其他应当作为的情形。此种情形，乃为法律规范的直接规定、双方存在的特殊关系、行为人先前的行为以外的其他任何根据社会伦理道德、文化传统、正常观念等应当作为的情形。如从事某种活动的人，都需要尽到与其所实施活动性质相应的勤勉义务，不应从事他没有充分准备的活动而给他人造成损害等。

第四节　因　果　关　系

一、因果关系的含义

侵权责任法律规范上的因果关系，是指损害结果与造成损害的原因之间的关联性，它系各种法律责任用以确定责任归属的基础。在不同的法律部门中，由于各种责任形态及其所要求的构成要件不同，因果关系在归责中的内容及其判断标准上也各不相同。民法上的因果关系为法律上因果关系的一种类型，主要分为合同责任中的因果关系、侵权责任中的因果关系以及其他法定责任中的因果关系。此类因果关系尽管属于哲学上的因果关系的一种类型，但又不同于哲学上的因果关系，两者存在着一般和个别、普遍和特殊的关系。

(一) 因果关系中的原因为行为人的行为或引起结果发生的物

行为人的行为既包括积极的作为，也包括消极的不作为。在通常情况下，积极的作为是容易确定的，而消极的不作为却难以确定。所谓不作为，是指行为人在某种情况下，负有特定的法律义务作为而不履行其义务，并致他人损害。不作为并非指行为人单纯的"无所作为"，而是以行为人不履行特定义务且侵害他人权利或利益为特征。行为人作为的义务，通常来自法律的直接规定、职务上和业务上以及先前行为的要求。如某个成年人带领邻居家的未成年人去河里游泳，该未成年人被水淹时，成年人能够救助而不救助则应负不作为的责任。

作为因果关系原因中的物，乃是引起某一结果发生的物，如侵权人所有、占有的物（包括动物）致人损害的情况。

(二) 因果关系存在于行为人的行为或物和损害事实之间

因果关系就是引起者的原因与被引起者的结果之间的关系，具有如下两个特点：(1) 具有严格的时间顺序性，即原因在前、结果在后。但是，确定因果关系是从已经发生的损害结果出发而查找损害发生的原因的。所以，因果关系具有由后往前的可溯性。(2) 具有客观性。一个或者多个现象作用于另一个现象，一个或者多个现象引起另一个现象的因果性，并不以人们的意志为转移。因此，在考察认定时应以客观的实际情况为依据，对损害结果、行为或物及特定环境等诸多因素进行详细的分析判断，以准确确定它们之间是否存在因果关系。

(三) 因果关系是具有法律意义的客观事实

大千世界，万事万物均与因果规律相关，表现形式各种各样，异常复杂。尽管如此，社会现象之间的因果关系作为一种客观存在，依然有脉络可循。从哲学上来说，任何事物或现象都是由其他事物或现象引起的，同时，自己也会引起另一些事物或现象的发生。事物或现象之间的引起和被引起的关系就是因果关系。然而，并非所有的因果关系都属于侵权责任法律规范上的因果关系。侵权责任法律规范上所说的因果关系，是指损害结果和造成损害的原因之间的关联性，系各种侵权法律责任确定并承担的前提，为侵权责任归责的基础。一方面，依因果关系确立责任时，要受到法律、政策因素的影响，从而对因果关系链条进行合理的截取，避免行为人承担过重的责任。责任自负规则要求任何人都要对自己行为所造成的损害后果担负责任，他人对此后果不予负责，由此必然要求确定损害结果发生的真正原因，查找出真正的行为主体。如果缺乏对因果关系的判断，就无法准确甚至不能确定责任主体和行为主体。另一方面，因果关系对责任范围的确定也有重要意义。在过错责任中，倘若不能依过错程度决定责任范围或依过错程度决定责任范围有失公平时，则应根据因果关系程度决定责任范围。同时，在无过错责任和公平责任中，因果关系更是确定责任范围的直接依据。

二、因果关系的功能

（一）确定责任的成立

因果关系确定的首要目的是确定责任，也就是要确定责任成立的因果关系。责任成立的因果关系实际上就是确定责任中作为构成要件的因果关系。无论采用何种归责原则，此种因果关系都非常重要，因为它是承担责任的前提和基础。倘若此种因果关系无法确定，就根本不能确定谁是合格的责任承担人。尤其是在严格责任的情况下，责任成立的因果关系的确定更为重要。故在考察侵权责任构成要件时，首先要考察责任成立的因果关系，然后再考察过错。除了特定情况而必须实行因果关系推定的以外，责任成立的因果关系都需要受害人举证证明，并据此作出判断。即便是举证责任倒置，如环境污染和生态破坏责任，也并非意味着受害人对责任成立的因果关系不负任何举证责任。

责任成立的因果关系的判断，主要是说明行为人承担责任的合理性。在过错责任中，尽管可以从过错方面寻求原因，但因果关系也是其中的一个重要原因。因果关系理论可以排除行为与结果之间没有关系的人的责任，不过其重心仍是确定责任，而非排除责任。

（二）排除责任的承担

因果关系的确定，就是要明确谁的行为或物与损害结果之间具有因果关系，并使其对结果负责。要确定责任，必须确定引起损害后果发生的真正原因。如果某人的行为或物与结果之间没有因果关系，就不能采取因果关系推定的方法使之负责，该人就不应当对损害结果承担责任。正是从这一意义上来说，因果关系具有排除责任承担的功能，具体表现为以下三个方面：

（1）因果关系的认定，不仅可以使应当承担侵权责任的人承担侵权责任，而且也使得不应当承担侵权责任的人被免除责任。这就是因果关系排除功能的重要表现。

（2）对财产损害的可补救性予以限制。按照全部赔偿原则，侵害人应当对受害人所遭受的财产损害负全部赔偿责任，但他并非要对其行为所引发的任何财产损失都承担赔偿责任。承担责任的只是行为与结果存在直接关系，具有相当性、关联性的财产损失。在财产损失的赔偿范围方面，也存在着因果关系上的限制，即只有在损害结果和行为人的行为之间具有因果关系的情况下，行为人才对这些损害结果负赔偿责任。例如，对于纯粹经济损失，许多国家就认为与行为或物之间缺乏必要的因果关系而确定了一般不予赔偿的原则。

（3）截断现实生活中无限延伸的因果链条，以准确地认定责任。换言之，法律上的因果关系与哲学上的因果关系不同，它不能像哲学上的因果关系那样无限地延长。因此，必须从归责的需要出发正确地截断因果关系的链条，从中抽出"极小部分"进行分析，引起其他现象产生的现象叫做原因，而由该现象或者作为原因之一引起的现象称为结果。这样，才能使得不应当负责的行为人被免除责任。

(三) 决定损害赔偿的范围

决定损害赔偿责任的范围，实际上就是分析原因力对损害所产生的作用。因果关系的原因力对于损害赔偿责任范围产生的作用主要表现在两个方面：第一，因果关系决定着直接损害与间接损害的区分；第二，能够对损害赔偿责任范围作出一定程度的限制。在过错程度大体相当或者难以确定的情况下，责任的大小取决于原因力的强弱。例如，数人共同殴打致伤他人，有人直接挥拳，有人在旁边呐喊助威。在内部责任的分摊上，倘若难以区分直接挥拳者和呐喊助威者的过错程度，就可从各个行为的原因力方面着手。显然，直接挥拳的原因力要比呐喊助威的原因力强，直接挥拳者由此应负更重的责任。当然，如果原因力和过错程度均相当，就应由行为人平均分担责任。在严格责任中，由于不需要考虑过错这一要件，因此更加需要通过因果关系来确定、限制赔偿责任。

三、因果关系的检验方法

(一) 时间上的顺序性

原因和结果之间存在着原因在前、结果在后的顺序性。然而，这一现象并不等于先后发生的事件之间就必然具有因果关系，因为只有存在引起与被引起关系的前后现象，才存在因果关系。在客观存在上，"原因"的现象总是出现在前，"结果"的现象总是出现在后，在实际生活中便有所谓"前因后果"的说法。不过，在主观认识上，人们往往是先看到结果，然后回溯去探寻这一结果所产生的原因。

(二) 原因现象的客观性

作为原因的现象应当是一种客观存在，因而臆想的行为不可能产生结果，更不能把它作为一种原因来看待。也就是说，只有外化的侵害人的具体行为，才可能构成原因。相反，侵害人的内在心理状态或受害人的猜测、估计等主观现象均不可能成为客观存在的原因。

(三) 逻辑检验的必要性

从逻辑关系上看，作为原因的现象应当是作为结果的现象之必要条件，具体考察的方法主要包括反证检验法、剔除法和替代法三种。

(1) 反证检验法。假如没有行为人的过错行为，他人的损害就不会发生的话，那么行为人的过错行为就是损害发生的一个原因。当然这并不排除还存在其他相关的原因。也就是说，提出一个反问：如果没有A现象，B现象还会出现吗？回答若是肯定的，那么，两者无因果关系，A现象就不是B现象发生的原因；回答若是否定的，两者就可能存在因果关系，A现象也就可能成为B现象的原因。简言之，若无A，B仍会发生，则两者就不存在因果关系；若无A，则无B，两者之间就存在因果关系。具体在作为中，若没有行为人的作为，就不会有损害的发生，作为行为与损害结果具有因果关系；在不作为中，若没有行为人的不作为，即假设行为人具有作为，也不会有损害的发生，不作为行为与损害结果亦存在因果关系。

（2）剔除法。所谓"剔除法"，就是在思维上重建一个拟制的模式，排列各种可能的原因现象，然后一个接一个地加以排除，观察结果现象是否还会发生。要是某一拟制的现象被剔除以后结果现象依然发生，那么被剔除的那个现象就不是原因。简单地说，如果删除 A 现象，B 现象依然发生，那么，A 现象就不是 B 现象出现的原因。

（3）替代法。所谓"替代法"，就是在思维上将侵害行为用一合法的行为取代。即在判断因果关系时，假设被告在事件现场，但被告从事了某种合法行为，如果此时仍然发生损害结果，那么被告的行为和损害结果之间就没有因果关系；反之，他的行为就是引起损害的原因。这种方法实际上就是以合法行为代替违法行为，从而检验被告的行为是否为发生的原因。例如，火车因超速与汽车相撞，致汽车内乘客死亡，确定火车超速之行为与乘客死亡是否有因果关系，应当以"若无火车超速之行为，是否仍会产生乘客死亡之结果"为标准。若无火车超速之行为，即不会与汽车相撞，亦不会发生乘客死亡时，则火车超速之行为与损害结果之间有因果关系。反之，若无火车超速之行为，仍会产生与汽车相撞而致乘客死亡的结果，则火车超速之行为与损害结果之间便无因果关系。

（四）实质要素的补充检验

实质要素（substantial factor）的补充检验，不是对必要条件检验方法的否定，而是对必要条件检验方法的一种补充。其基本含义是，倘若侵害行为实际上足以引起损害结果的发生，那么它就是引起损害结果的原因。考虑到实质要素的补充检验与必要条件检验的关系，在具体适用中，通常都是先适用必要条件的三种检验方法，只有在必要时才补充适用这种实质要素的检验方法。[①]

综上所述，在检验因果关系时，既要考虑哲学上因果关系的共性，又要考量侵权责任法律规范中因果关系的个性。只有这样，才能够排除各种无关的或者虽然相关却非原因的因素，找到现实生活中引起损害结果的真正原因。也只有这样，才不会将因果关系予以扩大，进而造成侵权责任的范围过于泛化而使不应当承担侵权责任的人承担所谓的侵权责任。

四、因果关系的主要学说

（一）条件说

条件说，又称等值说，由德国学者弗·布里于 19 世纪 70 年代首次提出，认为凡是引起损害结果发生的条件都是损害结果的原因，因而具备因果关系要件。这种理论不承认事实上的原因和法律上的原因的区别，而将逻辑上导致该结果出现的所有条件都视为法律上的原因，行为人都要承担责任。其公式是"没有前者，就没有后者"。

就优劣而言，该说使用起来比较容易，让人容易发现行为与结果之间是否存在因果关系，但其缺陷明显，因而受到的批判也很多：（1）该说认为所有为损害结果发生

[①] 张新宝：《侵权责任法》，中国人民大学出版社 2016 年版，第 32 页。

提供条件的因素皆为损害发生的原因,将许多无关紧要的因素牵扯进来,自然会将责任主体的范围扩大,造成真正有责任的行为人的责任难以确定。(2)它对所有的条件都同等看待,没有区分不同条件之间的不同作用,这样在共同侵权中就无法确定各侵权人所应承担责任的大小和范围。

正是如此,一般认为条件说在因果关系的认定上缺乏灵活性,对于稍微复杂的因果关系的认定更易出现不合理的结果。所以,大陆法系的大多数国家不再坚持该说的因果关系理论,将之排除在主流学说之外。

(二)充分因果关系说

充分因果关系说,又称必然原因说,简称原因说,主张对原因和条件加以严格区分,仅承认原因与结果之间存在因果关系,而条件与结果之间不存在因果关系,因而法律上的原因与事实上的原因不同。要点在于:原因是对结果的发生有重要贡献的条件;而其他条件则对结果的发生只起到背景作用,无直接贡献,仅为条件,不对结果的发生具有原因力。该说由德国学者宾丁·库雷尔首创,后经不断发展被广泛采用,并形成了必然因果说等多种主张。具体而言,具有如下特点:

(1)按照充分因果关系说,侵害人必须对那些作为"充分原因"的行为所造成的损害承担赔偿责任,对超出这一范围的损害则不负损害责任。所谓"充分原因",须是损害结果发生的必要条件,具有极大地增加损害结果发生的可能性。从客观方面看,这种"充分原因"就是指那些客观地造成或者增加损害危险的条件,故有人认为,必然因果关系说是最为严格的"原因说"。

(2)充分因果关系说主张严格区别"原因"和"条件",否认"条件"与"结果"之间的因果联系。必要条件规则在英美法上被称为"若非公式",即如果没有 A 情况的出现,就不会有 B 情况的产生,则 A 为 B 的必要条件。

至于该说之不足,主要在于将损害赔偿的原因限制在过于狭小的范围之内,与条件说相反,容易让一些应该承担民事赔偿责任的侵权行为人逃脱其应当承担的侵权责任,以致受害人难以获得赔偿,因而有悖于侵权责任法律规范的基本功能。

(三)相当因果关系说

1. 相当因果关系说的主要内涵

相当因果关系说,亦称盖然因果关系说或者适当条件说,认为作为侵权行为责任要件的因果关系,只需具备某一事实,依据社会共同经验,即足以导致与损害事实同样的结果。其基本含义是:行为人必须对以他的行为为相当条件的损害负赔偿责任,但对超出这一范围的损害后果不负侵权责任。相当原因必须是损害后果发生的必要条件,并且具有极大增加损害后果发生的客观可能性。如此,受害人只要证明了侵权行为与损害结果之间存在着相当程度因果关系的可能性,就达到了其证明责任的要求,然后再由行为人对此进行反证。行为人要是不能证明其行为与结果之间不存在因果关系,就需要承担侵权责任;反之,要是能够证明其行为与结果之间不存在因果关系,就不需要承担侵权责任。

该说由德国学者巴尔首先于 19 世纪 80 年代提出,克利斯发表的《论客观可能性的概念》一文则奠定了它的基础。该说成为多数国家民法采用的一种理论，主张某一事实仅于现实情形发生某种结果，尚不能就认为具有因果关系，必须在一般情形、依社会的一般观察，亦认为能发生同一结果时，才能认为存在因果关系。例如，伤害他人之后送受害人去医院治疗，不幸医院失火致受害人烧死。这里的伤害与烧死就现实情形而言，固然不能说没有关系，但医院失火属于意外，依一般情况不具有相当因果关系。然若受到伤害后患破伤风而致死亡，则在一般情形依通常经验观察能致死亡，其伤害行为与死亡结果之间就具有因果关系。

这种规则，在我国古代实际上就已存在，如《宋刑统·斗讼律》中的"保辜"条疏云："假殴人头伤，风从头疮而入，因风致死之类，仍依杀人论。若不因头疮得风而死，是为他故，各依本殴伤法"[①]，不以杀人论。在这里，体现的就是相当因果关系理论。

2. 相当因果关系说的不同观点

具体来说，主要有三种不同观点：（1）主观相当因果关系说。它认为确定相当条件应当以行为人行为时所知或者应当知道的事实作为判断的基础，至于该事实是否为普通人所能认知，则在所不问。于是，将普通人所能认知而行为人并未认知或不能认知的情形排除在外，不认为该行为与结果之间具有因果关系。（2）客观相当因果关系说。它认为确定适当条件乃基于判断者的立场，判断者依社会一般人对行为及结果能否预见为标准，以行为发生时在客观方面所表现的情形，以及行为产生的结果为观察对象决定相当条件，而不是以行为人的主观作为主要判断依据来确定因果关系。（3）折中相当因果关系说。它综合上述两种学说的立场，认为应当以一般人能够认知和预见的情形以及行为人特别认知、预见的情形为判断基础，也就是以行为时一般人所预见或可能预见，以及一般人虽不能预见然为行为人所认知或能够认知的特别情势为基础，判断因果关系的有无。具体而言，凡是一般人所能预见的行为与结果之间的条件关系，不论行为人是否能够预见，都认为存在因果关系；凡为一般人不能预见但行为人能够预见的，亦认为存在因果关系。

3. 相当因果关系的判断步骤

就因果关系的判断过程而言，该说实际将因果关系的判断分为事实上因果关系的判断和相当程度上因果关系的判断两个步骤。

（1）事实上因果关系的判断。按照王泽鉴教授的观点，这种判断其实就是条件关系即条件上因果关系的判断。在这一步骤中，必须确定，损害是否是在自然发生的过程中形成，或者是依特别情况发生，是否具有外来因素的介入，考察的条件（原因）与损害结果是否具有联系。至于判断方法，则主要采用删除法和替代法。

所谓删除法，是指如果没有甲，乙就不会发生，那么甲就是乙的原因或条件。具体做法是：将某人的行为从损害发生的整个事件进行过程中排除，其他条件不变。倘若在排除以后，损害结果依然发生，则该人的行为就不是损害发生的不可欠缺的条

[①] 《宋刑统校证》，[宋] 窦仪等详定，岳纯之校正，北京大学出版社2015年版，第285页。

件。反之，如果将该人的行为在从损害发生的整个事件进行的过程中排除以后，损害结果不可能发生或以完全不相同的方式发生，则该人的行为就是损害发生的原因。用逻辑公式表达就是：如果没有 A，B 就不会发生，则 A 就是 B 的条件。

所谓替代法，系用某人的合法行为代替违法行为，以确定该人的行为是否为损害结果发生的原因。即在判断因果关系时，假设某人在事件现场，但他从事了某种合法行为，如果此时仍旧发生损害结果，那么他的行为和损害结果之间就没有因果关系。

一般来说，倘若某人实施的是积极的作为，在判断因果关系时宜采用删除法。

例 1，甲毒死乙后，乙伏在桌上，丙进屋中行窃，以为乙在熟睡，对乙的头部射击。① 丙的行为通常会致人死亡。② 没有丙的行为，乙的死亡已成事实，丙的射击不是乙死亡的条件。③ 既然丙的行为不是乙死亡的条件，也不需要进行相当性判断，丙的行为与乙的死亡无因果关系。

例 2，甲砒霜中毒，送入医院时已不省人事，医生乙因为过失诊断当成中暑治疗，甲随后死亡。其实，甲中毒很深，即使当时诊断正确并及时抢救，也无力回天。① 乙具有过失的侵害行为。② 然没有乙的过失行为，甲的死亡也不可避免。如此，乙的过失不是甲死亡的必要条件，条件关系不成立，无须进一步判断相当性。

（2）相当程度上因果关系的判断。在事实上的因果关系确定以后，需要进一步判断原因（条件）是否具有相当性，或者说依一般社会经验判断行为是否具有造成损害发生的高度可能性。

就内容而言，相当因果关系理论可以从积极和消极两个方面加以表达。从积极的方面来看，如果某人的行为在通常情况下会导致已经发生的某个损害结果，或者至少在相当程度上增加了某个结果发生的可能性，那么该人的行为就是损害发生的相当原因。从消极的方面来看，若是某人的行为造成了损害，但是这种损害仅仅在非常特殊的情况下发生，或者按照事物发展的正常过程很可能不发生，那么该人的行为就不构成损害发生的相当原因。

因果关系相当性的判断标准为：无此行为，则必不生此种损害；有此行为，通常足生此种损害，从而为有相当因果关系。无此行为，也可生此种损害；有此行为，通常也不生此种损害，于是为无因果关系。例如，甲将乙打伤，乙在去医院的途中被丙违章驾驶的汽车撞死。① 甲打人的行为与乙健康权遭受损害具有条件关系和相当性，甲应对此损害负责。② 甲打伤乙的行为是乙被撞死的必要条件，通常情况下，甲打伤乙不会造成乙被肇事车撞死的后果，甲的伤害行为不具有引起乙死亡的相当性，两者无因果关系，甲不对乙的死亡负责。

4. 相当因果关系的发展

该说最早出现于 19 世纪末的德国，是大陆法系国家与地区在侵权责任法律规范因果关系认定中适用最为广泛的理论。作为大陆法系国家与地区的通说，因为有其存在的合理性和研究价值，故在其产生的 100 多年里不断得到充实和完善。

（1）该说将"条件判断"和"相当性判断"有机结合，能够合理地确定责任的范围。相当因果关系的构造可以分为"条件关系"和"相当性"两个组成部分，要求在实际运用过程中，先确定造成该损害结果的条件，而后再借助一般社会经验对这些条件进行考量，进而断定造成该损害结果发生的原因，确定损害赔偿的责任范围，避免单纯采取条件说所造成的因果循环、牵连范围过宽、一概而论，而使每一个有牵连的人均承担责任的现象的发生。

（2）该说将"可能性"纳入因果关系的判断之中，更利于保护受害人的利益。因为"可能性"判断一般取决于社会上大多数人的经验与见识，故在根据相当因果关系说判断某侵害行为是否为某损害后果的原因时，并不要求受害人对因果关系的证明达到高度盖然性的地步，只需证明该侵权行为依一般社会经验认为具有高度盖然性，极大地增加了损害的可能性即可。如此，自然会减轻受害人的举证责任，有利于维护受害人的合法权益。

当然，任何事物或现象都不可能尽善尽美，只有优点而无缺陷，相当因果关系作为一种理论学说，也不能例外。其缺陷主要表现在：

（1）相当因果关系说的可能性理论易造成使用的差异性。源于该说的可能性理论的高度抽象性，行为人对极大增加损害结果的可能性不能提出精确的认定标准。这样，即使是在同一国家或同一地区，同样适用相当因果关系理论，其判断结果也可能截然不同。倘若判断者与行为人或受害人存在这样或那样的关系而带有倾向，更容易被利用造成评判不公的现象发生。

（2）相当因果关系说缺少必要的法律价值取向。美国著名法律哲学家埃德加·博登海默认为，价值判断在司法过程中会发挥最大限度的作用。价值判断在法律制度中所起的主要作用，在于它们被整合进了作为判断客观渊源的《宪法》规定、行政法规以及其他种类的规范中。由此可见，价值及其判断在现实生活特别是在司法实践中有着极为重要的可以说不可或缺的作用。相当因果关系说借助数学及社会统计学理论对因果关系进行分析，毫无疑问具有科学性。但是，侵权责任法律规范上的因果关系的认定毕竟是一法律问题，法律问题的解决则必须考虑到公平和正义的价值取向，相当因果关系理论对此却未作出明确的规定。

（3）相当因果关系说具有一定的局限性。它难以甚至不能对社会中发生的所有侵权行为和损害结果之间是否存在因果关系提供判断方案，如多因一果、多因多果等侵权行为，就无法适用这一学说就行为与因果关系作出判断。

（4）相当因果关系说对所谓的因果关系"相当性"的判断在理论上有混淆"过错"判断的嫌疑。它认为，所谓的相当性表现在凡是一般人所能预见到的行为与结果之间的条件关系，不论行为人是否能预见，都认为存在因果关系；凡是为一般人所不能预见但是行为人能预见的，也认为存在因果关系。这实际上就是对行为人是否具有"过错"的判断。一般人所能预见而行为人却没有预见，此为行为人之"过失"；一般人不能预见，行为人预见了仍然追求损害结果的发生，此为行为人之"故意"，只不过这种故意隐藏得更深，若无有力证据则很难证明而已。如此，该说把本应当在过错中进行的法律判断搬到因果关系的认定中，并称之为"相当性"的判断，忽视了过错在侵权责任构成要件中的地位，把过错搁置在一边，给人一种"相当因果关系的成立即等于侵权责任成立"的感觉,似不可取。

(四)法律规范目的说

该说认为,行为与结果之间是否存在因果关系,应以法律规范的目的来决定。行为人就其行为所引发的损害是否应当承担责任,基本上是法律问题,依照法律规定来确定乃理所当然。如此,在解决一些与立法目的相牵连的问题时,相对于其他学说来说,该说有着更为明显的优势。它要求,只有当损害处于法律规范保护的范围之内时,损害才能获得救济,如乘载货车而致感冒,被运送人不能以货车禁止载人为由请求赔偿,也不能获得赔偿。因为道路交通安全法之所以禁止货车载人并不是要阻止感冒,而只是要阻止被运送人从车上掉下来。

法律规范目的说,基于补救相当因果关系说的不足而产生。相当因果关系说以可能性为判断标准,并由判断者根据一般的社会经验加以考察。但在判断因果关系是否具有相当性时,应当同时考虑有关法律规范的意义和目的。因为法律规范决定法律义务,因违反义务造成他人损害,是否应当承担侵权责任,当然与法律规范本身具有关联性。法律规范目的说于是认为,应当广泛承认因果关系乃是责任的构成要件,在确定事实上的因果关系之后,再依法律规范之目的判断因果关系是否存在。在确定行为人对行为引发的损害是否应负责任时,应当依法律规范的目的加以判断。如果依据法律规范的目的不应当承担责任的话,那么,即使具有相当因果关系,也不应当承担侵权责任。

对于该说的具体适用,要遵循如下步骤:一是确定法律规范保护目的的依据;二是确定法律规范保护的范围。其主要优点在于:(1)提出了一种判断因果关系的新的思考方法。相当因果关系说采取的是一种客观的事后判断和一般的生活经验标准;而法律规范目的说要求在判断因果关系时,寻求法律规范设定的目的,从损害是否属于法律规范保护的范围等方面考虑是否存在因果关系,提出了一种判断因果关系的新途径。(2)确定了哪些法益应当受到法律的保护。若是已经造成的损害本身并不属于法律规范所保护的范围,虽然具有相当因果关系,但对之进行补救也没有意义。因为法律规范本身就不要求对之进行补救。(3)对损害赔偿的限制。因为完全赔偿会使得损害赔偿的范围过于宽泛,需要通过法律规范的目的进行限制。在一个行为造成几个受害人损害的情况下,根据相当因果关系理论,行为人可能要对受害人都进行赔偿。但是,根据法律规范目的这一学说,就需要对法律规范的目的进行分析,以决定哪些受害人属于法律规范所保护的范围而应受到保护,哪些受害人并不属于法律规范所保护的范围而不能受到保护。

其缺点主要在于:(1)并不是所有的权利都被法律规范目的所包括,也不是所有的侵权行为都有法律来规制。依照法律规范目的说,在某些特殊侵权行为发生时,权利的保护就毫无希望可言。不仅如此,以法律规范目的来认定因果关系的存在事实上会造成法律漏洞,使得侵权人在法律规范目的的掩盖下逃避法律责任。例如,若侵权人知道某一法条是为保护某一权益而设,那么,他就可能将受害人的其他权益置于该法条规定的情形之下,并借该规定掩盖而对他人其他权益进行侵害。(2)在司法实践中,法律规范目的说对因果关系的解决并不令人满意。法律规范的目的在具体条文中并没有直接而明确的规定,而法律规范目的说却舍弃因果关系认定的标准,直接以法律规范的内容与目的来衡量行为与损害结果之间的关系,自然缺乏明确的标准,最终乃由判断者判断法律规范的目的,使得判断者成为法律的解释者,有"判断者造法"的嫌疑,并给判断者自由裁量寻求不当利益留下了空间。(3)法律规范的相对静止性与社会的不断变动性之间的矛盾不可避免地存在,容易增加因果关系判断的随意性。(4)许多法律规范没有明确的目的,特别是侵权案件错综复杂,一些纠纷难以找到甚至不能找到明确的法律依据。

五、因果关系的认定规则[①]

在侵权责任法律规范理论中,确定行为与结果之间的因果关系,既应参考国外的因果关系理论的精华,又要根据我国的具体情况,确立我国的因果关系认定规则。一般说来,根据行为与损害结果的具体情况,分别采用不同的规则就它们之间的因果关系进行认定。具体来说,主要存在以下四种规则:

(一)直接原因规则

行为与结果之间具有直接因果关系的,无须再适用其他因果关系理论判断,直接确认其具有因果关系。适用该规则最为常见的是一因一果的因果关系类型。也就是说,引起一个损害结果发生的只有一个原因行为,而且原因行为与损害结果之间自然连续,没有被外来事件打断。因此,这种因果关系相对简单,容易判断。

(二)相当因果关系规则

如果在行为与结果之间存在其他介入条件,使因果关系判断较为困难,无法确定直接原因时,那么,就应当适用相当因果关系规则进行判断。这一规则认为,行为是损害结果发生的适当条件的,它们之间就具有相当因果关系,否则就没有因果关系。

适用相当因果关系规则,关键在于行为乃是发生损害事实的适当条件。适当条件是发生该种损害结果不可或缺的条件,它不是在特定情形下偶然地引起损害,而是在一般情况下发生同种结果的有利条件。如何判断具有相当因果关系?史尚宽先生就指出:"以行为时存在而可为条件之通常情事或特别情事中,于行为时吾人智识经验一般可得而知及为行为人所知情事为基础,而且其情事对于其结果为不可缺之条件,一般的有发生同种结果之可能者,其条件与其结果为有相当因果关系。"[②] 简言之,确定行为与结果之间有无因果关系,要依行为时的一般社会经验和知识水平作为判断标准:该行为有引起该损害结果的可能性,而在实际上该行为又确实引起了该损害结果,则该行为与该结果之间有因果关系。用逻辑判断表达为:

大前提:依据一般的社会知识经验,该种行为能够引起该种损害结果;

---

① 杨立新:《侵权责任法》,法律出版社2018年版,第91—94页。
② 史尚宽:《债法总论》,荣泰书馆1978年版,第163页。

小前提：在现实中，该种行为确实引起了该种损害结果；

结论：该种行为是该种损害事实发生的适当条件，两者之间具有相当因果关系。

例如，伤害他人之后送受害人去医院治疗，途中被他人开车撞死。依一般情况，伤害行为属于死亡的条件，不是原因，因而不具有相当因果关系。若受害人遭受重伤大量流血，未被及时送往医院治疗，致流血死亡，在一般情形下依通常经验观察能致死亡，伤害行为为死亡结果发生的适当条件，伤害行为与死亡结果之间就存在因果关系。

（三）推定因果关系规则

在特定场合，适用推定因果关系规则。盖然性因果关系说、疫学因果关系说和间接反证因果关系说，实质上都是一种推定因果关系。其基本要点是保护弱者，在受害人处于弱势，没有办法完全证明因果关系要件时，只要受害人举证证明达到了一定程度，就推定行为与损害之间存在因果关系，而后再由行为人负责举证，证明自己的行为与损害发生之间没有因果关系。应当注意的是，适用推定因果关系规则一定要有法律规定，如环境污染、生态破坏责任等。此外，对其适用还需要注意：

（1）分清行为与损害事实的时间顺序。作为原因的行为必定在前，作为结果的损害事实必须在后。违背这一时间顺序特征的，为无因果关系。

（2）区分行为与损害事实之间是否存在客观的、合乎规律的联系。在行为与损害结果之间倘若存在盖然性联系，在法律上就存在因果关系。是否存在盖然性联系，应由受害人承担举证责任。根据所积累的情况证明，如果可以作出与有关科学没有矛盾的说明，就应解释为行为与损害结果之间的因果关系得到了证明。在逻辑上，推定因果关系规则的表达为：

大前提：在一般情况下，这类行为能够造成这类损害；

小前提：这一结论与有关科学原理没有矛盾；

结论：这种损害事实乃由这种行为造成。

（3）由于这种因果关系是推定的，故须在损害事实与行为之间排除其他可能性。当确定这种损害事实没有任何其他原因所致可能时，即可断定该种行为是损害事实的原因，即推定因果关系成立。

（4）与相当因果关系规则不同，实行因果关系推定，意味着受害人在因果关系的要件上不必举证证明达到高度盖然性的程度，只需证明到该行为具有一定的可能性时，即由判断者实行推定。因此，在适用范围上宜严格限定。在司法实践中，适用推定因果关系规则的案件为：

① 环境污染、生态破坏案件。按照《审理环境侵权案件解释》第 6 条的规定，受害人只要就自己遭受了"损害"、他人"排放了污染物或者破坏了生态"，以及自己的"损害"与他人"排放的污染物或者其次生污染物、破坏生态行为与损害之间具有关联性"，便尽到了自己的举证责任，以下便由他人根据《民法典》第 1230 条关于"因污染环境、破坏生态发生纠纷，行为人应当就法律规定的不承担责任或者减轻责任的情形及其行为与损害之间不存在因果关系承担举证责任"的规定，就自己没有环境污

染或生态破坏行为，或者虽有环境污染或生态破坏行为，然与受害人的损害之间不存在因果关系加以举证。他人倘若不能证明自己没有环境污染或生态破坏行为，或者环境污染或生态破坏行为与受害人的损害之间不存在因果关系，则就认定该行为与受害人的损害之间存在因果关系，行为人要承担侵权责任。

② 其他有必要适用推定因果关系规则的案件。在某些特定场合，也可以有条件地适用推定因果关系规则。例如，某日下午5时半至6时半，黑龙江省某县气象局驻海浪镇五良子村气象站打炮点为防冰雹，前后向空中发射了30枚"三·七"防雹气象炮弹，其中向邻市的旧街方向发射6发（距离为8公里）。该市旧街乡张明村村民常某在田里干活见开始下雨，便从田里回家。下雨过程中，其妻李某等人在家里听到屋外一声惊叫，并有人倒地的声音，出门便见常某倒卧窗前，头部受伤流血，昏迷不醒，以为是遭到雷击，急忙将常某送至医院。经检查发现：常某头部有一处7厘米裂伤，深至颅骨，创缘不齐，颅骨凹陷，有脑组织溢出，为脑挫伤、开放性颅骨骨折。7天后，常某死亡。医院诊断认为死者不是雷击致死，而是由一硬物以高速冲击所致。常某亲属在现场周围寻找，结果发现一块弹皮，经鉴定为"三·七"炮弹残皮，上有"人雨·17秒"字样。李某于是诉诸法院，被告主张常某损害不是自己发射的炮弹所致。法院根据现有事实，适用推定因果关系规则，确认其行为与损害结果之间存在因果关系，判决被告承担侵权责任。

（四）事实原因—法律原因规则

有时候，确认因果关系实在具有困难，可以借鉴适用英美侵权责任法律规范中的"事实原因—法律原因"规则，首先分析行为是否构成损害的事实原因，也就是是否属于产生某一结果的多个前提事实总和中的一个因素；然后再考虑行为是否为损害的法律原因，即是否为一种自然的、未被介入因素打断的原因。没有这样的原因，就不会发生受害人损害的结果。该行为要是对损害结果既构成事实上的因素又构成法律上的因素，那么就可以确定该行为与损害之间存在因果关系。

但是，适用这一规则确定行为与损害结果之间的因果关系，需要注意把握事实原因和法律原因的构成基础。

（1）事实原因作为引起跟随结果发生而同时存在的各个事实，对之确定通常具有四种规则：① 传统规则即 but for 规则，就是"非他莫属"。倘若没有行为人的行为，受害人就不会遭受损害，那么，行为人的行为就是受害人遭受损害的原因。② 实质要件规则。如果行为人的行为是受害人遭受损害的实质要件或者重要因素，那么，行为人的行为就是受害人遭受损害的事实上的原因。③ 复合原因规则。造成受害人损害的原因力并非单一，即由两个以上的原因力共同作用导致同一个后果，便属复合原因。在确定责任时，需要确立划分责任的标准，并明确各自承担赔偿的数额。要是属于共同行为或者每一行为均足以导致损害结果发生，就应承担连带侵权责任。④ 其他方法。当以上方法都无法确认谁的行为是损害结果的实际原因时，受害人必须证明行为人中至少有一个人的行为引起了他的损害，然后由其他各个相关的行为人证明自己的行为不是损害结果的实际原因。假若无法证明自己的行为不是损害结果的实际原因，则其行为构成损害结果的共同复合原因，应当依法承担侵权责任。

（2）法律上的原因，又称为近因，是行为人对受害人承担责任的最近原因，属于一种自然的、继续的、没有被介入因素打断的原因。没有这种原因，就不会发生受害人遭受损害的结果。所谓最近，不是指行为与损害结果之间在时间或者空间上的最近，而是两者在因果关系上的最近。所以，损害结果的近因是主因或有效原因，附加原因或介入原因虽在时间上或空间上最近，然仍不是近因。确定法律上的原因，一是分析直接原因，二是分析后果的预见性，三是分析介入原因。所谓直接原因，就是行为人的行为与损害后果之间自然连续，没有被外来事件打断，行为人的行为直接导致了损害后果的发生。所谓后果的预见性，乃是指行为人对自己行为时可以预见的后果负责；而介入原因乃为在行为人的行为与损害后果之间，介入了外来的事件或者行动，与行为人的行为结合起来导致损害结果的发生。介入原因的出现改变了事件发生的过程和结果，行为和损害之间的关系与责任由此也会发生变化。当介入原因能够取代行为人的行为时，行为人的责任就可能得到原谅。

第五节 过　　错

一、过错概念的性质

过错，作为一般侵权行为构成的必备要件，是指行为人对自己所实施的行为及其结果所表现出的一种心理状态，包括故意和过失两种形态。过错在侵权责任中的地位与作用，并非一开始就存在。在奴隶社会、封建社会，对于损害他人利益的责任承担，实行完全的客观结果归责，并不考虑行为人是否具有过错，只要其行为造成了他人损害，就要对损害负责，也就是"谁损害，谁负责"，且在责任承担方式上呈现出同态复仇的特点。然而，这种不问过错仅以客观损害结果归责的做法并不公平，动辄得咎也会给人的行为自由造成极大的限制，尤其是"以牙还牙、以眼还眼"的同态复仇的责任形式，更与人类的野蛮状态、文明不发达相联系，造成相互伤害，恶性循环，且无终止。随着人类社会的进步与人类文明的发展，过错逐渐引入损害责任领域，并成为一项原则最终取代了结果责任原则。"19世纪末20世纪初，过错责任取得了统治性地位。以过错作为主要的归责原则可以较好地协调'个人自由'与'社会安全'的关系。行为人若尽到合理注意义务，就没有过错，即免除侵权责任。这样个人的活动自由可以得到保障，聪明才智得到充分发挥，社会经济活动得以顺利进行，若人人都尽到合理注意义务，社会安全也会得到维护。"[①]

就过错的性质而言，历来有不同主张，主要存在三种观点：

（一）过错是主观概念

该观点认为，过错乃为违法行为人对自己的行为及其后果所具有的主观心理状

[①] 黄薇主编：《中华人民共和国民法典侵权责任编解读》，中国法制出版社2020年版，第6页。

态。它对行为人行为的违法性从主观方面和客观方面加以区分,创造了"客观的不法和主观的不法"的概念,得到了广泛的赞同,并成为很多国家民法学的理论基础。其中,主观的不法即为过错,包括故意、过失及恶意。

(二)过错是客观概念

与主观过错说相对应,该观点认为:(1)过错并非人们内心可非难的一种心理状态,而是行为人违反了法律上确定的行为人应当作为或不作为的义务,或者一个合理的人或者善良管理的人应当尽到的义务或注意程度等。(2)过错属于社会概念,应当采用合理人或者"善良家父"的标准,对行为人的行为进行评价,以确定其是否具有过错。(3)在采用客观标准对行为人的行为进行评价时,应当依赖一个谨慎的人在特定的环境下应该从事的行为标准来加以确定,而不是依赖一个人自身的主观能力进行确定。

(三)过错是综合概念

该观点认为,过错既是一种主观心理状态,又是一种客观行为活动,还是一种舆论和道德谴责。过错,首先表现为一种行为人进行某种行为时的心理状态,即使是法人或非法人组织,也具有这种法律上的心理状态。然而,过错尽管属于一种心理状态,但它需要通过行为人的具体行为才能得以体现。判断一个人有无故意或者过失,总是要和一定的行为相联系,并以行为作为其前提和条件。过错,顾名思义,包括"过"或"错"之意,即有"过"或者犯"错"了。

二、过错的故意形态

(一)故意的概念与分类

故意,作为过错的表现形态之一,是指行为人已经预见到损害结果的发生并希望或者放任该结果发生的一种心理状态,具体又分为直接故意和间接故意。所谓直接故意,乃系行为人已经预见到自己的行为会导致损害结果发生,但仍然追求这一损害结果发生的一种心理状况。所谓间接故意,则为行为人已经预见到损害结果的发生,虽不希望这一结果发生然对这一损害结果的发生予以放任的一种心理状态。换言之,行为人对这一结果的发生持无所谓的,即发生也行、不发生也行的一种态度。发生也罢,不发生也罢,都在行为人主观范围之内。

应当指出,过错中的故意与刑法犯罪构成主观方面的罪过要件中的故意不同,后者通常对直接故意与间接故意严格加以区分,因为两者对行为人的刑事责任具有不同程度的影响。民事责任不同于刑事责任,一般不以行为人的主观恶性大小来确定法律责任。故在司法实践中,一般不会对直接故意或者间接故意再作较为深入的考察。

此外,在学理上,故意还被分为一般故意与恶意。恶意,为故意中的恶劣者。某些侵权责任的构成要件,如恶意告发,则要以行为人在主观方面存在恶意为要件。

(二)故意的可归责性

行为人之所以要对其故意行为造成的损害结果承担责任,乃系因为行为人具有直接追求或者间接放任他人的合法权益受到损害的恶劣心态。这种心理状态的不正当性和不良性昭然若揭。如果不让具有这样心理状态的行为人承担相应的侵权责任，势必从根本上破坏现存的民事秩序，大多数人的合法权益便得不到任何保障。故意的心理状态之所以具有可归责性，还在于行为人对于损害结果的发生具有完全的控制力和主动性。在自己对于损害结果具有主动性和控制力的情况下致人损害，当然应当承担相应的侵权责任。

需要指出，故意作为一种典型的可归责的心理状况，必然通过行为人的一定行为表现出来。在某些情况下，通过对行为人行为的整个过程的考察，就可以认定行为人是否出于故意。而一些极端性的侵权行为如持刀连续伤害多人事件，行为本身就足以说明行为人的故意心理状况，而无须再就其过错举证证明。

（三）故意的内容与判断标准

在侵权责任法律规范领域，故意的内容表现为行为人对他人合法权益的主动、积极的否定，先是"明知"损害结果发生的可能性甚至必然性，再是"希望"或者"放任"这种明知可能发生的损害结果发生。故意的判断标准为主观标准，即行为人自身是否明知或应知损害结果可能发生，并希望或放任这种明知或应知可能发生的损害结果发生。

三、过错的过失形态

（一）过失的概念与分类

行为人丧失应有的预见性，属于过失。过失作为过错的另一种表现形态，指行为人因疏忽或者轻信而未达到应有的注意程度的一种不正常的或者不良的心理状态，系侵权责任法律规范中最为常见的过错形态。它具体又分为疏忽大意的过失与过于自信的过失。行为人对自己行为的危害结果应当预见却因疏忽大意而没有预见，以致发生危害结果的，谓之疏忽大意的过失；行为人尽管预见到了其行为的危害结果可能发生，却轻信此种后果可以避免，以致发生危害结果的，则谓之为过于自信的过失。

（二）过失的可归责性

过失与故意不同，故意表现为行为人对于损害后果的追求、放任心态，而过失则表现为行为人不希望、不追求、不放任损害结果发生的心态。就过错程度而言，故意显然要大于甚至远远大于过失。但就承担侵权责任的原因与基础而言，两者是一样的。换言之，行为人之所以要对其过失行为造成的损害结果承担责任，同样在于这种心理状态的不正当性或者不良性。应当看到，在法治社会中，一个人既然享有广泛的权利和行为自由，按照权利与义务相对性、统一性之特征，就必须要履行尊重并负有不得侵害他人权利或者权益的义务。在侵权责任法律规范领域，过失的可归责性具体解读为：行为人主观方面能够预见到损害结果的发生，但因疏忽大意未能预见损害结果的发生，或者虽已预见到了损害结果的发生但却轻信能够避免且不给予必要程度的注意，从而致使其行为在客观方面造成了他人权益损害结果的发生。如此，行为人的行为依然处于行为人自己的意识辨认之中及其意志的控制之下，损害结果的发生在行为人的适当注意下乃可以避免。然而，由于行为人在主观方面的疏忽大意或过于自信，而致自己的行为造成了损害结果的发生。是以，行为人应当对自己的过失行为承担相应的侵权责任。

（三）过失的内容

过失作为一种可以让行为人对自己行为承担侵权责任的一种心理状态，或表现为疏于一般注意，或表现为疏于特别注意。前者是法律对一般人（无特别义务或职责的人）在通常情况下的一种心理状况的要求；后者则是法律对从事特别职业的人在特别情况下的一种心理状况的要求，如法律要求医生治病救人时对于造成他人损害的结果不得具有疏忽大意或者过于自信的心态。否则，由此造成医疗事故而给他人造成损害的，就应承担相应的侵权责任。

（四）过失的程度

在侵权责任法律规范中，过失依其程度可以分为重大过失、一般过失和轻微过失。重大过失表现为行为人的极端疏忽或极端轻信的心理状况，疏于特别注意的义务往往属于重大过失，如外科医生在缝合胸腔时无视操作规程的要求，没有进行检查而将手术钳遗留在患者体内；一般过失乃是指一般人在通常情况下的过失；轻微过失则是指较轻的过失，如偶然误入他人土地，即可认为是轻微过失。区分不同的过失程度对于实践中损害结果的承担等具有一定甚至重要的意义，有的侵权行为就要求行为人的过失达到比较严重的程度方可构成，如《民法典》第1176条规定：自愿参加具有一定风险的文体活动，因其他参加者的行为受到损害的，其他参加者对损害的发生必须出于故意或者重大过失时才承担侵权责任。此时，虽出于过失然不是重大过失，而给自愿参加具有一定风险的文体活动的其他人造成损害的，仍然不承担侵权责任。

四、过错的认定

过错作为一般侵权责任的必备条件，对之如何认定固然至关重要。它作为侵权人对自己行为及其后果所表现出的一种心理状态，较之行为、损害等客观方面的认定，无疑更为困难。然而，无论是故意的认定还是过失的认定，在"本质上具有相似性，都是通过一定的外在证据来推定行为人的内心状态。所不同的是，故意认定标准没有发生更一般化还是更具体化的摇摆，而是相对稳定的具体化路径，即所谓的主观化标准。系通过行为人自身的各种情况，而不是以第三人为参照系，来判断其在实施行为时有无追求、放任损害结果的发生"[①]。

过失的判断标准一直在更一般化和更具体化标准之间游走，罗马法"善良家父"标准是典型的一般化标准。法律史上过失标准历经多次"主观化"与"客观化"的过程。其中，近代以来的过失"客观化"进程尤为引人注目。当下通说认为过失判断是采客观标准，"其背后的考量是加强受害人安全利益的保护。过失判断标准的运用，

---

① 马栩生：《比较法视野下故意侵权理论体系之构建》，载《法学评论》2010年第4期。

需渗入过失的内在结构之中,分别判断损害是否可以预见以及是否可以避免"。"损害是否可以合理预见之判断,是以理性人为标准,将一个理性人置于个案中行为人的角度,来判断其是否可以预见损害的发生,这之中涉及知识和能力的具体化。在损害发生可预见而损害又确已发生的前提下,损害发生的可避免性如果得到确认,那么行为人便将被认定为违反了损害防免义务,构成过失。这样,侵权案件中,损害的可避免性的确认,实际上相当于认定行为人违反了损害防免之义务。损害是否可以避免,不是一个事实问题,而是一个行为人行为是否合理的法律评价问题。事实层面的绝对不可避免的损害,应仅出现在发生了不可抗力的场合。但是,侵权法显然并非要让行为人对非不可抗力导致的所有损害负责。因此,损害是否可以避免的问题,实质上是行为人行为是否合理的问题。行为人行为合理,损害仍然发生,则损害具有不可避免性;行为人行为不合理,则损害系可避免而未避免,行为人有过失。判断行为人行为有无合理性,也需采用理性人标准,以一个理性人会实施的行为,来与行为人的行为相对照。具体考察行为人是否足够谨慎,做了理性人应当做的事,且未做理性人不应当做的事。"①

"如何判断某个人的过失,经历了一个发展过程。早期判断行为人是否有过失,主要考察行为人的主观心理状态,这也叫主观判断标准。这需要分析特定行为人对自己的行为或后果的理解、判断、控制、认识等方面的状况及能力,从其意志活动过程来确定过失。但是这导致受害人证明行为人的过错很困难,不利于保护其利益。发展到现在,对过失的认定逐渐客观化,不是从单个行为人的主观状态认定其过失,而是主要依据以下客观标准判断其有无过失:第一,行为人是否违反了法律、行政法规明确规定的义务。例如,法律对某一特定领域规定了行为标准,行为人若违反了这些标准,就具有过失。"② "侵权法中的过错,往往以人的注意义务水平为标准进行客观判断。在罗马法上有'善良家父的注意义务'标准,在近代大陆法系和英美法系则使用'善良管理人'或者'合理之人'标准,即假设存在一个普通的'善良管理人'或者'合理之人',以其在遇到相同情况下所应采取的注意义务,判断损害在已经尽到注意义务的情况下是否可以避免。如果行为人在已经尽到注意义务的情况下损害仍不可避免,则认为行为人对损害的发生没有过失;反之,如此时损害可以避免,则认为行为人有过失。"③ 如此,对于行为人的过失,根据行为的具体情况,分别采取一般标准与特殊标准进行认定。

(一)通常情况下的一般标准

(1)以法律规范所确定的注意义务为标准,确定行为人是否具有过错。在我国,很多法律规范都确定了注意义务标准,特别是在现代工业社会中,随着科学技术的发展,在医疗、交通运输、产品生产和销售等诸多领域出现了大量的技术性规则。这些

---

① 邹海林、朱广新主编:《民法典评注:侵权责任编》(第1册),中国法制出版社2020年版,第15页。
② 黄薇主编:《中华人民共和国民法典侵权责任编解读》,中国法制出版社2020年版,第9页。
③ 邹海林、朱广新主编:《民法典评注:侵权责任编》(第2册),中国法制出版社2020年版,第541—542页。

规则不乏对有关人员应当遵守的义务的规定。违反这些规定而给他人造成损害的，即可认定行为人具有过错。

(2) 以一个合理的、谨慎的人所应当具有的一般注意义务来判断。此时，先要确定一个合理的、谨慎的人，在行为人实施行为的环境下应当如何行为。如果行为人没有像一个合理的、谨慎的人那样行为就具有过错。也就是说，在行为人所处的环境下，若一般人会与之作出同样的行为，行为人就没有过错，反之就有过错。然后再按照一般人应当遵守的一般注意义务为准确定行为人是否具有过错。所谓一般注意义务，乃是通常情况下作为社会普通人所应当也能够达到的注意标准。按照合理第三人的标准来衡量行为人是否具有过错，不要求考虑行为人自身特殊的弱点或缺陷。如一个没有经验的司机造成车祸所适用的判断标准与一个有多年驾驶经验的老司机所适用的标准是一样的，而不考虑行为人的年龄大小、视力强弱、性格温急、反应快慢、健忘等个人因素。

(二) 特殊情况下的特殊标准

(1) 考虑专业人士的特点。对于诸如医生、律师、会计师、建筑师等从事较高专业性、技术性活动等人的行为，必须按照专业技术人员所具有或者公认的注意标准提出要求，如《民法典》第1221条规定：医务人员在诊疗活动中未尽到与当时的医疗水平相应的诊疗义务的，则认定为具有过错，而这种"与当时的医疗水平相应的诊疗义务"，则不是"一般人"所应当注意的义务。

(2) 考虑不同行业的特点。不同的行业，依据其经营习惯、交易习惯等的不同会对不同的经营者、管理者等提出不同的行业要求，如对爆竹等易燃易爆物品的管理，一般人的管理和专门经营者的管理应当存在区别。尤其是不同的行业，其行为的危险性不同，注意义务也会存在区别。

(3) 考虑无民事行为能力人和限制民事行为能力人的特殊情况。专业人士的标准往往要比合理第三人的标准高，但无民事行为能力人和限制民事行为能力人对自己行为及后果的辨识、控制的意思表示能力不足甚至没有，在确定与此相关的责任人如监护人的过错时，需要考虑被监护人之年龄、生理、智力等特殊情况。所以，《民法典》第1188条第1款就规定："无民事行为能力人、限制民事行为能力人造成他人损害的，由监护人承担侵权责任。监护人尽到监护职责的，可以减轻其侵权责任。"据此，监护人对无民事行为能力人、限制民事行为能力人给他人造成损害的行为承担侵权责任，应当根据被监护人的辨识、控制行为能力的情况，确定监护人是否尽到了监护职责，以确定是否减轻之责任。

(4) 在判断过错时，可以借鉴英美法上经济分析的方法，即通过成本和收益的分析，来确定行为人是否具有过失，并将其作为判断过失的辅助标准。倘若行为人付出合理的成本依然无法实现对损害的预防，则不能将避免此种损害的义务作为其义务。未尽到此义务，不能认为具有过错。

五、过错的类型

按照不同的标准,过错可以分为不同的类型,如以内容为标准,过错可以分为故意过错与过失过错;以对侵害行为及其结果所表现出过错的主体为标准,过错可以分为致害人过错、受害人过错与第三人过错,等等。有的则进一步指出,以他人对行为及其损害的主观心态是否可以视为自己的过错为标准,过错可以分为自己的过错与视为自己过错的过错,后者如提供劳务者致人损害责任中,被使用人即提供劳务者(雇员)的过错可以视为使用人即接受劳务者(雇主)的过错;代理人的过错可以视为被代理人的过错;被监护人的过错可以视为监护人的过错。①

在现实生活中,行为人的行为给他人权益造成损害时,可能不仅仅是行为人具有过错,其他与行为及其损害结果相关的主体如受害人等也可能具有过错。如此,行为人行为所造成的损害结果,既可以是致害人的过错所致,也可以是受害人的过错所为,还可以是第三人过错或者混合过错所生,乃至自然的非过错所成。

(一)致害人过错

此种过错,具体又分为单独过错与共同过错:(1)单独过错,是指一个人单独实施行为时对行为及其损害结果所具有的过错。单独过错的民事责任由实施侵权行为的人自己承担,自负其责,属于最为常见、最为普通的过错类型。最典型的单独过错是对自己的侵权行为负责,即自己为自己的侵权行为承担责任。在特殊侵权行为中,为他人实施的行为或者为自己管领的物件而致人损害承担侵权责任的,只要行为人是单独的个体,所体现的过错便属单独过错。(2)共同过错,与单独过错相对应,是指两个或两个以上的行为人共同造成他人损害而对之共同行为及其损害结果所具有的过错。过错者必须都是具有完全民事行为能力的人。无完全民事行为能力人之间或者无完全民事行为能力人与完全民事行为能力人之间,虽然共同造成了他人损害结果的发生,依旧不能形成共同过错。

至于多人对他人分别实施侵害行为,并造成了他人同一损害结果的发生,但无意思联络的,各行为人对自己侵害他人并致损害结果发生的行为,所具有的过错,依旧属于单独过错的范畴,不能因为各自行为在客观上均构成了他人损害结果的原因,就认为具有共同过错。

(二)受害人过错

所谓受害人过错,系受害人对于自身的损害结果发生或者扩大所表现出的故意或者过失的主观心理状况。换言之,在行为人致其损害的过程中,受害人也具有过错行为,且过错行为构成了自己损害结果发生或者扩大的原因。如此,受害人过错的存在减轻了行为人的过错,导致了侵权人责任的降低,成为责任相抵或者免除的重要理

---

① 我们认为,无完全民事行为能力人对自己的加害行为及其损害结果,由于缺乏辨别、控制的意思表示能力,不存在过错。其对自己加害行为及其损害结果表现的内心状态,包括有意识或者无意识的心理状态,仅仅属于一种客观存在的主观心态。邹海林、朱广新主编:《民法典评注:侵权责任编》(第1册),中国法制出版社2020年版,第98—100页。

由。从抗辩的角度看，如果损害结果系由受害人的故意行为造成，或者系由受害人与侵害人的过错行为共同造成，侵害人固然可以依法据此主张不应承担或者减轻民事责任。对此，《民法典》第1174条规定："损害是因受害人故意造成的，行为人不承担责任。"第1173条规定："被侵权人对同一损害的发生或者扩大有过错的，可以减轻侵权人的责任。"至于受害人过错的构成要件，则不同于一般侵权行为和违约行为的构成要件，包括受害人实施了不法或者不当的行为、受害人的过错影响侵权人过错的程度、受害人的行为构成损害结果的部分原因三个方面。

（三）第三人过错

第三人过错，为行为人和受害人以外的第三人，对受害人的损害结果发生或者扩大所具有的故意或者过失。对此，《民法典》第1175条规定："损害是因第三人造成的，第三人应当承担侵权责任。"第1250条规定："因第三人的过错致使动物造成他人损害的，被侵权人可以向动物饲养人或者管理人请求赔偿，也可以向第三人请求赔偿。动物饲养人或者管理人赔偿后，有权向第三人追偿。"

（四）混合过错

在侵权责任法律规范中，混合过错作为侵害行为所表现出过错的一种重要形态，有广义和狭义之分。就狭义而言，混合过错是指受害人也有过错这一种特殊的过错形式；就广义而言，则包含了相对完整的竞合过错和比较过失理论及方法的混合过错。所谓相对完整的竞合过错，指受害人的损害是行为人与受害人双方的过错行为结合造成，仅凭行为人或受害人一方的过错行为都不足以造成此损害结果的情形，两种过错行为缺一不可。所谓比较过失理论及方法的混合过错，则系按照双方的过错比例来确定损害的分配及责任范围，其法律后果为因过错产生的责任相抵。前述《民法典》第1173条的规定，便是确认混合过错责任的法律依据。

应当指出，在现实生活中，对于行为人给受害人造成损害的行为及其结果，经常会出现行为人、受害人及第三人均不存在过错的情况，此时根据《民法典》第1186条关于"受害人和行为人对损害的发生都没有过错的，依照法律的规定由双方分担损失。"的规定处理。既然所有人都不存在过错，自然不存在有关主体的过错问题，因此不能将之归属于主体过错的一种类型。

第三章

侵权责任的归责原则

第一节 侵权责任归责原则概述

一、侵权责任归责原则的概念

归责，顾名思义，乃确定责任的归属，是指行为人因其行为和物件甚或他人行为和物件致他人损害的事实发生后，应以什么依据使其负责。此种依据体现了法律的价值判断，即法律应以行为人的过错还是应以已经发生的损害结果为价值判断标准，抑或以公平考虑等作为价值判断标准，而让行为人承担侵权责任。[1] 归责与责任不同。责任为行为人侵害了他人权利或者违反了民事义务所应依法承担的强制性法律后果；归责则是一个复杂的责任判断过程。如果将侵权行为的损害事实作为起点，将责任作为终点，归责就是连接这首尾两点的过程，系为责任是否成立寻求依据。责任为归责的结果，但归责并不意味着必然导致责任的产生。责任的成立与否，取决于行为人的行为及其后果是否符合责任的构成要件。

至于归责原则，作为侵权责任法律规范的统帅和灵魂，是侵权责任法律规范的理论核心，乃指确定侵权行为人承担侵权责任的一般准则，也就是在损害事实发生的情况下，确定侵权行为人对其行为所造成的损害是否需要承担民事责任的规则。引发一个事故的原因可能很多，自然有行为人的原因，还有受害人自身或环境等各方面的原因。因果关系的链条可以一直延伸很远。归责原则的作用在于根据一定的标准，将损害与某种原因相结合，以决定损害是否由原因者承担。因此，归责原则是一种法律的价值判断。归责原则本身，并不能决定责任的成立与否，它只是为责任的成立寻求依据和理由。要成立责任还需要考虑行为人的侵害行为是否符合侵权行为的构成要件。但是，这并不影响侵权责任归责原则在侵权责任法律规范中的核心地位，一定的归责原则反映了民法的基本理念和立法政策倾向，决定着侵权及侵权责任的构成要件、举证责任的负担、免责条件、损害赔偿的原则和方法等各个方面。是以，准确掌握侵权责任的归责原则，对于理解和掌握整个侵权责任法律规范的功能和归责的目的，从而有效运用侵权责任法律规范，制裁各种侵权行为，充分保护自然人和法人的合法权益

---

[1] 王利明：《侵权责任法》，中国人民大学出版社2021年版，第40页。

具有十分重要的作用与意义。

二、侵权责任归责原则的体系

侵权责任的归责原则最早表现为侵害原则，也叫做客观归责原则，即以损害的客观后果作为归责的标准。后来，《法国民法典》确立了现代的过错责任原则，于是在侵权责任法的立法史上实现了革命性的变革。然而，随着资本主义经济的发展，具有高度危险性的工业企业大规模出现，在事故造成的损害面前，倘若受害人必须证明事故的责任者即工厂在主观上具有过错后才能获得赔偿，也就是固守过错责任一般规则，其结果乃是大量受害人的人身及财产安全无法得到保障和救济。换言之，单一的过错责任归责原则不能解决日益复杂化的侵权责任问题。所以，过错推定责任原则乃至无过错责任原则的归责原则便应时而生。这样，侵权责任法的单一归责原则便向多元化发展，逐渐形成了侵权责任法完整的归责原则体系。

（一）关于侵权责任归责原则体系的理论观点

对于侵权责任归责原则体系究竟由哪些归责原则构成，法学界历来就是仁者见仁，智者见智。总体而言，主要存在以下四种观点：

1. 单元的过错责任归责原则说

这一学说认为，侵权责任法律规范只有一个归责原则，即过错责任原则，否认在过错责任之外的其他归责原则，主张扩大过错责任来解决侵权责任法律规范领域出现的诸如高度危险作业致人损害，环境污染、破坏生态致人损害等新的问题。①

2. 二元归责原则说

这一理论主张侵权责任归责原则是二元的而不是单元的，一般认为侵权责任归责原则只有过错责任原则和无过错责任原则，过错推定只是过错责任原则的特殊形式。一般来讲，对于一般侵权行为，适用过错责任原则；对于特殊侵权行为，适用无过错责任原则。适用无过错责任原则的，需要法律作出特别规定。②

3. 三元归责原则说

20世纪90年代中期以前，我国学界通常认为，过错责任原则、无过错责任原则和公平责任原则构成侵权责任的归责体系。后来，对这一观点，内部又产生分歧：（1）有的主张多元的归责原则，包括过错责任原则、过错推定责任原则和公平责任原则三种。（2）有的主张侵权责任归责原则由过错责任原则、过错推定责任原则和无过错责任原则三种归责原则构成，公平责任原则只是一种具体的侵权责任形态，而不是独立的归责原则。③（3）另有学者提出，侵权责任归责原则体系应当采取多元的归责体系，即在过错责任原则和严格的过错推定责任原则作为两项基本归责原则相并列的基础上，再以公平责任原则作为补充，以绝对的无过错责任原则作为例外。

---

① 王卫国：《过错责任原则：第三次勃兴》，浙江人民出版社1987年版，第212页。
② 米健：《再论现代侵权行为法的归责原则》，载《政法论坛》1991年第2期。
③ 杨立新：《侵权责任法》，人民法院出版社2004年版，第119页。

4. 四元归责原则说

此观点认为，侵权责任归责原则包括过错责任原则、过错推定责任原则、严格责任原则和公平分担损失原则，依据为《民法典》第1165条第1款规定的是过错责任原则，第1165条第2款规定的是过错推定责任原则，第1166条规定的是严格责任原则，第1186条规定的是公平分担损失原则。

（二）侵权责任归责原则三元体系的合理性

侵权责任归责原则体系究竟采用单元归责原则说、二元归责原则说、三元归责原则说还是采用四元归责原则说？我们认为，由过错责任原则、过错推定责任原则和无过错责任原则构成的三元归责原则体系更为科学合理：

1. 过错责任原则

过错责任归责原则作为侵权责任的归责原则，在整个学界没有任何歧义，而且以过错作为价值标准判断行为人对其行为造成的损害承担侵权责任也符合法律的基本要求。

2. 过错推定责任原则

有人说，过错推定责任原则只是过错责任的特殊形式，对此，我们不加否认。但是，过错推定责任原则与过错责任原则存在区别也不容否认：（1）过错责任原则和过错推定责任原则在过错的举证责任方面存在不同。前者的举证责任由受害人承担，后者则实行举证责任倒置由行为人就自己无过错承担举证责任。（2）过错责任原则和过错推定责任原则的调整范围不完全相同。一般来讲，前者调整的侵权行为范围为一般侵权行为，后者的适用范围不是一般侵权行为，而是部分特殊侵权行为。（3）立法机关在2002年的《侵权责任法（草案）》中尽管采取"二元论"的立场，即把过错责任原则分为一般的过错责任原则和推定的过错责任原则两种形式，但在通过《侵权责任法》时，还是采用了三元论，即对过错责任原则、过错推定责任原则和无过错责任原则均作了规定。对此，《民法典》继续沿用而未加调整。《民法典》第1165条第2款规定："依照法律规定推定行为人有过错，其不能证明自己没有过错的，应当承担侵权责任。"（4）从历史的角度考察，这两个归责原则的出现及其调整范围是不同的。在过错责任原则诞生之时，就分为两种不同形式，作出不同的规定，调整不同的侵权案件。

3. 无过错责任原则

无过错责任原则与过错责任归责原则一样，也属于一个独立的归责原则。但是，它与过错责任原则不同，所调整的范围不是一般侵权行为，而是一些特殊侵权行为。对此，《民法典》第1166条就规定："行为人造成他人民事权益损害，不论行为人有无过错，法律规定应当承担侵权责任的，依照其规定。"

另外，需对公平责任原则加以说明，它是指当事人双方对发生的损害均无过错且按照法律规定又不能适用无过错责任原则的情况时，由人民法院根据公平观念，在考虑受害人损失、双方当事人财产状况及其他相关情况的基础上，确定行为人或者可能行为人对受害人的财产损失予以适当补偿。如此，公平责任原则在我国民法中解决的不是侵权责任的承担问题,而是特定情况下如何分担损害后果的问题。故不宜将其确立为一种独立的侵权责任归责原则。

三、侵权责任归责原则体系的特点

(一)多元化

从大陆法系国家的民法来看,很多仅规定了单一的过错责任原则,对于无过错责任原则则由特别法加以规定,德国、日本就是如此。我国《民法典》侵权责任编则将无过错责任原则纳入其中,并将过错推定责任原则分立出来作为一种独立的侵权责任归责原则,构建了侵权责任归责原则的多元化体系。此外,还规定了公平责任原则作为侵权责任归责原则的一种补充,使得侵权责任下与非侵权责任下,受害人的损害均能依法得到充分或者一定程度的救济与弥补,是原则性与灵活性相结合、具体情况具体分析等哲学原理在立法上的灵活运用。

(二)侵权责任归责原则之间具有层次性和逻辑性

《民法典》侵权责任编不是简单地列举几项侵权责任归责原则,而是根据各项归责原则在侵权责任法律规范中的不同地位进行具有层次性和逻辑性的安排设置。由于过错责任原则属于侵权责任归责原则的一般性规则,《民法典》便在第1165条第1款中首先加以规定,并依次于第1165条第2款、第1166条分别确定了过错推定责任原则和无过错责任原则。鉴于过错推定责任原则仍要以过错为归责依据,于是与过错责任原则在同一条中规定。再鉴于公平责任原则只是在特定情况下就如何分担损害后果加以确定,其性质、地位不能与过错责任原则、过错推定责任原则和无过错责任原则相提并论,于是,《民法典》就没有将公平责任原则列为归责原则在侵权责任编的第1章"一般规定"中与上述三种归责原则一并规定,而只是把它作为特定情况下如何分担损害后果的问题放在第2章"损害赔偿"中加以设置。

(三)注重侵权责任归责原则的综合运用

在《民法典》侵权责任编中,每一类侵权责任都是按照归责原则确立的,使得各种归责原则相互补充,且在一些具体制度中能够形成多重的归责原则,以有机结合,综合运用。如机动车交通事故责任的归责原则就不一概适用过错责任原则。对此,《道路交通安全法》第76条规定:"机动车发生交通事故造成人身伤亡、财产损失的,由保险公司在交强险责任限额范围内予以赔偿;不足的部分,按照下列规定承担赔偿责任:(一)机动车之间发生交通事故的,由有过错的一方承担赔偿责任;双方都有过错的,按照各自过错的比例分担责任。(二)机动车与非机动车驾驶人、行人之间发生交通事故,非机动车驾驶人、行人没有过错的,由机动车一方承担赔偿责任;有证据证明非机动车驾驶人、行人有过错的,根据过错程度适当减轻机动车一方的赔偿责任;机动车一方没有过错的,承担不超过百分之十的赔偿责任。交通事故的损失是由非机动车驾驶人、行人故意碰撞机动车造成的,机动车一方不承担赔偿责任。"如此,对于机动车之间的交通事故责任适用过错责任原则;机动车与非机动车、行人之间的交通事故责任则适用过错推定责任原则;对于机动车一方无过错时的责任,机动车一方也要承担不超过10%的赔偿责任,即适用无过错责任原则。

(四)采用"一般条款与类型化"相结合的方式

侵权责任归责原则的体系根据"一般条款+类型化"的模式构建,这在世界民事立法史上,具有开创性意义。《民法典》第1165条第1款规定,行为人因过错侵害他人民事权益造成损害的,应当承担侵权责任,就是在法律上确定了过错责任原则的一般条款。然而,仅仅依靠这一一般条款来发挥作用远远无法解决有关侵权责任的归责问题,于是又明确了过错责任原则、过错推定责任原则和无过错责任原则的一般性规定,且在此基础上采用类型化的方式,对适用规范侵权责任的过错推定责任原则、无过错责任原则和适用规范非侵权责任下所产生责任的公平责任原则的特殊情形均作了类型化的规定,实现了过错责任原则一般条款与特殊侵权责任的类型化规定的结合。

第二节 过错责任原则

一、过错责任原则的概念

过错责任原则,属于主观归责原则的范畴,是一项以过错作为价值判断标准,确定行为人对其行为造成的损害应否承担侵权责任的归责原则。也就是说,在损害发生的情况下,与此相关的行为人谁有过错谁就应承担民事责任,没有过错的行为人不应承担民事责任,其精神实质就是"有过错有责任,无过错无责任"。按照过错责任原则,一个人只有在自己主观方面具有过错的情况下才对其造成的损害负责。主观方面没有过错,不具有可非难性,行为人享有充分的自由,即使对他人造成了损害,也不应承担责任。故它给责任人的回应就是,法律要求人们按照普通的、合理人的标准行事,一个人应当为自己的过错行为付出相应的代价。

二、过错责任原则的适用规则

(一)适用过错责任原则着重于行为人的主观因素

适用过错责任原则确定民事责任,以行为人主观方面具有过错为条件,而不是依行为的客观方面来确定。然而,行为人的主观因素,内在于心理脑海,外表于客观行为。故考察行为人的主观因素,还是要通过行为人的行为包括口头行为、应当作为而不作为等客观因素加以判断。不然,就会滑向随意对他人的内心进行猜测、揣摩的主观主义泥潭。

(二)过错责任原则适用于一般侵权行为

过错责任原则适用的标准为,只有法律有特别规定的情况下才不适用过错责任原则,即特殊侵权行为不适用过错责任原则。

(三)适用过错责任原则,由权利主张人承担举证责任

过错责任原则的适用,按照"谁主张权利谁提供证据"的规则,由受害人证明致

害人存在过错，即在举证上按照《民事诉讼法》确定的基本规则进行，也就是权利主张人即原告举证。原告要对自己的主张承担全部的举证责任，举证不足或者举证不能，就会承担败诉的结果。

（四）过错责任原则相应的责任形态

适用过错责任原则的侵权行为为一般侵权行为，其对应的责任形态一般都是自己的责任，行为人对自己的行为承担责任，通常不实行替代责任。

三、过错责任原则下过错对责任范围的影响

适用过错责任原则，主要应把过错作为行为人承担赔偿责任的根据，而不是将之作为确定赔偿范围的根据。过错程度一般不是决定赔偿责任范围的根据，赔偿责任的大小决定于损害的大小，过错对之并不产生绝对的影响。不过，在特殊情形下，也会对赔偿责任的范围及其大小产生影响。对此，需要注意区分不同情况加以考虑。

（一）过错程度对侵权责任构成的影响

在一般情况下，适用过错责任原则，只要行为人具有过错，就构成侵权责任。可在某些情况下，仅仅有一般的过错还不足以构成侵权责任，只有出于故意或者重大过失实施侵害的行为，才能构成侵权责任。如《民法典》第500条规定："当事人在订立合同过程中有下列情形之一，造成对方损失的，应当承担赔偿责任：（一）假借订立合同，恶意进行磋商；（二）故意隐瞒与订立合同有关的重要事实或者提供虚假情况；（三）有其他违背诚信原则的行为"；第618条规定："当事人约定减轻或者免除出卖人对标的物瑕疵承担的责任，因出卖人故意或者重大过失不告知买受人标的物瑕疵的，出卖人无权主张减轻或者免除责任"；第1148条规定："遗产管理人应当依法履行职责，因故意或者重大过失造成继承人、受遗赠人、债权人损害的，应当承担民事责任"。这些都说明，在某些情况下，过错程度有时对侵权责任的构成起着至关重要的决定性作用。

（二）过错程度对侵权责任范围的影响

过错责任作为一项归责原则，不仅仅适用于责任的确立上，而且在特别情况下还适用于责任范围的确立上。也就是说，过错程度对侵权损害赔偿责任的范围也会有影响，主要表现在以下几个方面：（1）对于精神损害赔偿，过错的轻重会决定损害赔偿责任的大小。如果主观上出于故意，那么就要承担较重的精神损害赔偿责任；倘若属于过失侵害他人人身权利，那么就应承担较轻的赔偿责任。（2）对于混合过错，即侵害人和受害人都有过错时，双方所负担责任的大小就应以各自的过错程度来确定，侵害人也只对自己的过错负责，对因受害人的过错造成的损失不承担赔偿责任。受害人的过错程度与侵害人的过错程度要进行过失比较，按照各自的过错责任比例确定责任。（3）对于共同侵权，共同侵害人对外尽管需要共同承担连带侵权责任，但对内还是要按各自的过错比例分担责任。因而，在确定共同侵害人的内部责任份额时，过错程度的轻重对每一个人承担责任的范围具有重要影响。（4）对于数人承担的按份责

任,《民法典》第 1172 条规定:"二人以上分别实施侵权行为造成同一损害,能够确定责任大小的,各自承担相应的责任;难以确定责任大小的,平均承担赔偿责任。"这就说明,分别侵权所产生的按份责任,要依据每个行为人过错程度的轻重来确定责任范围,过错轻重对责任范围更具有影响力。(5) 对于惩罚性赔偿,法律要求侵权人必须出于故意才能适用,如《民法典》第 1185 条规定:"故意侵害他人知识产权,情节严重的,被侵权人有权请求相应的惩罚性赔偿。"

第三节 过错推定责任原则

一、过错推定责任原则的概念

过错推定责任原则,系指在法律具有特别规定的情况下,依损害事实的本身推定行为人存在过错,并据此确定由造成他人损害的行为人承担赔偿责任的归责原则。

推定,就是从已知事实推知未知事实的一种方法,也就是按照已知的事实对未知的事实进行的某种推断和认定。过错推定,系在受害人能够举证证明损害事实、侵害行为以及两者之间因果关系成立的情况下,就损害这一客观存在的事实首先假设、推定侵害人在致人损害的行为中具有过错;然后再由侵害人证明自己没有过错,倘若侵害人不能证明对自己所造成的损害没有过错,就认为其具有过错而应承担侵权赔偿责任。对此,《民法典》第 1165 条第 2 款已作出规定。

二、过错推定责任原则的适用规则

(一)过错推定责任原则的适用范围

根据《民法典》的有关规定,下列情况下应当适用过错推定责任原则确定侵权责任:

(1) 无民事行为能力人在幼儿园、学校或者其他教育机构学习、生活期间受到人身损害的,推定教育机构具有过错;但是,能够证明尽到教育、管理职责的,不承担侵权责任。(《民法典》第 1199 条)

(2) 患者在诊疗活动中受到损害,医疗机构具有"违反法律、行政法规、规章以及其他有关诊疗规范的规定""隐匿或者拒绝提供与纠纷有关的病历资料""遗失、伪造、篡改或者违法销毁病历资料"情形之一的,推定医疗机构具有过错。(《民法典》第 1222 条)

(3) 非法占有高度危险物造成他人损害的,推定所有人、管理人具有过错;但是,所有人、管理人能够证明对防止非法占有尽到了高度注意义务的,不与非法占有人承担连带责任。(《民法典》第 1242 条)

(4) 未经许可进入高度危险活动区域或者高度危险物存放区域受到损害的,推定管理人具有过错;但是,管理人能够证明已经采取足够安全措施并尽到充分警示义务

的，可以减轻或者不承担责任。(《民法典》第1243条)

(5) 动物园的动物造成他人损害的，推定动物园具有过错；但是，能够证明尽到管理职责的，不承担侵权责任。(《民法典》第1248条)

(6) 建筑物、构筑物或者其他设施倒塌、塌陷造成他人损害的，推定建设单位与施工单位具有过错；但是，建设单位与施工单位能够证明不存在质量缺陷的除外。(《民法典》第1252条第1款)

(7) 建筑物、构筑物或者其他设施及其搁置物、悬挂物发生脱落、坠落造成他人损害，推定所有人、管理人或者使用人具有过错。(《民法典》第1253条)

(8) 堆放物倒塌、滚落或者滑落造成他人损害，推定堆放人具有过错。(《民法典》第1255条)

(9) 在公共道路上堆放、倾倒、遗撒妨碍通行的物品造成他人损害，推定公共道路管理人具有过错，不能证明已经尽到清理、防护、警示等义务的，应当承担相应的责任。(《民法典》第1256条)

(10) 林木折断、倾倒或者果实坠落等造成他人损害，推定林木所有人或者管理人具有过错。(《民法典》第1257条)

(11) 在公共场所或者道路上挖掘、修缮安装地下设施等造成他人损害，推定施工人具有过错；但是，施工人能够证明已经设置明显标志和采取安全措施的，不承担侵权责任。(《民法典》第1258条第1款)

(12) 窨井等地下设施造成他人损害，推定管理人具有过错；但是，管理人能够证明已经尽到管理职责的，不承担侵权责任。(《民法典》第1258条第2款)

(13) 处理个人信息侵害个人信息权益造成损害，个人信息处理者不能证明自己没有过错的，应当承担损害赔偿等侵权责任。(《个人信息保护法》第69条第1款)。

············

(二) 过错推定责任原则适用中的证明责任

在过错推定责任原则的适用中，实行如下举证责任特殊规则：

(1) 受害人即权利主张人须就侵权责任构成要件中的违法行为、损害事实，以及违法行为与损害后果之间的因果关系承担举证责任。

(2) 在受害人对侵权责任的违法行为、损害事实，以及违法行为与损害后果之间的因果关系这三个要件完成了举证责任后，法官即直接推定侵害人具有主观过错，不要求权利主张人去寻求侵害人在主观方面存在过错的证明，而是从损害事实的客观要件以及它与违法行为之间的因果关系中，推定侵害人在主观方面具有过错。

(3) 在过错这一侵权责任的构成要件上，实行举证责任倒置：侵害人假如认为自己在主观方面没有过错，则须举证，证明成立者，推翻过错推定，侵害人不承担侵权责任；侵害人假如不能证明或者证明不足的，则过错推定成立，侵害人应当承担侵权责任。

(三) 过错推定责任原则适用时的侵权责任形态

在适用过错推定责任原则的侵权行为中，行为人承担的责任形态基本上是替代责任,包括对人的替代责任和对物的替代责任,但是,对于自己实施的侵害行为所产生的亲侵权责任在法律规定的情况下自然也要依法适用。

第四节　无过错责任原则

一、无过错责任原则概述

（一）无过错责任原则的概念

无过错责任原则,是指在法律具有特别规定的情况下,以已经发生的损害结果为价值判断标准,对与该损害结果存在因果关系的行为人,不问其有无过错,均让其承担侵权赔偿责任的归责原则。[1]《民法典》第1166条规定,"行为人造成他人民事权益损害,不论行为人有无过错,法律规定应当承担侵权责任的,依照其规定",就是对无过错责任原则的明确表达。不过,这一原则设立的"精髓并不是行为人没有过错也要承担责任,而是确定行为人是否承担侵权责任时,无论其有无过错,受害人一方也不用证明行为人是否有过错",也就是"免除受害人证明行为人过错的举证责任,使受害人易于获得损害赔偿,使侵权行为人不能轻易逃脱侵权责任。事实上,从我国审判实践来看,适用无过错责任的大多数案件中,行为人基本上都有过错"。如此,并不是"只有行为人无过错时才承担无过错责任,有过错时不承担无过错责任,仍需要受害一方承担过错的举证责任"[2]。"在法律规定适用无过错责任原则的案件中,法官判断被告应否承担侵权责任时,不考虑被告有无过错,不要求原告证明被告有过错,也不允许被告主张自己无过错而请求免责。只要审理查明,被告的行为与原告损害之间存在因果关系,即可判决被告承担侵权责任。"[3]

对于无过错责任原则,有的称之为严格责任,认为其中的无过错的含义就是什么过错都不考虑,既不考虑行为人的过错,也不考虑受害人的过错;[4] 与过错责任相比,无过错责任在承担条件和责任后果上均更为严格。有的认为,"这种责任的承担,并不考虑行为人的主观意识状态,而只考虑损害结果和免责事由,故又被称为客观责任"[5]。不过,有的因此称之为结果责任则值得商榷。无过错责任是在法律具有特别规定的情况下,不考虑行为人是否存在主观过错,均要对给他人造成的损害承担赔偿责任。这一归责原则与侵权责任法律规范历史上的结果责任原则确有相似之处,都是以损害事实的客观存在作为承担责任的基础。但从侵权责任归责原则的历史发展来看,过错责任是在否定结果责任的基础上建立的,无过错责任的产生则是为了弥补过错责任的不足。可以说,无过错责任是对结果责任的否定之否定。如此,这个过程不是肯

---

[1] 杨立新:《侵权责任法》,法律出版社2018年版,第75页。
[2] 中国审判理论研究会民事专业委员会编著:《民法典侵权责任编条文理解与司法适用》,法律出版社2020年版,第15页。
[3] 黄薇主编:《中华人民共和国民法典侵权责任编解读》,中国法制出版社2020年版,第13页。
[4] 王利明:《〈侵权责任法〉的中国特色解读》,载《法学杂志》2010年第2期。
[5] 黄薇主编:《中华人民共和国民法典侵权责任编解读》,中国法制出版社2020年版,第13页。

定的修正过程,而是一个不断改进、更新和发展的过程。无过错责任与结果责任,无论是在历史及其产生的原因、理念、适用范围上还是责任机理及赔偿范围方面均存在着不同,两种责任在本质属性上有着明显的区别。如在适用范围上,无过错责任一般仅仅适用于特殊侵权,而结果责任则适用于一般侵权。

(二)无过错责任原则的特征

无过错责任原则的特征主要有:(1)无过错责任的类型必须基于法律的明确规定,法官在司法实务中不得自由创设。这里所说的"法律",既包括全国人民代表大会及其常务委员会制定的法律,也包括国务院制定的行政法规。(2)无过错责任不以行为人的过错作为归责的要件,只要受害人能够证明自身损害的存在,并且在法律的保护范围之内,而且其损害和侵害人的行为之间存在因果关系甚至存在某种关联性,侵害人就应该承担损害赔偿责任。侵害人即使能够证明自己没有过错,也不能免责,这是无过错责任和过错推定责任的核心区别。

应当指出,无过错责任原则中的"无过错"或者"不考虑过错",乃是不考虑行为人的过错,而绝不意味着在任何情况下都不需要考虑受害人的过错。[①] 从1838年的《普鲁士铁路法》到我国过去的《民法通则》《侵权责任法》再到现今的《民法典》,这一思想一直得到明确的昭示,基本特点就是行为人不得以无过错为由不承担责任。当然,如果受害人本身有过错的,则可以依法减轻行为人的赔偿责任即作为行为人损害赔偿责任的减责事由,但这并不属于侵权责任原则内容的范畴,从而与侵权责任归责原则的性质、功能有着本质的不同。

二、无过错责任原则的适用规则

(一)无过错责任原则的适用范围

无过错责任原则的适用范围,属于该原则适用于哪些种类的侵权行为的问题。对此,不能根据《民法典》第1166条的规定,即"行为人造成他人民事权益损害,不论行为人有无过错,法律规定应当承担侵权责任的,依照其规定",直接让侵权人承担无过错责任。换言之,某一侵权行为是否实行无过错责任,应当还有其他明确的法律规定。"本条关于无过错责任原则的规定,是为了在一些特定领域排除过错责任原则的适用。本条的规定只是为了表明无过错责任原则在我国是与过错责任原则并列的归责原则,并不直接具有作为裁判根据的意义。要对某一案件适用无过错责任,必须是《民法典》或者其他法律明确规定该类案件不以过错为承担责任的条件。适用无过错责任原则的案件,所适用的是本法或者其他法律关于无过错责任的具体规定。本法或者其他法律未明确规定适用无过错责任原则的案件,均属于过错责任原则的适用范围。法官不能在法律没有明确规定适用无过错责任原则的情况下,擅自适用该原则。

[①] 《民法典》第1173条规定:"被侵权人对同一损害的发生或者扩大有过错的,可以减轻侵权人的责任。"第1174条规定:"损害是因受害人故意造成的,行为人不承担责任。"当这些减免责事由转化为某一无过错责任的特别减免责事由以及确定责任范围大小时,也是需要考虑受害人的过错的。

强调这一点，主要是考虑到无过错责任是一种极为严格的责任，若由法官自由决定是否适用该原则，有可能妨碍人们的行为自由和社会进步。立法者在决定哪些领域应当适用无过错责任原则时比较慎重。侵权责任编明确规定了几种适用无过错责任原则的特殊侵权行为，如第四章的产品责任、第七章的环境污染和生态破坏责任以及第八章的高度危险责任。其他法律也可以根据实践发展和社会需要规定适用无过错责任原则的领域。这里需要注意的是，第八章规定的高度危险责任比较特殊，根据第1236条的规定，从事高度危险作业造成他人损害的，应当承担侵权责任。该规定没有限制高度危险责任的具体适用范围，是开放和动态的，只要从事高度危险作业的，就要承担无过错责任。高度危险作业的内涵和外延可以随着社会的发展而扩展。出现新的高度危险作业的，根据实践需要，可用司法解释或者立法解释的方式，也可用单行法的方式包含进来。这样规定可以说为将来无过错责任原则的扩大适用留有余地。"①

具体来说，根据《民法典》的规定，下列情形的侵权所产生的侵权责任属于无过错责任：

（1）无民事行为能力人、限制民事行为能力人致人损害的，监护人承担无过错责任。（《民法典》第1188条、第1189条）

（2）用人单位的工作人员因执行工作任务致人损害的，用人单位承担无过错责任；劳务派遣期间，被派遣的工作人员因执行工作任务造成他人损害的，接受劳务派遣的用工单位承担无过错责任。（《民法典》第1191条）

（3）个人之间形成劳务关系，提供劳务一方因劳务造成他人损害的，接受劳务一方承担无过错责任。（《民法典》第1192条第1款）

（4）因产品存在缺陷造成他人损害的，生产者承担无过错责任。（《民法典》第1202条）

（5）机动车与行人、非机动车驾驶人之间发生道路交通事故的，机动车一方承担无过错责任。（《民法典》第1208条、《道路交通安全法》第76条第1款第2项）

（6）因污染环境、破坏生态造成他人损害的，污染环境者、破产生态者承担无过错责任。（《民法典》第1229条）

（7）从事高度危险作业造成他人损害的，从事高度危险作业者承担无过错责任。（《民法典》第1236条）

（8）民用核设施或者运入运出核设施的核材料发生核事故造成他人损害的，民用核设施的营运单位承担无过错责任；但是，能够证明损害是因战争、武装冲突、暴乱等情形或者受害人故意造成的，不承担责任。（《民法典》第1237条）

（9）民用航空器造成他人损害的，民用航空器的经营者承担无过错责任；但是，能够证明损害是因受害人故意造成的，不承担责任。（《民法典》第1238条）

（10）占有或者使用易燃、易爆、剧毒、高放射性、强腐蚀性、高致病性等高度危险物造成他人损害的，占有人或者使用人承担无过错责任；但是，能够证明损害是因

---

① 黄薇主编：《中华人民共和国民法典侵权责任编解读》，中国法制出版社2020年版，第17页。

受害人故意或者不可抗力造成的，不承担责任。(《民法典》第1239条)

(11) 从事高空、高压、地下挖掘活动或者使用高速轨道运输工具造成他人损害的，经营者承担无过错责任；但是，能够证明损害是因受害人故意或者不可抗力造成的，不承担责任。(《民法典》第1240条)

(12) 遗失、抛弃高度危险物造成他人损害的，所有人承担无过错责任；所有人将高度危险物交由他人管理的，管理人承担无过错责任。(《民法典》第1241条)

(13) 非法占有高度危险物造成他人损害的，由非法占有人承担无过错责任。(《民法典》第1242条)

(14) 饲养的动物造成他人损害的，动物饲养人或者管理人承担无过错责任；但是，能够证明损害是因被侵权人故意或者重大过失造成的，可以不承担或者减轻责任。(《民法典》第1245条)

(15) 违反管理规定，未对动物采取安全措施造成他人损害的，由动物饲养人或者管理人承担无过错责任；但是，能够证明损害是因被侵权人故意造成的，可以减轻责任。(《民法典》第1246条)

(16) 禁止饲养的烈性犬等危险动物造成他人损害的，动物饲养人或者管理人承担无过错责任。(《民法典》第1247条)

(17) 遗弃、逃逸的动物在遗弃、逃逸期间造成他人损害的，由动物原饲养人或者管理人承担无过错责任。(《民法典》第1249条)

....

(二) 无过错责任原则中的举证责任

无过错责任原则适用的举证责任，由侵害人承担，实行举证责任倒置。

(1) 被侵权人应当举证证明违法行为、损害事实，以及违法行为和损害事实之间具有因果关系(法律规定由侵权人承担因果关系举证责任时，则证明违法行为和损害事实之间具有关联性)三个要件成立。对此，侵权人不承担举证责任。

(2) 在被侵权人完成上述证明责任以后，如果侵权人主张不构成侵权责任或者免责，自己应当承担举证责任，实行举证责任倒置。但是，这里所要证明的不是自己无过错，而是被侵权人出于故意或者重大过失等法律规定的特别免责事由才是导致损害结果发生的原因，于是依法可以免除自己的责任。这也是无过错责任原则与过错推定责任原则的一个重要区别。

(3) 假如侵权人能够证明损害结果是由于被侵权人的故意或者重大过失造成的，法律又将此作为某一无过错责任的特别免责事由加以规定，那么就可以免除侵权人的损害赔偿责任。

(4) 假使侵权人对上述举证责任举证不能或者不足，那么侵权责任即告成立，侵权人就应当承担损害赔偿责任。

(三) 无过错责任原则适用时的侵权责任形态

适用无过错责任原则的侵权行为，既可以适用于替代责任，包括对人的替代责任和对物的替代责任，又可适用于因自己侵害行为所产生的亲侵权责任。

（四）无过错责任原则适用时的责任限制

适用无过错责任原则的，在赔偿数额上可能存在限制。如在美国侵权责任法律规范中，原告依严格责任提起诉讼的，原则上不得主张惩罚性赔偿，主要的限制方法是规定最高赔偿限额。这种限制性规定方法在国内、国外和国际民事法律中已经得到广泛使用。我国《海商法》《欧洲经济共同体产品责任指令》以及《国际民用航空公约》等均对适用无过错责任原则的侵权行为规定了最高赔偿的限额。对此，我国《民法典》第1244条规定："承担高度危险责任，法律规定赔偿限额的，依照其规定，但是行为人有故意或者重大过失的除外。"

（五）无过错责任原则适用时不承担责任的条件

无过错责任，并非一种在任何情况下都要承担责任的绝对责任。对于某种无过错责任，在法律明确具有特别的免责事由即不需要承担责任时自然不需要承担责任。但是，如果行为侵害人不需要承担侵权责任，一般来说，必须由法律对之不承担责任的条件即免责事由明确加以规定。这种规定一般从两个方面加以考虑：

（1）对一般情况不承担侵权责任的条件设置。我国法律规定一般情况不承担侵权责任的条件有不可抗力、正当防卫、紧急避险、自愿实施紧急救助、受害人故意、自甘风险、自助、第三人造成等。这些《民法典》总则编、侵权责任编的一般规定要在无过错责任中适用，还需在无过错责任中作出特别规定，否则不能适用，除非可以保护更大法益、避免更大法益损害。如《铁路法》第58条规定："因铁路行车事故及其他铁路运营事故造成人身伤亡的，铁路运输企业应当承担赔偿责任；如果人身伤亡是因不可抗力或者由于受害人自身的原因造成的，铁路运输企业不承担赔偿责任。违章通过平交道口或者人行过道，或者在铁路线路上行走、坐卧造成的人身伤亡，属于受害人自身的原因造成的人身伤亡。"

（2）对不是（准）一般免责事由的特别情形下不承担侵权责任的规定。此种规定，不针对（准）一般免责事由转化为特别免责事由进行规定，而是将（准）一般减免责事由之外的应当对责任人不承担责任的情形作为特别免责事由加以规定。如《产品质量法》第41条第2款规定：生产者能够证明属于"未将产品投入流通的""产品投入流通时，引起损害的缺陷尚不存在的"或者"将产品投入流通时的科学技术水平尚不能发现缺陷的存在的"等情形之一的，就不承担赔偿责任；《民法典》第1243条规定："未经许可进入高度危险活动区域或者高度危险物存放区域受到损害，管理人能够证明已经采取足够安全措施并尽到充分警示义务的，可以减轻或者不承担责任"。

第五节　公平责任原则

一、公平责任原则概述

（一）公平责任原则的概念

公平责任，又称衡平责任，是指在损害事实虽已发生然侵害人和受害人均没有过错的情况下,以公平考虑作为价值判断标准,根据实际情况和可能,由当事人双方公平地分担损失的一种法律责任。《民法典》第 1186 条关于"受害人和行为人对损害的发生都没有过错的,依照法律的规定由双方分担损失"的规定,就是对公平责任及其原则作出的规定。公平责任原则能否作为一项侵权责任归责原则,在理论界一直存在着不同的观点,直到《侵权责任法》乃至《民法典》的出台,对这一争议基本上才有定论,即公平责任原则并不属于侵权责任归责原则体系的组成部分,主要理由为:

(1) 缺乏明确的法律依据。从《民法典》的立法体系上看,《民法典》第 1186 条关于公平责任的规定并没有像过错责任原则和无过错责任原则一样置于归责原则的立法体系中,而是将之和其他赔偿原则归于一起。这样,公平责任原则乃是一项具体赔偿的原则,即在侵权责任已经确定后,在具体赔偿损失时,考虑当事人的实际情况,基于社会、法律等应有的公平考虑而在双方均无过错的情况下分担损失。

(2) 公平责任原则适用范围有限。它仅适用于极少数侵权行为导致损害的情况,不具有普遍性,不符合侵权责任归责原则所具有的对解决某类问题普遍适用的特征。

(3) 各国立法例大多未将公平责任解释为侵权责任的归责原则,我国立法也遵从了这一普通而又传统的做法。

当然,尽管公平责任原则不能构成侵权责任归责原则,在司法实践中依然有着其独特的法律价值,对过错责任原则、无过错责任原则的不足可以进行适度的补偿,一定程度上承担着保险和社会保障制度的功能与作用。换言之,公平责任原则是在查明事实之后根据实际情况酌情裁量,可以最大限度地保障当事人的合法权益。它适用于双方当事人都不存在过错且无法律规定适用无过错责任或者结果责任的情况。此时,若让一方当事人单独承担损失,则与民法公平原则相违背,也易导致社会关系紧张。而通过公平责任原则的适用,将损失合理分担到双方当事人身上,使得他们之间的利益得到平衡、紧张的社会关系得到缓解,自然有利于社会的稳定、发展与进步。所以,公平责任原则存在的价值在于,它提供了一种过错责任原则、过错推定责任原则、无过错责任原则以及结果归责原则所无法替代的损害分配方案,使得法律具有人人乐道的人情味。在我国传统的法律思想中,民事案件的处理一直需要考虑天理、国法和人情,而从某种意义来说,公平责任原则就属于其中的人情部分。事故虽无情,但由于公平责任原则的存在,使得无情的事故具有了人情。

(二) 适用公平责任原则的特点

1. 当事人双方均没有过错

这是适用公平责任原则的基本前提。对此,要注意三个方面:(1) 不能推定受害人和行为人具有过错;(2) 不能找到存在过错的当事人;(3) 根据损害的发生不能确定双方或一方具有过错,而且认定或推定过错也没有法律依据。

2. 存在较为严重的损害结果

对于较为严重损害结果的判断,需要斟酌以下主要情形:(1) 损害事实造成了受害人身体重伤、伤残甚至死亡的结果;(2) 损害事实造成了受害人精神障碍或难以恢复的神经病;(3) 损害事实造成了受害人财产较大的损失。

3. 由双方当事人分担损失，符合公平的民法理念

适用公平责任原则的行为与损害结果之间通常没有法律上的因果关系，而只是一种事实上的外在联系，适用的结果则是受害人和行为人分担损失。至于如何分担，则应考虑行为及其结果、双方的经济状况等实际情况后根据法律的规定加以衡平。由于公平的内涵与外延具有广泛的宽度及其适用空间的伸缩性，对之适用应当慎重。只有在既不能适用过错责任原则，又不能适用过错推定责任，也不能适用无过错责任原则的情况下，才可以在法律有原则性规定的范围内予以适用。

4. 由双方当事人分担损失必须依据法律的规定

关于公平责任原则，我国民法一直都有规定。原《民法通则》第132条规定："当事人对造成损害都没有过错的，可以根据实际情况，由当事人分担民事责任。"原《侵权责任法》第24条规定："受害人和行为人对损害的发生都没有过错的，可以根据实际情况，由双方分担损失。"《民法典》第1186条则规定："受害人和行为人对损害的发生都没有过错的，依照法律的规定由双方分担损失。"比较上述规定，不难发现：（1）《侵权责任法》将《民法通则》中的"分担民事责任"修改为"分担损失"，体现的是人道主义补偿。（2）《民法典》将《侵权责任法》中的"根据实际情况"修改为"依照法律的规定"，短短6个字的修改，不仅仅是文字的简单变化，彰显的乃是法律有关公平责任规则设置的重大进步，目的在于有效防止该原则的滥用，对于避免当事人滥诉缠访，避免一些法官"和稀泥"或者据此凭借自由裁量权作出不当裁判，弘扬社会主义核心价值观，具有重大意义。

二、公平责任原则的适用范围

（一）公平责任原则的适用范围

公平责任原则的适用范围，应当限定于行为人与受害人都没有过错、无法确定侵权人等通常情况下不应承担责任，然基于受害人损害亦有补救的需要，衡平双方的利益而让无过错行为人、可能侵害人等人依法给予补偿的范围。超出这一范围的，不能适用《民法典》第1186条的规定，以避免与过错责任原则、过错推定责任原则或者无过错责任原则相冲突。根据《民法典》的规定，以下几种情况可以适用公平责任原则：

（1）自然原因引起的紧急避险造成他人损害的，紧急避险人可以给予适当补偿。对此，《民法典》第182条规定："因紧急避险造成损害的，由引起险情发生的人承担民事责任。危险由自然原因引起的，紧急避险人不承担民事责任，可以给予适当补偿。紧急避险采取措施不当或者超过必要的限度，造成不应有的损害的，紧急避险人应当承担适当的民事责任。"

（2）因保护他人民事权益见义勇为而受到损害的，受益人可以给予适当补偿。对此，《民法典》第183条规定："因保护他人民事权益使自己受到损害的，由侵权人承担民事责任，受益人可以给予适当补偿。没有侵权人、侵权人逃逸或者无力承担民事责任，受害人请求补偿的，受益人应当给予适当补偿。"

(3) 完全民事行为能力人对自己的行为暂时没有意识或者失去控制造成他人损害而没有过错的，根据经济情况给予适当补偿。对此，《民法典》第 1190 条规定："完全民事行为能力人对自己的行为暂时没有意识或者失去控制造成他人损害有过错的，应当承担侵权责任；没有过错的，根据行为人的经济状况对受害人适当补偿。"但是，"完全民事行为能力人因醉酒、滥用麻醉药品或者精神药品对自己的行为暂时没有意识或者失去控制造成他人损害的，应当承担侵权责任"。

(4) 第三人行为造成提供劳务方损害的，接受劳务方有义务给予补偿。对此，《民法典》第 1192 条第 2 款规定："提供劳务期间，因第三人的行为造成提供劳务一方损害的，提供劳务一方有权请求第三人承担侵权责任，也有权请求接受劳务一方给予补偿。接受劳务一方补偿后，可以向第三人追偿。"

(5) 高空抛物、坠物难以确定具体侵权人的，由可能侵害的建筑物使用人给予补偿。对此，《民法典》第 1254 条第 1 款规定："禁止从建筑物中抛掷物品。从建筑物中抛掷物品或者从建筑物上坠落的物品造成他人损害的，由侵权人依法承担侵权责任；经调查难以确定具体侵权人的，除能够证明自己不是侵权人的外，由可能侵害的建筑物使用人给予补偿。可能侵害的建筑物使用人补偿后，有权向侵权人追偿。"

(二) 公平责任原则的适用误区

公平责任原则，就其性质而言属于一种法律责任，其确定责任的标准以公平理念为依据。而"公平"作为道德或价值体系中的一个重要概念，本身具有相对性，加上适用人对公平责任原则的适用条件和范围存在不同的理解和认识，从而对其适用易产生误区。

(1) 刻意追求"公平"，忽视责任的比例分担。这是公平责任原则适用中常常出现的一种误区。在司法实践中，容易简单地将公平责任理解成损失的平均分配，忽视对案件各种实际情况的具体考察。公平责任原则所确定的公平，应根据受害方所受损失的程度、受益方在损害发生过程中的受益程度、当事人双方的经济状况等具体情况以及法律的规定，由双方当事人公平地分担损失，而不是对损失的绝对平均分配。

(2) 脱离适用条件，盲目适用。《民法典》第 1186 条确定了公平责任原则的严格适用条件，一方面必须是"受害人和行为人对损害的发生都没有过错"；另一方面必须"依照法律的规定"。在司法实践中特别是在见义勇为、紧急避险等一方为对方的利益或者共同的利益进行活动受到损害时，往往只对受益方的获益予以考虑，而忽视对受害方过错的考量，导致受益方无过错而受害方自身存在过错的情况下，盲目追求所谓的"公平"，将本应适用过错责任原则的案件，却适用了公平责任原则加以处理。

(3) 忽视损害的性质，随意扩大补偿范围

公平责任作为一种补偿责任，要求被补偿的一方必须具有损害结果，而且这种损害结果只能局限于直接的财产损失，包括因此支付的必要费用，如人身损害中的医疗费、财产损害中的修理费等。但在司法实践中，有的往往忽视公平责任原则所要求具有的实际损害的性质，习惯套用过错责任、过错推定责任和无过错责任的赔偿范围，

将受害方所有的直接损失和间接损失，甚至精神抚慰金等全部纳入补偿范围，然后再确定受害人和行为人双方所承担责任的比例，显然不当。我们知道，公平是民法的精神与灵魂。正确理解与适用公平责任原则，以确立当事人之间的权利义务，公平地由双方分担实际造成的直接财产损失，而不是让双方分担并非直接的或者并非财产的甚或尚未存在而只是一种可能的、预期的等各种各样的所谓损失。

第四章

减免责事由

第一节 减免责事由概述

一、减免责事由的概念

减免责事由，包括免责事由与减责事由，简称事由，是指行为人针对受害人要求自己承担侵权责任的主张而提出的证明其不成立或者不完全成立从而可以据之依法免除或者减轻其责任的各种事由及缘由。其中，行为人针对受害人要求自己承担侵权责任的主张而提出的证明其不成立即完全否定而不应承担侵权责任的事由，为免责事由；行为人针对受害人要求自己承担侵权责任的主张而提出的证明其不完全成立即部分否定而需要依法减轻责任的事由，属减责事由。如此，按照行为人对受害人主张的否定及其程度，事由具体又分为免责事由与减责事由两种情形。有的事由，则既可成为减责事由，又可成为免责事由。在适用时究竟是减责还是免责，需要结合责任中的其他因素确定。可是，不论是减责事由还是免责事由，都具有法定性，也就是完全由法律规定，而不能由法官自行创制来减轻或者免除行为人的责任。

二、减免责事由的分类

（一）内在根据的减免责事由和外在原因的减免责事由

以损害是否为行为人的行为所致为标准，减免责事由可以分为内在根据的减免责事由和外在原因的减免责事由。

（1）内在根据的减免责事由，又称普通减免责事由，是指损害虽为行为人的行为所致，然其行为具有合法性，行为人于是依法不予承担侵权责任或者需要减轻责任的事由，如正当防卫、紧急避险、自愿实施紧急救助、自甘风险、自助等，均属于法定的免责事由。如此，并非所有给他人造成损害的行为均为侵权行为而要承担侵权责任。行为尽管在客观方面已给他人造成了损害，但具有法律上的正当性和合法性，就可以以此抗辩主张不承担侵权责任。行为的正当性、合法性，乃是客观方面造成他人损害的行为免责即不承担责任的内在根据，故为内在根据的减免责事由，有的也称为正当理由的减免责事由。

就内在根据的减免责事由的特征而言，主要有：① 行为人实施了某种行为（或存在某些"准行为"），这种行为在客观方面给受害人造成了损害，且行为人的行为与损害之间存在因果关系。② 行为人实施的行为具有正当性、合法性，为法律（主要是民事法律）所鼓励、允许，至少不为法律规范所禁止。③ 对于各种内在根据的减免责事由，法律规范一般都具有明确的规定，即使没有明确的规定，也可以从立法精神及对法律规范条文的解释中加以揭示。

就内在根据的减免责事由的分类而言，在比较法的研究中，大陆法系学者一般认为包括：① 正当防卫；② 紧急避险；③ 自助；④ 法定权力或者其他合法权力，也有人称之为依法行使职务；⑤ 受害人同意。英美法系学者则认为包括：① 受害人同意；② 正当防卫；③ 防卫他人；④ 拘捕罪犯与防范犯罪；⑤ 对财产的防卫；⑥ 从动产和不动产上获取权益；⑦ 执行军事命令与纪律等。

就侵权责任法律规范对内在根据的减免责事由的具体规定而言，范围并不完全相同。但是，自卫（正当防卫）和紧急避险则被普遍规定为免责抗辩的正当理由。对自愿实施紧急救助、自甘风险、自助，有的作为免责抗辩的正当理由作了规定，有的则没有作出规定，不被普遍承认为一种免责事由。在我国，原《民法总则》和原《侵权责任法》对正当防卫和紧急避险作为内在根据的免责事由作了明确规定，《民法典》总则编、侵权责任编则在此基础上于第184条、第1176条、第1177条分别对自愿实施紧急救助、自甘风险、自助不承担侵权责任的情形作了具体规范。由此，自愿实施紧急救助、自甘风险、自助与正当防卫、紧急避险一样，成为一种法定的免责正当理由出现于法律中，对此需要加以注意。

（2）外在原因的减免责事由，又称特殊减免责事由，与内在根据的减免责事由相对，系损害不是行为人的行为所致，而是外在于其行为的独立原因造成，行为人的行为与损害结果之间实际并不具有因果关系，行为人为此应当予以免责或者减责的事由，如不可抗力、受害人故意、第三人造成等。

（二）单功能减免责事由与多功能减免责事由

以功能是否具有多重性为标准，减免责事由可以分为单功能减免责事由与多功能减免责事由。

单功能减免责事由，系指只具有减责或者免责一种功能的减免责事由，也就是或者属于减责事由或者属于免责事由。如受害人过错（按照法律规定构成免责事由的受害人故意或者重大过失的除外）、监护人尽到监护职责、好意搭乘等乃为减责事由；正当防卫、紧急避险等为免责事由。

多功能减免责事由，则是指既具有减责功能又兼具免责功能的事由。如受害人故意，根据《民法典》第1174条的规定："损害是因受害人故意造成的，行为人不承担责任"，于是，在过错责任、过错推定责任中，一般属于免责事由。但也不能绝对化，倘若法律明确为减责事由的，自然不再属于免责事由。在无过错责任中，根据法律的特别规定可以构成特别的免责或者减责事由。对此，《民法典》第1245条就规定："饲养的动物造成他人损害的，动物饲养人或者管理人应当承担侵权责任；但是，能够证明损害是因被侵权人故意或者重大过失造成的，可以不承担或者减轻责任。"

(三) 有条件限制的减免责事由与无条件限制的减免责事由

以作为事由是否具有其他条件限制为标准，减免责事由可以分为有条件限制的减免责事由与无条件限制的减免责事由。

无条件限制的减免责事由，即只要自身成立，便可构成法律规定的减免责事由，不需要受到外界其他条件的限制，如不可抗力、正当防卫等，大多乃属于这种情况。

有条件限制的减免责事由，则指作为减免责事由虽自身成立然还要受到外界其他条件的限制，才能构成的减免责事由。如在高度危险责任中，"未经许可进入高度危险活动区域或者高度危险物存放区域"作为减免责事由，要受到"管理人能够证明已经采取足够安全措施并尽到充分警示义务"的限制。若"管理人能够证明已经采取足够安全措施并尽到充分警示义务"的，就可以免除责任；只有管理人不能够"证明已经采取足够安全措施并尽到充分警示义务"的，才能真正成为高度危险责任的减免责事由。否则，管理人尽到了有关义务的，就不能再成为减免责事由。又如，自甘风险，适用于一定风险的文体活动时，根据《民法典》第1176条第1款关于"自愿参加具有一定风险的文体活动，因其他参加者的行为受到损害的，受害人不得请求其他参加者承担侵权责任；但是，其他参加者对损害的发生有故意或者重大过失的除外"的规定，不仅适用于一定风险的文体活动的其他参加者，而且还要求"其他参加者对损害的发生不具有重大过错"等。不然，即使为文体活动但不是参加者而是组织者，或者尽管为文体活动的参加者但却出于故意或者重大过失而具有重大过错致人损害的，都不能以自甘风险免责。换言之，自甘风险即使可能成为减免责事由，然在不能同时满足多个限制的条件时，也不能成为具有一定风险的文体活动参加者致人损害的免责事由。如此，这一减免责事由是否成立，尚处于一种真正减免责事由的可能性阶段，是一种潜在的尚可能实现，是否实现要待其他条件是否成立才能确定的减免责事由。

(四) 民事责任的减免责事由、侵权责任的减免责事由、种类责任的减免责事由、具体单个责任的减免责事由

以适用的范围为标准，减免责事由可以分为民事责任的减免责事由、侵权责任的减免责事由、种类责任的减免责事由、具体单个责任的减免责事由。

民事责任的减免责事由，为可能适用于所有民事责任的减免责事由，如不可抗力、受害人故意等。当然，可用作所有民事责任的减免责事由，法律并非一定将之规定为一切民事责任的减免责事由。在法律上规定完全覆盖所有民事责任的抗辩事由，似难看到。如不可抗力尽管可以作为所有民事责任的免责事由，但法律并没有这样完全设置，如在民用航空器损害责任中，就没有将之规定为免责事由。

侵权责任的减免责事由，乃可能适用于所有侵权责任的减免责事由，如第三人造成等。同样，可用作所有侵权责任的减免责事由，法律并非一定将之规定为一切侵权责任的减免责事由。

种类责任的减免责事由，系某一类或者多种责任共同具有的减免责事由，第三人造成、不可抗力等大多如此。如"未经许可进入高度危险活动区域或者高度危险物存

放区域"的,则可构成所有高度危险责任的减免责事由。

具体单个责任的减免责事由,即法律为某一个具体的单个责任而规定的减免责事由。如"监护人尽到监护职责",根据《民法典》第1188条第1款关于"无民事行为能力人、限制民事行为能力人造成他人损害的,由监护人承担侵权责任。监护人尽到监护职责的,可以减轻其侵权责任"的规定,仅为监护人责任的减责事由;再如"好意搭乘",根据《民法典》第1217条关于"非营运机动车发生交通事故造成无偿搭乘人损害,属于该机动车一方责任的,应当减轻其赔偿责任,但是机动车使用人有故意或者重大过失的除外"的规定,仅是无偿搭乘非营运机动车交通事故责任中在机动车使用人不具有重大过错时所具有的减责事由。

(五)一般减免责事由、准一般减免责事由、准特别减免责事由、特别减免责事由

以对其规定的法律属性为标准,减免责事由可以分为一般减免责事由、准一般减免责事由、准特别减免责事由、特别减免责事由。

一般减免责事由,系《民法典》总则编中可能用作所有民事责任减免责的事由,由总则编第8章"民事责任"规定,包括不可抗力、正当防卫、紧急避险、自愿紧急救助等。

准一般减免责事由,为《民法典》侵权责任编中可能用作所有侵权责任减免责的事由,由侵权责任编第1章"一般规定"规定,包括受害人故意、受害人过错(含故意与重大过失)、自甘风险、自助、第三人造成等。

准特别减免责事由,乃《民法典》总则编、侵权责任编第1章"一般规定"规定之外的,对一些特殊主体的侵权责任即侵权责任编第4—10章规定的产品责任等规定的减免责事由,包括对某类责任规定的共同减免责事由与对某一具体的单个责任规定的减免责事由。

特别减免责事由,则是《民法典》之外的其他部门法就某些具体侵权责任规定的减免责事由,如《民用航空法》《海洋环境保护法》等规定的各种各样的减免责事由。

下面仅对前两种即一般减免责事由与准一般减免责事由作一阐释,对后两种即准特别减免责事由、特别减免责事由则在种类责任或者具体责任中加以介绍。

第二节 一般减免责事由

一、不可抗力

(一)不可抗力的概念

不可抗力制度,源于罗马法中的看管责任。罗马法将因不可归责于债务人的事由而发生损害的情形,如自然灾害、战争、交通阻断、法令改废等,称为事变或意外事件。事变分为轻微事变和不可抗力两种。不可抗力,乃指行为人通常不能预见或者虽能预见依然无法抗拒的外部事实,如地震、海啸、火灾、坍塌、搁浅、海盗、敌人入

侵等。若因不可抗力而致物品灭失或者给付不能，债务人可以据此免责。简言之，就是"被偶然事件击中者自担损失"。之后，不可抗力制度为大陆法系各国立法所承继。我国在借鉴有关立法经验的基础上，无论是原来的《民法通则》《民法总则》还是《合同法》《侵权责任法》均就不可抗力及其法律责任作了明确规定。《民法典》第180条则规定："因不可抗力不能履行民事义务的，不承担民事责任。法律另有规定的，依照其规定。不可抗力是不能预见、不能避免且不能克服的客观情况。"然一般认为，关于不可抗力的"不能预见、不能避免且不能克服的客观情况"的定义尽管经典，但尚未完全厘清不可抗力的内涵与外延。

对于不可抗力中的"不能预见、不能避免且不能克服"的判断，其主体与标准如何，在理论界仁者见仁，智者见智，大体上存在主观说、客观说与折中说三种观点。

1. 主观说

此说以当事人主观方面应当注意的程度为标准来认定不可抗力，主张以当事人的预见能力和抗御能力为判断标准。当事人主观方面尽了最大努力，但依然不能阻止损害结果发生的，已经发生的事件即为不可抗力。

2. 客观说

此说认为，不可能预见和不能避免的客观现象之要素有二：一是不可抗力与当事人主观意志无关；二是不可抗力为非经常发生的事件。然而，由于绝大多数自然现象与社会事件均与个人的意志无关，故又不得不用"一般人无法抵御"等术语限缩不可抗力的范围，从而实际将客观现象与人类防范风险的能力相联系，只不过在判断上采取了"一般人""理性人"的标准而已。

3. 折中说

此说认为，应当采取主客观相结合的标准加以认定，认为凡基于外来因素发生的，当事人以最大谨慎和最大努力仍然不能防止的事件，为不可抗力。

我们认为，主观说过于强调个体差异，与现代侵权责任法律规范将行为人主观心理状态客观化的趋势相悖，并赋予判断者过大的自由裁量权，易出现利益失衡，在司法环境尚不完善、法治环境还不成熟的情况下，更是如此。客观说则完全忽视主体认知能力的差异，除过于僵硬外，也为一些具有专业技能或者经验丰富且预见能力较高者逃避责任提供借口。相对来说，折中说更为合理，即对某种客观现象是否属于"不能预见、不能避免且不能克服"，原则上以一般理性人的标准来判断，具有例外情况时则采取较高的特殊标准。这样，既可为判断者提供统一简便的裁判规则，又能适度保障结果的公平。另外，不可抗力抗辩的主要功能在于否定行为人的过错，而折中说与对行为人过错的判断基准相契合，判断者也不至于在对不可抗力与过错的界定上出现断裂与矛盾。是以，《民法典》在采纳折中说的基础上将不可抗力规定为"不能预见、不能避免且不能克服的客观情况"。

（二）不可抗力的分类

1. 自然原因的不可抗力

作为不可抗力的自然现象，必须具备一定的条件，包括：

(1) 不可预见性，即从人的主观认识能力上来考虑不可抗力的因素。不可预见是指根据现有的科学技术水平，一般人对某一事件的发生没有预知的能力。我们知道，人们对某种事件发生的预知能力取决于当时的科学技术水平。某些事件的发生，在过去不可预见，但随着科学技术水平的提高，后来则可预见。如对天气预报的预测，现在的准确率已经达到90%以上，人们对狂风暴雨的规避能力亦大大提高。另外，人们对某事件发生的预知能力因人而异，有些人能预见到，有些人则预见不到。是以，应当以一般人的预知能力作为标准。

(2) 不可避免并不能克服性。它乃指当事人已经尽了最大努力和采取了一切可以采取的措施，仍不能避免某种事件的发生并克服事件所造成的损害结果。不可避免并不能克服性，表明某种事件的发生和事件所造成的损害结果具有必然性。

(3) 客观性。不可抗力应为独立于人的意志之外并来自行为人外部的客观现象。自然现象的外部性较容易认定，但认定社会现象的外部性却常常遇到困难。不可抗力的外部性，是为了澄清行为人自己行为及他人或者社会行为之间的界限。强调不可抗力之客观性与外部性，主要作用在于肯定客观现象之介入，阻断人之行为与损害结果的因果关系。以此为据，当驾驶人突发心脏病导致汽车失去控制撞伤行人时，即不能以不可抗力为由抗辩。同样，损害结果若完全由第三人的过错行为或受害人的过错行为引起，也非不可抗力。此与罗马法中将债务人之染疾、受伤、死亡等个人情况亦视为不可抗力存在区别。

2. 社会原因的不可抗力

社会原因的不可抗力，系指由于社会矛盾激化而构成的不能预见、不能避免且不能克服的客观情况。战争、武装冲突一般情况下均可以作为社会原因的不可抗力，但劳动力缺乏只能有条件地作为社会原因的不可抗力，因为这在大多数情况下可以预见的，而且劳动力缺乏这一事件本身所具有的强制力比较低。社会原因的不可抗力，也应当具备三个条件：(1) 不可预见性；(2) 不可避免且不能克服性；(3) 原因的社会性，即产生这一事件的原因来自社会，而不是由于当事人过错，或者第三人造成，或者国家行使行政、司法等权力，或者自然现象。

3. 国家原因的不可抗力

国家权力的行使及其后果，有时也是人们无法预见、不能避免且不能克服的，可以构成不可抗力，为国家原因的不可抗力。国家原因，即因为国家行使行政、司法职能而导致损害发生或扩大。

在司法实践中，作为不可抗力的国家原因较多地发生在合同关系领域，在侵权责任领域则很少发生。就作为不可抗力的国家原因的条件而言，应当包括：(1) 不可预见性；(2) 不可避免且不能克服性；(3) 原因的国家性，即产生这一事件的原因来自国家依法行使行政或司法等权力，而不是由于当事人过错、第三人造成或者自然现象等。

(三) 不可抗力的效果

当不可抗力作为法定的外在原因免责的事由时，应当注意：

(1) 当不可抗力作为免责事由时，损害的发生必须完全由不可抗力造成。如果损害既有当事人自己的原因，又有不可抗力的原因，则不能全部免责，当事人依旧要负一定的侵权责任。

(2) 一般情况下，不可抗力是免责事由。但是，若法律另有规定不可抗力不能作为免责事由时，自然不能免除行为人的侵权责任。例如，《民法典》第1238条规定："民用航空器造成他人损害的，民用航空器的经营者应当承担侵权责任；但是，能够证明损害是因受害人故意造成的，不承担责任。"据此，法律只规定受害人故意造成损害的，民用航空器的经营者才可以免责，没有规定不可抗力可以免责。故即使系因不可抗力造成航空器致人损害，也不能免除民用航空器经营者的责任。又如，根据《民法典》第1237条和《关于核事故损害赔偿责任问题的批复》（国函〔2007〕64号）第6条的规定，民用核设施的经营人在发生核事故的情况下造成他人损害的，只有能够证明损害是因战争、武装冲突、暴乱等情形所引起，或者系因受害人故意造成的，才免除其责任。因不可抗力的自然灾害造成他人损害的，依然不能免除核设施经营人的责任。《邮政法》第48条亦规定："因下列原因之一造成的给据邮件损失，邮政企业不承担赔偿责任：（一）不可抗力，但因不可抗力造成的保价的给据邮件的损失除外；（二）所寄物品本身的自然性质或者合理损耗；（三）寄件人、收件人的过错。"如此，不可抗力可以构成邮政企业的免责事由，但因不可抗力造成保价的给据邮件的损失，仍然要承担赔偿责任。其中，给据邮件，是指信件、包裹、汇款通知、报刊和其他印刷品等由邮政企业在收寄时向寄件人出具收据，投递时由收件人签收的邮件。

二、正当防卫

（一）正当防卫的概念

所谓正当防卫，系行为人为了保护国家利益，社会公共利益，本人或者他人的人身权利、财产权利以及其他合法权益免受正在进行的不法侵害，针对这一非法侵害在必要限度内所采取的防御与保卫措施，属于法律明文规定的一种一般减免责事由。对此，《民法典》第181条第1款规定："因正当防卫造成损害的，不承担民事责任。"《民法典总则编司法解释》第30条规定："为了使国家利益、社会公共利益、本人或者他人的人身权利、财产权利以及其他合法权益免受正在进行的不法侵害，而针对实施侵害行为的人采取的制止不法侵害的行为，应当认定为民法典第一百八十一条规定的正当防卫。"

（二）正当防卫的构成要件

正当防卫的构成条件，是指某项行为被确认为正当防卫所必须具备的各种主观、客观情况，其总和则构成正当防卫的构成要件。其中的每一条件虽非充分条件，然都是必要的，属于必要条件，缺一不可，而其总和便构成正当防卫的充分条件。具体来说，正当防卫的构成要件，表现为对象条件、目的条件、时间条件、限度条件四个方面。

1. 正当防卫的对象条件

它系指正当防卫行为所针对的具体对象,包括正当防卫所针对的行为与所针对的行为人(行为的实施者)两个方面,具有以下基本特征:

(1) 正当防卫是针对不法侵害行为进行的。首先,必须有不法侵害行为这一事实状况存在。这种不法侵害行为既可能是侵害防卫人自己的合法权益,也可能是侵害国家利益、社会公共利益或者他人的合法权益。其次,侵害行为具有不法性。对于合法行为(如依法执行公务的行为)不能实施防卫。最后,不法侵害一般由人(自然人或法人)实施,但有时也可由饲养的动物等进行。

(2) 正当防卫是针对不法侵害行为的实施者进行的。首先,防卫只能针对不法侵害行为的实施者本人进行,而不能针对其家属或者其他任何第三人进行。其次,在共同侵权情形下,防卫可以针对共同侵权人的一部分或全部进行。最后,对于无民事行为能力人或限制民事行为能力人实施防卫应当慎重。

(3) 正当防卫是针对不法侵害行为的实施者所采取的必要防御与保护性措施。既可以针对其人身、健康、自由等采取必要措施,如伤害、控制等,又可以针对其财产如所饲养的正在对他人进行侵害的动物进行打击。对不法侵害行为人人身的哪一方面或财产的哪一部分采取必要的措施,通常取决于以下因素:一是是否足以制止不法侵害、保护合法权益;二是防卫人实施防卫之可能与便利;三是防卫限度;四是社会公共利益和善良风俗等。

2. 正当防卫的目的条件

它乃为防卫人通过实施防卫行为所要达到的目的或结果。目的的合法性是正当防卫的必备条件之一,也是正当防卫作为侵权责任法律规范上的不承担责任之事由的根据和正当防卫权存在的基础。

在我国,正当防卫的目的在于保护防卫人本人、他人的合法权益或者国家利益、社会公共利益,对之需要注意以下几个方面:(1) 有本人、他人的合法权益或国家利益、社会公共利益之存在。(2) 出于非正当目的,如侵害对方之目的,对其进行挑拨、激怒或者引诱,然后实施侵害,貌似"正当防卫",实则不具备正当防卫的合法性和正当性。(3) 在相互的非法侵害(如打架斗殴)行为中,各方都有侵害他人的不法目的,由此一般不能认为其中一方或者双方属于正当防卫。但一方已明确放弃侵害,另一方仍穷追不舍继续侵害的,放弃侵害的一方不得已而进行的反击,亦可以认定为正当防卫。(4) 如果某人错误地认为防卫是必要的,但实际后果完全不同于其所追求的目的,行为人原则上应当承担侵权责任。

3. 正当防卫的时间条件

正当防卫必须是在适当的时间实施,只有在适当的时间实施的防卫才可能构成正当防卫。根据正当防卫时间条件的要求,防卫人不得在不法侵害行为发生之前进行所谓的"事先防卫",也不能在不法侵害行为结束之后进行所谓的"事后防卫"。然而,一个不法侵害行为既可能是突发性的,也可能经过必要的准备阶段。倘若这种准备行为已具有现实的危险性,如携带枪支逼近受害人,也可对之实施适当程度的防卫。至于"不法侵害行为结束",则是指侵权人已经完成了一个侵害行为并转入一个相对稳定、现实危险性大大降低或消除的状况。对于已经结束的不法侵害行为的实施者进行的事后防卫(如报复),不属于正当防卫。然不法侵害行为处于连续性状态的,则不认为其现实危险性已大大降低或消除,防卫人还是可以实施适当程度的防卫。

4. 正当防卫的限度条件

它乃指防卫的方式和强度的适当性。防卫的方式和强度密切相关,一种比较温和的防卫方式一般所能达到的强度有限;相反,一种比较激烈的防卫方式则能达到很高的强度。防卫所使用的力量强度须与侵害强度相适应。

(三)正当防卫的效果与防卫过当的民事责任

1. 正当防卫的效果

在必要限度内进行正当防卫,即使给被防卫人造成了损害,防卫人也不承担民事责任。不仅如此,还要受到社会、法律的鼓励、赞扬,属于见义勇为的,应当依法给予必要的物质奖励与精神奖励。

2. 防卫过当的民事责任

正当防卫,在程度上必须控制在必要限度的范围内。超过这一必要限度的范围,防卫行为的性质便会发生变化,不可能构成正当防卫,但可成为法律规定的防卫过当,从而应当承担适当的侵权责任。

应当指出,防卫过当,仅指防卫超过必要限度,而非防卫行为不符合正当防卫的其他构成条件。防卫人实施的防卫行为虽然符合正当防卫的对象条件、目的条件和时间条件,但不符合正当防卫的限度条件,或者选择的防卫方式不当或者使用的力量过度,造成被防卫人(不法侵害行为人)过重的或者不应有的人身或者财产损失的,就属防卫过当。从正当防卫到防卫超过必要限度,反映了从合法到不法的量变到质变的过程。

《民法典》第181条第2款规定:"正当防卫超过必要的限度,造成不应有的损害的,正当防卫人应当承担适当的民事责任。"据此,对于防卫超过必要限度造成不应有的损害的防卫过当,防卫人应当承担适当的侵权责任,而不是完全赔偿责任。"适当的民事责任"应当理解为一种减轻或从轻的侵权责任。在轻重两种民事责任均可适用时,选择轻者;在涉及财产损害赔偿责任时,应当扣除防卫在必要限度内的损害部分,而确认"适当"的赔偿数额。

《民法典总则编司法解释》第31条规定:"对于正当防卫是否超过必要的限度,人民法院应当综合不法侵害的性质、手段、强度、危害程度和防卫的时机、手段、强度、损害后果等因素判断。经审理,正当防卫没有超过必要限度的,人民法院应当认定正当防卫人不承担责任。正当防卫超过必要限度的,人民法院应当认定正当防卫人在造成不应有的损害范围内承担部分责任;实施侵害行为的人请求正当防卫人承担全部责任的,人民法院不予支持。实施侵害行为的人不能证明防卫行为造成不应有的损害,仅以正当防卫人采取的反击方式和强度与不法侵害不相当为由主张防卫过当的,人民法院不予支持。"

三、紧急避险

（一）紧急避险的概念

所谓紧急避险，是指为了国家利益、社会公共利益、自身或者他人的合法利益免受更大损害的危险，在不得已的情况下采取的造成他人更小损失的紧急措施。作为一种法律明确规定的一般免责事由，是在两种合法利益不可能同时得到保护的情况下，不得已而采用牺牲其中较小较轻利益以保全更大更重利益的行为。《民法典总则编司法解释》第 32 条规定："为了使国家利益、社会公共利益、本人或者他人的人身权利、财产权利以及其他合法权益免受正在发生的急迫危险，不得已而采取紧急措施的，应当认定为民法典第一百八十二条规定的紧急避险。"

至于危险，既可以来自人的行为，又可以来自自然原因，还可以来自其他事实。不管危险来源于哪里，紧急避险人避让风险、排除危险的行为都具有正当性、合法性。与正当防卫一样，行为的正当性、合法性乃是其不承担侵权责任的内在根据，从而为各国法律普遍规定为不承担侵权责任的情形，属于重要的免责事由之一。如《德国民法典》第 228 条规定："为避免自己或他人之急迫危险，而破坏或毁损他人之物者，若破坏或毁损系为防止危险所必要，且其造成之损害相对于危险，非为不当，其行为非属违法。行为人对于危险之发生有过失时，须负损害赔偿责任。"① 我国《民法典》第 182 条也规定："因紧急避险造成损害的，由引起险情发生的人承担民事责任。危险由自然原因引起的，紧急避险人不承担民事责任，可以给予适当补偿。紧急避险采取措施不当或者超过必要的限度，造成不应有的损害的，紧急避险人应当承担适当的民事责任。"

（二）紧急避险的构成要件

关于紧急避险，与正当防卫一样，《民法典》只是引入了概念，就其内容及其构成要件没有作出明确规定。参考境外法律，如《俄罗斯联邦民法典》第 1067 条规定："紧急避险所造成的损害，即为了排除对本人或者他人构成威胁的危险而造成的损害，如果该危险在当时情况下不可能以其他方法排除，紧急避险所致损害应由致害人赔偿。法院可以斟酌造成损害的情况，责成因致害人的行为而受益的第三人负赔偿责任，或者全部或部分免除该第三人或者致害人的赔偿责任。"② 另外，我国台湾地区关于民事责任的有关条例规定："因避免自己或他人生命、身体自由或财产上有紧迫之危险所为之行为，不负损害赔偿之责。但以避免危险所必要，并未逾越危险所致之损害程度者为限。前项情形，其危险之发生，如行为人有责任者，应负损害赔偿之责。"无论是在理论界还是在司法实践中，普遍都认为，对于紧急避险，必须同时满足的构成要件有：

（1）必须是为了使国家利益、社会公共利益、本人或者他人的合法权益免受危险

---

① 《德国民法典》，台湾大学法律学院、台大法学基金会编译，北京大学出版社 2017 年版，第 197 页。
② 《俄罗斯联邦民法典》，黄道秀译，中国民主法制出版社 2020 年版，第 447 页。

的损害。这是对紧急避险中的"险"所提出的必要条件。如此,紧急避险就实施的目的而言,应是为了使本人或者他人的人身、财产和其他权利免受正在发生的危险,并不得已而为之。

(2) 必须是针对正在发生的危险所采取的紧急行为。若是危险尚未发生,或者已经消除,或者虽已发生然不会对合法权益造成任何损害或者极轻的损害,则不具有紧迫性而需要采取所谓的紧急避险措施。至于某人基于对危险状况的错误认识甚至臆想而采取避险措施造成他人损害的,当然构成侵权行为,应当依法承担侵权责任。

(3) 必须是在不得已的情况下采取,也就是该避险行为具有现实的紧迫性。如果面对突然而遇的危险,不采取紧急避险措施,就会造成更大的损失,这时就可认为危险具有现实的紧迫性,不得不采取紧急避险措施。

(4) 不能超过必要限度,这是对紧急避险给他人造成损害在量的限度方面的要求。面临紧急危险,实施紧急避险行为的人应当采取适当的措施,以尽可能小的他人利益损害来保全更大的合法利益。换言之,紧急避险行为所引起的损害应当小于所避免的损害。假如避险行为不仅没有减少损害,反而使造成的损害大于可能发生的损害,那么,该避险行为就超过了必要的限度。

(三)紧急避险与正当防卫的异同

紧急避险、正当防卫,作为内在根据的免责抗辩事由,既有共同的特征,又有不同的地方,如两者均属阻却违法行为;行为目的都是保护国家利益、社会公共利益、自身或者他人的合法权益免受损害;成立的前提条件都是合法权益遭受损害甚至严重损害的危险;客观方面均给他人造成了一定的损害等,但作为两种不同的行为,还是具有如下明显的主要区别:(1) 二者的危险来源不同。紧急避险的危险来源多种多样;而正当防卫的危险来源仅为不法侵害人的非法侵害。(2) 针对危险来源所采取的方式方法不同。紧急避险造成的损害是排除危险的唯一方法;而正当防卫则不在此限。(3) 对损害结果的大小要求不同。紧急避险所造成的损害必须小于最多等于危险所能造成的损害;而正当防卫造成的损害,允许大于不法侵害行为可能造成的损害。(4) 针对实施的对象不同。正当防卫只能针对不法侵害的本人实施,而不能针对未实施侵害行为的人实施;但紧急避险行为一般只是对第三者实施。如狗咬伤人,若狗是被主人故意放出咬人的,则是行为人的不法侵害,狗成为行为人不法侵害的工具,是行为人的财产,打死狗的防卫反击,对象实乃指向行为人,属正当防卫;若是属于狗本身的自然侵袭,打死狗的行为,基于狗是危险的直接来源,对象指向乃是造成危险存在的狗本身,而非行为人,则属紧急避险。①

(四)紧急避险损害的法律后果

对于紧急避险损害的法律后果,各国法律规定并不相同。如《德国民法典》第

---

① 杨立新:《侵权法论》,人民法院出版社2011年版,第283—284页。

228 条规定:"行为人对于危险之发生有过失时,须负损害赔偿责任。"换言之,紧急避险人对于危险之发生没有过失时,就不负赔偿责任。[①]《意大利民法典》第 2045 条规定:"为加害行为的人,从对人身重大损害的现在的危险救济自己或者他人的必要上由于不得已时,而且其危险并不是由其自己任意引起的,同时其危险亦不能以其他方法避免时,对于被害人,关于赔偿的数额根据裁判官的公平评价负担。"[②] 我国《民法典》第 182 条则规定:避险人对紧急避险所造成损害的责任确定,要根据危险产生的原因等具体情况分别确定:因紧急避险造成损害的,由引起险情发生的人承担民事责任;危险由自然原因引起的,紧急避险人不承担民事责任,可以给予适当补偿;紧急避险采取措施不当或者超过必要的限度,造成不应有的损害的,紧急避险人应当承担适当的民事责任。

(1) 险情由人为因素造成的情形。险情是由人为的因素造成,那么由引起险情发生的人承担民事责任,也就是,险情由谁引起,谁就应当承担责任。所谓引起险情的发生,系因实施一定的行为造成危及公共利益或者本人、他人利益的危险状态的发生。引起险情发生的人可以是避险人、受益人、受害人,也可以是其他人,他们在主观上既可能由于过失,也可能出于故意。至于某个所有人或管理人因故意或过失致使其所有的或管理的动物、物件构成危险,亦应视为所有人或管理人引起险情的发生。再者,引起险情的人承担的具体责任,要依据侵权责任法律规范的归责原则来确定。

(2) 危险源于自然原因引起的情形。危险源于自然原因引起,紧急避险人不承担民事责任,可以给予适当补偿。所谓自然原因引起,是说该危险不是因人的行为引起,而是人的行为之外的自然原因引起,所以,不存在应当承担责任的行为人。不过,《民法典》第 182 条第 2 款同时规定了可以给予适当补偿:如果紧急避险人是为了保护公共利益或者他人合法权益而采取了避险措施造成了另外其他人的利益损害,那么,紧急避险人就可以不承担民事责任;如果紧急避险人是为了本人的利益而采取避险措施造成第三人利益的损害,那么,紧急避险人本人此时就应该作为受益人对第三人的损害给予适当补偿。

(3) 避险过当或措施不当的后果。紧急避险采取措施不当或者超过必要的限度,造成不应有的损害的,紧急避险人应当承担适当的民事责任。这一法律规定实际上包含了承担责任的两种情形:一是采取措施不当,二是超过必要的限度。所谓采取措施不当,主要是指在当时的情况下能够采取其他可能减少或避免损害的措施而未采取,或所采取的措施并非为排除险情所必需。避险措施不当与避险过当不同,后者的基本思路和方法是正确的,只是未能正确地把握"度"的要求;而前者的基本思路和方法则是错误的,即采取的有关措施不能或者不适合处理当时当地的险情。超过必要的限度,是指行为人的避险行为尽管符合其对象条件、时间条件和目的条件的要求,但不

---

① 《德国民法典》,台湾大学法律学院、台大法学基金会编译,北京大学出版社 2017 年版,第 197 页。
② 《意大利民法典》,陈国柱译,中国人民大学出版社 2010 年版,第 353 页。

符合紧急避险的限度条件，致使避险行为所造成的损害大于其所保护的公共利益或者本人、他人的合法权益。《民法典总则编司法解释》第33条规定："对于紧急避险是否采取措施不当或者超过必要的限度，人民法院应当综合危险的性质、急迫程度、避险行为所保护的权益以及造成的损害后果等因素判断。经审理，紧急避险采取措施并无不当且没有超过必要限度的，人民法院应当认定紧急避险人不承担责任。紧急避险采取措施不当或者超过必要限度的，人民法院应当根据紧急避险人的过错程度、避险措施造成不应有的损害的原因力大小、紧急避险人是否为受益人等因素认定紧急避险人在造成的不应有的损害范围内承担相应的责任。"第34条规定："因保护他人民事权益使自己受到损害，受害人依据民法典第一百八十三条的规定请求受益人适当补偿的，人民法院可以根据受害人所受损失和已获赔偿的情况、受益人受益的多少及其经济条件等因素确定受益人承担的补偿数额。"

四、自愿紧急救助

（一）自愿紧急救助的概念

自愿紧急救助行为属于广义的见义勇为行为，系指行为人针对紧急情势，及时对遭受困难的受助人予以救助的情形。这里的紧急情势不仅包括不法侵害，还可以包括受助人突发疾病、个人危难等其他情形。《民法典》第184条规定："因自愿实施紧急救助行为造成受助人损害的，救助人不承担民事责任。"这一规定，从道德上讲是一种彰显优良道德风尚的助人为乐行为；从法律上讲，则是一种鼓励人们见义勇为、弘扬社会主义核心价值观的典型样态。

（二）自愿紧急救助的构成要件

自愿实施紧急救助作为一种免责事由，必须满足以下条件：

（1）救助行为的自愿性。所谓自愿，是指救助人在主观上表现为行为的主动施救，不是接受他人建议或者指示进行，且无法定的义务或约定的义务。假如系因接受他人建议或者指示进行，抑或有法定的义务或者约定的义务，则不构成自愿实施紧急救助。需要进一步明确的是，所谓的法定义务，不仅包括法律明文规定的义务，还包括法律虽未明文规定但基于职务上的、先前行为上的甚至社会一般行为规则上的义务。换言之，这里的法定义务，应作宽松解释，不以法律明文规定为必要。原因在于，规范自愿实施紧急救助的目的在于鼓励救人于危难之中，具有道德提升的立法目的，而非促进既有义务的履行。作宽松解释，有利于这一立法目的的实现。

（2）救助情形的紧急性。就需要救助对象所面临的情况而言，如果不能第一时间予以施救，将会造成难以弥补的损失。至于救助情形的紧急性判断标准，不能一概而论，而只能以通常之人的判断标准为之。在部分情况下，甚至要抛弃一般标准，以行为人的认知能力及判断能力为标准。简单来说，就是需要结合受助人的具体情况综合判断。

(3) 须行为人为了防止损害的扩大。设立自愿实施紧急救助行为的立法目的在于弘扬相互救助的价值观，具有强烈的道德提升意图。因此，救助人的主观目的必须是防止被救助人损失的扩大。这就要求行为人在实施救助行为时，主观上是为了他人利益，为了避免已经发生的损害后果的进一步扩大或加重。当然，实施救助行为，稍有不慎，不仅不能救人于危难之中，还有可能造成更大的损害，"好心办坏事"的情况难以避免。所以，鼓励救助，但不鼓励盲目救助，要求只有在情势急迫的情况下实施的救助行为才能免责。

(4) 须造成受助人损害而非第三人损害。救助人为了受助人的利益造成受助人损害应予免除责任，其正当性理由除了鼓励救助他人的目的得到提升之外，受助人是救助行为的受益人，免除救助人的责任符合法律对无偿受益人的保护高于对有偿受益人保护的基本原则。但是，在造成第三人损害的场合，是否由救助人承担责任，需要区分情况，符合紧急避险构成要件的，由紧急避险制度解决；不符合紧急避险构成要件的，则由侵权责任制度解决。

(三) 自愿紧急救助的法律后果

自愿实施紧急救助，可能达到了将受助人救助于危难之中而解除危难的皆大欢喜的结果，此时，自然不会存在由谁承担责任的问题。然而，受助人因为情况紧急，他人实施紧急救助，基于当时的环境、条件等各方面的原因，结果并不理想，甚或造成受助人损害时，自愿实施紧急救助者对于这种损害是否要承担责任，则不能回避，需要法律加以明确。对此，基于这种行为帮助处于危难状况的人渡过难关且情况紧急、救助条件设施常常不能充分满足等具体情况，《民法典》第184条作出了"因自愿实施紧急救助行为造成受助人损害的，救助人不承担民事责任"的规定，将之作为一种完全的免责事由加以规范，意在对之加以鼓励，让人们遇到需要紧急救助的人时敢于、勇于自愿实施紧急救助，与我国一直倡导的救人于危难之中、助人为乐等文化传统亦相吻合。

五、第三人造成

(一) 第三人造成的概念

第三人造成，是指行为人、受害人以外的他人造成受害人损害的发生或者扩大的侵害行为。允许行为人在侵权责任中以"第三人造成"作为免责事由予以抗辩，体现了民法上的"自己责任自己担当"的公认规则。因此，《民法典》第1175条规定："损害是因第三人造成的，第三人应当承担侵权责任。"其中的第三人，从消极的范围来讲，不包括共同侵权人、与侵权人承担连带责任的侵权人，以及侵权行为及其加害物件相关的教唆人、帮助人、使用人、被监护人、代理人等为法律规定应当直接承担损害赔偿责任的侵权人。

(二) 第三人造成的构成要件

(1) 主观方面是否要求具有过错，应当区分第三人实施行为的性质不同而有所区别：(1) 第三人造成他人损害的行为属于过错推定责任、过错责任中的侵害行为的，在主观上自然要求具有过错，包括故意和过失。没有过错，就不可能构成第三人过错。此时，即使客观上造成了他人损害，也不能由之承担侵权责任。当然，不排除承担公平补偿责任。(2) 第三人造成他人损害的行为属无过错推定责任中的侵害行为的，在主观上则无须考虑第三人的过错，第三人对他人造成的损害，无论是否具有过错，都要承担无过错侵权责任。

(2) 客观行为方面必须实施了侵害他人民事权益的行为。没有实施任何行为包括作为与不作为，自然不能构成第三人造成这一他人损害发生或者扩大的原因而需要由之承担侵权责任，并成为侵权责任人的减免责事由而减免侵权责任人的责任。其中的侵害行为，既包括基于故意或过失而在过错的支配下造成他人损害的过错推定责任、过错责任中的侵害行为，即过错行为，又包括实施的无须考虑过错就可以成立的造成他人损害发生的无过错责任中的行为，即无须过错行为。如此，第三人造成并非等同于第三人过错，后者只是前者的一部分，但其外延与第三人行为相一致。

应当指出，第三人行为相对于侵权责任人的行为，系一种独立侵权责任人行为之外给他人造成损害的行为。倘若不是独立的行为，而是与侵权责任人的行为具有共同过错或者具有非共同过错意思联络的共同侵权行为，或者属于教唆、帮助行为，或者属于数人危险行为等要与侵权行为人承担连带责任的行为，则不属于第三人行为的范畴而成为侵权责任人减免责的抗辩事由。

(3) 第三人行为造成他人的损害乃系侵权责任人对此要负责的损害。换言之，两者所指向的损害结果应当同一，而非没有关联。不然，也就不存在第三人行为成为侵权责任人的侵权责任得以减免的事由的问题。如此，第三人行为规则的设置，在解决给他人造成损害承担侵权责任的同时，也解决了侵权责任人的责任是否减免的问题。第三人行为应当承担全部责任或者按过错承担部分责任的，侵权责任人对受害人损害的责任，要么因此得以直接免除或者减轻，要么虽不免除或者减轻但在承担责任后可以对第三人进行追偿，其最终责任还是要免除或者减轻。所以，第三人造成即第三人行为，乃是侵权责任人对他人损害责任得以免除或者减轻的减免责事由。

(4) 由侵权责任人依法承担责任的损害与包括第三人过错行为和第三人无须过错行为在内的第三人行为之间存在着因果关系。也就是说，他人损害的发生或扩大之间必须具有第三人行为的内在根据。损害的发生或扩大若不存在第三人行为的原因，第三人自然就不应对此负责，侵权责任人也就不能据此提出抗辩。

第三节　准一般减免责事由

一、受害人故意

受害人故意，是指受害人明知自己的行为会发生损害自己的后果，而希望或放任此种结果发生的主观心理状态。受害人对损害结果发生或扩大的主观故意,是损害结果发生或扩大的原因,因此,法律就将受害人故意作为一项法定免责事由。受害人的故意分为直接故意和间接故意。直接故意是指受害人追求损害自己的结果发生,如受害人卧轨自杀就是受害人希望并追求自己死亡这一结果发生;间接故意是指受害人已经预见到自己的行为可能发生损害自己的结果,但受害人放任这种结果的发生。如受害人知道躺在铁轨上会有生命危险,但受害人放任这种行为最后导致被列车碾压死亡。

(一)受害人故意在司法实践中存在的几种误区

受害人的故意不仅是对行为实施的故意,而且还包括对损害结果发生的故意,即行为人对损害自己的结果持希望或放任态度。我们在司法实践中处理受害人故意案件时,对以下误区须注意区分:

(1)注意区分行为故意与结果故意

例如,四川省越西县未成年学生阿支某某爬高压线杆取鸟蛋,结果触电身亡。此例中,受害人只有行为实施的故意,但无寻死的故意。"受害人的故意包括直接故意和间接故意。本案中阿支某某虽有攀爬变压器的故意行为,但其属于对高压电力危害风险缺乏认知能力的未成年人,其主观上没有明知其攀爬行为可能导致触电损害后果,而希望或放任这种后果发生的故意,不符合法定的免责情形。"① 该实例说明阿支某某有爬高压线杆取鸟蛋的行为故意,但对触电死亡这一结果是不存在故意的。

(2)注意区分故意与行为迫不得已

例如,广东省惠州市惠城区学生孟某因在军训中遭受体罚、羞辱等暴力行为选择跳楼导致受伤案。② 此例中,受害人孟某看似故意跳楼自寻损害,其实并非出于意志自由。故法院认为不属于免责范围。又如,德国著名的母亲捐肾救女案,甲医生过失医疗摘除了乙女唯一的肾脏,基于医院建议,乙女之母丙决定捐肾移植,由此给自己造成人身损害。③ 此例中,捐肾者同意移植肾脏,看似有意选择自我牺牲,系故意而为,但其实迫不得已,对于损害结果并非刻意追求或愿意容认。

(3)注意区分故意与挑衅

挑衅都是故意,但仅仅是故意行为,并非对损害结果有故意。无论是故意挑衅动物,如朝他人饲养的狗扔石块反被狗咬,还是挑衅他人,如主动辱骂推他人遭遇反杀,都只能认为受害人存在过失,不能认为受害人故意追求损害结果。④

(二)受害人故意,作为一种法定的减免责抗辩事由,对之适用需要注意

1. 受害人过错与受害人故意的关系

受害人过错,又称"对自己的过失",是指受害人对自己财产和人身安全的注意

---

① 四川省凉山彝族自治州中级人民法院(2015)川凉中民终字第 652 号民事判决书。
② 广东省惠州市中级人民法院(2019)粤 13 民终 680 号民事判决书。
③ 邹海林、朱广新主编:《民法典评注:侵权责任编》(第 1 册),中国法制出版社 2020 年版,第 115 页。
④ 邹海林、朱广新主编:《民法典评注:侵权责任编》(第 1 册),中国法制出版社 2020 年版,第 115 页。

义务予以违反，从而对损害结果的发生或扩大存在过错。传统侵权责任法律规则与现代民法理论不同，传统侵权责任法律规则认为，如果损害是因受害人过错造成的，当然包括故意与过失，行为人不承担责任或可以减免责任。但现代民法规则不一样，如《民法典》第 1174 条规定："损害是因受害人故意造成的，行为人不承担责任。"也就是说，受害人过错只包括"故意"一种类型。所以，我们认为《民法典》第 1174 条仅规定受害人故意是免责事由，内容偏窄，不能容纳受害人过错的全部情形。在司法实践中，受害人故意造成损害，法律规定为免责事由无可厚非。但在过错责任原则以及过错推定责任原则下，受害人由于自己的过失引起损害且为全部原因的，也应当免除加害人的责任。

2. 受害人故意属于《民法典》侵权责任编规定的准一般减免责事由

受害人故意，属于《民法典》侵权责任编规定的准一般减免责事由，在过错责任、过错推定责任、一般特殊主体无过错责任中可以普遍适用；在特殊主体无过错责任中则需要法律明确将之作为该无过错责任的准特别减免责事由、特别减免责事由再加规定时才能适用而免除行为人的侵权责任。倘若没有转化为（准）特别减免责事由的，则不能再作为减免责事由而据之减免无过错责任人的侵权责任。

3. 受害人重大过失，一般属于减责事由，但也不排除法律将之作为免责事由加以规定的情况

《民法典》第 1245 条规定："饲养的动物造成他人损害的，动物饲养人或者管理人应当承担侵权责任；但是，能够证明损害是因被侵权人故意或者重大过失造成的，可以不承担或者减轻责任。"这样，受害人的重大过失，就可以构成饲养动物损害责任的免责或者减责事由。

4. 受害人一般过失，只能构成减责事由依法减轻侵权人的侵权责任，而不能构成免责事由而免除侵权人的侵权责任

5. 混合过错构成减责事由

受害人的过错与侵害人的过错相互结合造成了受害人的损害，双方的行为都是损害发生的直接原因，此时，根据《民法典》第 1173 条关于"被侵权人对同一损害的发生或者扩大有过错的，可以减轻侵权人的责任"的规定，受害人过错构成减责事由。

二、自甘风险

（一）自甘风险的概念与意义

自甘风险，又称自甘冒险、风险自负或者危险自担，是指行为人即受害人，已经预见某种行为可能造成损害，但为了追求某种特殊利益，甘冒发生损害的危险而仍加以实施的行为，理论上被认为属于一种单独的减免责抗辩事由之一。[1] 不过，它不像

---

[1] 曾世雄：《损害赔偿法原理》，中国政法大学出版社 2001 年版，第 261 页。

正当防卫、紧急避险等一样完全属于免责抗辩事由，在他人具有故意或者重大过失的过错时给自甘风险的人造成损害的，应属于减责抗辩事由。在司法实践中，适用自甘风险的情形多有出现，最为典型的乃为具有一定风险的文体活动中发生的人身伤害，其他参加者除具有故意或者重大过失的外，则可适用这一规则免除其他参加者的侵权责任。但是，对于文体活动的组织者，根据《民法典》第1176条的规定，不适用自甘风险规则，而是按照违反安全保障义务责任、教育机构责任等的有关规定依过错责任进行处理。

《民法典》规定自甘冒险制度意义重大。一方面，实践中自甘冒险的情形很多，且在比较法上也被广泛确认，尤其是在体育比赛中非常典型。体育运动中的游戏规则不宜完全由司法介入，如合理冲撞的情形应当免责。另一方面，规定自甘冒险对于促进一些文体活动，特别是有一定风险性的体育活动，增强人民体质，促进人民健康，尤其是提高广大青少年的身体素质具有重要意义。当然本条规定的"具有一定风险的文体活动"，较为抽象，且范围比较广，在实务裁判中有进一步结合案例予以细化的必要；而且规定活动组织者承担责任的规则适用安全保障义务及有关学校等教育机构责任的规则也有进一步细化研究的必要。但毫无疑问，规定这一制度本身就是立法上的一大贡献。

（二）自甘风险的适用要件

自甘风险，作为一种法定的对参与活动可能造成自身损害的风险明确自行承担的免责事由，其适用必须同时满足以下要件：

1. 须有基础法律关系存在

自甘风险的受害人与相对人之间必须存在某种基础法律关系，如他人共同参与足球比赛等这一体育竞技的基础关系等。不存在任何基础法律关系，则无自甘风险成立的可能。所谓基础法律关系，是指自甘风险的受害人与相对人之间共同参与的某种法律关系，正是基于这种基础法律关系，受害人才得以进行自甘风险的活动。至于这种基础法律关系是有偿的还是无偿的，则在所不论。

2. 基础法律关系与受害人的自甘风险属于两个不同的法律关系

前者是后者的前提，即后者必须建立在前一个法律关系的基础之上。如在登山活动中，组织者、共同参与者与自甘风险的行为人都属于登山这一体育活动中的主体，他们之间因此产生相应的权利义务，如组织者应当尽到培训和适当的安全保障义务，参与者不得恶意利用竞技规则故意伤害其他自愿甘冒登山活动中非人为的正常风险的其他参与者；在体育比赛中，双方应当按照基础法律关系的约定遵守共同的比赛规则，在此基础上发生的意外才属自甘风险；在F1大赛中，组织者应提供必要的安全保护措施，赛车手也应遵守比赛规则，从而存在自甘风险的基础法律关系。没有这些基础法律关系，则不可能存在参加者自甘风险的可能。

3. 自甘风险中的风险为法律或者社会公认的具有一定危险的活动所产生的非人为因素的正常风险

为法律、行政法规等法律规定所禁止，或者与公序良俗原则完全相背的风险，不能成为自甘风险中的风险。

4. 自甘风险活动的损害结果具有可避免性

自甘风险活动所存在的风险尽管具有较高的发生概率,但仍然只是一种可能,而不是一种必然,这也是那些基础活动得以存在的原因。如篮球比赛虽有较高的危险性,然只要遵守比赛规则并采取必要的保护措施,通常情况下就不会发生人身伤亡的损害后果。若进行某种必然会造成自身伤亡的活动,则该必然出现的伤亡已不属于尚不确定的可能存在的危险,而属于一种确定的尚未发生的结果,就不能适用自甘风险规则。如房屋着火已阻塞出路,行为人明知冲出火海会被烧伤依然冲出而致损害,就不属于自甘风险,此时损害的发生不可避免,受害人选择冲出乃是一种被迫的无奈选择。

5. 自甘风险活动必须存在危险性并已由受害人意识到

受害人所参与的活动须存在尚不确定但可以确定的危险性,即危险发生的概率需达到一定的程度,且受害人基于对方的提醒或基于起码的常识等对这种危险性已经有所预见。在这一前提下,受害人仍表示愿意参加才有自甘风险的可能。要是某种活动不是明显具有风险且组织者亦没有向受害人告知活动的危险性,受害人对活动的危险性无法按照一般常识能够预见,那么,一旦造成损害,也不能简单地认为属于自甘风险。

6. 无论是受害人还是其他参加者,均是自愿参加

当然,自愿并不一定要加以明示,通过行为积极参与的,也可以认定为自愿参加。在现实生活中,文体活动的参加者绝大多数都是自愿的,但理论上并不能排除受到欺诈或胁迫的可能。"参加"是指"亲自加入活动或进入活动场地,而不包括仅作为观众欣赏。因此,坐在观众席上观看棒球比赛的观众被飞来的棒球砸伤眼睛,这在英美法上可能被认定为自甘冒险,但肯定不符合本条构成要件。不过,这里的'参加者'也不能理解得过于狭隘,它不仅包括正式参加者,也包括那些擅自进入活动场地的人,比如为陪同外孙女滑雪而擅自进入场地、穿越滑道的老人,或是擅自进入足球场地而未被及时发现的球迷。若非如此,对'其他参加者'必然不公平,毕竟,其他参加者未必能够第一时间准确辨认出对方身份,并作出准确的规避和防范动作"[①]。

7. 其他参加者主观上须不具有重大过错

其他参加者虽然造成了受害人的损害,但主观上必须没有重大过错。存在重大过错即出于故意或者重大过失的,也不能适用自甘风险规则。如进行足球比赛,某方队员故意冲撞致伤对方队员,就不能适用自甘风险规则。显然,参与自甘风险的活动,受害人所愿意承受的风险固然是活动本身的正常风险,而不包括活动中的重大过错特别是其他参加者故意造成损害的所谓"风险"在内。

---

① 邹海林、朱广新主编:《民法典评注:侵权责任编》(第1册),中国法制出版社2020年版,第131页。

8. 参加自甘风险的活动，目的在于追求某种特殊利益，且在法律或者道德上不具有需要履行的义务

所谓"特殊利益"，有的认为属于"非常规利益"，系行为人自甘风险为了获得的无偿、重赏或者特殊期待等非常规的利益。① "无偿"乃希望不付出代价而获得利益，搭便车却因发生车祸而造成伤亡，就属这种情形的典型例子；"重赏"为希望通过参加高风险性活动而获取巨大收益，典型的例子有职业F1车手在比赛中受伤；"特殊期待"系希望得到通过常规手段所不能得到的利益，如身患绝症的人接受尚处于试验阶段的治疗方法以期得到现有医疗手段所不能达到的效果，参加体育比赛活动的人通过参加比赛以期获得比赛本身所带来的快感及赢得比赛后所带来的荣耀、喜悦、快乐等，就是如此。

应当指出，自甘风险要求受害人的行为必须不是为了履行法律或者道德上的义务。例如，士兵在战争中伤亡，消防队员在抢救火灾的过程中负伤，堤坝管理人抢修濒于决口的大堤而被洪水卷走，均属尽法律上的义务，不属于自甘风险。至于类似抢救落水者而身亡的行为，属于道德鼓励倡导的见义勇为行为，亦不构成自甘风险。

9. 自甘风险只适用于具有一定风险的文体活动的除受害人之外的其他参加者，不能适用于活动的组织者

组织者的责任，则适用《民法典》第1198条至1201条有关违反安全保障义务责任（群众性活动组织者责任）、教育机构责任的规定。不过，在适用群众性活动组织责任时，需要组织者未尽到安全保障义务。这种安全保障义务，包括活动安排的自然条件合适，活动安全保障的人力充分，活动设施安全可靠，活动安全措施恰当并予落实，风险事项明确、清楚告知，突发情况处理预案恰当，损害发生后适当措施的及时采取等各个方面。对于风险事项的告知义务，"有些文体活动需要组织者详细明确告知参加者各种风险；有些活动是按照经验不需要组织者告知参加者风险的，因为这些活动的固有危险已经为社会一般人所知晓，更为参加者所熟知。这在确定文体活动组织者责任时，应当予以考虑。但是，固有风险之外的意外损害，应当由组织者承担。例如参加马拉松活动，正常跑步过程中的晒伤、膝关节损伤、碰撞等活动伤害，是不需要组织者特别告知的"②。

组织者承担的责任具体为：在其他参加者因为一般过失造成参加者损害不承担赔偿责任时，组织者按责任大小承担相应的过错责任，既包括全部责任，又包括部分责任。因为其他参加者此时既然不承担责任，就不存在组织者只承担补充责任的问题；其他参加者因为重大过错包括故意或者重大过失造成参加者损害的，组织者则承担过错补充责任。对此，有的认为，"这种大而化之的简单处理，显然忽视了自甘冒险适用场合下的特殊背景，在活动参加者因其他活动参加者的行为受损害时，始终只让有过错的活动组织者承担补充责任，这无疑对活动组织者过于宽大，而这必然会相应地

---

① 曾世雄：《损害赔偿法原理》，中国政法大学出版社2001年版，第90—91页。
② 黄薇主编：《中华人民共和国民法典侵权责任编解读》，中国法制出版社2020年版，第48页。

导致对'其他参加者'过于严格,因为责任总要有人分担"。这只要"对比美国侵权法可以看得更清楚。《美国侵权法重述(第三版)》(责任分担篇)第 24 条规定,'因未就某一故意侵权行为的具体风险对他人提供保护而承担责任的一方,应在分配给他的比较有责性份额之外,对分配给故意侵权行为人的比较有责性份额承担连带责任'。①可见,不要说第三人与被告俱为过失,即使在第三人为故意的场合下,违反安全保障义务的被告也要对原告承担连带责任。而我国法律甚至在被告和第三人均为过失时,也让被告承担补充责任。该规则甚至无例外地适用于自甘冒险场合,这无疑过于偏颇。"因此,在具有一定风险的文体活动中,参加者因其他参加者的行为而受损害的,除非其他参加者有故意或重大过失,否则其他参加者不承担责任;当其他参加者和活动组织者均有一般过失时,应让活动组织者承担相应的直接责任(而非补充责任),同时,受害人基于自甘冒险规则应自行承担一部分责任"②。

(三)自甘风险与类似免责事由的区别

1. 自甘风险与受害人同意

受害人同意,又称自愿承担损害或自担损害,系受害人对他人给自己的民事权益造成的损害表示自愿承担。如患者明知做手术会失血而自愿承担失血的损害让医生施行手术;患者左腿被毒蛇咬伤后必须锯掉左腿才能保全生命,于是让医院将左腿截掉,就是如此。对于他人的损害,不是都可以适用受害人自担损害就可以免责的。可以根据自担损害免责的损害,必须是法律规范或者公序良俗所允许,且通常是在无奈或者为了保护更大利益的情况下所不得已而选择的损害。对于法律或公序良俗原则所不许的损害,如对他人进行人身侮辱、诽谤,无事打人耳光,或者让医生对自己实施安乐死等,即使受害人同意自担损害,也不能免除行为人的侵权责任。当然,受害人对此种侵权损害不予主张损害赔偿,乃是其权利,但这不是自担损害这一规则所要讨论规范的范畴。

如上,自甘风险与自担损害,都具有不让损害人承担损害赔偿责任的法律后果,然两者有着明显的区别,主要包括:

(1)两者适用的范围不同。前者只适用于具有一定风险的文体活动中由其他参与者造成损害所产生的赔偿责任;后者则可适用于法律规范或者公序良俗所不禁止的一切活动中,范围要比前者宽得多。

(2)两者适用的损害类型及责任不同。自甘风险,既可以适用人身损害,又可以适用财产损害,但仅限于自愿参加一定风险文体活动这一法律关系所产生的损害责任;自担损害,一般适用于财产损害,但并非限于自愿参加一定风险文体活动,其他造成财产损害的责任,均可以依法适用。

---

① 〔美〕小詹姆斯·A. 亨德森、〔美〕理查德·N. 皮尔森、〔美〕道格拉斯·A. 凯萨、〔美〕约翰·A. 西里西艾诺:《美国侵权法:实体与程序》(第 7 版),王竹、丁海俊、董春华、周玉辉译,北京大学出版社 2014 年版,第 362 页。

② 邹海林、朱广新主编:《民法典评注:侵权责任编》(第 1 册),中国法制出版社 2020 年版,第 136—137 页。

（3）自甘或者自担的内容不同。前者自甘的是一种自己愿意参加的文体活动可能给自身造成某种损害的风险，而不是自甘给自己造成的实际损害。他对具有什么危险或者损伤、自己的竞技水平和身体健康情况是否能够承担这种风险是知晓的，但对自己是否会遭受损害，遭受损害的方式如何，遭受损害的程度怎样，会是谁给自己造成损害等与损害相关的内容，则无法预知。后者则对给自己造成损害的人，损害行为及损害的发生、性质、内容、方式、范围与程度等相关事项，均予明知并表示同意接受。

（4）对损害后果的态度不同。前者尽管愿意承担文体活动中对其他参加者造成自身损害的风险表示自甘，但对其他参加者实际给自身造成的损害则是拒绝的、排斥的，并不真的想自甘的损害风险转化为现实，转化为现实乃是一种无奈；后者则是对他人给自身造成的损害并不拒绝、排斥，而是明确表示自愿承担。

（5）两者适用的条件不同，如自甘风险的自甘是受害人对风险的知情同意，这种知情同意可以适用推定进行认定，因为其风险一般认为是众所周知的；而自担损害中的受害人同意，乃要求受害人为真正的知情同意，即对所遭受的损害是明确认识的基础上的同意，是一种"个别化"的同意。所以，对于损害的同意，要求损害人事先对受害人作出明确说明以让受害人完全理解后根据自己的意愿作出意思表示。又如，受害人同意，作为一种对自身损害同意承担的意思表示，要求受害人具有完全民事行为能力。对于无完全民事行为能力人不能适用受害人同意而免除侵权人的责任。自甘风险的门槛相对较低，如未成年人自愿参加同龄人的篮球、足球等体育活动，在一定条件下可以视为自甘风险。当然，对于无完全民事行为能力人的自甘风险，也不能规定得过于宽泛，而应局限于小伙伴们玩的一般日常性的文体活动，对于非日常性的或者较高风险性的文体活动，如滑雪、攀登等就不能随意加以适用。①

（6）性质不同。自甘风险作为一种法律制度明确为法律规定；而自担损害只是作为一种侵权责任承担的一项理论原则由法官在有关案件中根据案件情况依自由裁量权予以适用，没有为法律所明确规定。

2. 自甘风险与过失相抵规则

自甘风险与过失相抵虽然十分相似，但二者作为减轻或者免除加害人责任的不同抗辩事由，仍然是有区别的。

（1）两者对于受害人的注意义务和程度要求不同。自甘风险中，受害人对他所愿意承担的危险具有清楚、明确的认知，这种认知不仅要求受害人意识到潜在的危险存在，而且要求对潜在危险的性质、程度、范围以及可能发生的后果和责任具有认知；而过失相抵中，对于受害人的注意程度并非出于注意义务，受害人单纯的不注意也可能构成过失相抵的适用。

（2）两者是否存在基础法律关系不同。自甘风险以受害人参加具有一定风险文体

---

① 邹海林、朱广新主编：《民法典评注：侵权责任编》（第1册），中国法制出版社2020年版，第143—144页。

活动所形成的基础法律关系为必要，在这一基础法律关系中表现出自愿承担危险的意思表示。而过失相抵中则不存在基础法律关系，受害人即使出于故意，也并非通过民事行为表示主动去承担风险的意思。例如，《审理交通事故赔偿案件解释》第7条第2款规定："依法不得进入高速公路的车辆、行人，进入高速公路发生交通事故造成自身损害，当事人请求高速公路管理者承担赔偿责任的，适用民法典第一千二百四十三条的规定。"如此推之，未经许可进入高度危险活动区域或者高度危险物存放区域受到损害，管理人已经采取安全措施并尽到警示义务的，可以减轻或者不承担责任。就高速公路管理者而言，其减轻或者不承担责任的前提是受害人非法擅自进入高速公路，对于遭受的损害具有过错。然若拖拉机、轮式专用机械车、铰接式客车、全挂拖斗车以及其他设计最高时速低于70公里的机动车，得到高速公路管理者许可进入高速公路，则不属于擅自进入，由此发生交通事故导致其自身损害的，高速公路管理者不能以受害人自甘风险为由免除自身责任。违法进入高速公路的车辆以平常的方式进入高速公路，往往意味着高速公路管理者或者未尽警示义务，或者采取的安全措施不够充分，尽管可以减轻高速公路管理者的责任，但不能免除其责任。

（3）两者所体现的内容不同。自甘风险表现为受害人对自己参加的文体活动可能给自己带来损害的风险在明知的基础上表示愿意承担，而不是对损害本身表示愿意承担。当然，确实因其他参加者的非重大过错造成的损害，则全部要由自甘风险人承担。而过失相抵则表现为受害人对自己所遭受的损害发生或扩大表现为明知或者应知后却仍然希望或放任其发生或扩大，或者应当预见自己所遭受的损害发生或扩大却因疏忽大意没有预见或虽已预见然轻信能够避免以致损害发生或者扩大，为此要对自身损害进行相应的承担。与此相对应，侵权人的责任便会有所减轻。

（4）两者适用的范围不同。自甘风险只能适用于受害人自愿参加具有一定风险的文体活动中。而过失相抵则没有限制，对于过错责任、过错推定责任，以及被替代人的致人损害行为系过错推定责任、过错责任中的行为时监护人责任、用人单位责任、劳务派遣工作人员侵权责任、提供劳务者致害责任及驻香港和澳门特别行政区军人执行职务侵权责任等替代无过错责任，除法律明确排除适用外，均可以适用；对其他无过错责任，包括非替代无过错责任即特殊主体无过错责任，以及被替代人的致人损害行为系无过错责任中的行为时监护人责任、用人单位责任、劳务派遣工作人员侵权责任、提供劳务者致害责任及驻香港和澳门特别行政区军人执行职务侵权责任等替代无过错责任，依照法律规定也可适用，范围比前者广得多。

（5）两者适用的条件不同。如自甘风险要求受害人自愿参加具有一定风险的文体活动，具有明示或者默示的意思表示，通常具有一般过失。作为侵权人的其他参加者对受害者造成的损害具有重大过错，而不是出于一般过失等。而过失相抵的适用则没有上述要求，无论是受害人还是侵权人，都既可以表现为重大过错，也可以表现为一般的过失。

（6）受害人是否具有过错以及过错与损害是否具有因果关系不同。自甘风险并不要求受害人对自身的损害具有过错，更不要求其行为与损害结果存在因果关系；而过失相抵则要求受害人对自身损害的发生或扩大具有过错，且这一过错与损害的发生或扩大之间具有部分因果关系。

（7）两者适用的法律后果不同。自甘风险对于其他参加者的责任，除其出于故意或重大过失外，则完全免责，不存在减责的问题；而过失相抵的适用，根据《民法典》第1173条关于"被侵权人对同一损害的发生或者扩大有过错的，可以减轻侵权人的责任"的规定，其法律后果只是减轻侵权人的责任，而非免除侵权人的损害赔偿责任，两者在法律效果上存在着明显的差异。

三、自助行为

（一）自助行为的概念与性质

所谓自助，是指权利人为了保护自己的权利，在情势紧迫而又不能及时请求国家机关予以救助的情形下，对他人的财产或人身施加一定的约束、扣押或其他措施，而为法律或社会公德所认可的行为。[①] 就性质而言，自助乃属于私力救济的范畴。从近现代法治发展的轨迹看，公力救济已经成为普遍做法，私力救济则处于例外状态，能够通过公力救济解决的，一般就不适用私力救济。只有在特定条件下，公力救济难以及时适用而合法权益受到侵害的紧急情况才可以例外适用包括自助在内的私力救济。

（二）自助行为的构成要件

作为一种准一般减免责事由，自助需要同时具备以下构成要件：

1. 须有不法侵害状态存在

没有侵害，自无须进行所谓的救济。只有在侵害发生后，才有可能实施自助，采取自救措施。侵害，乃指对某种权益的侵袭和损害，或者说是对某种权益的攻击。侵害，在这里仅指不法侵害，对他人依法进行的损害不存在自助的问题。如对法律规范所否定、禁止的盗窃、诈骗、侵犯知识产权和债权等的不法侵害行为，才存在自助的可能。

2. 须为保护自己的合法权益

自助行为是在本人的权益受到侵害来不及请求国家机关予以救助的情形下采取的措施。如果行为人不是出于本人的权益受到侵害，而是为了保护国家、社会利益或者他人合法权益而采取救济措施的，也不构成自助。自助旨在保护自己的权益，而非他人权益或者国家、社会公共利益，这是其与正当防卫、紧急避险的一个重要区别。这里的权益首先必须合法，其次通常限于请求权的范畴，最后可以实施自助的权利主体原则上限于权利者本人或者其他与权利者本人类似的行使权利的人，如法定代理人、失踪人的财产管理人、遗产管理人、破产管理人、遗嘱执行人等，也可以依法实施自助。

[①] 王利明、杨立新编著：《侵权行为法》，法律出版社1996年版，第85页。

3. 须情势紧迫,并且不能及时获得国家机关保护,不立即采取措施将会使得其合法权益受到难以弥补的损害

例如,出租司机临时限制无理拒付乘坐出租车费用试图逃逸的乘车人的人身自由,修车店负责人不让未支付修车费的车主开车离开,就属于自助行为,属于合法合理的权利自保措施。如果非紧迫,或者情况虽然紧迫但能够及时获得国家机关的保护,或者情况虽然紧迫且不能及时得到国家机关的保护但其合法权益遭受损害后能够得以弥补的,则不应实施自助,如债务人欠钱不还,不让其离开,或者银行从债务人账户上私自划取所欠借款等。

4. 须为必要的自助且不得超过必要限度

所谓必要的自助,是为了保全其请求权而需要的行为。有的如德国和我国台湾地区,自助的具体形态通过法律明确列举,主要限于拘束他人人身自由或扣留、毁损他人财产的行为;有的如瑞士则在法律上并不限定自助的具体形态,只要是以自助为目的而实施的、客观方面具备自助要件的行为,就可以认定为自助,也不需要自助人具有完全民事行为能力或责任能力。至于"必要限度",主要表现为采取的措施必须合理,针对的对象所造成的损害必须难以弥补,以及自助所造成的损害与自助所保护的权益在价值上必须相当等。

5. 须为法律或者公序良俗所许可

实施自助既不能违反法律的强制性规定,又不能违反社会公序良俗,有违其中之一的,则不构成自助,如雇用他人以暴力方法讨债、将债务人囚禁于笼子里进行逼债,就为法律或者公序良俗所否定、禁止,而不可能构成自助。

(三)自助与正当防卫的异同

总体而言,自助与正当防卫作为一般减免责事由,既有共同点,亦有不同点。

共同点主要表现为:(1)两者都是情势紧迫之下防止合法权益受到侵害的行为。自助为情势紧迫之下对侵权人财产施加扣押等合理行为;正当防卫则是情势紧迫下对不法侵害的防卫与制止行为。(2)两者均以作为的方式进行,或者说属于积极性的甚至是具有攻击性的行为。(3)两者都以不法行为的存在为前提,即针对不法行为而实施。(4)两者均属法律明文规定的合法的私力救济行为。

不同点主要表现在:(1)正当防卫针对的是正在进行的侵害;而自助针对的是已经发生的侵害,具有一定的事后性。权利正在受到侵害时所实施的保护权益的行为是正当防卫而不是自助。如果权益将来受到侵害,公民可以采取加强防卫、寻求国家机关保护等手段来加以保护,而不能采取措施保护被侵害的权益。只有在侵害发生后,才存在实施自助的前提。没有这一前提,则不存在所谓的自助。

(2)正当防卫所保护的既可以是自己的合法权益,也可以是他人的合法权益,还可以是国家、公共利益;自助所保护的则只能属于自己的合法权益,且是不采取自助就会造成难以弥补的损害的合法权益。

(3)自助限于情事紧迫并不能及时请求国家机关予以救助,不立即采取自助措施将使其合法权益受到难以弥补损害的情形;正当防卫则不以此为要件。在司法实践

中，不可避免地存在一些对正当防卫认识错误的情况。例如，张某没有经过申请建窑烧砖，李某因张某烧砖伤害到其种植的荔枝树而将冷水泼入正在烧砖的窑中。法院认为张某未经申请而建窑烧砖的经营行为违反了有关行政法规，应当由有关行政机关给予相应处罚；李某在其种植的荔枝树受到张某烧砖行为的侵害时可以通过请求有关组织或者提起诉讼的途径来进行救济，不存在迫不得已而无其他方法可以防止侵害结果发生且难以弥补的问题，故认定李某的行为不属于正当防卫，应当赔偿张某的损失。

（4）正当防卫的目的是制止侵权行为，具有紧迫性；而自助则是以救济自身损害为目的，紧迫性上要低于正当防卫，且在实施自助后必须立即请求有关国家机关处理。

（5）正当防卫采取的措施针对侵害人进行，一般表现为对侵害人直接进行损害，以让侵害人丧失侵害能力；而自助采取的扣押财产等措施是为了弥补自己可能遭受的损失，其目的及行为本身均不在于直接给侵害人造成损害，采取措施造成的损害往往也是出于过失，从而与正当防卫可以对侵害人进行必要限度损害的主观意图存在明显区别。

第四节 理论界常见的数种减免责事由

一、依法行使权利与执行职务

依法行使权利与执行职务给他人造成损害的，之所以不承担侵权责任，是因为这种行为具有法律规范所要求的正义性和合法性，法律的尊严和法定权利不仅支配着一般公民的法律情感，而且也决定着行为的性质及法律后果。如此，与正当防卫、紧急避险一样，行为的正当性、合法性，乃是依法行使权利与执行职务不承担侵权责任的内在根据。所以，依法行使权利与执行职务亦构成内在根据免责事由的一个组成部分。尽管法律没有对之像正当防卫、紧急避险那样明确作出免责的规定，但在理论上普遍认为属于免责事由，在适用上可以"行为不具有违法性"来否认其侵权责任的构成要件。

（一）依法行使权利

依法行使权利，是指自然人、法人或非法人组织按照法律规定行使权利的行为。作为一般减免责事由，应当具备以下条件：（1）必须具有合法的授权。行为人行使其权利通常由法律直接规定。（2）不得滥用权利。禁止民事权利之滥用，为现代民法的基本原则之一。根据这一原则，一切自然人、法人或非法人组织在享有民事权利时，均负有不得滥用其权利的义务。行为人依法行使权利只有在遵循这一原则的前提下才可以主张作为内在根据的正当理由的抗辩。

（二）依法执行职务

依法执行职务，系自然人、法人或非法人组织按照法律规定完成具体的行政、司法等公共事务的行为。作为一种正当理由的抗辩，应当具备以下条件：（1）执行者具有合法的授权；(2) 执行职务的程序和方式必须合法；(3) 造成损害为执行职务的行为所能避免或为必要；(4) 所造成的损害不得超过必要限度。

二、受害人同意

受害人同意，系在不违背法律及公序良俗的前提下，受害人对他人实施某种行为表示许可或于损害发生前明确表示自愿承担某种不利后果的行为，大多表现为对某种不利后果的同意。同意他人实施某种行为的表示，亦可构成受害人同意，如同意为他人献血、同意与他人发生性关系等。这种同意，尽管不是对某种不利后果的同意，但若不是基于受害人的同意，他人的行为就可能构成侵权行为甚至犯罪行为。就构成而言，受害人同意，作为一种一般减免责事由，应当同时具备以下要件：

（一）时间条件

受害人同意应在损害结果发生前作出，也就是同意必须先于损害作出，可以在侵权行为实施之前进行，也可以是在侵权行为实施中明确，只要在损害结果发生之前同意即可。

（二）行为表示条件

受害人同意必须具有明确的意思表示，也就是要求加以明示，但依据受害人的行为足以表明其对行为人的行为或者损害结果表示接受的，采取推定方式亦无不可。可承认默示的受害人同意应以不违背法律规定和严重破坏公序良俗为限，并允许受害人可以正当理由抗辩。受害人同意，既可以是单方意思表示，也可以采取免责条款形式。采用免责条款形式的受害人同意，则要以受害人为要约人为前提。受害人为承诺人的免责条款不应列入受害人同意的范畴。此时，尽管免责条款中也有受害人同意的内容，然这种同意只能算作免责条款。此外，受害人同意中的相对人应当明确具体，且为特定。当然，特定并非仅指相对人是具体的某一个人，对于特定的多数人，或者依受害人的意思可以确定相对人的，也属于相对人具体特定。

（三）责任承担条件

受害人同意的内容为对将来产生的损害后果愿意承担责任，也就是据此内容可以免除行为人对该项损害后果的责任，对将来产生的损害后果由同意的受害人承担。其中，将来产生的损害应包括确定的损害和不确定的损害两种。确定的损害就是将来发生的及于确定权益的损害；不确定的损害则为将来可能发生的及于有限范围内的不特定权益的损害，即危险。在一般情况下受害人同意接受即自行承担的损害为确定的损害。在某些情况下，也可以允许其接受不确定的危险。不过，无论是同意接受确定的损害还是接受不确定的危险，都应以受害人能够或者已经预见为限。

（四）意思表示条件

受害人同意应当真实、自愿。无完全民事行为能力的受害人作出的接受损害的意思表示，不能认为属于受害人同意。

（五）同意内容条件

受害人同意的内容应当遵守法律和社会公序良俗，否则仍然不能构成行为不承担责任的内在根据或正当理由。

在司法实践中，对于受害人同意的免责事由，应当严格限定，一般应在有法律规定的情况下依法认定。如《民法典》第1219条规定："医务人员在诊疗活动中应当向患者说明病情和医疗措施。需要实施手术、特殊检查、特殊治疗的，医务人员应当及时向患者具体说明医疗风险、替代医疗方案等情况，并取得其明确同意；不能或者不宜向患者说明的，应当向患者的近亲属说明，并取得其明确同意。医务人员未尽到前款义务，造成患者损害的，医疗机构应当承担赔偿责任。"医务人员取得患者或者患者的近亲属明确同意严格按照医疗规范实施有关医疗行为而给患者造成损害的，就可以受害人同意为免责事由不承担侵权责任。

三、意外事件

（一）意外事件的概念

意外事件，是指非因当事人的故意或过失而偶然发生的事件。理论上，意外事件通常是相对于不可抗力而言的。二者的区别在于：（1）通常情况下，不可抗力一般是不能预见的，而意外事件有的是可以预见的，比如因为刮大风导致旧墙倒塌压伤路人，无论刮风还是旧墙倒塌都是可以预见的，但是，对不可抗力来说，一般人即使尽到了合理的注意义务，也无法预见。（2）有的意外事件不仅可以预见，而且还可以避免和克服，如刮大风致使旧墙倒塌就可以通过加固或者拆除等措施避免、克服倒塌致人损害的现象发生；而不可抗力即使遇见了，也是不能避免和克服的，如地震、台风等不可抗力，尽管可以通过气象预报可以预见，但对其到来仍无法避免和克服。

（二）意外事件作为免责事由的原因

关于意外事件能否成为侵权责任的减免责事由，一直存在争议，从《民法通则》到《侵权责任法》再到《民法典》，均未作出明确规定。有的明确包括意外事件造成的诸如机动车与非机动车驾驶人、行人之间发生的交通事故责任，电力运行事故责任等，仍不能减免责任人的责任。尽管如此，但不等于意外事件一律不能成为免责或减责的事由。在司法实践中，法官往往会根据案件的具体情况考虑意外事件在导致损害方面的作用大小，从而作出免责或减责的裁判，然意外事件作为免责或减责的事由须慎重对待。

1. 意外事件与不可抗力

意外事件能够作为一种免责或减责事由，根据同样在于往往具有不可预见性。行为人按照通常的注意程度不能预料损害结果的发生，故对损害的发生不存在过错。是以，在过错责任原则体系下，行为人就不必承担损害责任。应当指出，意外事件所讲的注意程序，系指一般人的注意极限。如果要求行为人对此承担责任，无异于要求行为人对不是自己意思自治的行为承担责任，以致有悖于民法意思自治原则和过错责任原则的精神。不过，意外事件与不可抗力并不相同。后者是与债务人的行为全然无关的外来力量，而前者则是与债务人的行为具有因果关系的事件。①

2. 意外事件构成免责事由的前提，乃在过错责任范围内

事实上，在意外事件同时构成不可抗力的情况下，行为人当然可以主张意外事件免责；在意外事件不构成不可抗力时，行为人主张实际上是要排除自己的过错。在过错责任案件中，没有过错就不构成侵权，行为人自然就可以免责。

在无过错责任案件中，意外事件当然不能成为免责事由。作为外在于行为人意志和行为的事件，行为人对于损害结果的发生并无过错，且在此时，本来就不对行为人的过错进行考察，行为人的过错有无均不影响其责任的成立。所以，意外事件不能成为无过错责任案件的免责事由。

---

① 史尚宽：《债法总论》，中国政法大学出版社 2000 年版，第 354 页。

第五章

侵权责任方式

第一节 侵权责任方式概述

一、侵权责任方式的概念与特征

侵权责任方式，也称侵权责任形式，是指侵权责任人依法应当对侵权损害承担不利法律后果的形式和类别。[①] 一个国家的侵权责任法律规范如何规定侵权责任的形式，与其民事立法政策和法律文化传统等因素密切相关。在我国，原《侵权责任法》第15条规定了停止侵害、排除妨碍、消除危险、返还财产、恢复原状、赔偿损失、赔礼道歉、消除影响、恢复名誉共八种主要侵权责任形式；《民法典》第179条规定了停止侵害，排除妨碍，消除危险，返还财产，恢复原状，修理、重作、更换，继续履行，赔偿损失，支付违约金，消除影响、恢复名誉，赔礼道歉十一种主要责任形式。无论原《侵权责任法》规定的八种主要责任形式还是《民法典》规定的十一种主要责任形式，基于现实生活的多样性、复杂性、发展性特征，承担责任的方式不可能通过法律规定列举穷尽。为此，在一些特殊的侵权责任中，法律还规定了一些特别的侵权责任形式，如《民法典》第1234条关于"违反国家规定造成生态环境损害，生态环境能够修复的，国家规定的机关或者法律规定的组织有权请求侵权人在合理期限内承担修复责任。侵权人在期限内未修复的，国家规定的机关或者法律规定的组织可以自行或者委托他人进行修复，所需费用由侵权人负担"的规定，就为环境污染和生态破坏责任规定了"修复"这种新的责任形式。此外，在司法实践中，假如使用上述责任形式无法起到惩戒、预防等责任承担的功能时，还可以根据案件的具体情况，选择不违背法律原则与精神并与行为及其损害结果相适应的责任形式让行为人承担侵权责任。当然，此时应当特别慎重。另外，《民法典》规定的责任形式，是针对所有民事行为而言的，有的与侵权行为及其性质不相适应，如继续履行、支付违约金，就不能成为侵权行为承担侵权责任的具体方式，对此需要注意。就侵权责任形式的特征而言，则主要有：

[①] 张新宝：《侵权责任法》，中国人民大学出版社2006年版，第332页。

1. 侵权责任形式是落实侵权责任的具体方式

侵权责任形式，系行为人的行为承担侵权责任的最终法律后果。没有侵权责任的承担方式，侵权责任的规定就犹如一纸空文，没有任何意义。与此同时，侵权责任作为一个抽象的概念，责任人要承担侵权责任就必须通过具体的责任形式才能得以落实。

2. 侵权责任形式既是责任又是义务

侵权责任形式，不仅是执法机关依法责令侵权人承担责任的方式，而且又是侵权行为人因为其侵权行为所应当向受害人履行的一项法律义务，表现为对国家法律负责和对受害人负责的有机结合，且主要方面是对受害人负责，具有对国家的责任与对受害人的义务双重属性。

3. 恢复原状、赔偿损失乃为侵权行为承担侵权责任的两种基本的主要方式

在西方国家，英美法系确定的侵权责任形式主要是赔偿，受害人无论受到什么类型的损害，法律一般都采用赔偿的方式对其予以救济。大陆法系确定的民事责任形式则主要是恢复原状，若恢复原状不能或者不合理或者不经济的，则采用损害赔偿等民事责任形式。《德国民法典》第251条规定："如果不能恢复原状或者恢复原状不足以赔偿债权人所受损害时，赔偿义务人应以金钱赔偿其损害。如果只有支付不相当的费用才能恢复原状时，赔偿义务人可以金钱赔偿损害。因救治动物而产生的费用，并不因其大大超过动物本身的价值视为是不相当的。"① 我国《民法典》规定的侵权责任形式既包括停止侵害，也包括损害赔偿，还包括广义的恢复原状（如返还财产、消除危险、消除影响、恢复名誉、赔礼道歉等）和狭义的恢复原状。然其主要责任形式，基于侵权行为及其责任的承担特点，乃为损害赔偿与恢复原状这两种方式。

二、侵权责任形式的适用规则

侵权责任形式虽然多种多样，形态各异，但在适用时都要遵循以下规则：

1. 充分考虑救济损害的需要

确定侵权责任形式最重要的原则，是尽可能满足救济受害人的权益损害的需要。在恢复受害人受到侵害的权益的目标下，需要适用什么样的侵权责任形式，就适用什么样的侵权责任形式。对于单纯的财产权利损害，可以单独适用损害赔偿方式救济损害；对于生命健康权的损害，既可以赔偿财产损失，也可以同时赔偿精神损害；对于精神性人格权的损害，既可以单独适用精神型责任形式，也可以根据需要适用财产型责任形式。在任何情况下，只要有救济损害的需要，都可以适用综合型责任形式。

2. 单独适用或者合并适用

各种侵权责任形式各具特点，对于侵权行为造成损害的救济，既可以单独适用一种责任形式，也可以适用多种责任形式。对此，《民法典》第179条第3款规定："本条规定的承担民事责任的方式，可以单独适用，也可以合并适用。"至于侵权责任形

---

① 《德国民法典》（修订版），郑冲、贾红梅译，法律出版社2001年版，第50页。

式并用的标准,应当根据各种责任形式保护受害人权益及其性质的不同予以确定。倘若适用一种责任形式不足以保护受害人的权益,就应当同时适用其他责任形式。

3. 尊重受害人的自行处分

从受害人的角度看,侵权责任形式实际上就是受害人自己所享有的请求权的内容,按照民法意思自治的基本原则,受害人同样可以对表现为请求权内容的侵权责任形式完全按照自己的意思进行处分,对此应当加以尊重。

4. 必要时根据申请可以裁定先予执行或者签发人格权侵害禁令

在侵权责任形式中,对于确有必要的,人民法院可以依法先予执行或者签发人格权侵害禁令。《民法典》第997条规定:"民事主体有证据证明行为人正在实施或者即将实施侵害其人格权的违法行为,不及时制止将使其合法权益受到难以弥补的损害的,有权依法向人民法院申请采取责令行为人停止有关行为的措施。"第1167条规定:"侵权行为危及他人人身、财产安全的,被侵权人有权请求侵权人承担停止侵害、排除妨碍、消除危险等侵权责任。"侵权行为在受害人提起诉讼时尚未停止的,依照《民事诉讼法》第109条的规定即"人民法院对下列案件,根据当事人的申请,可以裁定先予执行:……(三)因情况紧急需要先予执行的",以及《关于适用〈中华人民共和国民事诉讼法〉的解释》第170条的规定即"民事诉讼法第一百零九条第三项规定的情况紧急,包括:(一)需要立即停止侵害、排除妨碍的;(二)需要立即制止某项行为的;(三)追索恢复生产、经营急需的保险理赔费的;(四)需要立即返还社会保险金、社会救助资金的;(五)不立即返还款项,将严重影响权利人生活和生产经营的",人民法院可以裁定先予执行,责令行为人停止侵害、排除妨碍、消除危险。

三、侵权责任形式的具体适用

侵权责任形式种类尽管繁多,然财产责任乃主要方式,非财产责任则为非主要方式。前者如损害赔偿、恢复原状、返还财产;后者如停止侵害、消除影响、恢复名誉、赔礼道歉。除此之外,排除妨碍和消除危险既可能表现为财产性质的民事责任,又可能表现为非财产责任形式。如此,根据侵权责任形式的不同特点,可以将侵权责任形式概括为财产型责任形式、精神型责任形式和综合型责任形式三种类型,下面分别对其适用作必要介绍:

(一)财产型侵权责任形式的适用

1. 返还财产

作为较为普遍适用的侵权责任形式,返还财产是指行为人将不法侵占的财产予以返还。不法侵占他人财产应当返还原物。返还原物的责任因不法行为人非法占有财产而产生。无法律和合同等正当或者合法的根据而占有他人的财产,侵害了财产所有人或者占有人的权利,属于不法侵占他人财产,在能够返还时自应返还财产。如甲的房屋被乙租用,租期届满后,乙不返还承租的房屋;再如丙抢夺丁的财产据为己有等,都构成非法占有,所有人、管理人等权利人享有返还原物的请求权,有权要求非法占有人返还原物。当然,返还原物适用的条件是侵占财产且原物依然存在。原物已经灭失，返还原物为客观不能，权利人只能要求赔偿损失，而不能要求返还原物。原物虽然存在但已遭受毁损，权利人则可以在请求返还原物的基础上再提出赔偿损失。返还原物在性质上是物的占有的转移，而不是所有权的转移，故须侵占人将侵占物转移至权利人的控制之下，才能视为原物已经返还。

应当指出，返还原物还应当返还原物所生的孳息。构成侵权行为的侵占财产均为恶意。在恶意占有的情况下，占有人应负责返还其在全部恶意占有期间所获得的一切孳息，并且无权请求所有人补偿其支付的费用。

2. 恢复原状

它系指恢复权利被侵犯前的原有状态，一般是将损坏的财产修复，即权利人的财产被他人非法侵害遭到损坏时，能够修理且有修复必要的，则权利人有权要求侵害人予以修理，恢复财产的原有状态。适用恢复原状这一责任形式必须具备两个条件：（1）要有恢复原状的可能性。如果被损坏的财产不存在恢复原状的可能性，受害人只能选择请求赔偿损失这一责任形式。（2）要有恢复原状的必要性。这种必要性就是经济上的合理性，倘若采用恢复原状所花费的经济费用要比重新购买一个或制作一个新的同样的财产所需要的费用还要高甚至高得多，那么，在经济上就存在不合理性，恢复原状就没有必要。固然，这种情形不适用于诸如文物等特定物品的情况。

有人说，原《民法通则》第134条规定的"修理、重作、更换"的责任形式属于广义的恢复原状，该观点虽值得商榷，但也不是完全没有道理。因为修理、重作、更换的责任形式与恢复原状联系十分密切。原《侵权责任法》未将修理、重作、更换规定为侵权责任形式，主要理由是修理、重作、更换属于恢复原状的一种手段，目的在于恢复权利人被侵害的权利，于是不认为属于侵权责任形式。然而，《民法典》未将侵权责任形式与其他民事行为的责任形式单独规定，而是在总则编统一规定。这样，作为一种独立的民事责任形式，修理、重作、更换应当可以适用于侵权行为及其责任中，从而作为一种独立的侵权责任形式存在而有别于恢复原状的侵权责任形式。

3. 赔偿损失

作为一种最为主要、最为基本的侵权责任形式，赔偿损失具体又包括财产损害赔偿责任、人身损害赔偿责任和精神损害赔偿责任三种形态。

（二）精神型侵权责任形式的适用

1. 停止侵害

行为人实施的侵权行为若在继续之中，受害人无疑有权依法请求法院责令侵害人承担停止侵害的责任。任何正在实施侵权行为的不法行为人都应立即停止其侵害行为。停止侵害的责任形式可以适用于各种尚未停止而仍在进行的所有侵权行为，其主要作用在于及时制止侵害行为，防止损害后果的进一步扩大。但其适用要以侵权行为正在进行或仍在延续中为条件，对尚未发生的或业已终止的侵权行为自不存在要求停止侵害的可能与必要。责令停止侵害，实际上是要求侵害人不再实施某种侵害行为，即处于实施不作为的行为状态。具体适用时，还可以申请先予执行或者申请签发人格权侵害禁令，另在请求适用时通常要提供担保。

2. 赔礼道歉

赔礼道歉是指侵权人向受害人承认错误，表示歉意，以求得受害人原谅的一种侵权责任形式，既可以是口头的赔礼道歉，又可以是书面的赔礼道歉，还可以是音频、视频等其他方式的赔礼道歉。口头的赔礼道歉由侵害人直接向受害人表示；书面的赔礼道歉则以文字形式为之。根据《民法典》第 1000 条的规定，行为人因侵害人格权承担赔礼道歉责任的，应当与行为的具体方式和造成的影响范围相当。行为人拒不赔礼道歉的，人民法院可以采取在报刊、网络等媒体上发布公告或者公布生效裁判文书等方式执行，产生的费用由行为人负担。

3. 消除影响、恢复名誉

行为人实施侵权行为侵害自然人、法人或非法人组织的人格权，对给受害人造成的影响，应当在影响所及的范围内予以消除，就是消除影响；行为人实施侵权行为侵害自然人、法人或非法人组织的名誉，对于受害人的名誉毁损，应在影响所及的范围内将受害人的名誉恢复至未受侵害时的状态，便属于恢复名誉。消除影响、恢复名誉，作为侵害自然人、法人或非法人组织的精神性人格权所承担侵权责任的方式，在适用中，要根据侵害行为所造成的影响及名誉毁损的后果来决定。不过，消除影响适用的范围较宽，可以适用于多种场合；恢复名誉则只适用于侵害名誉权的场合，是侵害名誉权的侵害人应当承担的责任。[①] 根据《民法典》第 1000 条的规定，行为人因侵害人格权承担消除影响、恢复名誉责任的，应当与行为的具体方式和造成的影响范围相当。行为人拒不消除影响、恢复名誉的，人民法院可以采取在报刊、网络等媒体上发布公告或者公布生效裁判文书等方式执行，产生的费用由行为人负担。

（三）综合型侵权责任形式的适用

1. 排除妨碍

排除妨碍是指行为人实施的行为构成他人无法行使或者不能正常行使人身、财产权益的障碍时，受害人可以要求行为人排除该障碍以保障其权利能够依法正常行使的一种责任形式。行为人不愿意排除妨碍的，受害人可以请求人民法院责令其排除妨碍。例如，在他人窗前或者通道上堆放物品，妨碍他人通风采光或者通行的，应将物品搬走。行为人自己不排除妨碍的，受害人可以请求人民法院责令其排除妨碍。

2. 消除危险

消除危险是指行为人的行为及其管领下的物件对他人人身、财产权益造成威胁，或者存在侵害他人人身、财产权益的可能时，有权要求行为人采取有效措施，将具有危险因素的行为或者物件予以消除的一种责任形式。例如，房屋的所有人或管理人不对房屋进行必要的修缮，致使房屋处于随时可能倒塌、危及他人人身和财产安全的状况时，或者化工厂排放污染物，还没有造成实际损害时，行为人应承担消除危险的责任形式。

适用消除危险的责任形式，自应以危险存在并有可能造成受害人损害，以及损害

---

① 杨立新：《侵权责任法》，法律出版社 2018 年版，第 100 页。

尚未实际发生,没有妨碍他人民事权利的行使为必要。损害结果已经发生,造成损害的危险已经转化为损害的客观事实,自不再存在消除危险的可能。当然,在损害尚未完全停止之前,尚有损害扩大的可能,对于消除损害扩大的危险,是否属于消除高度危险责任形式的范畴,值得考量。显然,适用消除危险的责任形式,能有效地防止损害的发生,充分保护民事主体的民事权利。

第二节 侵权损害责任

一、侵权损害责任的概念和特点

侵权损害责任,又称侵权损害赔偿责任,系赔偿义务人通过支付一定数额金钱或者实物以赔偿侵权行为所造成损失的一种侵权责任形式,具有以下特点:

1. 以损害已经实际发生为前提

只有造成损害才能赔偿损失,损害是赔偿的基础和前提。换言之,只有在造成损害的侵权行为成立后,受害人有需要以赔偿的方式加以救济时,才有侵权损害赔偿的必要。侵权行为在先,损害赔偿在后。

2. 实行补偿功能为主的同时辅以惩罚性赔偿为例外的原则

损害赔偿的目的,就是要让受害人因侵权行为所遭受的实际损害能够得到全部的弥补和恢复。是以,损害赔偿要以发生的实际损害为根据,依照全部赔偿原则来弥补受害人因侵权行为受到的损失。一般情况下,损害赔偿应当以行为所造成的实际财产损失的大小为依据,全部予以赔偿,即损失多少赔偿多少。与此同时,基于法律的明确规定,对于一些需要特别保护、危害普遍较重的侵权行为,还可以让侵权人承担惩罚性赔偿这种加重责任。

3. 内容的丰富性

侵权损害责任,不仅适用范围广泛,而且包含了非常复杂的内容,如《民法典》侵权责任编第二章"损害赔偿"就专门对有关侵权损害责任作了规定,其本身便构成了一项内容完整而丰富的法律制度。

4. 赔偿的物质性

侵权损害责任表现为金钱赔偿与实物赔偿并存,但主要是金钱赔偿。金钱是一般等价物,可以起到其他实物无法替代的作用。

5. 适用的广泛性

侵权损害责任,作为一种适用最为广泛的侵权责任形式,在其他责任形式无法实现或者不足以救济受害人时,均有适用的余地。

二、侵权损害责任承担的原则

(一)全部赔偿原则

全部赔偿原则,作为侵权损害赔偿责任的基本规则,乃指侵权行为人承担赔偿责任的大小，应当以其行为所造成的实际损失的大小为根据，全部予以赔偿。这是损害填平原则的基本要求，作为损害赔偿的一项基本原则，涉及损害赔偿责任范围界定的价值判断，以及与另一民事责任形式"恢复原状"的关系。"从在法律规范体系上发挥的功能来看，人身损害赔偿范围通常是债法通则所确定的法定损害赔偿范围在侵害人身权领域的具体化。《德国民法典》第249条（损害赔偿的方式和范围）确定的原则是：'负损害赔偿义务的人应恢复损害发生前的原状。因伤害人身或者损毁物件而应赔偿损害时，债权人可以要求以金钱赔偿代替恢复原状'；其第252条规定应赔偿的损害包括可得利益。[1] 此系在立法中合并规定，既确定了原则，即赔偿损失应达到恢复原状的效果；同时也确定了范围，即以达到恢复原状的同等价值效果来界定赔偿损失的范围。具体范围的确定，则交由司法结合事实认定。我国台湾地区采取'一般＋具体'的模式，在'法定赔偿范围'中规定，损害赔偿除法律另有规定或契约另有订定外，应以填补债权人所受损害及所失利益为限。该规定系债法通则上对法定损害赔偿范围作出的原则规定，而在'侵害生命权之损害赔偿'中，上述原则被具体化为不法侵害他人致死者，对于支出医疗及增加生活上需要之费用或殡葬费之人，亦应负损害赔偿责任，被害人对于第三人负有法定扶养义务者，加害人对该第三人亦应负损害赔偿责任。在'侵害身体、健康之财产上损害赔偿'中规定不法侵害他人身体或健康者，对于被害人因此丧失或减少劳动能力或增加生活上之需要时，应负损害赔偿责任。[2] 我国台湾地区的规定，其原则比《德国民法典》的规定更为具体明确，其赔偿范围结合侵害的权利类型作了进一步具体化，但采取内涵式定性描述界定赔偿范围，而不采取外延式赔偿项目列举界定赔偿范围。"我国在侵权损害赔偿责任中，按照《民法典》有关"恢复原状""赔偿损失"等责任形式的规定，优先考虑的乃是恢复原状，不能恢复原状的则赔偿损失。故"在实际上确定了我国侵权损害赔偿范围应遵循的原则，即以恢复原状的同等价值效果作为侵权损害赔偿范围的界定依据"。如此，"对人身损害赔偿范围的界定，遵循与'恢复原状'具有同等价值效果的判断标准"[3]。对于这一原则的适用，需要注意：

（1）确定损害赔偿数额，只能以实际损害为标准。确定赔偿数额，既不能以侵害人的过错程度为依据，也不能以行为人的行为危害大小为依据，只能以实际损害为判断依据。当然，也不排除法律有特别规定或者在共同过错、过失相抵及第三人行为的情况下，过错程度的轻重会对赔偿责任产生或大或小的影响。

（2）全部损害赔偿，不仅包括直接损害和间接损害之赔偿，而且还包括所失利益和可得利益之赔偿。可得利益赔偿指只要是当事人已经或者能够合理预见并且是正常人可以合理期待、可以转化为现实的利益，就应当予以赔偿。

---

[1] 《德国民法典》，台湾大学法律学院、台大法学基金会编译，北京大学出版社2017年版，第233、235页。

[2] 《简易小六法》，台北五南图书出版股份有限公司2012年版，第3—30页。

[3] 邹海林、朱广新主编：《民法典评注：侵权责任编》（第1册），中国法制出版社2020年版，第161—162页。

（3）全部损害赔偿只能是合理的损失，不合理的损失不能予以赔偿。如没有转院证明、未经医疗机构批准，另找医院治疗或擅自购买药品的，其费用原则上不予赔偿。

（4）全部赔偿，应当包括对受害人为恢复权利、减少损害而支出必要费用所引起损失的赔偿。如案件受理费、鉴定费等诉讼费用的支出，属于恢复权利的必要费用支出，法律已经明文规定由败诉方承担。律师费用的支出，在合同中有约定的，已经能够得到合理支持；没有约定的，亦出现法院给予适当支持的判例。在侵权尤其是侵犯人身权利、重大财产权利等的案件中，考虑到这种行为的主观恶性及其对他人、社会的危害，亦应考虑由行为人承担必要的律师费用。因为这为受害人维护自己合法权益所必需。

（二）财产赔偿原则

财产赔偿原则，作为侵权损害责任的另一基本规则，系指侵权行为给受害人所造成的损害无论是财产损害还是人身损害或精神损害，均以财产赔偿作为唯一方法，不能以其他方法为之。对于人身伤害，要求：（1）不能用同态复仇的方式进行补偿。（2）不能以金钱计算其价值，即不能用金钱计算出受害人损伤器官的价格，事实上也无法完全用金钱补偿人身伤害本身。（3）对于人身伤害如致死、致伤或致残，应以财产的方式就受害人因医治伤害所造成的财产损失加以补偿，损失多少赔偿多少。（4）对于精神损害造成的经济损失，也应以财产赔偿为之。

（三）损益相抵原则

损益相抵原则，亦称损益同销原则，乃为赔偿权利人基于发生损害的同一原因受有利益者，应从损害额内扣除利益，而由赔偿义务人就差额予以赔偿的确定赔偿责任范围的规则。

（四）过失相抵原则

过失相抵原则，即在通过对过失和与行为对损害结果产生的原因力比较的基础上，依比例确定双方当事人的责任比例。在侵权责任法律规范中规定过失相抵的规则，实际上是贯彻过错责任原则，由侵害人对自己具有过错的行为导致的损害承担责任；受害人也对自己的过错行为导致的损害或者损害之扩大承担相应后果。

（五）衡平原则

衡平原则，系确定侵权损害责任的范围时，需要考虑当事人的经济状况等因素，使赔偿责任的确定更为公正。民事法律的基本原则，如平等、诚实信用、禁止权利滥用、公序良俗等原则，既要贯彻于民事法律的始终，也应贯彻于侵权行为及其责任的适用。司法政策亦为司法实践中所应遵循的政策。对侵权行为进行评价，让行为人承担赔偿责任，在考虑具体侵权行为之构成要件和减免责事由的基础上，要按照民事法律的基本原则和司法政策及其具体规定等进行。民事法律的基本原则不仅是当事人进行民事活动必须遵循的总的准则，也是司法实践必须遵循的适用规则。适用的最终结果符合民事法律基本原则的要求，乃是每一适用者都必须做到的。在确定行为人的民事责任形式和赔偿数额时，考虑民事法律的基本原则和司法政策，就是赋予适用者按照民事法律的基本原则和司法政策对判决的最终结果进行妥当性考虑并作出可能的调整，以使适用结果符合民事法律基本原则和司法政策的宏观要求。

（六）惩罚性赔偿原则

惩罚性赔偿原则，又称示范性赔偿或报复性赔偿原则，是指在损害赔偿案件中，法院依法判决责任人给受害方或者守约方超过其实际损失的赔偿。对于受害人所遭受的实际损失的赔偿，属于一种补偿性赔偿，主要在于补偿、抚慰被害人。对于一些造成他人损害的恶劣行为，给予受害人超过补偿性赔偿的赔偿，目的除给受害人因故意侵权受到的损害进行补偿及抚慰外，更在于对责任人加重惩戒，希望防止行为人将来再犯，同时达到教育、警戒他人不予实施此等侵权行为的意图，以有效遏制此类行为的发生。故惩罚性赔偿乃是一种依附于补偿性赔偿也就是在补偿性赔偿基础上所形成的一种集补偿、抚慰、惩罚、威慑、遏制功能于一身的赔偿。有的还认为，惩罚性赔偿原则还具有"执行法律"的功能，即"诱导私人执行法律，鼓励被侵权人以'私人检察长'的身份，追诉不法的加害行为，以维持法律秩序"。[1]

应当指出，对于惩罚性赔偿，法律要求侵权人必须出于故意才能适用。具体来说，有关惩罚性赔偿的有关法律规范主要包括：

（1）故意侵害他人知识产权，情节严重的，被侵权人有权请求相应的惩罚性赔偿。（《民法典》第1185条）

（2）明知产品存在缺陷仍然生产、销售，或者没有依据前条规定采取有效补救措施，造成他人死亡或者健康严重损害的，被侵权人有权请求相应的惩罚性赔偿。（《民法典》第1207条）

（3）侵权人违反法律规定故意污染环境、破坏生态造成严重后果的，被侵权人有权请求相应的惩罚性赔偿。（《民法典》第1232条）

（4）经营者提供商品或者服务有欺诈行为的，应当按照消费者的要求增加赔偿其受到的损失，增加赔偿的金额为消费者购买商品的价款或者接受服务的费用的3倍；增加赔偿的金额不足500元的，为500元。法律另有规定的，依照其规定。经营者明知商品或者服务存在缺陷，仍然向消费者提供，造成消费者或者其他受害人死亡或者健康严重损害的，受害人有权要求经营者依照本法第49条、第51条等法律规定赔偿损失，并有权要求所受损失2倍以下的惩罚性赔偿。（《消费者权益保护法》第55条）

（4）生产不符合食品安全标准的食品或者经营明知是不符合食品安全标准的食品，消费者除要求赔偿损失外，还可以向生产者或者经营者要求支付价款10倍或者损失3倍的赔偿金；增加赔偿的金额不足1000元的，为1000元。但是，食品的标签、说明书存在不影响食品安全且不会对消费者造成误导的瑕疵的除外。（《食品安全法》第148条第2款）

（5）侵犯著作权或者与著作权有关的权利的，侵权人应当按照权利人因此受到的实际损失或者侵权人的违法所得给予赔偿；权利人的实际损失或者侵权人的违法所得

---

[1] 邹海林、朱广新主编：《民法典评注：侵权责任编》（第1册），中国法制出版社2020年版，第242页。

难以计算的,可以参照该权利使用费给予赔偿。对故意侵犯著作权或者与著作权有关的权利,情节严重的,可以在按照上述方法确定数额的 1 倍以上 5 倍以下给予赔偿。权利人的实际损失、侵权人的违法所得、权利使用费难以计算的,由人民法院根据侵权行为的情节,判决给予 500 元以上 500 万元以下的赔偿。赔偿数额还应当包括权利人为制止侵权行为所支付的合理开支。(《著作权法》第 54 条)

(6) 知识产权权利人认为其知识产权受到侵害的,有权通知电子商务平台经营者采取删除、屏蔽、断开链接、终止交易和服务等必要措施。通知应当包括构成侵权的初步证据。电子商务平台经营者接到通知后,应当及时采取必要措施,并将该通知转送平台内经营者;未及时采取必要措施的,对损害的扩大部分与平台内经营者承担连带责任。因通知错误造成平台内经营者损害的,依法承担民事责任。恶意发出错误通知,造成平台内经营者损失的,加倍承担赔偿责任。(《电子商务法》第 42 条)

(7) 侵犯植物新品种权的赔偿数额按照权利人因被侵权所受到的实际损失确定;实际损失难以确定的,可以按照侵权人因侵权所获得的利益确定。权利人的损失或者侵权人获得的利益难以确定的,可以参照该植物新品种权许可使用费的倍数合理确定。赔偿数额应当包括权利人为制止侵权行为所支付的合理开支。侵犯植物新品种权,情节严重的,可以在按照上述方法确定数额的 1 倍以上 3 倍以下确定赔偿数额。(《种子法》第 72 条第 3 款)

(8) 因不正当竞争行为受到损害的经营者的赔偿数额,按照其因被侵权所受到的实际损失确定;实际损失难以计算的,按照侵权人因侵权所获得的利益确定。经营者恶意实施侵犯商业秘密行为,情节严重的,可以在按照上述方法确定数额的 1 倍以上 5 倍以下确定赔偿数额。赔偿数额还应当包括经营者为制止侵权行为所支付的合理开支。(《反不正当竞争法》第 17 条第 3 款)

(9) 侵犯商标专用权的赔偿数额,按照权利人因被侵权所受到的实际损失确定;实际损失难以确定的,可以按照侵权人因侵权所获得的利益确定;权利人的损失或者侵权人获得的利益难以确定的,参照该商标许可使用费的倍数合理确定。对恶意侵犯商标专用权,情节严重的,可以在按照上述方法确定数额的 1 倍以上 5 倍以下确定赔偿数额。赔偿数额应当包括权利人为制止侵权行为所支付的合理开支。(《商标法》第 63 条第 1 款)

············

第三节 财产损害责任

一、人身致伤的财产损害责任

《民法典》第 1179 条规定:"侵害他人造成人身损害的,应当赔偿医疗费、护理费、交通费、营养费、住院伙食补助费等为治疗和康复支出的合理费用,以及因误工减少的收入。造成残疾的,还应当赔偿辅助器具费和残疾赔偿金……"如此,法律对人身致伤损害的赔偿范围通过具体列举的方式明确了医疗费、护理费、交通费、营养费、住院伙食补助费、误工费、辅助器具费和残疾赔偿金共 8 项，然后以"等为治疗和康复支出的合理费用"加以概括。所以，人身致伤损害的赔偿范围并非一定就只有法律明确列举的 8 项。不属于这 8 项之内，但可以认定为"治疗和康复"所必要的且为"合理费用"的支出，仍然属于人身致伤损害赔偿的范围。当然，即使所列举的 8 项支出，在具体的人身致伤损害中也并非一定都会发生，只有发生的，才能构成人身致伤损害赔偿的范围。

（一）医疗费

医疗费指住院期间的医疗费和出院后的医疗费，不仅包括过去的医疗费用，也包括将来的医疗费用，如挂号费、医药费、检查费、治疗费、住院费、康复费、整容费以及其他医疗费用。计算公式为：医疗费赔偿金额＝诊疗费＋医药费＋住院费＋其他。根据《审理人身损害赔偿案件解释》第 6 条的规定，医疗费根据医疗机构出具的医药费、住院费等收款凭证，结合病历和诊断证明等相关证据确定。赔偿义务人对治疗的必要性和合理性有异议的，应当承担相应的举证责任。医疗费的赔偿数额，按照一审法庭辩论终结前实际发生的数额确定。器官功能恢复训练所必要的康复费、适当的整容费以及其他后续治疗费，赔偿权利人可以待实际发生后另行起诉。但根据医疗证明或者鉴定结论确定必然发生的费用，可以与已经发生的医疗费一并予以赔偿。

（二）护理费

护理费包括住院期间的护理费和出院后的护理费。《审理人身损害赔偿案件解释》第 8 条规定：护理费根据护理人员的收入状况和护理人数、护理期限确定。护理人员有收入的，参照误工费的规定计算；护理人员没有收入或者雇用护工的，参照当地护工从事同等级别护理的劳务报酬标准计算。护理人员原则上为 1 人，但医疗机构或者鉴定机构有明确意见的，可以参照确定护理人员人数。护理期限应计算至受害人恢复生活自理能力时止。受害人因残疾不能恢复生活自理能力的，可以根据其年龄、健康状况等因素确定合理的护理期限，但最长不超过 20 年。受害人定残后的护理，应当根据其护理依赖程度并结合配制残疾辅助器具的情况确定护理级别。第 19 条规定，超过确定的护理期限、辅助器具费给付年限或者残疾赔偿金给付年限，赔偿权利人向人民法院起诉请求继续给付护理费、辅助器具费或者残疾赔偿金的，人民法院应予受理。赔偿权利人确需继续护理、配制辅助器具，或者没有劳动能力和生活来源的，人民法院应当判令赔偿义务人继续给付相关费用 5 至 10 年。

（三）交通费

按照《审理人身损害赔偿案件解释》第 9 条的规定，交通费根据受害人及其必要的陪护人员因就医或者转院治疗实际发生的费用计算。交通费应当以正式票据为凭；有关凭据应当与就医地点、时间、人数、次数相符合。受害人、参加救护的人、护理的人搭乘公交、地铁、出租车、火车、轮船和飞机等费用应当包括在内。由医生到受害人处出诊的，如果出诊的交通费已经纳入医疗费之中，那么，受害人已从医疗费中得到赔偿，无须再纳入交通费中；倘若并未计入出诊费之中而由受害人另行支付的，则该支出应按交通费予以赔偿。受害人或者陪护人员在前往治疗或转院中使用私家车等作为交通工具的，应赔偿其正常的实际支付的费用，如相应的、合理的燃料费、停车费、过路费等。

在司法实践中，一般认为，交通费应当参照侵权行为地的国家机关一般工作人员的出差车旅费标准支付。但是，也要根据受害人的实际情况和救治的实际需要，灵活予以掌握：（1）乘坐的交通工具以普通公共汽车为主，在特殊情况下，可以乘坐救护车、出租车等，但应由受害人说明使用的合理性。（2）乘坐火车的，应以普通硬座火车为主，特殊情形下，需要乘坐软座、卧铺、高铁的，也应当容许，但应由受害人说明其合理性。（3）在紧急情况下，还应当允许乘坐飞机，也要由受害人说明其正当理由。

（四）营养费

人身遭受损害尤其是重大损害后，基于恢复健康的需要，需要增加必要的营养，从而需要营养费的开支。这种开支，显然是人身损害直接产生的，故属人身损害的直接损失。具体数额，按照《审理人身损害赔偿案件解释》第11条的规定，根据受害人伤残情况参照医疗机构的意见确定。

（五）住院伙食补助费

人身遭受损害尤其是重大损害后，往往需要住院治疗，由此产生相应的费用，属于损害赔偿的范围。关于数额，根据《审理人身损害赔偿案件解释》第10条的规定，可以参照当地国家机关一般工作人员的出差伙食补助标准确定。受害人确有必要到外地治疗，因客观原因不能住院，受害人本人及其陪护人员实际发生的住宿费和伙食费，其合理部分应予赔偿。

（六）误工费

误工费按照《审理人身损害赔偿案件解释》第7条的规定，根据受害人的误工时间和收入状况确定。误工时间根据受害人接受治疗的医疗机构出具的证明确定。受害人因伤致残持续误工的，误工时间可以计算至定残日前一天。受害人有固定收入的，误工费按照实际减少的收入计算。受害人无固定收入的，按照其最近3年的平均收入计算；受害人不能举证证明其最近3年的平均收入状况的，可以参照受诉法院所在地相同或者相近行业上一年度职工的平均工资计算。其计算公式为：误工费赔偿金额＝误工收入（元/月）×误工时间。具体分为：（1）有固定收入人员的误工费赔偿金额＝正常情况下劳动工作收入－事故受伤后的劳动收入。（2）无固定收入人员的误工费赔偿金＝最近3年收入总和÷3年÷12个月×误工时间，或受诉法院所在地相近行业上一年度职工的平均工资×误工时间。具体误工时间的评定标准，现为公安部2004年11月19日发布、2005年3月1日起施行的《人身损害受伤人员误工损失日评定准则》（GA/T521—2004）。该标准第1条明确规定，本标准适用于人身损害赔偿案件中受伤人员误工损失日的评定。

应当指出，在司法实务中，误工费往往由于举证不能或证据瑕疵得不到法院支持。被侵权人月收入在5000元以上的，要求提供税务部门出具的完税凭证。对于有固定收入的被侵权人，只要医疗机构出具假条，所在单位出具收入证明就可以主张误工损失；但是，对于没有固定收入的个体户、自由职业者、私营企业主、待业青年和雇工，举证却异常艰辛。对此，赔偿权利人应当充分搜集证据（如营业执照、税务登记证、相同或者相近行业最近3年的平均收入状况或城镇最低生活保障标准等），以最大限度地维护自己的合法权益。

（七）辅助器具费

人身损害后，有的会导致残疾无法正常行动，需要辅助器具支持，由此产生的费用固然属于直接损失需要赔偿。其中，辅助器具系指受害人为满足基本生活需要行使身体器官功能时所需要的提供帮助、支持作用的器具，如义眼、义齿、假鼻、假肢、轮椅、矫形器、矫正鞋、非机动助行器、代步工具、助视器、导盲镜、助听器、恢复训练器械等。有关辅助器具费用，属于受害人遭受损害后为生活需要所必须增加的费用，在性质上属于"积极损害"的范畴。（1）辅助器具费的确定。《审理人身损害赔偿案件解释》第13条规定：残疾辅助器具费按照普通使用器具的合理费用标准计算。伤情有特殊需要的，可以参照辅助器具配制机构的意见确定相应的合理费用标准。辅助器具的更换周期和赔偿期限参照配制机构的意见确定。（2）辅助器具费的增加。《审理人身损害赔偿案件解释》第19条规定：超过确定的护理期限、辅助器具费给付年限或者残疾赔偿金给付年限，赔偿权利人向人民法院起诉请求继续给付护理费、辅助器具费或者残疾赔偿金的，人民法院应予受理。赔偿权利人确需继续护理、配制辅助器具，或者没有劳动能力和生活来源的，人民法院应当判令赔偿义务人继续给付相关费用5至10年。

（八）残疾赔偿金

残疾赔偿金是受害人因伤致残后所特有的赔偿项目。对残疾赔偿金的性质和计算标准，存在与死亡赔偿金大致相似的争议。有的认为，残疾赔偿金是精神损害抚慰金，因此，不应有明确的赔偿标准，应由法官根据具体案情，考虑若干因素决定赔偿数额。有的认为，残疾赔偿金是对受害人未来预期收入损失的赔偿，并明确规定了赔偿标准。还有的认为，残疾赔偿金既是对受害人未来预期收入损失的赔偿，也是对其因残疾丧失的一些精神生活的赔偿。确定残疾赔偿金的依据主要有三种学说：（1）收入所得丧失说，指在计算残疾赔偿金时，以受害人受到伤害之前的收入与受到伤害之后的收入之间的差额作为赔偿额。此说操作性较强，但因家庭主妇、未成年人、失业者等人员在残疾前并无收入，有可能得不到合理赔偿。（2）生活来源丧失说，认为受害人残疾必然会导致其生活来源的丧失或者减少，行为人应当赔偿受害人的生活费，以期生活来源能够重新恢复，由此所确定的赔偿金通常较少而不合理。（3）劳动能力丧失说，认为受害人因残疾导致部分或者全部劳动能力丧失本身就是一种损害，无论受害人残疾后其实际收入是否减少，侵权人都应对受害人劳动能力的丧失进行赔偿。该说比较合理，为英美法系普遍采用，日本以及我国台湾地区亦取此说。

关于残疾赔偿金的具体计算。《审理人身损害赔偿案件解释》第12条规定：残疾赔偿金根据受害人丧失劳动能力程度或者伤残等级，按照受诉法院所在地上一年度城镇居民人均可支配收入标准，自定残之日起按 20 年计算。但 60 周岁以上的，年龄每增加 1 岁减少 1 年；75 周岁以上的，按 5 年计算。受害人因伤致残但实际收入没有减少，或者伤残等级较轻但造成职业妨害严重影响其劳动就业的，可以对残疾赔偿金作相应调整。第 22 条规定：本解释所称"城镇居民人均可支配收入""城镇居民人均消费支出""职工平均工资"，按照政府统计部门公布的各省、自治区、直辖市以及经济特区和计划单列市上一年度相关统计数据确定。第 18 条规定："赔偿权利人举证证明其住所地或者经常居住地城镇居民人均可支配收入高于受诉法院所在地标准的，残疾赔偿金或者死亡赔偿金可以按照其住所地或者经常居住地的相关标准计算。被扶养人生活费的相关计算标准，依照前款原则确定。"

残疾赔偿金的计算公式为：残疾赔偿金＝受诉法院所在地上一年度城镇居民人均可支配收入标准×伤残系数×赔偿年限。具体分为以下几种情形：

（1）60 周岁以下人员的残疾赔偿金＝受诉法院所在地上一年度城镇居民人均可支配收入标准×伤残系数×20。

（2）60—75 周岁之间人员的残疾赔偿金＝受诉法院所在地上一年度城镇居民人均可支配收入标准×伤残系数×［20－（实际年龄－60）］。

（3）75 周岁以上人员的残疾赔偿金＝受诉法院所在地上一年度城镇居民人均可支配收入标准×伤残系数×5。

关于伤残系数，伤情评定为一级的，按全额即 100％赔偿；二至十级的，则以 10％的比例依次递减。多等级伤残者的伤残系数计算，参照《道路交通事故受伤人员伤残评定》（GB18667—2002）附录 B 的方法计算。

关于残疾赔偿金的支付，《审理人身损害赔偿案件解释》第 20 条规定：赔偿义务人请求以定期金方式给付残疾赔偿金、辅助器具费的，应当提供相应的担保。人民法院可以根据赔偿义务人的给付能力和提供担保的情况，确定以定期金方式给付相关费用。但是，一审法庭辩论终结前已经发生的费用、死亡赔偿金以及精神损害抚慰金，应当一次性给付。第 21 条规定：人民法院应当在法律文书中明确定期金的给付时间、方式以及每期给付标准。执行期间有关统计数据发生变化的，给付金额应当适时进行相应调整。定期金按照赔偿权利人的实际生存年限给付，不受本解释有关赔偿期限的限制。

二、人身致死的财产损害责任

人一旦死亡，便再无民事权利，有关权利与义务均由他人依法承继。是以，《民法典》第 1181 条第 1 款明确规定：被侵权人死亡的，其近亲属有权请求侵权人承担侵权责任。被侵权人为组织，该组织分立、合并的，承继权利的组织有权请求侵权人承担侵权责任。关于人身致死的财产损害责任的范围，《民法典》第 1179 条规定：侵害他人造成人身损害的，应当赔偿医疗费、护理费、交通费、营养费、住院伙食补助费等为治疗和康复支出的合理费用，以及因误工减少的收入。……造成死亡的，还应当赔偿丧葬费和死亡赔偿金。

（一）死亡赔偿金

1. 死亡赔偿金的性质

死亡赔偿金和残疾赔偿金是侵权责任法中的热点、难点和一直存有争议的问题，这些年理论界和实务界对此也多有探索，其中核心问题是此二者的性质以及城乡二元化赔偿计算标准，而这突出反映在对死亡赔偿金的认识上。

死亡赔偿金，作为一种应当取得的收入损失的赔偿，即继承丧失的赔偿，属于一种"消极损失"的赔偿，并非一种受害人现有财产"积极损失"的赔偿，从而不能归属于共同财产的范畴。显然，它也非死者的遗产。因为遗产表现的财产权益系死者生前已经合法所有的财产，而死亡赔偿金的形成及赔偿金的实际取得均发生在死亡之后。对此，最高人民法院《民事审判信箱》"关于婚姻及继承的若干答复"指出，"死亡赔偿金"并非"赔命钱"，也不是赔给死者的，死者在法律上和事实上都不能享有或者行使此项损害赔偿请求权。"死亡赔偿金"在内容上是对构成"经济性同一体"的受害人近亲属未来收入损失的赔偿，其法律性质为财产损害责任，其赔偿请求权人为具有"钱袋共同"关系的近亲属，是受害人近亲属具有人身专属性质的法定赔偿金。因此，死亡赔偿金不是遗产，不能作为遗产继承，只能由活着的近亲属依法主张赔偿。

2. 死亡赔偿金数额的确定

关于死亡赔偿金数额的确定，《审理人身损害赔偿案件解释》第15条规定：死亡赔偿金按照受诉法院所在地上一年度城镇居民人均可支配收入标准，按20年计算。但60周岁以上的，年龄每增加1岁减少1年；75周岁以上的，按5年计算。同时参照本解释第18条和第22条的规定。

如此，死亡赔偿金的计算公式为：

（1）60周岁以下人员的死亡赔偿金＝上一年度城镇居民人均可支配收入×20。

（2）60—75周岁人员的死亡赔偿金＝上一年度城镇居民人均可支配收入×〔20－（实际年龄－60）〕。

（3）75周岁以上人员的死亡赔偿金＝上一年度城镇居民人均可支配收入×5。

3. 经常居住地在城镇的农村居民死亡赔偿金的确定标准

在城镇、农村居民适应不同标准的情况下，根据《关于经常居住地在城镇的农村居民因交通事故伤亡如何计算赔偿费用的复函》①，受害人为农村户口，但因在城市经商、居住致经常居住地或主要收入来源地为城市的，有关损害赔偿费用的计算则应根据当地城镇居民的相关标准进行。

4. 同一案件适用同一赔偿标准原则

《民法典》第1180条规定："因同一侵权行为造成多人死亡的，可以以相同数额确定死亡赔偿金。"这一规定是对审判实践中对死亡赔偿采取"二元化"赔偿标准而作出的特别规定，也就是说，对"同命不同价"作出"同命同价"的特别规定。因

---

① 该复函文号为〔2005〕民一他字第25号，由最高人民法院民事审判第一庭2006年4月3日作出。

此，我们在司法实践中处理同一侵权行为造成多人死亡案件时，应特别注意以下几点：

（1）必须适用于同一侵权行为。同一侵权行为一般解释为"同一事故"①，包括行为人实施的同一侵权行为，也包括同一致害原因的准侵权行为。如恶性交通事故、火灾事故、踩踏事故、倒塌事故、空难事故、矿难事故、环境施工等。这里的"同一"，通常指责任主体同一、原因事实同一、造成死亡的损害后果相同，因果关系相同的侵权行为。这些相同因素就属于该条中的"同一侵权行为"的条件，也是确定相同数额死亡赔偿金的共同基础和条件。

（2）必须是因同一侵权行为造成多人死亡。何谓多人死亡，立法和司法解释没有作出明确规定，学界争议很大，有人认为3人以上为多人，有人认为2人以上为多人，我们认为，争议2人还是3人以上意义不大，法律之所以设本条处理多人死亡的死亡赔偿金问题，旨在及时处理案件，避免群体事件发生，影响社会稳定，同时避免"一命二价"对农民的歧视，引起社会矛盾。因此，我们认为，"多人"是指"2人或2人以上"②。

（3）可以以相同数额确定死亡赔偿金。这里的"可以"自不是在同一侵权行为造成多人死亡的情形下都"必须"或者"应当"以相同数额确定死亡赔偿金。至于什么情况下"可以"，什么情况下不"可以"，判断者应当根据具体案情，综合考虑各种因素后谨慎决定。不用多言，权利人的态度乃为一个重要的考虑因素，多个权利人主动请求以相同数额确定死亡赔偿金的，一般应当支持；权利人没有主动请求的，且对以相同数额确定的死亡赔偿金方案没有异议的，也可以适用这种方式。

我们认为，在司法实践中，对于该条的"可以"宜采取适当从宽的态度。法律规定"可以"以相同数额确定死亡赔偿金，"可以"在此应当作原则理解，即没有特殊情况的，均应当适用数额相同的赔偿标准。换言之，这里的"可以"，并非简单文义上的"可以"，也可以不"可以"，而应指原则上要如此，但千万不能理解为"应该"。

（4）须以相同数额确定死亡赔偿金。在城镇化的不断发展进程中，特别是在党中央提出建立健全城乡融合发展体制机制和政策体系的大背景下，对于同一侵权行为造成多人死亡的，原则上应当以相同数额确定死亡赔偿金，以体现对各被害人近亲属权益的同等保护，体现社会应有的公平。当然，确定这一原则时，我们应该注意两点：

第一，确定死亡赔偿金一律适用统一的赔偿数额或标准，不需要区别城镇居民和农村居民的身份信息。

第二，数额标准的确定依据不再适用"城镇居民人均可支配收入"或者"农村居

---

① 原《侵权责任法》起草过程中的条文原稿为："因交通事故、矿山事故等侵权行为造成死亡人数较多的，可以不考虑年龄、收入状况等因素，以同一标准确定死亡赔偿金。"最高人民法院侵权责任法研究小组编著：《〈中华人民共和国侵权责任法〉条文理解与适用》，人民法院出版社2010年版，第142页；程啸：《侵权责任法》，法律出版社2015年版，第693页；陈现杰主编：《中华人民共和国侵权责任法条文精义与案例解析》，中国法制出版社2010年版，第60页。

② 陈现杰主编：《中华人民共和国侵权责任法条文精义与案例解析》，中国法制出版社2010年版，第60页。

民人均纯收入"标准,此时的确定依据应根据当时当地的具体情况来确定,而且原则上不考虑受害人的年龄、收入状况等个人因素。只要赔偿数额相同,就符合本条规定。当然,在实践中,我们通常会按照"就高不就低"的原则,参照城镇居民死亡赔偿标准确定赔偿数额,因为这是最有效率、成本最小的方法,更重要的是符合立法者本意。

(5)该规则只适用于死亡赔偿金的确定。同一侵权行为造成多人残疾的,残疾赔偿金的确定不适用本条规定。不属于因同一侵权行为造成多人死亡的,亦不适用本条规定,仍应根据具体赔偿标准分别计算,分别予以赔偿。

(二)丧葬费

丧葬费是指侵害自然人的生命权致使被侵权人死亡的,被侵权人的亲属对死亡的被侵权人进行安葬所产生的丧葬费用的支出。丧葬费一般用于逝者服装、整容、遗体存放和运送、告别仪式、火化、骨灰盒、骨灰存放等。按照受诉法院所在地上一年度职工月平均工资标准,丧葬费以 6 个月总额计算。

三、人身伤亡致被扶养人的财产损害责任

(一)扶养费的概念

侵权行为人给他人造成严重伤害,丧失或者部分丧失劳动能力的,必然导致受害人扶养(包括赡养、抚养)能力的丧失或者降低;造成受害人死亡的,则造成扶养能力不再存在,自会给为受害人所扶养的被扶养人造成损失,侵权人为此应当予以赔偿。如此,扶养费,乃系因受害人丧失或者部分丧失劳动能力而无法完全或者部分无法承担扶养义务,导致依靠其扶养的人即被扶养人应当得到的扶养遭受损害所产生的费用。其主体本质上为被扶养人,即受害人依法应当承担扶养义务的未成年人或者丧失劳动能力又无其他生活来源的成年近亲属。对于此项费用,法律及其司法解释没有单独列出,而是分别将之归于残疾赔偿金、死亡赔偿金中。对此,《审理人身损害赔偿案件解释》第 16 条规定,被扶养人生活费计入残疾赔偿金或者死亡赔偿金。

(二)扶养费的确定

《审理人身损害赔偿案件解释》第 17 条规定:被扶养人生活费根据扶养人丧失劳动能力程度,按照受诉法院所在地上一年度城镇居民人均消费支出标准计算。被扶养人为未成年人的,计算至 18 周岁;被扶养人无劳动能力又无其他生活来源的,计算20 年。但 60 周岁以上的,年龄每增加 1 岁减少 1 年;75 周岁以上的,按 5 年计算。被扶养人是指受害人依法应当承担扶养义务的未成年人或者丧失劳动能力又无其他生活来源的成年近亲属。被扶养人还有其他扶养人的,赔偿义务人只赔偿受害人依法应当负担的部分。被扶养人有数人的,年赔偿总额累计不超过上一年度城镇居民人均消费支出额。

据上,扶养费的计算公式为:

(1)不满 18 周岁的被扶养人生活费=城镇居民人均消费性支出×(18−实际年

龄)。

(2) 18—60周岁的无劳动能力又无其他生活来源的被扶养人生活费=城镇居民人均消费性支出×20。

(3) 60—75周岁的无劳动能力又无其他生活来源的被扶养人生活费=城镇居民人均消费性支出×[20－(实际年龄－60)]。

(4) 75周岁以上的无劳动能力又无其他生活来源的被扶养人生活费=城镇居民人均消费性支出×5。

(5) 有其他扶养人时,赔偿义务人承担的被扶养人生活费=被扶养人生活费÷扶养人数。

(6) 被扶养人有数人时,赔偿义务人承担的年赔偿总额≤城镇居民人均消费性支出。

(三) 被扶养人能否单独就扶养费向侵权人主张的问题

有人认为,《审理人身损害赔偿案件解释》第16条明确规定:"被扶养人生活费计入残疾赔偿金或者死亡赔偿金。"因此,受害人近亲属在主张残疾赔偿金或者死亡赔偿金时已经包括了被扶养人的扶养费,被扶养人为此不能单独就扶养费向侵权人主张。[①] 我们认为,被扶养人倘若因为各种原因没有向侵权人主张包括扶养费在内的死亡赔偿金,其他近亲属如从侵权人处获得死亡赔偿金的,则要向获得了死亡赔偿金的其他近亲属主张,不能再向侵权人主张。

四、财产损害责任

财产损害,一般是指侵害他人而给财产本身所造成的直接损害。除此之外,还可能因为财产损害带来各种各样的间接损失、纯粹经济损失等。根据《民法典》第1184条的规定,即"侵害他人财产的,财产损失按照损失发生时的市场价格或者其他合理方式计算",财产损失的计算方法主要包括两种:一是针对侵害他人有体物,导致物的毁损,其市场价值相应减少时而适用的差额计算法;二是在被侵害的财产本身没有市场价格可以作为计算标准时,不得不采取的其他计算法。

(一) 差额计算法

它是指因为行为人对他人有形物进行侵害产生毁损而致物的市场价值减少,便以物在损害前的原有价值与遭受损害后的现存价值的差额确定物的损失的一种计算方法。简言之就是,物的损失=原物价值－残存价值。

确定原物价值,主要与物的价格、计算时间、计算地点三个因素有关,其中计算的时间点的确定则最为重要。

1. 物的价格

物的价格有三种标准:一是通常价格,即一般交易上的市场价格,这是一种客观

---

① 中国审判理论研究会民事专业委员会编著:《民法典侵权责任编条文理解与司法适用》,法律出版社2020年版,第63页。

价格。二是特别价格，即依照被侵权人的特别情事而定的价格。例如，受害人与他人订立的买卖合同中确定的价格。三是感情价格，即依照被侵权人的感情而定的价格。例如，恋人的定情物、祖先的牌位等。对于物的价格，《民法典》第1184条明确强调了市场价格。

2. 计算时间

价格以一定的时间为条件。计算损失时，应以何时的价格为准，对确定物的价值具有非常重要的作用。时间的确定，主要有以下几种情形：

（1）以损失发生时为准。这种方法的优点是计算起来相对比较容易和具有较高的确定性，不会出现采用事后的其他方法时容易因人为因素导致赔偿额的变化。但缺点在于被侵权人获得的赔偿往往是事后的，因时间延迟可能客观上导致其得不偿失，甚至不能获得假设没有损害发生或者侵权人即时支付赔偿时被侵权人可以获得的相应孳息，而且当损失在一个相当长的时期内持续发生而同期市场价格变动较多时，计算起来较为复杂。

（2）以被侵权人请求或者起诉时为准。这种方法的优点是以被侵权人主张权利的时间点来计算，体现了对权利人的尊重和保护。但缺点是不利于鼓励被侵权人及时行使权利，特别是在相关财产的市场价格在事后上涨较大时，可能会在事实上形成对侵权人的不公。

（3）以判决时为准。这种方法的优点是裁判作出时的市场价格相对容易查清认定，可以避免法院和当事人费时费力去查证损失发生时的市场价格，而且按照争议裁决时的市场价格来确定，对双方当事人而言，市场价格的变化是因为双方争议的客观存在而出现的，不论届时价格上涨还是下跌，属于双方应当预见和承担的诉讼风险，相对较为公平；但缺点是诉讼程序自身亦有渐进性，也存在多个可供选择的时间点，无论是选择一审判决时，还是二审判决时，甚至再审判决时，都具有一定的不确定性，实际上也难以做到实质公正。

（4）以侵权人实际支付时为准。这种方法更具有不确定性，对双方当事人而言，不仅难以表明对谁会更有利，而且容易因价格计算问题再次引发争议。

对于以上观点，各有利弊，根据《民法典》第1184条的规定，最终确定以损失发生时的价格为准。这种计算方式能够更准确地体现损失多少赔偿多少的精神，而不会因计算时间点后移产生惩罚性后果；同时以损失发生时的价格为准，相对便于损失的确定化；另外从比较法角度看，多数国家也是以损失发生时为计算时间点。如果以损失发生时为准，即使判决或请求时该物的市场价格上涨，被侵权人也不得以价格上涨后的损失要求赔偿；反之亦然，如果事后因该物的市场价格下跌，侵权人也不得以价格下跌要求减少赔偿。

3. 计算地点

价格也以一定的地点为条件。计算损失时，有侵权行为实施地和结果发生地（一般情况下即损失发生地）两种选择。因损失原则上是指被侵权人的实际损失，因此以损失发生地的价格为准，才能恰当地反映被侵权人所受损失。虽然《民法典》未明确规定，但理应作如上解释。

另外，还应确定残存价值。残存价值一般可以通过鉴定或评估进行确定。当然，如果原物全部灭失而毫无价值，则残存价值为零，此时原物的价格即为损失数额。

（二）其他计算法

在被侵害的财产本身没有市场价格可以作为计算标准时，就不得不采取其他方式来计算。对于其他方式到底包含哪些方式，立法并未作出明确指示，也未作出特别限定。这就需要通过司法实践和其他立法来逐步加以明确和解决。即在其他法律对于特定侵权行为的损害赔偿额的计算方式有特别规定时，就应当根据其特别规定的方式计算。在没有任何法律规定的方式可以采用的情况下，就需要考虑被侵害的财产的种类，侵权行为的性质、持续时间、范围、后果，侵权人的主观状态等各种因素，确定合适的计算方式。

上述财产损害一般指侵害他人所造成的直接损害，而侵害他人财产除了财产本身的损失外，还可能产生间接损失、纯经济损失。有的学者将财产损害划分为所受损害（为积极的损害，即财产的直接损害）和所失利益（为消极的损害，即本来应当获得的利益没有获得）。间接损失即可得利益的减少，指由于侵权人侵害他人财产的行为，导致被侵权人在一定范围内与财产相关的未来利益的损失。间接损失不是现有财产的减少，而是被侵权人基于财产可能产生的利益的减少，是被侵权人可能得到的财产利益因侵权行为而丧失的损失。例如，因汽车被撞导致出租车不能运营，但每天需缴纳的车份因无法运营而成为损失。间接损失具有的特点：一是损失是未来的可得利益，在侵权行为实施时只具有财产取得的可能性，而非现实利益；二是这种丧失的未来利益是极有可能实现的，而非遥不可及的；三是这种未来可得利益产生于被损害财产，有确定的范围，而非与被损害财产无关的虚妄利益。

由于财产损害造成间接损失的情况比较复杂，是否赔偿、如何赔偿，无论是在理论界还是在司法实务中都存在争议。有学者认为，间接损失的赔偿有法律依据，即《民法典》第1182条规定："侵害他人人身权益造成财产损失的，按照被侵权人因此受到的损失或者侵权人因此获得的利益赔偿；被侵权人因此受到的损失以及侵权人因此获得的利益难以确定，被侵权人和侵权人就赔偿数额协商不一致，向人民法院提起诉讼的，由人民法院根据实际情况确定赔偿数额。"这就是对间接损失予以赔偿的规则。也有学者认为，不能因为保护受害人的利益而加重侵权人的赔偿负担，侵权责任法不仅是权利保护法，同时也是合理划定人们行为自由界限的法律，如果对侵权人要求过重，则会影响其行为自由，有违利益平衡原则，阻碍社会发展，对间接损失应当采取可预见性标准予以限制。

所以，我们认为，计算财产损害间接损失的赔偿范围，同样是要计算间接损失的价值，以间接损失价值的数额，作为对间接损失的赔偿数额。但必须注意两点：第一，财产损害本身不是间接损失，而是直接损失。第二，在侵害的财产是生产、经营资料，受害人因财产被侵害而无法进行生产、经营的时候，不能在计算财产损害的间接损失的同时，再计算受害人停产的误工工资，因为这两项内容是同一性质的损失，

是一个损失,不能重复计算。其计算公式为:

间接损失价值=单位时间增值效益×影响效益发挥的时间

在这一公式中,"单位时间增值效益"是一个关键的量。确定这个量,通常有三种方法:

(1) 收益平均法,即计算出受害人在受害之前一定时间里的单位时间平均收益值。如某甲经营汽车运输,汽车被损坏后,10天没能营运。对此,可以用前一个月的总收益除以该月的天数,即得出该汽车一天营运的收益额。

(2) 同类比照法,即确定条件相同或基本相同的同类生产、经营者,以其为对象,计算该人在同等条件下的平均收益值,作为受害人损失的单位时间增值效益的数额。

(3) 综合法,即将以上两种方法综合使用,使计算的结果更准确。

五、侵害他人知识产权的财产损失计算

知识产权是一种无形的财产权,是从事智力创造性活动取得成果后依法享有的权利。著作权、商标权、专利权等知识产权是一种以价值为基础和依托的无形财产权,知识产权既包括人身权利,也包括财产权利,其人身权利指权利与取得智力成果的人的人身不可分离,是人身关系在法律上的反映,如署名权等,亦为精神权利;其财产权利指智力成果被法律承认以后,权利人可以利用这些智力成果取得报酬等权利,因此也为经济权利。因此,知识产权是财产和人身权利结合的一种复合性权益,财产权属性是知识产权的重要内容。对侵害知识产权所造成的财产损害,侵权人应当承担相应的赔偿责任。为了切实加强对知识产权的保护,必须显著提高侵犯知识产权的违法成本,把法律的威慑作用充分发挥出来。《民法典》第1185条规定:"故意侵害他人知识产权,情节严重的,被侵权人有权请求相应的惩罚性赔偿。"

侵害知识产权的财产权利与侵害一般财产的赔偿原则并无二致,但由于我国有关知识产权的法律都有相应的承担民事责任方面的规定,依据《民法典》第11条关于"其他法律对民事关系有特别规定的,依照其规定"的规定,知识产权侵权行为应当首先适用这些单行法的规定。

《著作权法》第54条规定:"侵犯著作权或者与著作权有关的权利的,侵权人应当按照权利人因此受到的实际损失或者侵权人的违法所得给予赔偿;权利人的实际损失或者侵权人的违法所得难以计算的,可以参照该权利使用费给予赔偿。对故意侵犯著作权或者与著作权有关的权利,情节严重的,可以在按照上述方法确定数额的一倍以上五倍以下给予赔偿。权利人的实际损失、侵权人的违法所得、权利使用费难以计算的,由人民法院根据侵权行为的情节,判决给予五百元以上五百万元以下的赔偿。赔偿数额还应当包括权利人为制止侵权行为所支付的合理开支。人民法院为确定赔偿数额,在权利人已经尽了必要举证责任,而与侵权行为相关的账簿、资料等主要由侵权人掌握的,可以责令侵权人提供与侵权行为相关的账簿、资料等;侵权人不提供,或者提供虚假的账簿、资料等的,人民法院可以参考权利人的主张和提供的证据确定

赔偿数额。人民法院审理著作权纠纷案件，应权利人请求，对侵权复制品，除特殊情况外，责令销毁；对主要用于制造侵权复制品的材料、工具、设备等，责令销毁，且不予补偿；或者在特殊情况下，责令禁止前述材料、工具、设备等进入商业渠道，且不予补偿。"

《专利法》第71条规定："侵犯专利权的赔偿数额按照权利人因被侵权所受到的实际损失或者侵权人因侵权所获得的利益确定；权利人的损失或者侵权人获得的利益难以确定的，参照该专利许可使用费的倍数合理确定。对故意侵犯专利权，情节严重的，可以在按照上述方法确定数额的一倍以上五倍以下确定赔偿数额。权利人的损失、侵权人获得的利益和专利许可使用费难以确定的，人民法院可以根据专利权的类型、侵权行为的性质和情节等因素，确定给予三万元以上五百万元以下的赔偿。"

商标法第63条第1—3款规定："侵犯商标专用权的赔偿数额，按照权利人因被侵权所受到的实际损失确定；实际损失难以确定的，可以按照侵权人因侵权所获得的利益确定；权利人的损失或者侵权人获得的利益难以确定的，参照该商标许可使用费的倍数合理确定。对恶意侵犯商标专用权，情节严重的，可以在按照上述方法确定数额的一倍以上五倍以下确定赔偿数额。赔偿数额应当包括权利人为制止侵权行为所支付的合理开支。""人民法院为确定赔偿数额，在权利人已经尽力举证，而与侵权行为相关的账簿、资料主要由侵权人掌握的情况下，可以责令侵权人提供与侵权行为相关的账簿、资料；侵权人不提供或者提供虚假的账簿、资料的，人民法院可以参考权利人的主张和提供的证据判定赔偿数额。""权利人因被侵权所受到的实际损失、侵权人因侵权所获得的利益、注册商标许可使用费难以确定的，由人民法院根据侵权行为的情节判决给予五百万元以下的赔偿。"

六、侵害他人股权等财产权的损失计算

股权即股东的权利，又称为股东权，它有广义和狭义之分。广义的股权，泛指股东得以向公司主张的各种权利；狭义的股权，则仅指股东基于股东资格而享有的、从公司获得经济利益并参与公司经营管理的权利。综合来讲，股权就是指投资人由于向自然人合伙和向企业法人投资而享有的权利。侵害股权造成财产损失的，应当依照《公司法》等相关法律规定承担民事赔偿责任。

第四节　精神损害赔偿

一、精神损害赔偿的概念与特征

精神损害，是指自然人人身权益或者财产权利受到不法侵害而在肉体、精神上遭受痛苦、悲楚等带来的损害。作为一种非财产性损害，既可以表现为积极意义上的肉体、精神痛苦，又可以表现为消极意义上的知觉、心神丧失等。自然人为物质与精神的结合，在保持人身这一物质存在的情况下，都会因现实的人身、财产等物质性权利

的损害，造成精神上的一定痛苦等损害。很多情况下，并非一定造成人身、财产等物质性权利的损害，如对他人辱骂、诽谤，进行人格侵害，都会造成他人精神上的痛苦并可能给其带来某种程度的损害。如此，精神损害通常既包括因遭受有形的人身或者财产损害而导致的精神损害，又包括未遭受有形人身或者财产损害而直接导致的精神损害。此外，人精神正常并基于正常的情况，对于他人给自己造成的精神损害能够感知，此种受害人能够感知到的精神损害，称为积极的精神损害；人精神异常或者基于其他原因，自己无法感知精神损害，此种受害人无法感知的精神损害称为消极的精神损害。无论是积极的精神损害还是消极的精神损害，达到法律规定的可以获得赔偿的程度时，权利人就可以要求造成精神损害人给予精神损害赔偿。其法律特征如下：

(1) 请求权的专属性。所谓请求权的专属性，是指主张精神损害责任的权利，只能为自然人所特有，并由受害人或者其近亲属依法行使，一般不可以让与或者继承。这是因为，精神损害赔偿常常依附特定的受害人而存在，非特定的受害人不能成为精神损害的赔偿请求主体，且属于特定的人身权利的范畴。

(2) 精神损害赔偿因素的多元性。在确定精神损害责任时，需要考虑各方面的因素：① 从赔偿标准看，有主观标准和客观标准。② 从基本结构看，确定精神损害责任的范围，还应根据人身权益、特定财产与精神损害之间的因果关系来考虑。③ 从主观要件看，应当根据侵权行为与受害人主观方面的故意或者过失来判断。④ 从侵权行为发生本身看，侵害的时间、地点、场合、手段等均应作为确定精神损害责任的考量因素。

(3) 赔偿数额的不确定性。精神损害系自然人意识机能之反应，在内容和范围上具有主观性，根据损害赔偿的全部原则，精神损害责任具有较强的主观性。正是这种较强的主观性，产生精神损害责任数额的不确定性，也就是不能就同一损害事实直接规定损害赔偿的数额。此外，就其功能而言，主要是给受害人所遭受的精神痛苦、损害以适度的弥补，而用多少金钱替代补偿，其实也无法确定。

(4) 精神损害赔偿的限定性。对于精神损害这种非财产性损害，"给予金钱赔偿，在填补损害的功能以外，还具有对加害行为的惩罚功能、对当事人利益的调整功能等，已经超出了民法救济以实现'平均的正义'为目标的价值功能。由此决定了精神损害赔偿的制度设计在立法上具有限定主义的特征。"[①]《德国民法典》第253条规定，损害为非物质上的损害时，仅在法律有规定的情形下，始得要求以金钱赔偿损害。《瑞士民法典》第28条也规定，自然人人格权受到侵害，仅于法律就其事项有特别规定时，始得请求给付慰抚金。我国台湾地区规定，人格权受侵害时，得请求法院除去其侵害；有受侵害之虞时，得请求防止之。前项情形，以法律有特别规定者为限，得请求损害赔偿或慰抚金。不法侵害他人致死者，被害人之父、母、子、女及配偶，虽非财产上之损害，亦得请求赔偿相当之金额。不法侵害他人之身体、健康、名誉、自

---

① 唐德华主编，最高人民法院民事审判第一庭编著：《最高人民法院〈关于确定民事侵权精神损害赔偿责任若干问题的解释〉的理解与适用》，人民法院出版社2001年版，第20—24页。

由、信用、隐私、贞操，或不法侵害其他人格法益而情节重大者，被害人虽非财产上之损害，亦得请求赔偿相当之金额。前述规定，于不法侵害他人基于父、母、子、女及配偶关系之身份法益而情节重大者，准用之。"[①] 在我国，无论是法律还是司法解释，对于精神损害的适用范围一直采取严格的限定主义立法或适用模式。这种限定性主要体现在对精神损害赔偿适用对象、范围、条件等的严格设置上，如《民法典》第1183条规定：只有侵害自然人人身权益造成严重精神损害，或者因故意或者重大过失侵害自然人具有人身意义的特定物造成严重精神损害的，被侵权人才有权请求精神损害赔偿。《确定精神损害责任解释》第2条、第3条规定：非法使被监护人脱离监护，导致亲子关系或者近亲属间的亲属关系遭受严重损害，或者死者的姓名、肖像、名誉、荣誉、隐私、遗体、遗骨等受到侵害，监护人或者死者的近亲属起诉请求赔偿精神损害的，人民法院应当依法予以受理或者予以支持。第4条规定：法人或非法人组织以名誉权、荣誉权、名称权遭受侵害为由，向人民法院起诉请求精神损害赔偿的，人民法院不予支持。

二、精神损害赔偿的功能

精神损害赔偿的功能如何，理论界存有争议。通常我们认为具有以下几点功能：

第一，调整抚慰功能。这种功能体现在：一方面，受害人在自己的非财产性权利受到不法侵害的时候，无法确定其损害数额，此时通过精神损害责任要求侵害人进行赔偿，对其非财产性损失进行适当的补偿，对于受害人而言自是一种救济和帮助。另一方面，因侵权行为使受害人精神遭受严重损害时，对其进行适当金钱上的补偿，也符合法律应有的公平正义。

第二，惩罚遏制功能。惩罚功能，属于作为民事责任承担方式之一的精神损害责任的一种重要功能。民事责任以保护私有权益为特点，对于违法行为的惩罚主要依据《治安管理处罚法》《刑法》或者其他行政法规等通过治安处罚、刑罚或者行政处罚等进行调整。但是，作为最重要的基本法律之一的《民法典》，就立法目的和宗旨而言，对于违法行为通过民事责任承担，或多或少地表现出一定的惩罚遏制功能，适用惩罚性赔偿责任的更是如此，以对人们的日常行为进行引导、规范与调节。

第三，替代补偿功能。在受害人的心理、生理、精神受到不法侵害的时候，其所受到的损失，往往无法直观地计算出来，并且也难以估量，而精神损害责任恰好可以通过金钱的补偿替代承担受害人基于侵权行为造成精神损害所产生的责任。

三、精神损害赔偿的适用条件

《民法典》第1183条规定："侵害自然人人身权益造成严重精神损害的，被侵权人有权请求精神损害赔偿。因故意或者重大过失侵害自然人具有人身意义的特定物造

[①] 王胜明主编，全国人大常委会法制工作委员会民法室编著：《中华人民共和国侵权责任法解读》，中国法制出版社2010年版，第79页；邹海林、朱广新主编：《民法典评注：侵权责任编》（第1册），中国法制出版社2020年版，第208页。

成严重精神损害的,被侵权人有权请求精神损害赔偿。"据此,侵害他人人身权益或者具有人身意义的特定物所产生的精神损害责任,必须具备主观方面与客观方面的条件,否则也不能产生精神损害赔偿责任。

(一)主观方面要求侵权人具有过错

一般认为,被侵权人要以自己遭受精神损害主张赔偿,必以侵权人在主观上具有过错为前提。侵权人没有过错的,即使给被侵权人造成了精神损害,也不能据此主张精神损害赔偿。但是,主观上具有过错,并不意味着所构成的侵权责任一定是过错责任。侵权责任构成过错责任、过错推定责任的,固然说明侵权人具有过错;侵权责任属于无过错责任的,如因产品责任侵害他人人身权益造成严重精神损害的,只要具有过错,同样可以适用精神损害赔偿。若没有过错,完全系他人造成的,虽要对造成他人人身、财产等物质性损失承担损害赔偿责任,但对其造成的精神损害则不需要负担损害赔偿责任。具体来说,在主观过错方面,根据侵害他人民事权益的性质不同,法律又设置了不同要求:(1)侵害自然人人身权益造成精神损害的,要求主观上具有过错即可。这种过错,既包括故意,又包括过失。过失,既可以是重大过失,也可以是一般过失。(2)侵害自然人具有人身意义的特定物造成精神损害的,则要求出于重大过错。所谓重大过错,包括故意或者重大过失,不包括一般过失。换言之,出于一般过失造成自然人具有人身意义的特定物毁损导致精神损害的,被侵权人则不能获得精神损害赔偿。

然而,按照《民法典》第1183条的规定,只要侵害人的侵害造成了自然人人身权益的严重精神损害,被侵权人就有权请求精神损害赔偿。在一些无过错责任中,如饲养动物损害责任、高度危险责任等造成人身权益遭受严重损害,并给他人带来精神痛苦等精神损害的,他人请求残疾赔偿金、死亡赔偿金等物质损害时,不需要考虑侵权人的主观过错,请求精神损害赔偿时则要求侵权人具有过错,即不将无过错责任贯彻于精神损害赔偿责任中,似有悖于精神损害赔偿责任设置的初衷。事实上,在以人为本,日益倡导人格及其利益等精神损害赔偿的情况下,将精神损害赔偿责任降低到物质损害赔偿责任之下,在一定程度上也是对人格及其利益、尊严的不尊重。是以,对于无过错责任或者过错推定责任中的致人伤害,宜将无过错责任、过错推定责任贯彻于既包括物质损害赔偿又包括精神损害赔偿的整个损害赔偿责任中。如此,对于精神损害赔偿责任,是否要求考虑过错,则应按照侵权行为所产生责任的性质来确定,属于无过错责任的,则不需要一定具有过错;属于过错推定责任的,被侵权人要求精神损害赔偿的,对于侵权人主观是否具有过错,仍然需要适用过错推定的举证倒置规则让侵权人就自己没有过错进行举证,被侵权人无须像侵权人具有过错按照过错责任那样承担举证责任。

(二)客观方面要求侵权人在侵害自然人人身权益或者具有人身意义的特定物损害的同时造成了自然人的严重精神损害

(1)必须造成了自然人民事权益的损害。不是造成自然人民事权益的损害,而是造成法人或非法人组织民事权益的损害,则不存在侵权人承担精神损害赔偿责任的问题。对此,《确定精神损害责任解释》第 1 条明确规定,因人身权益或者具有人身意义的特定物受到侵害,自然人或者其近亲属向人民法院提起诉讼请求精神损害责任的,人民法院应当依法予以受理。

(2) 给自然人造成的民事权益损害,既包括自然人人身权益的损害,又包括自然人财产权益的损害。

就前者而言,包括:① 对人的身体权、健康权、生命权等与人身相关的具体人格权的损害;② 非针对人的人身而是针对人的姓名权、肖像权、名誉权、荣誉权、隐私权等具体人格权的损害;③ 对基于人身自由、人格尊严产生的其他非具体的一般人格权如声音、个人信息权益等的损害;④ 对基于身份关系产生的有关权利如监护权、配偶权等侵害所产生的损害,如非法使被监护人脱离监护,因"重婚""与他人同居""实施家庭暴力""虐待、遗弃家庭成员""有其他重大过错"导致离婚的损害;⑤ 近亲属源于死者的姓名、肖像、名誉、荣誉、隐私、遗体、遗骨等受到的侵害,等等,这些人身权益的损害,均可以导致自然人的精神损害。

后者即对自然人财产权益的损害,不是一般意义上的财产权益的损害,而是特别财产权益的损害。这种特别的财产权益,表现为对具有人身意义的特定物的损害,即对被侵害人来说属于具有重大感情价值或特定纪念意义,并与主体的人格具有专属性的内在联系的特定物的损害。对自然人财产权益的损害要求满足:

第一,必须是特定物的损害,而非种类物的损害。种类物一般不会给自然人带来特定的人身意义。当然也不能绝对化,因为特定物与种类物的区分是相对的,原来是种类物但经过人购买尤其是签上了购买人的姓名、具有使用人阅读时在旁的评注,则该书便属于所有人的特定物,并具有一定的人身意义,特别是在该书印数少而绝版的情况下,更是如此。

第二,必须是具有人身意义的特定物,如去世父母的灵牌、所留的具有纪念意义的唯一照片等的损害。虽为特定物但不具有人身意义,给其造成损害的,即使所有者会产生痛苦,也不能据此让侵权人承担精神损害赔偿责任。如此,侵害自然人财产造成的精神损害,关键在于对具有人身意义的特定物如何认定。"'具有人身意义的特定物'的范围,在实践中主要涉及的物品类型为:① 与近亲属死者相关的特定纪念品(如遗像、墓碑、骨灰盒、遗物等);② 与结婚礼仪相关的特定纪念品(如录像、照片等);③ 与家庭祖先相关的特定纪念物品(如祖坟、族谱、祠堂)等。"[①]

第三,给自然人民事权益造成损害所产生的精神损害必须是严重的精神损害。尽管已给自然人造成了精神损害,但造成的精神损害并非严重,也不能产生精神损害赔偿的问题。也就是说,并非所有精神损害都会产生赔偿的权利。只有给自然人造成了严重的精神损害,才能据之让侵权人承担精神损害赔偿责任。

"严重精神损害"主要从以下方面进行判断:①"损害后果的严重性。一般来说,

[①] 石宏主编:《〈中华人民共和国民法典〉释解与适用(人格权编侵权责任编)》,人民法院出版社 2020 年版,第 158 页。

造成严重精神痛苦往往伴随着一定的后果,受害人因人身、精神遭受的损害对日常生活、工作、社会交往等造成较明显的不利影响。如果以社会一般人的标准判断,一般人在权利遭受此种侵害的情况下,都承受难以忍受和承受的精神痛苦和肉体痛苦,则可以认为已经构成了严重后果。"② "精神痛苦的严重性。具体是指,因侵害人格权所造成的痛苦已经超出社会一般人的容忍限度,如果这种精神痛苦按照一般人的标准已经超出了可以忍受的程度,则可以认定其是严重的。如果仅造成受害人轻微的精神痛苦,则可以通过财产损害的方式对受害人提供救济,而不需要借助精神损害赔偿责任,否则可能导致诉讼的泛滥。所以,判断严重后果,不仅要考虑受害人生理与心理上的反应,也要考虑是否影响其正常的生活、工作以及影响其正常交往的程度等。"③ "损害具有持续性。也就是说,损害所造成的痛苦不是立即消失的,而是持续了一段时间,如果受害人只是遭受了偶尔的精神痛苦或者心理情绪上的不愉悦,则不属于应予赔偿的精神损害。"①

四、精神损害赔偿的适用范围

精神损害赔偿的适用范围,指哪些民事权益受到侵害时可以请求获得精神损害赔偿的情形。在确定其范围时,需要着重考虑人身权利和人格权受到严重损害两个因素。具体而言,精神损害赔偿包括:

(一)侵害人格权的精神损害赔偿

人格权,包括生命权、身体权、健康权、姓名权、名称权、肖像权、名誉权、荣誉权、隐私权等具体人格权,以及具体人格权之外的基于人身自由、人格尊严产生的其他人格权益。作为法律赋予权利人的以人格利益为内容的一项权(利)益,是一个独立的法律人格所必须享有且与其主体人格不可分离的权(利)益,对之侵犯往往会造成人的精神痛苦,带来严重的精神损害,属精神损害责任的范畴。

(二)侵害身份权的精神损害赔偿

身份权,为民事主体基于拥有某种特定身份而享有的民事权利。它属于民事主体所固有的一种权利,是民事主体通过某种行为或者事实所获得的身份才具有的权利,如亲权、亲属权、监护权等。身份权,体现着人与人之间亲密联系的程度,反映着一定的社会关系,如果处理不好,不仅影响人与人之间的关系,而且还会对社会稳定产生这样或那样的影响。事实上,侵害因身份产生的权利,往往也会给具有一定身份关系的人带来一定的痛苦,对于由此造成的严重精神损害,予以赔偿,在给受害人补偿的同时,自然有利于对这种关系的保护进而有利于对社会稳定的维护。对此,《确定精神损害责任解释》第2条规定,非法使被监护人脱离监护,导致亲子关系或者近亲属间的亲属关系遭受严重损害,监护人向人民法院起诉请求赔偿精神损害的,人民法

---

① 张礼洪:《意大利法中非财产性人身损害赔偿制度及其对我国的启示》,2014年第二届比较民商法与判例研究两岸学术研讨会报告;扈纪华、石宏:《侵权责任立法情况介绍》,载《人民司法》2010年第3期;最高人民法院民法典贯彻实施工作领导小组主编:《中华人民共和国民法典人格权编理解与适用》,人民法院出版社2020年版,第84—85页。

院应当依法予以受理。

因身份权尤其是家庭关系中的身份权，与每个人都密切相连，息息相关，是家庭关系的核心，社会关系的基础，处理不好，轻则影响作为社会细胞的家庭关系，重则引发社会问题，造成社会的不稳定。因此，对家庭关系中的亲权、配偶权、亲属权等造成的损害，通常也会产生相应的精神损害，侵权人应当依法承担精神损害赔偿责任，如对配偶权的侵害，《民法典》第1091条规定："有下列情形之一，导致离婚的，无过错方有权请求损害赔偿：（一）重婚；（二）与他人同居；（三）实施家庭暴力；（四）虐待、遗弃家庭成员；（五）有其他重大过错。"这里的损害赔偿，无疑属于精神损害赔偿，而非物质损害赔偿。其实，配偶一方实施上述行为，必会给另一方造成精神上的伤害，有时难以甚至无法抚平，另一方为此主张合理适度精神损害赔偿的，应当予以支持与满足。

（三）侵害财产权的精神损害赔偿

一般情况下，精神损害赔偿因人格权和身份权受到严重损害而生。一般性的财产损害尽管可能导致受害人精神痛苦或者损害，但法律上对这种精神损害赔偿不予支持。但是，某些特定的物品被一定范围内的人赋予特定的意义时，物品便具有人格化的意义。由于侵权人的行为导致该具有特定意义的物损毁甚至灭失，从而给受害人的心理和精神带来一定的伤害。此时，倘若以单纯的财产损害责任不足以弥补受害人精神上所受到的打击和痛苦，就有必要考虑在一定条件下给予一定的精神损害赔偿。对此，《确定精神损害责任解释》第1条规定："因人身权益或者具有人身意义的特定物受到侵害，自然人或者其近亲属向人民法院提起诉讼请求精神损害赔偿的，人民法院应当依法予以受理。"

（四）违约行为造成的精神损害赔偿

对于违约责任中能否适用精神损害赔偿问题，世界各国少有承认，德国、法国、日本等就对违约行为带来的精神损害赔偿予以否认。在理论上，一些学者从传统的民法角度将违约之债与侵权之债按照不同的责任原则、构成要件及承担方式加以区分，通常认为违约责任中的损害赔偿范围仅限于财产上的利益。但是，基于社会生活的多样性、复杂性，侵权责任和违约责任也可能发生竞合或者牵连，此时适用精神损害责任制度，未尝不可。受害人不依行为的侵权性而依行为的违约性主张违约责任，行为人承担违约责任时承担一定的精神损害赔偿责任，表面上系违约行为所产生的精神损害赔偿责任，实则乃是因为竞合或者牵连产生的侵权责任带来的精神损害所致。

（五）侵害死者姓名、肖像、名誉、荣誉、隐私、遗体、遗骨等的精神损害责任

对此，《民法典》第994条规定："死者的姓名、肖像、名誉、荣誉、隐私、遗体等受到侵害的，其配偶、子女、父母有权依法请求行为人承担民事责任；死者没有配偶、子女且父母已经死亡的，其他近亲属有权依法请求行为人承担民事责任。"《确定精神损害责任解释》第3条亦规定："死者的姓名、肖像、名誉、荣誉、隐私、遗体、

遗骨等受到侵害，其近亲属向人民法院提起诉讼请求精神损害责任的，人民法院应当依法予以支持。"《刑法》第302条还将盗窃、侮辱、故意毁坏尸体、尸骨、骨灰的行为入罪。不过，保护的期限以所有近亲属存活为限，近亲属均已去世的，则不再予以保护。

五、精神损害赔偿数额的确定

对于精神损害赔偿数额的确定，需要考虑各种因素。对此，《确定精神损害责任解释》第5条规定："精神损害的赔偿数额根据以下因素确定：（一）侵权人的过错程度，但是法律另有规定的除外；（二）侵权行为的目的、方式、场合等具体情节；（三）侵权行为所造成的后果；（四）侵权人的获利情况；（五）侵权人承担责任的经济能力；（六）受理诉讼法院所在地的平均生活水平。"其中，关于"受理诉讼法院所在地的平均生活水平"，根据《对〈军人抚恤优待条例〉第三条第一款中"当地的平均生活水平"解释的通知》（民发〔2005〕84号）的规定，"'当地'一般是指县、自治县、不设区的市、市辖区、林区等。'平均生活水平'主要通过收入、支出和社会福利等多项指标反映。收入指标包括城市居民家庭人均可支配收入和农村居民家庭人均纯收入；支出指标包括城市居民家庭人均消费性支出、农村居民家庭人均生活消费支出。确定'当地的平均生活水平'，应以当地城市居民家庭人均消费性支出、农村居民家庭人均生活消费支出这两项货币性指标为基础，适当考虑城市居民家庭人均可支配收入、农村居民家庭人均纯收入，以及就业、教育、卫生等社会福利因素确定。……'当地的平均生活水平'由各地民政、财政部门根据有关资料测算，报同级人民政府确定。"

就确定精神损害数额的标准而言，现在尚无统一明确的规定，为此赔偿要求的提出以及与满足，差异很大。为了规范这种现象，现在司法实践中，一般采用下列做法：十级伤残的赔偿额度在5000元到1万元，九级伤残的赔偿额度在1万元到2万元，以此类推，一级伤残的赔偿额度在9万元到10万元；十级伤残的下限为5000元，一级伤残（含死亡）的上限为30万元，如清华教授女儿被公交车女售票员掐死案、河北邢台市某医院医生在北京儿童医院进修期间猥亵两女童案和北京地铁轧断青年双腿案确定的精神损害抚慰金均为30万元，目前乃为全国精神损害责任额最高的3个判例。

2021年3月24日，最高人民法院发布了《审理国家赔偿案件精神损害赔偿解释》。不可否认，国家赔偿案件中的精神损害与民事主体侵犯他人权利导致的精神损害有着本质的区别。但是，从上位概念及宏观角度来说，两者均属侵权行为造成的精神损害，固然存在着类似乃至相同的一些特征。是以，在民事主体侵犯他人权利造成他人精神损害产生相应责任而无明确法律规范规制的情况下，该解释的有关内容无疑具有参考价值。为此，将有关解释的内容介绍如下：

（1）国家赔偿案件精神损害赔偿在客观后果方面的要求及认定。按照《国家赔偿法》第3条、第17条、第35条的规定，行政机关及其工作人员在行使行政职权时，行使侦查、检察、审判职权的机关以及看守所、监狱管理机关及其工作人员在行使司法职权时侵犯人身权,"致人精神损害的,应当在侵权行为影响的范围内,为受害人消除影响,恢复名誉,赔礼道歉;造成严重后果的,应当支付相应的精神损害抚慰金"。其中的"造成严重后果",根据《审理国家赔偿案件精神损害赔偿解释》第 7 条的规定,是指下列情形之一者:"(一)无罪或者终止追究刑事责任的人被羁押六个月以上;(二)受害人经鉴定为轻伤以上或者残疾;(三)受害人经诊断、鉴定为精神障碍或者精神残疾,且与侵权行为存在关联;(四)受害人名誉、荣誉、家庭、职业、教育等方面遭受严重损害,且与侵权行为存在关联"。另外,"受害人无罪被羁押十年以上;受害人死亡;受害人经鉴定为重伤或者残疾一至四级,且生活不能自理;受害人经诊断、鉴定为严重精神障碍或者精神残疾一至二级,生活不能自理,且与侵权行为存在关联的,可以认定为后果特别严重。"

(2)国家赔偿案件精神损害赔偿数额的上下限。《审理国家赔偿案件精神损害赔偿解释》第 8 条规定:"致人精神损害,造成严重后果的,精神损害抚慰金一般应当在国家赔偿法第三十三条、第三十四条规定的人身自由赔偿金、生命健康赔偿金总额的百分之五十以下(包括本数)酌定;后果特别严重,或者虽然不具有本解释第七条第二款规定情形,但是确有证据证明前述标准不足以抚慰的,可以在百分之五十以上酌定。"第 10 条规定:"精神损害抚慰金的数额一般不少于一千元;数额在一千元以上的,以千为计数单位。赔偿请求人请求的精神损害抚慰金少于一千元,且其请求事由符合本解释规定的造成严重后果情形,经释明不予变更的,按照其请求数额支付。"

(3)国家赔偿案件精神损害赔偿数额确定所要考虑的因素。《审理国家赔偿案件精神损害赔偿解释》第 9 条规定:"精神损害抚慰金的具体数额,应当在兼顾社会发展整体水平的同时,参考下列因素合理确定:(一)精神受到损害以及造成严重后果的情况;(二)侵权行为的目的、手段、方式等具体情节;(三)侵权机关及其工作人员的违法、过错程度、原因力比例;(四)原错判罪名、刑罚轻重、羁押时间;(五)受害人的职业、影响范围;(六)纠错的事由以及过程;(七)其他应当考虑的因素。"第 11 条规定:"受害人对损害事实和后果的发生或者扩大有过错的,可以根据其过错程度减少或者不予支付精神损害抚慰金。"

(4)国家赔偿案件精神损害其他民事责任的承担。《审理国家赔偿案件精神损害赔偿解释》第 4 条规定:"侵权行为致人精神损害,应当为受害人消除影响、恢复名誉或者赔礼道歉;侵权行为致人精神损害并造成严重后果,应当在支付精神损害抚慰金的同时,视案件具体情形,为受害人消除影响、恢复名誉或者赔礼道歉。消除影响、恢复名誉与赔礼道歉,可以单独适用,也可以合并适用,并应当与侵权行为的具体方式和造成的影响范围相当。"第 5 条规定:"人民法院可以根据案件具体情况,组织赔偿请求人与赔偿义务机关就消除影响、恢复名誉或者赔礼道歉的具体方式进行协商。协商不成作出决定的,应当采用下列方式:(一)在受害人住所地或者所在单位发布相关信息;(二)在侵权行为直接影响范围内的媒体上予以报道;(三)赔偿义务机关有关负责人向赔偿请求人赔礼道歉。"

第六章

数人侵权责任

第一节 数人侵权责任概述

一、数人侵权责任的概念与类型

(一) 数人侵权责任的概念

在侵权责任法律规范领域,单个的责任主体,包括侵害行为的直接实施者、对损害后果负有赔偿等救济义务的"准侵权行为人",对某一损害后果单独承担侵权责任乃为常态。尽管如此,数个主体即数人对同一损害后果共同或者分别承担侵权责任的亦屡见不鲜。这种由数个主体对同一损害后果承担侵权责任的责任承担形式,就为数人侵权责任。数人侵权责任,是指2人以上对他人共同或者分别实施侵害行为并造成同一损害结果发生而依法共同或者分别对这一结果负责所产生的侵权责任。

(二) 数人侵权责任的分类

根据不同的标准,数人侵权责任可以分为不同的类型:

1. 以侵权的数人对同一损害结果是否共同承担为标准,可以分为共同侵权责任与分别侵权责任

共同侵权责任,系2人以上基于他们之间的共同侵权造成同一损害依法需要连带承担损害责任的侵权责任。分别侵权责任,则为2人以上对他人权益不具有意思联络分别独立实施导致同一损害结果发生的侵权行为依法应当承担连带责任或者按份责任的侵权责任。

2. 以侵权的数人对同一损害结果承担责任的方式为标准,可以分为数人侵权的连带责任与数人侵权的非连带责任

数人侵权的连带责任,乃为侵权的数人对同一损害结果的赔偿责任应当依法连带承担的责任,简言之,侵权的数人之间所承担的为连带责任。数人侵权的非连带责任,即为对同一损害结果不需要连带承担的责任。数人侵权的非连带责任,又包括数人侵权的不真正连带责任、数人侵权的全部责任、数人侵权的部分责任等不同形态。数人侵权的部分责任,又包括数人侵权的按份责任、数人侵权的平均责任、数人侵权的补充责任与数人侵权的非补充责任等各种形态。

3. 以侵权的数人在主观上的构成是否具有过错为标准,可以分为数人的过错责

任、数人的无过错责任与数人的混合责任。

数人的过错责任，是指侵权的数人均需具有过错所要承担的过错责任。数人均需具有的过错，既可以是共同过错，又可以是非共同过错。数人的无过错责任，系侵权的数人对同一损害结果的发生均不需要考虑过错而依法应当承担的责任。数人的混合责任，则为侵权的数人有的实行过错责任行为，有的实行无过错责任行为，但造成同一损害结果发生所产生的责任。

二、数人侵权的侵权责任

（一）连带责任的概念

连带责任，指两个以上责任人对赔偿权利人均负有清偿责任总额的义务，清偿超出自己责任份额的连带责任人，有权向其他责任人追偿的共同责任形态。换言之，数个侵权责任主体作为一个整体对损害共同承担损害赔偿责任，其中任何一个侵权责任主体都要对全部损害承担侵权责任；侵权责任主体之一人（或者部分人）对受害人承担全部损害或者承担超过自己应当承担的责任份额后，有权向未承担或者未足额承担自己需要最终承担份额责任的其他侵权责任主体追偿，请求后者偿付其所应当承担的赔偿责任份额。从被侵权人一方的请求权角度来看，他既可以向全部侵权责任主体主张权利，请求他们对全部损害承担赔偿责任，也可以向部分侵权责任主体主张权利，请求他（或他们）承担全部赔偿责任。一旦侵权责任主体中的一人（或者部分人）赔偿了全部损害，也就履行了全部赔偿义务，受害人一方不得再对其他侵权责任主体提出损害赔偿之主张。反之，如果受害人一方的请求没有得到实现或者没有完全得到实现，则他还可以向其他仍没有承担赔偿责任的侵权责任主体请求赔偿全部损害或者赔偿剩余的部分损害。在侵权责任领域，连带责任属于侵权损害赔偿的一种责任形式。但在理论上，也可以适用于恢复原状的情形，即要求侵权的数人对他人造成的损害予以承担连带的恢复原状的责任。

（二）连带责任的特点

首先，数人侵权连带责任具有对外效力。数人侵权责任中，侵权责任人作为一方，受害人作为一方，双方形成外部关系。数人侵权连带责任在外部关系上所产生的效力，表现为侵权的数人均对给受害人造成的同一损害结果负有全部清偿的义务，赔偿权利人有权同时或者分别请求连带责任人中的一人、数人或者全体对自己所受到的损害承担全部或者部分赔偿责任。其中，侵权者一人或者数人对受害人承担全部或部分责任后，其他未承担责任的侵权人对受害人已经获得赔偿的损害之责任也随之解除，对尚未赔偿的损害则仍旧承担连带责任。

其次，赔偿权利人若对部分连带侵权责任人放弃让其承担损害赔偿的权利，即不让其承担所应承担的损害赔偿的侵权责任，其他连带侵权责任人对该被放弃的连带侵权责任人应当承担的损害赔偿责任部分不再承担连带侵权责任。

最后，数人侵权连带责任具有对内效力。数人侵权连带责任的对内效力是系指在侵权的数个连带责任人内部，基于各自对受害人损害结果的过错及其行为在共同侵权作用中的大小等因素，对受害人损害赔偿的责任总额最终由连带侵权责任人按照一定的比例分担，即对该比例的份额承担最终责任，只是该比例不具有对抗赔偿权利人的效力。侵权的数人因为连带对外给受害人承担赔偿责任时超过了自己应当承担的份额责任的，根据《民法典》第178条第2款的规定，即"连带责任人的责任份额根据各自责任大小确定；难以确定责任大小的，平均承担责任。实际承担责任超过自己责任份额的连带责任人，有权向其他连带责任人追偿"，可以向未对受害人承担赔偿责任或者未足额承担自己应当承担的份额责任的其他连带侵权责任人追偿。

《民法典》第178条第3款规定："连带责任，由法律规定或者当事人约定。"据此，连带责任可由法律规定或者当事人约定产生。在侵权领域，倘若侵权的数人之间，对给他人造成损害的结果约定承担连带责任的，由于该约定有利于受害人损害赔偿权利的救济与保护，应当允许。但是，依照法律规定本应承担连带责任而约定不承担连带责任的，则因既违反法律规定又可能造成对受害人损害赔偿权利的侵蚀，固然不能允许。至于连带的侵权责任人之间，在对外对受害人承担全部损害责任后在内部约定各自承担侵权责任的份额，并不违反法律规定，亦不会给受害人损害赔偿权利造成影响，应当允许。

例如，甲向乙出售拼装汽车，双方约定，如果汽车发生交通事故致人损害，甲只承担10%的责任。汽车交付后，乙驾驶该车发生交通事故，给丙造成损失30万元，那么：① 甲、乙具有关于内部份额的约定，不具有对抗丙的效力，甲、乙依旧要承担连带责任，丙仍有权请求甲对自己承担30万元的赔偿责任。② 甲对丙赔偿30万元后，有权向乙追偿27万元。

（三）我国法律规定承担连带侵权责任的情况

（1）共同侵权的连带责任。《民法典》第1168条规定："二人以上共同实施侵权行为，造成他人损害的，应当承担连带责任。"

（2）教唆、帮助他人侵权的连带责任。《民法典》第1169条第1款规定："教唆、帮助他人实施侵权行为的，应当与行为人承担连带责任。"

（3）数人部分危险行为造成损害在无法确定具体侵权责任人时的连带责任。《民法典》第1170条规定："二人以上实施危及他人人身、财产安全的行为，其中一人或者数人的行为造成他人损害，能够确定具体侵权人的，由侵权人承担责任；不能确定具体侵权人的，行为人承担连带责任。"

（4）充分原因行为分别实施累积产生同一损害结果的连带责任。《民法典》第1171条规定："二人以上分别实施侵权行为造成同一损害，每个人的侵权行为都足以造成全部损害的，行为人承担连带责任。"

（5）网络服务提供者经通知后未采取必要措施导致损害扩大的连带责任。《民法典》第1195条第2款规定："网络服务提供者接到通知后，应当及时将该通知转送相关网络用户，并根据构成侵权的初步证据和服务类型采取必要措施；未及时采取必要措施的，对损害的扩大部分与该网络用户承担连带责任。"

（6）网络服务提供者明知网络用户侵权而未采取必要措施的连带责任。《民法典》

第 1197 条规定:"网络服务提供者知道或者应当知道网络用户利用其网络服务侵害他人民事权益,未采取必要措施的,与该网络用户承担连带责任。"

(7) 挂靠运输经营机动车发生交通事故造成损害的连带责任。《民法典》第 1211 条规定:"以挂靠形式从事道路运输经营活动的机动车,发生交通事故造成损害,属于该机动车一方责任的,由挂靠人和被挂靠人承担连带责任。"

(8) 非法转让禁止交易的机动车发生交通事故致人损害的连带责任。《民法典》第 1214 条规定:"以买卖或者其他方式转让拼装或者已经达到报废标准的机动车,发生交通事故造成损害的,由转让人和受让人承担连带责任。"

(9) 盗抢者对机动车交通事故致人损害与肇事者的连带责任。《民法典》第 1215 条第 1 款规定:"盗窃、抢劫或者抢夺的机动车发生交通事故造成损害的,由盗窃人、抢劫人或者抢夺人承担赔偿责任。盗窃人、抢劫人或者抢夺人与机动车使用人不是同一人,发生交通事故造成损害,属于该机动车一方责任的,由盗窃人、抢劫人或者抢夺人与机动车使用人承担连带责任。"

(10) 所有人对管理人遗失、抛弃高度危险物致人损害具有过错的连带责任。《民法典》第 1241 条规定:"遗失、抛弃高度危险物造成他人损害的,由所有人承担侵权责任。所有人将高度危险物交由他人管理的,由管理人承担侵权责任;所有人有过错的,与管理人承担连带责任。"

(11) 所有人、管理人对他人非法占有的高度危险物致人损害具有过错的连带责任。《民法典》第 1242 条规定:"非法占有高度危险物造成他人损害的,由非法占有人承担侵权责任。所有人、管理人不能证明对防止非法占有尽到高度注意义务的,与非法占有人承担连带责任。"

(12) 建设单位与施工单位对建筑物倒塌、塌陷致人损害的连带责任。《民法典》第 1252 条第 1 款规定:"建筑物、构筑物或者其他设施倒塌、塌陷造成他人损害的,由建设单位与施工单位承担连带责任,但是建设单位与施工单位能够证明不存在质量缺陷的除外。建设单位、施工单位赔偿后,有其他责任人的,有权向其他责任人追偿。"

(四) 数人侵权的不真正连带责任

1. 数人侵权的不真正连带责任的概念

数人侵权的不真正连带责任,又称不真正连带侵权责任,指两个以上的责任人因为不同的原因对同一赔偿权利人负担同一给付内容的责任,每一个责任人对赔偿权利人都负有清偿全部责任的义务,但只有一人承担最终责任的共同责任形态。例如,甲饲养一条狗,且用铁链拴在自家后院,乙偷偷解开铁链并用烧红的铁丝烫狗,狗追咬乙,乙躲闪后,狗将屋前的行人丙咬伤。此例中,① 甲饲养动物,具有危及他人人身安全的危险性,现在这一危险实现,导致丙人身受到损害;乙因过错导致甲饲养的动物致丙人身受到损害。根据《民法典》第 1250 条的规定,甲、乙因为不同的发生原因,对丙的人身损害负不真正连带责任。② 甲对丙承担责任后,乙对丙的责任消灭,但由于乙是最终的责任承担者,甲有权对乙全额追偿。③ 乙对丙承担责任后,甲对丙的责任消灭,但由于乙是最终的责任承担者,乙无权对甲追偿。

2. 数人侵权的不真正连带责任的主要特点

（1）不真正连带侵权责任的主体，必须为两个以上。不具有两个以上的侵权责任主体，则就不存在所谓的不真正连带侵权责任的问题。

（2）不真正连带侵权责任，系数个侵权行为基于同一个损害结果所产生的侵权责任。责任人虽为两个以上，侵权行为因为不具有意思联络各自实施，且构成两个以上的侵权行为，形成两个以上的侵权责任，然两人以上或者两个以上的侵权行为造成的损害后果却只有一个。也正是由于这一个共同的损害结果，才将两个以上的侵权责任人各自分别实施的侵权行为结合起来，发生了不真正连带侵权责任的法律后果，不真正连带侵权责任的多人为此对于这一发生的损害结果都要承担完全或称全部的赔偿责任。

（3）在相互承担不真正连带的侵权责任中，尽管每个侵权人都对同一损害负有全部清偿的义务，但各侵权人承担的责任总和为一个，即受害人所遭受的损害。因此，一个或者部分侵权人清偿了其中的义务，其他侵权人就清偿部分的损害赔偿责任便得以消失。如果其中一个侵权责任人承担了损害赔偿责任就可以使得受害人的权利得到充分满足，其他侵权责任人的清偿责任也就全部消失而不再存在，受害人由此不能再以其他侵权责任人对损害结果亦负有全部清偿义务而向其主张所谓的损害赔偿责任。

（4）从因果关系上考量，他人的损害实际只是其中的一个侵权行为造成，也就是只有一个侵权人最终要对自己行为造成的损害承担全部侵权责任。如果先由其承担了这种不真正连带责任，则不存在并未造成他人损害只是源于法律规定而要承担全部侵权责任的其他责任人追偿的问题；倘若不是由其先承担责任，而是由其他本不应承担责任的依法代之承担替代责任的责任人承担损害赔偿责任的，则替代责任人在承担责任后可以就已经承担的责任数额向最终责任人追偿。

（5）从程序上讲，虽然各侵权人承担的责任总和为一个，但在受害人的损害得到满足之前，每个侵权人均对受害人的损害负有全部清偿的义务。是以，受害人既可以分别向各侵权人主张全部侵权责任，又可以同时向侵权人主张全部侵权责任，也就是对让侵权人承担全部侵权责任，受害人具有选择权。

（6）不真正连带责任，属于一种特定情形下可以让非造成实际损害的人先代造成实际损害的人对受害人承担损害赔偿的责任，具有替代责任的性质。在现实生活中，不是自己的行为造成他人的损害，在一般情况下，不应对受害人的损害承担赔偿责任。但是，在特别情况下，为了救济受害人损害等需要法律规定让其首先对受害人的损害负担全部责任，与此同时，又允许其在承担责任后对应当对受害人的损害承担全部责任的真正侵权责任人追偿。这样，先前对受害人承担损害赔偿责任的并不一定为最终侵权责任人。不是最终侵权责任人却承担受害人损害赔偿的乃是先代最终侵权责任人承担责任，这种责任自然属于一种事先暂时垫付的侵权责任，可以向最终侵权责任人追偿。

3. 数人侵权的不真正连带责任的效力

（1）对外关系上的连带。不真正连带侵权责任人对权利人的损害赔偿权利承担全部赔偿的侵权责任，赔偿权利人对不真正连带债务人中的一人、数人或者全体，有权同时或先后请求全部或者一部分给付。这点与连带责任完全相同，这也正是其可以称之为连带责任的根本原因。

（2）对内关系上的"不真正连带"。也就是说，在对内关系上，承担不真正连带侵权责任的所有侵权责任人中，依法真正应当承担损害赔偿责任的只有一个，其他侵权责任人不应承担侵权责任。如此，不真正连带侵权责任人没有内部的责任分担，只有一个人承担100%的最终责任。这点与连带责任对内按照各自应当承担责任的份额承担最终责任不同。也是基于这种对内关系上的同连带责任的区别，故在"连带责任"前需要冠之以"不真正"3个字的限制，从而形成与连带责任不同的不真正连带责任。

（3）最终侵权责任人对受害人损害赔偿权利无法清偿而产生的风险，由不真正连带侵权责任人承担，对最终责任人进行追偿的相应程序负担也由不真正连带侵权责任人承担。因为对于受害人来说，即使不真正连带侵权责任人本来对受害人所遭受的损害不应承担赔偿责任，然基于法律规定负有不真正连带侵权责任，受害人可以向其主张全部损害赔偿权利，受害人的损害赔偿权利并不会因为最终侵权责任人能否清偿受到实际影响。受到实际影响的，乃是对受害人承担全部赔偿权利但又不是最终侵权责任人的人，他因为最终侵权责任人没有清偿能力等无法追偿而遭受损失。

4. 不真正连带侵权责任与连带侵权责任的区别

（1）连带侵权责任往往是由于包括共同侵权在内的同一个原因造成的，行为与损害结果之间为一因一果关系。当然，由分别侵权使同一损害结果发生所产生的连带责任，仍然属于多因一果关系；而不真正连带侵权责任通常是由不同的原因引起的，行为与损害结果之间一定表现为多因一果关系。

（2）连带侵权责任中的每一个责任人都要按照内部的份额承担最终责任。故承担了超出自己份额部分的连带侵权责任人，只能对超过自己责任份额的部分向没有承担或者没有足额承担自己所应承担份额的其他连带侵权责任人追偿；而不真正连带侵权责任中只有一个责任人承担最终责任。非最终侵权责任人如果对外承担了连带侵权责任，就可以全额向最终侵权责任人追偿；若最终侵权责任人对外对受害人承担了全部连带责任，则不能向其他并不属于最终侵权责任人的侵权人追偿。

5.《民法典》有关不真正连带侵权责任的规定

（1）产品因缺陷致人损害的，缺陷产品的生产者与销售者承担不真正连带侵权责任。《民法典》第1203条规定："因产品存在缺陷造成他人损害的，被侵权人可以向产品的生产者请求赔偿，也可以向产品的销售者请求赔偿。产品缺陷由生产者造成的，销售者赔偿后，有权向生产者追偿。因销售者的过错使产品存在缺陷的，生产者赔偿后，有权向销售者追偿。"

（2）医疗机构因药品、消毒药剂、医疗器械的缺陷，或者输入不合格的血液造成患者损害的，医疗机构与产品制造人或者血液提供者承担不真正连带侵权责任。《民法典》第1223条规定："因药品、消毒产品、医疗器械的缺陷，或者输入不合格的血液造成患者损害的,患者可以向药品上市许可持有人、生产者、血液提供机构请求赔偿,也可以向医疗机构请求赔偿。患者向医疗机构请求赔偿的,医疗机构赔偿后,有权向负有责任的药品上市许可持有人、生产者、血液提供机构追偿。"

(3) 因第三人的过错污染环境、破坏生态,第三人与污染环境者、破坏生态者承担不真正连带侵权责任。《民法典》第1233条规定:"因第三人的过错污染环境、破坏生态的,被侵权人可以向侵权人请求赔偿,也可以向第三人请求赔偿。侵权人赔偿后,有权向第三人追偿。"

(4) 因第三人的过错导致饲养的动物致人损害,第三人与动物的饲养人或者管理人承担不真正连带侵权责任。《民法典》第1250条规定:"因第三人的过错致使动物造成他人损害的,被侵权人可以向动物饲养人或者管理人请求赔偿,也可以向第三人请求赔偿。动物饲养人或者管理人赔偿后,有权向第三人追偿。"

三、数人侵权的按份责任

(一) 数人侵权的按份责任的概念

数人侵权的按份责任,又称按份的数人侵权责任,简称按份侵权责任,作为一种与全部责任相对应的数人侵权责任承担形态,系两个以上的责任人根据各自责任大小确定的份额对赔偿权利人承担责任,责任人对于超出自己份额的责任无清偿义务的侵权责任。一方面,在数个侵权责任主体对受害人承担损害赔偿责任时,每一个侵权责任主体只对其应当承担的责任份额负清偿义务,不与其他侵权责任主体发生连带关系。与连带侵权责任、不真正连带侵权责任不同,部分侵权责任人承担了自己的份额责任,并不会对其他侵权责任人承担的份额责任产生任何影响,其他侵权责任人不会因为已有责任人对受害人承担了侵权责任,就可以减少或者免除已经承担损害赔偿的部分责任。换言之,任何一个侵权责任主体只有在承担了自己份额的赔偿责任后,才能从损害赔偿侵权责任关系中解脱出来。与此同时,也不存在对受害人承担责任后的侵权责任人对其他侵权责任人予以追偿的问题。另一方面,从被侵权人一方来看,在承担按份部分责任的数人侵权责任中,他只能分别向各侵权按份责任主体主张不同份额的损害赔偿,且这些主张的总和不能超过其所遭受的全部损害。

(二) 数人侵权的按份责任的特征

(1) 按份侵权责任的特点,主要表现为:(1) 责任总额由两个以上的侵权责任人按照各自责任大小确定的比例承担;(2) 赔偿权利人只能请求按份侵权责任人就其应当承担的份额承担责任,对于超出其应当承担份额的部分则无权请求其对自己清偿,受害人对侵权人主张超过侵权人应当承担的按份责任的,侵权人亦有权加以拒绝;(3) 按份侵权责任人之间并不会因为各自行为造成同一损害结果发生的事实产生相应的权利义务关系。也就是说,按份侵权责任人之间,对外对受害人的损害赔偿并不会产生连带关系,对内亦不会产生对自己应当负担的份额责任在对受害人承担后再对其他按份侵权责任人予以追偿的问题。

例如,甲、乙、丙3个工厂分别排污给丁造成了100万元的损失。若依据《民法典》第1231条关于"两个以上侵权人污染环境、破坏生态的，承担责任的大小，根据污染物的种类、浓度、排放量，破坏生态的方式、范围、程度，以及行为对损害后果所起的作用等因素确定"的规定，确定甲、乙、丙按份分别承担50万元、30万元、20万元的损害赔偿责任。如此可得出：①甲最多对丁承担50万元的清偿责任；②甲对丁清偿50万元后，其对丁的损害赔偿责任消灭；③甲对丁清偿50万元后，无权请求乙、丙分担。乙、丙对丁的责任以此类推。

（2）按份侵权责任与连带侵权责任的区别，主要表现在：

①从承担责任的根据来讲，前者乃是按份侵权责任人的各自责任的大小。由此，各自所承担的责任乃为与自己责任大小相适应的份额责任。当然，在无法确定各自责任大小时，则推定责任大小相等，平均承担责任。后者乃为连带侵权责任人作为一个整体对受害人的损害结果均负有全部赔偿责任，各自责任大小对外不需要分割、确定，也就是不论各自责任大小都对外对受害人的损害赔偿负全部责任。各自在连带责任中的地位与作用、责任大小只是在内部确定各自最终所应承担的责任时才具有意义，从而成为超过自己应负内部份额承担责任的连带责任人对自己超过的部分可以向未承担或者未足额承担所应负担的内部份额的其他连带侵权人进行追偿的根据。

②就赔偿权利人的请求权而言，前者要求赔偿权利人只能对按份侵权责任人主张承担其所应当承担的比例份额责任，不得要求按份侵权责任人承担超出其比例份额的侵权责任。按份侵权责任人，在承担自己应当承担的份额责任后，亦有权拒绝超过其应当承担的份额责任的赔偿请求。如此，按份侵权责任的承担实行的乃是"各人自扫门前雪"式的责任承担规则。后者则允许赔偿权利人向连带侵权责任人中的任何人或者全部人请求承担全部损害赔偿责任，连带侵权责任人之间的责任承担遵循的乃为"各人自扫门前雪"的同时依然"要管他人瓦上霜"式的责任承担规则，至于连带侵权责任人对损害结果发生的责任大小则在所不论。

③就是否存在内部关系即对内责任而言，前者只存在按份侵权责任人与受害人之间的外部关系，各自均对受害人按照自己的份额责任承担对外责任，相互之间并不存在内部关系。是以，在对受害人承担自己的按份侵权责任后，不存在对其他按份侵权责任人进行追偿的问题。后者则既存在连带侵权责任人与受害人之间的外部关系，又存在连带侵权责任人之间的内部关系。外部关系，只考虑受害人的损害结果，不考虑各连带侵权责任人各自责任的大小，各连带侵权责任人均对受害人承担全部损害赔偿责任。内部关系，则根据各连带侵权责任人的责任大小确定各自应当承担的最终份额。对于给受害人承担损害赔偿责任超出自己份额的部分，该连带侵权责任人有权向未承担或者未足额承担自己所应承担份额的其他连带侵权责任人追偿等。

例1：甲、乙、丙实施的侵权行为，给他人造成了100万元的损失。如果甲、乙、丙承担按份侵权责任，则有以下效果：其一，假设甲无力赔偿，由于他人不能要求乙、丙替甲承担责任，则该受偿不能的风险由他人承担。其二，他人应当分别对甲、乙、丙起诉，该诉讼属于非必要的共同诉讼，是各自独立的诉讼，即使将3个诉讼依法并案审理，也不能改变各自独立诉讼的性质。这就意味着，无论是分案审理还是并案审理，他人均要预缴3次诉讼费，可能要聘请3次律师。一言以蔽之，在按份责任中，对按份侵权人请求承担损害赔偿的程序负担也由赔偿权利人负担。

例2：甲、乙、丙实施的侵权行为，给他人造成100万元的损失。要是甲、乙、丙承担连带责任，则有以下效果：其一，假设甲无力赔偿，由于他人有权请求乙、丙替甲承担责任，该受偿不能的风险由连带责任人乙、丙承担。其二，他人可以将甲、乙、丙一并起诉，该诉讼属于必要的共同诉讼，法院应当一并审理。对他人未起诉的侵权人，除非他人明确表示对其赔偿请求予以放弃，否则均应将之追加为共同被告。其三，假设他人仅起诉了清偿能力最佳的丙，丙承担连带责任后，若向甲、乙追偿，需要另行起诉。此时，程序负担自然要由连带责任人承担。

四、数人侵权的全部责任或者过错补充责任

(一) 过错补充责任的概念

过错补充责任，又称为侵权补充责任、赔偿补充责任、补充过错责任、补充侵权责任、补充赔偿责任等，简称补充责任，指数个侵权责任人对损害赔偿权利人负有一定顺序的损害赔偿义务，只有顺序在前的应当承担全部损害赔偿的侵权责任人无法承担所应负的全部赔偿责任后，才由居于后位的侵权责任人按照过错对赔偿权利人承担相应赔偿的责任。顺序在先的应当承担全部损害的侵权责任人，倘若能够承担全部损害赔偿责任，受害人遭受的损害得到了充分的满足与救济，便不能再请求居于后位的过错侵权责任人承担过错补充责任。所以，过错补充责任，乃是一种可能承担的过错侵权责任，只是为尽量充分实现受害人的损害赔偿救济多预设了一条途径，在承担全部损害责任的侵权人实际具有完全的损害赔偿能力时，则不需要实际承担。

(二) 过错补充责任的特点

(1) 过错补充责任是不真正连带责任的变种。补充责任人只是为损害的发生提供了消极条件，直接侵害行为具有全部的原因力。因此，对内，补充责任人不承担最终责任，承担了补充责任的责任人有权向直接责任人全额追偿。

(2) 补充责任人享有法定的顺位利益。补充责任人虽构成过错侵权应当承担责任，然根据法律规定享有先诉抗辩权，仅在直接造成他人损害发生而应承担全部损害的侵权责任人源于无力承担、下落不明等无法承担全部损害赔偿责任时，才应补充承担自己相应的过错责任。

(3) 过错补充责任具有从属性，包括三个方面：① 责任构成上的从属性。无直接责任，则无补充责任。② 责任范围上的从属性。补充责任小于或者等于直接责任。③ 存在上的从属性。如果直接责任因为清偿而消灭，则补充责任消灭。

(4) 在过错补充责任中，因直接全部责任的侵权人清偿不能所造成的风险，一般由过错补充责任人承担。只有超过补充责任人按照过错所应承担的补充责任时，超过的部分才会由受害人承担；请求承担补充责任等的程序负担则由赔偿权利人和过错补充责任人共同负担。

(5) 在侵权责任法上，补充责任都是过错责任，且都是与过错相应的补充责任。

(三)《民法典》规定适用过错补充责任的情形

根据《民法典》有关规定，下列责任中存在过错补充责任：

(1) 公共场所经营者、管理者或者群众性活动组织者的过错补充责任。对此，宾馆、商场、银行、车站、机场、体育场馆、娱乐场所等经营场所、公共场所的经营者、管理者或者群众性活动的组织者，在有关经营、管理、组织活动中，因第三人的行为造成他人损害的，由第三人承担侵权责任；经营者、管理者或者组织者未尽到安全保障义务的，根据《民法典》第1198条第2款的规定，应承担相应的过错补充责任。经营者、管理者或者组织者承担过错补充责任后，可以向第三人追偿。

例如，甲在乙旅馆住宿被丙杀害，乙旅馆的保安玩忽职守，未尽到保安职责。为此可认为：① 根据《民法典》第1198条第2款的规定，受害人甲的近亲属只能先请求丙承担损害赔偿责任，乙享有顺位利益。② 若丙无力赔偿（包括下落不明），具有过错的乙应当承担过错补充责任。③ 需要注意的是，旅馆的经营管理者并不是剩多少补充赔偿多少，而是承担与其过错相应的过错补充责任。如损害赔偿总额为100万元，丙赔偿了10万元，此时应根据乙的过错程度决定过错补充责任的大小，乙具有重大过失的，可以让其承担90万元的过错补充责任；若乙仅具有轻微的过失，则可以让其承担20万元的过错补充责任。④ 乙承担过错补充责任后，可以就承担的过错补充责任全额向丙进行追偿。

(2) 幼儿园、学校或者其他教育机构承担过错补充责任。《民法典》第1201条规定："无民事行为能力人或者限制民事行为能力人在幼儿园、学校或者其他教育机构学习、生活期间，受到幼儿园、学校或者其他教育机构以外的第三人人身损害的，由第三人承担侵权责任；幼儿园、学校或者其他教育机构未尽到管理职责的，承担相应的补充责任。幼儿园、学校或者其他教育机构承担补充责任后，可以向第三人追偿。"

(3) 监护人、受托人、劳务派遣单位、机动车所有人、管理人承担相应的责任。除了《民法典》第1198条和第1201条明确规定当事人承担补充责任外，第1188条第2款、第1189条、第1191条第2款、第1209条也可能产生补充责任，但严格来讲，它不属于过错补充责任，而应属于过错非补充责任。如第1188条第2款规定："有财产的无民事行为能力人、限制民事行为能力人造成他人损害的，从本人财产中支付赔偿费用；不足部分，由监护人赔偿。"第1189条规定："无民事行为能力人、限制民事行为能力人造成他人损害，监护人将监护职责委托给他人的，监护人应当承担侵权责任；受托人有过错的，承担相应的责任。"第1191条第2款规定："劳务派遣期间，被派遣的工作人员因执行工作任务造成他人损害的，由接受劳务派遣的用工单位承担侵权责任；劳务派遣单位有过错的，承担相应的责任。"第1209条规定："因租赁、借用等情形机动车所有人、管理人与使用人不是同一人时，发生交通事故造成损害，属于该机动车一方责任的，由机动车使用人承担赔偿责任；机动车所有人、管理人对损害的发生有过错的，承担相应的赔偿责任。"

(四) 全部补充责任与相应补充责任

《民法典》侵权责任编规定了两种补充责任，即全部补充责任与相应补充责任。

监护人承担的是全部补充责任，安全保障义务人和教育机构等承担的是相应补充责任。于前者，"缺多少补多少"，补充责任之承担将使得被侵权人的全部损害得到赔偿。如《民法典》第1188条规定："无民事行为能力人、限制民事行为能力人造成他人损害的，由监护人承担侵权责任。监护人尽到监护职责的，可以减轻其侵权责任。"于后者，承担补充责任者只是承担与其过错大小相适应的补充责任，过错大的，与之相应的过错补充责任就大；过错小的，与之相应的过错补充责任乃小。

五、数人侵权的替代责任

（一）数人侵权替代责任的概念

替代责任，又称间接责任、转承责任、延伸责任，是指责任人为他人的行为或人的行为以外的自己管领下的物件或其所从事的危险作业所致损害承担的侵权责任。这种责任中，责任人的行为并非损害造成的实际行为，行为本身不会直接造成损害，而是因为其他侵害或者加害造成了他人的损害。但责任人与直接造成损害的人或物之间基于存在某种关系或者具有某种法定义务等原因，依照法律规定要对受害人损害承担的侵权责任。有的在承担侵权责任后，还可以向直接造成损害发生的责任人予以追偿。当然，这种替代责任，并非要求侵权责任人达到两人以上，然侵权责任人与直接侵害人、加害人则要为两人以上。不然，也不可能存在替代责任的问题与可能。

（二）数人侵权替代责任的特征

（1）替代责任人与致害人实际造成的侵害、加害行为人或致害物相分离。在一般侵权责任中，责任人与致害人一致；而替代责任则不同，致害的直接原因是责任人以外的致害人的行为或者是人的行为以外的物件所致。这种损害责任承担人与损害实际造成的致害人、致害物相分离的情形，乃是构成赔偿责任不由侵害、加害行为人承担而转由责任人承担的客观基础。

（2）替代责任人与致害行为人之间存在特殊关系。也就是说，它要求替代责任人与致害行为人之间存在着法律规定的某种转承责任所要求的特殊关系，如隶属、雇佣、监护、管理、责任人的非造成实际损害的行为与致害人的行为结合造成同一损害等关系。正是基于该种法定或者事实上的因果关系等特殊关系，替代责任人才应对致害行为人实施的侵害或者加害行为承担侵权责任。

（3）替代责任人为赔偿义务主体，承担赔偿责任。为第三人致害行为承担的替代责任作为侵权行为民事责任的一种特殊责任形式，存在三种主体：侵害或加害行为人、责任人和受害人。在侵害或加害行为人实施了致使他人受到损害的行为后，不是按照一般侵权行为由致害行为人对受害人承担侵权责任，而是由责任人对此承担侵权责任。如此，致害行为主体与责任主体相分离，由责任主体对致害行为人的致害行为承担赔偿责任。

（4）替代责任，虽是为他人致害的行为承担责任，但依然是对自己行为所负的一种独立的责任，只不过自己行为没有直接造成损害结果，并非损害发生的直接原因，但与损害之间依然存在着因果关系，或为直接造成他人损害的致害行为提供了条件，或对致害人及其行为具有教育、防范的义务等，由此仍旧与损害结果的发生存在着或深或浅的间接关系。也正是如此，才要让替代责任人对致害人所造成的损害承担替代责任。

（5）替代责任，既可以表现为由替代责任人独自承担的责任，又可以表现为与致害侵权人分别承担的责任。前者如用人单位责任、监护人责任，这时直接造成损害的行为人，如单位工作人员、被监护人不对受害人承担责任，而是由工作人员所在单位、监护人对受害人因侵害或加害造成的损害承担侵权责任。后者如第三人行为造成的损害，由第三人或替代责任人依法分别独自承担责任，或者共同承担责任。

（6）替代责任，既可以是全部责任，要对受害人所遭受的全部损害负责，又可以是部分责任，只对受害人的损害按过错承担部分责任；部分责任，既可以是过错补充责任，又可以是过错非补充责任。全部责任，则既可以是不真正连带侵权责任，又可以是连带侵权责任，如数人危险行为侵权责任等。

（7）替代责任，一般并非最终责任，承担替代责任的责任人在对受害人赔偿损害后，有权对实际造成损害的致害行为人依法追偿。如《民法典》第1191条第1款规定："用人单位的工作人员因执行工作任务造成他人损害的，由用人单位承担侵权责任。用人单位承担侵权责任后，可以向有故意或者重大过失的工作人员追偿。"第1192条第2款规定："提供劳务期间，因第三人的行为造成提供劳务一方损害的，提供劳务一方有权请求第三人承担侵权责任，也有权请求接受劳务一方给予补偿。接受劳务一方补偿后，可以向第三人追偿。"

第二节　共同侵权行为

一、共同侵权行为

（一）共同侵权行为的概念

共同侵权行为也称为共同过错、共同致人损害。共同侵权行为，存在广义与狭义之分。广义的共同侵权行为，是指两人以上的侵害人实施的造成同一损害结果发生的行为。如《民法典》第1168条规定的"二人以上共同实施侵权行为，造成他人损害的"；第1169条规定的"教唆、帮助他人实施侵权行为的"；第1170条规定的"二人以上实施危及他人人身、财产安全的"等，均包括其中。狭义上的共同侵权行为，是指两个以上的行为人基于共同的过错而侵害他人合法民事权益，依法应当承担连带责任的侵权行为。也就是说只有《民法典》第1168条规定的"二人以上共同实施侵权行为，造成他人损害的"，才是依法应当承担连带责任的共同侵权行为。下面所称的共同侵权行为，均指狭义上的共同侵权行为。

（二）共同侵权行为的法律特征

1. 完全民事行为能力人的复数性、多人性

共同侵权责任人必须具有两个以上的完全民事行为能力人，具体包括两个或者多

个完全民事行为能力人。不具有两人以上，即单个人侵权自不存在共同侵权的问题。具有两人以上但只有一人为完全民事行为能力人，其他人均为无完全民事行为能力人，则他们之间也不能构成共同侵权。形成共同侵权责任后，各侵权责任人均为共同侵权责任人。其中的共同侵权责任人，既可以是自然人，也可以是单位即法人或非法人组织。所要指出的是，不仅自然人与自然人、单位与单位之间可以构成共同侵权责任，而且自然人与单位之间也可以构成共同侵权责任。当然，仅有侵权民事关系主体的复数性这一要件还不足以认定为共同侵权责任主体。要构成共同侵权责任主体，还必须要求各共同侵权人均具有相应的民事行为能力。换言之，只有完全民事行为能力人才能构成共同侵权责任主体，无民事行为能力人、限制民事行为能力人则不能成为共同侵权责任的主体而与他人构成共同侵权责任。

2. 主观意思的共同性

主观意思的共同性也称意思关联共同，即共同侵权行为人具有共同致人损害的故意或过失。这一特征是共同侵权行为概念中最本质的特征，也是与《民法典》第1170条规定的共同危险行为及第1171条与第1172条规定的无意思联络的数人侵权和并发的数个单独侵权最本质的区别。一方面，尽管无意思联络数人侵权和共同侵权行为在客观上都是几个行为结合在一起，但从主观上来看，无意思联络数人侵权只是数个行为的偶然结合而致人损害，行为人在主观上并没有共同过错；从结果上看，无意思联络的数人致他人的损害并不是单一的、不可分的损害。所以，无意思联络数人侵权应当根据过错各自承担责任，而不能通用连带责任。另一方面，共同侵权也不同于并发的数个单独侵权。在后种情况下，尽管客观上数个行为都对结果造成了损害，但数个行为人并没有共同的过错，客观上数个行为人分别针对受害人实施加害行为，因此数个行为人要分别承担责任。

3. 侵权行为的共同性

侵权人实施的共同侵权行为，既可以表现为各个侵权人均对被侵权人实施了直接的侵害实行行为，如多人对受害人持刀捅刺，也可以表现为有的实施了直接的侵害实行行为，有的则只是实施了为侵害实行行为的准备行为，如为杀人购买毒药，或者只是实施了帮助行为，如在他人杀人时站在一旁望风，有的还可能仅仅实施了预谋行为，如共同商量或者进行教唆等，无论实施何种行为，这些行为均在各自形成的共同过错的支配下，或者在实施各自行为之前或者之中虽不具有共同过错然因其他原因形成了非过错意思联络，相互意识到各自都在对受害人进行侵害，从而将各自行为联系成了一个不可分割也无法分割的整体，共同造成了同一损害结果的发生，属于同一损害结果发生的共同原因。在主观上，既没有共同过错又没有非过错意思联络，不可能构成共同侵权；同样，只有主观上的意思联络，而根本没有共同的行为，也不可能构成共同侵权。不过，这里的共同行为，包括形成共同故意、过失等的协商行为，不能将这种形成共同过错的协商行为认为属于共同过错本身。不然，就会得出一些参与了协商具有共同过错而没有参与后面侵害行动的人与他人不存在共同行为进而不能构成共同侵权的错误结论。

4. 损害结果的同一性

根据《民法典》第1168条的规定，共同侵权是二人以上共同实施侵权行为，造成他人损害的。这里所说的造成他人损害，就是指数人的侵权行为造成了同一损害结果。换句话说，各个侵权行为导致产生同一个不可分割的损害结果，这个损害是个统一的整体。倘若各个行为人针对不同的受害人分别实施侵权行为，或者即使针对同一受害人然是针对不同的民事权益分别实施的侵权行为，损害结果在事实上和法律上也能够分开，则依旧不能构成共同侵权责任，而是构成分别侵权责任或者并发侵权责任。例如，甲、乙尽管一起谈过教训丙的事情，但如何教训丙、对丙造成何种损害以及怎样实现这些损害等内容都没有涉及。后来，甲、乙在不同的时间、地点且没有任何意思联络的情况下分别将丙打成重伤、轻伤。此时，两人的行为在主观上并未因为一起谈过教训丙就形成了共同故意，他们的行为也未造成共同的损害结果发生。故应属分别侵权形成的分别侵权责任，而非共同侵权责任。当然，若甲、乙后来在同时、同地将乙殴打致伤，则因在侵权过程中形成了共同致伤丙的意思联络，即使之前根本没有谈过伤害丙的事情，也构成共同侵权需要对丙身上所受到的多处伤害承担共同侵权责任，而不能将各自行为造成的重伤、轻伤分割分别让甲、乙对重伤、轻伤各自承担分别侵权责任。

此外，损害结果具有同一性，并非指受害人人数、损害权利、损害结果的唯一性、相同性，而是指相对于共同侵权来说，构成共同侵权结果的不可分割的整体性，均系共同侵权形成之结果，与共同侵权人的共同过错或者非共同过错意思联络或者共同侵权保持的一致性。如此，受害人、损害权利、损害结果唯一的，固然可以认为损害结果的同一性。但在受害人、损害权利、损害结果并不唯一的情况下，并不意味着损害结果就不具有同一性。如甲、乙商量对丙家人及其财产进行损害，然后请人将丙及其父母殴打致伤、房屋毁损，此时的受害人、损害权利、损害结果均不唯一，且权利的性质亦存在着人身权、财产权的不同，但都在甲、乙共同侵权的故意范围内。于是，对于这些损害，甲、乙均构成共同侵权而要承担共同连带侵权责任。

5. 侵权责任的连带性

《民法典》第1168条规定："二人以上共同实施侵权行为，造成他人损害的，应当承担连带责任。"连带责任大多是基于约定产生的，但共同侵权行为的连带责任是基于法律的规定而产生的。正因如此，各国传统的理论都认为，除非行为人有主观上的意思联络，否则不能让其承担苛刻的连带责任，因为连带责任是较按份责任对债务人更严苛的一种责任形式。

共同侵权行为人对受害人应负连带责任，这是共同侵权不同于一般侵权的最基本的特点。但需要指出的是，传统上，连带责任的适用范围仅限于共同侵权行为，但是我国侵权责任相关法律对此作出了突破性规定，即连带责任的适用范围不限于共同侵权行为，包括聚合因果关系等情况，连带责任的适用范围已经被扩大了。

二、共同故意侵权

（一）共同故意侵权的概念

共同故意侵权，系指数个侵权人基于共同的故意而对同一民事权益实施的侵权行为。其中的共同故意，是指侵害人不仅对自己的侵害行为及其结果持故意的态度，而且与其他侵害人事前或者事中具有沟通、共谋等情形而形成的共同故意。在共同故意下，数个侵权人不仅对自己的行为及其产生的损害结果持希望或者放任态度，而且还相互意识到其他共同侵权人与其一样共同追求或者放任这一损害结果的发生，并针对他人权利实施着侵害行为，以协力共同促成损害结果的实现。换言之，就是行为人不仅对自己的侵害行为存有故意，并和其他侵害人在主观上均共同希望或者放任损害的结果发生，且在客观上则协力促成损害结果的发生。例如，甲、乙、丙3人对丁都有很深的成见，便一起商议教训丁一顿，在丁经过某偏僻道路时，甲上前拦住丁，乙随之上前殴打丁致伤，丙则在一旁望风，3人协力促成这种损害结果的发生，便属于典型的共同故意侵权。

（二）认定共同故意侵权应注意的问题

1. 共同故意的含义

共同故意，即意思联络，指二个以上的加害人在实施侵权行为时，共同追求损害的结果，相互意识到对方行为的存在，且协力促成损害结果的发生。换句话来说，就是行为人不仅对自己的侵害行为存有故意，并且和其他侵害人就此故意存在意思联络，而且还希望和协力促成损害结果的发生。

2. 应将共同故意中各侵害人的行为作为一个整体的侵害行为对待

共同故意使侵害人的行为结合为一个整体，各侵害人均应就"可能的因果关系"承担责任，受害人免予承担证明每个侵害人的行为与损害均具有责任成立的因果关系，任何一个侵害人都不得通过证明自己的行为与损害无因果关系而免责。例如，甲、乙共谋伤害丙，丙中一刀，不知甲或乙所为。此例中，丙只须证明甲、乙共谋伤害，其杀害者究为甲或乙，则无举证责任。不仅如此，甲即便证明此刀伤为乙所致，也不能免负连带责任。

3. 共同侵害人须对所有的损害承担连带责任

在共同故意侵权中，即使各个侵害人的分担行为造成的损害结果不同，但共同侵害人须对所有的损害承担连带责任。换言之，共同故意侵权不要求数人造成"同一损害"，只要求损害具有"统一性"，统一于共同故意的内容。例如，甲、乙、丙共谋报复丁，甲将丁打伤，乙放火将丁的房屋烧毁，丙亲赴学校将丁的儿子打成重伤。此例中，甲、乙、丙需对甲的人身伤害、房屋等财产损害、丁之子的人身伤害承担连带责任。

4. 对逾越共同计划造成的损害，其他共同侵害人不承担连带责任

在共同故意侵权案件中，共同侵害人之一的行为如果逾越了共同计划，超出了密谋希望追求的结果，那么，对于超出的损害部分，其他共同侵害人不承担连带责任。

例如，甲、乙、丙共谋绑架丁女，勒索钱财。甲趁乙、丙不在，又对丁女强奸。甲对丁女强奸的行为便超出了共同故意所涉及的范围，乙、丙对甲的强奸行为不承担连带侵权责任。

5. 共谋人反悔未到现场，或者声明不愿参加实施加害行为，仍应认定为共同侵权人，对损害结果仍负连带责任

例如，甲、乙、丙共谋抢劫丁银楼，甲虽未到现场，或者甲对乙、丙表示退出，若其先前的共谋对乙、丙的抢劫行为仍具作用，则甲的作用与教唆、帮助具有同等价值，仍应对乙、丙的抢劫行为负连带责任。当然，抢劫行为构成犯罪可能性极大，那是刑法处罚的问题，但刑法的处罚并不能代替该负的民事责任。

三、共同过失侵权

（一）共同过失的概念

所谓共同过失侵权，指数人共同实施某种侵权行为，对行为所造成的损害结果均表现为过失的共同侵权。其中的共同过失，既可以表现为共同的疏忽大意过失，又可以表现为共同的过于自信过失，还可以表现为有的出于疏忽大意有的出于过于自信的共同过失。例如，一名3岁的男孩被大人扔在车内玩耍，因为停车前，司机乔某将车熄火后没有摘挡，也忘记拔钥匙。车内男孩不慎将车启动，撞死路过车前的5岁男孩。乔某下车时忘记拔下汽车钥匙，亦忘记拉手制动；而孩子母亲周某，放任3岁的男孩一人留在车内自己玩耍，结果酿成大祸，因此司机与3岁孩子的监护人事先并无撞死路过车前的5岁男孩的合意，但他们都对撞死路过车前的5岁男孩的后果在主观上存在过失，可以认为他们具有共同的过失。

数个行为人共同从事某行为，存有共同的疏忽大意过失、共同的过于自信过失或有的出于疏忽大意有的出于过于自信的共同过失而造成他人损害。这里强调数个行为人的过失必须具有"共同"的性质，也就是说，数个行为人对同一损害结果都存在共同的疏忽大意或过于自信，否则属于各个行为人分别的过失，构成无意思联络数人侵权。例如，甲、乙两人用扁担共挑一重物上山。甲表示担心扁担承受不了这么重的东西而断裂，导致重物滚落伤人。乙对甲表示扁担是新买的，承重没问题。甲觉得乙说的也有道理。后在上山过程中，扁担断裂，重物滚落，砸伤后面行人。① 在这个实例中，甲、乙对丙的伤害具有共同过失，构成共同侵权。

（二）共同过失的主要特点

（1）数个行为人的过失虽具有"共同"的性质，但数个行为人并不存在意思联络。也就是说，数个行为人并没有事先的"通谋"。

（2）数个行为人在实施某种行为时，其对结果具有共同的可预见性。也就是说，各共同行为人都必须对其所实施的行为造成的同一损害后果具有一定的认识，能够预见到损害结果的发生。

---

① 该实例来源于张永兵关于2018年国家统一法律职业资格考试的内部资料《民法·精讲》，第335页。

(3) 因为数个行为人共同的疏忽大意或者过于自信，而没有能够避免损害结果的发生。例如，两人共同抬石头，相互询问，相信绳子足够结实，石头不会掉落，结果石头掉落砸伤了他人。此时，数人已经预见到损害结果可能发生，但是基于共同的过于自信的过失而导致损害结果仍然发生，因此，二行为人构成共同过失的共同侵权。再如，二人相约在公路上飙车，其中一人的汽车撞伤行人，该二人虽然没有共同的意思联络，但是其对结果的发生具有共同的过失。对行为人共同过失的确定，主要应依客观标准而不是主观标准。特别是在共同过失的确定中，客观标准具有更重要的作用。例如，各行为人对损害结果是否应该具有共同的认识和预见，要根据一个合理的、谨慎的人是否应该预见和认识损害结果来加以判断。至于某个行为人因其自身的智力、能力、反应力等主观因素障碍使其难以预见损害结果，不妨碍过失的成立。在判定行为人是否具有共同过错时，即使对于没有直接实施侵害行为的教唆人来说，也应该根据教唆人的教唆行为以及客观环境来考查其主观状态。

四、故意与过失的结合

共同侵权行为除了数个行为人存在共同故意或共同过失之外，还存在一种故意与过失的结合，也就是说，数个行为人共同从事某行为，有的行为人存在故意，有的行为人存在过失。例如，甲、乙两人用扁担共挑一重物上山。甲表示担心扁担承受不了这么重的东西而断裂，导致重物滚落伤人。乙觉得扁担很可能会断裂，但因为后面跟着的一个行人丙是自己的仇人，希望扁担断裂后所挑重物砸伤丙，于是对甲表示扁担是新买的，承重没问题。甲觉得乙说的也有道理。后在上山过程中，扁担断裂，重物滚落，砸伤后面行人。在这个实例中，甲存在过失，乙存在故意。

第三节 共同危险行为

一、共同危险行为的概念

共同危险行为，又称准共同侵权行为，指数人共同实施有侵害他人权益之危险性的行为，以致造成对他人的损害，但是不能确定数人中究竟谁是真正的加害人，而令该数人承担连带赔偿责任的情形。《民法典》第1170条规定："二人以上实施危及他人人身、财产安全的行为，其中一人或者数人的行为造成他人损害，能够确定具体侵权人的，由侵权人承担责任；不能确定具体侵权人的，行为人承担连带责任。"例如，甲、乙、丙三人打猎，同时朝一个目标射击，结果有一颗子弹打中了行人，但不知道该子弹具体由谁发射。再如，数人在旅馆抽烟，随地乱扔烟头而导致旅馆着火，但不能确定何人所扔的烟头导致火灾。严格说来，在共同危险行为中，有些行为人的行为与损害结果之间并没有事实上的因果关系，按照责任自负的原则本不应承担责任，但是法律为了保护受害人，责令共同危险行为人承担连带责任。故而共同危险行为也称为准共同侵权行为。共同危险行为的核心：多个危险行为中，只有一人或一部分人的行为导致了损害结果的发生，但实际侵害行为人不能确定。至于各行为人之间是否存在意思联络，在所不问。

二、共同危险行为的构成要件

（一）数人实施危及他人人身安全或者财产安全的行为

共同危险行为仍然是数人侵权的一种形态，无论是共同危险行为还是共同侵权行为，都是数个人实施的行为，但共同危险行为与狭义的共同侵权行为不同。在狭义的共同侵权行为中，行为人基于共同过错实施行为，尽管他们的分工不同，但是，各个行为人都参与了侵权行为的实施。而在共同危险行为中，各个行为人都从事了危及他人财产或人身的危险活动，但还不能认为都实施了侵权行为，因为部分人没有实际造成损害，损害只是其中的一人或部分人所致。正是因为这一原因，《民法典》第1170条将共同危险行为规定为二人以上实施危及他人人身、财产安全的行为，而没有采用"实施共同侵权行为"的提法。

（二）共同危险行为人主观上没有共同的故意

对于危险行为实施主体的主观方面，有的认为，让数人危险行为承担连带责任的内在根据在于行为人之间具有共同过错，且这种共同过错只能表现为共同过失，即共同疏于对他人权利保护的义务。但立法参与人员研究认为，该责任来源于2003年通过、2020年修正前的《审理人身损害赔偿案件解释》第4条关于"二人以上共同实施危及他人人身安全的行为并造成损害后果，不能确定实际侵害行为人的，应当依照民法通则第一百三十条规定承担连带责任。共同危险行为人能够证明损害后果不是由其行为造成的，不承担赔偿责任"的规定，目的在于防止因受害人无法证明均实施了可能造成损害结果发生的危险行为人是否为实际造成损害的行为人而致使受害人请求权落空、损害的利益无法得到补救的现象出现，[1] 为此并不要求行为人之间具有共同的过错。其实，基于共同过错包括共同过失实施的危险行为，属于一个整体行为，即使由其中一人或者部分人实施的危险行为造成损害，也为共同侵权，应当承担连带责任。对此，"无论如何，共同行为人实施相应行为时应当无意思联络，否则就构成共同侵权。当然，这里强调的意思联络，应该侧重于对追求或者放任损害后果的发生方面没有意思联络"[2]。如多人约定在高速公路上飞车，其中一人驾驶的车辆撞向他车，此时构成的不是数人危险行为侵权责任，而是共同侵权责任。又如，甲、乙、丙3人上山打猎，所持猎枪型号相同，正在3人埋伏等待猎物经过时，甲看到其仇人丁经

---

[1] 石宏主编：《〈中华人民共和国民法典〉释解与适用（人格权编侵权责任编）》，人民法院出版社2020年版，第133页。

[2] 最高人民法院民法典贯彻实施工作领导小组主编：《中华人民共和国民法典侵权责任编理解与适用》，人民法院出版社2020年版，第72页。

过,甲跟乙和丙讲,丁是我仇人,咱们一起打死他,将来出事了咱们就说没看清楚,以为是野兽,乙和丙表示同意。于是3人同时开枪射击,结果有一颗子弹打中丁,致其死亡。此时,即使不能查明丁被谁射击的子弹致死,亦因具有共同故意而构成共同侵权,应当承担连带责任,而不是以致害不明的数人危险行为承担连带责任。

（三）侵害人在一个相对确定的范围内,但不能判明

其含义是：真正的侵害人仅为实施危险行为的一人或者一部分人,而非每个共同危险行为人的行为都导致了实际的损害后果；不能确定谁是真正的侵害人；侵害人在一个相对确定的范围内。例如,甲、乙、丙3人在河边用石子玩打水漂游戏,比谁打得更远。正好有一个小孩丁在河对岸玩耍,被打过来的一块石子击伤眼睛。此例中,丁的损害事实上是由甲、乙、丙中某一个人扔出的石子造成的,如果不能确定究竟是由谁造成的,则甲、乙、丙的行为构成共同危险行为。

（四）各个共同危险行为大多都具有时间和空间上的同一性

各个共同危险行为大多都具有时间和空间上的同一性。所谓时间上的同一性,就是指各个共同危险行为人同时实施了该行为。所谓空间上的同一性,是指各个危险行为人实施该行为的地点大体相同。当然,在例外情况下,各个共同危险行为人也可能是在不同时间和不同地点实施的行为。例如,在除夕夜,5人一起在街头放花炮,路人甲在途经过程中,左手不幸被花炮击中,但由于所放花炮都是一样的,无法确认5人中到底哪一方致其损害,此这种情况下,构成共同危险行为,就有可能存在时间和空间上的差异,但这只是特例情况,并不能否认大多数情况都具有时间和空间上的同一性,而且这种差异也仅限于相对范围。

三、共同危险行为的免责事由

对于共同危险行为人的免责事由,存在着两种不同的规则：其一,认为共同危险行为人之一能够证明自己的行为与损害结果之间没有因果关系的,可不承担赔偿责任。其二,认为共同危险行为人之一能够证明自己的行为与损害结果之间没有因果关系的,不能免除责任,只有能够证明谁是真正的侵权人的,才能够免除责任。《民法典》采取第二种规则,其第1170条规定："二人以上实施危及他人人身、财产安全的行为,其中一人或者数人的行为造成他人损害,能够确定具体侵权人的,由侵权人承担责任；不能确定具体侵权人的,行为人承担连带责任。"其中的"能够确定具体侵权人"具有两层含义：一是指共同危险行为人必须能够证明谁是真正的行为人,不能仅仅证明自己的行为与损害结果之间没有因果关系而免责。因为假如每个行为人都可以证明自己的行为和损害结果之间没有因果关系而免责,则可能导致受害人无法获得救济。二是指法院经过查证能够确定具体的侵权人。如果法院在审理案件的过程中,经过调查取证,可以明确具体的侵权人,则应由具体的侵权人承担责任。依据该条的规定,如果能够确定具体侵权人,在具体侵权人只是一人的情况下,该共同危险行为

就转化为单独侵权；如果是数人，就转化为共同侵权。因此，共同危险行为人能够免责的抗辩事由就是确定具体的侵权人。在查明具体侵权人之前，共同危险行为人不得主张自己的行为与损害结果之间没有因果关系而免责。①

四、共同危险行为的责任承担

根据《民法典》第1170条的规定，共同危险行为的责任承担具体包括以下三种情形：

（1）危险行为人中能够确定只有一人行为造成损害的，由确定的该侵权人单独承担全部侵权责任。

（2）危险行为人中能够确定两人以上的侵权行为造成损害的，由确定的该数个具体侵权人承担侵权责任。具体如何承担责任，还要结合侵害的具体情况及其他法律规定确定：（1）数人的行为具有共同过错或者非过错的意思联络而由其行为直接结合造成他人损害的，属于共同侵权，应当相互承担连带侵权责任；法律有特别规定的，适用特别规定。（2）数人的行为不属于共同侵权，而属于分别实施的仅因行为间接结合造成他人损害的，则承担分别侵权责任，这时还需结合《民法典》第1169条、第1171条、第1172条关于分别侵权责任等的规定。

（3）危险行为人中只有部分人的危险行为转化为造成他人损害的实害行为，并无法确定具体侵权人的，由所有危险行为人承担连带侵权责任。这样，至少要有一人的危险行为没有转化为实害行为而成为损害的原因。但对这种情况的认定，不能让危险行为人通过反证自己的行为根本没有转化为实害行为的方法加以证明，而是要根据案件的损害事实与行为之间的关系确定不可能由全部危险行为转化为实害行为。如3人打猎向同一人开枪致人受伤，而受害人身上只有一个弹孔说明只有一人的开枪行为转化为实害行为，而不能认为某开枪人的行为根本不可能造成他人损害，将之排除于侵权人之外，从而不承担侵权责任，进而确定只有部分危险行为转化为实害行为。又如，3人打猎向同一人开枪，因为属霰弹枪致人死亡，身上有多个弹孔，无法确定系由其中的1人、2人还是3人所致，即是否由全部危险行为人的行为形成无法认定时，为不让可能形成实害的人逃脱责任，还是应当按照证据不足认定系全部危险行为人的行为，于是属于部分危险行为转化为实害行为，要按本责任进行调整。为此，在本责任中，全部危险行为转化为实害行为，要以具有确实充分证据证明为前提，不能充分证明所有危险行为转化为实害行为的，则适用本责任的规定；能够充分证明的，则按照《民法典》第1168条、第1171条、第1172条等规定的具体侵权责任的情况进行处理。

---

① 王利明：《侵权责任法》，中国人民大学出版社2021年版，第111页。

第四节 教唆、帮助行为的侵权责任

一、教唆、帮助的概念及其侵权责任的构成要件

（一）教唆、帮助的概念

所谓教唆，是指对没有实施侵权行为意图的他人通过劝导、说服、授意、指示、威胁、恐吓、刺激、激将、怂恿、收买、利诱等手段，故意制造、引起他人产生侵权意图并予实施而致人损害的行为。教唆既可以采取口头的方式进行，又可以采取书面、图示、音频、视频的方式进行，还可以通过微信发布、网络传播等方式进行；既可以当面教唆，又可以非当面教唆；既可以公开教唆，又可以暗地教唆；等等。不论方式如何，只要针对没有实施某种侵权意图的人进行教唆，而使人产生了被教唆侵权的意图并予以实施的，便可构成教唆侵权而应依法承担侵权责任。所谓帮助，是指明知或者应知他人实施侵权行为而仍为之采取出谋划策、提供工具、指示目标、透露信息、放风警戒、进行掩护、鼓动激励等方法，提供物质上或者精神上的帮衬、资助的行为。帮助既可以在事前进行，如为之提供有利于侵权实施的条件、进行策划指导、购买工具、打听窥探受害人行踪、指认侵权对象、指示侵权路线、打气鼓励、透露有关信息、提供侵权资金等，又可以在事中进行，如将侵权人送往侵权现场、为侵权行为的实施排除障碍如将受害人守门的狗打死、在侵权人进行侵权时放风警戒、有人进入侵权现场时予以阻止并给侵权人提醒等，还可以事后进行，如运输侵权工具与所得、事前应允销售侵权所得、掩盖包庇侵权等。不论是事前还是事中乃至事后帮助，只要明知或者应知他人实施侵权行为而提供帮助的（事后帮助一般要求出于共同故意），便可构成帮助侵权而需要依法承担侵权责任。

（二）教唆、帮助侵权责任的构成要件

1. 侵权责任主体方面要求侵权民事关系主体须为两人以上

教唆、帮助侵权中，就侵权民事关系主体而言，并非一定为两人以上，如教唆、帮助无民事行为能力人、限制民事行为能力人实施加害行为，其监护人又尽到了监护职责的，则侵权民事关系主体就只有教唆、帮助侵权人，实施加害行为的无民事行为能力人、限制民事行为能力人则不能成为侵权人，但侵权民事关系主体与加害主体相加，则应为两人以上。

关于教唆、帮助侵权人，是否构成共同侵权人的问题，一些国家和地区明确对此作了肯定。如《德国民法典》第830条第2款规定："造意人及帮助人，视同共同行为人。"[①] 瑞士、日本、韩国的民法典均将两者作为共同侵权加以规定。我国《民法典》第1169条规定："教唆、帮助他人实施侵权行为的，应当与行为人承担连带责任。教唆、帮助无民事行为能力人、限制民事行为能力人实施侵权行为的，应当承担

---

① 《德国民法典》，台湾大学法律学院、台大法学基金会编译，北京大学出版社2016年版，第736页。

侵权责任；该无民事行为能力人、限制民事行为能力人的监护人未尽到监护职责的，应当承担相应的责任。"可见并未明确教唆、帮助侵权人属于共同侵权人。事实上，当一人教唆、帮助无民事行为能力人、限制民事行为能力人实施加害行为且其监护人尽到了监护职责的，作为狭义侵权责任主体的就是教唆、帮助侵权人，也自无构成共同侵权的可能。即使监护人没有尽到监护职责且存在教唆、帮助行为的，《民法典》第1169条第2款的规定也是将这种情况作为单独的侵权责任要求教唆、帮助侵权者承担责任，而非与加害人或者监护人承担连带责任。当然，这里的侵权指的是狭义的共同侵权，而非广义的共同侵权。也就是说，在是否构成共同侵权的问题上，共同侵权人不包括加害人这一广义的侵权人在内。

2. 主观方面要求教唆、帮助侵权者出于故意

如前所述，尽管法律并未对教唆、帮助侵权人的主观方面作出明确要求，但其主观上的过错是明显的。

就教唆侵权人而言，其故意表现为明知自己的行为会引起没有侵权意图的他人产生实施侵权的意图，并希望或者放任他人实施侵权意图的产生，与此同时，亦明知他人一旦实施自己所教唆的行为就会引起他人损害结果的发生，且希望或者放任这一损害结果发生。过失不存在让他人产生侵权意图的主观目的的可能，于是不能构成教唆侵权。如果没有教唆他人实施侵权的故意，只是由于言行不慎而引起了他人实施侵权的意图，即使存在过失，也不能以教唆侵权论处。

对帮助侵权人来说，一般要求明知他人实施的为损害他人的侵权行为而仍决意为之提供各种各样的有利于侵权行为实施、进行、实现等的行为。其中的明知，既包括事实上已经知道，又包括根据行为实施的具体情况应当知道，但不能将应当知道而实际并不知道的情况理解为出于疏忽大意而没有预见的过失。对此，司法解释已经多次明确，如《关于办理生产、销售伪劣商品刑事案件具体应用法律若干问题的解释》（法释〔2001〕10号）第9条就规定："知道或者应当知道他人实施生产、销售伪劣商品犯罪，而为其提供贷款、资金、账号、发票、证明、许可证件，或者提供生产、经营场所或者运输、仓储、保管、邮寄等便利条件，或者提供制假生产技术的，以生产、销售伪劣商品犯罪的共犯论处。"

3. 客观行为方面要求具有教唆、帮助他人实施侵权的行为

毫无疑问，没有教唆、帮助侵权行为，固然不可能构成教唆、帮助侵权，由此也无法成立教唆、帮助侵权责任的问题。何谓教唆、帮助侵权，前面已经作了介绍，需要注意的是：

（1）教唆、帮助侵权的对象。① 为人而非可以活动的动物，如挑逗、刺激、惹怒动物致人损害的，不属于教唆侵权致人损害。② 一般为特定范围内的人，既可以是一人，也可以是多人。针对非特定人，一般不可能构成教唆、帮助侵权。然而随着科学技术的发展，人与人之间的相互联系已与传统完全不同，教唆、帮助侵权的方式及其影响范围业已发生很大变化。如通过微信、网络等现代化传播手段向不特定人悬赏杀害他人，或者明知某一地区某种品牌的假酒泛滥，而对该地区此品牌的假酒进行广告

宣传背书致使消费者大量购买，这种针对不特定人进行教唆、帮助的行为，是否属于教唆、帮助侵权，值得考量。

(2) 教唆、帮助侵权的内容。一般来说，教唆故意内容应当明确、清楚而确定，即教唆侵权对其所希望或者放任他人产生的实施某种侵权的意图以及实施何种侵权行为应当明确、清楚，同时被教唆人也明白、清楚所教唆的内容。当然，明确、清楚、确定并不等于所教唆的内容乃属唯一且一定具体至某种侵权。有时，教唆他人实行侵权，就可能不太具体。如甲企图损害乙，教唆丙侵犯之，丙无论是伤害乙还是抢劫乙或毁坏乙的财产甚至杀害乙等，甲均可构成教唆侵权。这时，如果丙将乙杀死，甲就构成故意杀人的教唆侵权，如果丙将乙的房子放火烧掉，甲就构成放火或者故意毁坏财物等的教唆侵权。

(3) 被教唆、帮助侵权的实施。教唆、帮助侵权，不仅要求教唆、帮助侵权人对他人实施了教唆、帮助侵权的行为，而且要求被教唆、帮助人实施了所教唆、帮助的侵权行为。倘若被教唆、帮助的侵权人没有实施所教唆、帮助侵权行为，而是实施了教唆、帮助侵权之外的行为，或者虽然实施被教唆、帮助行为但并未给他人造成损害，也不构成教唆、帮助侵权而让教唆、帮助侵权人承担所谓的侵权责任。

4. 客观后果方面要求他人具有危害

没有他人危害的存在，不符合所有侵权行为后果的要求，不能构成侵权责任，教唆、帮助侵权责任也不例外。至于危害，一般是指给他人造成的实际损害。这种损害，不论是人身损害还是财产损害或者精神损害，均不影响责任的成立。没有造成实际损害，如被教唆、帮助实施的侵权行为已经危及他人人身、财产安全的，理论上也可以构成教唆、帮助侵权责任，但承担连带责任似有问题。

5. 因果关系方面要求教唆、帮助侵权与被教唆、帮助的侵权和他人危害结果之间存在着因果关系

(1) 被教唆、帮助的侵权与对他人的危害存在着因果关系，也就是该被教唆、帮助的侵权乃属于他人危害结果的原因。固然，这种原因既可以是全部原因，也可以是部分原因；既可以是唯一原因，亦可以是非唯一原因。对于他人的损害结果，被教唆、帮助的侵害或加害行为属于其产生的其中原因，教唆、帮助侵权也是该损害结果发生的其中原因，两者之间存在因果关系。

(2) 教唆、帮助侵权与被教唆、帮助侵权直接结合构成了他人危害的共同原因。从表面上看，对他人的危害仅为被教唆、帮助的侵权直接所致，实际上乃是教唆、帮助侵权与被教唆、帮助侵权共同结合形成。后者对于前者的形成、进行、发展均具有或大或小的作用，有的甚至起着极为重要的作用，我国历来就有"造意者为首"的说法。同时，这种教唆、帮助侵权与被教唆、帮助侵权结合，已经形成了一个统一的不可分割的整体，它们对他人损害结果的作用也无法分离区分，共同构成了他人损害发生的其中原因。

二、教唆人和帮助人的责任承担

(一)教唆、帮助完全民事行为能力人侵权的连带责任

教唆、帮助侵权人与被教唆、帮助侵权的完全民事行为能力人如果具有共同故意,构成共同侵权,自应承担连带责任;帮助侵权人与被帮助的完全民事行为能力人,尽管有时不具有共同的侵权故意,如他人实施侵权,帮助侵权人在背后提供帮助,他人对帮助侵权人及其进行的帮助侵权并不知情,谈不上两者具有共同故意或者意思联络,然帮助侵权与他人侵权之间直接结合,形成了一个整体,共同对受害人权益发生作用并致该权益遭受损害,于是也应与侵权人承担连带责任。所以,《民法典》第 1169 条第 1 款规定:"教唆、帮助他人实施侵权行为的,应当与行为人承担连带责任。"

(二)教唆、帮助侵权人对无完全民事行为能力人实施加害的非连带责任

《民法典》第 1169 条第 2 款规定:"教唆、帮助无民事行为能力人、限制民事行为能力人实施侵权行为的,应当承担侵权责任;该无民事行为能力人、限制民事行为能力人的监护人未尽到监护职责的,应当承担相应的责任。"据此可得出:

(1)被教唆对他人加害的无民事行为能力人、限制民事行为能力人不承担侵权责任。他们完全没有或者没有完全的意思表示能力,尤其是无民事行为能力人,其对自己的民事行为完全没有辨别、决定、控制能力,不了解自己行为的后果。因此,法律未将之规定为侵权责任主体而对自己给他人的加害承担所谓的侵权责任。

(2)教唆、帮助侵权人教唆无民事行为能力人、限制民事行为能力人加害致人损害的,承担独立的全部责任。如上所述,被教唆、帮助侵权的无民事行为能力人、限制民事行为能力人不属于侵权责任主体,不承担侵权责任,教唆、帮助侵权人自然无法与之构成共同侵权并相互承担连带责任。其实,在被教唆、帮助人为无民事行为能力人、限制民事行为能力人的情况下,由于他们对侵权行为及其责任构成缺乏必要的辨别、决定、控制的意思表示能力,他们实施加害行为只是教唆、帮助人实现自己欲给他人造成损害意图的手段。当被教唆、帮助人为无完全民事行为能力人,"教唆人、帮助人实际上是利用被教唆、帮助人的身体动作作为侵害他人权利的方式,来实现其非法目的,被教唆、帮助人在这里类似于他们实施侵权行为的工具"[①]。

(三)无民事行为能力人、限制民事行为能力人的监护人未尽到监护责任的,应当承担相应的责任

无民事行为能力人、限制民事行为能力人由人教唆、帮助实施加害行为的,教唆、帮助侵权人依法单独全部承担侵权责任。与此同时,该无民事行为能力人、限制民事行为能力人的监护人未尽到监护职责的,根据《民法典》第 1169 条第 2 款的规定,也应当承担相应的责任。此规定于是排除了教唆、帮助侵权人与监护人之间连带

---

① 最高人民法院民法典贯彻实施工作领导小组主编:《中华人民共和国民法典侵权责任编理解与适用》,人民法院出版社 2020 年版,第 63—64 页。

责任的适用，他们之间存在的是分别责任。

监护人承担相应的责任。所谓相应的责任，是指监护人应依据其过错的大小，在其过错范围内承担相应的责任。过错的范围要根据法律规定的监护职责以及案件中诸如加害人的行为能力和教唆、帮助人在加害行为中所起的作用等综合认定。一般来说，被教唆、帮助的为无民事行为能力人的，监护人承担的职责较轻；为限制民事行为能力人的，监护人的职责则较重。因为与无民事行为能力人相比，限制民事行为能力人对自己的行为具有一定程度的判断力与理解力，监护人对其进行监护的难度相对较小，故对限制民事行为能力人认定"未尽到监护职责"时，相对于对无民事行为能力人认定"未尽到监护职责"而言，应当更为宽松。

这里"相应的责任"不是监护人与教唆、帮助人之间的连带责任。首先，连带责任应建立在共同过错的基础上，而监护人承担责任的原因是未尽到监护责任，是消极的不作为，而非积极的作为，其对加害行为的发生往往并不知情，和教唆、帮助人之间在主观上没有共同过错。其次，连带责任的认定需要有法律的明确规定或当事人的特别约定，而《民法典》第1169条第1款明文规定了"连带"，但第2款没有规定"连带"，故从立法本意出发不应理解为连带责任。

第五节　分别侵权责任

一、分别侵权责任与共同侵权

所谓分别侵权，也称无意思联络的数人侵权，是指数个行为人并无共同过错而因为行为偶然结合致受害人遭受同一损害。《民法典》第1171条规定："二人以上分别实施侵权行为造成同一损害，每个人的侵权行为都足以造成全部损害的，行为人承担连带责任。"第1172条规定："二人以上分别实施侵权行为造成同一损害，能够确定责任大小的，各自承担相应的责任；难以确定责任大小的，平均承担责任。"这两条规定都是对分别侵权的规定，分别侵权与共同侵权行为不同，主要区别体现在主观方面行为人是否有意思联络，也就是说是否事先通谋，即各行为人事先是否具有统一的致他人损害的共同故意。具体来讲，分别侵权主要有以下几个特点：

1. 主观方面行为人表现为不具有共同过错

从主观方面来看，分别侵权的责任主体之间不能具有意思联络，既不能具有共同故意，也不能具有共同过失，还不能具有非共同过错意思联络，所以，分别侵权也称无意思联络的数人侵权；而共同侵权，责任主体之间则既可以具有共同故意，又可以具有共同过失，还可以具有非共同过错意思联络。这样，凡具有共同过错或者非共同过错意思联络的，不可能构成本责任，只能构成共同侵权责任。

2. 客观行为方面表现为各行为人的行为偶然结合造成对受害人的同一损害

《民法典》第1171条和第1172条都规定，分别侵权是二人以上分别实施侵权行为造成同一损害。所谓偶然结合，是指由于数人在主观上无共同过错，只是因为偶然因素致无意思联络的数人的各行为结合在一起，造成同一损害后果。这里的同一损害结果，并非只能是对某一个民事权益的损害，即结果不具有唯一性，如损害结果或是受伤、被杀或是财产被损等。它乃是相对各复合侵权行为来说的，各复合侵权行为的损害结果是一样的，而非不同的。如分别交通肇事撞向同一辆车，造成车毁、两人死亡、三人受伤，其损害结果则包括财产损害、人身损害，人身损害又包括两人的死亡、三人的受伤，损害的权益及其结果均非唯一，但对分别交通肇事来说，则属共同的损害结果，具有同一性。因此，分别侵权与共同侵权虽然都在结果上造成同一损害，但前者主观上并不存在共同过错，只是行为的偶然结合造成而已。

3. 责任主体实施的侵权行为乃为分别进行

所谓分别进行，系指基于各自的主观意图分别实施。不同时空下即在不同的时间或者不同的地点分别实施的侵权行为，固然可以构成分别侵权；在同一时空下即相同的时间与地点，基于各自没有任何意思联络即在行为完成前乃至结果发生前并未相互意识到对方侵权行为的存在，也可构成分别侵权。若为在同时同地或者不同时间、不同地点基于共同的过错或者相互的意思联络实施的侵权，则因主观意思的联络而将各行为联系在一起构成一个统一的不可分割的行为，属于共同侵权，而不是分别侵权。所以，共同侵权与分别侵权的关键区别不在于是否在同一时空下进行，而是在于主观上是否存在关联性，是否具有共同过错或者在无共同过错的情况下是否存在主观意思联络，包括是否在行为实施前、行为完成前、损害发生前对各自的行为存在相互的意识，如有则不构成分别侵权，而是构成共同侵权。

4. 分别侵权的责任方式为连带责任或按份责任

由于分别侵权的主要特点在于因果关系的多样性与复杂性，数个行为的偶然结合造成了同一损害，因而在因果关系认定上具有特殊性。一是《民法典》第1171条规定的累积因果关系（也可以称为聚合的因果关系），如果各个行为都足以造成全部损害的发生，各个行为人对外要承担连带责任。二是《民法典》第1172条规定的部分因果关系，在此情形下，各个行为人应当按照过错程度和原因力分别承担责任。这就是说，分别侵权情况比较复杂，不能简单地按照一般共同侵权的规则处理，而应当根据具体情况分别确定不同的责任。

二、充分原因累加致害分别侵权责任

（一）充分原因累加致害分别侵权的概念

充分原因累加致害分别侵权，也称原因力竞合的无意思联络数人侵权或充分原因偶然竞合侵权，是指两个或者两个以上相互独立的致害原因（通常是人的侵权行为，也可以是其他原因）对损害的发生都起到了作用。就单个致害原因而言，它"足以"导致损害的发生；就全部致害原因而言，它们之间相互独立，发生作用时互不依赖、互不关联；就损害而言，只是发生了一个损害，即同一损害。致害的多个原因导致同一损害发生，每个致害原因都足以造成全部损害的发生，致害原因在客观上具有独立性，致害人在主观上也具有独立性（不存在共同的故意或者过失），谓之"充分原因累加致害分别侵权行为"。例如：甲养有一条烈犬，而被其邻居乙和丙痛恨，他们俩都想把这条烈犬除掉。在未经"通谋"的情况下，在很接近的时间里，乙和丙分别给该烈犬投下含有大剂量毒药的食物（每人投毒的量都足以毒死该烈犬）。烈犬吃完两份有毒食物（不分先后）即暴毙。此时乙和丙的行为构成充分原因累加致害分别侵权或称原因力竞合的无意思联络数人侵权。

（二）充分原因累加致害分别侵权责任的构成要件

（1）须有两个以上的加害人（侵权行为人），即主体具有复合性。主体具有复合性这一特点其实与共同侵权行为、共同危险行为的责任构成要件是一样的。数人侵权责任理所当然地强调主体必须是二人或二人以上。

（2）加害人主观上没有共同故意，也没有共同过失，只是因为偶然的因素使无意思联络的各个行为结合而造成同一损害结果。我们所说的"充分原因累加致害分别侵权"或"原因力竞合的无意思联络数人侵权"，并不意味着，数人实施侵权行为仅仅指加害人主观上无意思联络，而是指加害人没有共同过错。所以，充分原因累加致害分别侵权行为，并非仅仅与共同故意相对应，它同时也不包括各行为人之间的共同过失。首先，各加害人主观上无意思联络。所谓意思联络，是指事先通谋，即各加害人事先具有统一的致他人损害的共同故意。其次，各加害人主观上也没有共同过失。充分原因累加致害分别侵权的共同加害人通常并没有任何身份关系和其他联系，彼此之间甚至互不相识，因而不可能认识到他人的行为性质和后果。尤其是各加害人不能预见到自己的行为会与他人的行为发生结合并造成对受害人的同一损害，所以充分原因累加致害分别侵权的数个行为人彼此间主观上没有共同的预见性。然而在共同侵权的情况下，共同过错是其本质的特征。若各行为人能够预见和认识到自己的行为必然会与他人的行为结合，并造成对受害人的同一损害，则构成一般共同侵权。需要指出的是，在充分原因累加致害分别侵权的数人侵权中，虽然数个加害人没有共同过错，但是可能每个人主观上都具有过错。

（3）加害人的行为都对受害人造成了损害，且造成同一损害。如果造成的不是同一损害，不适用该条规定。一方面，所谓造成同一损害，是指数个行为造成的损害结果不可分，即数个行为仅仅造成一个损害结果，而不是造成数个独立的损害结果，如果造成数个可以分离的损害结果，则构成数个单独的侵权行为；另一方面，这些独立的侵权行为，可能是同时进行，也可能是先后进行，但是无论采取何种形式，每个行为人的行为都与损害之间存在因果关系。

（4）每个加害人的行为都足以造成全部的损害。这里的"足以"并不是指每个侵权行为都实际上造成了全部损害，而是指即便没有其他侵权行为的共同作用，单个侵权行为也完全可以造成这一损害后果。即每个行为都构成损害结果发生的充足原因。所谓充足原因，是指按照社会一般经验或者科学理论认为可以单独造成全部的损害后果发生的侵权行为。一方面，充足原因的判断标准是一般社会经验，也包括根据科学理论作出的判断；另一方面，该侵权行为能够造成整个损害后果，而不是部分后果，否则该损害就可以被视为可分的损害。换言之，同时存在的各个加害人的行为，其中任何一个行为均足以导致全部损害结果的发生。由于每个行为都可以导致损害结果的发生，所以要求每个加害人都承担连带责任，实际上是合理的，对行为人也是公平的。

（三）充分原因累加致害分别侵权的连带责任

有些国家的法律对充分原因累加致害分别侵权行为人的责任规定了"不真正连带责任"，这是基于因果关系等因素的考虑，包括每一个行为人的行为都足以导致损害的发生，让他承担全部赔偿责任并不冤枉；由于行为人之间缺乏意思联络，行为人故不承担连带责任，一个行为人承担全部赔偿责任之后不得向其他行为人追偿；由于数个行为仅仅造成一个损害结果，而不是造成数个独立的损害结果，受害人因此只能得到一份赔偿，而不能得到多份赔偿，也就是只能向其中一个行为人提出全部赔偿请求等，认为各分别侵权人应当独自全部承担损害责任，即不承担连带侵权责任，而是分别承担不真正连带侵权责任。

《民法典》则不赞成适用不真正连带责任，理由是：（1）对受害人所遭受的损害不利于及时充分救济。如果错误地选择了一个赔偿能力较低的行为人作为侵权人，那么，就将面临因为执行不能造成受害人合法权益得不到及时充分救济的困境。尽管可以再向其他不真正连带责任人主张，但必增加诉讼负担；即使同时向不真正连带责任人主张损害赔偿权利，亦因属于分别之诉需要缴纳多次诉讼费，若不并案处理，则要走多道诉讼程序，自然不利于受害人损害的及时充分救济。（2）对于数个侵权行为人而言，有的全赔，有的逍遥于赔偿责任之外，也不尽公平。（3）各复合充分行为实施人的侵权行为虽是分别实施然它们之间共同累加结合造成了同一损害结果的发生，构成了同一损害结果的共同原因，它们之间存在着内在的联系，让各侵权行为人承担连带侵权责任，更能体现这种联系。在各侵权人均应负全部责任这一前提下，让其承担连带责任，实际也未加重应负的责任。《民法典》第1171条的规定即据此作出。当然，这是法律对充分原因累加致害责任的一般规定，法律若有特别规定的，自然应依特别规定。

二、部分原因聚加致害分别侵权责任

（一）部分原因聚加致害分别侵权的概念

行为之间不具有主观上的关联性（共同故意或共同过失），各个侵权行为相互独立，每个人的行为单独都不足以导致最终损害结果的发生，但加害行为结合在一起，共同造成了一个不可分割的损害结果，称为部分原因聚加致害分别侵权，也称原因力结合的无意思联络数人侵权。例如：除夕之夜，某孩童甲在某小区门口放花炮，乙在临近该门口的马路上放花炮。路人丙在经过该小区门口时，左手背不幸被甲所放的花炮击中，手背表皮被爆破出血，但见是孩童玩耍，没有追究孩童责任并随即离开准备回家包扎。但在其随后经过附近的马路时，左手背再次被乙的花炮击中，伤情加重，共花去医疗费用800元，但丙无法证明在两个地方的不同伤害行为的原因力大小。再如，数家企业向河流排污，每家单独排污都不能造成损害结果的发生，但几个排污行为结合在一起，就导致了损害结果的发生。以上两个实例就属于部分原因聚加致害分别侵权。

(二) 部分原因聚加致害分别侵权责任的构成要件

(1) 有两个以上的加害人（侵权行为人），即主体具有复合性。主体具有复合性这一特点其实与共同侵权行为、共同危险行为的责任构成要件是一样的。数人侵权责任理所当然地强调主体必须是二人或二人以上。

(2) 加害人主观上没有共同故意，也没有共同过失。在部分因果关系中，数个加害人事前并没有意思联络和共同过失，只是行为的偶然结合导致损害结果的发生，与充分原因累加致害分别侵权行为的因果关系一样。由于此种情况要承担按份责任，所以，它是最典型的分别侵权。

(3) 加害人的行为都对受害人造成了损害，且造成同一损害。如果造成的不是同一损害，不适用《民法典》第1172条规定。一方面，所谓同一损害，是指数人实施的行为只造成了一个结果，而不是数个结果。因此，在部分因果关系中，常常需要确定数个行为是否造成了损害结果，如果部分行为与损害结果没有因果联系，或者某个行为造成的损害极其轻微，即不构成部分因果关系。例如，在前例中，如果丙在两个地点遭受伤害的分别是左手和右手，则不属于"同一损害"，应当按照分别行为处理。另一方面，各个行为人的行为与损害结果之间存在因果联系。需要注意的是，这里的因果关系是各个行为作为一个整体与损害结果之间存在的因果关系，而不是每个行为与损害结果之间的因果关系，这也是部分因果关系存在的原因所在。例如，某人在撞伤他人后，该受害人又被他人打伤。如果受害人身上有两处伤，一处在腿上，一处在手上，两者没有联系，且为不同的行为人造成，应当说是可以分开的。但如果两种伤害的结合导致整个身体健康受到损害，并且导致其精神痛苦，此时损害则是不可分的。

(4) 每个加害人的行为都不足以造成全部的损害。将这些行为分开来看，均不足以单独造成损害结果的发生。例如，每个企业向河流排放污水，单独的排放不足以导致污染，只是因为结合在一起才造成污染的后果。该规则也可以看作相当因果关系认定中的特殊规则，因为每个行为人的行为都不足以造成损害结果，所以，通过每个行为人的行为与损害之间的因果关系来认定，每个行为人都不应当对该损害承担全部责任，否则，就会给行为人强加了过重的责任。

(三) 部分原因聚加致害分别侵权行为的按份责任

根据《民法典》第1172条的规定，可将部分原因聚加致害分别侵权行为的责任分为以下两种：

(1) 能够确定各自行为责任大小的相应按份责任。所谓责任大小，是指按照各复合分别侵权人主观上的过错程度、各复合分别侵权行为对损害结果作用的大小即原因力的强弱等因素确定的各自行为责任在分别侵权责任中的地位、作用及其所应负损害范围的大小；由此确定应当对损害所负的责任范围，属于部分损害赔偿责任，由各自分别承担。如此，各分别侵权人的责任大小，乃是各侵权人对受害人同一损害承担责任份额、范围的内在根据，责任大的承担的损害赔偿份额就大；反之，责任小的承担的损害赔偿份额就小。其中，责任大小的确定依据与标准，既非主观上的单纯过错程度，亦不是客观上的单纯原因力高低，而是两者的有机结合。① 因此，在比较各自行为责任的地位、大小时，既要比较相互之间的主观过错，又要比较各自分别实施的侵权行为对损害结果形成的原因力大小，然后再结合案件的其他情况，如各侵权人的实际经济状况、受害人损害是否能够得到更充分的救济等在一定范围内作适度调整。

（2）难以确定各自行为责任大小的平均责任。基于现实侵权及其结果的多样性、复杂性，在某些情况下，行为造成损害以后，数人的分别侵权行为对行为结果所起的作用难以确定，原因力大小无法判断，而过错又大致相当；有的过错程度与行为原因力大小方向并不一致，如出于故意实施的为帮助行为，实施实际致害行为的却又是出于过失，致使对责任大小无法作出评判。尤其是对数人排污无法确定排污量、排出污染物的致害作用等造成的河流污染、烟尘污染以及噪声污染等侵权责任，一般采取平均承担责任的方法。当然，平均承担在形式上虽似公平，实质上却是一种不得已而为之、实际上并不公平的方法。对各分别侵权人而言，责任大的因承担等份责任而使之责任缩小，责任小的则因承担等份责任而使之责任扩大；对被害人而言，这种平均责任，看起来可以充分弥补其损害，但若某些行为人因为破产等原因导致责任承担障碍甚至不能时，必然会使得所受损害得不到充分赔偿。故《民法典》第 1172 条规定，由各行为人对造成的同一损害平均承担责任的前提条件，乃为难以确定分别侵权人的责任大小。在能够确定且应当尽量确定责任大小的情况下，就不能采取这种方式让各行为人承担等份责任。

---

① 王利明：《侵权责任法》，中国人民大学出版社 2021 年版，第 117 页。

第七章

一般特殊主体的侵权责任

第一节 特殊主体侵权责任概述

一、特殊主体侵权责任的概念与特征

特殊主体侵权责任，是指侵权责任的构成要件因为自然原因、法律规定等各种因素，而对其主体存在某种特定要求的侵权责任。这种特定要求，导致不具有这种要求的人，就不能构成此种侵权责任。如强奸侵权主体，只能是男性，女性尽管在某些特定的情况下，如将男人迷昏后而与之发生性关系，然这类行为毕竟不多，法律便未将之列为强奸侵权，从而不能构成强奸。但它同样是对他人身体、行动自由等的侵害，仍然可以构成身体权的侵害，只不过不能构成强奸这种更为特殊形式的身体权的侵权。

相对于主体没有特定要求的普通主体的侵权责任，除主体需要具有特定的身份、满足特定的条件之外，还具有如下主要特征：

（一）主观归责的多样性

普通主体侵权责任，在主观方面的归责通常为过错责任，且不需要推定。而特殊主体侵权责任，在主观方面既可以具有过错，也可以不具有过错。具有过错的，在归责时不少还采取推定；不具有过错的，则根据无过错责任原则，在特殊主体没有过错的情况下，依法也要承担相应的侵权责任。

（二）客观行为的类型化

特殊主体侵权责任，基于法律规定往往有限，从而可以将其类型化。特殊主体侵权责任，一般与特殊主体的某些特征相关，主要是要求具有某种身份，或者发生在某一特定的场合，故在客观行为方面较普通主体侵权责任，往往有不同要求。如用人单位责任，要求用人单位的工作人员因执行工作任务造成他人损害；公共场所经营管理者或者群众性活动组织者的侵权责任，要求发生在有关经营管理或者群众性活动中且未尽到安全保障义务等。

（三）侵权责任具有不利影响尤其是实害性

侵权责任的实害性，是指侵权责任要以出现实际损害结果为前提，如教育机构责任、提供劳务者致害责任等，无不如此。当然，这也不是说，所有特殊主体侵权责任

都具有实害性。我们知道，侵权有造成损害的实害侵权，也有未造成损害然已危及他人人身、财产安全的非实害侵权，后者这种非实害的危及安全的侵权所产生的非实害侵权责任，就不具有实害性，但具有不利影响毫无疑问。

（四）侵权责任的法定化

侵权责任的法定化，是指特殊主体侵权责任的构成要件，除极个别因自然因素产生外，其他均由法律明确规定，其种类、具体侵权责任的构成要件，亦由法律加以明确。当然，并非一定要由《民法典》规定，《民法典》不可能将所有特殊主体侵权责任全部一一列举而规范到位，其他法律如《公司法》《广告法》《证券法》《民事诉讼法》等也可以就发生在各自规范调整的领域的一些特殊主体产生的侵权责任作出规定，从而亦可以构成特殊主体侵权责任并根据这些特别规定让侵权者依法承担相应的侵权责任。

二、民事基本法规定的一般特殊主体侵权责任

特殊主体侵权责任，根据不同的标准，可以作进一步的分类，如以不利影响是由人的行为还是物件造成，可以分为物件损害侵权责任与非物件损害侵权责任等。下面源于体系上全面囊括所有特殊主体侵权责任的考虑，以作出特殊主体侵权责任的法律规定为标准，将之分为民事基本法规定的特殊主体侵权责任与单行法规定的特殊主体侵权责任。

民事基本法即《民法典》规定的特别主体侵权责任，又分为三种情形：一是《民法典》总则编规定的特殊主体侵权责任，包括防卫过当损害责任与避险不当或者过当损害责任。二是《民法典》侵权责任编第3章"责任主体的特殊规定"规定的特殊主体侵权责任；三是《民法典》侵权责任编第3—10章所规定的特殊主体侵权责任。前两者，在本书中称为一般特殊主体侵权责任；后者则称为特别特殊主体侵权责任。

在《民法典》中，一般特殊主体侵权责任分别规定于第181条第2款、第182条第3款和第1188—1201条中，具体包括防卫过当损害责任、避险不当或者过当损害责任、监护人责任、暂无意识或失去控制人损害责任、用人单位责任、劳务派遣工作人员侵权责任、提供劳务者致害责任、提供劳务者受害责任、定作人侵权责任、网络侵权责任、违反安全保障义务责任、教育机构责任等。这些责任，一般表现为具体的特殊主体侵权责任，而非类型化的特殊主体侵权责任。不过，有的责任还可以再分，如违反安全保障义务责任就可以分为经营场所、公共场所的经营者、管理者责任，以及群众性活动组织者责任。

三、民事基本法规定的特别特殊主体侵权责任

《民法典》侵权责任编第3—10章规定的特别特殊主体侵权责任，包括产品责任、机动车交通事故责任、医疗损害责任、环境污染和生态破坏责任、高度危险责任、饲养动物损害责任、建筑物和物件损害责任。这些特别特殊主体侵权责任，通常是一种类型化的侵权责任，也就是说还可以根据主体的不同进一步划分，如产品责任可以分

为产品生产者责任、产品销售者责任、产品运输者责任、产品仓储者责任等；饲养动物损害责任可以分为未采取安全措施饲养动物损害责任，饲养危险动物损害责任，动物园动物损害责任，遗弃、逃逸动物损害责任等。

四、单行法规定的特别特殊主体侵权责任

单行法规定的特别特殊主体侵权责任，是指民事基本法即《民法典》之外的其他单行部门法律乃至行政法规，如《铁路法》《电力法》《民用航空法》等对有关侵权行为及其责任所规定的具体侵权责任，因种类繁多，不可能一一加以介绍。对此，司法解释《民事案件案由规定》具体列举了一些常见的侵权责任，如非机动车交通事故责任（第375条）；触电人身损害责任（第382条）；义务帮工人受害责任（第383条）等。本书只对《民法典》规定的特殊主体侵权责任进行阐述，对此类单行法律或者行政法规所作出的特殊主体侵权责任不再介绍。

第二节　监护人责任

一、监护人责任的概念和特征

监护人责任是指无民事行为能力人或者限制民事行为能力人因自己的行为致人损害，由行为人的父母或者其他监护人承担赔偿责任的特殊侵权责任。法律之所以设置这种特殊侵权责任，主要源于无民事行为能力人或者限制民事行为能力人的父母等监护人，对被监护人具有法定的教育、保护的权利与义务。其中的保护，着力点在于保护未成年子女等无完全民事行为能力人的人身财产安全等权益，使之不受到侵犯、损害；而教育则着力于教导无完全民事行为能力人遵守法律规范，不对他人的权益造成损害。

监护人责任的特征主要有：

1. 它是一种对人的替代责任

无民事行为能力人或者限制民事行为能力人对他人实施了具体的加害行为，造成了他人的人身损害或者财产损害，损害了他人的民事权益，承担侵权责任的不是造成损害的无完全民事行为能力的加害人，而是加害人的监护人，是监护人替代加害人承担其加害行为所造成损害的赔偿，属于一种典型的替代责任。

2. 它是一种无过错责任

对监护人责任适用何种归责原则，在比较法上，主要存在三种模式：一是实行无过错责任，如法国民法；二是实行过错推定责任，如德国民法；三是按照被监护人的年龄分别实行无过错责任与过错推定责任，如荷兰民法。[①] 在我国，理论上也有不同看法，主要存在过错责任说、过错推定责任说、无过错责任说三种观点。我国《民法

---

① 黄薇主编：《中华人民共和国民法典侵权责任编解读》，中国法制出版社2020年版，第99页。

典》第1188条第1款规定："无民事行为能力人、限制民事行为能力人造成他人损害的，由监护人承担侵权责任。监护人尽到监护职责的，可以减轻其侵权责任。"据此，监护人承担侵权责任不以存在过错为必要。换句话说，监护人没有过错也要承担责任。监护人即使尽到了监护职责，也只能减轻其侵权责任而不能完全免除侵权责任。不过，在规定了监护人责任为无过错责任的同时，并辅以公平原则作为补充，即监护人尽到监护职责的，可减轻侵权责任。

3. 它为一种先由无完全民事行为能力人的财产支付赔偿的特殊责任

对于无完全民事行为能力人的加害行为给他人造成的损害，加害人不能作为侵权人而承担侵权责任。除被完全行为能力人教唆、帮助实施加害行为造成他人损害，尽到了监护职责不承担责任，未尽到职责承担相应的过错非补充责任，以及具有正当防卫、受害人故意等减免责任事由等的情形外，其他给他人加害造成的损害，均应由之监护人依法承担无过错的侵权责任且为全部侵权责任，这是各国法律包括我国法律确定的一项基本规则。然在无完全民事行为能力人因为继承、发明、著作等事实或者行为具有财产的情况下，由被监护人依法从其财产中支付，无疑具有正当性、合理性，尤其是在被监护人具有财产而监护人不具有财产无法承担侵权责任的情况下，更是如此。不然，受害人因无完全民事行为能力人的加害所遭受的损害，在此种特殊情况下就根本得不到任何救济而显失公平。因此，《民法典》第1188条第2款规定："有财产的无民事行为能力人、限制民事行为能力人造成他人损害的，从本人财产中支付赔偿费用；不足部分，由监护人赔偿。"但这不意味着由无完全民事行为能力人承担侵权责任，监护人承担的为过错补充责任，而依旧是由监护人承担侵权责任，只不过是在监护人承担责任时根据案件的特定情况所采取的一种损害赔偿支付方式，或者认为是不构成侵权责任人的无完全民事行为能力人在具有财产的情况下按照公平责任原则以其财产承担的支付责任。

4. 它是一种具有多重侵权责任属性的侵权责任

（1）当监护人为一人时，由监护人单独承担全部侵权责任，为一种单独责任。

（2）当监护人（包括受托监护人）为两人甚至多人时，可分为两种情况：一是表现为共同侵权责任，如无完全民事行为能力人的没有离婚的父母所构成的监护人责任应是一种共同侵权责任，先以其共同财产承担，共同财产不足以承担的，再由各自财产相互连带承担；实行财产约定制或者离婚的，也应以共同侵权用各自财产承担连带责任。二是表现为监护人与受托监护人的非共同侵权责任。此时，监护人仍要承担全部侵权责任，受托监护人则按过错责任大小承担过错非补充责任。对此，《民法典》第1189条规定："无民事行为能力人、限制民事行为能力人造成他人损害，监护人将监护职责委托给他人的，监护人应当承担侵权责任；受托人有过错的，承担相应的责任。"

二、监护人责任的构成要件

监护人责任的构成要件除了主观方面的要求外，还必须在客观上同时满足如下三个方面的要件，缺一即不能成立。

(一) 客观行为方面要求被监护人实施了损害他人权益的加害行为

不是监护人本人对他人权益实施了侵害，而是被监护人对他人民事权益实施了加害，乃是监护人责任构成的基本前提。

(1) 被监护人为无民事行为能力人或者限制民事行为能力人，而聋哑人、醉酒的人、一时心神丧失的人等不属于被监护人。加害人是否为无民事行为能力人或者限制民事行为能力人，应当按照法律规定的标准、方法加以判断：① 从年龄上判断，8 周岁以下的自然人为无民事行为能力人；除 16 周岁以上且以自己的劳动收入为主要生活来源的人之外的 8 周岁以上的未成年人为限制民事行为能力人。② 从对自己行为能否辨认上判断，不能辨认自己行为的人（包括成年人及 8 周岁以上的未成年人），属无民事行为能力人；不能完全辨认自己行为的成年人为限制民事行为能力人。是否能够辨认或者完全辨认自己的行为，一般要进行医学鉴定后并通过法定程序确认。

(2) 实施加害行为的无民事行为能力人、限制民事行为能力人与监护人之间存在监护关系。只有存在监护关系，才有监护人与被监护人之区分。

(3) 被监护人实施的加害行为须是自己独立实施的加害行为。假如被监护人为无完全民事行为能力人，第三人乃是在教唆、帮助利用被监护人进行加害以实现自己侵害他人的意图及行为，因法律推定无完全民事行为能力人不具有完全辨认能力，无完全民事行为能力人对他人的加害行为实际上是第三人实施侵权行为的手段与方式，因此该加害行为应当认定为第三人的侵害行为，而不是被监护人的侵害行为，此时，应由第三人对无完全民事行为能力人给他人造成的损害承担全部责任；监护人尽到了监护职责的，不承担责任；没有尽到监护职责的，应承担相应的责任，而不是以监护人责任承担全部责任。

(4) 被监护人须对他人人身、财产合法权益实施了加害行为。被监护人的行为对他人的合法权益造成损害，是被监护人致害行为的客观特性。倘若被监护人的行为不是针对他人的合法权益进行加害，如他人对被监护人进行侵害，被监护人为维护自己的合法权益针对他人的不法行为正当防卫而伤害他人的，监护人无须对被监护人的行为承担民事责任。另外，被监护人对他人的合法权益实际上是否具有辨认能力，不影响监护人民事责任的承担。

(二) 客观后果方面要求他人遭受了实际损害

在侵权责任法律规范上，坚持"无损害即无赔偿"原则，损害责任的承担必须以损害的发生为必要。监护人承担损害责任也必须以损害的存在为前提，而且必须是第三人遭受了损害。具体来说，又包括两个方面：

(1) 损害已经实际发生。被监护人造成他人损害，可以是因为加害他人的财产权所致，也可以是因为加害他人的人身权所致。例如，被监护人精神病发作，打伤他人，就是加害他人的人身权；未成年人扔石头砸碎了他人的玻璃，就属于加害他人的财产权。

(2) 受害人系第三人。在监护人责任领域，受害人必须是第三人。此处所说的第三人,是指除了被监护人和监护人以外的所有人,包括被监护人的兄弟姐妹等。如在德国的一个案件中,有个孩子与母亲一起生活,孩子给即将与其母亲离婚的父亲造成了伤害。法院认为,父亲并不属于监护人责任中的第三人。若被监护人造成了监护人本身的损害,监护人不能根据《民法典》第 1188 条的规定请求另外的监护人赔偿。此时,如要承担损害赔偿责任,就要适用过错责任的一般条款,即需按照《民法典》第 1165 条第 1 款关于"行为人因过错侵害他人民事权益造成损害的,应当承担侵权责任"的规定来确定被监护人的侵权责任。然而,在我国民法上并不承认被监护人的侵权责任能力,被监护人的过错无法认定,也就不能承担过错侵权责任。

(三)客观因果关系方面要求被监护人的加害行为与他人受到的损害之间存在因果关系

因果关系是侵权责任的过滤器,也是所有侵权责任必然要求的构成要件。监护人责任,在因果关系上一般表现为双重的因果关系:(1)被监护人的加害行为与他人受到的损害之间存在因果关系,此与其他因果关系相比并无特殊之处,依旧适用通行的规则与理论。(2)监护人往往对被监护人未能尽到自己应尽的监护职责,以致被监护人对他人实施加害行为并造成了损害。这也是监护人要对被监护人的加害给他人造成的损害承担侵权责任的内在根据。当然,即使监护人对被监护人尽到了自己应尽的职责,监护人责任为无过错责任,还是需要对被监护人造成的他人损害承担赔偿责任。

三、监护人责任的承担

对于监护人责任的承担,即监护人责任最终归谁承担以及如何承担的问题,需要确定侵权责任承担的主体、范围和程序。

(一)被监护人有财产时的监护人责任的承担规则

对此,从 1986 年的《民法通则》到 2010 年的《侵权责任法》,再到 2020 年的《民法典》,规定基本保持一致。《民法典》第 1188 条第 2 款在前款确立监护人责任为无过错责任的基础上规定:"有财产的无民事行为能力人、限制民事行为能力人造成他人损害的,从本人财产中支付赔偿费用;不足部分,由监护人赔偿。"由此可见,即使肯定了监护人责任,最终的赔偿支付也未必一定从监护人的财产中全部支付。

从理论上讲,监护人就被监护人致人损害的加害行为承担责任,属于代人受过,而代人受过的缘由既有监护人没有尽到监护职责的原因,又有基于被监护人往往没有财产的现实考虑。若不让监护人承担侵权责任,被害人的损害通常就无法得到救济。然而,在被监护人具有财产,尤其是在监护人并不具有履行损害赔偿责任财产的特殊情况下,不作出监护人承担侵权责任原则下的由被监护人财产予以支付赔偿的灵活安排,受害人损害同样得不到救济,对受害人来说不公平。另外,监护人与被监护人之间并非一定存在极为亲密的父母、配偶、子女等近亲属关系,父母、配偶、子女等基于亲情原因可能不在乎以自己的财产承担责任。然而,现实生活具有多变性、偶发性,父母、配偶、子女等可能因为患病、伤害等原因无法成为监护人而由兄弟姐妹甚至其他单位成为监护人,这里就涉及其他人如兄弟的爱人等是否同意的问题。另外,监护人的经济状况也不一定很好，而无完全民事行为能力人可能源于继承、购买彩票或者天赋的提早发挥如著作等具有一定财产，有的甚至比监护人还多，此时要让监护人承担侵权责任，而被监护人的财产丝毫不动，则必会引起监护人尤其是其家人的不满，并对担任监护人这一吃力不讨好的差事产生反感，除法律明文规定外，会对指定、约定监护人的事项加以拒绝，不愿意担任监护人，以免引发自己财产损失。这样，反过来必然不利于无完全民事行为能力人需要指定、协商监护人工作的进行，无完全民事行为能力人的监护人确定因此存在障碍，固然又会影响监护制度的功能与作用的充分发挥与实现。

综上，让被监护人对监护人所应承担的损害赔偿责任首先从被监护人的财产中支付，作为监护人责任承担的一种特殊做法，乃是原则性与灵活性相结合原则在监护人责任中的充分运用，既实现了社会的公平，对今后有辨认能力的未成年人来说，也是一种教育、教训，有利于其成长。

（二）被监护人无财产时的监护人责任的承担规则

被监护人没有财产的，由监护人承担全部侵权责任。从社会现实来看，被监护人大多并不拥有可以用来支付损害赔偿的财产，多数情况下还是由监护人来承担责任。

（三）确定监护人责任承担时所要注意的问题

1. 监护人的事先确定

监护制度的设立，旨在对无民事行为能力人或者限制民事行为能力人提供监督、保护，故监护人的身份应当明确无疑。《民法典》总则编第27条、第28条分别针对未成年人和精神病人规定了监护人的范围和指定顺序，即："父母是未成年子女的监护人。未成年人的父母已经死亡或者没有监护能力的，由下列有监护能力[①]的人按顺序担任监护人：（一）祖父母、外祖父母；（二）兄、姐；（三）其他愿意担任监护人的个人或者组织，但是须经未成年人住所地的居民委员会、村民委员会或者民政部门同意。""无民事行为能力或者限制民事行为能力的成年人，由下列有监护能力的人按顺序担任监护人：（一）配偶；（二）父母、子女；（三）其他近亲属；（四）其他愿意担任监护人的个人或者组织，但是须经被监护人住所地的居民委员会、村民委员会或者民政部门同意。"此外，在上述构成当然监护人的同时，《民法典》第29—39条还就指定监护人、协议确定监护人、确定监护人有争议时的确定途径、没有依法具有监护资格的人的监护人的法定、监护人的变更及撤销、监护人职责等作了明确规范。如《民法典》第29条规定："被监护人的父母担任监护人的，可以通过遗嘱指定监护人。"[②]

---

① 《民法典总则编司法解释》第6条规定："人民法院认定自然人的监护能力，应当根据其年龄、身心健康状况、经济条件等因素确定；认定有关组织的监护能力，应当根据其资质、信用、财产状况等因素确定。"

② 《民法典总则编司法解释》第7条规定："担任监护人的被监护人父母通过遗嘱指定监护人，遗嘱生效时被指定的人不同意担任监护人的，人民法院应当适用民法典第二十七条、第二十八条的规定确定监护人。未成年人由父母担任监护人，父母中的一方通过遗嘱指定监护人，另一方在遗嘱生效时有监护能力，有关当事人对监护人的确定有争议的，人民法院应当适用民法典第二十七条第一款的规定确定监护人。"

第 30 条规定："依法具有监护资格的人之间可以协议确定监护人①。协议确定监护人应当尊重被监护人的真实意愿。"第 31 条规定："对监护人的确定有争议的,由被监护人住所地的居民委员会、村民委员会或者民政部门指定监护人,有关当事人对指定不服的,可以向人民法院申请指定监护人;有关当事人也可以直接向人民法院申请指定监护人。居民委员会、村民委员会、民政部门或者人民法院应当尊重被监护人的真实意愿,按照最有利于被监护人的原则在依法具有监护资格的人中指定监护人②。依据本条第一款规定指定监护人前,被监护人的人身权利、财产权利以及其他合法权益处于无人保护状态的,由被监护人住所地的居民委员会、村民委员会、法律规定的有关组织或者民政部门担任临时监护人。"③ 第 32 条规定："没有依法具有监护资格的人的,监护人由民政部门担任,也可以由具备履行监护职责条件的被监护人住所地的居民委员会、村民委员会担任。"第 36 条规定："监护人有下列情形之一的,人民法院根据有关个人或者组织的申请,撤销其监护人资格,安排必要的临时监护措施,并按照最有利于被监护人的原则依法指定监护人:(一)实施严重损害被监护人身心健康的行为;(二)怠于履行监护职责,或者无法履行监护职责且拒绝将监护职责部分或者全部委托给他人,导致被监护人处于危困状态;(三)实施严重侵害被监护人合法权益的其他行为。本条规定的有关个人、组织包括:其他依法具有监护资格的人,居民委员会、村民委员会、学校、医疗机构、妇女联合会、残疾人联合会、未成年人保护组织、依法设立的老年人组织、民政部门等。前款规定的个人和民政部门以外的组织未及时向人民法院申请撤销监护人资格的,民政部门应当向人民法院申请。"第 39 条规定："有下列情形之一的,监护关系终止:(一)被监护人取得或者恢复完全民事行为能力;(二)监护人丧失监护能力;(三)被监护人或者监护人死亡;(四)人民法院认定监护关系终止的其他情形。监护关系终止后,被监护人仍然需要监护的,应当依法另行确定监护人。"④

---

① 《民法典总则编司法解释》第 8 条规定："未成年人的父母与其他依法具有监护资格的人订立协议,约定免除具有监护能力的父母的监护职责的,人民法院不予支持。协议约定在未成年人的父母丧失监护能力时由该具有监护资格的人担任监护人的,人民法院依法予以支持。依法具有监护资格的人之间依据民法典第三十条的规定,约定由民法典第二十七条第二款、第二十八条规定的不同顺序的人共同担任监护人,或者由顺序在后的人担任监护人的,人民法院依法予以支持。"

② 《民法典总则编司法解释》第 10 条规定："有关当事人不服居委会、村民委员会或者民政部门的指定,在接到指定通知之日起三十日内向人民法院申请指定监护人的,人民法院经审理认为指定并无不当,依法裁定驳回申请;认为指定不当,依法判决撤销指定并另行指定监护人。有关当事人在接到指定通知之日起三十日后提出申请的,人民法院应当按照变更监护关系处理。"

③ 《民法典总则编司法解释》第 9 条规定："人民法院依据民法典第三十一条第二款、第三十六条第一款的规定指定监护人时,应当尊重被监护人的真实意愿,按照最有利于被监护人的原则指定,具体参考以下因素:(一)与被监护人生活、情感联系的密切程度;(二)依法具有监护资格的人的监护顺序;(三)是否有不利于履行监护职责的违法犯罪等情形;(四)依法具有监护资格的人的监护能力、意愿、品行等。人民法院依法指定的监护人一般应当是一人,由数人共同担任监护人更有利于保护被监护人利益的,也可以是数人。"

④ 《民法典总则编司法解释》第 12 条规定："监护人、其他依法具有监护资格的人之间就监护人是否有民法典第三十九条第一款第二项、第四项规定的应当终止监护关系的情形发生争议,申请变更监护人的,人民法院应当依法受理。经审理认为理由成立的,人民法院依法予以支持。被依法指定的监护人与其他具有监护资格的人之间协议变更监护人的,人民法院应当尊重被监护人的真实意愿,按照最有利于被监护人的原则作出裁判。"

2. 监护人不明时的责任承担

法律无论规定得多么完善，因为现实生活的复杂性，也可能存在无法落实的问题。如未成年人父母去世后其他近亲属虽有多人却都不愿意担任监护人，或者对监护人的承担存在争议而有关组织又没有依法指定时，就可能存在事先没有确定监护人的情况。若无民事行为能力人或者限制民事行为能力人造成他人损害的，极易出现具有监护资格的人互相推脱，谁也不肯承担赔偿责任的情形。此时，由顺序在前的、有监护能力的人承担赔偿责任，同一顺序有多人的共同承担连带责任，从法理上看没有任何问题，但在法律没有明文规定的情况下，需由司法解释加以明确。

3. 父母离婚后的监护人责任承担

《民法典》第1084条第1款、第2款规定："父母与子女间的关系，不因父母离婚而消除。离婚后，子女无论由父或者母直接抚养，仍是父母双方的子女。""离婚后，父母对于子女仍有抚养、教育、保护的权利和义务。"第1085条第1款规定："离婚后，子女由一方直接抚养的，另一方应当负担部分或者全部抚养费……"据此，父母的监护职责不会因为离婚以及是否直接抚养而消失，离婚后的父母依旧均为无民事行为能力或者限制民事行为能力的子女的监护人，应当对被监护人致人损害的行为依法承担侵权责任。原《民法通则意见》第158条关于"夫妻离婚后，未成年子女侵害他人权益的，同该子女共同生活的一方应当承担民事责任；如果独立承担民事责任确有困难的，可以责令未与该子女共同生活的一方共同承担民事责任"的规定，因该意见已被废止，不能作为根据适用，最多参照适用。固然，相较而言，未成年人的直接抚养人监护职责更大，尤其是在其有能力的情况下应多承担责任，从公平的角度讲，也合情理，但这不影响非直接抚养人与直接抚养人对因被监护人行为遭受损害的人承担共同侵权的连带责任。

4. 监护人拒绝治疗精神障碍者的责任

对此，《精神卫生法》第79条规定，医疗机构出具的诊断结论表明精神障碍患者应当住院治疗而其监护人拒绝，致使患者造成他人人身、财产损害的，或者患者有其他造成他人人身、财产损害情形的，其监护人依法承担民事责任。

（四）监护人责任的减轻与监护人的相应责任

1. 监护人责任的减轻

《民法典》第1188条第1款规定："监护人尽到监护职责的，可以减轻其侵权责任。"于是，监护人尽到了监护职责的，乃为监护人责任的一种特别减责事由，而非免责事由。这是将公平理念引入无过错责任中，有利于缓解监护人责任的严苛性。在监护人尽到监护职责甚至没有过错时适当减轻监护人责任，可以更好地平衡监护人与被侵权人的利益，便于监护人息讼服判，有益于纠纷的解决。

应当指出，监护人责任因袭原《民法通则》有关规定而来，并非指监护人的赔偿责任，而是指监护人的监护职责。该项监护职责包括宽泛的教育培养义务以及各种具体的指导监督义务，需要结合法律如《民法典》《未成年人保护法》等的规定，以及案件的具体情况来判断。从以往的案例来看，在被监护人给他人造成损害的情况下，监护人很少被认可尽到了监护职责,监护人责任减轻的情形于是比较少见。事实上,法律既然确立了监护人责任的无过错责任原则,司法实践根本就没有必要考察监护人的过错,也就很少会去花心思去探讨监护人是否违反监护职责、违反程度如何等情况。其结果最终乃是法律有关监护人责任减轻的规定作用相当有限,尤其是在被害人遭受较为严重的损害且家庭经济生活较差的情况下更是如此。

2. 被监护人被教唆、帮助致害时监护人未尽到监护职责的"相应责任"。《民法典》第1169条第2款规定:"教唆、帮助无民事行为能力人、限制民事行为能力人实施侵权行为的,应当承担侵权责任;该无民事行为能力人、限制民事行为能力人的监护人未尽到监护职责的,应当承担相应的责任。"其中的"未尽到监护职责",不是指被监护人偶尔的过失行为,而是指监护人在日常监护中未达到一个合格监护人所应达到的注意义务,如对未成年人夜不归宿不予追究,对其进行流氓地痞活动不予矫正管教等。它与监护人不履行监护职责的过错,以及与被监护人的"行为"对致害所起的作用相适应。监护人的"相应责任",就是说监护人有多少过错,就应在其过错范围内承担多大的责任。既意味着不按监护人责任承担全部侵权责任,也意味着不与教唆者、帮助者的责任相连带,且不减轻或者免除教唆者、帮助者的责任。从监护人的角度看,这里的"相应责任"属于监护人自己责任的一种形态。

(五)委托监护中的监护人全部责任与受托人的过错非补充责任

1. 委托监护中的监护人的全部责任

监护人将对被监护人的监护职责部分甚或全部委托他人代为行使后,被监护人造成他人损害的,后果由谁来承担?《民法典》第1189条规定:"无民事行为能力人、限制民事行为能力人造成他人损害,监护人将监护职责委托给他人的,监护人应当承担侵权责任;受托人有过错的,承担相应的责任。"《民法典总则编司法解释》第13条规定:"监护人因患病、外出务工等原因在一定期限内不能完全履行监护职责,将全部或者部分监护职责委托给他人,当事人主张受托人因此成为监护人的,人民法院不予支持。"

2. 委托监护中受托人的过错非补充责任

至于被委托人所要承担的责任,应当以其是否具有过错为标准。"从侵权责任分担的一般设计规则观察,既然对外的最终责任人是监护人,那么受托人即使有过错,也应该是监护人承担了责任之后,再向受托人对内追偿。立法明确受托人也要对外直接承担相应的责任,只能理解为法律政策的考虑。监护职责作为一种'民事权利',具有一定的公益性,所以受托人一旦接受了委托监护,就将扮演监护人的角色,因此对外承担责任。同时,考虑到监护人是法定的责任人,受托人实际上承担的是部分责任。"①《民法典》在吸收有关意见的基础上对上述司法解释规定采取了扬弃的处理方式,"扬"即肯定了监护人不因委托他人监护免除或者减轻自己的责任,而应依法承担侵权责任;"弃"则废止了被监护人给他人造成损害的侵权责任可由监护人与受托

---

① 邹海林、朱广新主编:《民法典评注:侵权责任编》(第1册),中国法制出版社2020年版,第290页。

人约定，以及受托人具有过错时负连带责任的做法，规定受托人具有过错时不承担连带责任，而是承担与之过错及其责任大小相应的责任。

四、精神病人在精神病院治疗期间致人损害的赔偿责任

具有精神病的被监护人在精神病院致人损害的责任如何承担？原《侵权责任法》《民法典》均未作出规定，原《民法通则意见》第160条规定："在幼儿园、学校生活、学习的无民事行为能力人或者在精神病院治疗的精神病人，受到伤害或者给他人造成损害，单位有过错的，可以责令这些单位适当给予赔偿。"这样，在过去，幼儿园、学校、精神病院对无民事行为能力为或者精神病人致人损害的责任为过错责任。对于幼儿园、学校等教育机构的侵权责任，《民法典》规定为过错推定责任，只有在能够证明尽到教育、管理职责的，才不承担侵权责任。对于精神病院中治疗的精神病人致人损害的，精神病院如何承担责任，《民法典》则没有提及。考虑到精神病院的专业性，有关监护人并不一定能够完全掌握精神病人的行为规律，其对精神病人的责任较之教育机构对学生的责任应该更重，故再适用过错责任值得考量。对此，我们认为，较之教育机构责任，宜采过错推定责任。

第三节 教育机构责任

一、教育机构责任的概念

教育机构，乃为从事各种教育的法人或非法人组织。如此，对于教育机构的认定，与教育的内涵与外延密切相关。《教育法》第17条第1款规定："国家实行学前教育、初等教育、中等教育、高等教育的学校教育制度。"据此，从事学前教育、初等教育、中等教育、高等教育的机构毫无疑问为教育机构。这些教育机构，实行全日制教育，初等教育、中等教育、高等教育为学历教育。显然，教育不能局限于上述全日制教育的范围，还应包括半日制教育、业余教育、函授教育、刊授教育、广播学校和电视学校教育等，以及各种各样的培训，如岗前培训，为了进行某种考试如国家统一法律职业资格考试举办的培训等，均属于教育的范围。相应地，从事有关教育的机构便为教育机构。这样，《民法典》中的"教育机构"，是指传授文化知识和技能的所有法人或非法人组织，包括幼儿园、学校以及其他教育机构。

教育机构责任，作为一种特殊主体侵权责任，是指教育机构对无民事行为能力人或者限制民事行为能力人在其中学习、生活期间所受到的人身损害依法应予承担的侵权责任。对教育机构责任的理解，需要把握如下方面：

（1）教育机构责任是一种侵权责任。教育机构对幼儿、未成年学生等无完全民事行为能力受教育者所遭受的人身损害可能承担违约责任等其他责任，但侵权责任法律规范规定的教育机构责任仅仅是一种侵权责任。实践中，教育机构承担的民事责任也主要是侵权责任。

(2) 教育机构责任是对人身损害的赔偿责任。幼儿、未成年学生等无完全民事行为能力受教育者或者精神病人等无完全民事行为能力人在教育机构学习、生活期间可能遭受人身损害，也可能遭受财产损害，侵权责任法律规范仅仅只对教育机构所要承担的人身损害赔偿责任作出了规定。

(3) 教育机构责任是对幼儿、未成年学生等无完全民事行为能力受教育者的人身损害承担责任，而不包括幼儿、未成年学生等无完全民事行为能力受教育者致人损害的赔偿责任。在教育机构责任中，幼儿、未成年学生等无完全民事行为能力受教育者属于受害主体而不是侵害主体。在幼儿、未成年学生等无完全民事行为能力受教育者不法侵害他人时，教育机构可能基于监督过失对他人承担赔偿责任，这种责任完全不同于教育机构对被教育者所受损害的赔偿责任。侵权责任法律规范所规定的教育机构责任仅仅是教育机构对幼儿、未成年学生等无完全民事行为能力受教育者受害的责任，而不包括教育机构对幼儿、未成年学生等无完全民事行为能力受教育者侵害他人的责任，即使教育机构对幼儿、未成年者等无完全民事行为能力受教育者之间的伤害承担责任，也是基于幼儿、未成年学生等无完全民事行为能力受教育者作为受害人的身份，而不是因为教育机构要对幼儿、未成年学生等无完全民事行为能力受教育者的加害行为负责。所以，教育机构责任不属于对他人的侵害行为负责的责任，与监护人责任、用人单位责任具有明显的区别。

二、教育机构责任的归责原则

教育机构侵权责任适用何种归责原则，不能一概而论，要根据具体情况来定，一般有两个归责原则，即过错责任原则和过错推定责任原则。

(一) 过错责任原则

《民法典》第1200条规定："限制民事行为能力人在学校或者其他教育机构学习、生活期间受到人身损害，学校或者其他教育机构未尽到教育、管理职责的，应当承担侵权责任。"该条确定了教育机构对限制民事行为能力人的过错责任，只有受害人证明教育机构未尽到教育、管理职责时，教育机构才承担责任。在我国，中小学教育是九年制义务教育，学校本身不以营利为目的，因此在学校和学生之间不存在经济力量、诉讼地位的明显不平等，没有必要给予学生一方特别的保护。尤其是当受害学生为限制民事行为能力人时，其智力发育已经达到相当的程度，具有一定的识别能力和表达能力，举证上并不处于弱势地位，采用一般的过错责任原则更能平衡双方的利益。

《民法典》第1201条规定："无民事行为能力人或者限制民事行为能力人在幼儿园、学校或者其他教育机构学习、生活期间，受到幼儿园、学校或者其他教育机构以外的第三人人身损害的，由第三人承担侵权责任；幼儿园、学校或者其他教育机构未尽到管理职责的，承担相应的补充责任。幼儿园、学校或者其他教育机构承担补充责任后，可以向第三人追偿。"据此，教育机构对第三人致害的责任是过错责任，而不考虑受害人是无民事行为能力人还是限制民事行为能力人。

(二) 过错推定责任原则

《民法典》第1199条规定"无民事行为能力人在幼儿园、学校或者其他教育机构学习、生活期间受到人身损害的，幼儿园、学校或者其他教育机构应当承担侵权责任；但是，能够证明尽到教育、管理职责的，不承担侵权责任。"该条规定确立了教育机构对无民事行为能力人的过错推定责任。教育机构只有在证明尽到了教育、管理职责时，才可以免责。这里实行举证责任倒置的原因在于，受害人年龄幼小，识别能力和表达能力有限，家长又不在身边，距离证据较远，受害人一方整体的举证能力相当薄弱，需要法律加以平衡。

三、教育机构对自己不作为过错行为承担的侵权责任

《民法典》第1199条、第1200条规定了教育机构对自己不作为过错的责任。这种责任根据受害人是无民事行为能力人还是限制民事行为能力人区分为过错推定与过错责任，其核心依据都在于教育机构的过错。教育机构对自己不作为过错的责任是一种不作为侵权责任，责任的发生不是因为教育机构的直接加害行为，而是因为教育机构的不作为，即没有尽到"教育、管理职责"。教育、管理职责由我国《教育法》《义务教育法》《未成年人保护法》《学生伤害事故处理办法》等法律、法规乃至部门规章确定，也可以根据教育机构的安全保护义务性质在个案中确定。教育机构没有尽到教育、管理职责，没有尽到对幼儿、学生的人身安全保护义务，即存在过错，从而需要承担侵权责任。

(一) 教育机构对自己不作为过错行为承担责任的条件

(1) 必须是幼儿、学生在教育机构学习、生活期间受到人身损害。这一条件包含以下内容：（1）在教育机构侵权责任中，只有幼儿、学生受到人身伤害，才需要赔偿。如果是财产损害，则不属于此处所讲的教育机构赔偿责任。（2）所受的人身损害必须发生在学习、生活期间，即"在园、在校期间"。所谓"在园、在校期间"，是指幼儿、学生在教育机构学习期间以及在与教育、教学活动有关的其他活动时间内。学生在园、在校伤亡事故既包括学生在教育机构学习期间发生的伤亡事故，也包括在教育机构外参与教育机构组织学生外出春游、秋游、爬山、游泳、参观活动时发生的摔伤、溺水等事故。

(2) 必须是教育机构没有尽到教育、管理职责。这既包括对主观要件（过错）的要求，也包括对客观要件（不作为或作为）的要求。教育机构的教育、管理职责范围很广，教育机构没有尽到职责的表现形态很多，需要根据法律法规的规定以及司法实践来确定。

司法实践中，需要证明教育机构没有尽到教育、管理职责，才能说明教育机构存在过错。在判断过错时需注意：首先，应该判断教育机构是否有该注意义务以及应负注意义务的程度，例如，是一般注意义务还是特殊注意义务；其次，如果教育机构负有该义务，则要判断教育机构是否实际违反了该注意义务。同时，注意义务随着社会的发展和环境的改变而不断变化，因此在具体案例中不可避免地要求法官在自由裁量

权范围内，综合考虑各种因素来考查教育机构是否违反了其注意义务。有人认为可从以下几方面来考查教育机构是否违反了其注意义务：第一，学校的各种教育设施是否符合安全要求，对存在的各种隐患是否及时排除；第二，学校是否制定了合理、明确的安全规章制度，并对学生进行了思想教育、法制教育以及安全教育；第三，学校为了避免人身损害赔偿事件的发生，是否已经采取了必要的防范措施；第四，学生伤亡事故发生后，学校有义务及时采取措施救护受伤害学生；第五，学校是否故意对学生实施了伤害行为或有损学生人格尊严的行为。

(3) 教育机构的不作为过错与损害之间必须存在因果关系。因果关系是侵权责任的必然要求。如果幼儿、学生受害与教育机构的不作为之间不存在因果关系，自然不存在赔偿责任。比如，幼儿、学生因为自身的特殊体质遭受损害，与教育机构的管理活动没有关系，教育机构就不承担责任。

(二) 教育机构的责任承担

1. 完全赔偿规则

《民法典》确立了教育机构对幼儿、学生受到人身损害的完全赔偿责任。如果损害是单纯因为教育机构的不作为过错造成的，教育机构就应当对幼儿、学生的损害承担完全的赔偿责任。需要注意的是，这里不存在适当赔偿、相应责任之类的问题，只要证明了教育机构存在过错，教育机构就应当承担赔偿责任。

2. 受害人或者其监护人的过失对责任承担的影响

在教育机构侵权责任中，同样适用过失相抵原则。如果受害人或者受害人的监护人存在过失，例如，明明知道自身的特殊体质不适合从事某种体育活动却不告知学校，或者学校对学生活动进行了特别指导和提示，学生置之不理，就可以根据双方的过错程度来减轻学校的责任。在此，受害人的监护人的过失视同受害人自身的过失，可以减轻教育机构的赔偿责任。

四、教育机构因第三人的致害原因承担的侵权责任

《民法典》第1201条规定了教育机构因第三人致害的原因需承担的责任。这种责任仍然属于教育机构的自己责任，而不是教育机构对他人的侵权行为承担责任。教育机构承担责任的依据在于其"未尽到管理职责"的不作为过错，即未尽到对幼儿、学生的安全保护义务。"幼儿园、学校或者其他教育机构未尽到管理职责的，承担相应的补充责任。"注意该条的"管理职责"这一词语，教育机构的职责是管理职责而不是教育职责，因为教育机构不可能对伤害幼儿、学生的第三人存在教育义务。

(一) 教育机构因第三人致害的原因承担责任的条件

(1) 第三人不法加害在园幼儿、在校学生造成幼儿、学生的人身损害。除了要求幼儿、学生受到人身损害，损害发生在"在园、在校期间"之外，还要求损害原因来自第三人的加害行为。这里不要求第三人的行为构成侵权责任，例如，精神病人进入教育机构伤害幼儿、学生，精神病人并不承担侵权责任，而是由其监护人承担责任，教育机构则对幼儿、学生遭受的损害承担补充赔偿责任。

(2) 教育机构未尽到管理职责。教育机构有采取安全保障措施防止机构外人员伤害幼儿、学生的义务，如配备必要的学校保安，发现危险及时报警，帮助幼儿、学生逃生，教育幼儿、学生采取自救措施等。这里的管理职责包括方方面面，涵盖一切教育机构对幼儿、学生等的安全保护义务。

(3) 教育机构的过错与在园幼儿、在校学生等受到损害之间存在因果关系。因为学校等教育机构未尽到管理职责致使教育机构外人员伤害在园幼儿、在校学生等，造成最终的人身损害。这里存在双重因果关系：一是教育机构的过错导致没能避免第三人的加害行为；二是第三人的加害行为造成了在园幼儿、在校学生等的人身损害。

(二) 教育机构因第三人致害的原因责任的承担

(1) 第三人侵权致在园幼儿、在校学生等遭受人身损害的，通常由该第三人自己承担赔偿责任。这里贯彻的是自己责任原则，第三人实施了加害行为，主观上有过错，该加害行为造成了受害人的人身损害，因此第三人应该承担损害赔偿责任。

(2) 教育机构在第三人侵权案件中承担的补充责任。① 在第三人侵权致幼儿、学生人身损害时，幼儿园、学校等教育机构如果也有过错，它们承担的是补充赔偿责任，如果实际侵权行为人有赔偿能力，则由其自己承担赔偿责任；② 如果出现找不到实际侵权行为人或者实际侵权行为人没有赔偿能力的情形，由幼儿园、学校等教育机构承担赔偿责任；③ 幼儿园、学校等教育机构并不是在任何情形下都要承担赔偿责任，在有过错时也不是要和实际侵权行为人一起承担连带赔偿责任，而仅仅承担一种补充赔偿责任。当然，如果幼儿园、学校等教育机构和实际侵权行为人在共同过错的支配下实施了共同侵权行为，幼儿园、学校应该承担共同侵权的连带赔偿责任。

第四节　用人单位责任

一、用人单位责任的概念与特征

(一) 用人单位责任的概念

用人单位责任，是指用人单位的工作人员因执行工作任务时造成他人损害所引起的由用人单位按照无过错责任原则承担的侵权责任。如此，这种侵权责任的主体为用人单位。

1. 用人单位的范围

根据《劳动法》与《劳动合同法》规定，"用人单位"，包括企业、事业单位、国家机关、社会团体、合伙组织、个体工商户、承包经营户等。用人单位包括固定单位和临时单位。用人单位工作人员的范围极为广泛，包括由单位指派、委派、聘请，以及与单位之间形成了管理与被管理关系而从事用人单位事务的所有工作人员。

2. 国家机关工作人员在特定活动中实施的违法行为致人损害责任的例外规定

尽管《民法典》将国家机关纳入民事主体，于是，国家机关可以成为用人单位，构成用人单位责任主体，但是，《国家赔偿法》第 2 条第 1 款规定："国家机关和国家机关工作人员行使职权,有本法规定的侵犯公民、法人和其他组织合法权益的情形,造成损害的,受害人有依照本法取得国家赔偿的权利。"这样,对于国家机关工作人员在特定的执法、司法活动中因违法犯罪而给公民人身财产造成损害的,要按照《国家赔偿法》进行损害赔偿,而不依照《民法典》有关规定按用人单位责任处理。这更利于保障公民的合法权益,受害人也会由此减轻自己的举证责任。

那么,国家机关能否构成本侵权责任的主体呢?回答当然肯定的。国家机关工作人员在执行公务活动的有关职责造成他人损害,按国家赔偿途径解决。但是,国家机关的所有活动,并非都是履行公务职责的活动,其作为民事主体,也要从事大量的民事活动,如工作人员开车出去为单位购买办公用品的途中将他人撞伤就是如此。一般来说,单位工作人员出差,只要不是造成相对人的损害,都宜理解为因为进行民事活动所造成的损害,但因针对相对人的活动造成相对人及他人损害的,则属于履行公务造成的损害,如警车押运犯罪嫌疑人、被告人的过程中发生车祸造成犯罪嫌疑人、被告人或者他人损害的,对犯罪嫌疑人、被告人造成的损害,则应适用国家赔偿规定;对犯罪嫌疑人、被告人之外的人造成的损害,以及没有犯罪嫌疑人、被告人在车上时,司机驾驶警车发生交通事故造成他人的损害,则宜理解为单位执行工作任务时造成的他人的损害,可以本侵权责任承担损害赔偿责任。

(二)用人单位责任的特征

(1)它是一种替代责任。侵权责任可以分为对自己行为的责任和对他人行为或者物件致害的责任。用人单位责任属于自己责任的例外,是用人单位对其工作人员的职务致害承担侵权责任,是典型的替代责任。

(2)它是一种无过错责任。对于用人单位责任,多数立法例采无过错责任原则,不予考虑用人单位的选任、监督过失,在法律上直接将工作人员在工作中的致害责任归由用人单位承担,《民法典》亦肯定用人单位责任属于一种无过错责任。只要工作人员在职务活动中致他人遭受了损害,该项责任即由用人单位承担,并不考虑用人单位的过错。

需要注意的是,用人单位责任属于无过错责任,仅涉及用人单位,不涉及工作人员,用人单位承担责任的前提是工作人员的行为满足了侵权责任的构成要件,除实行无过错责任外,工作人员均需要具有过错。所以,这里的无过错责任是指不考虑用人单位的过错,而不是说其工作人员在执行工作任务致人损害时一定不具有过错。对于执行工作任务致人损害的行为,除从事高度危险作业等实行无过错责任的,仍要求工作人员出于过错。至于过错本身,既可以出于故意,也可以出于过失。除无过错责任外,工作人员若不是因为过错致人损害的,则不能构成本责任。

例如,某律师事务所接受原告甲的诉讼代理委托后,指派乙律师担任甲的代理人。由于乙严重不负责任,对于已经冻结的被告存款到期时未申请续冻,导致案件判决生效后被告应付的款项无法执行,给甲造成重大经济损失。此例中:① 不管该律师事务所属于合伙制还是个人所制,律师事务所都应对甲遭受的损害承担无过错的替代责任;② 乙不承担连带责任;③ 律师事务所承担侵权责任后,有权依照《民法典》

第 1191 条第 1 款关于"用人单位的工作人员因执行工作任务造成他人损害的,由用人单位承担侵权责任。用人单位承担侵权责任后,可以向有故意或者重大过失的工作人员追偿"的规定,《律师法》第 54 条关于"律师违法执业或者因过错给当事人造成损失的,由其所在的律师事务所承担赔偿责任。律师事务所赔偿后,可以向有故意或者重大过失行为的律师追偿"的规定依法向乙追偿。

(3) 它以用人单位与侵权行为直接实施人存在特定关系即用人单位与工作人员的关系为前提。替代责任人(用人单位)处于特定的地位,这种特定的地位主要指支配性的地位(选任、指示、监督、管理等)。

(4) 它是用人单位对工作人员在执行职务活动中的致害行为承担责任,要求实际实施侵害致人损害的工作人员处于特定的执行工作任务的状态,即工作人员应该在从事用人单位交代的任务或者履行自己职务的过程中致人损害。

二、用人单位责任的构成要件

(一)主观方面要求用人单位的责任适用无过错责任原则

本责任的主观方面包括对用人单位、工作人员两者的要求。用人单位的责任是一种无过错责任。也就是说,不要求用人单位具有过错,即用人单位对其工作人员在执行工作任务过程中对他人造成的损害承担的是无过错责任,不论用人单位是否具有过错,对这一损害都要承担全部损害责任。但是,工作人员的侵权行为既可以是过错责任,也可以是无过错责任。也就是说,用人单位工作人员在执行工作任务过程中对造成他人民事权益侵害的行为及结果触及过错责任的,自然要求具有过错,此时倘若对他人造成的损害没有过错,用人单位则不能构成本责任;触及无过错责任的,则不要求一定具有过错,仍然可以构成侵权,用人单位对该侵权固然要承担本责任。

(二)客观行为方面要求用人单位工作人员在执行工作任务时实施了侵害他人民事权益的行为

1. 必须具有"执行工作任务"的行为

本责任的构成,要以用人单位的工作人员因执行工作任务造成他人损害为必要,如何理解"执行工作任务",自然也就成为正确理解和适用用人单位责任的关键。对此,在司法实践中主要有以下观点:(1) 判断工作人员的行为是否为执行工作任务,应依据下列条件予以认定:① 必须是用人单位的工作人员所为的行为;② 必须是工作人员在执行职务的时间内所为的行为;③ 必须是工作人员在执行职务的地点所为的行为;④ 必须是工作人员在执行职务的时间和地点所为的执行职务的行为致人损害,用人单位才负责任。①(2) 执行职务的范围,应理解为不仅限于直接与用人单位目的有关的行为,此外还包括间接实现有关目的的行为,以及在一般客观行为方面要求得视为用人单位目的范围内的行为。判断是否执行职务的标准为:① 是否以用人单位名义进行;② 是否在外观上须足以被认为属于执行职务;③ 是否依社会共同经验足以

---

① 刘士国:《现代侵权损害赔偿研究》,法律出版社 1998 年版,第 302—303 页。

认为与用人单位的职务有相当关联。①

结合上述观点及司法实践，我们认为，对判断工作人员的侵权行为是否属于执行工作任务的范围，很难概括出一个确定的标准，它需要根据行为的具体情况，包括行为的名义（以用人单位名义还是个人名义）、目的、对象、时间、地点、内容，以及行为是否与用人单位的意志、职能范围相关联等来决定。例如，工作人员在执行职务中，以执行职务的方法，故意致害他人，以达到个人不法目的，虽然其内在动机是出于个人的目的，但其行为与职务有着内在联系，仍然属于执行职务中的致害行为，应由用人单位承担侵权责任。②

2. 必须是工作人员实施了侵害他人民事权益的行为

这种行为，既可以是在无过错责任中正常或者过错地执行工作任务时对他人实施的侵害，又可以是在过错责任、过错推定责任中执行工作任务时因为自己的过错，如擅自做主、不听指挥、违背用人单位意志而对他人实施的侵害，还可以是利用执行工作任务的机会而对他人实施的侵害。对于后者这类行为，"应当区分其属于用人单位营业或事业所蕴含之特别风险，还是属于与用人单位营业或事业无关的社会一般风险。对于前者，应认定为'执行工作任务'所致损害，诸如邮差私拆信件窃取汇款、快递送货员窃取快递物品、剧场衣帽间管理员窃取寄托物品等行为均依赖于特定营业，应当认定与其职务具有内在关联，由用人单位承担责任，而若工作人员的行为与其工作并无内在关联，如卡车司机运送货物过程中吸烟，并将烟蒂丢于车外，导致路边谷堆起火，并非其工作性质所酿致的风险增加，用人单位无须承担责任"③。

3. 必须是发生在执行工作任务过程中的侵害他人民事权益的行为

不是执行工作任务的过程中发生，即使造成了他人损害，也因他人损害结果与执行工作任务的行为没有因果关系，不能构成用人单位责任。因"执行工作任务对他人造成损害"，既揭示了他人损害与执行工作任务行为之间的因果关系，也构成了用人单位为执行工作任务的工作人员造成的损害承担替代责任的前提条件和核心要素，缺之则难以形成本责任所必要的因果关系，从而不能构成本责任。当然，造成他人损害的行为要求在用人单位工作人员执行工作任务时发生，并不意味着行为的损害结果也要在执行工作任务时发生。现实生活中，许多损害结果与损害行为之间并不同步，有的还可能隔着相当长的时间。于是，损害结果虽未在工作人员执行工作任务期间发生，但只要为工作人员执行工作任务的行为所致，就应属于工作人员执行工作任务行为造成的损害，构成本责任。

4. 工作人员侵害他人民事权益的行为本身必须构成侵权甚至属于违法犯罪

用人单位对其工作人员的致害行为承担侵权责任，自然要以工作人员的行为已构成侵权为必要。这点，与监护人责任不同。监护人责任并不要求被监护人的行为一定

---

① 马俊驹、余延满：《民法原论》（上），法律出版社1998年版，第163页。
② 最高人民法院民法典贯彻实施工作领导小组主编：《中华人民共和国民法典侵权责任编理解与适用》，人民法院出版社2020年版，第239—240页。
③ 王泽鉴：《侵权行为》，北京大学出版社2009年版，第434、437—438页。

构成侵权,因为无完全民事行为能力人致人损害,本身就因为缺乏行为的主观要素不能构成侵权;而执行工作任务的工作人员,具有完全的民事行为能力,对其代表或者代理单位所为的行为能够辨认,具有因存在主观过错承担过错责任或者无过错责任的基础。若其行为完全不构成侵权,如用人单位工作人员执行工作任务遭受他人侵害而正当防卫致人损害的,就不构成侵权,自然也不构成用人单位侵权的问题。不过,工作人员构成的侵权,既可以是过错责任,也可以无过错责任。

5. 工作人员超出单位经营或职责范围以单位名义实施的致人损害行为,能否构成用人单位的侵权责任,不能一概而论

有的单位基于不当目的甚至违法犯罪目的超出经营或职责范围进行违法犯罪活动,其中工作人员奉命行事将交易相对人打伤的,将其排除在用人单位责任之外,似不合适。又如,任何国家机关都没有殴打相对人、毁坏相对人财产的经营范围或职责,而其工作人员在执行工作任务时对一些不配合的相对人殴打致伤或毁损财产,用人单位对此也应承担侵权责任。当然,在单位没有任何超出经营或者职责范围意图的情况下,工作人员擅自以单位名义从事超出经营或者职责范围的活动,只要该活动本质上不违背单位经营的目的,也符合法律规定,他人通常也难以否定不是单位意志的行为,造成交易相对人损害的,也可构成用人单位责任;但若明显属于与单位经营范围无关的违法犯罪,他人也认为单位不可能让工作人员这样行为,仍然与之交易造成损害的,除单位具有接受该违法犯罪所产生的利益意图外,似难以构成用人单位责任。另外,这些超出经营或者职责范围,在路途中致人损害的行为,也不能广泛纳入用人单位责任的范畴。某种超出经营或者职责范围的行为,是否构成用人单位责任,要根据单位是否存在过错、他人是否使用执行工作任务时才能使用的车辆等各种主客观因素认定,不能简单地划分出标准从而对号入座地加以认定。

(三)客观后果方面要求他人的民事权益必须遭受了实际损害

(1)他人遭受了实际损害,乃是包括用人单位责任在内的所有实害侵权责任都要具备的必要条件,没有造成实际损害的侵害,不能构成用人单位责任。同时,这种损害一般是指给他人造成的人身、财产等物质性利益的损害,而非单纯的精神损害。

(2)单位工作人员在执行工作任务过程中造成的损害,乃是给单位工作人员以外的他人造成的损害。若是给自己或者其他同事造成损害,如同事一道乘单位车辆出差,司机开车撞向他人之车造成他人损害的同时致使自己及其他同事重伤,自己与同事的重伤则不属于该责任中的损害,对这种损害的补救要按照《工伤保险条例》以工伤事故处理。

(四)客观因果关系方面要求他人所遭受的损害与执行工作任务实施的侵害行为之间具有因果关系

如此,前者的发生必有后者的因素,后者则是引发后果出现的必要原因。当然,这种原因并非一定要求是唯一原因,也可能是与其他原因共同造成了他人损害结果的发生。如此,不是用人单位的工作人员,而是假冒单位的工作人员实施某种行为给他

人造成损害的，因不属于单位工作人员执行工作任务所造成的损害，不能由单位承担责任。在司法实践中，经常出现表见代理的问题，如单位外的人员利用单位管理公章工作人员的疏忽等加盖公章，导致有关行为被认定为单位的行为。但利用公章者实际上不是单位工作人员，在有关表见代理活动中致人损害的，则不能因为构成表见代理就将其认定为单位工作人员而形成用人单位责任。当然，单位工作人员在从事单位活动中超越职权而构成表见代理的，则应认定为工作人员在执行工作任务过程中造成他人损害，可构成用人单位责任。如单位工作人员奉命为单位到甲商场买某种品牌电脑，因为朋友店铺出售此种电脑且价格较低，便私自决定到朋友店铺购买，结果在朋友店铺门口发生事故撞伤他人。单位明确指示工作人员去甲商场购买，但他却去朋友店铺购买，与单位的指示不相一致，似乎超越了其履行职责的范围，然而从其去朋友店铺购买电脑的行为来看，无论是外观还是实际，均在执行单位购买电脑的工作任务，由此致人伤害所产生的责任，应为用人单位责任。

三、用人单位责任的承担

（一）用人单位责任对外的全部侵权责任

根据《民法典》第1191条第1款的规定，用人单位的工作人员因执行工作任务造成他人损害的，由用人单位承担侵权责任，工作人员不对受害人对外承担侵权责任，更不存在承担连带责任的问题。

（二）用人单位对具有重大过错的工作人员的追偿权利

根据《民法典》第1191条第1款的规定，用人单位对工作人员因执行工作任务给他人造成的损害对他人承担侵权责任后，可以向有故意或者重大过失的工作人员追偿。对此有以下几点说明：（1）这种对工作人员的追偿，以工作人员出于故意或者具有重大过失为前提。工作人员对自己执行工作任务致他人损害的行为，没有过错，或者虽存在过错然不是重大过错而只是一般过错，则不能对之追偿。（2）重大过错的判断，包括故意与重大过失两种情形，只要具备其中之一，或出于故意，或出于重大过失，则就属于具有重大过错。（3）应当指出，无论是故意还是重大过失，都是针对执行工作任务的行为所造成的损害结果而言的，而不是针对行为本身。对于行为本身，则可能是明知不能为而为，或者明知应当为而不为的明知故犯。（4）用人单位对具有重大过错工作人员的追偿，可以是全部，也可以是部分。究竟是全部还是部分，除考虑工作人员的主观过错外，还要结合用人单位是否具有过错，如单位决策者、执行者强令他人冒险作业而具有过错乃至重大过错，单位为实施违法犯罪而指使甚至以不为开除工作等进行威胁、恐吓予以精神强制，以及受害人本身的行为及主观过错、环境因素等各方面考虑，以平衡用人单位与工作人员之间的利益。（5）用人单位对具有重大过错的工作人员的追偿权利，从被追偿的工作人员的角度看，乃是一种对内的最终责任。工作人员对其执行工作任务给他人造成的损害对外虽不对受害人直接承担侵权责任，但在工作人员具有重大过错的情况下，在用人单位对外对受害人承担全部损害责任后，工作人员要对用人单位承担对内的最终侵权责任。

第五节　劳务派遣工作人员侵权责任

一、劳务派遣工作人员侵权责任的概念

劳务派遣工作人员侵权责任，是指劳务派遣单位、接受劳务派遣的用人单位，源于被派遣的工作人员在劳务派遣期间因执行工作任务造成他人损害所产生的侵权责任。其中的"劳务派遣"，作为用人单位聘请员工这一基本用工形式的补充用工的辅助形态，是指劳动派遣机构与员工签订劳务派遣合同后，将员工派遣到用人单位工作。劳务派遣的主要特点就是员工的雇用和使用分离。劳动派遣单位不是职业介绍机构，而是与劳动者签订劳动合同的一方当事人。被派遣的员工到用人单位工作，但不与用人单位签订劳动合同。

二、劳务派遣工作人员侵权责任的构成要件

（一）主观方面要求劳务派遣单位具有过错

本责任的主观方面包括对用人单位、劳务派遣单位与被派遣劳务人员三方的要求。

对被派遣劳务人员，在劳务派遣期间为用人单位执行工作任务对他人民事权益造成侵害的行为及结果触及过错责任的，自然要求具有过错，此时如果没有过错而对他人造成损害，用人单位不能构成本责任；触及无过错责任的，则不要求一定具有过错，仍然可以构成侵权，用人单位对其侵权固然要依法承担本责任。

对用人单位，并不要求其具有过错，即对被派遣劳务人员在劳务派遣期间为用人单位提供劳务、执行工作任务致人损害承担的是无过错责任，也就是不论其是否具有过错，对这一损害都要依法承担全部损害责任。

对劳务派遣单位，则要求派遣单位在主观方面具有过错，没有过错的不构成本责任。不过，这种过错与被派遣劳务人员的过错在内容上不同，主要在于对被派遣劳务人员的选任、派遣、输送等环节上的过错。

应当指出，派遣单位与被派遣劳务人员尽管存在劳动关系，且被派遣劳务人员系由派遣单位派遣前往用人单位提供派遣劳务，广义上讲也是执行派遣单位的工作任务，所造成损害的责任，可以认为属于一种用人单位责任。但是，也应看到，因为被派遣劳务人员在用人单位提供派遣劳务，由用人单位进行管理、监督、教育、培训等，故在主观方面用人单位提出更高要求也符合情理，也更显公平。为此，《民法典》第1191条在规定派遣单位对其派遣人员在用人单位提供派遣劳务致人损害承担侵权责任时要求具有过错；不具有过错的，则不承担侵权责任。

（二）客观行为方面要求被派遣劳务人员因执行工作任务实施了侵害他人民事权益的行为

对此有以下几点说明：（1）必须是被派遣劳务人员在劳务派遣期间实施的行为。虽是被派遣劳务人员实施的行为，然不是劳务派遣期间实施的行为，不能构成本责任的侵害行为。（2）必须是被派遣劳务人员为用人单位提供派遣劳务时实施的行为。尽管为被派遣劳务人员在劳务派遣期间实施的行为，但若不是为用人单位在执行工作任务时实施的行为，也不构成本责任。（3）必须是在为用人单位提供劳务过程中实施的侵害他人民事权益的行为。既可以是在无过错责任中正常或者过错提供劳务而对他人实施的侵害，又可以是在过错责任、过错推定责任中提供劳务时因为自己的过错，如擅自做主、不听指挥、违背用人单位意志而对他人实施的侵害，还可以是利用提供劳务的机会而对他人实施的侵害。（4）被派遣劳务人员侵害的行为本身可以构成侵权甚至属于违法犯罪。如果被派遣劳务人员对他人造成的侵害根本不可能构成侵权，若属合法，如正当防卫等合法行为，接受劳务的个人自不需要承担任何侵权责任。至于具体理解，可以参见用人单位责任构成要件的客观行为方面的介绍，两者大体类似，这里不再多述。

（三）客观后果方面要求他人必须具有损害

对此有以下几点说明：（1）他人的民事权益必须遭受了实际损害。（2）被派遣劳务人员在提供派遣劳务期间造成的损害，乃是对被派遣劳务人员自身、派遣单位工作人员以及用人单位工作人员以外的他人造成的损害。（3）必须是因被派遣劳务人员对他人造成的损害。（4）必须是被派遣劳务人员在派遣劳务期间对他人造成的损害。若不是劳务派遣期间，如在劳务派遣期间之外给他人造成的损害，则不构成本责任。（5）必须是被派遣劳务人员在用人单位提供派遣劳务时对他人造成的损害。被派遣劳务人员如不是在执行用人单位的工作任务，而是为用工单位以外的单位提供派遣劳务，或者为派遣单位本身提供派遣劳务，则不构成本责任。

（四）客观因果关系方面要求他人的损害与提供派遣劳务期间实施的侵害行为之间具有因果关系

前者的发生以后者为内在根据及必要因素，后者则为前者的发生提供原因，或为完全的唯一原因，或为不完全的部分原因。后者若不是前者发生的其中原因，即没有后者，前者仍旧会发生的，两者之间就不存在因果关系，不能构成本责任。

三、劳务派遣工作人员侵权责任的承担

（一）用人单位的全部损害赔偿责任

《民法典》第1191条第2款规定："劳务派遣期间，被派遣的工作人员因执行工作任务造成他人损害的，由接受劳务派遣的用工单位承担侵权责任。"

（二）劳务派遣单位的过错非补充责任

《民法典》第1191条第2款规定，劳务派遣期间，被派遣的工作人员因执行工作

任务造成他人损害，劳务派遣单位有过错的，承担相应的责任。这是因为，劳务派遣单位尽管不对被派遣劳务人员提供劳务的有关事项进行直接的监督管理，但其作为派遣人与被派遣劳务人员签订劳动合同关系并应用人单位要求将被派遣劳务人员派往前去提供劳务，固然具有审查、核实被派遣劳务人员是否符合用人单位要求的义务，如是否具备有关技能和知识水平、资质，是否符合特定岗位的身体、健康等素质的要求，是否具备应有的品德、素质等。倘若不尽审查核实等义务，将不符合要求的人派往用人单位提供劳务，如将患有严重传染疾病的人作为厨师派往用人单位食堂工作，造成传染病传播致人损害；将经常醉酒驾驶的人派往用人单位提供运输劳务，因被派遣劳务人员醉酒驾驶发生交通事故造成他人损害等，由于劳务派遣单位因为派遣劳务行为获取了一定的利益，若仅仅承担过错补充责任，对于用人单位来说则有失公平。

对于劳务派遣单位所承担的过错非补充责任的理解，则需注意：（1）用人单位承担的是全部侵权责任，劳务派遣单位承担的是与之过错相应的责任，而非完全责任或者连带责任。（2）劳务派遣单位承担的这种与之过错相应的责任，不是过错补充责任，而是过错非补充责任，受害人在对用人单位主张全部损害赔偿责任的同时，可以向劳务派遣单位直接主张按其过错承担相应的责任，并不要求在用人单位无法承担全部损害赔偿责任后就剩余部分向劳务派遣单位主张与其过错相应的所谓过错补充责任。（3）劳务派遣单位只承担与其过错相应的过错非补充责任。过错，在这里仅指过失。若是出于故意，只让其承担相应的过错非补充责任，似与法理不符，与公平不合。

例如，甲商场要求派来的员工具有高级电工的资质，负责检修商场的用电设施。由于一时找不到合适的人，乙劳务公司将稍懂电工知识的丙派遣至甲商场。结果由于丙操作失误发生火灾，造成店内租户的商品受损。首先，对于店内租户的损失，受害人有权向甲商场主张承担全部损害赔偿责任。其次，甲商场对受害人承担全部损害责任的同时，受害人可以向乙主张承担与之过错相应的过错非补充责任。

（三）用人单位追偿权利

用人单位对被派遣劳务人员因执行工作任务造成他人损害的行为承担侵权责任后，是否有权对有过错的派遣单位追偿，《民法典》没有明确规定。通说认为，承担了全部赔偿责任的用人单位有权向劳务派遣单位追偿，请求劳务派遣单位承担与其过错相应的赔偿责任。这与《民法典》第1191条第2款规定的劳务派遣单位承担相应的过错补充责任不同，后者是在用人单位不能完全承担损害责任的情况下，为了维护受害人的权益而规定由具有过错的派遣单位承担与之过错相应的过错补充责任；而前者是用人单位对遭受损害的他人承担了全部损害赔偿责任后再对派遣单位进行追偿。当然，如果劳务派遣单位已经对遭受损害的他人承担了与其过错相应的责任，则无须对用人单位承担相应的责任。只对受害人承担了部分相应责任的，则只针对与过错相应责任的剩下部分对用人单位承担责任。

第六节　提供劳务者致害责任

一、个人劳务的概念

对于个人之间的劳务中存在的侵权责任,《民事案件案由规定》第 367 条、第 368 条从提供劳务者致害或者受害角度设置了提供劳务者致害责任与提供劳务者受害责任。其中,提供劳务者致害责任,是指在个人之间形成的劳务关系中,提供劳务者因劳务造成他人损害而由接受劳务的个人依法承担的侵权责任。提供劳务者,一般为提供有偿劳务的个人,但不排除提供无偿劳务的个人即帮工。例如,个人聘请的保姆、钟点工、家教等。《民法典》第 1191 条第 1 款规定:"用人单位的工作人员因执行工作任务造成他人损害的,由用人单位承担侵权责任。"第 1192 条第 1 款规定:"个人之间形成劳务关系,提供劳务一方因劳务造成他人损害的,由接受劳务一方承担侵权责任。"据此,《民法典》第 1191 条使用了"用人单位"的提法,其表述的就是狭义的用工关系,即单位用工关系,也就是说当事人之间形成的是劳动关系;而第 1192 条没有使用"用工关系"的提法,而使用了"劳务关系"和"提供劳务"的表述,这表明,个人之间形成的是劳务关系而不是劳动关系。劳务关系,顾名思义就是民事主体之间就劳务的提供与接受等有关劳务事宜达成协议而形成的权利义务关系,与劳动关系相比较,具有如下主要区别:

(1) 关系的主体不同。劳务关系既可以存在于个人与个人之间,也可以存在于个人与单位之间,还可以存在于单位与单位之间,在平等的民事主体即个人、单位(法人或非法人组织)之间都可以存在;而劳动关系只能存在于自然人个人(不含个体工商户与农村承包经营户)与单位(含个体工商户)之间,单位与单位之间则不可能存在劳动关系。

(2) 关系适用的法律规范不同。两者都可以通过合同的方式形成,劳动关系要求必须通过合同的方式形成,劳务关系大多也是如此。然劳务关系的合同乃为平等主体之间的民事合同,由《民法典》等民事法律规范调整;劳动关系则非平等主体之间的民事合同,依《劳动法》《劳动合同法》等劳动法律规范调整。

(3) 关系主体之间是否存在隶属关系不同。劳务关系的主体之间属于完全平等的民事主体,不存在隶属关系;而劳动关系中,提供劳动一方的自然人即劳动者与接受劳动一方的用人单位之间存在隶属关系,前者称为后者的工作人员、职工、员工、雇员等。

(4) 关系主体防范损害风险不同。劳务关系中对劳务提供者的损害风险承担完全由双方自主约定或者由民事法律规范规定。劳务提供者在劳务提供过程中致自身损害的,劳务接受者的赔偿损害责任适用一般的人身损害责任。劳动关系中对劳动者的损害风险承担则由法律强制规定,如用人单位、劳动者必须依法购买社会保险,工作人员因为执行工作任务而致自身或者同事损害的,按照《工伤保险条例》规定赔偿。

(5) 关系主体之间是否存在管理与被管理关系不同。劳务关系中，劳务提供者与劳务接受者不存在管理与被管理的关系，只是按照合同或者法律规范、习惯等提供与接受劳务。劳务提供者在提供劳务的过程中，按照劳务接受方所要求的结果或者按照法律规范、习惯等提供劳务。提供劳务的过程，也是一个独立、自主的过程，劳务接受者最多只是监督，不得在方法、手段、措施、程序等各方面强加干涉。而劳动关系中，员工平时要受到《劳动法》《劳动合同法》及单位规章制度的约束，用人单位对员工工作的时间、地点、方法、措施、手段、程序等都要进行管理，以保障员工按照单位意志完成工作任务。

(6) 关系主体是否能够以自己名义进行不同。劳务关系中，提供劳务的一方是以自己名义独立进行的，属于独立的民事主体。劳动关系中提供劳务的一方并非以自己的名义进行，乃以单位的名义进行，对外关系的民事主体为单位，而非劳动者本身。

(7) 关系中的分配关系不同。劳务关系中的利益分配除带有公共或者社会性质的服务如医疗、法律服务等，法律规范从公平的角度对其价格等进行干涉外，其他均由双方自主约定。即使为前者，也只是适度规范，强制力度不大。获得报酬时间按合同约定进行，既可以一次性获取，又可以分期、分批获取；既可以劳务完成后获取，也可以在劳务没有提供前或者劳务提供中获取；有时还可以是不要求获取报酬的无偿提供。劳动关系的分配则遵循按劳分配、同工同酬的基本原则，以工资并辅以津贴、奖金等形式发放，且发放期间基本固定，不固定的临时发放乃为例外。

(8) 关系的结束途径不同。劳务关系可由双方自主决定解除，存在争议时也可以通过诉讼方式解除，无论通过哪种方式解除，由此产生的权利与义务都按约定进行处理。一般情况下，对于已经完成的劳务，劳务接受方都应依法接受，否则应当承担相应的民事责任；而劳动关系的结束，除双方约定解除外，一方尤其是用人单位可以按照法律及单位规章制度等的规定强行解除甚至辞退、开除等。但是，不论是解除还是终止劳动关系，都必须严格依照《劳动法》《劳动合同法》规定的条件进行，用人单位还要依法给予劳动者提供补偿或者赔偿。双方之间存在争议的，应先通过劳动争议仲裁机构进行裁决，不服劳动仲裁裁决的才能依法通过诉讼途径解决等。

二、提供劳务者致害责任的构成要件

提供劳务者致害责任，并非提供劳务者在劳务提供过程中致人损害所产生的一切侵权责任。其构成包括以下四个方面：

(1) 在主观上分为提供劳务者与接受劳务者两个方面。

① 提供劳务者提供劳务造成他人民事权益侵害的行为及其损害结果触及过错责任的，自然要求具有过错，此时倘若没有过错但对他人造成损害，接受劳务者也不能由此构成本责任；触及无过错责任的，则不要求一定具有过错，仍然可以构成侵权，接受劳务者对之侵权则要承担本责任。

② 对于后者即接受劳务者，则不要求具有过错，即对提供劳务者因为提供劳务造成他人损害，不论其在提供劳务的过程中是否具有过错，都要承担侵权责任。这点与

用人单位责任一样，采取无过错责任的归责原则。换言之，提供劳务者致害责任乃是一种无过错责任，而非过错责任。①

所要注意的是，这种过错是针对接受劳务者与提供劳务者提供劳务这一环节而言的，即在这一环节不论是否具有过错，如是否具有指示提供劳务者如何为之，强令提供劳务者冒险作业，在没有安全保障的情况下要求提供劳务者提供劳务等情形，均不影响接受劳务者对提供劳务者造成的他人损害承担侵权责任。例如，自然人甲请的保姆乙在买菜回家途中，骑车不慎将丙撞伤。此例中：① 甲、乙之间形成了个人劳务关系；② 乙因为给甲提供个人劳务而致他人损害，接受劳务的一方甲应当承担无过错的替代责任。

（2）客观行为方面要求具有为其他个人提供劳务时实施了侵害他人民事权益的行为。

① 必须是提供劳务者在提供劳务时实施的行为。虽是提供劳务者实施的行为，然不是提供劳务时实施的行为，不能构成本责任的侵害行为。

② 必须是提供劳务者为接受劳务的个人提供劳务时实施的行为，即在两者形成的劳务关系中实施的行为。尽管是提供劳务者在提供劳务时实施的侵害行为，可若不是接受劳务的个人提供劳务时所实施的行为，提供劳务者与接受劳务者之间并不形成劳务关系或者不是在劳务关系中实施的行为，也不构成本责任的行为。两者之间形成的劳务关系，是指提供劳务的个人与接受劳务的个人之间在事实上形成了支配与从属、管理与被管理的用工关系，即传统侵权法理论所称的雇佣关系。是否形成劳务关系，不决定于双方缔结合同的名义或合同内容是否涉及提供特定工作成果，在雇佣关系场合，既存在计时工资制，也存在计件工资制，故劳务关系之有无也不完全决定于一方是否以自己的技能独立完成工作。劳务关系的核心特征在于一方对另一方的持续性劳动支配，需要综合时间上的持续、指示上的范围、名义上的从属、工具材料的提供以及工作场所等加以判断。即便在家政、家教、装修等生活类服务领域，本条意义上的劳务关系与独立提供服务的承揽关系亦兼而有之。例如，家电检修师傅上门服务，其时间和场所由业主指定，但通常不构成劳务关系，而是构成承揽关系。相反，拥有豪华别墅的业主聘用技工每天为其工作 8 小时，技工虽然靠自己的技能独立完成工作，但其在工作场所、时间、工具、内容、名义等方面均从属于业主个人，双方成立劳务关系。是否构成劳务关系，亦不决定于提供劳务是否为有偿。《审理人身损害赔偿案件解释》中规定的义务帮工人受害责任亦由雇佣关系出发而实行无过错责任。②

③ 必须是在为接受劳务的个人提供劳务过程中实施的侵害他人民事权益的行为。既可以是在无过错责任中正常或者过错提供劳务而对他人实施的侵害，又可以是在过错责任、过错推定责任中提供劳务时因为自己的过错，如擅自做主、不听指挥、违背接受劳务的个人意志而对他人实施的侵害，还可以是利用提供劳务的机会而对他人实

---

① 张新宝：《中国民法典释评：侵权责任编》，中国人民大学出版社 2020 年版，第 103 页。
② 邹海林、朱广新主编：《民法典评注：侵权责任编》（第 1 册），中国法制出版社 2020 年版，第 312 页。

施的侵害。

④ 提供劳务者致人损害的行为本身必须构成侵权甚至属于违法犯罪。如果提供劳务者对他人造成的损害不属侵权，而属合法如正当防卫等合法行为，接受劳务的个人自不需要承担任何侵权责任。

⑤ 提供劳务，不同于承揽关系中的承揽行为。根据《民法典》第770条的规定："承揽合同是承揽人按照定作人的要求完成工作，交付工作成果，定作人支付报酬的合同。承揽包括加工、定作、修理、复制、测试、检验等工作。"承揽，作为承揽人按照承揽合同的约定完全按照自己的意志将需要定作人定制的物品完成后予以交付的行为，给定作人交付的乃是劳动成果，即承揽关系的标的物为定作物也就是承揽人按照定作人的要求完成的劳动成果。对于整个承揽过程，定作人一般不关心，承揽人即使因为定作人对定作、指示或者选任的过错造成承揽人自身或者他人损害的，也是构成定作人侵权责任，而不是本责任；但在劳务关系中，提供劳务者为他人提供的是劳务即劳动本身，通常表现为无产品的各种服务活动。

（3）客观后果方面要求他人的民事权益必须遭受了实际损害。他人的民事权益尽管受到了侵害，但若没有实际损害结果出现的，仍不构成此种侵权责任。其中的损害，乃是指除劳务提供的个人与劳务接受的个人之外的第三人所遭受的物质性或者精神性损害，一般不包括单纯的精神性损害；既包括人身损害，又包括人身之外的财产损害，还包括因为人身损害、具有人身意义的特定物的损害带来的精神损害。

（4）客观因果关系方面要求他人民事权益的损害与提供劳务过程中对他人民事权益实施侵害的行为之间具有因果关系。也就是说，他人损害的发生必有他人提供劳务行为的原因，没有提供劳务的行为，就不可能发生他人损害的结果。

三、提供劳务者致害责任的承担

《民法典》第1192条第1款规定："个人之间形成劳务关系，提供劳务一方因劳务造成他人损害的，由接受劳务一方承担侵权责任。接受劳务一方承担侵权责任后，可以向有故意或者重大过失的提供劳务一方追偿。提供劳务一方因劳务受到损害的，根据双方各自的过错承担相应的责任。"

（1）接受劳务者的全部侵权责任。个人之间形成劳务关系，提供劳务一方因劳务造成他人损害的，由接受劳务一方承担侵权责任。也就是说，对于提供劳务者对他人造成的损害，完全由接受劳务的个人对外对受害人的损害承担全部侵权责任，提供劳务者对外不对受害人的损害承担侵权责任。

（2）接受劳务者的追偿权。提供劳务者因劳务致害对受害人承担侵权责任后，可以向有故意或者重大过失的提供劳务者追偿。对此：① 这种对提供劳务者的追偿，以提供劳务者出于故意或者具有重大过失为前提。提供劳务者对自己劳务致他人损害的行为，没有过错，或者虽存在过错然不是重大过错的，则不能对之追偿。其实，没有过错，除非在无过错责任中，也不构成侵权，也自不存在对受害人承担侵权责任的问题，于是也就不存在承担侵权责任后再予以追偿的问题。② 重大过错的判断，包括故意与重大过失两种情形,只要具备其中之一,或出于故意,或出于重大过失,就属于具有重大过错。③ 无论是故意还是重大过失,都是针对提供劳务者对提供劳务行为所造成的损害结果而言的,而不是针对劳务行为本身来说的。对于提供劳务行为本身,则可能是明知不能为而为,或者明知应当为而不为。④ 接受劳务的个人对具有重大过错提供劳务者追偿,可以是全部,也可以是部分。究竟是全部还是部分,除考虑提供劳务者的主观过错外,还要结合接受劳务的个人是否具有过错,如在提供劳务过程中接受劳务者是否强加干涉,是否提出过分要求等,以及受害人本身的行为及主观过错、环境因素等各方面考虑,以平衡接受劳务的个人与提供劳务者之间的利益。

(3)《审理人身损害赔偿案件解释》第4条规定:"无偿提供劳务的帮工人,在从事帮工活动中致人损害的,被帮工人应当承担赔偿责任。被帮工人承担赔偿责任后向有故意或者重大过失的帮工人追偿的,人民法院应予支持。被帮工人明确拒绝帮工的,不承担赔偿责任。"据此:① 无偿为被帮工人帮工造成他人损害的,要由被帮工人承担侵权责任,必以被帮工人没有明确拒绝帮工人的帮工为前提。如果明确拒绝帮工,帮工人仍然帮工而致他人损害的,被帮工人则不承担责任即应免除其责任。② 被帮工人明确拒绝帮工人帮工,必须内容明确、具体,不能含糊,而且要采取给人以明示的方式进行,如用语言让帮工人离开或者用行为将之驱离等。③ 明确拒绝后,帮工人基于各种各样的原因仍然提供帮工活动的,他人不知情的,固然可以免责。他人知情而不再采取措施而事实接受帮工的,是否能够源于之前有过"明确拒绝"而完全免责,则有待考量。

(4) 以个人名义为与自己没有劳动关系的单位提供劳务时致他人损害的,是否能够认为此时个人在为单位执行工作任务而致人损害。若作出肯定回答则按用人单位责任有关规定承担侵权责任即可。然而,这在观念上似很难得到认可。若不认为属于用人单位责任,又不能适用提供劳务者致害责任,这样,就留下了接受劳务单位无法承担无过错责任的漏洞,从公平角度上讲,既然接受劳务的个人对提供劳务者因劳务致害所产生的责任都实行无过错责任以对受害人提供全面保护,但接受劳务的单位却不能按无过错责任对遭受损害的他人承担侵权责任,法理上难以解释,也不利于受害人的保护。对此,需要司法解释加以明确。

四、(准)一般减免责事由在提供劳务者致害责任中的适用

对此,按照(准)一般减免责事由的适用规则,要区分两种不同情形加以考虑:

(1) 提供劳务者致害责任中的提供劳务者的致人损害行为属过错推定责任、过错责任中的行为的,则按照(准)一般减免责事由在过错推定责任、过错责任中的适用规则适用。(准)一般减免责事由只要其性质可以适用于提供劳务者致害责任,以及法律没有明确排除某种(准)一般减免责事由的适用,就可以成为提供劳务者致害责任的减免责事由而减免接受劳务者的责任。否则,如提供劳务者致害行为为过错责任、过错推定责任中的行为,不论提供劳务者是否具有过错,如系受害人故意、重大过失等所致,也认为提供劳务者致害责任属于无过错责任,接受劳务者均应承担侵权

责任，排除所有（准）一般减免责事由的适用，既与法理相背，也与常情不合。

（2）提供劳务者致害责任中的提供劳务者的致人损害行为系无过错责任的行为的，则依（准）一般减免责事由在非替代无过错责任中的适用规则适用。倘若某种（准）一般减免责事由，从性质上看根本不能适用当时行为的情况，或者虽可适用然不能保护更大法益、避免更大法益损害发生，除非法律将其转化为（准）特别减免责事由，否则就不能再作为减免责事由适用而据之减免责任人的责任。

第七节　提供劳务者受害责任

一、提供劳务者受害责任的概念

提供劳务者受害责任，是指个人之间形成劳务关系，提供劳务者在提供劳务的过程中，因提供的劳务受到损害或者因第三人行为造成损害所产生的侵权补偿责任。

二、提供劳务者受害责任的构成要件

（一）主观方面要求接受劳务者具有过错

该责任与单位职工在工作中遭受损害所产生的责任不同。后者不论单位是否具有过错，均适用《工伤保险条例》规定直接由工伤保险基金全额支付。而"'个人之间形成劳务关系的'，不属于依法应当参加工伤保险统筹的情形，提供劳务一方受到损害后，不能适用《工伤保险条例》。个人之间的劳务关系的损害，跟雇主情形下损害不一样，个人之间的劳务，提供劳动一方有较大的自主权，不像雇主对雇员的控制力那么强。造成损害的，接受劳务一方承担无过错责任太重。所以提供劳务一方因劳务受到损害的，不宜采取无过错责任的原则，要求接受劳务的一方无条件地承担赔偿责任。实践中因劳务受到损害的情况比较复杂，应当区分情况，根据双方的过错来处理比较合理。例如，张某家雇的保姆不听张某的劝阻，执意要站在椅子上打扫卫生，结果不小心将腿扭伤，那么，雇用保姆的张某可以从人道主义的角度，带保姆看病，适当承担一定的责任，但若要张某承担无过错责任，则责任过重，有失公允。所以，本法规定双方根据各自的过错承担责任，比较公平，也符合现实的做法"[①]。

具体来说，《民法典》分为两种情形分别适用过错责任与公平责任：

（1）提供劳务者非因第三人行为造成损害的。根据《民法典》第1192条第1款的规定，提供劳务者非因第三人行为造成损害的，接受劳务者要按其过错承担相应的责任。倘若没有过错，就不需要承担责任。这点与提供劳务者致害责任实行无过错责任不同，需要加以注意。另外，这种过错责任为一般的过错责任，而非较为严格的过错推定责任。

（2）提供劳务者由于第三人行为造成损害的。《民法典》第1192条第2款规定：

[①] 黄薇主编：《中华人民共和国民法典侵权责任编解读》，中国法制出版社2020年版，第116页。

"提供劳务期间,因第三人的行为造成提供劳务一方损害的,提供劳务一方有权请求第三人承担侵权责任,也有权请求接受劳务一方给予补偿。接受劳务一方补偿后,可以向第三人追偿。"如此,提供劳务者因第三人行为造成损害的,接受劳务者所承担的责任并非过错责任,而是适用公平责任先对遭受损害的提供劳务者给予补偿,在补偿之后再依法对第三人进行追偿。至于第三人行为,既可以是因其过错实施的过错推定责任、过错责任的损害行为,也可以是其实施的无过错责任的损害行为。

(二)客观行为方面要求存在提供劳务者的民事权益在为他人提供劳务的过程中因劳务受到侵害的行为

没有提供劳务的行为,或者虽有提供劳务的行为但其民事权益没有受到侵害,或者其民事权益虽在提供劳务的过程中受到侵害却并不是因劳务所致,也不能构成本责任。其中的劳务,系由作为平等民事主体的提供劳务者与接受劳务者达成协议所提供的一般系具有报酬即属有偿的劳务。作为帮工人无偿提供劳务的,本属于本责任中的一种情形,然《民事案件案由规定》第383条将其作为义务帮工人受害责任规定为一种独立的责任。所以,提供劳务者因劳务受到损害的行为,就不再包括无偿提供劳务的帮工人因帮工活动遭受人身损害的行为在内。

(三)客观后果方面要求有偿提供劳务者受到了损害

不是提供劳务者遭受损害,而是提供劳务者之外的人包括接受劳务者遭受损害,则不构成本责任。提供劳务者在提供劳务过程中,致提供劳务者、接受劳务者之外的第三人损害的,构成提供劳务者致害责任,由接受劳务者依法承担侵权责任;接受劳务者承担责任后,则可以向具有重大过错包括故意或者重大过失的提供劳务者追偿;致接受劳务者损害,具有过错的,则按照《民法典》第1165条关于"行为人因过错侵害他人民事权益造成损害的,应当承担侵权责任"的规定承担一般过错侵权责任。至于其中的损害,《民法典》没有限制,一般来讲,既包括因劳务造成提供劳务者的人身的损害,又包括因劳务造成提供劳务者的财产如工具等的损害。

(四)客观因果关系方面要求提供劳务者的损害与提供劳务者在为他人提供劳务的过程中因劳务受到侵害的行为之间具有因果关系

两者之间没有因果关系,也就是提供劳务者所遭受的损害与后者之间没有任何关系的,也不构成本责任。应当指出,这种因果关系,既可能是因提供劳务者违反有关法律规范规定或者技术操作规程所致,也可能含有接受劳务者过错的因素,如强令提供劳务者在不采取安全措施或者明知具有危险的情况下冒险作业等,还可能系第三人行为形成。不论提供劳务者遭受损害的具体原因如何,只要这些原因出现在提供劳务的过程中并由此造成了提供劳务者的损害,提供劳务的行为就可以构成提供劳务者损害的原因,从而形成因果关系,接受劳务者对此损害具有过错的,就要依法承担相应的责任。

三、提供劳务者受害责任的承担

(一) 提供劳务者因劳务受害的过错责任

提供劳务一方因劳务且非源于第三人行为受到损害的,根据《民法典》第1192条第1款的规定,劳务提供者与劳务接受者按照双方各自的过错承担相应的责任。这样,完全系接受劳务者的过错,则由其承担全部损害责任;没有过错的,如完全是提供劳务者的过错或者因为意外事故或其他自然原因造成的,接受劳务者不承担损害责任,损害由提供劳务者自行负担;具有部分过错,即提供劳务者与接受劳务者均有过错的,则按照各自的过错承担相应的责任。如王某请钟点工钟某来家里擦玻璃,并提供安全带等设施,要求钟某系上安全带干活。王某见钟某已经佩戴安全带,叮嘱钟某注意安全后上班去了。钟某因觉得戴着安全带干活难受便取下来,结果在干活过程中不慎摔至楼下受伤。此例中:王某对钟某的损害不具有过错,不应承担侵权责任。又如,王某做饭时发现鸡蛋没有了,就吩咐保姆钟某前去购买,要求钟某"越快越好"。钟某便急忙骑车赶往菜市场,途中因为车速过快,摔倒受伤。此例中:① 钟某因提供个人劳务而遭受自身伤害;② 王某与钟某对于损害的发生都有过错,应当各自承担与自己过错相应的责任。

如上,提供劳务者在提供劳务时因劳务受到损害,双方均有过错的,按照各自的过错对损害承担相应的责任。

(1) 接受劳务者的过错,表现在各个方面,如所提供的劳务为法律、行政法规所禁止甚至具有违法因素;对他人提供劳务的行为作出不正当的要求、指示;提供的工作设备、工具、原材料等不符合安全要求,具有缺陷;为他人进行劳务活动提供的环境、安全防护等不符合安全要求;不对具有风险的劳务及其环境作出必要的安全警示;等等。

(2) 提供劳务者的过错,多种多样,如对于劳务活动所具有的致人损害的风险应当预见却出于疏忽大意而没有预见或者虽已预见然轻信能够避免;违反有关劳务的操作规则;不听从有关安全注意的警示、要求、监督、管理;不具有提供劳务的体能、知识、技术却提供劳务;等等。

(3) 提供劳务者所受到的损害按照各自的过错承担相应的责任。① 提供劳务者的责任,并非对自己损害的侵权责任,只是客观上要对自身损害承担部分后果,实际乃是减轻了接受劳务者的侵权责任,属于过错相抵在本责任中的具体运用。② 接受劳务者承担与自己过错相应的责任。对此,理论界有的认为,"个人之间形成的劳务关系仍然是用工关系,工作风险仍然是由接受劳务一方制造的,实践中,接受劳务一方在经济上通常处于更有利的地位,因此,对个人之间形成劳务关系情形下的提供劳务一方的损害,完全依过错原则处理难谓妥适,可考虑将本规定解释为'提供劳务一方受到损害的,由接受劳务一方承担赔偿责任,提供劳务一方有过错的,相应减轻接受劳务一方的责任'"①。司法实践中也有人提出："提供劳务一方存在故意或者重大过失的，可以免除或者减轻接受劳务一方的责任，如果提供劳务一方只是存在一般过失，则不减轻接受劳务一方的赔偿责任，但为防止利益失衡，提供劳务一方的过失不能与接受劳务一方的过失全部相抵，除非有确凿证据证明，提供劳务一方有故意自伤、自杀行为，否则接受劳务一方不得完全免责。"②

(二) 提供劳务者因第三人行为受害的补偿责任

提供劳务期间，因第三人的行为造成提供劳务一方损害的，第三人自然要承担全部侵权责任。但是，按照《民法典》第1192条第2款的规定，并不能免除接受劳务者的责任。

(1) 提供劳务者在提供劳务过程中因第三人行为遭受损害，第三人固然构成侵权，接受劳务的个人则不构成侵权。然在现实生活中，实施侵权行为的人可能无法承担侵权责任，从公平的角度讲，由虽不构成侵权及侵权责任的接受劳务的个人即受益者按照公平责任原则给予补偿也合情合理。故提供劳务者既可以请求第三人承担侵权责任，也有权请求接受劳务的个人给予补偿，具体由其进行选择。

(2) 提供劳务者向接受劳务者主张责任的，后者是依公平责任原则承担补偿责任。这种补偿，从性质上讲，不属于侵权责任。所以，认为接受劳务者承担的补偿责任与第三人的侵权责任构成不真正的连带责任，似有问题。因为不真正连带责任，乃属于侵权责任的范畴，要以不真正连带责任人所承担的责任均为侵权责任为前提。当然，接受劳务者在承担这种非侵权责任的补充责任时，与不真正连带责任在形式上有相似之处，则是另一个问题，但不能在性质上加以混淆。另外，承担公平补偿责任的数额方面，从原理上讲，一般也不能构成全额补偿。

(3) 因第三人行为造成提供劳务者损害，第三人实施的过错推定、过错行为或者无过错行为，如果依法具有不可抗力、正当防卫、紧急避险、自愿紧急救助、受害人故意或过错等减免责事由应当减免责任的，可以依法减免责任，接受劳务者在承担补偿责任时也可以据此提出抗辩，也就是说，这些（准）一般减免责事由应当作为接受劳务者补偿责任大小确定的重要根据。

(4) 接受劳务的个人如果承担了补偿责任，自然可以再依法向造成提供劳务者遭受损害的第三人进行追偿。毕竟，提供劳务者所遭受的损害完全系由第三人行为造成，承担责任的主体乃为第三人。接受劳务者只是基于受益或者可能受益的事实，基于人道主义及受害人获得救济、第三人承担损害的能力或者查找不到等原因依法予以补偿。在接受劳务者承担补偿责任后，不让其对应当承担终局责任的第三人追偿，既有失公平，又是对第三人侵权的放纵。同时，在现实生活中，接受劳务者个人对这种劳务中形成的损害很少通过购买保险来分散，承担责任后若不允许向真正造成损害的

---

① 邹海林、朱广新主编：《民法典评注：侵权责任编》（第1册），中国法制出版社2020年版，第315页。
② 最高人民法院侵权责任法研究小组编著：《〈中华人民共和国侵权责任法〉条文理解与适用》，人民法院出版社2016年版，第259—260页。

第三人追偿，损失完全由接受劳务者个人承担，也过于严厉与苛刻。

（5）这种追偿，乃是接受劳务者已经对提供劳务者损害所承担的全部补偿责任，而不是已经承担的部分补偿责任。当然，接受劳务的个人具有过错的，则不是承担补偿责任的问题，而是对提供劳务者构成侵权的责任问题。承担补偿责任，应以接受劳务的个人没有任何过错为前提；若具有过错，则构成侵权责任，应根据自身过错承担责任。若与第三人构成共同过错形成共同侵权的，则应负连带责任。

（三）提供劳务者因劳务受到损害，若自己与接受劳务者均无过错的，后者是否也要承担责任，《民法典》对此没有明确规定

《民法典》第1186条关于"受害人和行为人对损害的发生都没有过错的，依照法律的规定由双方分担损失"的规定尽管确定了公平责任原则，但是不能仅仅依照这一规定加以适用。如果要适用公平原则，还必须有其他法律的具体规定。然而，若提供劳务者的损害基于双方均无过错，又不是第三人的过错行为所致，而是源于诸如意外事件等并不当然免除侵权责任的免责事由等原因所致时，接受劳务者即使由此获益，也无须承担任何责任包括公平补偿责任，损害完全由提供劳务者自行承担。这样，对于提供劳务者因劳务受到损害所产生的责任，在法律设置上似乎存在漏洞，这不能不说是一种遗憾。

（四）提供劳务者受害责任的减免责事由

该责任作为一种过错责任，对于《民法典》总则编、侵权责任编规定的（准）一般减免责事由，除非法律另有特别规定明确排除适用或者按性质不能适用外，均可以适用。我们知道，第三人造成为准一般减免责事由，然《民法典》第1192条明确其不能作为不承担责任的完全免责事由适用。也就是说，即使因为第三人行为造成提供劳务者损害的，接受劳务者依法还是需要按照公平责任原则给予因劳务受害的提供劳务者补偿。至于自甘风险、自助这两种准一般减免责事由，按性质难以适用于本责任；其他诸如不可抗力、正当防卫、紧急避险、自愿紧急救助的一般减免责事由，及受害人故意、受害人过错的准一般减免责事由，则可以适用于本责任。

第八节　暂无意识或失去控制人损害责任

一、暂无意识或失去控制人损害责任的概念

暂无意识或失去控制人损害责任，是指完全民事行为能力人在对自己的行为暂时没有意识或者失去控制时对他人造成损害所应承担的侵权责任。对此，不少国家和地区均有明确规定。例如，"德国民法典规定，在无意识状态或者处于精神错乱而不能自己决定意思的状况下，对他人施加损害的人，不对该损害负责任。如果由于其饮酒或者类似手段而使自己陷于此种暂时状况的，对其在此状况下造成的损害，以如同其有过失一样的方式负责任；其没有过错而陷于此状况的，该责任即不发生。日本民法规定，因精神上的障碍，在处于对自己的行为欠缺辨识能力的状况下对他人造成了损

害的人，不负赔偿责任。但因故意或者过失而导致一时性的状态时，不在此限。埃塞俄比亚民法规定，如果导致有责任的过错行为是处于不知其行为的过错性质状态的人实施的，在有衡平需要时，法院可减少给予赔偿。在这一问题上，必须考虑当事人各自的财务状况和过错行为人的赔偿损害责任的后果。我国台湾地区'民法'规定，在无意识或者精神错乱中所为之行为致三人受损害时，法院因被害人之申请，得斟酌行为人及其法定代理人与被害人之经济状况，令行为人或其法定代理人为全部或一部之损害赔偿。从以上域外立法例及我国台湾地区的规定来看，对于过错导致完全民事行为能力人暂时丧失意识造成他人损害的，原则上行为人需要承担侵权责任。此外，在赔偿的问题上会考虑各方当事人的经济状况，根据衡平的原则来处理。"[1] 我国《民法典》第1190条完全沿袭原《侵权责任法》第33条，规定"完全民事行为能力人对自己的行为暂时没有意识或者失去控制造成他人损害有过错的，应当承担侵权责任；没有过错的，根据行为人的经济状况对受害人适当补偿。完全民事行为能力人因醉酒、滥用麻醉药品或者精神药品对自己的行为暂时没有意识或者失去控制造成他人损害的，应当承担侵权责任"。

二、暂无意识或失去控制人损害责任的主体

对于这种损害责任的主体，即行为时暂时没有意识或者失去控制的完全民事行为能力人，需要注意：

（一）必须为自然人

非自然人的法人或非法人组织，虽因拟人化具有民事行为能力，但它不具有像自然人那样的意识与控制能力，其行为能力要通过自然人的意识或控制能力来表现。所以，其中的工作人员如用人单位、教育机构等的工作人员在工作时突然没有意识或者丧失控制而对他人、未成年学生造成损害的，则适用用人单位责任、教育机构责任等。具体来说，属于特殊主体侵权责任的，如提供劳务者致害责任、医疗损害责任、民用航空器损害责任等，则适用这些特殊主体侵权责任；不属于特殊主体侵权责任的，则适用一般主体侵权责任。

（二）必须为完全民事行为能力人

其实，无民事行为能力人或者限制民事行为能力人，不属于完全民事行为能力人，不能构成包括此种侵权责任在内的任何侵权责任的主体。其行为对他人造成损害的，适用监护人责任。完全民事行为能力人，指能够辨认自己行为的成年人；以自己劳动收入为主要生活来源的16周岁以上的未成年人，视为完全民事行为能力人。

应当指出，成年人为无完全民事行为能力人的，主要是精神病人。其中，对于间歇性精神病人是否为完全民事行为能力人，要看其是否处于精神病发作期间，在发病期间其精神处于不正常状态，为无完全民事行为能力人；在未发病时其精神处于正常

---

[1] 石宏主编：《中华人民共和国民法典释解与适用（人格权编侵权责任编）》，人民法院出版社2020年版，第172—173页。

状态，属完全民事行为能力人。是以，间歇性精神病人在精神病未发作期间暂时失去意识或者控制造成他人损害的，仍然可以适用本责任的有关规定，或承担侵权责任，或承担适当补偿的公平责任。

（三）在行为时没有意识或者失去了控制能力

它要求完全民事行为能力人在实施损害行为时没有意识或者失去控制。没有意识或者失去控制，是指完全不存在意识或者完全丧失了控制，如没有昏厥，只是神情恍惚，不能认为没有意识。意识，作为人的大脑对于包括自身在内的客观物质世界的反映，表现为感觉、思维等各种心理过程，在这里是指对自己与他人行为的性质、后果等的不当甚至违法性能够辨别、认识，属于感觉、认知的范畴。控制，是指在存在意识具有辨认能力的基础上，对自己的行为、活动予以掌控、把持而局限在一定范围，不任意活动，以实现自己的行为、活动的目的，属于按照自己的意愿决定并行动的意志范畴。作为一个社会人，则要求行为人在具有意识时将自己的行为控制在合乎法律规范、道德要求、公序良俗、诚实信用等正当合理的范围内，不能给他人、社会带来危害，否则就会构成对他人权益的侵害，要依法承担侵权责任。但一个人在行为时若没有意识或者失去了控制能力，其行为、活动完全不受意识的支配、控制，且这种意识或者控制的没有或丧失不是自己的行为所致，则就失去了承担侵权责任的主观基础，从而不需要承担侵权责任。但是，这种丧失要是自己的行为如醉酒、吸毒等所致，则仍需要与正常情况下一样承担侵权责任。不然，人人都可以借此如醉酒后实施危害他人或社会的行为。此外，虽不是自己行为故意而为，然能够避免自己在行为时突然没有意识或者失去控制而致行为对他人造成损害，如知道自己患有严重疾病可能导致自己突然丧失意识或者控制能力，却不采取任何措施，并进行可能由此危害他人、社会的行为、活动等具有过错的，也应当承担相应的侵权责任。否则，受害人的损失无人承担或由社会承担，自不公平。

（四）须是行为时暂时没有意识或者失去控制

若是行为时突然患病而致永久没有意识或者失去控制能力，如正常的人突发精神病而丧失控制，则处于不正常的精神状态，为不能辨认或者控制完全民事行为能力人，从而转化为无民事行为能力人或者限制民事行为能力人，造成他人损害的，也不构成此种侵权责任。若适用监护人责任，但因为以前为正常人，没有监护人而无法适用。这时，可以不认定为侵权，但可以由其或者其后来的监护人对他人所受到的损害适用公平原则而给予适当补偿。

三、暂无意识或失去控制人损害责任的构成要件

（一）主观方面必须具有过错

没有过错，完全民事行为能力人即使在暂时失去意识或者控制时对他人造成了损害，也不构成侵权，自不承担侵权责任。这时，基于公平的考虑，可以让其对受害人给予适当补偿。应当指出，是否具有过错，是针对自己暂无意识或失去控制的事实而

言的，即对自己失去意识、丧失控制方面存在过错，而不是对失去意识、控制之后对他人造成的损害来说具有过错。后者，自然已经丧失意识或者失去控制，对之后行为造成的损害也就不存在过错的问题。这种过错，具体说来，主要基于是否对自己暂时失去意识或者控制的情形有所明知。例如，知道某种行为如服用兴奋剂或其他具有强烈刺激的药物等会导致意识或者控制丧失却仍追求或放任自己的行为，结果造成自己意识或者控制丧失而对他人造成了损害；平时患有严重疾病，不时昏厥丧失意识或者失去控制，却不采取必要措施，从事不宜的工作，进行有关容易引发疾病并会对他人造成损害的活动等。举例如下：甲患有严重心脏病，医生一再嘱咐要按时吃药，不能骑车、开车外出，以防心脏病发作。一天，甲既不吃药，并开车外出，结果在途中因道路拥挤感到烦躁，从而引发心脏病，失去意识，最后造成交通事故撞伤他人，便属于本责任中的过错。至于过错的内容，既可以表现为故意，又可以表现为过失，过错的内容如何，不影响本责任的认定。

（二）客观行为方面要求必须具有暂时没有意识或者失去控制而对他人民事权益造成了侵害的行为

这种行为，既可以表现为作为，如失去控制而主动攻击他人造成损害，又可以表现为不作为，如他人开车时突然昏厥失去意识而无法实施驾驶行为致车辆撞向他人造成损害，就是一种不作为行为所致的损害；若具有意识却失去控制而致所驾之车撞向他人造成损害，则属于一种不正当作为行为所致的损害。一般说来，没有意识，所表现的结果是因为不存在意识致应为而没有去为；而失去控制，则是在意识存在的情况下无法控制按照自己的意志实施行为，既可以是想实施而无法实施于是表现为不作为而对他人造成损害，又可以表现为不能够控制正当为而乱为的作为而对他人造成损害。两者存在层次、程度上的差别，无须同时成立，只要在行为时具有暂时没有意识或者暂时失去控制情形之一的，就可构成此种侵权。至于是否丧失意识或者失去控制，在司法实践中，应由行为人承担举证责任。因为他人举证之行为造成了自身损害结果之后，行为人要逃避责任就可能以自己暂时没有意识或者丧失控制为由进行抗辩，根据"谁主张、谁举证"的举证责任分配规则，举证责任自然要由行为人承担。

（三）客观后果方面要求他人的民事权益必须遭受了实际损害

他人的民事权益必须遭受了实际损害，乃是所有实害侵权责任均须具备的构成要素。完全民事行为能力人尽管在行为时暂时没有意识或者失去控制，使他人民事权益置于风险之中或者产生了侵害，如在广阔而无人的沙滩上疲劳驾驶突然昏睡几秒而醒来，对跑偏的车辆进行控制，车上之人一时受到惊吓，但没有造成实际损害的，也不能构成暂无意识或失去控制人损害责任。需要指出，这种实际损害，乃是指给他人带来了人身或者财产上的损害，一般不包括纯粹意义上的精神损害。

（四）客观因果关系方面要求暂时没有意识或失去控制的侵害行为与他人受到的实际损害之间存在因果关系

他人虽遭受了实际损害，但没有完全民事行为能力人没有意识或者失去控制的侵害行为的原因，两者之间不存在因果关系，也不能构成暂无意识或失去控制人损害责任。

四、暂无意识或失去控制人损害责任的承担

根据《民法典》第1190条的规定，暂无意识或失去控制人损害责任的承担具体包括三种情形：

（一）完全民事行为能力人对自己的行为暂时没有意识或者失去控制造成他人损害有过错的，应当承担侵权责任

此种侵权责任既然为过错责任，是否具有过错的举证责任要由受害人承担，然行为人以自己无过错抗辩时，则应由其举证证明，以防止一些无视法律、道德规范而具有反社会人格障碍的人借丧失意识或者控制能力自己又无过错为名逃避自己应当承担的侵权责任。

（二）完全民事行为能力人对自己的行为暂时没有意识或者失去控制造成他人损害，没有过错的，根据行为人的经济状况对受害人适当补偿

没有过错，如因意外原因或者突发因素、第三人造成等引起完全民事行为能力人突然暂时失去意识或者控制造成他人损害的，虽不承担侵权责任，然要根据公平原则如受害人损害的大小、双方的经济状况等具体情况给予受害人适当补偿。

（三）完全民事行为能力人因醉酒、滥用麻醉药品或者精神药品对自己暂时没有意识或者失去控制造成他人损害的侵害行为，应当承担侵权责任

醉酒、滥用麻醉药品或者精神药品容易造成行为时暂时没有意识或者失去控制，这已为现实生活反复证明，作为一个有完全民事行为能力的人都应该知道。但在知道的情况下，却不顾后果醉酒或者滥用麻醉药品、精神药品，结果造成行为时暂时没有意识或者失去控制并对他人造成损害的，自然具有过错，应承担侵权责任。不过，在这种情况下，对其过错的认定，不是从其他方面判断，单就完全民事行为能力人是否醉酒或者滥用麻醉药品、精神药品来判断，从而将过错这种主观性通常要结合诸多行为表现来判断的东西转化为具体的某种客观事实的判断，相对来说，要简单得多。受害人只要能够证明完全民事行为能力人具有醉酒、滥用麻醉药品或滥用精神药品情形之一的，完全民事行为能力人就具有过错，应当对自己行为暂时没有意识或者失去控制而引起的损害承担侵权责任。

（1）醉酒。不同的人酒量不同，喝同量的酒，有的会醉，有的则不会醉。这样，就需要一个客观标准来认定。《关于办理醉酒驾驶机动车刑事案件适用法律若干问题的意见》（法发〔2013〕15号）第1条规定："在道路上驾驶机动车，血液酒精含量达到80毫克/100毫升以上的，属于醉酒驾驶机动车，依照刑法第一百三十三条之一第一款的规定，以危险驾驶罪定罪处罚。"据此，可以认为人体血液酒精含量达到80毫克/100毫升以上的，就属于醉酒。

(2) 在学理上，醉酒有生理醉酒与病理醉酒之分。前者系指饮酒需要超过一定量时才能导致的醉酒；后者则是少量饮酒便可引起的醉酒。在刑事理论界，一直就有后者不具有刑事责任能力的主张而认为不能承担刑事责任，但《刑法》一直没有采纳。民事上，《民法典》也没有将病理性醉酒从醉酒中排除，由此暂时没有意识或者失去控制而对他人造成损害的，依然属于侵权。尽管如此，病理性醉酒乃属于一种客观存在，法律上不将其排除在外，但在据此认定行为人是否具有过错时应加以考虑。若行为人以前完全不知道自己一喝酒就会醉，即属于病理性醉酒的，在喝少量酒后便暂时没有意识或者失去控制而对他人造成损害的，则属没有过错，无须承担侵权责任；若知道自己属于病理性醉酒，或者知道自己平时的量不能超过的范围，超过一定的范围就会醉，即使没有达到醉酒所要求的血液中所含酒精的标准，也认定其对于自己醉酒存在过错，需要依法承担侵权责任。对于以前没有喝过酒而是初次饮酒且不知道自己属于病理性醉酒的，如果喝了极少量的酒发生病理醉酒而暂时失去意识或者失去控制而对他人造成损害的，除实施无过错责任中的行为外，则因不存在过错无需承担侵权责任。①

(3) 滥用麻醉药品或者精神药品。麻醉药品、精神药品，能够麻醉或兴奋神经，或者减轻人体痛苦，或者激发人身感觉器官的快感，适度控制用于医疗则有利于他人、有利于社会；但若任意滥用，就会给他人身心健康带来危害。因此，用于后者则称之为毒品。毒品连续、反复、长期使用，或者不正当、不合理使用甚至滥用，则会给使用人带来身体或精神上的依赖性，即不使用就会产生极度痛苦，久而久之，恶性循环，会给人的身体健康带来严重的损害。是以，国家对麻醉药品、精神药品的生产、出售、使用、持有等所有行为及其过程，均实行严格的管控，禁止非法持有、制造、买卖、运输、使用、吸食，不然就会构成违法犯罪而要遭受严厉的制裁，直至付出生命的代价。这两类药品范围极广，随着医学技术的发展，一些新型的毒品不时出现，是否属于麻醉药品、精神药品，既要根据国家机关发布的有关名录认定，还要对吸食的是否为麻醉药品或精神药品进行鉴定。

(4) 滥用麻醉药品或精神药品。两类药品虽属毒品，严禁吸食，然不能说一经吸食，因为身体的特殊性而造成暂时没有意识或者失去控制，就当然构成暂无意识或失去控制人损害责任。按照《民法典》第1190条第2款的规定，要以滥用两类毒品为必要。所谓滥用，乃是不正当、不合理使用。对此，需要从以下方面把握：一是非医疗、科研等合法使用的状态下使用，均属非法使用。二是非法使用或者虽属合法使用而过度、过量使用，如长期、连续、反复、超量使用等。若第一次使用且量不大，结果造成行为时没有意识或者失去控制致他人遭受损害的，一般不宜解释为滥用，至少是适用《民法典》第1190条第2款的规定让行为人承担侵权责任时要极为慎重。然

---

① 最高人民法院民法典贯彻实施工作领导小组主编：《中华人民共和国民法典侵权责任编理解与适用》，人民法院出版社2020年版，第233～234页。

而，因为吸食毒品为法律规范所禁止，可以解释为吸食者具有过错而适用《民法典》第1190条第1款让行为人承担侵权责任。

第九节　定作人侵权责任

一、定作人侵权责任的概念

定作人侵权责任，是指在承揽关系中，因承揽人在完成工作过程中造成第三人损害或者自己损害而由具有过错的定作人依法所应承担的侵权责任。其中的承揽，根据《民法典》第770条第2款规定，包括加工、定作、修理、复制、测试、检验等工作。狭义的承揽关系，是指定作人与承揽人之间依法通过承揽合同约定所形成的权利与义务关系；承揽合同，根据《民法典》第770条的规定，则指承揽人按照定作人的要求完成工作，交付工作成果，定作人支付报酬的合同。但是，本责任中的"承揽关系"，并不限于上述的狭义定义，也就是"不限于《民法典》合同编中的承揽合同关系，而是广义的承揽关系。本条下的承揽人相当于英美法上的独立营业人（又译作'独立承包人''独立契约人'），即接受当事人的工作委托自主独立地完成工作者。因此，承揽合同、建设工程合同、运输合同、技术合同、保管合同、仓储合同、委托合同、行纪合同等均可以构成本条下的承揽关系。还需要指出的是，本条的适用不限于承揽合同有效成立，当事人之间事实上形成承揽关系，同样满足'承揽关系'要件"[1]。"除此之外，建房合同（《民法典》合同编第18章规定的建设工程合同除外）、房屋修缮合同、印制合同、设计合同、翻译合同、打印合同、画品装裱合同等，都是生活中常见的承揽合同。因完成工程勘察、设计、施工为内容的建设工程合同而发生的承揽关系与传统的承揽有明显区别，故无论是原《合同法》还是《民法典》合同编，均将承揽合同和建设工程合同分为两章分别加以规定，但不能因此否定建设工程合同具有承揽合同的基本属性。"[2]

二、定作人侵权责任的构成要件

《民法典》第1193条规定："承揽人在完成工作过程中造成第三人损害或者自己损害的，定作人不承担侵权责任。但是，定作人对定作、指示或者选任有过错的，应当承担相应的责任。"据此，定作人侵权责任的构成要件，必须同时满足以下四个方面：

（一）主观方面必须具有过错

定作人对于承揽人在完成工作过程中造成第三人的损害或者自己损害，在主观方

---

[1] 最高人民法院民事审判第一庭编著：《最高人民法院人身损害赔偿司法解释的理解与适用》，人民法院出版社2015年版，第158页；王泽鉴：《侵权行为》，北京大学出版社2009年版，第460页；邹海林、朱广新主编：《民法典评注：侵权责任编》（第1册），中国法制出版社2020年版，第318页。

[2] 最高人民法院民法典贯彻实施工作领导小组主编：《中华人民共和国民法典侵权责任编理解与适用》，人民法院出版社2020年版，第256—257页。

面若不具有过错，则不能构成侵权而无须承担侵权责任。过错，既包括故意，又包括过失。这种过错的内容，包括两个方面：

一方面，定作人的过错是指定作人的定作、指示或者选任方面存在过错，而非承揽人的完成定作行为存在过错。承揽人根据承揽合同依法独立完成定作人要求的工作。尽管定作人根据《民法典》第779条关于"承揽人在工作期间，应当接受定作人必要的监督检验。定作人不得因监督检验妨碍承揽人的正常工作"的规定具有必要的监督之责，但承揽人的工作为一种独立的工作，在完成工作的过程中，承揽人本身应当对自己的行为负责。

另一方面，定作人的过错针对出现的第三人损害或者承揽人损害的结果而言，一般表现为出于过失，当然不排除出于故意。这一过错的内容，具体表现为定作人明知自己的定作、指示或者选任会造成承揽人、第三人损害的结果，仍然希望或者放任这种损害结果发生；或者应当预见自己的定作、指示或者选任可能造成承揽人、第三人损害的结果却因疏忽大意而没有预见，或虽已预见却过于自信能够避免，以致承揽人、第三人损害结果出现。至于针对自己本身的定作、指示或者选任行为，以及承揽人完成工作的行为，则可能是明知不能为、不应为却仍为，或者应为、能为而不为。

(二)客观行为方面要求承揽人在完成承揽工作的过程中因定作人在定作、指示或者选任方面的过错行为对自身或者第三人的民事权益实施了不正当的侵害行为

具体而言，包括四个方面：(1)承揽人具有危害他人或自身的侵害行为。没有这一侵害行为，本身不会发生损害结果，或者虽然引发了损害结果却是正当的乃至合法行为，固然不构成侵权，也就不会存在构成定作人的所谓侵权责任的问题。(2)危害行为系承揽人所为，而非承揽人之外的人包括定作人所为。《民法典》第772条第2款规定："承揽人将其承揽的主要工作交由第三人完成的，应当就该第三人完成的工作成果向定作人负责；未经定作人同意的，定作人也可以解除合同。"如此，实际完成定作工作或者辅助工作的并非一定是承揽人。(3)危害行为是承揽人在完成所承揽工作的过程中实施的。危害行为虽为承揽人所为，然不是承揽人在完成所承揽工作的过程中所为，也不能构成定作人侵权责任。(4)承揽人对自身或者第三人民事权益的侵害行为系定作人的定作、指示或者选任的过错行为所致。

(三)客观后果方面要求出现了承揽人或者第三人受到损害的结果，否则也不能构成定作人的侵权责任

此种侵权责任中的损害包括承揽人给自身造成的损害与给第三人人身财产造成的实际损害两种情形，既可以是人身损害，又可以是财产损害，然非指单纯的精神损害。还有，此种损害中的第三人是指承揽人与定作人以外的任何第三人。可见，此种侵权责任中的损害实乃为定作人之外的任何人的损害。至于定作人所受到的损害，基于侵权责任是对责任人以外之人承担损害赔偿的基本前提自然不能适用定作人侵权责任。

（四）客观因果关系方面要求承揽人或者第三人所受到的损害与定作人的定作、指示或者选任的过错行为，以及承揽人完成所承揽工作时对自身或者第三人民事权益的侵害行为之间存在着因果关系

换句话说，前者的发生必有后者的根据。这种根据，既包括定作人的过错行为，又包括承揽人的过错行为，两者均为本责任中损害结果的原因，缺少任何一个，则不能构成本责任。损害完全是承揽人的过错所致，定作人不承担责任；完全是定作人的过错所致，如定作人指使无完全民事行为能力人承揽定作标的物而致损害的，则应承担全部责任。

三、定作人侵权责任的承担

根据《民法典》第1193条的规定，定作人应当承担的责任显然要排除定作人与承揽人共同侵权而致第三人损害的情况。若双方出于共同故意或者过失或者具有非共同过错意思联络而致第三人损害，属于共同侵权的，相互之间乃是一种连带责任，对此需要注意。

第十节 网络侵权责任

一、网络侵权责任的概念

（一）网络的概念

网络，作为由节点和连线构成以表示诸多对象及其相互联系的一种概念，在不同领域有着不同的描述。如在数学上表示一种图像，且通常指加权图；物理学上用来指从某种相同类型的实际问题中抽象出来的模型；在计算机领域，则是指各个点、面、体的信息联系到一起，并实现信息传输、接收、共享的虚拟平台。在法律上，也存在不同的描述，如《网络安全法》第76条第1项规定：本法所称网络，是指由计算机或者其他信息终端及相关设备组成的按照一定的规则和程序对信息进行收集、存储、传输、交换、处理的系统。《审理侵害信息网络传播权案件规定》第2条规定：本规定所称信息网络，包括以计算机、电视机、固定电话机、移动电话机等电子设备为终端的计算机互联网、广播电视网、固定通信网、移动通信网等信息网络，以及向公众开放的局域网络。尽管如此，只要一提起网络，人们通常也都会意识到指的是什么。

（二）网络侵权责任的概念

网络侵权责任，是指网络用户或者网络服务提供者利用网络侵害他人民事权益所产生的侵权责任。其主体为网络用户或者网络服务提供者，非网络用户且非网络服务提供者不能构成该责任的主体。网络用户，乃为因学习、工作、娱乐、阅读新闻、了解有关事情、进行舆论监督等各种各样原因使用网络的所有人，包括自然人、法人或者其他非法人组织。至于网络服务提供者，虽为相关法律规范提及，但大多没有解释，且提法不一。如《网络安全法》第76条第3项规定：网络运营者，是指网络的

所有者、管理者和网络服务提供者。《互联网信息服务管理办法》称互联网信息服务提供者。《互联网著作权行政保护办法》[①] 第 5 条规定：互联网信息服务提供者包括其委托的其他机构；第 2 条规定：本办法适用于互联网信息服务活动中根据互联网内容提供者的指令，通过互联网自动提供作品、录音录像制品等内容的上载、存储、链接或搜索等功能，且对存储或传输的内容不进行任何编辑、修改或选择的行为。其中的"互联网内容提供者"是指在互联网上发布相关内容的上网用户。此外还有诸如"内容服务提供者""提供内容服务的网络服务提供者""互联网接入服务提供者"等具体称法。

二、网络侵权责任的构成要件

（一）主观方面要求必须具有过错

这是网络侵权责任构成的基本方面，没有过错的，则不能构成此种侵权责任。对此，《审理侵害信息网络传播权案件规定》第 6 条规定：原告有初步证据证明网络服务提供者提供了相关作品、表演、录音录像制品，但网络服务提供者能够证明其仅提供网络服务，且无过错的，人民法院不应认定为构成侵权。

（二）客观行为方面要求具有网络服务、使用的侵害行为，即在网络使用或者服务的过程中，利用网络实施了侵害他人民事权益的行为

所谓利用网络，是指以网络作为媒介或工具。这里所说的网络是指互联网以及其他公共信息网络。利用网络实施侵权行为主要包括利用网络实施侮辱、诽谤行为，侵害他人人格权、知识产权等权益。例如，"艾滋女"案就是典型的侵害他人名誉、肖像、隐私权、个人信息等案件。[②] 另外，利用网络侵害他人知识产权的行为也时有发生。例如，通过信息网络擅自向公众提供他人的作品、表演、录音录像制品。这种行为，既可以是作为的方式，也可以是不作为的方式。

（三）客观后果方面要求他人的民事权益必须遭受了侵害

存在他人民事权益遭受侵害的客观情况，乃是所有侵权责任构成的前提，网络侵权责任的构成也不例外。其中，对他人民事权益造成侵害，既包括对他人健康、姓名、名称、肖像、名誉、荣誉、隐私、个人信息、声音等人格权利或者权益的侵害，也包括对他人财产如利用网络攻击、散布病毒给他人的网络设施包括软件、硬件、商业秘密、商标、技术、著作权等物质性财产或者财产性利益的侵害，但一般不会直接对他人的身体、健康、生命造成侵害。无论属于哪种侵害，只要使他人民事权益遭受了侵害，即可构成此种侵权责任。

[①] 此办法文号为国家版权局、原信息产业部令 2005 年第 5 号，由国家版权局、原信息产业部 2005 年 4 月 29 日发布、同年 5 月 30 日起施行。

[②] 2000 年 10 月 12 日，杨某将其前女友"闫某"的名字贴在互联网上，并将自己掌握的 282 个手机号码公布，捏造号码持有人为闫某的嫖客等信息，并编造闫某被其继父强奸、在北京当"小姐"卖淫、患有艾滋病等内容。经查证，这些内容完全属于捏造，杨某因利用互联网等侮辱、诽谤他人被容城县人民法院判处有期徒刑三年。巩志宏：《专访"艾滋女"闫某：请还给我清白》，www.xinhuanet.com，2009 年 10 月 23 日访问。

（四）客观因果关系方面要求网络使用、服务行为与他人民事权益遭受的损害之间存在因果关系

网络使用、服务的侵害行为虽已违反有关法律规范，他人的民事权益实际也遭受了侵害，然两者之间不存在因果关系，也就是后者的发生不以前者为内在根据或因素，前者并非导致后者出现的原因，也不能构成此种侵权责任。

三、"通知与取下"规则的适用

"通知与取下"规则，又称"通知与移除"规则，系指网络服务提供者在为网络用户提供网络服务的过程中，接到权利人有关权利受到侵害等内容的合格通知后依法作出回应，并采取删除、屏蔽、断开链接等必要措施，避免网络用户的侵权行为及后果得以持续，且据此可以免除自己侵权责任的一项法律规则。网络服务提供者只要严格按照这一规则而为，就不承担侵权责任。于是，这一规则又被称为网络服务提供者免除自己责任的"避风港"。否则，就要对接到通知后的网络用户侵权行为及后果的持续、扩大承担侵权责任，具体是与网络用户对扩大的损害承担连带责任。

如前所述，"通知与取下"规则所免除的是网络服务提供者接到权利人的合格通知后对因网络用户侵权行为持续产生的扩大损害所要承担的责任。如此，应以网络服务提供者在接到权利人的通知前并不知道网络用户已经构成侵权为前提。倘若在接到权利人通知前甚至在提供服务时就知道或者应当知道网络用户就已构成侵权的，则就不能根据这一规则免除网络服务提供者的侵权责任。所以，网络服务提供者是否构成侵权，以及何时构成侵权即构成侵权的时间起点，并非一定是接到权利人的合格通知但并未采取必要措施时，也可以是开始提供网络服务时。

具体来说，"通知与取下"规则的适用程序包括四个方面：

（1）认为自己权利遭受损害的权利人发出通知。他人认为网络用户通过网络服务提供者发布、刊登的有关信息侵害了自己的权益，有权向网络服务提供者发出通知，通知要求包括通知人即权利人的真实身份信息，认为构成侵权的初步证据，要求采取的删除、屏蔽、断开链接等必要措施。

（2）网络服务提供者对通知作出回应。网络服务提供者接到通知后，应当及时做好两个方面的工作，即将该通知转送给网络用户，并根据构成侵权的初步证据和服务类型采取必要措施。通知人认为网络用户构成侵权，网络用户自然应当知悉，并有权提出抗辩，以让网络服务提供者在之后根据情况依法处理。所以，需要及时将他人的通知转送给网络用户。网络服务提供者采取必要措施并不是在网络用户作出申辩后才进行，而要根据他人提供的构成侵权的初步证据与服务类型决定。倘若他人的通知虽称网络用户、网络服务提供者构成侵权，但没有提供任何证据，则不构成合格的通知，网络服务提供者不需要采取相应措施。他人提供了构成侵权的初步证据，通过这些初步证据可判断有可能构成侵权的，就应采取必要措施。这种判断，乃是一种侵权的可能性判断，而不是侵权的确实性判断。

至于所采取的必要措施，则要与提供网络服务的类型相对应，而不能采取"一刀切"的方法认定所采取的措施是否属于必要。"不同类型的网络服务提供者在接到侵权通知后所应承担的义务也应当有所区别……由网络服务提供者根据其掌握的证据以及提供服务的类型采取必要措施，所取得的效果应当是在技术能够做到的范围内避免相关信息进一步传播。对于提供信息存储空间、搜索、链接服务的网络服务提供者，其在接到侵权通知后，应当对侵权信息采取删除、屏蔽、断开链接等必要措施。对于电子商务平台经营者，其在接到侵权通知后，应当根据电子商务法的要求，对相关商品或者服务采取删除、屏蔽、断开链接、终止交易和服务等必要措施。对于提供接入、缓存服务的网络服务提供者，其在接到侵权通知后，应当在技术可能做到的范围内采取必要措施，如果采取这些措施会使其违反普遍服务义务，在技术和经济上增加不合理的负担，该网络服务提供者可以将侵权通知转送相应网站。由于所有网络信息都须经由接入服务进行传输，很多权利人都会要求接入服务提供者删除侵权信息，如果不对此类服务提供者采取必要措施的义务进行必要的限制，可能会妨碍网络产业的正常发展。目前互联网技术的发展日新月异，新技术不断得到应用，网络服务提供者提供的服务类型也在不断拓宽，通知与取下程序是否能够一体适用需要进一步探索和研究，应当正确看待技术与法律的关系，运用法律解释方法，智慧解决各种新型问题。如果需要通过修改法律解决，可以及时提出修改意见和建议。"①

（3）网络用户提交声明即反通知。网络用户收到网络服务提供者转送过来的权利人的通知后，倘若认为自己不构成侵权，可以向网络服务提供者提交声明，声明的内容应当包括声明者的真实身份信息，关于自己不存在侵权的声明，以及不存在侵权的初步证据。对于要求网络用户在声明中提出"不存在侵权的初步证据"，有人"提出不同看法，认为根据民事诉讼一般举证规则，积极的构成要件由原告提出证据，被告没有义务提出消极的构成要件，有时也难以拿出证据。这一意见有一定道理，但在大部分权利类型下，初步证据是可以提出的，比如著作权、专利权、商标权等，涉嫌侵权的网络用户可以提供文章底稿、著作权登记证书、专利证书、商标权证书、原产地证明、授权法律文书等，证明其具有相应的权利；诚然，有些情形下确实难以提出，比如权利人主张某篇文章侵犯了其隐私权，这既是一个事实问题，更是一个法律问题，即使在法庭上，也不是三言两语能够判断清晰的"②。

（4）网络服务提供者对声明作出回应。收到网络用户的声明后，网络服务提供者要作好两个方面的回应：一方面要向通知人转送网络用户的声明，并告知其可以向有关部门投诉或者向人民法院提起诉讼。另一方面在转送声明到达权利人后的合理期限内，未收到权利人已经投诉或者提起诉讼通知的，应当及时终止所采取的措施。其中的合理期限，法律没有明确，应根据整个行业认可的权利人收到转送声明后应当提出投诉或者提起诉讼的期限确定。若收到权利人已经提出投诉或者提起诉讼通知的，原

---

① 黄薇主编：《中华人民共和国民法典侵权责任编解读》，中国法制出版社2020年版，第126页。
② 同上书，第130页。

来基于权利人通知所采取的必要措施继续保持，不予终止；在合理期限内没有收到权利人已经提出投诉或者提起诉讼通知的，原来基于权利人通知所采取的必要措施，予以终止。

四、网络服务提供者主观过错的认定

（一）网络服务提供者对网络用户侵权行为具有过错的认定

《民法典》第1197条明确规定："网络服务提供者知道或者应当知道网络用户利用其网络服务侵害他人民事权益，未采取必要措施的，与该网络用户承担连带责任。"据此，网络服务提供者对网络用户利用网络服务对他人民事权益所进行的侵害是否具有过错，具体表现为是否知道或者应当知道即简称的明知或应知，是关系到其是否承担侵权责任的重要方面。

在利用信息网络侵害他人姓名权、名称权、名誉权、荣誉权、肖像权、隐私权等人身权益引起的纠纷案件中，《审理利用信息网络侵害人身权益案件规定》第6条规定："人民法院依据民法典第一千一百九十七条认定网络服务提供者是否'知道或者应当知道'，应当综合考虑下列因素：（一）网络服务提供者是否以人工或者自动方式对侵权网络信息以推荐、排名、选择、编辑、整理、修改等方式作出处理；（二）网络服务提供者应当具备的管理信息的能力，以及所提供服务的性质、方式及其引发侵权的可能性大小；（三）该网络信息侵害人身权益的类型及明显程度；（四）该网络信息的社会影响程度或者一定时间内的浏览量；（五）网络服务提供者采取预防侵权措施的技术可能性及其是否采取了相应的合理措施；（六）网络服务提供者是否针对同一网络用户的重复侵权行为或者同一侵权信息采取了相应的合理措施；（七）与本案相关的其他因素。"第7条规定："人民法院认定网络用户或者网络服务提供者转载网络信息行为的过错及其程度，应当综合以下因素：（一）转载主体所承担的与其性质、影响范围相适应的注意义务；（二）所转载信息侵害他人人身权益的明显程度；（三）对所转载信息是否作出实质性修改，是否添加或者修改文章标题，导致其与内容严重不符以及误导公众的可能性。"

（二）网络服务提供者对网络用户侵权行为明知的认定

对此，不能一概而论，应当具体情况具体分析。对于网络用户利用网络服务实施侵权行为的，根据《民法典》第1195条第1款的规定，权利人有权通知网络服务提供者采取删除、屏蔽、断开链接等必要措施。权利人若依法通知网络服务提供者的，尽管权利人提供的证据为初步的，也要先推定网络服务提供者已经明知，从而需要依照《民法典》第1195条的规定处理，即："网络服务提供者接到通知后，应当及时将该通知转送相关网络用户，并根据构成侵权的初步证据和服务类型采取必要措施；未及时采取必要措施的，对损害的扩大部分与该网络用户承担连带责任。"对此，《审理侵害信息网络传播权案件规定》第13条规定：网络服务提供者接到权利人以书信、传真、电子邮件等方式提交的通知及构成侵权的初步证据，未及时根据初步证据和服务类型采取必要措施的，人民法院应当认定其明知相关侵害信息网络传播权行为。至

于网络服务提供者转送通知、采取必要措施是否及时,根据《审理侵害信息网络传播权案件规定》第14条的规定,应当根据权利人提交通知的形式,通知的准确程度,采取措施的难易程度,网络服务的性质,所涉作品、表演、录音录像制品的类型、知名度、数量等因素综合判断。《审理利用信息网络侵害人身权益案件规定》第4条规定:"人民法院适用民法典第一千一百九十五条第二款的规定,认定网络服务提供者采取的删除、屏蔽、断开链接等必要措施是否及时,应当根据网络服务的类型和性质、有效通知的形式和准确程度、网络信息侵害权益的类型和程度等因素综合判断。"

应当指出,网络服务提供者接到权利人的通知后,即可推定其明知网络用户侵权。但这种推定,乃是基于权利人的通知。倘若网络用户并没有侵权,只是权利人认识错误,此时推定的明知网络用户侵权自然是错的,从而需要一定的救济措施加以纠正。所以,《民法典》第1196条又规定:"网络用户接到转送的通知后,可以向网络服务提供者提交不存在侵权行为的声明。声明应当包括不存在侵权行为的初步证据及网络用户的真实身份信息。网络服务提供者接到声明后,应当将该声明转送发出通知的权利人,并告知其可以向有关部门投诉或者向人民法院提起诉讼。网络服务提供者在转送声明到达权利人后的合理期限内,未收到权利人已经投诉或者提起诉讼通知的,应当及时终止所采取的措施。"这样,网络服务提供者在网络用户提供不存在侵权行为的声明并转送权利人且要求权利人投诉或者起诉后,权利人则应投诉或者起诉,既没有投诉又没有起诉,经过了一定合理期限的,网络服务提供者就应及时终止针对网络用户采取的措施,即推定其根本不存在明知网络用户侵权的问题。此时,即使网络用户侵权,网络服务提供者依法终止了以前所采取的措施,也不再出于明知而构成侵权。

(三)网络服务提供者对网络用户侵权行为应知的认定

《审理侵害信息网络传播权案件规定》第9条规定:"人民法院应当根据网络用户侵害信息网络传播权的具体事实是否明显,综合考虑以下因素,认定网络服务提供者是否构成应知:(一)基于网络服务提供者提供服务的性质、方式及其引发侵权的可能性大小,应当具备的管理信息的能力;(二)传播的作品、表演、录音录像制品的类型、知名度及侵权信息的明显程度;(三)网络服务提供者是否主动对作品、表演、录音录像制品进行了选择、编辑、修改、推荐等;(四)网络服务提供者是否积极采取了预防侵权的合理措施;(五)网络服务提供者是否设置便捷程序接收侵权通知并及时对侵权通知作出合理的反应;(六)网络服务提供者是否针对同一网络用户的重复侵权行为采取了相应的合理措施;(七)其他相关因素。"第10条规定:"网络服务提供者在提供网络服务时,对热播影视作品等以设置榜单、目录、索引、描述性段落、内容简介等方式进行推荐,且公众可以在其网页上直接以下载、浏览或者其他方式获得的,人民法院可以认定其应知网络用户侵害信息网络传播权。"第11条规定:"网络服务提供者从网络用户提供的作品、表演、录音录像制品中直接获得经济利益的,人民法院应当认定其对该网络用户侵害信息网络传播权的行为负有较高的注意义务。网络服务提供者针对特定作品、表演、录音录像制品投放广告获取收益,或者获取与其传播的作品、表演、录音录像制品存在其他特定联系的经济利益，应当认定为前款规定的直接获得经济利益。网络服务提供者因提供网络服务而收取一般性广告费、服务费等，不属于本款规定的情形。"第12条规定："有下列情形之一的，人民法院可以根据案件具体情况，认定提供信息存储空间服务的网络服务提供者应知网络用户侵害信息网络传播权：（一）将热播影视作品等置于首页或者其他主要页面等能够为网络服务提供者明显感知的位置的；（二）对热播影视作品等的主题、内容主动进行选择、编辑、整理、推荐，或者为其设立专门的排行榜的；（三）其他可以明显感知相关作品、表演、录音录像制品为未经许可提供，仍未采取合理措施的情形。"

五、网络侵权责任的承担

（一）网络侵权责任的承担

关于这种侵权责任的承担，《民法典》及其他法律、行政法规、有关司法解释均有不少规定，举例如下：

（1）《民法典》第1194条规定："网络用户、网络服务提供者利用网络侵害他人民事权益的，应当承担侵权责任。法律另有规定的，依照其规定。"如《消费者权益保护法》第44条规定："消费者通过网络交易平台购买商品或者接受服务，其合法权益受到损害的，可以向销售者或者服务者要求赔偿。网络交易平台提供者不能提供销售者或者服务者的真实名称、地址和有效联系方式的，消费者也可以向网络交易平台提供者要求赔偿；网络交易平台提供者作出更有利于消费者的承诺的，应当履行承诺。网络交易平台提供者赔偿后，有权向销售者或者服务者追偿。网络交易平台提供者明知或者应知销售者或者服务者利用其平台侵害消费者合法权益，未采取必要措施的，依法与该销售者或者服务者承担连带责任。"

（2）《民法典》第1195条第1款、第2款规定：网络用户利用网络服务实施侵权行为的，权利人通知网络服务提供者采取删除、屏蔽、断开链接等必要措施，网络服务提供者接到通知后，不根据构成侵权的初步证据和服务类型采取必要措施，或者虽采取了必要措施然不及时的，对损害的扩大部分与该网络用户承担连带责任。

（3）《民法典》第1197条规定："网络服务提供者知道或者应当知道网络用户利用其网络服务侵害他人民事权益，未采取必要措施的，与该网络用户承担连带责任。"

《网络交易监督管理办法》（国家市场监督管理总局令第37号）第52条规定："网络交易平台经营者知道或者应当知道平台内经营者销售的商品或者提供的服务不符合保障人身、财产安全的要求，或者有其他侵害消费者合法权益行为，未采取必要措施的，依法与该平台内经营者承担连带责任。对关系消费者生命健康的商品或者服务，网络交易平台经营者对平台内经营者的资质资格未尽到审核义务，或者对消费者未尽到安全保障义务，造成消费者损害的，依法承担相应的责任。"

（4）在利用信息网络侵害他人姓名权、名称权、名誉权、荣誉权、肖像权、隐私权等人身权益引起的纠纷案件中，对于侵权责任的承担，《审理利用信息网络侵害人身权益案件规定》第5条规定："其发布的信息被采取删除、屏蔽、断开链接等措施的网络用户,主张网络服务提供者承担违约责任或者侵权责任,网络服务提供者以收到民法典第一千一百九十五条第一款规定的有效通知为由抗辩的,人民法院应予支持。"第10条第1款规定:"被侵权人与构成侵权的网络用户或者网络服务提供者达成一方支付报酬,另一方提供删除、屏蔽、断开链接等服务的协议,人民法院应认定为无效。"第11条规定:"网络用户或者网络服务提供者侵害他人人身权益,造成财产损失或者严重精神损害,被侵权人依据民法典第一千一百八十二条和第一千一百八十三条的规定,请求其承担赔偿责任的,人民法院应予支持。"第12条规定:"被侵权人为制止侵权行为所支付的合理开支,可以认定为民法典第一千一百八十二条规定的财产损失。合理开支包括被侵权人或者委托代理人对侵权行为进行调查、取证的合理费用。人民法院根据当事人的请求和具体案情,可以将符合国家有关部门规定的律师费用计算在赔偿范围内。被侵权人因人身权益受侵害造成的财产损失以及侵权人因此获得的利益难以确定的,人民法院可以根据具体案情在50万元以下的范围内确定赔偿数额。"

(5)《审理侵害信息网络传播权案件规定》第4条规定:有证据证明网络服务提供者与他人以分工合作等方式共同提供作品、表演、录音录像制品,构成共同侵权行为的,人民法院应当判令其承担连带责任。但是,网络服务提供者能够证明其仅提供自动接入、自动传输、信息存储空间、搜索、链接、文件分享技术等网络服务的,则不构成共同侵权。

(6)《审理侵害信息网络传播权案件规定》第7条规定:"网络服务提供者在提供网络服务时教唆或者帮助网络用户实施侵害信息网络传播权行为的,人民法院应当判令其承担侵权责任。网络服务提供者以言语、推介技术支持、奖励积分等方式诱导、鼓励网络用户实施侵害信息网络传播权行为的,人民法院应当认定其构成教唆侵权行为。网络服务提供者明知或者应知网络用户利用网络服务侵害信息网络传播权,未采取删除、屏蔽、断开链接等必要措施,或者提供技术支持等帮助行为的,人民法院应当认定其构成帮助侵权行为。"第8条规定:"人民法院应当根据网络服务提供者的过错,确定其是否承担教唆、帮助侵权责任。网络服务提供者的过错包括对于网络用户侵害信息网络传播权行为的明知或者应知。网络服务提供者未对网络用户侵害信息网络传播权的行为主动进行审查的,人民法院不应据此认定其具有过错。网络服务提供者能够证明已采取合理、有效的技术措施,仍难以发现网络用户侵害信息网络传播权行为的,人民法院应当认定其不具有过错。"

(二)网络侵权责任的免责

网络用户或者网络服务提供者不构成侵权或者不承担赔偿责任的具体情形多种多样,举例如下:

(1)《信息网络传播权保护条例》第20条规定:"网络服务提供者根据服务对象的指令提供网络自动接入服务,或者对服务对象提供的作品、表演、录音录像制品提供自动传输服务,并具备下列条件的,不承担赔偿责任:(一)未选择并且未改变所传输的作品、表演、录音录像制品;(二)向指定的服务对象提供该作品、表演、录音录像制品,并防止指定的服务对象以外的其他人获得。"

(2)《信息网络传播权保护条例》第 21 条规定:"网络服务提供者为提高网络传输效率,自动存储从其他网络服务提供者获得的作品、表演、录音录像制品,根据技术安排自动向服务对象提供,并具备下列条件的,不承担赔偿责任:(一)未改变自动存储的作品、表演、录音录像制品;(二)不影响提供作品、表演、录音录像制品的原网络服务提供者掌握服务对象获取该作品、表演、录音录像制品的情况;(三)在原网络服务提供者修改、删除或者屏蔽该作品、表演、录音录像制品时,根据技术安排自动予以修改、删除或者屏蔽。"

(3)《信息网络传播权保护条例》第 22 条规定:"网络服务提供者为服务对象提供信息存储空间,供服务对象通过信息网络向公众提供作品、表演、录音录像制品,并具备下列条件的,不承担赔偿责任:(一)明确标示该信息存储空间是为服务对象所提供,并公开网络服务提供者的名称、联系人、网络地址;(二)未改变服务对象所提供的作品、表演、录音录像制品;(三)不知道也没有合理的理由应当知道服务对象提供的作品、表演、录音录像制品侵权;(四)未从服务对象提供作品、表演、录音录像制品中直接获得经济利益;(五)在接到权利人的通知书后,根据本条例规定删除权利人认为侵权的作品、表演、录音录像制品。"

(4)《信息网络传播权保护条例》第 23 条规定:"网络服务提供者为服务对象提供搜索或者链接服务,在接到权利人的通知书后,根据本条例规定断开与侵权的作品、表演、录音录像制品的链接的,不承担赔偿责任;但是,明知或者应知所链接的作品、表演、录音录像制品侵权的,应当承担共同侵权责任。"

(5)《审理侵害信息网络传播权案件规定》第 5 条规定:网络服务提供者以提供网页快照、缩略图等方式实质替代其他网络服务提供者向公众提供相关作品,该提供行为不影响相关作品的正常使用,且未不合理损害权利人对该作品的合法权益,不构成侵权。

(6)《审理侵害信息网络传播权案件规定》第 6 条规定:"原告有初步证据证明网络服务提供者提供了相关作品、表演、录音录像制品,但网络服务提供者能够证明其仅提供网络服务,且无过错的,人民法院不应认定为构成侵权。"

(7)《审理利用信息网络侵害人身权益案件规定》第 5 条规定:"其发布的信息被采取删除、屏蔽、断开链接等措施的网络用户,主张网络服务提供者承担违约责任或者侵权责任,网络服务提供者以收到民法典第一千一百九十五条第一款规定的有效通知为由抗辩的,人民法院应予支持。"

(三)与网络侵权责任相关的其他人责任

(1)《审理利用信息网络侵害人身权益案件规定》第 10 条第 2 款规定:"擅自篡改、删除、屏蔽特定网络信息或者以断开链接的方式阻止他人获取网络信息,发布该信息的网络用户或者网络服务提供者请求侵权人承担侵权责任的,人民法院应予支持。接受他人委托实施该行为的,委托人与受托人承担连带责任。"

(2)权利人认为网络用户对自己的民事权益构成侵权,通知网络服务提供者,若出于认识错误而造成网络用户或者网络服务提供者损害的，根据《民法典》第1195条第3款的规定，"应当承担侵权责任。法律另有规定的，依照其规定"。《信息网络传播权保护条例》第24条亦规定："因权利人的通知导致网络服务提供者错误删除作品、表演、录音录像制品，或者错误断开与作品、表演、录音录像制品的链接，给服务对象造成损失的，权利人应当承担赔偿责任。"

第十一节 违反安全保障义务的侵权责任

一、违反安全保障义务责任的概念

违反安全保障义务责任，是指经营场所、公共场所的经营者、管理者或者群众性活动的组织者，在从事经营、管理经营场所、公共场所或者组织群众性活动的过程中，未尽到安全保障义务而致他人损害所产生的侵权责任。《民法典》第1198条规定："宾馆、商场、银行、车站、机场、体育场馆、娱乐场所等经营场所、公共场所的经营者、管理者或者群众性活动的组织者，未尽到安全保障义务，造成他人损害的，应当承担侵权责任。因第三人的行为造成他人损害的，由第三人承担侵权责任；经营者、管理者或者组织者未尽到安全保障义务的，承担相应的补充责任。经营者、管理者或者组织者承担补充责任后，可以向第三人追偿。"

二、违反安全保障义务责任的构成要件

违反安全保障义务责任，作为一种特殊主体侵权责任，除对主体要求一定为负有安全保障义务的宾馆、商场、银行、车站、机场、体育场馆、娱乐场所等经营场所、公共场所的经营者、管理者或者群众性活动的组织者外，还必须同时满足以下四个方面的条件，才能构成。

（一）主观方面必须具有过错

违反安全保障义务责任的构成要件要以自己具有安全保障义务为前提，并在这一前提下没有尽到安全保障义务，从而在主观方面具有过错。这种过错责任，对于违反安全保障义务的不作为之结果而言，一般出于过失，而不能基于故意。是否进一步实行过错推定责任，即安全保障义务人应否要对自己已经尽到了安全保障义务承担证明责任，有的作了肯定的回答。然而，鉴于《民法典》并未明确安全保障义务者要承担此种举证责任，于是将之认定为过错推定责任的法律根据并不充分。因此，安全保障义务者未尽到安全保障义务的举证责任还是要由受害人来承担。[1]

---

[1] 最高人民法院民法典贯彻实施工作领导小组主编：《中华人民共和国民法典侵权责任编理解与适用》，人民法院出版社2020年版，第288页。

（二）客观行为方面要求在经营场所、公共场所的经营、管理或者群众性活动的组织过程中，经营者、管理者或者组织者具有未尽到安全保障义务的不作为侵害行为

对此要求：（1）必须负有安全保障义务。倘若根本不存在安全保障义务，就失去了构成违反安全保障义务责任的前提，自不可能构成此种侵权责任。负有安全保障义务，要求义务人必须在相关经营、管理、组织活动的过程中，采取有效行动、措施等来保障相关他人的人身财产安全免受侵害。（2）必须没有尽到自己的安全保障义务。虽有对他人人身财产权益负有安全保障的义务，然按照法律规范、行业规范、合同约定等尽到了自己的义务，他人还是因为各种各样的原因，如第三人行为、受害人故意或重大过失等原因而遭受损害的，行为人仍不构成侵权，无须承担侵权责任。未尽到安全保障义务，既包括根本不按有关规定要求履行安全保障义务，又包括虽然实施了一些有关安全保障义务的行为，但有关安全保障义务的履行不完全、不彻底，或不正确、不合理等。司法实践中，发生此种侵权的大多属于"不正确、不合理"情形。（3）未尽到安全保障义务的不作为行为，发生在经营、管理或者组织活动的过程中。如酒店歇业阶段，不是24个小时经营的非经营期间，则就不存在经营时应当履行的义务，此时，他人在经营场所等遭受的损害，也不构成此种侵权责任。

（三）客观后果方面要求他人的民事权益必须遭受了实际损害

这种实际损害，乃为他人人身财产等物质性损害，而非单纯的人格权益方面的精神损害。其中的他人，为经营场所、公共场所经营者、管理者或者群众性活动组织者及其工作人员以外的任何人。由于进入经营场所、公共场所的人极为广泛，对于他人的范围是否要在法律上明确限制，在《民法典》设定此种侵权责任时，争议较大，有的认为应限定为"顾客或者参与活动者"或者"进入公共场所或者参与活动的人"；有的认为应限定为"合法进入公共场所或者参加活动的人"；有的认为不宜作出限定。考虑到这一问题在司法实践中极为复杂，如仅仅从商场通过、上洗手间、问路、躲雨的人等能不能界定为顾客，上错了公交车又准备下车的人是否属于保护对象，尤其是对于非法进入者，如上车原准备盗窃的是否构成此种侵权责任中的"他人"即保护对象，争议更大。故在法律上明确哪些人属于保护对象较为困难，于是《民法典》对他人的范围没有作出任何限定。在司法实践中，哪些人属于该责任的保护对象应当根据案件的具体情况作出认定。① 如甲在商场打伤他人逃跑，商场的保安人员予以追赶，在甲进入电梯的刹那并让电梯内的人按电梯开门按钮以延迟开门时间让自己进入，结果他人按了关门按钮致甲受伤，这时就不能认定为商场未尽到安全保障义务而致使甲受到伤害。但是，甲盗窃他人物品后并未被发现，而像正常人一样在商场闲逛，结果因商场未尽到安全保障义务受到伤害，则仍然有权要求商场承担安全保障义务责任。

对此，可以借鉴英、美等国家确定安全保障义务侵权责任保护对象即他人范围的

---

① 中国审判理论研究会民事专业委员会编著：《民法典侵权责任编条文理解与司法适用》，法律出版社2020年版，第133页。

做法。这些国家将经营、管理经营场所、公共场所称为土地利益占有者，将进入土地利益范围里的人分为四种情形确定不同的安全保障义务，即：（1）受邀请者。经营者开始经营，就是向不特定的人发出了邀请，所有进入经营领域的人都是受邀请者，即行为人经营商店，是以大众为对象，故社会大众皆为行为人的受邀请者，不能因原告受伤前未向行为人购买东西，即认为原告非属受邀请者。（2）未经同意的访问者尤其是被明确拒绝的访问者，如持假晚会票被拒绝进入晚会举办场所后通过攀爬围墙而擅自进入。这时，对于访问者的安全保障义务标准要低于受邀请者。（3）公共人。公共人有权进入土地占有者的土地利益范围，如邮差、税收官、政府的调查人员、收电费的职员等。对于公共人的安全保障义务标准相当于受邀请者。（4）未成年人。对于未成年人，土地利益占有者负有最高的安全保障义务。只要土地利益中存在对未成年人具有诱惑力的危险，占有者就必须确保未成年人不受该危险的损害。

（四）客观因果关系方面要求对他人民事权益造成的实际损害必须是安全保障义务人未尽到安全保障义务的侵害行为所致，也就是两者之间存在因果关系

当然，这种因果关系，并非说明后者是前者的发生唯一或者根本原因。在前者的发生存在多种原因如第三人的行为对他人的侵害与安全保障义务人未尽到安全保障义务共同构成他人损害的原因时，仍然可以构成安全保障义务责任。

三、安全保障义务的来源

确定违反安全保障义务侵权行为的责任，最重要的就是确定行为人是不是负有安全保障义务、负有什么样的安全保障义务。因此，首先要确定经营者和社会活动组织者的安全保障义务来源。安全保障义务来源主要有以下三个方面：

（一）法律直接规定

法律直接规定安全保护义务，是最直接的安全保障义务来源。例如《消费者权益保护法》第7条规定："消费者在购买、使用商品和接受服务时享有人身、财产安全不受损害的权利。消费者有权要求经营者提供的商品和服务，符合保障人身、财产安全的要求。"第18条规定："经营者应当保证其提供的商品或者服务符合保障人身、财产安全的要求。"《物业管理条例》第36条规定："物业管理企业应当按照物业服务合同的约定，提供相应的服务。物业管理企业未能履行物业服务合同的约定，导致业主人身、财产安全受到损害的，应当依法承担相应的法律责任。"

（二）合同约定的主义务

如果当事人约定的合同义务中规定，合同的一方当事人对另一方当事人负有安全保障义务的，合同当事人应当承担安全保障义务。例如，订立旅客运输合同，旅客的人身安全保障义务就是合同的主义务，当事人必须履行这种义务。

（三）法定或者约定的合同附随义务

法定的或者约定的合同附随义务，即按照诚信原则，一方当事人应该对另一方当事人提供安全保障义务。例如，餐饮业、旅馆业向顾客提供服务，按照诚信原则的解

释，应当对顾客人身安全负有保障义务。

四、安全保障义务的主要类型

(一) 关于经营场所、公共场所本身的安全保障义务

这方面的安全保障义务是指通过日常的打扫、清理、修理、维护等措施保证经营场所、公共场所能够正常安全使用，如使得走廊、通道、街道等路面平坦、干燥，没有坑洞、湿滑等可能造成损害风险的障碍；场所中的果皮、蔬菜、污物等垃圾要及时清理等。

(二) 关于设备设施方面的安全保障义务

经营场所或者社会活动场所设施设备必须符合国家的强制标准，没有国家的强制标准的，应当符合行业标准或者达到进行此等经营活动所需要达到的安全标准。具体而言，首先是建筑物的安全标准，应当符合《建筑法》和《建筑工程质量管理条例》等法律法规的质量要求，经建筑行政管理部门验收合格，不得存在安全隐患。其次是消防方面的标准，必须符合《消防法》《营业性演出管理条例》《高层建筑消防管理规则》等的规定，经营场所和活动场所必须配备必要的消防设备、报警设施、紧急疏散标志和疏散图等，并保证一直处于良好状态。再次是电梯的安全标准，实行安全使用证制度、安全年检制度、日常维护保养制度，防止出现危险。最后是其他相关配套设施设备，必须经常地、勤勉地进行维护，使它们一直处于良好、安全的运行状态，符合安全标准。

经营者、社会活动组织者的设施设备违反安全保障义务，就是指提供服务的场所在上述四个方面所设置的硬件没有达到保障安全的要求，存在缺陷或者瑕疵，对他人造成了损害。因此，经营者应当对受害人承担人身损害赔偿责任。例如，某商场在通道上安装的玻璃门未设置警示标志，一般人很难发现这是一扇门，顾客通过时撞在门上，造成伤害。对此，商场应当承担违反安全保障义务的人身损害赔偿责任。

(三) 关于服务管理方面的安全保障义务

经营者或者社会活动组织者在服务管理方面的安全保障义务，主要包括以下四个方面：

第一，加强管理，提供安全的消费、活动环境。经营者、管理者和社会活动组织者在提供服务的时候，应当保障服务的内容和服务的过程是安全的，不能存在不安全的因素和危险，这些要求集中体现在经营、管理活动和社会活动的组织、管理和服务上。例如，涉及消费者和活动参与者的人身安全和卫生安全的经营、管理活动，应当保障人身安全和卫生，地面不得存在油渍和障碍，应当定期消毒，防止传染病传播等。

第二，坚持服务标准，防止出现损害。在经营管理活动中，应当按照确定的服务标准进行，不得违反服务标准，如饭店服务人员没有擦干净地板，留有污渍，顾客踩在上面滑倒造成伤害，就可构成本责任。

第三，具有必要的提示、说明、劝告、协助义务。在经营管理服务活动中，要是存在不安全因素，如可能出现伤害或者意外情况，应当进行警示、说明；对于可能出现的危险应当对消费者或者参与者进行合理的说明；对于有违安全的消费者或者参与者进行劝告，必要时应通知公安部门采取强制措施；对于已经发生或者正在发生的危险，经营管理服务者应当进行积极的救助，以避免损失的发生和扩大；发生火灾，必须组织工作人员进行疏导和疏散，进行安全转移。

第四，工作人员工作时应认真、谨慎，如不认真、不小心甚至利用工作机会给他人造成损害的，也属于违反安全保障义务的范围。

（四）关于防范制止侵害方面，维持经营场所、公共场所或者群众性组织活动正常秩序的安全保障义务

对于人员密度较大的群体性活动，要对可能产生的危险进行认真、全面的分析预判，设定相应的防护措施，防止秩序混乱时造成伤害；对于超出场所承载范围的公共场所，如热门景区应采取诸如控制人数、危险区域由专人指挥等措施，防止踩踏事故的发生。又如，《物业管理条例》第46条第1款规定："对物业管理区域内违反有关治安、环保、物业装饰装修和使用等方面法律、法规规定的行为，物业服务企业应当制止，并及时向有关行政管理部门报告。"第47条规定："物业服务企业应当协助做好物业管理区域内的安全防范工作。发生安全事故时，物业服务企业在采取应急措施的同时，应当及时向有关行政管理部门报告，协助做好救助工作。"

（五）关于未成年人、残疾人等特定人群的安全保障义务

《残疾人保障法》第53条规定："无障碍设施的建设和改造，应当符合残疾人的实际需要。新建、改建和扩建建筑物、道路、交通设施等，应当符合国家有关无障碍设施工程建设标准。各级人民政府和有关部门应当按照国家无障碍设施工程建设规定，逐步推进已建成设施的改造，优先推进与残疾人日常工作、生活密切相关的公共服务设施的改造。对无障碍设施应当及时维修和保护"；第66条规定："违反本法规定，新建、改建和扩建建筑物、道路、交通设施，不符合国家有关无障碍设施工程建设标准，或者对无障碍设施未进行及时维修和保护造成后果的，由有关主管部门依法处理。"

五、违反安全保障义务的主要判断标准

在实践中怎样判断义务人是否违反安全保障义务，需要有一个客观的标准。具体说来，可以从四个方面加以把握：

（一）法定标准

法定标准就是通过法律规范明确规定安全保障的内容和安全保障义务人必须履行的行为来确认行为人是否违反了安全保障义务。换言之，如果法律规范对于安全保障的内容和安全保障义务人必须履行的行为具有直接的规定，就应当严格遵守法律规范的明确规定进行判断。如《高层建筑消防管理规则》（公安部〔86〕公〔消〕字41号）

第 22 条规定:"宾馆、饭店的客房内,不准使用电炉、电熨斗、电烙铁等电热器具。在客房内不得安装复印机、电传打字机等办公设备。确因工作需要的,应经消防安全机构审批。"第 26 条规定:"建筑物内的走道、楼梯、出口等部位,要经常保持畅通,严禁堆放物品。疏散标志和指示灯,要保证完整好用。"第 32 条规定:"建筑物内的自动报警和灭火系统,防、排烟设备,防火门、防火卷帘和消火栓等,要定期进行检查测试,凡失灵损坏的,要及时维修或更换,确保完整好用。"这些规定就是用以衡量高层建筑所有者或管理者是否尽到预防火灾的义务的法定判断标准。利用高层建筑经营,违反这些标准,造成被保护人的人身损害或者财产损害的,就可构成违反安全保障义务责任,应依法承担损害赔偿责任。

(二)一般标准

一般标准系相对于法定标准确立的标准。法定标准是针对不同行业、不同场所分别制定的规范性文件,而一般标准乃为大众标准,具体包括两个方面:一是潜在风险的警告、提醒义务,如对光滑有水的地面应设标牌警示"地面湿滑";电梯、楼道口应提示"小心碰头"等;玻璃门应注明"小心玻璃";商场、列车、公共交通工具具有遭受窃贼侵害的危险,要提醒注意防范,保管自己的财物等。二是硬件设施配备义务,如配备足够的安保人员,设置门禁、报警装置、录像监控等,并保证设施的正常运行。如果宾馆、商场、银行、车站、机场、体育场馆、娱乐场所等经营场所、公共场所的经营者、管理者或者群众性活动的组织者没有按照一般标准的要求完成风险的警告、提醒义务和硬件设施配备义务,就可以认定构成违反安全保障义务责任,应依法承担赔偿责任。

(三)特别标准

特别标准是针对特定情况所设置的安全保障义务标准。特别标准主要存在以下两种情形:一是针对特定对象的安全保障措施提出特别要求。对于应当受到特定保护的人群,如未成年人、残疾人等,安全保障义务标准要相应提高。如根据《残疾人保障法》的规定,应当设立安全保障措施、通道等而没有设立的,造成残疾人无安全保障通道可走,只能由人护着走正常人行走的通道,结果造成残疾人损害的,就应属于没有尽到自己的安全保障义务,构成侵权。[①] 二是针对特定场所的安全保障措施提出特别要求。如一些危险系数较高的娱乐、旅游场所,安全保障义务人应当提供绝对的安全保障义务。可见,因对象的特殊性、特定场所的危险性而对安全保障义务人提出的更高标准,便属于特别标准。

(四)善良管理人标准

法律规范没有明确安全保障义务标准的,是否履行了安全保障义务的判断标准,要高于侵权行为法上的一般人的注意标准。在美国侵权行为法中,对于受邀请而进入土地利益范围的人,土地所有人或者占有人应当承担的安全保障义务很高,标准是要

---

① 最高人民法院民法典贯彻实施工作领导小组主编:《中华人民共和国民法典侵权责任编理解与适用》,人民法院出版社 2020 年版,第 289 页。

保证受邀请人的合理性安全。这种安全注意义务可以扩展到保护受邀请人免受第三人的刑事性攻击。在法国最高法院的判例中，认为在欠缺法定作为义务的情况下，行为人是否对他人负有积极作为的义务，应根据善良家父的判断标准进行。如果行为人作为一个善良家父会积极作为时却没有作为，即表明行为人具有过错，在符合其他责任构成的条件下即应承担过错侵权责任。善良家父、保障合理性安全的标准，就是善良管理人注意的标准。这种标准与罗马法上的"善良家父之注意"和德国法上的"交易上必要之注意"相当，都是要以交易上的一般观念，认为具有相当知识经验的人对一定事件需要注意的作为标准。

六、违反安全保障义务责任的承担

（一）安全保障义务人的责任

此种责任是在没有第三人行为介入的情况下，源于安全保障义务人自己的作为或不作为而给他人造成的损害赔偿责任。《民法典》第1198条第1款规定："宾馆、商场、银行、车站、机场、体育场馆、娱乐场所等经营场所、公共场所的经营者、管理者或者群众性活动的组织者，未尽到安全保障义务，造成他人损害的，应当承担侵权责任。"据此，他人的损害完全由安全保障义务人未尽到安全保障义务的行为所致，行为与结果之间属于完全、唯一的对应关系的，安全保障义务人自应承担侵权的全部责任；不属于完全、唯一的对应关系的，则应按过错大小承担相应的侵权责任。这种安全保障义务，主要体现为经营场所、公共场所经营者、组织者或者群众性活动组织者不能因自身行为而给他人安全造成损害，属于一种直接的、完全的义务，如餐厅满地油渍致老人滑倒骨折，就是如此。

（二）第三人侵权时的责任承担

（1）第三人的侵权责任。《民法典》第1198条第2款规定："因第三人的行为造成他人损害的，由第三人承担侵权责任"。法律之所以这样规定，主要基于损害是由第三人的行为造成的，由第三人承担责任，不仅符合自己责任的基本原则，更重要的是可以对不法行为进行必要的惩戒与制裁，预防损害的发生。当然，第三人的全部责任，乃是指经营场所、公共场所的经营或者管理活动以及群众性活动造成他人损害的原因，完全系三人的过错行为直接造成，若非完全唯一的原因，只是部分原因，则只能按过错责任的大小承担相应的责任；第三人的行为若属无过错责任中的行为，则无须考虑其过错，而要承担全部损害责任。此外，与他人共同侵权或者分别侵权依法要与他人承担连带责任的，则应依照数人侵权责任的有关规则加以处理。

（2）第三人行为造成他人损害，经营者、管理者或者群众性活动的组织者承担相应的过错补充责任。《民法典》第1198条第2款规定："因第三人的行为造成他人损害的，由第三人承担侵权责任，经营者、管理者或者组织者未尽到安全保障义务的，承担相应的补充责任。经营者、管理者或者组织者承担补充责任后，可以向第三人追偿。"据此可得出以下结论：

① 第三人的行为造成他人损害，安全保障义务人承担补充责任的前提乃为未尽到

自己应尽的安全保障义务，倘若已经尽到了自己应尽的安全保障义务，就不需要承担任何侵权责任。

② 经营者、管理者与第三人的行为不构成共同侵权或者其他应当承担连带责任的分别侵权。倘若经营者、管理者与第三人因为具有共同过错或者非共同过错的意思联络而使其行为与他人行为直接结合造成同一损害的，或者他们分别实施的行为不属于共同侵权但均足以造成他人同一损害等需要依法承担连带责任的，经营者、管理者与第三人应依法承担连带责任，而不是分别承担全部责任与过错补充责任。

③ 该责任为补充责任。即只有在第三人未能承担或者没有完全承担全部侵权责任，如找不到第三人或者第三人没有赔偿能力等的情况下，安全保障义务人才承担相应的过错补充责任。因此，该责任以第三人没有承担应有的侵权责任为必要，属于第二顺序责任。也就是说，第三人能够承担的，应当先由第三人承担；第三人全部承担的，安全保障义务人的过错补充责任消失，不需要再行承担。

④ 这是一种相应的部分过错补充责任，而非完全的过错补充责任。如此，第三人没有全部承担侵权责任的情况下，并非没有承担的责任包括全部没有承担的损害与承担部分后剩下的损害，全部要由安全保障义务人承担。相应的过错补充责任，要与其未尽到安全保障义务的过错及行为相对应，不宜过于宽泛。

⑤ 这种责任承担的根据还是未尽到安全保障义务。不过，这种安全保障义务的内容与应由自己承担的直接、全部责任不同，它是指防止他人在自己经营、管理活动或者组织群众性活动的过程中遭受第三人损害的义务。对于这种义务的不作为，仅是构成他人遭受损害的外因，属于次要原因，而第三人侵害他人的行为才是造成他人损害发生的内在原因及根本原因，他人损害的发生不以安全保障义务人不尽安全保障义务为必要，即使安全保障义务人已经尽到了安全保障义务，仍然可能造成第三人损害。但考虑到受害人遭受损害的事实，倘若该损害不能得到全部的补偿，有失公平，而安全保障义务人确实存在不尽安全保障义务的情形，虽然不是损害造成的直接内在原因，但也是外在次要原因。故让其对受损害的他人承担过错补充责任，既有利于受害人的损害全部得到赔偿，也有利于促使安全保障义务人积极履行自己的安全保障义务，还有利于受害人与安全保障义务人之间的利益得到平衡。

(3) 经营者、管理者或者组织者承担过错补充责任后，可以向第三人追偿。对此，一直争论不休。基于经营者、管理者或者组织者承担相应补充责任的根据乃是其"未尽到安全保障义务"而具有过错，既然具有过错，承担与该过错相应的责任就不应具有追偿权，原《侵权责任法》就没有对经营者、管理者或者组织者承担过错补充责任后对第三人的追偿权作出规定。

在《民法典》编纂过程中，有人提出应当增加追偿权的规定，在权衡肯定"追偿"与否定"追偿"两种针锋相对的观点后，《民法典》根据2003年通过、2020年修正前的《审理人身损害赔偿案件解释》第6条第2款关于"……安全保障义务人承担责任后，可以向第三人追偿"的规定，采纳了肯定者的观点，在原《侵权责任法》第37条第2款的基础上增加了安全保障义务人对第三人追偿权的规定，理由如下：

① 追偿权的设置与不真正连带责任的法理相吻。按照德国通说，不真正连带责任的承担要以"阶层区分说"为标准，第三人距离损害更近，属于终局人，安全义务保障人可以向其追偿。[①] ② 追偿权符合自己责任自己承担这一基本的朴素规则。损害若由第三人造成，自应由其负全部责任。即使安全保障义务人没有尽到自己应尽的安全保障义务，也不必然会造成他人损害。在第三人行为造成他人损害的情况下，安全保障义务人尽管没有尽到自己应尽的义务，但损害结果还是由第三人行为造成，为了保障受害人利益，对外可以要求安全保障义务人对受害人的损害承担过错补充责任，然对内在与第三人的关系上，最终责任应由第三人承担，在法理上并不存在任何障碍。③ 追偿权具有预防侵权及损害发生的功能。若不允许安全保障义务人对直接造成损害的第三人追偿，就等于放纵了侵权行为人，固然不利于对侵权的惩戒、教育与防范。通过追偿权的行使，让先代造成损害的第三人对受害人承担责任的人享有追偿权，最终让真正的造成他人损害的侵权责任人承担责任，才能更为有效地起到防范作用。④ 追偿权的行使与公平原则相吻。倘若不允许安全保障义务人向造成损害的第三人追偿，则意味着安全保障义务人将终局地承担部分责任，于是减轻了真正应当负全部责任的第三人的责任，自然有失公平。⑤ 追偿权的安排为司法实践中的有关侵权行为提供了明确的法律根据，有利于避免司法实践中因为没有明确规定而产生争议，从而保证有关案件的裁判统一与公正适用。

[①] 石宏主编：《〈中华人民共和国民法典〉释解与适用（人格权编侵权责任编）》，人民法院出版社2020年版，第191页。

第八章

产 品 责 任

第一节 产品与产品缺陷

一、产品的内涵与外延

（一）产品的内涵

《产品质量法》第2条第2款规定："本法所称产品是指经过加工、制作，用于销售的产品。建设工程不适用本法规定；但是，建设工程使用的建筑材料、建筑构配件和设备，属于前款规定的产品范围的，适用本法规定。"据此，产品责任中的产品，具有以下四个方面的属性：

第一，必须为产品，才能发生因产品而致的侵权责任问题。对于产品责任中的产品，《产品质量法》第2条第2款虽要求经过加工、制作并用于销售，即对产品作了限制性规定，然对产品本身的内涵与外延，即产品的定义与范围，并未作界定。

第二，产品必须是经过加工和制作的产品。未经过加工、制作的产品，如天然农产品、天然矿石、人体器官、人类血浆、猎捕的动物等，不属于产品；经过加工、制作的农产品、矿石、胰岛素、血清制剂、腌制的动物肉等，则属于产品。这里又存在何谓加工、制作的问题。对此，由于没有法律规范的明确界定，不乏争议。有的认为，加工、制作仅限于机械化的、工业生产的加工、制作；有的认为，"仅将'加工、制作'理解为'机械化的、工业生产的加工、制作'不利于消费者权益的保护，有悖于产品责任法的立法宗旨。[1] 应将'加工、制作'界定为包括机械化的，也包括手工业的加工、制作，乃至任何对产品质量实施影响和控制的行为都属于加工、制作。凡是改变原材料、毛坯或半成品的形状、性质或者表面形态，使之达到规定要求的各类工作都构成加工、制作。[2] 生产者、销售者通过上述行为对产品质量实施了实际影响或控制，就应该是这类产品导致侵权责任的承担者"[3]。

第三，产品必须用于销售。虽为加工、制作的动产，然是为了自用或者无偿馈赠

---

[1] 季义流：《论产品的范围》，载《当代法学》2002年第11期。
[2] 周新军：《关于中外产品责任法中农产品问题的思考》，载《国际经贸探索》2007年第8期。
[3] 最高人民法院民法典贯彻实施工作领导小组主编：《中华人民共和国民法典侵权责任编理解与适用》，人民法院出版社2020年版，第311—312页。

特定的亲朋好友，不作为商品销售的，也不属于产品。可见，这里的产品实属于用于交换的商品。销售，宜作广义的理解，凡是出于谋取利益的有偿转让（包括为了止损的亏本转让），如批发、零售、拍卖、寄卖、分销、代销、传销、直销、出租、典当、质押、招投标、融资租赁、以货易货、所有权保留买卖或其他以任何方式向第三方有偿提供产品的行为，以及为促进该行为进行的诸如广告、促销、展览等活动，均属于销售。

第四，产品仅限于动产。土地、房屋等与建设工程相关的不动产，不属于产品责任中的产品，然建设工程在完成前所用的材料、设备及设施，以及建筑工程完成后添附的可以移动并具有独立价值的动产如空调等，乃属于产品；镶嵌于建筑物但不能移动，不再具有独立价值的，则不再属于产品，如门窗等。

（二）产品的外延

如前所述，产品责任中的产品必须是经过加工、制作并用于销售的动产商品，对其外延即范围已作出基本的规范。但是，基于产品的复杂多样性，对于某些特定的产品，能否归于产品责任中的产品范围，仍存在争议。下面就此类产品选择几种加以介绍：

1. 电是否属于产品

在比较法上，电大多为产品的一种。我国学界通常认为，虽然产品限于有形产品，但电是工业产品，也属于产品范畴。但是，我国司法实践中一般否定电属于产品，因此对于导线传输中的"电"造成人身、财产损害的案件，如果属于《民法典》第1240条规定的"高压"情形，按照特殊侵权行为可适用该条规定的高度危险责任。如果不属于"高压"情形，也就是说1000伏以下，如居民用电220伏，在这种情况下，就要按照《民法典》第1165条规定的一般侵权行为的过错责任处理。

2. 农产品是否属于产品

对于农产品是否属于产品责任中的产品，存在肯定与否定两种说法。前者如美国、欧盟国家，将农产品归入产品责任的调整范围，不再制定专门的农产品责任法；后者则将农产品排除在产品责任法的调整范围之外，通过另行制定关于农产品质量方面的法律加以规范，现为大多数国家采用。我国没有明确表示农产品是否受《产品质量法》的调整，然它属于动产，只要经过加工、制作并用于销售，就应属于产品责任中的产品，不能将农产品排除在产品责任的规范、调整范围之外。

3. 血液是否属于产品

对于直接从人体中抽取的血液是否属于产品责任中的产品，有两种观点，一种观点认为：（1）血液从人体中抽取出来用于临床，经历了一个被加工、制作的过程；（2）血液中心按一定的价格将血液交给医院，医院又以一定价格将血液输给病人，为有偿转让；（3）将血液看作产品，可以对血液中心和医院适用严格责任，有利于促使血液中心和医院强化责任，以保障血液的质量，于是认为直接从人体中抽取的血液属于产品责任中的产品。另一种观点认为：（1）产品的生产者应当是基于经济目的而从事生产的自然人、法人或非法人组织，但血液中心或者医院只是专营公益性事业的卫生单位；（2）从表面上看，血液中心和医院是出售了血液，然实际上是提供了服务；（3）输血是一种有风险的活动，可能导致患者感染各种传染病，血液中心和医院不是为了自己的目的引入这种风险，而是为了抢救病人的生命无奈为之。依据谁引入风险谁就应该承担责任的一般原理，血液中心和医院不应承担严格责任，所以主张直接从人体中抽取的血液不属于产品责任中的产品。我们认为，根据《民法典》第1223条关于"因药品、消毒产品、医疗器械的缺陷，或者输入不合格的血液造成患者损害的，患者可以向药品上市许可持有人、生产者、血液提供机构请求赔偿，也可以向医疗机构请求赔偿。患者向医疗机构请求赔偿的，医疗机构赔偿后，有权向负有责任的药品上市许可持有人、生产者、血液提供机构追偿"的规定，法律将造成患者损害的有缺陷的药品、消毒产品、医疗器械与不合格的血液相并列，承担相同的后果，应是将不合格的血液作为一种有缺陷的产品看待的。

二、产品缺陷的概念与类型

（一）产品缺陷的判断标准与顺序

产品责任作为一种因产品存在缺陷造成他人损害所产生的侵权责任，产品缺陷自然构成其核心要件，如何界定产品缺陷就成为正确适用产品责任的关键。

《产品质量法》第26条规定："生产者应当对其生产的产品质量负责。产品质量应当符合下列要求：（一）不存在危及人身、财产安全的不合理的危险，有保障人体健康和人身、财产安全的国家标准、行业标准的，应当符合该标准……"第46条规定："本法所称缺陷，是指产品存在危及人身、他人财产安全的不合理的危险；产品有保障人体健康和人身、财产安全的国家标准、行业标准的，是指不符合该标准。"据此，对产品缺陷的判断采取的是实质标准与形式标准并行，只要符合其中之一的，就可认定产品具有缺陷。

（1）产品缺陷判断的形式标准，又称法定标准。在产品有保障人体健康和人身、财产安全的国家标准、行业标准的情况下，先作形式判断，看产品是否符合这些标准，不符合这些标准的，肯定具有产品缺陷。但是，符合有关国家标准、行业标准而无法从形式判断得出结论的，并不意味着就不存在缺陷。换言之，符合有关国家标准、行业标准的，不能肯定没有缺陷。

（2）产品缺陷判断的实质标准，又称不合理危险标准或一般标准。在采取形式标准无法确定产品具有缺陷的情况下，还要进一步根据实质标准来确定产品是否具有缺陷。这一实质标准就是"产品是否存在危及他人人身、财产安全的不合理的危险"。若产品在形式判断上符合有关国家标准、行业标准也不具有危及他人人身、财产安全的不合理的危险，则属没有缺陷。

除上述形式标准与实质标准外，在理论上还存在一种一般消费者合理期待标准。一般消费者合理期待标准是指判断产品是否具有不合理的危险应以一般消费者的知识水平为据，如果该产品的危险程度超过了消费者所能合理预见的程度，则具有危险性，该产品为缺陷产品。例如，行驶速度超过每小时100公里的轮胎会爆胎，这就明显低于消费者的期待标准，因此是缺陷产品。

（二）产品缺陷的类型

产品缺陷，根据其产生的原因及阶段，大约可以分为四种情形：

1. 设计缺陷

它是指在产品设计的过程中，设计者未能全面、充分考虑所有有关产品安全的因素而致产品结构、配置等存在与安全相关的不合理的危险。这种缺陷来源于设计本身，故在制造、销售、使用过程中难以消除，且基于这一设计制造、销售的产品均具有该设计缺陷，涉及该设计缺陷的产品成批，数量众多，在发现该产品的设计缺陷时，购买此产品的人往往已经很多，从而易引起集团诉讼，不利于社会稳定。针对这类缺陷，制造者应当进行召回处理。

2. 制造缺陷

它是指在产品制造过程中原材料、零部件、半成品等方面存在的缺陷，或者在对原材料、零部件、半成品进行加工、制造、装配时形成的缺陷。有的可能造成成批产品存在缺陷，如因原材料、零部件、半成品不合格，整个装配流程、方式存在问题等所致；有的可能只涉及个别或者部分产品，如工作人员的一时操作不当所致。

3. 警示缺陷

它又称警告缺陷、说明缺陷、指示缺陷、营销缺陷等，是指对于运输、使用过程中若操作、使用不当会具有一定危险的物品，依法对其安全事项应当加以警示、说明而不加以警示、说明，或者虽作警示、说明却不适当，如警示、说明置于不明显的地方让人难以看到等导致产生的不合理危险。

4. 跟踪缺陷

产品缺陷是在设计、加工、制造、运输、仓储、销售等过程中产生，然在产生后并不一定为人发现。在现实生活中，大多是在消费者等使用过程中发现的。为了防范产品因缺陷给社会公众带来危险乃至损害，各国大多都对生产者、销售者确立了跟踪观察义务。相应地，跟踪缺陷，乃指对已经因为销售而进入消费、使用环节的产品依法具有跟踪发现其缺陷的义务，却不履行或者不正确履行该义务以致产品缺陷没有被发现，或者虽已被发现然不及时采取补救措施所产生的不合理危险。生产者、销售者对因跟踪缺陷造成的损害，应依法承担产品责任。其中的补救措施，包括停止销售、警示、召回、无害化处理乃至销毁等。对此，《民法典》第1206条第1款规定："产品投入流通后发现存在缺陷的，生产者、销售者应当及时采取停止销售、警示、召回等补救措施；未及时采取补救措施或者补救措施不力造成损害扩大的，对扩大的损害也应当承担侵权责任。"第1207条规定："明知产品存在缺陷仍然生产、销售，或者没有依据前条规定采取有效补救措施，造成他人死亡或者健康严重损害的，被侵权人有权请求相应的惩罚性赔偿。"

（三）产品缺陷与相关概念的区别

"产品缺陷"产品瑕疵或者"产品质量不合格"，都有欠缺、不完备之义，然作为三种概念出现于有关法律之中，如《消费者权益保护法》使用了"产品缺陷"和"产品瑕疵"概念，《产品质量法》使用了"产品缺陷""产品瑕疵"和"产品质量不合格"概念，《民法典》合同编也以"瑕疵"来表达有关物品的质量问题，故三者应存在一定的区别。但是，除产品缺陷具有明确的定义外，产品瑕疵、产品质量不合格并无明确的定义，对此有必要作出区分。

1. 产品缺陷与产品瑕疵的区别

（1）两者的判断标准不同。前者，如前所述，采用形式标准与实质标准并行的方式，就产品是否符合危及保障人体健康和人身、财产安全的国家标准、行业标准，或者存在危及他人人身、财产安全的不合理的危险进行判断。然而，产品瑕疵，英美法上称之为买卖标的物不具有适销性，一般认为是指买卖标的物不具备该物通常所应具备的价值、效用或契约预定效用或出卖人保证的所有品质。

（2）两者所产生的责任性质不同。产品缺陷责任，即产品责任，是一种因产品存在缺陷造成他人损害的责任，大多数国家都将其作为一种侵权责任且为特殊主体的侵权责任加以规范。不过，通观世界许多国家关于产品责任的发展，大体上都经过了由合同责任向传统侵权责任再向特殊侵权责任转变的过程。而产品瑕疵责任，作为产品的生产经营者就买卖标的物的使用性、效用性或者其他品质而对买受者承担的默示或明示的担保责任，属于民事合同中违约责任的范畴。是以，从内容上说，两者责任的性质是迥然不同的。从形式上看，产品责任主要表现为赔偿损失，而产品瑕疵责任则表现为修理、更换、退货或赔偿损失等多种形式。

（3）两者所适用的责任主体不同。产品缺陷责任既为特殊侵权责任，法学界普遍认为其责任主体为生产者和销售者。因缺陷产品遭受损害而获得赔偿请求权的主体，除了可以是产品买受者外，还可以是其他受害人。而产品瑕疵责任为违约责任，其责任主体为销售者，权利主体则仅限于产品的买受者。销售者承担责任后，如属生产者或者其他供货者的责任，则可以向后者追偿。

（4）两者的免责条件不同。根据《产品质量法》第41条第2款的规定，就生产者而言，产品缺陷责任的免责条件有三个，即未将产品投入流通；产品投入流通时，引起损害的缺陷尚不存在；将产品投入流通时的科学技术水平尚不能发现缺陷的存在。而产品瑕疵责任，根据《产品质量法》第26条第2项的规定，生产者对产品存在使用性能的瑕疵作出说明的，即使不具备产品应当具备的使用性能，也不承担产品瑕疵责任。

2. 产品缺陷、产品瑕疵与产品质量不合格的区别

如何理解产品质量不合格的含义，关键在于怎样认识产品质量的含义。一般认为，产品质量，是指产品满足规定要求的特征和特性的总和，主要包括产品的可用性、安全性、可靠性、经济性、维修性等方面的内容，有时还包括产品的品种、规格、款式、造型、外观、包装及其他表面状况等。产品不能满足上述规定要求，即可认为产品质量不合格。

（1）产品缺陷、产品瑕疵乃为产品质量不合格的当然内容。《产品质量法》第14条明确把产品不应存在缺陷或瑕疵作为产品质量的基本要求。诚然，在现实生活中，

产品质量不合格通常表现为产品存在缺陷或瑕疵，但如果据此把产品质量不合格完全等同于产品缺陷或产品瑕疵，未免失之偏颇。因为尽管产品质量不合格与产品缺陷、产品瑕疵有着密切的联系，但三者之间同样也存在着明显的区别，相互不能完全替代，主要表现在三者的判断标准不同、责任的性质不同、责任的范围不同等诸方面。

（2）就判断标准而言，如前所述，产品质量不合格、产品瑕疵、产品缺陷从前至后存在着包容与被包容关系，除可以判断为产品缺陷、产品瑕疵外，其他不符合法律规范有关质量要求，包括产品的内在品质及外在形式方面，均属于产品质量不合格的范畴。

（3）就所产生责任的性质来说，因产品缺陷危及他人人身、财产安全，或者造成他人人身、财产损害的，由生产者、销售者向受害者承担特殊侵权责任；产品瑕疵责任则是由产品的销售者向买受者承担违约责任，两者皆发生于平等主体之间。当然，这不是说因产品缺陷、产品瑕疵造成他人人身、财产损害的，就不存在行政责任或者刑事责任的问题，只是就这一责任的内容而言，并不包括行政责任与刑事责任的内容。而因产品质量不合格产生的法律责任，则为一种包括民事责任、行政责任、刑事责任在内的综合责任。另外，产品缺陷责任、产品瑕疵责任既然为特殊侵权或违约的民事责任，便只能在损害或违约的事实发生后产生；而产品质量不合格涉及的有关行政责任、刑事责任，仅以生产者、销售者违法生产或销售不合格产品为构成要件，是否造成损害的结果并不必然影响其构成。

（4）就所产生责任的范围而言，《产品质量法》在"生产者、销售者的产品质量责任和义务"一章中，除规定生产者、销售者负有生产或销售的产品应不存在缺陷、瑕疵的义务外，在有关条款中还规定了生产者、销售者应当承担的其他产品质量义务。如规定生产者、销售者生产或销售的产品或其包装的标识应当真实并符合相关要求，包括有产品质量检验合格证明（第27条第1项）；有中文标明的产品名称、生产厂厂名和厂址（第27条第2项）；根据产品的特点和使用要求，需要标明产品规格、等级、所含主要成分的名称和含量的，用中文相应予以标明；需要事先让消费者知晓的，应当在外包装上标明，或者预先向消费者提供有关资料（第27条第3项）；限期使用的产品，应当在显著位置清晰地标明生产日期和安全使用期或者失效日期（第27条4项）；生产者不得生产国家明令淘汰的产品（第29条）；生产者不得伪造产地，不得伪造或者冒用他人的厂名、厂址（第30条）；生产者不得伪造或者冒用认证标志等质量标志（第31条）；生产者生产产品，不得掺杂、掺假，不得以假充真、以次充好，不得以不合格产品冒充合格产品（第32条）；等等。生产者、销售者违反上述规定生产或销售产品的，其生产或销售的产品也应判定为质量不合格的产品。这些与产品是否存在缺陷或瑕疵并不存在必然的联系。从这一点看，产品质量不合格的内容也非产品缺陷、产品瑕疵的内容所能够全部覆盖、包容。产品不存在缺陷或瑕疵，不能排除存在产品质量不合格的问题，产品质量不合格的外延明显大于产品缺陷和产品瑕疵，并将后两者包括在内。

第二节　产品责任的构成要件与归责原则

一、产品责任的概念与特征

(一) 产品责任的概念

19世纪中期，产品责任法以判例法的形式首次出现在英国。对于这一概念，我国大陆立法称之为"产品责任"，我国台湾地区则称之为"商品制作人责任""商品责任""制品责任"等，名称虽不一，然含义却相同。《民法典》第1202条规定："因产品存在缺陷造成他人损害的，生产者应当承担侵权责任。"第1203条规定："因产品存在缺陷造成他人损害的，被侵权人可以向产品的生产者请求赔偿，也可以向产品的销售者请求赔偿。产品缺陷由生产者造成的，销售者赔偿后，有权向生产者追偿。因销售者的过错使产品存在缺陷的，生产者赔偿后，有权向销售者追偿。"第1204条规定："因运输者、仓储者等第三人的过错使产品存在缺陷，造成他人损害的，产品的生产者、销售者赔偿后，有权向第三人追偿。"据此，产品责任，是指由于产品在设计、加工、制作、运输、仓储、销售等过程中产生的缺陷而给他人人身、财产造成的损害，依法由生产者、销售者承担的侵权责任。

(二) 产品责任的特征

(1) 产品责任发生于产品的流通领域。产品仅以销售包括具有销售意图为要件，不要求已经投入流通，但产品责任作为一种涉及他人的法律关系，其成立则必以产品已经进入流通领域为必要。流通领域，作为联系生产与消费的中间环节，是指以货币为媒介交换商品的领域，也就是商品从企业生产出来后，从企业到消费者的整个过程，包括产品生产出来后离开生产企业进入之后的运输、保管、销售等各个环节。若某物虽属产品但尚未投入流通，则即使造成了损害，也不会导致发生产品责任。

(2) 致人损害的产品必存在缺陷。产品责任并不是产品自身质量问题或自身损坏造成的产品本身的财产损失，而是产品因缺陷造成使用人的人身伤害或者缺陷产品以外的其他财产损害，这关系到产品责任的性质是侵权责任还是合同责任。早期的产品责任属于合同责任范畴，产品责任源于合同责任。

(3) 产品责任的承担主体是生产者与销售者。《产品质量法》和《民法典》均将生产者和销售者规定为产品责任的主体，并明确排除同样可能导致产品缺陷的运输者、仓储者、原材料与零部件的提供者等其他第三人的产品责任。但是，这并不意味着他们无须承担任何责任，立法明确规定了他们应在自身过错的范围内承担责任，只是不属于直接针对受害人的产品责任罢了。

(4) 产品责任具有特殊的免责事由。产品责任的发生过程具有区别于一般侵权行为的特殊性，由此具有构成一类特殊侵权责任的秉性，包括在免责事由上也存在特殊之处。如生产者按照《产品质量法》第41条第2款的规定可以源于"未将产品投入流通""产品投入流通时，引起损害的缺陷尚不存在""将产品投入流通时的科学技术水平尚不能发现缺陷的存在"等而免责。

二、产品责任的构成要件

产品责任，作为一种严格的、完全的无过错责任，其构成必须同时满足以下三个方面的要件，缺一就不能构成产品责任：

（一）客观行为方面要求具有生产、销售存在缺陷的产品并对他人民事权益产生了侵害的行为

（1）必须具有生产、销售产品的行为。没有产品的生产、销售行为，自然不存在生产者、销售者承担产品所造成损害的赔偿责任的问题。

（2）生产、销售产品的行为必须对他人民事权益造成了侵害。倘若生产、销售行为并未对他人民事权益造成侵害，也不可能构成本责任。

（3）对他人民事权益造成侵害的原因，乃系所生产、销售的产品存在缺陷。虽对他人民事权益产生了侵害，然不是所生产、销售产品的缺陷所致，而是其他原因如生产、销售活动本身等所致，也不能构成本责任。可以说，生产、销售的产品具有缺陷，乃是构成产品责任的客观基础与核心要素。倘若生产者、销售者所生产、销售的产品，在各个环节并不存在缺陷，就不可能因此对他人造成损害，不需要承担产品责任。非因产品缺陷而因产品瑕疵，或者非因产品缺陷、产品瑕疵而因产品质量不合格造成他人损害所产生的责任，就不是产品责任，乃属一般侵权责任，为过错责任。例如，根据《产品质量法》第40条的规定，产品具有瑕疵，即含有"不具备产品应当具备的使用性能而事先未作说明的""不符合在产品或者其包装上注明采用的产品标准的""不符合以产品说明、实物样品等方式表明的质量状况的"情形之一，销售者应当负责修理、更换、退货；对购买产品的消费者造成损失的，销售者应当赔偿损失；销售者依照前款规定负责修理、更换、退货、赔偿损失后，属于生产者的责任或者属于向销售者提供产品的其他销售者的责任的，销售者有权向生产者、供货者追偿；生产者之间、销售者之间、生产者与销售者之间订立的买卖合同、承揽合同有不同约定的，合同当事人按照合同约定执行。

（二）客观后果方面要求他人人身、财产已经遭受了损害

（1）他人遭受损害，属于包括产品责任在内的所有实害侵权责任的必备要件，没有损害，固然不能让生产者、销售者承担所谓的产品责任。

（2）遭受人身、财产损害的他人，系生产者、销售者，以及生产、销售环节的设计者、储存者、运输者之外的任何他人。一般来说，主要是消费者，但不仅限于消费者，还包括其他使用者，如消费者购买产品后将之出租、质押、典当、再出售、赠予、继承、出借给他人，他人在消费者家中使用等因产品缺陷遭受损害的，均为这里的他人。另外，生产者、销售者及其工作人员，也可以作为消费者而成为他人。所以，他人具有相对性，是针对之因各种各样原因接触、使用某一或者某些特定产品的他人。还有，他人的接触既可能合法，又可能非法，如因盗窃、诈骗取得具有产品缺陷的产品并遭受损害的，亦属他人，不能因为他取得产品的行为非法就将之排除在

外。产品责任,因产品缺陷而生,只要造成他人人身、财产的损害,就可构成;至于他人的非法取得,依法应当承担相应的侵权责任、行政责任乃至刑事责任的,则是另外一个行为所致的相关责任问题,两者不能相互否定。

(3)他人所遭受的财产损失,包括具有缺陷的产品本身的损害。对于存在缺陷的产品本身给自身带来的损害,能否成为因产品缺陷所造成的损害,换言之,产品缺陷造成的损害,是否包括对自身所产生的损害,有的认为,缺陷产品本身的损害一般会在买卖合同等中通过质量条款及其违约责任来加以规范,应当通过合同解决。如此,消费者购买某一产品如汽车因为刹车存在缺陷突然出现故障,撞向路边树木,造成车辆损毁,并致车内之人遭受重伤,对购买的汽车则按合同处理,主张合同责任;对造成的人身伤害则按侵权责任处理,两者性质不同,应作两案起诉,费时费力,无疑会增加受害人的诉讼负担。有的则持相反观点。《民法典》第1202条关于"产品存在缺陷造成他人损害的,生产者应当承担侵权责任"规定中的损害,"我们认为……既包括缺陷产品以外的其他财产的损害,也包括缺陷产品本身的损害。这样,有利于及时、便捷地保护用户、消费者的合法权益"①。

其实,《民法典》第1202条规定中的"他人损害",并没有将"缺陷产品自身的损害"排除在外,而且这一规定与《产品质量法》第41条第1款关于"因产品存在缺陷造成人身、缺陷产品以外的其他财产(以下简称他人财产)损害的,生产者应当承担赔偿责任"的规定,即将缺陷产品自身的损害排除在产品责任外的规定不同。不过,基于《民法典》和《产品质量法》规定的不同,又产生了另一问题,就是新法与旧法、特别法与一般法规定相互冲突时,如何适用法律的问题。相较而言,《民法典》为新法、一般法,《产品质量法》则为旧法、特别法,按照新法优先于旧法、特别法优先于一般法的适用规则,得出的结论完全相反,问题无法解决。是以,需要对《产品质量法》作出修改,以与《民法典》保持统一。

(4)对于他人人身、财产遭受损害的范围,一些法律作了明确规定,如《产品质量法》第44条规定:"因产品存在缺陷造成受害人人身伤害的,侵害人应当赔偿医疗费、治疗期间的护理费、因误工减少的收入等费用;造成残疾的,还应当支付残疾者生活自助器具费、生活补助费、残疾赔偿金以及由其扶养的人所必需的生活费等费用;造成受害人死亡的,并应当支付丧葬费、死亡赔偿金以及由死者生前扶养的人所必需的生活费等费用。因产品存在缺陷造成受害人财产损失的,侵害人应当恢复原状或者折价赔偿。受害人因此遭受其他重大损失的,侵害人应当赔偿损失。"除此之外,《消费者权益保护法》第49条规定经营者提供商品造成他人人身伤害的,还明确要求将交通费作为治疗和康复支出的合理费用加以赔偿。

(三)客观因果关系方面要求他人人身、财产受到损害系因产品缺陷所致

这样,产品缺陷与他人人身、财产受到损害之间,具有因果关系。也就是说,后

---

① 石宏主编:《〈中华人民共和国民法典〉释解与适用(人格权编侵权责任编)》,人民法院出版社2020年版,第199页。

者的发生必以前者为根据,前者乃是后者发生必不可少的原因,或为完全的唯一原因,或为部分原因,没有前者的存在就不会有后者的发生。倘若两者之间根本不存在这种因果关系,产品即使存在缺陷,但他人受到的损害不是产品缺陷所致,而是使用人不按照明示的程序、方法操作造成,自然就不构成这种产品责任。对于这一因果关系的证明,结合产品责任的无过错性质,受害人需要承担以下方面的举证责任:(1)自己的人身、财产已经受到了损害;(2)所遭受的损害系自己在接触、操作、使用产品的过程中发生;(3)产品缺陷在销售交付给自己之前就已经存在。具体的证明方式,包括使用残缺部件等直接加以证明,或者使用专家证言等间接加以证明,或者使用排除其他原因得出产品缺陷才是造成损害的原因等方法来证明。至于产品是否具有缺陷,则由生产者、销售者承担举证责任。生产者、销售者只有证明产品根本不存在任何缺陷,才不构成产品责任,否则就要依法承担相应的侵权责任。

三、产品责任的归责原则

(一)产品责任对外责任的归责原则

根据《民法典》第1202条的规定,因产品缺陷造成他人损害的产品责任,无论是否由生产者本身造成,以及生产者是否具有过错,生产者均应承担侵权责任,也就是对生产者来说,产品责任乃是一种严格的无过错的完全责任。这是因为,"在产品生产过程中,生产者一直处于主动、积极的地位,只有他们才能及时认识到产品存在的缺陷并能设法避免。大多数消费者由于缺乏专业知识和对整个生产过程的了解,不可能及时发现产品的缺陷并以自己的行为防止其造成的危险。正是由于生产者在产品生产过程中所处的这种特殊地位,才使法律将产品责任规定为无过错责任"[①]。此外,基于收益与风险相一致的原则,生产者更容易通过产品定价以及对缺陷存在的可能性较大的产品通过购买保险的方式来分散转移风险等,让其承担无过错责任也不会对其生产尤其是新产品的开发研究产生实际性的影响。所以,对生产者采无过错责任,没有争议。但是,对于销售者来说,是否属于无过错责任,则存在着两种对立的看法。

首先,主张销售者的产品责任为过错责任的观点。

(1)《产品质量法》第42条规定:"由于销售者的过错使产品存在缺陷,造成人身、他人财产损害的,销售者应当承担赔偿责任。销售者不能指明缺陷产品的生产者也不能指明缺陷产品的供货者的,销售者应当承担赔偿责任。"据此,销售者的产品责任,乃属过错责任,只是由于销售者的过错使产品存在缺陷,造成他人人身、财产损害的,或者不能指明缺陷产品的生产者也不能指明缺陷产品的供货者的,才应当承担赔偿责任。若产品缺陷不是自己的过错行为所致,或者能指明缺陷产品的生产者或者供货者的,则不承担赔偿责任。

(2)在《民法典》编纂过程中,基于原《侵权责任法》第42条的规定"对销售

[①] 《陈梅金、林德鑫诉日本三菱汽车工业株式会社损害赔偿纠纷案》,载《最高人民法院公报》2001年第2期。

者责任的归责原则表述模糊,'因销售者的过错'表述易产生歧义",这一规定也只是解决销售者与生产者之间的内部责任承担问题,有的主张删除第42条的规定,《民法典》确实也删除了这一规定,在只改变《产品质量法》、原《侵权责任法》第43条、《消费者权益保护法》第40条的表达方式外,形成了内容没有任何本质区别的《民法典》第1203条即"因产品存在缺陷造成他人损害的,被侵权人可以向产品的生产者请求赔偿,也可以向产品的销售者请求赔偿。产品缺陷由生产者造成的,销售者赔偿后,有权向生产者追偿。因销售者的过错使产品存在缺陷的,生产者赔偿后,有权向销售者追偿"。那么,是否改变了销售者原有的过错责任呢?对此,立法参与者的解释为:"原《侵权责任法》对产品责任中生产者、销售者责任的归责原则是不同的,销售者承担产品责任采用过错责任原则。但是,第42条第1款'因销售者的过错使产品存在缺陷,造成他人损害的,销售者应当承担侵权责任'的表述确实与第43条第3款'因销售者的过错使产品存在缺陷的,生产者赔偿后,有权向销售者追偿'的表述重复;第42条第2款'销售者不能指明缺陷产品的生产者也不能指明缺陷产品的供货者的,销售者应当承担侵权责任'也主要解决责任内部分配的问题,并且第43条第2款、第3款能够涵盖第42条的内容。由此看出,删除第42条并不影响侵权责任编关于产品责任的严密规定。为了使得表述更加清晰简洁、上下文逻辑更加通顺,《民法典》侵权责任编编纂过程中,删除了原《侵权责任法》第42条的规定。"① 这样,《民法典》之所以删除原《侵权责任法》第42条的规定,完全吸收第43条的规定,并非否定销售者的产品责任仍然采用过错责任原则。

其次,主张销售者的产品责任为无过错责任的观点。这一观点以司法界为代表。"此时销售者承担的责任和生产者承担的责任一样,都是严格责任。'在他们和缺陷产品的无辜受害者之间,销售者作为商业机构比个人使用者和消费者更有能力针对此类损害采取保险措施。在大多数情形下,批发商和零售商能够将产品责任所有损失追及产品派售链的源头——制造商。当参与侵权诉讼的制造商对于原告来说存在法律程序方面的诉讼困难时,本地零售商可以先将损害赔偿金支付给受害人,然后从制造商那里获得补偿。最后,让零售商和批发商承担严格责任,能够激励他们仅和有商业声望的、财务状况良好的制造商和分销商打交道,从而有利于保护产品的使用者和消费者。'② 相比之下,基于过错责任制度,从实际操作的角度看,销售者可能会逃脱其应负的责任,而要求其承担严格责任,同时又赋予其在对产品缺陷之形成没有过错时对生产者的追偿权,既能够充分保护受害人利益,也比较符合公平原则。"③

我们认为,对于销售者的产品责任,应当采无过错的完全严格责任,而不取过错责任,理由如下:

---

① 黄薇主编:《中华人民共和国民法典侵权责任编释义》,法律出版社2020年版,第122—123页。
② 〔美〕肯尼斯·S.亚伯拉罕、阿尔伯特·C.泰特选编:《侵权法重述——纲要》,许传玺、石宏等译,法律出版社2006年版,第285页。
③ 最高人民法院民法典贯彻实施工作领导小组主编:《中华人民共和国民法典侵权责任编理解与适用》,人民法院出版社2020年版,第322—323页。

（1）无论是对生产者还是对销售者来说，产品责任实际上主要是解决他们因产品缺陷损害他人人身、财产而产生的侵权责任问题，属于责任者对受害者的对外责任，而不是解决多个责任人在对外承担产品责任后内部如何进行责任分配即如何进行追偿的问题。内部责任的承担，即使对外实行无过错责任，还是按照各自的过错承担自己的责任，即责任的最终承担采用过错责任原则。这也是过错者对自己的过错负责的最为本质的要求。

（2）从举证责任上来看，销售者的产品责任若为过错责任，那么，受害人就要对销售者具有过错即其行为造成了产品缺陷承担举证责任。而产品是否具有缺陷，缺陷是怎样形成的，是非常复杂的专业性问题，远非消费者能够完成。如果销售者打开了包装，消费者购买时能够明显看得出的，这时也不会买。现实生活中，销售者即使打开包装重新包装，在现代科技水平极为发达的情况下，也不是消费者能够看得出的。不然，那么多的伪劣产品生产者、经营者完全在产品制造、包装上假冒他人名义进行，就会被轻易识别，也就没有存在的余地了。另外，消费者使用时，包装一打开，往往就扔弃了，从而也无法证明销售者先打开了包装。即使能够证明销售者曾经打开过包装，也不能证明这一行为就导致形成了产品缺陷，销售者就具有过错。因此，让消费者承担销售者对产品缺陷具有过错的举证责任，可以说难于上青天，尤其是在受害者遭受重伤无法说明购买、使用情况甚至死亡的情形下，更加无法举证。如此，若让销售者承担过错责任，根本无法对消费者等使用人形成有效的保护，于是有悖于产品责任的设置原意。

（3）从消费者等受害人所处的地位来看，受害人对产品及其是否存在缺陷的了解程度远不如销售者。销售者要通过销售产品谋利，应当依法通过正规渠道订购产品，然而，有的为了谋取巨额不法利益，从不正规的渠道进货，这也是伪劣产品较多的主要原因之一。不仅如此，由于专门经营某种或者多种产品，规模大的，通常也会配备负责质量问题的专门人员，在订货时检查产品的质量、识别产品的真假等方面的能力、经验自然要远胜于消费者，由此具有证明自己没有过错的能力。加之，在买卖关系中，销售者无疑处于优势地位，消费者则处于劣势地位，其在遭受损害后，除能够证明不是自己原因如操作失误而致产品遭受缺陷外，还要对销售者的过错承担举证责任，既不符合这一产品买卖交易的实际情况，对消费者来说也不公平。

（4）从销售者获利的情况看，这一环节所获得的利益，通常远远大于生产者，越是供不应求的产品越是这样。如飞天茅台出厂价仅999元，限价1499元，但经过销售商等的炒作实际价格一般达2500元，每逢中秋、元旦、春节等节日期间，价格更高，有时甚至超过3000元，因此所产生的巨大利益，均为销售环节的销售者分享。基于多得就应多承担责任的基本原理，让获利少的生产者承担严格的无过错责任，获利多的销售者则承担有过错的非严格责任，由此可能导致受害者无法证明销售者具有过错而使其逃避自己的责任，固然不公平。

（5）从与消费者的远近关系来看，销售者将产品通过销售交付给消费者，相对于产品各环节上的其他相关人，销售者与消费者的关系最近。销售者购买产品后出了问题,也往往是找销售者。有的生产者远在天边,甚至为海外的境外生产,消费者先找销售者承担责任,不仅方便,也属自然。

(6) 从生产者来看,有的产品尤其是直销、传销产品,生产者与销售者合而为一。作为生产者,对产品承担无过错责任;作为销售者,又承担过错责任,不仅相互冲突,也给司法实践在处理这类产品缺陷纠纷时留下了"和稀泥"甚至寻租的空间,不利于对消费者权益的充分保护。毕竟,不是所有消费者都全面了解法律及其设置的有关举证责任分配规则的。

(7) 从生产者能否及时出现的情况来看,一些销售商的进货渠道不明,尤其对伪劣产品,真正的生产者很难找到。另外,由于生产者之间的竞争异常激烈而致生产者关门、歇业、吊销或注销执照乃至破产的现象亦极为普遍。如果说,原《侵权责任法》第 42 条第 2 款关于"销售者不能指明缺陷产品的生产者也不能指明缺陷产品的供货者的,销售者应当承担侵权责任"的规定,还在一定程度上可以让销售者承担侵权责任的话,但随着《民法典》将其取消,消费者在无法找到生产者或者生产者已不存在的情况下,再依此规定向销售者主张责任,则没有任何根据。这一规定也体现在 2018 年修正的《产品质量法》第 42 条第 2 款,然按照《民法典》的规定予以修正以保持法律规定之间的统一、协调,乃为必然。如此一来,消费者若无法证明销售者具有过错,事实上产品缺陷也非销售者所致,销售者又不说明或者愿意指明生产者时,消费者"既可以向产品的生产者请求赔偿,也可以向产品的销售者请求赔偿"的规定就会成为一纸空文,没有任何意义。

(8) 从产品跟踪过程中产生的跟踪缺陷义务来讲,生产者与销售者对此都负有义务。不仅如此,从与消费者的远近关系来看,销售者与消费者的关系最近,销售者由此产生的义务应更重。特别是一些销售者往往也是产品使用过程中的售后服务者,如销售车辆的 4S 店,其对产品缺陷更易也更能够及时发现,对跟踪缺陷中产生的责任也就更大。但按照其对产品承担过错责任的说法,其承担的责任却远不如生产者因跟踪缺陷所产生的无过错责任,难以自圆其说。

(9) 对于食品的销售,根据《食品安全法》第 136 条关于"食品经营者履行了本法规定的进货查验等义务,有充分证据证明其不知道所采购的食品不符合食品安全标准,造成人身、财产或者其他损害的,依法承担赔偿责任"的规定,明显实行无过错责任。

(10) 从《民法典》第 1203 条第 1 款关于"因产品存在缺陷造成他人损害的,被侵权人可以向产品的生产者请求赔偿,也可以向产品的销售者请求赔偿"的规定来看,受害人"向产品的销售者请求赔偿"与"向产品的生产者请求赔偿"一样,没有在主观过错上提出任何要求。如此,以销售者承担产品责任时要以存在过错为必要,没有任何根据。至于第 1203 条第 2 款关于"产品缺陷由生产者造成的,销售者赔偿后,有权向生产者追偿。因销售者的过错使产品存在缺陷的,生产者赔偿后,有权向销售者追偿"的规定,解决的是生产者或销售者对外对受害者承担产品责任后,再根据自己是否具有过错确定各自的最终侵权责任,乃是二者内部责任的清算问题。此时，对生产者亦要求具有过错。显然，不能由于"产品缺陷由生产者造成的，销售者赔偿后，有权向生产者追偿"的规定认为生产者的产品责任也属于过错责任。同样，也不能源于"因销售者的过错使产品存在缺陷的，生产者赔偿后，有权向销售者追偿"的规定而认为销售者的产品责任乃属于过错责任。

（11）《民法典》取消了作为销售者对产品承担过错责任的法律渊源的原《侵权责任法》第 42 条，使得销售者对产品承担过错责任再无根据。按照立法参与者的解释，这一取消并非源于对销售者过错责任的否定，而是基于第 42 条的规定实为第 43 条规定所包括，属于重复规定。故《民法典》只吸收了原《侵权责任法》第 43 条的规定而删除了第 42 条的规定。再结合《民法典》有关规定的前后文义、产品责任设置的目的，以及生产者、销售者与消费者之间的关系、举证能力等各种各样的因素，对销售者的产品责任实行无过错责任，乃是立法及司法实践充分保障消费者等合法权益，将利益保护天平倾向于受害者，促使生产者、销售者对产品尤其是其质量加以全面、充分保障，对伪劣产品的生产、销售形成必要遏制，都具有十分重要的理论意义与现实意义。

（二）因跟踪缺陷产生的产品责任的归责原则

对此，有的认为，"鉴于产品跟踪缺陷责任是由于违反跟踪观察这一注意义务导致的，应属于过失认定的范畴。其归责的基础应当是当事人的过错，即要以应当尽到相应的注意而没有尽到，具备道德上可责难性为基础。但考虑到消费者和生产者之间的实力对比，以及生产者在跟踪观察义务履行中的积极地位，应该实行过错推定责任，先推定其存在过错，而且可以由其相关行为表征直接认定其有过错，然后由其反证自己没有过错。""生产者、销售者违反产品跟踪观察义务的过错包括故意和过失，通常为过失。有关过失的判断标准，从充分保护受害人，同时又不至于对企业一方要求过苛而阻碍工商业的发展与科技的角度出发，可以采取'理性人'的过失分析方法，同时适用消费者合理期待的标准。具体而言，以理性人的标准要求企业在履行产品跟踪观察义务时，未善尽交易上的注意，背离一般消费者的通常安全期待，即可认定为有过失，当然这种义务的要求不能绝对化，而应当进行个案分析。"[①] 这样的话，产品责任若是由跟踪缺陷产生，则实行过错推定责任甚至过错责任。我们认为，这一主张没有任何法律根据。法律只是要求因产品缺陷造成他人损害的，均应承担无过错责任，而未将跟踪缺陷排除在外。况且，产品缺陷在生产、销售等各个环节已经形成，只是没有被发现，保障产品没有缺陷乃是生产者、销售者应尽的义务。对于缺陷能够及时发现并采取有效措施防范，也是其应当所为。具有缺陷后不能因为其违反及时发现、采取有效措施的义务就将无过错责任转化为过错推定责任。事实上，产品缺陷往往也是在使用过程中才能发现，实行无过错责任，有利于强化生产者、销售者跟踪观察的责任，确保产品缺陷及时发现，防止产品责任事故发生，对于产品质量的保

---

① 最高人民法院民法典贯彻实施工作领导小组主编：《中华人民共和国民法典侵权责任编理解与适用》，人民法院出版社 2020 年版，第 344—345 页。

障、消费者权益的保护更有意义。所以，没有必要将跟踪缺陷从产品缺陷中分离出来，并将其所产生的产品损害赔偿责任与其他缺陷所产生的同一性质的损害赔偿责任，就主观方面分别采取过错推定责任与无过错责任。

(三) 产品责任对内责任的归责原则

产品责任对内责任，是指产品链条上除生产者以外的有关人员对产品缺陷的形成具有过错而产生的责任。这种责任，乃是具有过错之人最终应当承担的责任，是过错自负原则的最终体现。产品链条上除生产者之外的有关人员，包括产品的设计者、原材料零部件等的提供者、销售者、运输者、仓储者等对产品缺陷负有过错的所有人，这些人对产品缺陷的产生具有过错并因该缺陷造成他人损害的，自应承担自己的过错责任。根据法律规定，因产品缺陷造成他人损害的，先由生产者、销售者基于他人的请求对外对他人承担损害赔偿责任。承担损害赔偿责任后，倘若不是自己的过错导致产品缺陷产生的，而是产品设计者、仓储者等其他人的过错行为引起的，生产者、销售者自然有权向对缺陷产生具有过错的人予以追偿，让对产品缺陷负有过错的人依法承担其应负的责任。这种属于产品链条中各个环节参与者的内部责任，除生产者按照《民法典》第 1202 条关于"因产品存在缺陷造成他人损害的，生产者应当承担侵权责任"的规定依然承担无过错责任外，均为过错责任。《民法典》第 1203 条第 2 款即"产品缺陷由生产者造成的，销售者赔偿后，有权向生产者追偿。因销售者的过错使产品存在缺陷的，生产者赔偿后，有权向销售者追偿"；第 1204 条即"因运输者、仓储者等第三人的过错使产品存在缺陷，造成他人损害的，产品的生产者、销售者赔偿后，有权向第三人追偿"，就是这种产品对内责任的明确规范。

第三节 产品责任的责任承担、免责条件与诉讼时效

一、产品责任对外与对内的承担

(一) 产品责任性质

产品责任，又称产品损害责任、产品损害赔偿责任等，由生产者、销售者对外对受害人承担。就性质而言，产品责任属于一种不真正连带侵权责任。"在侵权责任编起草过程中，我们曾建议将生产者和销售者的责任明确规定为连带责任。理由在于，不真正连带侵权责任也非法律明文规定的概念，其外部责任上，应当与连带责任一致，从连带责任与不真正连带责任规则设计的初衷看，二者都是为了充分保护被侵权人的合法权益。在本条款规定框架下，如果不允许被侵权人一并向生产者、销售者同时主张权利，不仅会加重其选择负担，而且还会由于其选择不当而失去获得填平损害的机会，这就与本条充分保护其权益的立法目的不符。我们认为，为了充分救济被侵权人利益，使其获得足额赔偿，又防止其获得重复赔偿，应该认定生产者与销售者在

外部关系上承担连带责任。"① 然在法律没有采纳的情况下，将这种责任在性质上确定为真正连带侵权责任即通常所说的连带责任，似根据不足。为此，产品责任的性质，还是一种不真正连带侵权责任，其特征表现为：

(1) 被侵权人对于产品生产者或者销售者均享有损害赔偿请求权，可以从中选择一个或者同时选择两者作为侵权责任人。被侵权人享有选择权，对此应当予以尊重。在这种情况下，责任人承担的责任是中间责任而不是最终责任。

(2) 无论是生产者还是销售者承担对外对受害人责任，都适用无过错责任原则。这个原则对生产者没有意义，因为生产者无论承担对外对受害人的责任还是最终的内部责任，都适用无过错责任但对于销售者则不同，销售者承担的最终内部责任为过错责任，承担的对外责任为无过错责任。在被侵权人主张销售者承担对外责任时，销售者不得以自己对产品缺陷的产生无过错进行抗辩。

(3) 在司法实践中，如果被侵权人将两个行为人同时起诉，具体做法有两种：一是判决直接确定负有最终责任的一方承担赔偿责任，也就是直接确定最终责任；二是确定各个行为人的总体责任，负有不真正连带侵权责任，对不真正连带责任人的最终责任则不涉及。从诉讼效益原则及减轻当事人的诉累，节约有限的司法资源的角度考虑，第一种做法应当是更佳选择。

(4) 不真正连带侵权责任不分份额。在一般情况下，不能判决生产者与销售者承担不同的份额，既不能按份承担，也不能连带承担。除非产品缺陷的产生是由生产者和销售者共同造成的，若是这样的话，则成立共同侵权责任，自然需要承担连带责任。

(二) 产品责任对外承担

产品责任对外承担具有以下几种方式：

1. 排除妨碍、消除危险

《民法典》第1205条规定："因产品缺陷危及他人人身、财产安全的，被侵权人有权请求生产者、销售者承担停止侵害、排除妨碍、消除危险等侵权责任。"这是该法明确规定的预防性责任形式。根据该条规定，此种形式责任的成立应当具备两个要件：一是产品存在缺陷；二是产品已经危及他人人身、财产安全。所谓"危及"是指法律并不要求缺陷产品已经实际造成了损害，只要存在造成他人人身、财产的危险，就满足了法律规定的要件。

2. 售后警示、召回

《民法典》第1206条规定："产品投入流通后发现存在缺陷的，生产者、销售者应当及时采取停止销售、警示、召回等补救措施。未及时采取补救措施或者补救措施不力造成损害扩大的，对扩大的损害也应当承担侵权责任。依据前款规定采取召回措施的，生产者、销售者应当负担被侵权人因此支出的必要费用。"这条规定具体分析

---

① 最高人民法院民法典贯彻实施工作领导小组主编：《中华人民共和国民法典侵权责任编理解与适用》，人民法院出版社2020年版，第328页。

起来主要包括产品责任人的两项义务,即售后警示和售后召回。所谓产品售后警示义务,是指产品的生产商如果知道或者应该知道自己已经出卖了的某种产品存在对他人人身或财产的损害危险,生产商应当采取某种措施,对已经发现的产品危险予以警告,以便使用者在使用、消费此种危险产品时,能够采取措施避免遭受产品危险造成的损害。产品售后召回义务是指将一些存在缺陷致使公众健康和安全受到不可接受风险的产品撤出销售、分销和消费领域的措施。这一制度的最大意义就是防患于未然,避免缺陷产品对消费者造成损害或者造成更严重的损害。

3. 惩罚性损害赔偿

《民法典》第1207条规定:"明知产品存在缺陷仍然生产、销售,或者没有依据前条规定采取有效补救措施,造成他人死亡或者健康严重损害的,被侵权人有权请求相应的惩罚性赔偿。"据此可认为,第一,产品责任的惩罚性赔偿适用,在主观上要求生产者、销售者必须出于故意。具体表现为,明知产品存在缺陷等依然决意生产、销售,或者发现已经投入流通的产品存在缺陷而不依法及时采取停止销售、警示、召回等补救措施。第二,产品责任的惩罚性赔偿适用,在客观上不仅要求具有明知产品存在缺陷等依然决意生产、销售的作为,或者发现已经投入流通的产品存在缺陷而不依法及时采取补救措施等的不作为,而且要求这种作为或者不作为行为造成了严重损害后果。没有造成严重损害后果的,生产者、销售者即使构成产品责任也不能对之进行惩罚性赔偿。至于造成严重损害后果,则是指造成他人健康严重损害甚至死亡的后果。他人健康严重损害,宜理解为造成受害人重伤并因此致使受害人身体、健康出现了严重残疾的损害结果。

(三)产品责任对内承担

产品责任对内承担,是指在生产者或者销售者对外对受害人承担了产品缺陷所产生的损害责任后,依法对那些对产品缺陷负有过错的真正责任人予以追偿的行为。产品缺陷的形成,可能并非生产者、销售者所致,但为了保护消费者等合法权益的需要,基于消费者、生产者、销售者之间的地位、利益等各方面的平衡考虑,由生产者或者销售者承担无过错责任先行对受害人赔偿。然而,对产品缺陷的造成,并非没有过错人。生产者或销售者赔偿后,若产品缺陷不是已经承担产品损害责任的生产者或者销售者的过错所致,而是没有承担损害责任的销售者或者生产者乃至以外的第三人造成,自然就会产生向有关过错人追偿的问题。《民法典》第1203条第2款和第1204条就是此方面的规范。其中的第三人,并不限于运输者、仓储者,还包括对产品缺陷负有责任的其他人,如产品设计者,产品开发者,产品原辅材料、零部件的供应商,借用生产者、销售者名义生产、销售的实际生产者、销售者等。

与此相关的一个不可回避的问题,就是在现实生活中,许多企业都生产同一种药品,消费者同时食用了一些企业所生产的均具有一定缺陷的该种药品,导致其身体后来遭受了伤害,但无法确定究竟是谁生产的药品导致,也就是无法确定具体的侵权人。为了解决这些产品生产参与者的责任,美国加利福尼亚州上诉法院在辛德尔诉阿伯特制药厂一案中确定了一项最为科学有效的著名的市场份额责任理论。这一理论,具体来说，就是"法院在决定每一个被告所应承担的责任时，根据一定时期内各个被告作为个别制造者投入市场的某种产品的数量与同种产品的市场总量之比例，就可以确定被告应负的责任。我们认为，数人生产的同类产品因缺陷造成损害，不能确定致害产品生产者的情形可以成立共同危险行为侵权。一般而言，共同危险行为侵权导致损害的责任承担规则是由共同危险行为侵权责任人承担连带责任，但这一规则不宜适用于这种生产产品导致损害而不能确定具体生产者的情况，而是应按照市场份额的规则进行处理，即按照其产品在市场份额中的比例承担民事责任。按照这一规定，应当首先确定各个生产者在生产当时产品所占市场的具体份额，再根据这一份额确定自己应当分担的责任。如果某生产者能够证明自己的产品同被侵权人的损害之间没有因果关系，那么该生产者就推翻了产品责任构成要件中的因果关系要件，其也就不必承担相应的责任"[①]。

二、产品责任的免责条件

产品责任一旦发生，便应依法承担侵权责任。不承担侵权责任或者免除、减轻责任的，固然需要具有明确的法律依据。《产品质量法》第41条第2款规定："生产者能够证明有下列情形之一的，不承担赔偿责任：（一）未将产品投入流通的；（二）产品投入流通时，引起损害的缺陷尚不存在的；（三）将产品投入流通时的科学技术水平尚不能发现缺陷的存在的。"这些情形就属于产品责任的特别免责事由。

（一）法律规定的免责条件

1. 生产者能够证明未将产品投入流通的

产品生产的目的是进入流通而给社会公众消费、使用。基于消费者等的地位，且产品缺陷一发生必然涉及众多人的利益，危及公众的人身、财产安全，有的实际上已对他人造成了损害，故对生产者、销售者采用无过错责任。这当然要以产品已经离开生产环节进入流通即销售环节为前提，只有这样，才可能对他人即不特定的社会公众产生危害，造成损失。要是还没有进入流通阶段，如产品已经完成生产包装等待投入市场，通常也不会对生产者以外的他人造成损害，损害对象一般是自身及其他工作人员，或者一些因其他原因来参观工厂等的特定人员，并不危及社会公众的安全。这时就构成侵权，可以通过其他侵权责任来解决，而不能以产品责任这种完全、严格的无过错责任来规范。

2. 生产者能够证明产品交付给消费者时，引起损害的缺陷尚不存在

（1）《产品质量法》第41条第2款第2项规定，生产者能够证明"产品投入流通时，引起损害的缺陷尚不存在的"，不承担侵权责任。我们认为，这一表达并不准确，应当限制为"生产者能够证明产品交付给消费者时，引起损害的缺陷尚不存在的"，才不承担侵权责任。这是因为，产品缺陷并非只在生产环节可以产生，也可能在运

[①] 最高人民法院民法典贯彻实施工作领导小组主编：《中华人民共和国民法典侵权责任编理解与适用》，人民法院出版社2020年版，第324—325页。

输、仓储、销售环节等因运输者、仓储者、销售者的行为产生。是以,只有在产品交付给消费者时产品缺陷尚不存在,产品缺陷的发生以及后面损害结果的出现,才与生产者、销售者没有任何关系。即使产品后来具有缺陷,也是消费者等的行为所致,与生产者、销售者无关。既然如此,从产品缺陷形成的时间上来讲,与生产者、销售者的行为没有因果关系,自然不能构成产品责任侵权而要承担侵权责任。倘若产品交付时缺陷已经存在,尽管生产者将其投入流通即进入销售渠道时没有缺陷,但后因运输、仓储、销售过程中产生了缺陷并造成了他人损害的,生产者依法仍旧需要承担产品责任。

(2) 在产品交付给消费者时,引起损害的缺陷尚不存在。引起损害的缺陷已经存在,只是没有发现,造成他人损害的,固然需要依法承担产品责任。

(3) 在产品交付给消费者时,引起损害的产品缺陷尚不存在,而其他产品缺陷还是可能存在,但其他产品缺陷并未导致损害结果的发生,不存在因果关系,生产者不需要因此承担产品责任。

3. 生产者能够证明将产品投入流通时的科学技术水平尚不能发现缺陷的存在

社会的发展,物质文明与精神文明的进步,离不开新产品的开发。在新产品的开发过程中,尽管人们可以认识客观事物包括产品的规律,但在一定的时间、范围内总要受到同时代的人类认识水平尤其是科学技术水平发展状况的制约。基于某一时期的科学发展水平研发出某一产品,认为产品不存在缺陷,但实际还是存在缺陷,在使用过程中通过履行跟踪义务发现,再予以纠正,反复如此,新产品缺陷才能得以克服,科学技术水平才会得到提高,物质文明与精神文明由此获得进步,社会进而也就往前发展。所以,只要通过履行跟踪义务及时救济,如发现某一新产品已经给消费者、使用者等造成损害后及时停止销售,但按照同时代的科学技术水平根本无法发现缺陷存在,只有发生实际损害之后促使生产者反溯原因时才能发现这种缺陷,基于社会发展与消费者、使用者等利益的平衡考虑,生产者无须承担侵权责任。这里的关键在于,对于这些根据投入流通时的科学技术水平尚不能发现所具有的产品缺陷,在对他人造成损害后,生产者是否采取了有力补救措施。采取了有力补救措施,生产者对之前发生的损害无须承担产品责任;未采取有力措施,如应当停止销售、召回而不停止销售、召回,结果继续造成他人损害的,即使属于按照当时的科学技术水平尚不能发现的缺陷,但因损害的发生让人已经知道产品具有某一缺陷无疑,知道了具有一种尚不能明确的产品缺陷而仍然销售或者不采取有效措施继续造成他人损害的,则违反了《民法典》第1206条跟踪义务的规定,导致了损害的扩大,生产者同样要以产品责任对扩大的损害承担无过错侵权责任。

(二) 其他免除或减轻责任的事由

1. 受害人的故意或者重大过失

《民法典》第1174条规定:"损害是因受害人故意造成的,行为人不承担责任。"如果行为人故意追求或放任损害后果的发生,或者明知有损害后果的发生而疏忽大意或过于自信导致损害的发生,那么,在这种情况下,行为人可以不承担责任。

2. 非正常使用或错误使用

一般产品都有使用说明书，如果受害人不按使用说明书的方法正常使用，导致损害发生的，行为人可以免除或减轻侵权责任。

3. 产品已过有效期限

使用过期的产品，造成受害人自己的损害，主要原因是由于受害人不按使用说明书上的要求，在保质期限内正常使用产品，因而，行为人可以免除或减轻侵权责任。

三、产品责任的诉讼时效

2017年10月1日起施行、2021年1月1日被废止的《民法总则》以及《民法典》第188条规定："向人民法院请求保护民事权利的诉讼时效期间为三年。法律另有规定的，依照其规定。诉讼时效期间自权利人知道或者应当知道权利受到损害以及义务人之日起计算。法律另有规定的，依照其规定。但是，自权利受到损害之日起超过二十年的，人民法院不予保护，有特殊情况的，人民法院可以根据权利人的申请决定延长。"2000年、2018年两次修正的《产品质量法》第45条规定："因产品存在缺陷造成损害要求赔偿的诉讼时效期间为二年，自当事人知道或者应当知道其权益受到损害时起计算。因产品存在缺陷造成损害要求赔偿的请求权，在造成损害的缺陷产品交付最初消费者满十年丧失；但是，尚未超过明示的安全使用期的除外。"

如上，《民法典》《产品质量法》就产品损害赔偿的诉讼时效的规定不尽一致。按照特别法优于一般法适用的原则，以及《民法典》关于诉讼时效"法律另有规定的，依照其规定"的规定，应当适用《产品质量法》的规定。但是，《产品质量法》的规定毕竟早于《民法典》的规定，后者是否对前者作了否定？对此，"《民法总则》施行时已将一般诉讼时效统一修改为3年，其第188条第1款规定：'向人民法院请求保护民事权利的诉讼时效期间为三年。'虽然该条还进一步规定了'法律另有规定的，依照其规定'，但从立法上讲将诉讼时效从2年改为3年，此修改旨在延长有关民事请求权适用的诉讼时效期间，这里的'法律另有规定的，依照其规定'应是指其他法律关于诉讼时效的规定长于3年的，可以继续适用。至于《民法总则》之前有关法律规定的2年的诉讼时效期间，都已与《民法总则》第188条第1款将一般诉讼时效期间统一延长规定为'三年'的初衷不符。这时应该遵循后法优于先法的规则，统一适用该条规定。当然，我们也注意到，在2018年修正《产品质量法》时这一诉讼时效期间的规则仍未改变，但由于《民法典》总则编的施行时间仍在《产品质量法》之后，因此，我们倾向于认为，此诉讼时效期间仍有必要统一适用'三年'的规则。""在此还要注意的是，《产品质量法》第45条规定的10年最长诉讼时效期间也与《民法典》第188条第2款规定的'自权利受到损害之日起超过二十年的，人民法院不予保护'不一致，从加强权利保护的角度考虑，有关最长诉讼时效的规定，也应当适用

《民法典》总则编的这一规定。"[1]

如前所述，在原《民法总则》已经规定诉讼时效为3年，最长诉讼时效为20年的情况下，《产品质量法》在2018年修正时并未与原《民法总则》的规定保持一致，而依然将诉讼时效、最长诉讼时效分别规定为2年、10年，这似乎是对诉讼时效有意作出与原《民法总则》不同的安排。《民法典》关于诉讼时效的规定，完全与原《民法总则》相同。对这种解释上的障碍，需要通过司法解释加以明确。

至于诉讼时效期间的起算点，《民法典》《产品质量法》均规定，自权利人知道或者应当知道权利受到损害以及义务人之日起计算。

---

[1] 最高人民法院民法典贯彻实施工作领导小组主编：《中华人民共和国民法典侵权责任编理解与适用》，人民法院出版社2020年版，第320页。

第九章

机动车交通事故责任

第一节 机动车交通事故责任概述

一、机动车交通事故责任的概念和特征

(一) 机动车交通事故责任的概念

在侵权责任法之下,机动车交通事故责任,是指因在道路上驾驶机动车,过失或意外造成人身伤亡、财产损失而应当承担的侵权责任。机动车交通事故是引起机动车交通事故责任的法律事实,也是理解机动车交通事故责任的关键所在。机动车交通事故,亦称道路交通事故,机动车交通事故实质上由道路、机动车和交通事故三个要素组成,《道路交通安全法》对上述三个概念都作了明确的界定。

1. 机动车要素

(1) 机动车的概念。《道路交通安全法》第119条第3项规定:机动车是指以动力装置驱动或者牵引,上道路行驶的供人员乘用或者用于运送物品以及进行工程专项作业的轮式车辆。国家标准《机动车类型、术语和定义》(GA 802—2014)规定:机动车包括汽车及汽车列车、摩托车、轮式专用机械车、挂车、有轨电车、特型机动车和上道路行驶的拖拉机。国家标准《机动车运行安全技术条件》(GB 7258—2017)规定,机动车系由动力装置驱动或牵引,上道路行驶的供人员乘用或用于运送物品以及进行工程专项作业的轮式车辆,包括汽车及汽车列车、摩托车、拖拉机运输机组、轮式专用机械车、挂车、有轨电车等。

(2) 机动车的特征。对于机动车,法律与有关技术标准作出的定义大同小异。据此,机动车具有以下四个特征:① 以动力装置驱动或者牵引,而非以人力或者畜力驱动或牵引。这一特征将脚踏车,以及牛、马车等牲畜驱动的非机动车辆排除在机动车的范围之外。其中的动力,包括气体燃料动力、两用燃料动力、双燃料动力、纯电动力、插电式混合动力、燃料电池动力等。② 一般属于非轨道运输车辆,由此将火车、地铁等排除在外。但是,在公路上行驶的通过电力驱动的有轨电车依然属于机动车。③ 在道路上行驶,依此可以将轮船、汽艇等水上运输工具排除在外。④ 一般以在公共道路上运输、使用为目的。

(3) 机动车的范围。① 进行工程专项作业的轮式车辆。一些国家或地区一般要求机动车以运输为目的，不以运输为目的的车辆则排除在外，如耕耘机在日本不被视为机动车，我国台湾地区将挖土机、堆高机等工程用车不视为机动车。② 部分有轨车辆。国外一般将按轨道行驶的车辆不纳入机动车的范围，我国则规定属于机动车。所谓有轨电车，国家标准《机动车类型、术语和定义》第3.8条规定，是指以电动机驱动，有轨道承载的机动车。与机动车相对的非机动车，自然不属于机动车。所谓非机动车，根据《道路交通安全法》第119条第4项的规定，系指以人力或者畜力驱动，上道路行驶的交通工具，以及虽有动力装置驱动但设计最高时速、空车质量、外形尺寸符合有关国家标准的残疾人机动轮椅车、电动自行车等交通工具。把无动力的道路车辆界定为机动车，反映了我国法律与国外立法接轨的趋势。

2. 道路要素

作为构成交通和交通事故的空间条件，没有道路自然就谈不上道路交通事故。具有道路，但机动车没有出现在道路上，所造成的他人伤亡及财产损害，依旧不能构成道路交通事故。如机动车在车展中由于展台倒塌致使观众受到人身损害，此时就不能构成道路交通事故。《道路交通安全法》第119条第1项规定：道路是指公路、城市道路和虽在单位管辖范围但允许社会机动车通行的地方，包括广场、公共停车场等用于公众通行的场所。但是，该法第77条又规定："车辆在道路以外通行时发生的事故，公安机关交通管理部门接到报案的，参照本法有关规定办理。"《审理交通事故赔偿案件解释》第25条规定："机动车在道路以外的地方通行时引发的损害赔偿案件，可以参照适用本解释的规定。"《机动车交通事故责任强制保险条例》第43条规定："机动车在道路以外的地方通行时发生事故，造成人身伤亡、财产损失的赔偿，比照适用本条例。"于是，在《道路交通安全法》所称道路之外的其他地方通行时发生的事故，都参照或者比照《道路交通安全法》的有关规定，这样实际就将道路延伸至机动车可以通行的任何地方。

3. 交通事故要素

交通事故指车辆在道路上因过错或者意外造成的人身伤亡或者财产损失的事件。机动车交通事故责任所赔偿的损害，只能是因"交通事故"引发的，即由于机动车驾驶活动而引发的事故（倾覆或者碰撞）。因此，如果损害不是因为机动车的驾驶活动引发的，即便损害与机动车有关，也不属于机动车道路交通事故责任的范畴。例如，停在机动车道路上停车位里的车辆自燃，致邻车被烧毁，这里虽然有损害，但不属于交通事故损害。

（二）机动车交通事故责任的法律特征

1. 它是一种特殊侵权责任

机动车交通事故责任是特殊侵权责任的主要原因有以下几点：（1）归责原则的多元化。如《道路交通安全法》第76条的规定既包括过错责任原则，也包括无过错责任原则。（2）免责事由和赔偿限额均有特殊规定。从比较法上看，在机动车交通事故责任实行无过错责任的国家，往往实行赔偿限额原则，如《德国道路交通法》第12条规定：对于道路交通法上的责任适用最高限额。目前，对于致人死亡或致人伤害的，最高赔偿金额为6万欧元，并且是一次性给付。在我国，机动车发生交通事故造成人身伤亡、财产损失的，根据《道路交通安全法》第76条的规定，由保险公司在强制保险责任限额范围内予以赔偿；机动车一方没有过错的，承担不超过10%的赔偿责任。《机动车交通事故责任强制保险条例》第3条、第21条、第23条等都涉及该强制保险责任限额范围的规范。(3)有效地衔接了一般法与特别法的关系。《道路交通安全法》对机动车交通事故责任作出了明确规定，同时，《民法典》第1208条通过法规指引的方式，将法律适用的依据指向《道路交通安全法》，所以，机动车交通事故责任适用的法律不仅包括《道路交通安全法》的相关规定，也包括《民法典》侵权责任编的规定。

2. 它是一种由特定主体依法承担的损害责任

机动车交通事故责任的主体并非一定为交通事故中的实际驾驶人，除实际驾驶人要承担责任，其他主体如所有人、管理人、监护人等也需依法承担这种责任。另外，车辆参加保险的，有关保险机构也应承担相应的责任。如学员在学习驾驶过程中有道路交通安全违法行为或者造成交通事故的，根据《道路交通安全法实施条例》第20条第2款的规定，由教练员承担责任。故机动车交通事故责任，属于一种主体广泛的多元性责任。

当然，机动车等驾驶人对因交通事故而致他人损害需要承担损害赔偿责任，这并不意味着只需承担损害赔偿责任，它是指在此种情况下，必须承担损害赔偿责任。除此之外，还应承担其他诸如赔礼道歉等侵权责任。

3. 它是一种救济方式多元化的损害责任

交通事故责任救济机制，亦称交通事故受害人救济制度，通常是指在交通事故受害人的损害赔偿个体化救济不能的情况下，由国家、社会或保险企业按一定的规范和标准向受害人提供损害赔偿或先行支付救助款项的社会保障制度。交通事故受害人的救济途径可分为事前预防和事后救济两种，具体包括交通事故责任的侵权损害赔偿、机动车责任保险、道路交通事故社会救助基金及社会基本医疗保险基金四种制度。其中侵权损害赔偿制度应属事后救济机制，机动车责任保险制度、交通事故社会救助基金制度及基本医疗保险基金制度应属事前预防机制，《民法典》尤其注重机动车交通事故责任与强制保险责任的结合，旨在对受害人提供综合救济。除保险责任外，在机动车肇事人逃逸或机动车未投保的情况下，我国还引入了交通事故社会救助基金等社会综合救济的方法，以解决该社会问题。由此可见，为全面救济受害人，《民法典》规定了多元的救济方式，通过多元化的运作模式共同作用，实现交通事故损害赔偿责任社会化，既可使受害人得到迅速有效的赔偿，又能减少加害人的负担和风险，体现了保障道路交通安全、维护基本人权、合理规避风险、尊重行为自由、提高解决纠纷效率的法律价值。

4. 它体现了以人为本的立法理念

贯彻以人为本的理念，强化对受害人的保护，这是我国法律一贯遵循的基本准则。道路交通事故大多是由过失行为引起的，甚至可能是轻微的过失所致。因此，在机动车交通事故发生后，法律应当侧重于对受害人提供救济，而不是制裁行为人的不法行为。例如，《道路交通安全法》第 76 条第 1 款规定：机动车发生交通事故造成人身伤亡、财产损失的，由保险公司在交强险责任限额范围内予以赔偿。第 1 款第 2 项规定：机动车与非机动车驾驶人、行人之间发生交通事故，非机动车驾驶人、行人没有过错的，由机动车一方承担赔偿责任；有证据证明非机动车驾驶人、行人有过错的，根据过错程度适当减轻机动车一方的赔偿责任；机动车一方没有过错的，承担不超过 10% 的赔偿责任。《民法典》第 1215 条第 2 款通过规定保险公司的垫付责任，体现了对个人生命权、健康权的尊重，体现了以人为本的立法理念。

二、机动车交通事故责任的构成要件

机动车交通事故责任作为一项特殊的侵权责任，在构成要件上与一般侵权责任相比既有共性，又有特殊性。共性表现在：与一般侵权责任相同，机动车交通事故致人损害责任也要求有损害事实的发生及因果关系的存在。特殊性则表现在：一是对于侵权事实发生的场所，法律将其限定于道路上；二是在主观要件上，不仅采取过错责任原则，也要求在意外情况下驾驶人须承担一定的法定责任。根据《道路交通安全法》第 119 条第 5 项的规定，交通事故是指车辆在道路上因过错或者意外造成的人身伤亡或者财产损失的事件。据此，机构车交通事故的成立，需要同时满足以下条件：

（一）须是机动车造成的

根据《道路交通安全法》的规定，车辆包括机动车和非机动车。关于机动车和非机动车的概念、特点、范围前文已述，在此不再论述。

（二）须是机动车在使用或运行中发生的

机动车交通事故须发生在机动车的使用或运行过程中。所谓使用或运行过程中，是指在机动车发挥其功能的过程中，如果不是在机动车发挥其功能的过程中致人损害，也不能构成机动车交通事故责任。例如，机动车停在路边，行人不慎撞在机动车上受伤，这就不属于机动车运营风险的实现，也就不属于机动车交通事故责任。

（三）须造成他人人身伤亡或者财产损失

他人出现了人身伤亡或者财产损失的重大后果，乃是机动车交通事故成立的基本前提，没有损害的发生，就不可能构成事故，这对交通事故亦是如此。不过，交通事故的损害，并不一定要求造成他人损害，它也包括机动车及其驾驶者自身的损害。若只造成机动车及其驾驶者自身的损害，虽已成立交通事故，然未造成他人损害，则并不构成机动车交通事故责任。因为机动车交通事故责任，乃是机动车交通事故发生时对他人造成的损害责任。

（四）客观因果关系方面要求交通事故中的损害发生系机动车在道路上使用或运行所致

也就是说，他人损害之所以发生与机动车在道路上使用或运行存在因果关系，后者是前者发生的必要原因，没有后者的出现，前者则不可能发生。倘若不存在这种因果关系，则就不可能构成交通事故。

（五）主观方面要求交通事故中的损害致害人必须存在过失

交通事故责任的性质是过失责任，不包括故意在内。因为故意以交通事故致人损害，构成刑事犯罪，并不是民法意义上的侵权行为，因而，交通事故的主观状态只能是过失，对该过失采取推定形式。如果致害人举证证明自己无过失，一般可以免责。按照《道路交通安全法》的规定，机动车一方没有过错的，承担不超过10%的赔偿责任。

三、机动车交通事故责任的归责原则与减免责事由

（一）归责原则

《道路交通安全法》第76条规定："机动车发生交通事故造成人身伤亡、财产损失的，由保险公司在机动车第三者责任强制保险责任限额范围内予以赔偿；不足的部分，按照下列规定承担赔偿责任：（一）机动车之间发生交通事故的，由有过错的一方承担赔偿责任；双方都有过错的，按照各自过错的比例分担责任。（二）机动车与非机动车驾驶人、行人之间发生交通事故，非机动车驾驶人、行人没有过错的，由机动车一方承担赔偿责任；有证据证明非机动车驾驶人、行人有过错的，根据过错程度适当减轻机动车一方的赔偿责任；机动车一方没有过错的，承担不超过百分之十的赔偿责任。交通事故的损失是由非机动车驾驶人、行人故意碰撞机动车造成的，机动车一方不承担赔偿责任。"据此，机动车交通事故责任的归责原则不能简单地适用某一原则，而是根据机动车交通事故发生的具体情况采用不同的归责原则，在基于强制保险给予受害人一定保障的基础上，按照交通事故责任方、受害方的具体情况适用不同的归责原则，既体现对受害人人性化的关怀，又强化责任方如所有人、管理人的责任，并通过受害人的过错程度来调整规范损害赔偿的数额，从而在受害方和责任方的利益上尽量保持平衡。

1. 保险公司在第三者责任强制保险责任范围内承担无过错责任

对于机动车发生交通事故所造成的损害，除非由受害人故意造成，承保交强险的保险公司不予赔偿外，其他情形，不论交通事故发生的原因，保险公司均应依法予以赔偿。这与交强险的设置目的在于让受害人得到最基本的保障，不以营利为目的，具有安抚性、政策性、强制性等特性相适应。对此，《机动车交通事故责任强制保险条例》第21条规定："被保险机动车发生道路交通事故造成本车人员、被保险人以外的受害人人身伤亡、财产损失的，由保险公司依法在机动车交通事故责任强制保险责任限额范围内予以赔偿。道路交通事故的损失是由受害人故意造成的，保险公司不予赔

偿。"第 22 条规定："有下列情形之一的，保险公司在责任限额范围内垫付抢救费用，并有权向致害人追偿：（一）驾驶人未取得驾驶资格或者醉酒的；（二）被保险机动车被盗抢期间肇事的；（三）被保险人故意制造道路交通事故的。有前款所列情形之一，发生道路交通事故的，造成受害人的财产损失，保险公司不承担赔偿责任。"《审理交通事故赔偿案件解释》第 18 条规定："有下列情形之一导致第三人人身损害，当事人请求保险公司在交强险责任限额范围内予以赔偿，人民法院应予支持：（一）驾驶人未取得驾驶资格或者未取得相应驾驶资格的；（二）醉酒、服用国家管制的精神药品或者麻醉药品后驾驶机动车发生交通事故的；（三）驾驶人故意制造交通事故的。"这些规定都充分体现了保险公司在交强险责任范围内对机动车交通事故所造成的侵权责任承担无过错的并非为侵权责任的社会救助责任。

2. 道路交通事故社会救助基金对于受害人抢救费用的先行垫付适用无过错责任。

交通事故一旦发生，大多涉及人身伤害，需要及时救助，从而就会产生费用的问题。如果参加了交强险，由保险公司依法在责任限额的范围内先行垫付自无问题。没有参加的，或者驾驶人在肇事后逃逸的，为了保证受害人能够及时得到救助，就需要作出规范。对此，《道路交通安全法》第 75 条规定：参加交强险，抢救费用超过责任限额的，未参加交强险或者肇事后逃逸的，由道路交通事故社会救助基金先行垫付部分或者全部抢救费用，道路交通事故社会救助基金管理机构有权向交通事故责任人追偿。《机动车交通事故责任强制保险条例》第 24 条规定："国家设立道路交通事故社会救助基金（以下简称救助基金）。有下列情形之一时，道路交通事故中受害人人身伤亡的丧葬费用、部分或者全部抢救费用，由救助基金先行垫付，救助基金管理机构有权向道路交通事故责任人追偿：（一）抢救费用超过机动车交通事故责任强制保险责任限额的；（二）肇事机动车未参加机动车交通事故责任强制保险的；（三）机动车肇事后逃逸的。"显然，这种机动车交通事故发生的垫付责任，亦属于一种无过错且不系侵权责任的社会救助责任。

3. 机动车之间的交通事故责任适用过错责任

发生在机动车之间的交通事故，因双方具有相同的物理属性，相同的风险回避能力，实行过错责任。"机动车驾驶人之间属于平等主体，不存在强弱的区别，并负有相同的义务，也符合世界各国处理这类事故的惯例和我国目前处理交通事故的实践。"[①] 对此，《道路交通安全法》第 76 条第 1 项明确作了规定，即"机动车之间发生交通事故的，由有过错的一方承担赔偿责任；双方都有过错的，按照各自过错的比例分担责任"。

4. 机动车与非机动车驾驶人、行人之间的交通事故适用无过错责任或严格责任

这是由机动车与非机动车驾驶人、行人在道路上实际所处的地位，即后者容易遭受机动车伤害，并在经济上处于相对弱势等的实际情况决定的。所以，《道路交通安全法》第 76 条第 2 项明确规定机动车驾驶人与非机动车驾驶人、行人之间发生交通

---

① 郎胜主编：《中华人民共和国道路交通安全法释义》，法律出版社 2003 年版，第 171 页。

事故，造成非机动车驾驶人、行人损害的，责任方承担无过错责任；没有过错的，仍要承担侵权责任，只是承担赔偿的责任不超过 10%；非机动车驾驶人、行人具有不包括故意在内的过错的，也只能减轻责任方的责任，而不能完全免除其责任。

（二）机动车交通事故责任的减免责事由

1. 机动车交通事故责任减免责事由的概念

机动车交通事故责任的减免责事由，包括驾驶人的免责事由与减责事由。其中，免责事由是责任方依法不予承担责任的事由；减责事由，则是责任方减轻责任的事由。无论是完全的免责事由还是减责事由，均要有法律的明确规范，不能自行随意确定。

2. 机动车交通事故责任减免责事由的特别规定

（1）损害是因受害人故意造成的，行为人不承担责任（《民法典》第 1174 条）；道路交通事故的损失是由受害人故意造成的，保险公司不予赔偿（《机动车交通事故责任强制保险条例》第 21 条第 2 款）。

（2）交通事故的损失是由非机动车驾驶人、行人故意碰撞机动车造成的，机动车一方不承担赔偿责任。（《道路交通安全法》第 76 条第 2 款）故意碰撞，包括故意撞车自杀、自残、拉车以骗取甚至勒索赔偿的所谓"碰瓷"等。

（3）机动车与非机动车驾驶人、行人之间发生交通事故，有证据证明非机动车驾驶人、行人有过错的，根据过错程度适当减轻机动车一方的赔偿责任。（《道路交通安全法》第 76 条第 1 款第 2 项）

3. 机动车交通事故责任减免责事由的一般规定

此种一般规定，就是《民法典》总则编、侵权责任编分别对所有民事责任、侵权责任规定的一般减免责事由与准一般减免责事由。不可抗力、受害人故意、受害人过错、第三人造成、自助等（准）一般减免责事由，只要按其性质能够适用就可以适用于包括机动车之间发生的交通事故责任在内的所有过错责任。关键是发生于机动车与非机动车驾驶人、行人之间的交通事故责任，因其属于无过错责任，能否适用并未转化为特别减免责事由的（准）一般减免责事由的问题。根据前述机动车交通事故责任的减免责事由的特别规定，法律只对将受害人故意、受害人过错分别作为机动车交通事故责任的特别免责事由、减责事由作了规定，对于不可抗力、第三人造成等其他（准）一般减免责事由则没有将其转化为特别减免责事由加以规范，那么，不可抗力、第三人造成等能否成为发生于机动车与非机动车驾驶人、行人之间的交通事故责任的减免责事由并据此减免肇事方的责任，则有不同看法。我们认为，根据（准）一般减免责事由在无过错责任中适用的除非按其性质能够适用且适用可以保护更大法益、避免更大法益损害才可适用的基本规则，（准）一般减免责事由不能再予以适用。这样，不可抗力、第三人造成等就不能再成为机动车与非机动车驾驶人、行人之间的交通事故责任的减免责事由并据此减免肇事方的责任。其实，交通事故可因意外产生，而意外包含着不可抗力、第三人造成等。这样，因为不可抗力发生的交通事故就不会完全免除交通肇事方的侵权责任。当然，肇事方在对遭受损害的非机动车驾驶人、行人承担无过错责任后,自然有权对造成交通事故的第三人予以追偿。为了防止包括不可抗力在内的意外交通事故造成难以承受的损害现象的发生,机动车所有人除应依法购买交强险外,还应主动购买一些商业保险,以分散弥补自己承担过错责任尤其是无过错责任所造成的损失。

第二节 机动车交通事故责任原因方责任的连带承担

一、挂靠经营机动车交通事故责任的连带承担

(一)机动车挂靠经营的概念

挂靠经营,是指使用他人经营资格并以他人名义进行经营活动,通常向他人缴纳一定管理费用的一种经营模式。其中的他人为被挂靠人,使用他人经营资格并以他人名义进行经营活动的人为挂靠人。换言之,它是被挂靠人将自己依法取得的经营权全部或者部分让与挂靠人,属于名义出借,不少国家对名义出借予以承认并进行规范,我国虽无法律规范对之进行规范,然在现实生活中广泛存在,由此引起的纠纷也时常可见。因为不少行业都实行许可经营制度,条件设置较为严格。这样,一些条件达不到要求的单位或者个人,便主动采取挂靠的方式以具有资格的公司的名义进行经营,在建筑领域、交通运输领域,这种现象更是普遍存在,有的挂靠还带有一定的强制性,如律师不能以个人的名义执业,只能以律所的名义提供各种法律服务,由此不少律师就给律所缴纳一定费用,以律所名义提供法律服务,其实质就是一种挂靠经营执业。

至于机动车挂靠经营,便是指没有道路经营资格的个人或者单位,将自己购买的机动车登记挂靠在具有运输经营权的公司名下,以该公司名义从事道路运输经营活动,且一般向该公司缴纳一定管理费的道路运输经营行为。向他人有偿借用资质的经营属于挂靠经营;向他人无偿借用资质的经营亦属于挂靠经营。换言之,挂靠经营并不一定以有偿挂靠为必要。

(二)挂靠经营机动车交通事故责任由挂靠人与被挂靠人连带承担的根据

挂靠经营机动车发生交通事故后,被挂靠人承担什么责任?《民法典》第1211条明确规定:"以挂靠形式从事道路运输经营活动的机动车,发生交通事故造成损害,属于该机动车一方责任的,由挂靠人和被挂靠人承担连带责任。"本条属于新增内容,是审判实践经验的立法转化。如此规定的理由如下:

(1)道路运输经营具有地域广、违法违规多、事故多发常发、损害较大等特征具有高度的潜在危险性。被挂靠人将自己的经营资格挂靠给他人以自己名义从事道路经营,就等于将这种潜在的高度危险性开关打开,并由挂靠人掌控。从《道路运输条例》规定道路运输经营必须具有严格的条件并取得经营许可的目的来看,就是要有效控制此种经营活动的风险,从而给予取得经营资格者控制风险的义务。即使让他人挂靠经营,被挂靠人也有审核管理他人从事道路运输经营能力、条件、责任等的义务,

以控制风险，并约定责任的承担方式等。

（2）从利益的归属来看，这种挂靠经营绝大多数源于挂靠人与被挂靠人之间的合意，一般会让挂靠人缴纳一定的挂靠费用，从而使被挂靠者可以从挂靠经营中获取利益。当然，有的基于关系好或者其他原因，挂靠人并不一定缴纳费用，这时被挂靠人还是会因挂靠经营获得这样或者那样的利益。完全没有任何利益而让他人以自己名义从事道路运输这一具有高度风险活动的行为，可以说，几乎是不可能存在的。

（3）他人本没有道路运输经营资质却因为挂靠以被挂靠人名义从事经营，从而具有了"资质"，会使具有运输需求的乘客、托运人等相对人产生一种信赖，相信挂靠人属于被挂靠单位的工作人员，具有相应的能力与资格，以及较高的风险承担能力，从而愿意与之进行交易。基于这种信赖，在挂靠机动车发生交通事故，而损害往往又较大，挂靠人无力承担时，被挂靠人不承担责任或者只承担适当责任，致使受害人得不到充分的赔偿，无疑不利于对受害人的保护，有失公平。

（4）双方合意成立这种具有高度危险的挂靠经营，在主观和客观上具有共同的过错，对他人实施高度危险的运输经营也是一种帮助，甚至是主动拉他人挂靠，具有教唆性质。如此，有的发生交通事故造成他人损害的挂靠经营在一定意义上还可能符合共同侵权的条件，具有共同侵权的特征。因此，让双方承担连带责任，更具有法理根据。

（5）挂靠关系是挂靠人与被挂靠人之间的内部关系，对外由于双方合意由挂靠人以被挂靠人的名义经营，在法律外观上，被挂靠人是机动车的所有权人，挂靠人则是被挂靠人工作人员。显然，外界并不知道双方之间的内部关系，在挂靠机动车发生交通事故造成损害对外承担责任时，让被挂靠人承担全部责任，法律上也有根据。连带责任还存在对内关系，并非一种最终责任，被挂靠人承担连带责任后可以向挂靠人依法追偿。同时，为了保障自己的利益，被挂靠人还可以对与挂靠人之间的内部责任事先进行约定。所以，让被挂靠人承担连带责任，并非意味着让其承担最终责任而遭受损失。

（6）在侵权责任中，尤其是高度危险性的经营责任中，强化对民事违法行为的责任，保护受害人利益尤其是保护交通事故中遭受人身伤害的受害人利益，已形成共识。交通事故的损害，常常会造成人身伤亡的后果，在国家设置交强险、第三者责任商业保险、道路交通事故社会救助基金来保护受害人利益的情况下，若具有过错、以挂靠形式帮助或者教唆没有道路运输资质的他人违法从事运输经营，并能获得这样或那样的利益的被挂靠人，不承担较重的责任，与法理相悖。

值得注意的是，这里的挂靠形式，并非一定以被挂靠人收取挂靠费用为必要。没有收取费用而让他人挂靠从事道路运输经营，发生交通事故而致人损害的，被挂靠人也应与挂靠人承担连带责任。至于现实生活中，因车辆限购等原因而借他人名义购买机动车的现象也不时存在，这种行为与以他人名义从事道路运输经营有着本质的不同。"基于连带责任的法定性和约定性，以及出借名义之人的非控制性和非行驶收益性，我们倾向于认为，本条不适用于该种情况。该种情况应参照适用出借、租赁机动车的规定"进行处理。[①]

被挂靠人承担连带责任后,可基于《民法典》第178条第2款的规定,即"连带责任人的责任份额根据各自责任大小确定;难以确定责任大小的,平均承担责任。实际承担责任超过自己责任份额的连带责任人,有权向其他连带责任人追偿",向挂靠人进行追偿,而不能因为挂靠行为本身的非法性就否定被挂靠人对自己本不应当承担的民事责任基于法律规定承担民事责任后向应当承担民事责任的挂靠人进行追偿的权利。

二、转让拼装车或应报废车交通事故责任的连带承担

(一)转让拼装车或应报废车的概念

所谓拼装车,是指违反国家规定擅自将机动车的一些涉及机动车行驶安全的部件拼接、组装成可以行驶的机动车。如利用报废机动车的发动机、方向机、变速器、前后桥、车架"五大总成"和其他零部件拼装的机动车;未经国家有关部门批准,利用进口汽车车身(含驾驶室)、进口摩托车发动机(含全套发动机散件)、车架拼(组)装生产的汽车、摩托车;利用国产汽车、摩托车总成、零部件非法拼(组)装的机动车等,便均属于非法拼装的机动车。报废机动车,是指达到国家报废标准,或者虽然没有达到国家报废标准,但是发动机或者底盘严重损坏,经检验不符合国家机动车运行安全技术条件或者国家机动车污染物排放标准的相关车辆。[②] 拼装车或者报废车属于法律禁止转让的机动车。在实践中,除了拼装车和报废车发生致人损害行为之外,还存在"山寨版"汽车(即由没有生产机动车资格的企业违法生产的汽车)等致人损害的行为。

(二)转让拼装车或应报废车交通事故责任由转让人与受让人连带承担的根据

《民法典》第1214条规定,以买卖或者其他方式转让拼装或者已经达到报废标准的机动车,发生交通事故造成损害的,由转让人和受让人承担连带责任。理由如下:

1. 当事人双方具有共同的过错

因为拼装车本身属于禁止流通物,在法律上是不能转让的。从交易习惯来看,买卖机动车时,买受人通常会查验机动车行驶证等,这时应当能够发现其购买的车是否是拼装车、报废车。更何况,我国实行车辆年检等制度,对车辆是否合格应当容易了解。拼装车或应报废车比起质量合格的机动车,安全行驶保障功能大大降低,给安全带来的风险与危害大大增加,为了保障道路交通安全及不特定他人在道路上行驶、行走等的安全,无论是法律还是行政法规乃至部门规章,都反复要求禁止买卖拼装、应报废的机动车,并在公法上规定了相应的行政乃至刑事责任。明知违法乃至犯罪,仍置道路交通安全及他人的人身、财产安全于不顾,决意为之,则具有明显的违法性。

[①] 最高人民法院民法典贯彻实施工作领导小组主编:《中华人民共和国民法典侵权责任编理解与适用》,人民法院出版社2020年版,第377页。
[②] 国务院2019年公布的《报废机动车回收管理办法》第2条。

2. 这是维护公共安全的需要

拼装车属于危险物，安全质量根本无法保障，整个拼装、转让过程都是在非法的渠道进行，没有任何监管，通常也不存在事后跟踪等问题。所以，转让这种高度危险的物品，本身就会对公共安全造成极大的威胁，从转让人的角度来说，其明知是拼装车或应报废车而转让，等同于将危险物移转给他人，从而对社会安全造成威胁。而受让人明知是危险物，应当知道由此会给社会带来危险，却仍然接受。因此，转让拼装车或者应报废车而发生交通事故的，应当由转让人和受让人承担连带责任。

连带责任，仅是一种对外责任。连带责任人各自责任大小难以确定，若不能确定，也可依法平均分担。因为连带责任承担超过自己应当承担的数额的，还可以向驾驶人等进行追偿，这样也不存在不公平的问题。只不过是对受害人已经遭受的损害确定先由谁承担，对此，利益保护的天平倾向于受害人先让转让人对受害人的损失承担连带责任，然后对源于这种连带责任的承担所导致的超过自己应当承担的责任数额再按连带责任的内部责任对其他连带责任人依法予以追偿，公平而合理。

（三）转让拼装车或应报废车交通事故责任连带承担所要注意的问题

1. 转让的拼装车、应报废车的运行致人损害应当适用《民法典》第1214条的规定

一旦转让的拼装车、应报废车发生交通事故，无论是车辆的技术缺陷所致，还是车辆驾驶人违反交通规则所引起，都应当适用《民法典》第1214条的规定。需要指出，拼装车、应报废车致人损害，只需要认定肇事车辆是否是拼装车或应报废车，而不需要认定其是否存在缺陷。因为责任人所承担的责任并非产品责任，而是因其购买了法律禁止转让的拼装车或应报废车，并因这些车辆的运行导致损害。对于受害人而言，只需要证明肇事的车辆是拼装车或已达到报废标准的车辆，不需要证明该车辆是否存在缺陷。

2. 转让的拼装车、应报废车如果因运行以外的原因导致损害则不属于《民法典》第1214条的适用范围

转让拼装车或应报废车交通事故责任中的损害，乃系驾驶拼装车或应报废车的行为所致，驾驶人的行为与受害人的损害结果之间存在因果关系。倘若驾驶人驾驶拼装车或应报废车在道路上行驶，损害由他人故意碰撞或者第三人行为形成，与拼装车或应报废车之间不存在任何关系，驾驶人行为虽属违法甚至犯罪，要受到法律的制裁，但在民事责任上因为缺少所必要的因果关系，驾驶人不应承担民事责任，自不存在转让人、受让人与驾驶人承担连带责任的问题。当然，在驾驶人行为与受害人损害存在因果关系的情况下，因为所驾驶的为法律所禁止的拼装或应报废的机动车，无须再问机动车一方的过错，转让人、受让人及驾驶人都应承担连带责任。

3. 转让拼装车或应报废车交通事故责任中的道路交通事故社会救助基金的责任问题

拼装或应报废的机动车，由于具有非法性，往往不会有交强险的投保问题，保险公司也就不会在交强险责任范围内垫付或者支付对受害人的抢救、丧葬或者损害费

用。但是，道路交通事故社会救助基金则仍需要依法承担对受害者人身伤亡时所需要的抢救、丧葬费用进行垫付的义务，而不能因为系拼装或应报废的违法车辆肇事导致的就不予垫付。事实上，系驾驶人故意制造交通事故造成的损害，道路交通事故社会救助基金都有依法垫付有关费用的义务。

4. 拼装车或应报废车的多次转让问题

有的认为，此时转让环节较多，导致责任人无法查明。另外，多次转让后，最后控制并享受利益的乃为最后一次的转让人，由此主张应由最后一次的受让人与转让人承担连带责任。对此，《审理交通事故赔偿案件解释》在《民法典》颁布前就规定，多次转让拼装或应报废的机动车的，所有环节的转让人、受让人均应承担连带责任，《民法典》在编纂过程中对此没有加以否定。针对同一标的进行相同性质的违法犯罪行为，对其法律评价应当保持同一性。其只让最后一次的转让人与受让人承担连带责任，既不公平，也不利于遏制相关违法犯罪行为的发生。至于多次转让造成转让人无法查明，乃是程序上的问题，不应该影响已被查明的转让人对连带责任的承担。① 不然，在古代由于科学技术落后等原因导致许多故意杀人、伤害等犯罪行为都无法查明，据此就反推不应由已经查明的犯罪人承担刑事责任，其荒谬性由此可见。在《民法典》出台后，《审理交通事故赔偿案件解释》第4条继续规定，拼装车、已达到报废标准的机动车或者依法禁止行驶的其他机动车被多次转让，并发生交通事故造成损害，当事人请求由所有的转让人和受让人承担连带责任的，人民法院应予支持。

三、被盗抢机动车交通事故责任的连带承担

（一）盗抢机动车交通事故责任的概念

所谓盗抢机动车交通事故责任，是指盗窃、抢劫或者抢夺等违法犯罪行为导致所有人与使用人分离，而应当由违法行为人承担的侵权责任。

（二）被盗抢机动车交通事故责任由盗抢人连带承担的根据

（1）《民法典》第1215条规定："盗窃、抢劫或者抢夺的机动车发生交通事故造成损害的，由盗窃人、抢劫人或者抢夺人承担赔偿责任。盗窃人、抢劫人或者抢夺人与机动车使用人不是同一人，发生交通事故造成损害，属于该机动车一方责任的，由盗窃人、抢劫人或者抢夺人与机动车使用人承担连带责任。"

（2）盗抢人之所以要对使用人驾驶被盗抢机动车交通事故责任进行连带承担，主要基于：① 盗抢人通过盗窃、抢夺或者抢劫方式对机动车实行非法占有控制后，无论是从风险控制还是从利益归属的实际情况看，均由其控制、支配，自然需要对机动车使用所造成的交通事故承担责任。② 此种行为会大大增加机动车安全运行的风险。因为车辆是盗抢的，名义还是在登记在他人名下。这种情况下，为逃避查处，一般会对车辆的外形、颜色、发动机号等进行处理，并套用车牌使用。这样，一旦违法犯罪，

---

① 最高人民法院民法典贯彻实施工作领导小组主编：《中华人民共和国民法典侵权责任编理解与适用》，人民法院出版社2020年版，第392页。

较正常机动车而言,更难查找使用人,极易造成盗抢人、使用人任意违法、违章行驶现象的发生,致使交通事故发生的风险、危害都大大增加。另外,一旦发生交通事故,在无人看到时,更容易引发弃车逃逸现象的出现,不仅增加违法犯罪查处成本,受害人的损害赔偿权利亦难以得到保障。③盗抢机动车,因为机动车的价值较大甚至巨大,一旦成立,便构成犯罪,在对盗抢人课以刑事责任的同时,强化其民事责任的承担,有利于配合公法防范此种犯罪的发生,对受害人所遭受的损害赔偿而言,为其提供了更为宽泛的途径,无疑有利于其所遭受损害的充分救济。

(3) 被盗抢机动车交通事故责任的损害,乃系驾驶被盗抢机动车的行为所致,驾驶人的行为与受害人的损害结果之间存在因果关系。在这种情况下,因为驾驶的为法律所禁止的被盗抢机动车,无须再问机动车一方的过错,盗窃人、抢劫人、抢夺人与驾驶人应承担连带责任。

(4) 被盗抢机动车再被盗抢时,所有盗抢人均应对被盗抢车交通事故造成的损害,与驾驶人承担连带责任。具体理由与多次转让的拼装或应报废的机动车发生交通事故造成他人损害,所有转让人与受让人均应承担连带责任一样,不再多述。

(三) 盗抢机动车交通事故责任的承担

(1) 由盗窃人、抢劫人或者抢夺人承担赔偿责任。在机动车被盗的情况下,由盗窃人、抢劫人或者抢夺人承担赔偿责任,机动车所有人、管理人不应当负责。①在盗窃、抢劫或者抢夺机动车的情形下,机动车所有人、管理人完全对机动车失去了控制,相应的风险控制能力完全丧失,与此相应的利益也得以丧失,从控制风险、利益归属两大机动车交通事故归责根据均已失去方面来讲,不再存在让所有人、管理人承担的内在根据。②从主观上讲,谁也不愿意自己的财产尤其是具有较大价值甚至巨大价值,能给自己带来方便、快捷甚至作为自己主要谋生工具的机动车被盗窃、被抢劫、被抢夺。故机动车被盗抢并非所有人、管理人所想的,大多情况下是不可预见、无法阻止甚至根本不知情时发生的,所有人、管理人主观上没有任何过错。

(2) 保险公司在机动车强制保险责任限额范围内有义务垫付抢救费用。在盗窃、抢劫、抢夺机动车造成损害的情况下,很可能找不到盗窃者或者即便找到其也无力赔偿,为了对受害人提供充分救济,有必要让保险公司提供一定的垫付资金。此处所说的垫付义务与赔偿义务不同,因为按照保险法的一般原理,被盗窃、抢劫或者抢夺的机动车发生交通事故,属于除外责任。但在投保交强险的情况下,出于对受害人保护的考虑,法律要求保险公司承担垫付义务。当然,保险公司承担垫付义务的前提是该机动车投保了交强险,否则就应当由道路交通事故社会救助基金承担垫付义务。

(3) 保险公司履行垫付义务之后,有权向盗窃人、抢劫人、抢夺人追偿。《民法典》第1215条第2款规定:"保险人在机动车强制保险责任限额范围内垫付抢救费用的,有权向交通事故责任人追偿。"由于保险公司承保的通常是机动车所有人或者其授权的人的合法驾驶活动,并不包括盗抢人的非法驾驶活动,因而,其在依据法律规定履行垫付义务之后,有权向盗抢人追偿。保险公司享有追偿权符合不真正连带责任的法理,保险公司和盗抢人都对受害人负有责任,属于因偶然原因对同一损害负责,构成不真正连带责任，盗抢人是终局责任人，因此，保险公司有权要求终局责任人负责。如果保险公司无法向盗抢人等追偿，就必然导致保险费率的上升，增加投保人的负担。①

四、经过同意套牌机动车交通事故责任的连带承担

套牌机动车发生交通事故造成损害的，套牌人与同意套牌人如何承担责任，《民法典》没有明确规范。对此，《审理交通事故赔偿案件解释》第5条规定：属于该机动车一方责任，当事人请求由套牌机动车的所有人或者管理人承担赔偿责任的，人民法院应予支持。这一规定成为司法实践让被套牌人与套牌人对套牌机动车发生交通事故承担连带责任的根据。

套牌车，俗称克隆车，是指通过伪造、变造他人已经存在或者并不存在的机动车号牌、行驶证、登记证书等手续以上路行驶的机动车，既包括套用民用机动车的号牌，又包括套用专用号牌、军牌、警牌；既包括用于改装、拼装车的套牌，又包括用于报废车、盗抢车的套牌；既包括对走私进口机动车的进口套牌，又包括对境内机动车的国产套牌。进口套牌多用于从境外不经过海关检查运往境内销售的境外机动车，如纯粹的拼装车、质量严重缺损的机动车，或为了逃避机动车进口税而经境外非正当机动车商制造或者二手车改装的机动车国产套牌车又称黑车，泛指通过非法拼装车或应报废车靠不法手段获得的机动车。

就套牌的动机而言，多种多样，有的是因为机动车来路不正当，或源于走私，或源于盗抢；有的是因为非法转让的拼装或应报废的机动车无法办理正当的合法手续；有的是为了方便，套用他人机动车号牌，违反交通规则，抓不到自己，让被套牌人当替罪羊；有的是为了逃避应缴的车船使用税、保险费，不参加年检，发生交通事故时甚至可以利用被套牌车骗取保险等；有的是为了逃缴养路费，从事道路运输的大货车，每年的养路费甚至高达数万元；有的是出于虚荣，套用名牌车号，装饰门面，甚至套用军牌、警牌或其他特别号牌，从事各种违法犯罪活动；等等。

显然，套牌车的产生，既损害了被套牌机动车车主的利益，又因逃缴关税、车船使用税、养路费等而损害国家、社会利益，尤其是给走私、拼装、改装、报废机动车等具有缺陷或者安全质量存在问题的机动车提供了掩饰使其得以上路，危及道路交通安全以及不特定他人人身、财产安全。如果说走私、拼装、应报废、被盗抢等机动车，给道路交通安全及不特定人人身、财产安全所带来的风险还处于潜在阶段的话，那么，套牌则是将这些机动车表面上合法化，让之可以像正常车辆那样上路行驶却难以被发现从而使得潜在风险变成现实危害的一个重要方面，其危害性犹胜于只存在潜在风险的拼装、应报废车、被盗抢等机动车有关行为的危害。故对于这种违法犯罪行为，在依法追究其行政责任、刑事责任的同时，基于其在民事上增加了交通事故的风险等原因，让套牌人与同意套牌人对套牌机动车发生交通事故给他人造成的损害承担

---

① 王利明：《侵权责任法》，中国人民大学出版社2021年版，第267页。

连带责任，无疑具有合理性。

此外，明知他人机动车存在上述诸如拼装或应报废、被盗抢等情形，或者虽不属于上述情形但为了逃避税收等让他人机动车使用与自己相同的号牌，即被套牌机动车所有人或者管理人同意套牌的，对套牌机动车发生交通事故造成的他人损害，应当与套牌机动车的所有人或者管理人承担连带责任。

第三节　机动车交通事故责任原因方责任的非连带承担

一、有因使用机动车交通事故责任的非连带承担

《民法典》第1209条规定："因租赁、借用等情形机动车所有人、管理人与使用人不是同一人时，发生交通事故造成损害，属于该机动车一方责任的，由机动车使用人承担赔偿责任；机动车所有人、管理人对损害的发生有过错的，承担相应的赔偿责任。"本条就是对有因使用机动车交通事故责任的非连带承担的规定。

（一）有因使用机动车交通事故责任的概念

有因使用机动车交通事故责任，是指因租赁、借用、保管、维修等原因造成机动车的所有人、管理人不一致时，对使用人引发交通事故所产生的损害赔偿，使用人之外的机动车所有人、管理人依自己过错所应承担的侵权责任。其中的使用人，既包括承租、借用人、管理人，又包括因其他原因占有而使用的人，如车辆出质人、维修人、保管人、代驾人等。

1. 租赁

它主要是指机动车的所有人，在交由他人长期管理的情况下也可能是管理人，将自己所有或者管理的车辆交给他人使用，并从中收取一定费用且不提供驾驶司机的行为，即通常所称的光车租赁。既可以是一段时间内的非单次租赁，又可以是单次租赁；一般会采取合同形式约定所有人、管理人和租赁人之间的权利与义务，但不排除亲朋好友之间、一些较为偏僻的农村地区居民之间等进行的只是口头约定的租赁；既包括非营利性的机动车租赁，又包括营利性车辆如货车的租赁；既包括给他人用于一般日常的非营利事务的租赁，又包括给他人用于营利性事务的租赁；等等。无论属于何种形式的租赁，亦无论租赁时间的长短、所涉地域范围的大小等，只要所有人、管理人与使用人之间就机动车达成符合上述租赁定义内涵的，便是租赁。

（1）光车租赁与非光车租赁即带驾驶人的租赁。《民法典》第1209条的规定仅限于光车租赁，如汽车租赁公司将机动车租给他人或者其他单位使用的情形，通常就是不提供司机的光车租赁。因为这种非光车租赁，并未真正造成机动车所有人、管理人与机动车的分离。此时，机动车的使用人依旧为所有人、管理人也就是非光车租赁的出租人，而不是非光车租赁的承租人。

对于非光车租赁发生交通事故时如何承担侵权责任，有不同看法。有的认为，可按承揽合同来处理，搭乘出租汽车就是如此。承租人相当于定作人，出租人相当于承

揽人，承揽的事项是按照承租人的指示提供车辆并且按照指示运行。因此，带驾驶人的机动车出租，其实并非只出租机动车，而是定作人与出租人达成合意，出租人出车出人，为定作人完成运营。这个运营就是承揽的劳动成果。对于双方当事人的权利义务的确定，应当适用承揽合同的规定，不适用《民法典》第1209条的规定。

我们认为，非光车租赁就是驾驶方为他人提供服务。驾驶方为单位的，驾驶人基于单位指派进行驾驶，为执行单位工作任务，致他人损害，驾驶方单位应承担用人单位责任；驾驶方为个人的，就是驾驶人自己的行为造成交通事故的，自然全部承担侵权责任。

（2）机动车融资租赁。之为出租人与承租人根据《民法典》第735条关于"融资租赁合同是出租人根据承租人对出卖人、租赁物的选择，向出卖人购买租赁物，提供给承租人使用，承租人支付租金的合同"的规定，由机动车出租人按照承租人的要求购买机动车后租赁给承租人使用，承租人则按约定支付租金的机动车融资租赁，也属于本责任租赁的范畴。承租人使用该租赁机动车发生交通事故造成他人损害的，出租人应当按本责任承担侵权责任。

2. 借用

它是指机动车所有人、管理人将自己所有或者管理的机动车无偿提供给他人使用的行为。它既包括一定时间内的借用，又包括单次的借用。借用与租赁之间在内涵上的主要区别，在于租赁是从使用人处收取一定费用即有偿将机动车提供给他人使用，借用则不从使用人处收取费用即无偿提供给他人使用；从表现形式上，租赁通常采合同形式，口头约定乃为例外；借用往往取口头形式，书面形式则不多见。

3. 其他形式

其他形式指除租赁、借用之外的其他可以导致机动车所有人、管理人的所有权、管理权同机动车使用权相分离，以致给非所有人、管理人以外之人使用的行为，如现实生活中经常可以见到的代驾行为。《民法典》第1209条列举了租赁、借用两种形式后用"等情形"加以概括，说明就包括其他形式，如典当、质押、维修、代为保管、代为出售等，都可以导致所有人、管理人与使用人相分离的情况出现。

（二）有因使用机动车交通事故责任的非连带过错承担的原因

在原《侵权责任法》制定过程中，经历了最初的所有人和使用人承担连带责任至最终使用人承担责任、所有人承担过错责任的转变。"主要考虑的理由在于三个方面：一是如前所述的风险控制理论，机动车本身并不会产生风险，机动车的驾驶行为是危险的来源，因此控制和开启危险的驾驶人即使用人应当承担责任。二是在所有人并不直接占有机动车时，控制风险并具有防范风险义务的人，只能是机动车的驾驶人。对所有人课以义务，无助防范风险。三是就营运利益而言，驾驶人所享有的利益更为直接。基于上述理由，《侵权责任法》规定了使用人为机动车损害赔偿的责任主体。本条延续该规定,并无变化。"① 至于机动车的所有人、管理人,将机动车采取租赁、借用等方式交给他人使用,尽管未能实际控制、支配机动车,但因为所享有的所有权、管理权并未完全丧失,且因租赁、质押等可以获得直接的物质利益,即使是借用等无偿提供使用,通常也是出于亲戚朋友的人情满足、人际关系的协调和谐等精神利益的考虑,并非无缘无故的无偿提供。所以,将机动车租赁、借用给他人使用的,虽不像使用人那样一定要对交通事故造成的损害负全部责任,但在具有过错时承担相应的责任,与机动车交通事故责任承担的法理基础——风险控制、运行支配及利益享有的基本原理并不矛盾。

此外,考虑到属于违法乃至犯罪的挂靠经营,转让拼装车或应报废车,盗窃、抢夺或抢劫机动车,利用伪造或者变造机动车号牌等手续套牌等行为,大大提高了道路交通安全与道路上的不特定人人身、财产安全遭受损害的风险,并引发更多的违法违章驾驶或者肇事后逃逸,增加了查处的难度,置受害人损害权利的保障于更大风险中,法律由此明确规定机动车一方相互承担连带责任外,对驾驶人之外的相关所有人、使用人等责任主体则以风险控制、运行支配、利益归属理论为基本的权衡因素,让其对交通事故所造成的他人人身、财产损害按自己的过错承担侵权责任。

(三)机动车所有人、管理人在有因使用机动车交通事故责任中过错的认定

所有人、管理人在有因使用机动车交通事故责任中承担的是过错责任。这种过错主要来自两个方面:

(1)在保证机动车能够安全运行方面存在过错。如明知或者应知租赁、借用的机动车存在安全方面的缺陷而予以租赁、借用,就存在过错。缺陷越大,给机动车行驶安全带来的风险与隐患就越大,过错就越重。如机动车轮胎严重磨损与刹车不灵相比,后者的过错更大。

(2)在确定使用人方面存在过错。机动车的使用,不同于电视等一般物品的使用,为了保障道路交通安全,法律对机动车使用人设定了严格限制,如必须年满18周岁才能申请驾驶执照,驾驶执照实行分类分级管理,不同类型级别的机动车驾驶执照获取的资格条件不同,限制民事行为能力人不能驾驶完全民事行为能力人才能驾驶的机动车,不得醉酒、吸毒驾驶等。这样,在确定租赁人、借用人等使用人时,就要求所有人、管理人就相对人是否具有驾驶资格,以及虽有驾驶资格但在承租、借用机动车时是否有醉酒、吸毒、疲劳等情形,乃至是否具有经常醉酒、吸毒甚至醉酒驾驶、吸毒驾驶的过往历史,或者是否患有色盲、经常突然晕厥等不能或者不宜驾驶机动车疾病等进行调查,如不全面调查导致不宜或者不应驾驶的人使用租赁、借用的机动车并发生交通事故造成他人损害的,就可以认为所有人、管理人在确定使用人方面存在过错。

---

① 最高人民法院民法典贯彻实施工作领导小组主编:《中华人民共和国民法典侵权责任编理解与适用》,人民法院出版社2020年版,第366页。

二、转让未过户登记机动车交通事故责任的非连带承担

(一) 转让未过户登记机动车交通事故责任的概念和构成要件

转让未过户登记机动车交通事故责任,是指机动车所有人将机动车的所有权让与他人,但未进行过户登记,受让人使用机动车发生交通事故造成他人损害而应依法承担的赔偿责任。根据《民法典》第1210条规定,构成要件包括:

(1) 发生了买卖或其他方式的转让行为。所谓转让,系机动车所有人将机动车交付给他人,实现机动车所有权从所有人向他人转变,所有人失去所有权,他人则获得所有权的行为。它与租赁、借用等情形不同,租赁、借用情形下所有人仍然拥有所有权,只是将使用权暂时让与他人。就转让形式而言,既包括有偿转让,如买卖即由他人支付一定对价,以车换物,以机动车抵债等,又包括无偿转让,如赠与等。但无论是有偿转让还是无偿转让,都必须基于所有权完全丧失即控制支配与处分权的转让,而非所有权部分权能如占有、使用、收益的转让。

(2) 当事人之间已经交付了机动车但未办理过户登记。这就是说,一方面,当事人之间没有办理过户登记。实践中,在机动车所有权发生转移时,因节省费用、以物抵债等多种原因可能出现买受人或受赠人未办理机动车所有权转移登记的情形,结果导致机动车的名义所有人与实际所有人不一致。① 没有办理过户登记实际上有三种情形:一是转让人和受让人在订立机动车转让合同之后,转让人交付了机动车,但是没有办理过户登记。二是转让人自始就没有办理过户登记,因此在转让时也没有办理过户登记。三是转让人在购买机动车之后没有办理过户登记,因此在再次转让机动车时也没有办理过户登记手续。无论出现哪种情况,都属于未办理过户登记。另一方面,转让人已经交付了机动车。只有交付了机动车,才会发生运行支配的移转,受让人才应当承担侵权责任。问题是,如果价款没有付清,是否适用本条?从本条规定来看,对此未予考虑。基于与前述相同的原理,是否支付价款是合同关系要考虑的问题,与机动车事故责任的承担无关。②

(3) 受让人使用过程中因使用车辆发生了交通事故。在没有办理过户登记的情况下,如果受让人使用机动车导致事故发生,就应当由受让人负责。如果机动车在受让人处再次发生所有人与使用人的分离,如受让人将机动车借给第三人使用,此时仍然要适用《民法典》第1209条的规定,由借用人负责。在连环购车中,同一辆机动车被多次以买卖方式转让并已经实际交付,但都未办理所有权的移转登记的,本书认为,应当确认最终的实际使用人为使用人。

(4) 属于该机动车一方责任。也就是说,在发生机动车交通事故之后,受让人一方并不当然需要承担责任,在必须由该机动车一方承担责任时,受让人才需要承担责任。例如,依据《道路交通安全法》第76条的规定,机动车之间发生交通事故的,

---

① 程啸:《机动车损害赔偿责任主体之研究》,载《法学研究》2006年第4期。
② 王利明:《侵权责任法》,中国人民大学出版社2021年版,第267页。

采过错责任原则,此时,如果受让人一方没有过错的,则无须对损害后果承担责任。

(二)转让未过户登记机动车交通事故责任的承担

如前所述,转让人与受让人之间以买卖或者其他方式转让并交付机动车但是未办理过户登记,发生交通事故造成损害,属于该机动车一方责任的,转让人不承担责任,由受让人承担赔偿责任。对此,需要注意以下几点:

(1)在转让未过户登记机动车交通事故责任中,转让人不承担责任的前提条件乃为转让未过户登记的机动车必须是除拼装车、应报废车、盗抢车、套牌车、挂靠经营车以外的机动车,否则,原所有人即转让人、管理人都应当承担连带责任。

(2)《民法典》规定的转让未过户登记机动车交通事故责任,解决的只是转让人不承担责任,由受让人承担赔偿责任的问题。至于受让人要承担什么责任,需要具体问题具体分析,如受让人为使用人的,则依法承担侵权责任;若租赁、出借等给他人使用的,则应根据《民法典》第1209条的规定以所有人身份承担与自己过错相应的赔偿责任;等等。

(3)转让未过户登记机动车交通事故责任中,受让人承担责任的范围乃是由承保交强险、第三者责任商业保险的保险公司依法或者依约赔偿之后剩下的不足部分。保险公司承担责任后,对不应承担的垫付责任在向使用人追偿时,作为所有人的受让人只要还未承担或者足额承担相应过错责任的情况下,亦有权向受让人追偿。如此,受害人所遭受损害应得到的赔偿=承保交强险的保险公司依法支付的赔偿+承保第三者责任商业保险的保险公司依法支付的赔偿+使用人依法应当承担的赔偿+不足部分(该部分由作为所有人的受让人依法承担)。这些责任人依法或者依约承担责任后,除非超过了自己应当承担的责任可以向其他应当承担但没有承担或者足额承担自己应负的责任的责任主体进行追偿外,相互在各自责任范围内承担赔偿责任的,自不存在相互追偿的问题。

(4)多次转让未过户登记机动车发生交通事故,转让人不承担责任,只有最后一次转让的受让人才承担责任,非最后受让人亦不承担责任。对此,《审理交通事故赔偿案件解释》第2条规定:"被多次转让但是未办理登记的机动车发生交通事故造成损害,属于该机动车一方责任,当事人请求由最后一次转让并交付的受让人承担赔偿责任的,人民法院应予支持。"

三、擅自驾驶机动车交通事故责任的非连带承担

《民法典》第1212条规定:"未经允许驾驶他人机动车,发生交通事故造成损害,属于该机动车一方责任的,由机动车使用人承担赔偿责任;机动车所有人、管理人对损害的发生有过错的,承担相应的赔偿责任,但是本章另有规定的除外。"

(一)擅自驾驶机动车交通事故责任的概念

擅自驾驶机动车交通事故责任,是指除《民法典》第5章另有规定之外,未经他人同意、许可,私自驾驶他人机动车发生交通事故导致他人损害,依法所应承担的责任。其中的"他人",系指机动车的所有人、管理人。"《民法典》第5章另有规

定"，指的《民法典》第 1215 条第 1 款的规定，即"盗窃、抢劫或者抢夺的机动车发生交通事故造成损害的，由盗窃人、抢劫人或者抢夺人承担赔偿责任。盗窃人、抢劫人或者抢夺人与机动车使用人不是同一人，发生交通事故造成损害，属于该机动车一方责任的，由盗窃人、抢劫人或者抢夺人与机动车使用人承担连带责任。"因为盗窃、抢劫或者抢夺他人机动车后予以使用，肯定是违背机动车所有人、管理人意志而未经其同意、许可的擅自使用。

就未经允许擅自驾驶他人机动车的性质而言，系无权占有、使用的人临时做主擅自使用他人机动车的行为，它不以取得机动车的所有权或者永久占有、使用、收益、处分权为目的，从而与出于非法占有目的的盗窃、抢劫、抢夺机动车的犯罪行为相区别。

应当指出，未经允许擅自驾驶他人机动车，并非意味着所有人、管理人以外的其他人每次驾驶机动车都要经过所有人、管理人的允许，对此不能过度地从字面意义上加以解读。与所有人、管理人存在着某种特定关系的人，如单位的司机、同一家庭的成员等，拥有机动车钥匙，未经所有人、管理人明示许可而驾驶机动车的，一般情况下不能理解为擅自驾驶。即使认定这些特定关系人擅自驾驶，也要与不熟悉的人或者完全不相识的人擅自驾驶有所不同。

(二)擅自驾驶机动车交通事故责任的承担

根据《民法典》第 1212 条的规定，可得出以下结论：

(1)就擅自驾驶人而言，无论机动车是否为拼装车或者应报废车、盗抢车、套牌车、挂靠经营车等与违法犯罪相关的车辆，因其驾驶发生交通事故的，均应承担侵权责任。但对所有人、管理人而言，是否承担责任，承担责任是否要求具有过错，则与机动车的来源性质密切相关。

(2)必须是擅自驾驶机动车所引发的交通事故责任。擅自驾驶机动车没有发生交通事故，或者擅自驾驶机动车虽发生了交通事故然不是机动车一方的责任，如他人故意自杀、自残而发生的交通事故，或者因不可抗力（不包括意外）等导致的机动车之间的交通事故，使用人可以免责的，所有人、管理人自然也无须承担责任。

(3)被擅自驾驶机动车的所有人、管理人具有过错，如所有人将车停放在停车场而未熄火、未锁车或者将车钥匙落在车上离开，被他人擅自偷开；与朋友开车出去游乐，自己在未熄火时或者熄火后将车钥匙留在车上而去买东西，同车人私自操作、开动机动车；离开车较远而无法看到机动车但不上锁甚至不关车门等，让人擅自开动；未成年子女将所有人随意放在房间的车钥匙拿走私自开动；等等。

(4)被擅自驾驶的机动车必须是除拼装车、应报废车、被盗抢车、套牌车、挂靠经营车以外的其他机动车。如属报废车、被盗抢车、套牌车、挂靠经营车发生交通事故造成他人损害的，所有人、管理人应当承担连带责任，而非承担过错责任。

(5)被擅自驾驶机动车所有人、管理人的责任范围，乃是由承保交强险、第三者责任商业保险的保险公司依法或者依约赔偿之后剩下的不足部分。保险公司承担责任后，对不应承担的垫付责任在向使用人追偿时，在所有人、管理人还未承担相应责任的情况下,亦有权向所有人、管理人追偿。

(6)被擅自驾驶机动车的所有人、管理人对他人未经允许驾驶自己所有、管理的机动车发生交通事故造成他人损害,承担与自己过错相应的责任。这种与其过错相应的责任,乃是一种按份责任,过错大,责任就重,反之就轻,如所有人、管理人随意放置车辆、忘关车门、落下钥匙等致陌生人偷开,就比自己家人拿起放在家里的钥匙私自开动的过错要大,责任也就更大。

四、肇事逃逸机动车交通事故责任的承担

《民法典》第1216条规定:"机动车驾驶人发生交通事故后逃逸,该机动车参加强制保险的,由保险人在机动车强制保险责任限额范围内予以赔偿;机动车不明、该机动车未参加强制保险或者抢救费用超过机动车强制保险责任限额,需要支付被侵权人人身伤亡的抢救、丧葬等费用的,由道路交通事故社会救助基金垫付。道路交通事故社会救助基金垫付后,其管理机构有权向交通事故责任人追偿。"这一规则包含三个方面的内容:

第一,机动车驾驶人发生交通事故后逃逸,该机动车参加强制保险的,由保险公司在机动车强制保险责任限额范围内予以赔偿。在发生交通事故后机动车驾驶人逃逸的,只要该机动车参加了强制保险,就由保险公司在强制保险责任限额范围内予以赔偿。这是机动车交通事故责任保险优先原则的体现,无论何种情况,只要参加了机动车强制保险,出现事故造成损害,就应当按照强制保险的规则理赔,保险公司不得以任何理由拒绝。

第二,机动车不明或者该机动车未参加强制保险,需要支付受害人人身伤亡的抢救、丧葬等费用的,由机动车交通事故责任社会救助基金垫付。所谓"机动车不明",是指机动车的权属不明,即不知道该机动车归谁所有。在这种情况下发生机动车交通事故,以及发生交通事故的机动车未参加强制保险的,就无法得到强制保险的赔偿。为了保护受害人的合法权益,使其损害得到及时救济,法律规定由机动车交通事故责任社会救助基金垫付受害人人身伤亡的抢救、丧葬等费用。救助基金承担的不是赔偿责任,也不是补偿责任,而是垫付责任,即不应当由其承担的责任,暂时为侵权人垫付。

第三,机动车交通事故责任社会救助基金垫付后,其管理机构有权向交通事故责任人追偿。机动车交通事故责任社会救助基金对受害人的损失进行垫付之后,取得了对侵权人的追偿权。这种追偿权的取得,以采取请求权让与立场为妥,这样能够更充分地保护受害人的合法权益,并且保护好公众利益。垫付之后,机动车交通事故责任社会救助基金的管理机构基于请求权让与,取得受害人的损害赔偿请求权,有权向侵权人追偿。应当注意的是,机动车交通事故责任社会救助基金享有追偿权的仅仅是对其已经垫付的部分,没有垫付的其他损害赔偿的请求权仍由受害人享有,受害人仍然有权向侵权人行使,以保护自己的权益。

五、无偿搭乘非营运机动车交通事故责任的承担

（一）无偿搭乘非营运机动车交通事故责任的概念

无偿搭乘非营运机动车交通事故责任，通常称为好意同乘机动车交通事故责任，系非营运机动车发生交通事故造成同车的无偿搭乘人遭受损害而应依法承担的赔偿责任。好意，即善意；好意同乘，即通俗意义上的搭乘便车，其实质是助人为乐。关于好意同乘的概念，学界主要存在三种观点：

第一种观点是"好意施惠行为"说。王泽鉴教授认为，好意人是基于善意的愿望，同意同乘人免费乘车的请求。好意同乘关系中只有两方主体，一方是提供搭乘车辆的施惠人，另一方是接受施惠的搭乘人。同时，好意同乘中的车辆必须是不具备营运资质的私家车，在经过施惠人的同意后，搭乘人才可免费搭乘，施惠人没有盈利目的，完全出于好意，让搭乘人纯粹受益而不需付出相应的对价。

第二种观点是"同乘致损"说。杨立新教授认为，好意同乘中的车辆可以是营运车辆，也可以是非营运车辆，但是否构成好意同乘取决于搭乘行为本身是否具有无偿性，如果是有偿搭乘，则不得认定好意同乘，而属于一般的民事客运合同。若搭乘人仅仅是基于答谢而馈赠礼物或者是负担油费，那么仍然属于好意同乘。

第三种观点是"纯无偿搭乘"说。王利明教授认为，好意同乘中不能有给付行为的发生，即使是搭乘人出于谢意或者其他目的给予相应的对价，都不应被认定为好意同乘。

上述观点都有其合理性，但本书认为不够全面，原因有以下四点：

（1）好意同乘应该具有好意性。它是好意人出于情谊而施惠的一种行为，且好意人在施惠时没有与搭乘人订立运输合同的意思表示，不是为了追求报酬。是以，即便是营运车辆然在非营运状态下也可能构成好意同乘。

（2）好意同乘具有无偿性。这种无偿应为纯粹意义上的无偿，索要和收取对价的同乘不构成好意同乘。对于搭乘人主动负担一定油费以及其他费用的情况，实则减少了好意人的成本，责任的承担源于利益的收获，好意人减少了自己花费的成本，也必然承担由此所带来的义务。当然，对于搭乘人支付极少的费用并不能否定好意同乘，如在途中提供饮水，这种极少的费用支付对于好意同乘没有实质性影响，对此行为性质的判断与定性应以一种正常的经济思维来看待。

（3）好意同乘具有顺路性。好意乘车俗称搭便车，因此好意人和搭乘人同乘的目的地应为相同或相近，好意人并不是特意为搭乘人的目的而运行车辆。如果机动车为了搭乘人的特定目的而运行，且具有无偿性，可能属于义务帮工的侵权责任或其他责任的范畴，而不是好意同乘的范畴。

（4）好意同乘与否跟营运机动车和非营运机动车本身无关，而应体现在车辆的运营状态上。营运机动车在一般情况下不能构成好意同乘，但不能否定其在任何情况下都不能构成好意同乘，如出租车在上班前或者下班后等非营运时间，免费搭乘邻居、朋友的，即构成好意同乘。非营运机动车在某些特定情形下也不一定构成好意同乘。

例如，大型超市或者房地产公司的"雷锋车"免费接送消费者购物、看房，这些车的使用都属于超市或开发商经营活动的一部分，是商家促销的一种手段，并非完全出于好意方便群众，因而不属于《民法典》所说的非营运车辆，如果发生交通事故，造成搭乘人损害，不能据此减轻责任。是以，我们认为，《民法典》第1217条规定的"非营运机动车发生交通事故造成无偿搭乘人损害"中的非营运机动车，既包括本身不处于营运状态的车辆，于是不存在属于营运机动车辆的问题，又包括本身属于营运车辆但处于非营运期间或状态的机动车辆。

（二）好意同乘交通事故损害赔偿责任的归责原则

因好意同乘不构成合同关系，故搭乘者不能主张违约损害赔偿，只能主张侵权损害赔偿。要弄清好意同乘交通事故中供乘者和搭乘者的侵权责任确定和赔偿问题，首先必须明确供乘者侵权责任的基础或依据，即归责原则。侵权法中的归责原则，是指行为人承担侵权责任的可归责事由。在过错责任原则下，可归责事由是行为人的过错；而无过错责任原则下则为其他事由，其基本思想在于损害的合理分配。对于好意同乘交通事故损害赔偿责任的归责原则，学术界存在"过错责任原则说"和"无过错责任原则说"两种观点。

我国台湾地区通说采用过错责任原则处理好意施惠关系引起的侵权纠纷。过错责任原则说又包括重大过失说和一般过失说。重大过失说认为，好意同乘的供乘者只对交通事故的发生具有重大过失时负责，具有一般过失时免责。而一般过失说认为，好意施惠之人同样对他人生命和身体健康负有注意义务，不能因其为好意施惠而减轻，也不能将其承担损害赔偿责任的主观情形局限于故意或重大过失。无论是重大过失说还是一般过失说，在我国均有一定的支持者。

无过错责任原则说主要基于对生命价值至高无上的尊重，搭乘者应当与有偿的乘客享有同等的权利，驾驶人应当承担同样的注意义务。适用无过错责任原则说，是国际上法律发展的普遍趋势，代表性国家有美国、日本等。如日本1955年《机动车损害赔偿保障法》第3条规定：为自己而将机动车供运行之用者，因其运行伤害他人之生命或身体时，负因此而产生的损害赔偿之责。反观这些国家从适用过错责任转变为适用无过错责任，无不是通过法律规则的修改或废除来实现的，而且归责原则的转变以完善的保险制度作为保障。

在我国的审判实践中，无论是《民法典》还是道路交通安全法律法规，均未对好意同乘交通事故损害赔偿责任的归责原则作出明确规定。我们认为，根据《民法典》第1217条的规定，好意同乘交通事故损害赔偿责任的归责原则应适用过错责任原则。

就我国立法体系而言，过错原则是侵权行为适用的一般原则。除非法律有明确的规定，才能适用无过错原则，不能随意扩大无过错原则的适用范围。从《道路交通安全法》的立法本意来看，第76条将交通事故中的机动车一方评价为物理上的强者，机动车一方对于非机动车一方、行人所承担的责任要比机动车之间的责任更为严格。而机动车一方内的驾驶人和乘车人之间，并非不对等关系，理应适用一般侵权规则，即适用过错责任原则。

第四节 机动车交通事故责任的承担

一、机动车交通事故责任的赔偿范围

（一）机动车交通事故责任各类主体承担责任的根据

机动车交通事故发生后，不像其他侵权责任，责任主体仅限于侵权人或者与之有着亲属关系、劳动关系等的主体之间，而是涉及多方责任，如交强险的保险人，商业保险的保险人，道路交通事故社会救助基金，引发交通事故的驾驶人，以及机动车所有人、管理人、教练员、被挂靠人、盗窃人、抢劫人、抢夺人等，均需要依法承担责任。这种主体的广泛性、复杂性，与交通事故发生后果的多发性、严重性相联系。交通事故尤其是高速公路繁忙时的交通事故，一旦发生，不仅涉及车辆等财产损害，而且涉及人身伤亡，事关人的生命权、健康权这一首要权利，需要及时救助。然而，交通事故发生后，有的本身已经身受重伤甚至死亡，有的即使人身没有问题，但经济能力有限无法或者一下子无法筹集救助受害人的费用，试想在高速公路上连续引发数十辆车的连环交通事故，少有人能够独立承担的。即使最终能够承担，但让其在短时间内筹集巨额资金用以救助受到伤害的人，通常也有困难。有的不良之人，为了逃避责任，肇事后逃逸现象不时发生，让受害人处于无人救助的境地。就受害人而言，在事故后果严重的情况下，根据我国大多数人的经济现状，也往往难以承受这种突如其来的损害。这样，交通事故的处理，不仅与交通事故肇事方、受害人相关，而且因为多发、后果严重与矛盾能否及时化解、社会稳定相关联，于是需要集社会之力解决交通事故所造成损害的赔偿问题。另外，现实生活中，车辆所有人、管理人与使用人、驾驶人不一致即相分离的现象比比皆是。有的基于亲朋好友将车辆借给他人使用，有的为了谋利而将车辆租给他人使用，有的是盗取、抢夺他人车辆而加以使用，有的是让他人挂靠以自己的名义使用。就分离的原因而言，有的是基于合意，即所有人、管理人同意他人使用、驾驶的分离；有的则是非合意分离，即在未经车辆所有人、管理人同意或者在其不知情的情况下使用、驾驶，如此等等，异常复杂，这些非实际驾驶人对交通事故的发生，通常或多或少都会负有一定的责任，在肇事者没有承担责任能力的情况下，让其作为责任主体所承担的责任与其他侵权责任相比则要复杂得多。

就交通事故发生的原因方即驾驶人与机动车所有人、管理人等机动车一方而言，所承担责任的根据及责任范围，主要存在两种立法理论：

（1）风险控制理论。这一理论认为，机动车作为高速交通运输工具，一旦使用即会给道路的共用人特别是非机动车驾驶人、行人的人身、财产安全带来风险。为了控制这种风险，保障道路交通安全与正常运行秩序，需要给有关人员设定更多的安全保障义务。而这种风险来源一方面与机动车本身有关，没有机动车，就没有机动车的行驶，故所有人、管理人具有控制这种风险的义务，以保障机动车给合法、守规矩、有能力驾驶、能负责任的人驾驶使用。如果给没有驾驶证的人，或者平时经常醉酒、吸

毒的人驾驶使用等，自然具有过错使得机动车这一风险源开启而危害自身、他人人身、财产安全以及道路交通安全；另一方面则与驾驶人直接相关。机动车给人带来的风险必须有人使用才能实际发生，由于驾驶人将机动车的风险源开启，致机动车所具有的潜在的在不使用时并不会实际发生的风险转化为实际的客观发生的现实危害，使用人理所当然要成为事故责任的承担者。至于机动车所有人、管理人等机动车一方，则应基于过错的大小、是否因车辆使用获得利益等因素，确定承担责任的大小与范围。

（2）利益所属理论。该理论认为，利益之所属乃为责任之所归的重要根据。机动车使用时所产生的利益的分享者，都应负有控制并承担利益获得过程中所带来的风险的义务，对于因风险转化为实际危害所造成的损害都有承担赔偿的责任。由此，驾驶人使用机动车，自然会给自己带来诸如方便、快捷、舒适、享受（如兜风）等利益，有的还会因此带来直接的经济利益，如交易的日益频繁与快速进行，无不与机动车的大量存在相关，特别是营运车辆，更是直接带来经济利益的主要工具。所以，驾驶人成为交通事故的责任主体毫无疑问。机动车所有人、管理人，或因出租等产生直接经济利益，或因朋友关系出借、家庭成员使用等带来他们之间关系的和谐稳定等间接利益，都与利益存在直接或者间接的牵连，从而负有对驾驶人过错承担责任的内在根据。

在比较法上，不少国家将机动车交通事故责任的主体分为保有人与驾驶人。所谓保有人，在奥地利被称为"对机动车有支配力并以自担风险的方式使用受益的人"；在希腊则被定义为"事故发生时的所有权人或基于合同以自己名义占有机动车的人，或者其他独立控制并自由使用机动车的人"。这样，责任主体并非只有驾驶人。[①]

在我国，法律对驾驶人在交通事故中的责任未明确规定。《关于购买人使用分期付款购买的车辆从事运输因交通事故造成他人财产损失保留车辆所有权的出卖方不应承担民事责任的批复》（法释〔2000〕38号）规定："采取分期付款方式购车，出卖方在购买方付清全部车款前保留车辆所有权的，购买方以自己名义与他人订立货物运输合同并使用该车运输时，因交通事故造成他人财产损失的，出卖方不承担民事责任。"《关于连环购车未办理过户手续，原车主是否对机动车发生交通事故致人损害承担责任的请示的批复》（〔2001〕民一他字第32号）认为："连环购车未办理过户手续，因车辆已经交付，原车主既不能支配该车的营运，也不能从该车的营运中获得利益，故原车主不应对机动车发生交通事故致人损害承担责任。但是，连环购车未办理过户手续的行为，违反有关行政管理法规的，应受其规定的调整。"由上，在机动车交通事故责任主体的确定上，我国采取了实际控制支配与使用利益归属两个标准。

（二）机动车交通事故责任各类主体共同承担的赔偿范围

机构车交通事故发生后，给他人造成的人身、财产损害，以及由此引发的精神损

[①] 最高人民法院民法典贯彻实施工作领导小组主编：《中华人民共和国民法典侵权责任编理解与适用》，人民法院出版社2020年版，第364页。

害,则为机动车交通事故责任主体的共同赔偿范围,它不包括肇事人自身的伤害与财产损失。所有各类主体按照一定的顺序依法在各自的范围内承担自己的赔偿责任或者连带责任,但共同赔偿的总额不能超过所造成的人身损害、财产损害等物质损害与精神损害的赔偿数额。人身损害、精神损害的赔偿数额的确定,适用《审理人身损害赔偿案件解释》《确定精神损害责任解释》的有关规定;财产损害赔偿范围的确定,则适用《审理交通事故赔偿案件解释》的规定。《审理交通事故赔偿案件解释》第15条规定:"因道路交通事故造成下列财产损失,当事人请求侵权人赔偿的,人民法院应予支持:(一)维修被损坏车辆所支出的费用、车辆所载物品的损失、车辆施救费用;(二)因车辆灭失或者无法修复,为购买交通事故发生时与被损坏车辆价值相当的车辆重置费用;(三)依法从事货物运输、旅客运输等经营性活动的车辆,因无法从事相应经营活动所产生的合理停运损失;(四)非经营性车辆因无法继续使用,所产生的通常替代性交通工具的合理费用。"

当然,这种责任范围,是指受害人按照法律及其司法解释所能获得的最高赔偿数额,即侵权人以及相关责任人各自承担责任总和的最高数额,是一种法定的数额。在现实生活中,有的基于意思自治原则选择调解、庭外和解等方式时愿意赔偿的数额要高于甚至远远高于这一法定数额,当然也可能低于这一法定数额。特别是在机动车交通肇事构成犯罪要对侵权人处以重刑而侵权人又没有购买保险且经济能力不高的情况下,受害人的赔偿得不到满足的现象,也时有发生。

二、机动车交通事故责任各类主体的赔偿顺序

《民法典》第1213条规定:"机动车发生交通事故造成损害,属于该机动车一方责任的,先由承保机动车强制保险的保险人在强制保险责任限额范围内予以赔偿;不足部分,由承保机动车商业保险的保险人按照保险合同的约定予以赔偿;仍然不足或者没有投保机动车商业保险的,由侵权人赔偿。"《审理交通事故赔偿案件解释》第13条第1款规定:同时投保交强险和第三者责任商业保险的机动车发生交通事故造成损害,当事人同时起诉侵权人和保险公司的,人民法院应当依照《民法典》第1213条的规定,确定赔偿责任。

对此,《民法典》及其司法解释规定得非常明确,赔偿顺序为承保交强险的保险公司→承保第三者责任商业保险的保险公司→侵权人。前面一个环节如果能够完全满足受害人所遭受的损害,居于之后顺序的责任人则就免除了之对受害人的赔偿义务。

三、交强险的责任范围

《机动车交通事故责任强制保险条例》第3条规定,交强险是指由保险公司对被保险机动车发生道路交通事故造成本车人员、被保险人以外的受害人的人身伤亡、财产损失,在责任限额内予以赔偿的强制性责任保险。《道路交通安全法》第17条明确规定:国家实行交强险制度,设立道路交通事故社会救助基金。交强险是一项解决道路交通事故赔偿问题的重要制度,机动车发生交通事故,除受害方故意造成外,都先

由保险公司在交强险的责任限额内予以赔偿，不足部分才由机动车一方承担赔偿责任，对于及时给予受害人尤其是遭受人身伤害的受害人救济，使受害人从这一并不以营利为目的而体现以人为本的制度中得到关怀、抚慰，分散机动车驾驶人等的风险，进而减少当事人之间的矛盾，促进社会的和谐稳定，具有十分重要的现实意义。

交强险的主体，包括投保人、保险人与被保险人。此种保险责任，属于一种法律明文规定机动车必须投保，有关保险公司不能拒绝承保的带有强制性的保险责任，主要功能在于给予遭受损害的被害人最低赔偿的基本保障。《道路交通安全法》第75条规定即"医疗机构对交通事故中的受伤人员应当及时抢救，不得因抢救费用未及时支付而拖延救治。肇事车辆参加机动车第三者责任强制保险的，由保险公司在责任限额范围内支付抢救费用"；第76条规定即"机动车发生交通事故造成人身伤亡、财产损失的，由保险公司在机动车第三者责任强制保险责任限额范围内予以赔偿；不足的部分，按照下列规定承担赔偿责任……"，明确体现了这一点。

此种强制保险责任属于限额责任。如：2008年2月1日施行的机动车交通事故责任强制保险责任限额为：(1) 机动车在道路交通事故中有责任的赔偿限额：死亡伤残赔偿限额110000元，医疗费用赔偿限额10000元，财产损失赔偿限额2000元；(2) 机动车在道路交通事故中无责任的赔偿限额：死亡伤残赔偿限额11000元，医疗费用赔偿限额1000元，财产损失赔偿限额100元。保险公司的追偿权主要是指按照责任保险合同的约定对被保险人所享有的追偿权，主要情形有：保险人超出保险限额赔偿或者在合同约定的其他不需要承担保险责任的情况（如被保险人故意造成损害的发生）下承担了给付义务。

四、商业第三者责任险的责任范围

商业第三者责任险，又称机动车商业第三者责任险、商业三者险、第三者商业责任险等，作为交强险的补充，是指保险公司即保险人与投保人签订合同，由投保人依约缴纳保险费用，被保险人或其允许的合法驾驶人员在保险期间使用被保险车辆的过程中发生意外事故，致使第三者遭受人身伤亡或者财产直接损毁的，由保险公司依照《道路交通安全法》等法律规定，并按照合同约定负责损害赔偿的一种保险。

在商业第三者责任险中，保险人是第一方，称第一者；被保险人或致害人是第二方，称第二者；除保险人与被保险人之外的，因保险车辆的意外事故而遭受人身伤害或财产损失的受害人是第三方，为第三者。被保险车辆的驾驶人必须为被保险人或者被保险人允许的合格驾驶人。合格驾驶人的要求：一是被保险人允许的驾驶员，包括持有驾驶执照的被保险人本人、配偶及其直系亲属或被保险人的雇员，或者为执行被保险人委派的工作期间使用保险车辆的驾驶员，或者因与被保险人存在营业性的租赁关系而使用保险车辆的驾驶员，等等。

五、道路交通事故社会救助基金的责任范围

道路交通事故社会救助基金（以下简称救助基金），根据《道路交通事故社会救助基金管理办法》（以下简称《交通事故基金管理办法》）第 2 条第 2 款的规定，是指依法筹集用于垫付机动车道路交通事故中受害人人身伤亡的丧葬费用、部分或者全部抢救费用的社会专项基金。《交通事故基金管理办法》第 4 条规定：省、自治区、直辖市、计划单列市人民政府应当设立救助基金。省级救助基金主管部门会同有关部门报省级人民政府确定省级以下救助基金的设立以及管理级次，并推进省级以下救助基金整合，逐步实现省级统筹。

（一）相关机构及其职责

救助基金实行资金筹集、通知垫付、申请垫付、审核垫付、垫付费用追偿、使用管理、检查监督等职责分别由不同部门实施的制度，具体为：

（1）财政部门是救助基金的主管部门。财政部负责会同有关部门制定救助基金的有关政策，并对省级救助基金的筹集、使用和管理进行指导。县级以上地方财政部门根据救助基金设立情况，依法监督检查救助基金的筹集、使用和管理，按照规定确定救助基金管理机构，并对其管理情况进行考核。（《交通事故基金管理办法》第 5 条）

（2）国务院保险监督管理机构的派出机构负责对保险公司缴纳救助基金情况实施监督检查。（《交通事故基金管理办法》第 6 条第 1 款）

（3）县级以上地方公安机关交通管理部门负责通知救助基金管理机构垫付道路交通事故中受害人的抢救费用，并协助救助基金管理机构做好相关救助基金垫付费用的追偿工作。（《交通事故基金管理办法》第 6 条第 2 款）

（4）县级以上地方农业机械化主管部门负责协助救助基金管理机构做好相关救助基金垫付费用的追偿工作。（《交通事故基金管理办法》第 6 条第 3 款）

（5）县级以上地方卫生健康主管部门负责监督医疗机构按照道路交通事故受伤人员临床诊疗相关指南和规范及时抢救道路交通事故中的受害人以及依法申请救助基金垫付抢救费用。（《交通事故基金管理办法》第 6 条第 4 款）

（6）救助基金主管部门可以通过政府采购等方式依法确定救助基金管理机构。（《交通事故基金管理办法》第 8 条）

（7）救助基金管理机构履行下列管理职责：① 接收救助基金资金；② 制作、发放宣传材料，积极宣传救助基金申请使用和管理有关政策；③ 受理、审核垫付申请，并及时垫付；④ 追偿垫付款，向人民法院、公安机关等单位通报拒不履行偿还义务的机动车道路交通事故责任人信息；⑤ 如实报告救助基金业务事项；⑥ 管理救助基金的其他职责。（《交通事故基金管理办法》第 24 条）

（8）依法应当由救助基金垫付受害人丧葬费用、部分或者全部抢救费用的，由道路交通事故发生地的救助基金管理机构及时垫付。（《交通事故基金管理办法》第 15 条）

（二）基金的来源

救助基金的来源，包括：（1）按照交强险的保险费的一定比例提取的资金；（2）对未按照规定投保交强险的机动车的所有人、管理人的罚款；（3）依法向机动车道路交通事故责任人追偿的资金；（4）救助基金孳息；（5）地方政府按照规定安排的

财政临时补助；(6) 社会捐款；(7) 其他资金。(《交通事故基金管理办法》第 9 条)

(三) 垫付费用的条件

交通事故发生后，具有以下情形之一的：(1) 抢救费用超过交强险责任限额的；(2) 肇事机动车未参加交强险的；(3) 机动车肇事后逃逸的，由救助基金依法垫付道路交通事故中受害人人身伤亡的丧葬费用、部分或者全部抢救费用。一般情况下，只垫付受害人自接受抢救之时起 7 日内的抢救费用，特殊情况下超过 7 日的抢救费用由医疗机构书面说明理由。具体费用应当按照规定的收费标准核算。(《道路交通事故基金管理办法》第 14 条)

上述中的受害人，是指机动车发生道路交通事故造成人身伤亡的人员；抢救费用，是指机动车发生道路交通事故导致人员受伤时，医疗机构按照《道路交通事故受伤人员临床诊疗指南》(卫医发〔2007〕175 号) 等规范，对生命体征不平稳和虽然生命体征平稳但如果不采取必要的救治措施会产生生命危险，或者导致残疾、器官功能障碍，或者导致病程明显延长的受伤人员，采取必要的救治措施所发生的医疗费用；丧葬费用，是指丧葬所必需的遗体接运、存放、火化、骨灰寄存和安葬等服务费用。(《交通事故基金管理办法》第 41—43 条)

应当指出，垫付费用，不仅指对发生在道路上的交通事故所形成的人身伤亡抢救、丧葬费用，而且包括机动车在道路以外的地方通行时发生事故所造成的人身伤亡抢救、丧葬费用。对此，《交通事故基金管理办法》第 44 条明确规定："机动车在道路以外的地方通行时发生事故，造成人身伤亡的，比照适用本办法。"

(四) 垫付义务和追偿权

依据《道路交通安全法》第 75 条的规定，如果抢救费用超过责任限额的、肇事者未参加机动车交强险或者肇事后逃逸的，由救助基金先行垫付部分或者全部抢救费用，先行垫付抢救费用是救助基金的法定用途或者说是主要功能。基金对受害人进行救济主要是先行支付抢救费用，使得受害人不致因为没有能力支付抢救费用或不足以支付抢救费用而延误治疗、加重损害。

救助基金管理机构在先行垫付抢救费用后，取得对交通事故实际责任人的追偿权，这种追偿权类似于保险法上的代位求偿权，应当以其实际支出的费用为限。如果管理机构追偿获得的赔偿金超过其实际支出的费用，应当将超出部分返还给受害人，因为受害人的损害请求权仍然存在，只是应当减掉救助基金已支出的部分。如果肇事者将抢救费用等相关费用全部付给了受害人，那么管理机构有权要求受害人返还其先行垫付的抢救费用。

第十章

医疗损害责任

第一节 医疗损害责任概述

一、医疗损害责任的概念与特征

(一)医疗损害责任的概念

所谓医疗损害责任,是指因医疗机构及其医务人员在诊疗活动中的过错给患者造成损害,而应当承担的侵权责任。《民法典》所规定的医疗损害责任的范围十分广泛,包括医疗过错责任、医疗产品责任、侵害隐私权的责任、不必要检查所致的责任等。近些年来,我国医疗领域的"医闹"现象可谓屡见不鲜,医疗诉讼纠纷也不断增加,尤其是医疗事故常常引发严重的后果,造成受害人死亡、残疾等。如果处理不当,很容易导致社会矛盾激化。因此,为了化解纠纷,维护社会和谐,保护医患双方的合法权益,《民法典》侵权责任编第六章对医疗损害责任作出专章规定。

(二)医疗损害责任的特征

《民法典》第1218条规定:"患者在诊疗活动中受到损害,医疗机构或者其医务人员有过错的,由医疗机构承担赔偿责任。"据此,医疗损害责任的基本特征有:

1. 医疗损害责任的责任主体是医疗机构

诊疗活动具体由医务人员实施,但其在诊疗活动中给患者造成损害的,责任应由医疗卫生机构承担。根据《基本医疗卫生与健康促进法》第107条第2项、第3项、第4项的规定,医疗卫生机构,是指基层医疗卫生机构、医院和专业公共卫生机构等;基层医疗卫生机构,是指乡镇卫生院、社区卫生服务中心(站)、村卫生室、医务室、门诊部和诊所等;专业公共卫生机构,是指疾病预防控制中心、专科疾病防治机构、健康教育机构、急救中心(站)和血站等。《医疗机构管理条例实施细则》第2条、第3条规定,医疗机构,是指依据《医疗机构管理条例》和本细则的规定,经登记取得《医疗机构执业许可证》的机构,包括:(1)综合医院、中医医院、中西医结合医院、民族医院、专科医院、康复医院;(2)妇幼保健院;(3)中心卫生院、乡(镇)卫生院、街道卫生院;(4)疗养院;(5)综合门诊部、专科门诊部、中医门诊部、中西医结合门诊部、民族医门诊部;(6)诊所、中医诊所、民族医诊所、卫生所、医务室、卫生保健所、卫生站;(7)村卫生室(所);(8)急救中心、急救站;(9)临床检验中心；（10）专科疾病防治院、专科疾病防治所、专科疾病防治站；（11）护理院、护理站；（12）其他诊疗机构。

按照《基本医疗卫生与健康促进法》第107条第5项的规定，医疗卫生人员是指执业医师、执业助理医师、注册护士、药师（士）、检验技师（士）、影像技师（士）和乡村医生等卫生专业人员。

2. 医疗损害责任发生在诊疗活动中

根据《医疗机构管理条例实施细则》第88条第1款的规定，诊疗活动是指通过各种检查、使用药物、器械及手术等方法，对疾病作出判断和消除疾病、缓解病情、减轻痛苦、改善功能、延长生命、帮助患者恢复健康的活动。医疗美容服务活动，也要受到《医疗机构管理条例》及其实施细则的调整，有关活动宜应视为诊疗活动。由此可见，诊疗活动的范围是比较广泛的，既包括诊断活动和治疗活动，也包括预防、护理、康复等多种活动。

3. 医疗损害责任是因患者人身权益受损害而发生的责任

在过去的医疗关系中，所谓医疗，单指治病，所以接受医疗服务和参与到医疗关系的另一方当事人理所当然是身患疾病而前往医疗机构接受医疗救治的病人。随着现代科学技术的发展，医疗的内涵不只限于治病救人，服务的内容也比以前广泛，主要包括四个方面：一是疾病的诊断和治疗；二是疾病的预防；三是以计划生育为目的的各种医学措施；四是医疗美容。因而，患者就是接受医疗服务的主体，包括接受疾病诊断、治疗的人，接受疾病预防的人，接受以计划生育为目的的各种医学措施的人，接受医疗保健、美容的人。

患者在诊疗活动中受到损害是医疗损害责任发生的前提，无损害则无责任。医疗损害是指因医疗机构或者其医务人员的过错，造成患者的人身损害，主要包括受害人的生命权、健康权、身体权受到的侵害，以及由此造成的财产利益的损失，受害人及近亲属所遭受的精神损害。其中造成患者健康权损害是指造成病人的人身损害；造成患者生命权损害是指造成患者死亡；造成患者身体权损害是指造成患者的身体组成部分的实质完整性以及形式完整性的损害，即造成患者人体组成部分的残缺，或是未经患者同意非法损害了患者身体。

4. 医疗损害责任的责任基本形态是替代责任

在具体的医疗侵权案件中，造成患者权益损害的诊疗行为一般由医务人员完成，而承担责任的主体则是医务人员所属的医疗机构，因此，医疗机构对其医务人员所造成的损害承担的是一种替代责任。替代责任又称为间接责任、转承责任、延伸责任，是指责任人为他人的行为和自己管理的物件所致损害承担赔偿责任的侵权责任形态。

二、医疗损害责任的法律性质

关于医疗损害责任的法律性质，包括两个方面：一是是否属于侵权责任；二是在承认属于侵权责任的基础上，医疗机构承担的是替代责任还是自身责任。

（1）医疗损害责任属于侵权责任。对此，主要存在三种观点：① 违约责任说。此种观点认为，患者就诊后，与医疗机构之间形成了医疗服务合同关系。医疗机构或其医务人员未依法或依约尽到谨慎治疗义务，即构成违约，应当承担违约赔偿责任。大陆法系的某些国家如法国盛行此说。② 侵权责任说。此种观点认为，医疗损害责任应为一种侵权责任。医疗机构或其医务人员因过错行为给患者造成损害，应当依照过错程度承担侵权损害责任。英美法系国家普遍持此种观点。在我国，现行的合同法律规范并无调整医疗机构与患者之间诊疗关系的规定，有的主张不应将医疗损害责任归为违约责任，这样可以更好地保护遭受损害的患者的合法权益。事实上，由于医疗损害责任中的受害人常遭受人身损害，如果主张违约责任，则不能得到精神损害赔偿，故在一般情况下，亦会选择适用医疗损害责任。③ 责任竞合说。此种观点是对上述两种观点进行折中，认为患者因医疗机构或其医务人员的过错而遭受损害，既可以"医疗服务合同纠纷"为诉由，对医疗机构提起违约之诉，也可以"医疗损害责任纠纷"为诉由，对医疗机构提起侵权之诉。具体选择哪种诉由，行使哪种损害赔偿请求权，由患者自己决定。

在法律上，《民法典》侵权责任编中利用专章"医疗损害责任"就医疗过程中致患者损害所产生的责任进行规范，此种责任固属侵权责任无疑，既非违约责任，亦非责任竞合而由受害人选择适用。

（2）医疗损害责任是医疗机构为自己承担的自身侵权责任，还是代人受过的替代侵权责任，对此也有不同看法。有的认为，医疗损害责任，是因医疗机构医务人员的过错行为造成患者损害所产生的赔偿责任，系医疗机构作为用人单位依法对其医务人员的过错造成的损害所承担的赔偿责任，是用人单位责任在医疗领域的延伸与继续。所以，在属性上讲，属于一种替代责任。[①]

然而，也有人对此质疑："替代责任说通过医疗机构与医务人员的雇佣关系，试图解决传统的医师个人责任与现代医疗服务体制高度组织化所带来的矛盾，但是，替代责任说不符合现代医疗风险的组织性特征。一方面，替代责任着眼于医疗机构与医务人员的雇佣关系，其责任构成的核心仍然是医务人员的主观过错，是个人过错基于雇佣关系向医疗机构的折射。但是，现代医疗不仅是雇佣关系下单个医生的诊疗行为，而更多地表现为医疗体系的系统性活动，是一种'组织医疗'，即'复数医疗人员的运作群体，各自依自己专业分担医疗行为之一部分，完成病患治疗的组织样态'。[②] 在这个组织样态中，任何因素或者因素的组合，都可能蕴含医疗风险并现实化为患者的损害，医疗风险主要表现为组织性风险。替代责任说忽略了此种组织性风险，将医疗风险简化为医务人员自身未能尽到谨慎义务，显然仍停留在以个人过错作为规制对象的前工业时代思维场景中。已有学者认识到，除了以医务人员过失为基础的责任之外，还存在'医疗管理损害责任'，即'医疗机构和医务人员违背医政管理

[①] 全国人大常委会法制工作委员会民法室编：《中华人民共和国侵权责任法条文说明、立法理由及相关规定》，北京大学出版社2010年版，第225页；最高人民法院侵权责任法研究小组编著：《〈中华人民共和国侵权责任法〉条文理解与适用》，人民法院出版社2016年版，第390页。

[②] 黄丁全：《医事法新论》，法律出版社2013年版，第450页。

规范和医政管理职责的要求,具有医疗管理过错,造成患者人身损害、财产损害的医疗赔偿责任'。① 另一方面,坚持替代责任观点将造成责任性质上的混乱。替代责任的显著特点是行为人与责任人相分离,责任基础是人与人之间的特殊关系,如监护人与被监护人之间的关系,但如果责任人对于损害的发生具有过错,那么其需要承担过错责任而非替代责任。② 在存在医疗组织过错时,医疗机构本身就应当为其组织活动承担责任,其归责的依据并非特殊关系,而是医疗机构的自己责任。如果仍坚持医疗机构过错与其医务人员过错的分离,则医疗机构的责任即成为自己责任与替代责任、过错责任与无过错责任的混合,在逻辑上难以自洽。"③

三、医疗损害责任的归责原则

(一)医疗损害责任主要采过错责任原则

随着医疗技术的发展,一般疾病的医疗通常很难发生医疗损害。发生医疗损害的,往往涉及很多方面,如疾病的疑难性、紧急性;患者的特异体质、心理素质;患者及其近亲属的配合等。此时,若不论过错,一出现损害就要承担医疗损害赔偿责任,将所有责任归于医疗机构,既有失公平,也不利于患者疑难复杂疾病的有效诊治,同时会对整个医疗卫生事业的发展造成一定的影响。所以,根据《民法典》第1218条的规定,医疗损害责任的归责原则为过错责任原则。

从比较法上看,对医疗损害责任,大多数国家均采过错责任原则,如"《德国民法典》第823条规定,原则上由病人承担举证责任,病人需要证明医生没有遵守相应的标准、医生存在过错、医生的过错与其损害之间具有因果关系。一些国家和地区将医疗侵权归入专家责任范畴,如英美法国家的不当执业概念包含医生、律师、会计师的失职行为,《奥地利普通民法典》对专家责任作了规定,适用范围包括医疗侵权。无论是适用侵权法的一般条款,还是适用专家责任,过错原则都是解决医疗侵权的基本原则。我国台湾地区'医疗法'第82条规定,医疗机构及其医事人员因执行业务致病人损害,以故意或过失为限,负损害赔偿责任。该条也是采用的过错责任归责原则"④。

对医疗损害责任实行过错责任归责原则,没有多大异议。但对举证责任是按一般侵权责任由受害人承担还是由医疗机构承担,也就是是否实行举证责任倒置,则存在肯定与否定两种完全对立的看法:有的认为,诊疗活动本身是一种科学性、专业性、复杂性的活动,一般患者很难举证,且有关病历资料等在医疗机构手中,为了减轻遭受损害的患者的举证责任,维护患者利益,应当实行举证责任倒置,即实行过错推定责任归责原则。有的认为,基于诊疗活动的未知性、特异性、专业性等特征,既不能

---

① 杨立新:《医疗管理损害责任与法律适用》,载《法学家》2012年第3期。
② 郑晓剑:《〈侵权责任法〉第54条解释论之基础》,载《现代法学》2014年第1期。
③ 邹海林、朱广新主编:《民法典评注:侵权责任编》(第2册),中国法制出版社2020年版,第518—519页。
④ 黄薇主编:《中华人民共和国民法典侵权责任编释义》,法律出版社2020年版,第147页。

采过错责任,也不能取过错推定责任。过错推定责任要求实行举证责任倒置,同样会给医疗机构强加过重的负担,不利于诊疗活动本身所具有的探求、促进医学技术进步而造福于社会、人类功能的充分发挥。况且,医疗机构或其医务人员在诊疗过程中是否具有过错,除明显的故意或者重大过失,如对人实施安乐死,术后将手术钳遗留在患者体内等,均可通过医学鉴定机构的鉴定来帮助完成,并不影响患者的举证。至于病历资料等,虽保管于医院,然法律规范明确规定保管期限,并赋予患者查阅、复印的权利,只要及时全面提供给鉴定机构即可,不应以此为由就认为需要实行举证责任倒置而采过错推定责任。但是,在医疗机构出于故意或者重大过失造成病历等应当保管的病历等资料丢失的特定情况下,应实行举证责任倒置,由医疗机构承担没有过错的举证责任,不能证明自己没有过错的,即具有过错,则按照过错推定责任对医疗损害责任进行归责。

医疗损害责任实行过错责任归责原则,举证责任是按一般侵权责任由受害人承担还是由医疗机构承担?根据《民法典》第1218条的规定即"患者在诊疗活动中受到损害,医疗机构或者其医务人员有过错的,由医疗机构承担赔偿责任";第1219条的规定即"医务人员在诊疗活动中应当向患者说明病情和医疗措施。需要实施手术、特殊检查、特殊治疗的,医务人员应当及时向患者具体说明医疗风险、替代医疗方案等情况,并取得其明确同意;不能或者不宜向患者说明的,应当向患者的近亲属说明,并取得其明确同意。医务人员未尽到前款义务,造成患者损害的,医疗机构应当承担赔偿责任";第1221条的规定即"医务人员在诊疗活动中未尽到与当时的医疗水平相应的诊疗义务,造成患者损害的,医疗机构应当承担赔偿责任";第1224条第1款第1项、第2款的规定即"患者或者其近亲属不配合医疗机构进行符合诊疗规范的诊疗"中"医疗机构或者其医务人员也有过错的,应当承担相应的赔偿责任",我们认为,对医疗损害责任均实行过错责任归责原则,患者对医疗机构主张医疗损害赔偿的,要就医疗机构或其医务人员存在过错等进行举证。

(二)特殊情况下采过错推定责任原则和无过错责任原则

《民法典》就医疗损害责任在采纳过错责任原则的同时,也在该法第1222条规定:"患者在诊疗活动中受到损害,有下列情形之一的,推定医疗机构有过错:(一)违反法律、行政法规、规章以及其他有关诊疗规范的规定;(二)隐匿或者拒绝提供与纠纷有关的病历资料;(三)遗失、伪造、篡改或者违法销毁病历资料。"本条规定的三种情形适用的是过错推定责任原则,即患者无需证明医疗机构或其医务人员存在过错,只要医疗机构有上述三种情形之一,就推定医疗机构有过错。医疗机构要免责或减责,就必须举证证明自己或其医务人员没有过错。

同时,《民法典》第1223条规定:"因药品、消毒产品、医疗器械的缺陷,或者输入不合格的血液造成患者损害的,患者可以向药品上市许可持有人、生产者、血液提供机构请求赔偿,也可以向医疗机构请求赔偿。患者向医疗机构请求赔偿的,医疗机构赔偿后,有权向负有责任的药品上市许可持有人、生产者、血液提供机构追偿。"此条规定实际上体现的是无过错责任原则。

诊疗活动不仅需要医疗机构或其医务人员提供诊疗方案、实施检查、诊断行为等，而且需要大量的医疗器械、医用设备设施、医用物资以帮助检查、诊断、手术、治疗等行为的实施，尤其是药品，乃疾病不可或缺的物品。这些医疗产品若存在缺陷，势必造成误诊、误疗、误治而致患者遭受损害。从本质上讲，可以将其归于产品责任的范围，然医疗产品在诊疗活动中使用才造成患者损害，而医疗机构又不同于一般的销售者，为此，《民法典》第1223条将这种在诊疗活动中因医疗产品缺陷，以及因输入不合格血液造成患者损害产生的赔偿责任从产品责任中抽离出来作为医疗损害责任的一种作了规定。《民事案件案由规定》第376条第2项亦将"医疗产品责任纠纷"作为"医疗损害责任纠纷"两种具体纠纷形态的一种情形加以规定。对于因医疗产品缺陷所产生的医疗损害责任，相比一般产品缺陷所造成的产品责任，应当更为严格，后者实行无过错责任，举轻以明重，此种医疗产品责任更应实行无过错责任。其实，从法条竞合的角度来讲，医疗损害责任中的医疗产品责任，属于产品责任的一种特别形态，两者系特别与一般关系。对于医疗机构诊疗活动中的医疗产品存在缺陷导致患者损害的，根据特别法优先适用于一般法的规则，固然要适用医疗产品责任。但是，对于诊疗活动之外的因为买卖、使用有缺陷的医疗产品，如非法行医过程中使用缺陷医疗产品，或者一般的药店向患者出售缺陷药品而造成的损害，则依然适用产品责任，而非医疗产品责任。

四、医疗损害责任的免责事由

《民法典》总则编、侵权责任编规定的不可抗力、自愿实施紧急救助、受害人故意、受害人过错、第三人造成、自甘风险等所有（准）一般减免责事由，只要按其性质能够适用便可适用于所有过错责任包括过错推定责任中，属于非医疗产品引起的采过错责任的医疗损害责任，也不能例外。因医疗产品导致的医疗损害责任，属无过错责任，按照前述（准）一般减免责事由在非替代无过错责任中适用的一般规则，即除按其性质可以适用且适用可以保护更大法益、避免更大法益损害时可以适用外，其他情况则不能再作为因医疗产品产生的医疗损害责任的减免责事由，据此减免医疗机构的侵权责任。除了（准）一般减免责事由外，源于医疗损害责任的特殊性，《民法典》第1224条还就医疗损害规定了三种免责即不承担责任的情形，具体如下：

（一）患者或者其近亲属不配合医疗机构进行符合诊疗规范的诊疗

此种免责事由的构成，包括患者或其近亲属不配合医疗机构进行符合诊疗规范的诊疗，医疗机构或其医务人员在患者或其近亲属不配合符合规范的诊疗中不具有过错，以及医疗机构或其医务人员的诊疗行为符合诊疗规范三个方面，必须同时满足。患者或其近亲属虽不配合符合规范的诊疗然医疗机构亦存在过错，或者医疗机构或其医务人员尽管不存在过错但进行的诊疗并不符合有关诊疗规范，医疗机构也不能据此免责。

（1）医疗机构或其医务人员的诊疗行为必须符合诊疗规范，患者或其近亲属不配合医疗机构进行的诊疗乃是符合诊疗规范的诊疗。对于医疗机构不符合法律、行政法规、部门规章等有关诊疗活动的规定，以及有关医学技术方面的行业规范等的诊疗，不予配合甚至加以拒绝，乃属患者或其近亲属的当然之举，自然不属于不配合医疗机构的符合诊疗规范的诊疗。如《民法典》第1219条第1款规定："医务人员在诊疗活动中应当向患者说明病情和医疗措施。"第1227条规定："医疗机构或其医务人员不得违反诊疗规范实施不必要的检查。"《医疗机构管理条例》第26条规定："医疗机构必须按照核准登记的诊疗科目开展诊疗活动。"第27条规定："医疗机构不得使用非卫生技术人员从事医疗卫生技术工作。"此外，行政管理部门如国家卫生健康委员会、国家中医药管理局还针对一些特定具体的疾病种类制定或者认可了一些诸如《精神障碍诊疗规范（2020年版）》《儿童急性感染性腹泻病诊疗规范（2020年版）》《原发性肝癌诊疗规范（2019年版）》《非新生儿破伤风诊疗规范（2019年版）》等诊疗规范。对于这些有关诊疗方面的法律规范、行业技术规范，医疗机构或其医务人员在诊疗活动中都要严格遵守。倘若不严格遵守致使诊疗活动不符合有关诊疗规范要求，患者不予配合而生损害的，自然不能成为医疗机构的免责理由。

（2）患者或其近亲属具有不配合医疗机构符合诊疗规范的诊疗行为。这一行为，主体一般为患者本人。只有患者为无民事行为能力人或者限制民事行为能力人，或者不能或不宜向患者说明有关诊疗等特定情况的，由患者的监护人或近亲属决定是否接受医疗机构的诊疗，这时才存在患者监护人或近亲属不配合符合规范的诊疗问题。非患者且非近亲属不配合，或者患者能够自主决定的情况下因近亲属不配合诊疗的，则不应影响医疗机构的依法依规诊疗。

至于患者或其近亲属不配合诊疗，在主观方面一般情况下出于过失，但也不排除出于故意的情况。故意不配合诊疗，司法实践中比较少见，然在"医闹"不断出现的情况下也有发生。有的医生反复嘱咐糖尿病人不能喝酒，否则可能引发低血糖昏迷甚至死亡的危险，患者却置之不顾而多次饮酒后导致昏迷甚至死亡，这种明知自己行为后果仍然决意作出可能引起后果发生的行为，就是出于故意。有的也可能出于获得高额保险的不当目的而表现为直接故意。至于因为过失不予配合，则较为常见，如对医生的按时、按量服用药物的嘱咐，因为大意疏忽不按时、按量服药，或者服错诊疗药品造成损害等。在出于自己过错包括故意与过失的情况下，患者不配合诊疗，自然要对自己的过错负责。倘若医疗机构或其医务人员对患者不配合的情况没有过错，医疗机构就不需要承担责任。

（3）医疗机构或其医务人员在患者或其近亲属不配合符合规范的诊疗中不具有过错。有时，患者或其近亲属之所以不配合，乃是因为对医疗机构或其医务人员采用的医疗方案、医疗措施、医疗风险、避免医疗风险的替代方案尤其是一些特别医疗措施等不能理解所致。因此，作为专业机构或者专业技术人员，应当依法向患者作出解释说明。如果不尽有关说明义务而致患者或其近亲属不予配合，或者对一些用药等忘记说明用药时间、用量特别是对可能造成损害的药物服用时所应注意的事项不予以说明，导致患者不能按时、按量甚至错误用药等情形发生，以及诊疗活动本身不符合有关规范而致患者不配合等，由此造成患者损害的，医疗机构或其医务人员因具有过错不能免责。

(二)医务人员在抢救生命垂危的患者等紧急情况下已经尽到合理诊疗义务

对于这一免责事由,亦需要同时满足相应的条件。这些条件具体包括两个方面:一是患者出现了紧急情况而需要紧急救治;二是医务人员在紧急情况下尽到了合理诊疗义务。患者没有紧急情况或者虽有紧急情况但在紧急情况下医务人员没有尽到合理诊疗义务的,也不能构成医疗机构的免责事由。

1. 患者出现了紧急情况。紧急情况,系患者因疾病发作、遭受重大伤害、异物侵入人体等造成人的生命处于垂危或者身体健康处于可能遭受重大损害等需要采取紧急救治的状态,临床通常表现为脑挫伤、急性严重中毒、休克、大出血、心绞痛、意识消失、呼吸困难等。如患有一些生命体征不稳定,病情变化快,两个以上器官系统功能减退或衰竭,病情发展可能会危及患者生命的危重病症,出现意识障碍甚至消失,心脏骤停,瞳孔逐渐放大、固定不动、对光反应迟缓甚至消失,呼吸变缓并且不规则,体温、血压、脉搏、心率极端异常等症状,危及生命时,就为患者出现了紧急情况。"一般来讲,上述情况中的紧急性可以概括为两类:1) 时间上的紧急性,它是指医师的诊疗时间非常短暂,在技术上不可能作出十分全面的考虑及安排;2) 事项上的紧急性,它是指采取何种治疗措施直接关系到患者的生死存亡需要医师作出紧急性的决断。需要说明的是,判断是否构成紧急情况,除了依据法律、法规和规章的规定外,还需要考虑以下两个方面:① 患者的生命健康受到伤病急剧恶化的威胁,这种威胁应当限定为对患者生命的威胁,而不能是对患者一般健康状况的威胁;② 患者生命受到的威胁是正在发生和实际存在的,患者伤病的急剧恶化对其生命安全的威胁不能是假想的,而应当是正在发生和实际存在的,不立即采取紧急救治措施必然导致患者死亡的后果。如果医师主观想象或虚幻地认为存在需要采取紧急救治的危险,而实际上这种危险并不存在,由于假想危险认识错误所采取的救治措施导致了不必要损害后果的,医疗机构还是应当承担责任。"①

2. 医务人员在紧急情况下已经尽到了合理诊疗义务。对此有以下说明:

(1) 医务人员必须对处于紧急情况下的患者履行了诊疗义务。《医师法》第27条第1款规定,对需要紧急救治的患者,医师应当采取紧急措施进行诊治,不得拒绝急救处置。"《医疗机构管理条例》第31条规定:"医疗机构对危重病人应当立即抢救。对限于设备或者技术条件不能诊治的病人,应当及时转诊。"据此,救死扶伤,作为医务人员的法定的及道德的伦理义务,不能因为患者处于生命垂危等紧急情况对之进行诊疗存在极大风险而就不予救治甚至拒绝救治。如果不予救治或者拒绝救治的,自然没有尽到诊疗义务故不可能构成免责事由而不承担赔偿责任。

(2) 医务人员必须对处于紧急情况下的患者尽到了合理诊疗义务。虽依法对具有生命垂危等紧急情况的患者进行了诊疗,但如不及时或者不按紧急情况处置所应遵守的法律规范、行业技术规范、操作规程等操作,未尽到合理诊疗义务的,亦不能完全

---

① 黄薇主编:《中华人民共和国民法典侵权责任编解读》,中国法制出版社2020年版,第222页。

免责。如何判断是否"尽到合理诊疗义务","立法机关认为,考虑到在紧急情况下,患者生命危在旦夕,抢救时间紧迫,医务人员对患者的病情及病状无法作详细的检查、观察、诊断,难以要求医生具有与平常时一样的思考时间、判断能力和预见能力。对于这种情况,法律对医生在注意程度上的要求相对低于一般医疗时的情形。但是,由于医疗行为直接关系患者的生命健康权,在紧急情况下实施的紧急救治措施,医务人员仍应尽到合理诊疗的注意义务。具体而言,根据现行的诊疗规范,紧急情况下合理的诊疗义务包括如下四个方面:一是对患者伤病的准确诊断。对患者伤病的准确诊断是正确实施治疗措施的前提。如情况紧急,应当采取控制患者伤病恶化的紧急措施后,再做进一步诊断和治疗。二是治疗措施的合理、适当,包括治疗措施和治疗用药的适当、合理。三是谨慎履行说明告知义务。紧急情况下,如果事前告知不可行,那么采取紧急救治措施后仍应履行该项义务。四是将紧急救治措施对患者造成的损害控制在合理限度之内。结合上述情况,如果医务人员已经尽到在紧急救治情况下医务人员通常应尽到的诊疗义务,即合理诊疗义务的,医疗机构不承担赔偿责任;否则,即便是为抢救生命垂危的患者,但医务人员未尽到紧急救治情况下医务人员应尽到的合理诊疗义务,医疗机构仍难以免除其赔偿责任。[①]上述意见很有道理。从审判实务的角度讲,如何认定紧急情况下医务人员已经尽到合理诊疗义务,这涉及专业判断问题,需要通过申请鉴定来解决。同样,法律对医务人员采取的诊疗行为是否存在过错的判断,也只能基于当时的医学科学本身的发展,判断是否尽到与当时的医疗水平相应的诊疗义务。尽到该项义务的,就视为医疗机构或其医务人员没有过错,对于患者的损害不承担赔偿责任。但对于诊疗行为是否尽到当时医疗水平要求下的义务仍然属于专业判断问题,需要通过申请鉴定来解决"[②]。

(三)限于当时的医疗水平难以诊疗

诊疗活动,是一项极具专业性、技术性、复杂性、风险性的活动。特别是对一些尚未认识或者没有全面深刻认识的疾病,其病理病因不清,治疗方案、方法、药品效果如何,无法确定。为了战胜各种各样的病魔,需要人类在现有的科学技术基础上,基于人类认识的有关规律进行谨慎的探索、试验。既然是一种探索、试验,加之患者个体特异的因素,自然更具有可能造成患者损害的风险。对于这种损害,倘若不分情况,都由医疗机构承担责任,势必束缚医疗机构或其医务人员的思维、捆住其手脚,即使能将风险有效控制在社会所能允许的范围内,也会应为而仍不敢为,于是丧失治愈患者的机会。其实,对于某种现有医学技术无法治疗的疾病,医务人员采取一种新方案、新药品之前,会在动物身上反复试验并有一定效果且风险基本可以控制在一定范围内时才在人身上试验,并且逐步增加人数、扩大范围,乃是获取完善新方案、新药品的必要途径。尽管如此,还是会基于各种各样的原因,如以前没有碰到过某些没

[①] 王胜明主编:《〈中华人民共和国侵权责任法〉条文解释与立法背景》,人民法院出版社2010年版,第240页。
[②] 最高人民法院民法典贯彻实施工作领导小组主编:《中华人民共和国民法典侵权责任编理解与适用》,人民法院出版社2020年版,第478—479页。

有考虑到的意外因素，患者拥有特异的体质等，均可能导致意外后果的发生。为了鼓励医务人员不受这些因素的影响，对于当时医疗水平本来就难以诊疗的疾病，即不治疗也会使患者不可避免遭受损害的疾病，在有希望并根据现有医学技术具有合理性、可行性的条件下谨慎试验，对患者、对社会都有必要。若因此成功，不仅患者病症得以治愈，而且找到了治疗某种疾病的新方法、新药品，固然是对人类的一种贡献。科学技术尤其是医学技术就是在这种充满风险并经受着一定的失败而曲折进步的。所以，对于现有医学技术尚难以诊疗的疾病进行探索性诊疗，出现损害后果的，应当免责，无须承担侵权责任，从而在保护患者的利益与促使医学技术的发展、整个卫生健康事业的进步进而造福于整个人类之间寻找适度的平衡。医疗机构对现有医学技术难以诊疗的疾病进行探索性诊疗，一旦造成损害，不论原因如何，都让其承担责任，无疑会影响医疗机构或其医务人员在诊疗活动中想方设法进行探索性诊疗的积极性、主动性，诊疗时畏手畏尾，甚至过于保守以致采取防御性的治疗，错过一些用新方法、新药品等本来可能治愈患者的机会。最终牺牲的不仅是患者的利益，而且是整个医学技术进步乃至人类同疾病不断斗争在必然遭受一些失败才能取得曲折进步的利益。故基于为医疗机构或其医务人员在医学技术上创新、探索提供必要保障的需要，在法律上也应对医疗机构对限于当时医疗水平难以诊疗的疾病进行探索性诊疗所造成的损害免责加以肯定。当然，这种免责并非没有任何条件。这种条件就是充分保障患者或其近亲属的知情权，医疗机构或其医务人员依法对新的诊疗方案、方法、用药等的风险、出现风险可能采取的措施、替代医疗方案等作了充分说明，并征得患者或其近亲属的明确同意。对于具有较高风险的诊疗措施，特别是以前没有出现过的新方案、新药品等的使用，倘若医疗机构没有对患者或其近亲属充分说明并征得同意而擅自用于诊疗活动，由此造成患者损害的，医疗机构还是应当依法承担侵权责任。

五、医疗损害责任的特殊规定

（一）医疗机构保管和提供病历的义务以及对病人隐私有保密的义务

《民法典》第1225条规定："医疗机构及其医务人员应当按照规定填写并妥善保管住院志、医嘱单、检验报告、手术及麻醉记录、病理资料、护理记录等病历资料。患者要求查阅、复制前款规定的病历资料的，医疗机构应当及时提供。"在医疗纠纷中病历资料是最重要的第一手证据材料。所谓病历资料，是指以文字、图像、数据等记录患者治疗过程的资料，包括住院志、医嘱单、检验报告、手术及麻醉记录、病理资料、护理记录、医疗费用等。掌握病历资料，是对医疗纠纷作出准确鉴定与判断其性质以便作出正确处理的前提条件。病历资料也是判断医疗机构和医务人员在医疗活动中是否存在医疗过失行为，以及医疗过失行为在医疗事故损害后果中的责任程度的最主要依据。同时，病历资料还是判断医疗事故损害后果与患者原有疾病状况之间有无因果关系以及因果关系程度的依据。所以，对于医疗机构来说，负有对病历资料进行填写和妥善保管的义务。具体来说，一是如实填写病历资料。例如，医务人员应当按照有关程序和规程填写门诊病历、住院志、医嘱单、检验报告、病理资料、护理记录等医学文书及有关资料。在发生纠纷以后,如果出现病历资料不齐全,或者应当记录的诊断过程没有记录等情形,则可以推定医疗机构具有过错。二是妥善保管病历资料。所谓妥善保管病历资料,是指要尽到善良管理人的注意义务来保管病历资料。即便患者已经治愈出院,病历资料也应当妥当保管。在发生纠纷的情况下,病历资料可以作为认定医疗机构及其工作人员过错的重要依据。

《民法典》第1226条规定:"医疗机构及其医务人员应当对患者的隐私和个人信息保密。泄露患者的隐私和个人信息,或者未经患者同意公开其病历资料的,应当承担侵权责任。"该条强调对患者隐私和个人信息的保护,其导向价值正面积极。《民法典》草案一审稿规定:"医疗机构及其医务人员泄露患者隐私和个人信息或者未经患者同意公开其病历资料,造成患者损害的,应当承担侵权责任。"有常委会委员提出,医疗机构及其医务人员泄露患者隐私和个人信息,或者擅自公开患者病历资料,是一种较为严重的侵权行为,有可能对患者的生活、工作和学习造成重大影响。为遏制这种行为,法律应当明确规定,无论该行为对患者是否造成损害,医疗机构及其医务人员都应当承担侵权责任。因而,《民法典》最终采纳了这一意见,删去该条规定中的"造成患者损害"这一条件。

(二)禁止不必要检查

在《民法典》出台之前,我国司法实践在医疗侵权责任中实行的举证责任方式是过错推定和因果关系推定。这种举证责任方式在保护患者权利的同时,将医疗机构推向不利的诉讼地位,使得医疗机构不得不进行过度检查,以减轻自己在医疗纠纷诉讼中的举证压力。这种带有防御性质的医疗行为不利于全体患者的利益。因而,"过度检查"是目前社会上非常关注的问题。

"过度检查"概念首次出现是在国家卫生和计划生育委员会(原卫生部)和国家中医药管理局2006年联合制定的《关于建立健全防控医药购销领域商业贿赂长效机制的工作方案》规范性文件中,该方案规定:"若发现医院存在乱收费、私设'小金库'、严重的过度检查、过度医疗行为等严重违纪违法问题,将首先追究医院院长责任。"因此,为了维护患者的合法权益,立法者采纳了规范性文件的建议,以"不必要的检查"代替"过度检查"的表述,并进一步明确"不必要的检查"的判断标准,同时在《民法典》第1227条规定:"医疗机构及其医务人员不得违反诊疗规范实施不必要的检查。"

(三)禁止"医闹"

《民法典》第1228条规定:"医疗机构及其医务人员的合法权益受法律保护。干扰医疗秩序,妨碍医务人员工作、生活,侵害医务人员合法权益的,应当依法承担法律责任。"

实践中,一些医患纠纷发生后,患者及其家属不愿按法律程序解决问题,而是采取动员亲属形成群体一味"闹医""闹访"的办法,甚至作出威胁医疗机构和侮辱、殴打医护人员等过激行为。社会上还存在一种"职业医闹",哪里出了患者死亡、伤残的事情,他们就去找家属谈,揽生意,然后纠集一些人找医院闹,闹来赔偿后与家属分成。这种行为,不但侵害了医疗机构及其医务人员的利益,而且还妨碍了正常的社会医疗秩序，使广大患者难以正常求诊问药，接受治疗。因此，《民法典》基本保留了原《侵权责任法》第64条的规定，即"医疗机构及其医务人员的合法权益受法律保护。干扰医疗秩序，妨害医务人员工作、生活的，应当依法承担法律责任"，并作出二处修改：一是将本条规定分为两款，第1款规定依法保护医疗机构和医务人员合法权益，第2款规定法律责任；二是在第2款中增加了"侵害医务人员合法权益"这一内容，彰显对医务人员保护的强化。此外将"妨害"改为"妨碍"，在文字表达上更加严谨。

第二节　医疗损害责任的构成要件

根据《民法典》第1218条的规定，患者在诊疗活动中，遭受医疗损害的，有过错的医疗机构应当承担侵权责任。由此可见，医疗损害责任的构成要件有四个：

一、主观方面要求医疗机构在存在医疗产品缺陷外的诊疗活动中具有过错

除非医疗产品存在缺陷而致患者损害的情形实行无过错责任外，医疗机构在诊疗活动中具有过错，乃是其承担医疗损害责任在主观方面的必备条件。倘若不存在这种过错，就不构成医疗损害责任自然也就不需要承担所谓的侵权责任的问题。

所谓过错，是指医疗机构及其医务人员在诊疗活动中未尽到诊疗义务而应当受到谴责的心理状态。需要指出的是，医疗机构的主观过错心理状态，既可以来源于医疗机构本身，又可以来源于其医务人员。前者表现为医疗机构的决策机构的集体决策或者法定代表人代表医院在诊疗活动中作出有关行为时，存在过错。后者则表现为医务人员在为医疗机构执行职务履行诊疗职责过程中存在过错。这种过错等同于医疗机构的过错。当然，如果医务人员不是为医疗机构履行诊疗职责，而是私下接活为患者提供诊疗服务，这种过错固然不属于医疗机构的过错，医疗机构也就不需要承担侵权责任。

（一）医务人员过错的认定

《民法典》第1221条规定：医务人员在诊疗活动中未尽到与当时的医疗水平相应的诊疗义务，造成患者损害的，医疗机构应当承担赔偿责任。这是目前国内法律对医务人员注意义务标准的最新规定，与以往法律比较有巨大的进步。医务人员在诊疗活动中未尽到与当时的医疗水平相应的诊疗义务的含义是：

第一，对过错的判断采用混合标准，对法定诊疗义务和基本性操作的诊疗义务采用全国标准，不因地区、资质而有差异。在《民法典》编纂过程中，有的建议修改为"当时、当地、不同资源的医疗水平"，对此未予采纳。诚然，我国幅员辽阔，不同地区尤其是城乡地区的医疗资源、医生素养、医疗水平并不平衡。但是，作为一种评价、判断医疗机构及其医务人员在诊疗活动中是否具有过错的客观标准，不能因地、因人、因医疗资源等因素而异，而只能因诊疗行为时的医疗水平而异，即在空间上于全国范围内统一。"医务人员的诊疗行为有行政法规、规章和医疗行业的操作规程，

这些应当普遍遵守，全国皆准。诊疗行为是否有过错，不因医疗机构处在何地、医疗机构资质如何而不同。同样的手术，不能在这里操作就没有过错，在那里操作就有过错；不能在三级医院操作就没有过错，在二级医院操作就有过错。因此，在探究医务人员是否尽到诊疗义务时，不宜考虑地区、机构资质的差异。同时，因为医疗纠纷解决的时间可能较长，特别是进入诉讼之后，历经一审、二审乃至再审，可能需要数年的时间。数年间的诊疗水平肯定有所提高，判断是否尽到诊疗义务，应当以诊疗行为发生时的诊疗水平为参照才公平合理。"[1]

第二，对其他诊疗义务采用本地标准，可以考虑地区差异（如北京与贵州的差异），资质差异（如医师与主任的差异）。医疗水平，基于不同的人、不同的地区等因素，就整个行业而言，必有高低之分。不考虑不同区域、不同人的要求按照时间确定统一的标准即"当时的医疗水平"，乃是《民法典》适用于全国范围的基本要求，但在具体评判时，不得不考虑因地尤其是因医生而言所出现的最高医疗水平、平均医疗水平与最低医疗水平的问题。

具体来说，应注意以下三个问题：

（1）合理注意义务的行为主体为医疗机构与医务人员。《民法典》第1221条首次从法律角度对医疗行为主体和医疗责任主体进行区分，对于强化医院内部管理、合理解决医疗损害纠纷有重要意义。但仅把医务人员作为注意义务的行为主体有失全面，因为医疗损害并非都是由医务人员引起，比如医院突然发生停电事故引发手术患者死亡，人为电梯事故延误患者的抢救，医院没有按照国家技术准入标准管理科室等，其责任就不在医护人员，应该是医院管理方的责任。因此，在实务中我们把注意义务责任主体理解为医疗机构或（和）医务人员更为合理。

（2）正确把握合理注意义务的界限。"尽到与当时的医疗水平相应的诊疗义务"是《民法典》对医务人员诊疗义务的量化规定。但这一规定没有说明是当时的"最高"还是"最低"医疗水平，作为法律标准，应该是某类行为最低规范，因此，"当时的医疗水平"指的应是同等级别医生一般诊疗水平，实际上就是合理注意义务的底线，可理解为同地域同级别的医生在诊疗活动中必须履行的义务。如果不履行这些义务，就是失职。

（3）医疗团队和个人的合理注意义务之间存在差别。一个医生尽到合理注意义务，并不代表医生所在医疗团队尽到合理注意义务，也不代表医疗机构必然尽到合理注意义务，比如一个医生在诊疗过程中请示过上级医师，上级医师没有及时作出正确指示，或者医院管理不到位等，都可能造成医疗团队或医疗机构出现服务缺陷，甚至引发医疗损害。《民法典》区分医疗责任主体和医疗行为主体的意义就在于明确医疗损害赔偿的责任主体就是医疗机构，而不是医护人员，医护人员的医疗行为就是职务行为。因此说，《民法典》进一步强化医疗机构的注意义务，这就要求医疗机构必须加

---

[1] 石宏主编：《〈中华人民共和国民法典〉释解与适用（人格权编侵权责任编）》，人民法院出版社2020年版，第232页。

强对医务人员的管理，使其尽职尽责，尤其应强化医疗团队的建设与管理。一个人的工作缺陷，可以通过合作者的工作得到弥补，但是一个团队的缺陷，最终会导致出现问题，强化医疗团队的合理注意义务应是医疗管理的重点。

（二）医疗机构过错的推定

不涉及医疗产品缺陷的医疗损害责任，实行过错责任，由受损害的患者对医疗机构具有过错承担举证责任。但是，一些医疗机构明知自己存在过错而伪造病历资料，或者因为自己过失丢弃病历资料等给患者举证造成障碍，在此情况下，还让患者对医疗机构存在过错承担举证责任，显然无法完成。为了惩戒、抑制这些不当或者违法行为，维护患者的合法权益，《民法典》第1222条规定："患者在诊疗活动中受到损害，有下列情形之一的，推定医疗机构有过错：（一）违反法律、行政法规、规章以及其他有关诊疗规范的规定；（二）隐匿或者拒绝提供与纠纷有关的病历资料；（三）遗失、伪造、篡改或者违法销毁病历资料。"

二、客观行为方面要求医疗机构或其医务人员在对患者进行诊疗的活动中实施了侵害患者民事权益的行为

（1）必须具有对患者的诊疗行为。也就是医疗机构或其医务人员给患者进行了诊疗活动是医疗损害责任于客观方面需要满足的必要条件之一。如果医疗机构或其医务人员对患者没有进行诊疗活动，自不存在患者在诊疗活动中遭受损害并由此产生医疗机构承担损害责任的问题。如患者在医院因地板湿滑而摔伤产生的责任，不是发生在诊疗活动中，医院就不承担医疗损害责任；医院具有过错的，也要依照《民法典》第1198条第1款关于"宾馆、商场、银行、车站、机场、体育场馆、娱乐场所等经营场所、公共场所的经营者、管理者或者群众性活动的组织者，未尽到安全保障义务，造成他人损害的，应当承担侵权责任"的规定，承担违反安全保障义务责任。

（2）对患者的诊疗行为必须侵害了患者的民事权益。虽对患者进行了诊疗活动，但该行为依法进行，对患者的民事权益并没有造成任何的不当侵害，自然不能满足侵权损害责任的构成要件，不能成立医疗损害责任。

三、客观后果方面要求患者出现了损害

患者因为患病等原因到医疗机构接受诊疗等服务，本来就是为了治病以避免、防范遭受更大的损害，但却在诊疗活动中遭到了另外损害，医疗机构对此若有过错，自然要承担赔偿责任。医疗损害责任，源于损害发生，若没有损害，即使医疗机构在诊疗中存在过错，侵害了患者的利益，也不能构成医疗损害责任。

至于损害，乃是指给患者造成的人身损害，不包括财产损害。尽管包括精神损害，但不应指单纯的精神损害。这种非单纯的精神损害，系在给患者造成生命、身体及健康等物质性损害的同时，由该物质性损害所带来的精神损害。对此，《审理医疗损害责任案件解释》第17条规定：医务人员违反《民法典》第1219条第1款规定义务，但未造成患者人身损害，患者请求医疗机构承担损害责任的，不予支持。

四、客观因果关系方面要求患者损害与医疗机构的诊疗活动具有因果关系

患者虽有损害，但不是因诊疗活动所致，也就是患者损害与医疗机构诊疗活动中侵害患者民事权益的行为之间不存在因果关系，也不构成医疗损害责任。当然，这种因果关系并不要求完全属于一因一果关系，即不要求诊疗活动中侵害患者民事权益的行为乃是患者损害的唯一原因，也可能是多因一果关系。不论是一因一果关系还是多因一果关系，医疗机构诊疗活动中的侵害行为是其中不可缺少的原因，没有医疗机构诊疗活动中的侵害行为，就不可能出现患者的损害。倘若诊疗活动中的侵害行为完全不是患者损害产生的原因，则就会因为缺乏因果关系而不能成立医疗损害事故。另外，医疗机构诊疗活动中的侵害行为，既包括应为而不为的不作为，如医疗机构在患者出现紧急情况时怕承担责任而不采取紧急措施进行诊疗活动，又包括不应为而为的作为，以及应为而为但不按规范、规程等操作的不当为。还有，医疗机构的侵害行为除因使用缺陷的医疗产品的行为不具有过错外，其他侵害行为均属具有过错的不当行为。前者情形下，即使医疗机构完全不知情而使用造成了患者损害的发生，也要承担损害责任，因为这种损害与其提供给患者使用的行为相关，具有因果关系，只不过是不采过错责任原则而取无过错责任原则对其行为进行归责而已，并不是医疗机构的侵害行为与患者的损害没有任何关系。这种因果关系是次要的，主要的乃是具有缺陷的医疗产品所致。医疗机构对患者损害承担的责任，并不是这一损害因果关系链上的所有责任的终结，医疗机构在承担医疗损害责任后还可以依照《民法典》第1223条等规定对具有缺陷的医疗产品的上市许可持有人、生产者、销售者、提供者等依法进行追偿。

第三节 医疗损害责任的数种特殊形态

一、患者知情同意权损害责任

（一）患者知情同意权损害责任的概念

医患关系是一种以医患之间的契约服务关系为基础的利益信赖关系。这种关系系平等主体之间的关系，患者主动求医，在对医学技术等具有基本的、普通的信赖的同时，对自己的病情及针对病情所采取的诊疗措施、方案等进行了解，尤其是在患有不同于一般的病情需要采取特殊的诊疗措施时，对所具有的风险、替代方案等进行了解，以对医疗机构或其医务人员产生必要的高于基本、普通信赖的信赖，从而确定是否继续进行诊疗即是否让医患契约服务继续进行，乃是作为契约一方应有的意思自治权利。诚然，患者或者其近亲属也只有在对作为契约标的的诊疗活动充分全面了解的基础上，才能完全出于自愿自主就是否让医疗机构诊疗作出正确的决策。再者，赋予医疗机构或其医务人员对患者进行说明及征得同意的义务，维护患者作为契约一方在

了解诊疗服务有关内容、事项等的基础上决定是否继续进行诊疗,实现契约自主权利的同时,也有利于医疗机构或其医务人员提供诊疗服务。因此,《民法典》第1219条规定:"医务人员在诊疗活动中应当向患者说明病情和医疗措施。需要实施手术、特殊检查、特殊治疗的,医务人员应当及时向患者具体说明医疗风险、替代医疗方案等情况,并取得其明确同意;不能或者不宜向患者说明的,应当向患者的近亲属说明,并取得其明确同意。医务人员未尽到前款义务,造成患者损害的,医疗机构应当承担赔偿责任。"据此,患者知情同意权损害责任,是指医务人员未依法履行向患者或其近亲属说明诊疗事项并征得明确同意的义务,在患者或其近亲属不了解有关事项甚至不同意的情况下实施诊疗行为,并造成患者损害时所应依法承担的赔偿责任。

(二) 患者知情同意权的构成要素

患者知情同意权的构成要素包括患者知情同意权的主体,患者知情同意权的内容,患者知情同意权的表达方式,患者知情同意权满足的要求四个方面。

1. 患者知情同意权的主体

在患者为完全民事行为能力人的情况下,医务人员应向患者说明有关诊疗事项,并依法征得同意。但遇有特定情形,则应向其近亲属说明并依法征得同意:(1) 患者为无民事行为能力人;(2) 患者为限制民事行为能力人,此种情形下在向患者说明的同时,也应向其近亲属说明并依法征得同意;(3) 不能或者不宜向患者说明的,应当向患者的近亲属说明。其中,"不能说明"是指根本无法向患者说明,如患者昏迷、丧失意识或者所处生理、精神状态无法作出正常判断。"不宜说明"是指可以向患者说明,但基于患者的心理素质、对病症的态度等因素向其说明会造成患者的诸如悲观、厌世、担心、恐惧等负面心理情绪而不利于诊疗活动进行的情形。应当指出,近亲属范围很广。一般来说,护送患者就医的近亲属,就可以成为患者知情权、同意权的主体。在护送患者就医的近亲属存在多人的情况下,患者为无民事行为能力人或者限制民事行为能力人的,应先向作为监护人的近亲属或者同时在场的所有近亲属说明。征求意见不统一的,则可按作为监护人的近亲属、夫妻、父母、子女、其他近亲属的顺序征得同意。

2. 患者知情同意权的内容

患者知情同意权的内容具体包括一般事项与特殊事项。

(1) 一般事项。它系指只需要向患者或其近亲属说明以让患者了解、知道自己病情、一般性的治疗措施但不需要征得同意的事项,如疾病的名称、性质,病情程度,可能发展变化的趋势,以及可供选择的医疗措施,各种措施的利弊、治疗效果、副作用,患者适宜采用的医疗措施、可能出现的后果,医疗费用等。这是所有患者都有权利知晓的事项,一般情况下,医务人员应当主动说明。对于平时常发、极其轻微,且不会造成什么后果的病情、医疗措施,可以不作说明,但在患者或其近亲属要求说明的情况下,还是得加以说明。

(2) 特殊事项。这种事项为针对患有特别或者严重疾病等的患者,在常规诊疗措施达不到效果,需要采取特殊诊疗措施而对患者的身体健康乃至生命存在一定风险,于是需要征得同意的事项。特殊诊疗措施包括需要进行手术、特殊检查和特殊治疗。特殊事项的内容，包括医务人员应当及时向患者具体说明的医疗风险、替代医疗方案等情况，如采取手术、特殊检查、特殊治疗等诊疗措施可能给患者的身体健康带来的副作用、并发症、后遗症，致身体健康遭受损害、残废甚至生命等的风险；可能出现的风险实际出现时应当采取的补救措施、替代医疗方案等。对于需要向患者说明的特殊事项以及需要采取的相关诊疗措施，必须征得患者或其近亲属同意且为明确同意，而非默示同意。

3. 患者知情同意权的表达方式

对于患者知情权，医务人员应当采取适当的方式，主要是口头方式向患者加以说明，必要时可以辅以书面、图示、幻灯等其他方式进行。对于需要征得患者或其近亲属明确同意的特殊事项，《民法典》改变了原《侵权责任法》要求"书面"同意的做法，要求"明确"同意即可。明确同意，自然不局限于书面同意，还包括其他能够表明患者或其近亲属内心同意的意思的形式，如录音、录像、电子数据等。

4. 患者知情同意权满足的要求

根据《民法典》第1219条的规定，对于需要说明的事项，都要求具体、明确，不能含糊不清。另外，对于特殊事项的说明以及采取特殊诊疗措施征得患者或其近亲属的同意，应当及时。倘若不及时征得意见，亦属于未尽到合理的说明义务而具有过错，造成损害的，依旧需要承担赔偿责任。

（三）患者知情同意权充分满足的例外

《民法典》第1220条规定："因抢救生命垂危的患者等紧急情况，不能取得患者或者其近亲属意见的，经医疗机构负责人或者授权的负责人批准，可以立即实施相应的医疗措施。"据此，向患方征得同意治疗义务的免除必须同时符合具有紧急情况、不能取得患方同意与经法定人员批准三个条件：

1. 具有紧急情况

在紧急情况下，对患者或其近亲属即患方征得同意治疗义务的免除，《民法典》只列举了"因抢救生命垂危的患者"这一种具体情况，然后以"等"字概括，说明紧急情况并不限于患者生命垂危需要及时抢救的情况，还应包括其他情况，需要根据患者、医疗机构或其医务人员等的具体情况确定：（1）事情紧迫。患者病情非常严重，若不采取救治措施，会给患者的身体健康带来巨大的损害，会留下严重残疾、后遗症，如全身瘫痪、变成植物人、肝肺心脏生殖器官等重要组织丧失功能甚至丧失生命等。（2）时间异常紧迫。若不及时甚至立即采取措施，则病情无法救治并无法逆转等。（3）患者的病情紧迫、医疗机构的时间紧迫。这里要求患者的病情处于极度不稳定并不断恶化的状态，以及医疗机构采取措施的时间紧急，都是实际存在的，而非假想的事情紧迫与时间紧迫。

2. 不能取得患者或者其近亲属意见

这是紧急情况下患者同意权不能满足的前提条件，"主要是指患者不能表达意志，也无近亲属陪伴，又联系不到近亲属的情况。因此，不包括患者或者其近亲属明确表示拒绝采取医疗措施的情况"①。如果患者能够正确恰当行使知情同意权，能对自身的生命健康权作出正确恰当的处置，医疗机构就不能对抗患者的知情同意权，自行决定实施紧急救治行为。

3. 经医疗机构负责人或者授权的负责人批准

具有法人资格的医疗机构的法定代表人与不具有法人资格的非法人医疗机构的负责人，固然属于医疗机构的负责人。这种负责人（有的是主要负责人）在医疗机构申请执业许可证时已进行登记。除此之外，尤其是法人医疗机构的内设科室或者分支机构的负责人，是否属于医疗机构的负责人，我们认为，不能作扩大解释。其实，在现实生活中尤其是大型医院中，医疗机构的负责人可以事先授权内设科室或者分支机构的负责人作为被授权的负责人，如授权科室主任根据患者的紧急情况在"不能取得患者或者其近亲属意见"的情况下决定是否批准立即采取相应的医疗措施，也就是说，被授权的负责人并非一定要求系医疗机构领导层的负责人，可以是中层科室的负责人，这些人实际上也是医疗机构中的技术中坚力量，比起一些主要从事行政工作的领导层的负责人，更具有医疗诊治方面的实践经验，完全有能力确定患者是否处于生命垂危等紧急情况，在"不能取得患者或者其近亲属意见"的情况下可以决定是否立即采取相应的医疗措施。

（四）患者知情同意权损害责任的构成要件

1. 主观方面要求医疗机构具有过错

这种过错，对法律规定而言，则是明知故犯，即出于故意而不向患者或其近亲属履行自己应尽的说明义务及征得同意的义务。但是，对于采取医疗措施进行诊疗活动所造成的损害结果而言，一般是出于过失而不是出于故意。

2. 客观行为方面要求医务人员未充分履行告知义务

客观行为方面要求医务人员在未依法充分向患者就一般事项履行说明义务，对特殊诊疗事项既未向患者履行告知说明义务并征得明确同意，又未在不能或者不宜向患者说明时向患者的近亲属说明并征得明确同意的情况下就对患者实施了特殊诊疗行为。未依法向患者或其近亲属进行说明，或者未依法取得患者或其近亲属同意，固然属于未充分履行自己的法定义务。虽有对患者或其近亲属进行说明或征得同意的行为，然只是走走形式，不认真负责，说明不够清楚、含糊其词；征得同意并非患者或其近亲属的明确同意，或用来征得同意的医疗措施与所采取的医疗措施明显不符等，亦属于未充分履行告知说明义务或者征得同意诊疗的义务，由此具有过错，造成患者损害的，应承担侵害患者知情同意权的侵权责任。

3. 客观后果方面要求患者遭受了损害

《审理医疗损害责任案件解释》第 17 条规定，医务人员违反《民法典》第 1219 条第 1 款规定义务，但未造成患者人身损害，患者请求医疗机构承担损害责任的，不予支持。如此，这种损害，包括给患者造成的生命、身体及健康等物质性损害，以及

---

① 黄薇主编：《中华人民共和国民法典侵权责任编解读》，中国法制出版社 2020 年版，第 207—208 页。

由物质性损害带来的精神损害。单纯的精神损害，不能构成本责任的损害。从法理上来讲，法律既然赋予患者的知情同意权，与该权利相对的义务人即医疗机构或其医务人员就应当依法履行。不然，就是对患者知情同意权先以不作为（不说明、不征求同意）后以作为（未经同意对患者实施诊疗活动）的方式进行的侵害，患者或其近亲属有权根据以下规定，即《民法典》第995条的规定，即"人格权受到侵害的，受害人有权依照本法和其他法律的规定请求行为人承担民事责任。受害人的停止侵害、排除妨碍、消除危险、消除影响、恢复名誉、赔礼道歉请求权，不适用诉讼时效的规定"；第1167条的规定，即"侵权行为危及他人人身、财产安全的，被侵权人有权请求侵权人承担停止侵害、排除妨碍、消除危险等侵权责任"，要求侵权人停止侵害，履行说明义务或者征得同意义务，以满足自己的知情同意权。但是，因侵害患者知情同意权所产生的赔偿责任，乃是一种在侵害患者知情同意权的前提下必须出现患者损害时才能成立的实害赔偿责任。

4. 未履行充分告知义务与损害后果之间有因果关系

患者知情同意权损害责任的构成要件还包括患者的损害与医疗机构或其医务人员未向患者或其近亲属充分履行说明、征得同意义务时所采取的诊疗行为具有因果关系。换言之，后者系前者发生所必须具备的原因与条件，没有后者的存在就不可能有前者的发生，前者系后者所导致的结果。应当指出，患者遭受损害的结果，并非医疗机构或其医务人员未充分履行说明、征得同意义务的不作为行为所致。这种行为本身并不必然导致患者的损害。损害结果的发生，乃是由于实施了未履行说明、征得同意义务的不作为侵害后，继续实施诊疗这一作为的行为。后面这种实行行为，同样构成侵害患者知情同意权行为的组成部分。例如，甲医院在给患者乙做剖宫产的过程中，发现乙的子宫上有一恶性肿瘤，主治医生丙未经乙或其近亲属的同意，顺便将乙的子宫切除。根据该行为可得出：（1）医生丙违反了特殊告知义务，甲医院侵犯了乙的知情同意权、身体权、健康权；（2）丙未经同意切除乙子宫的诊疗行为，给乙造成了重大损害，甲医院为此要承担侵权责任。

二、侵犯患者隐私权和个人信息的责任

（一）患者隐私权和个人信息的概念

《民法典》第1226条规定："医疗机构及其医务人员应当对患者的隐私和个人信息保密。泄露患者的隐私和个人信息，或者未经患者同意公开其病历资料的，应当承担侵权责任。"这一法律规定确认了对患者隐私权和个人信息的保护。

所谓患者隐私权，是指患者依法享有的对其隐私不被他人知晓、非法披露，不受他人侵害的权利。隐私权是公民享有的私生活安宁与私人信息依法受到保护，不被他人非法侵扰、知悉、搜集、利用和公开等的一种人格权。[①] 所谓个人信息，是指可以直接或者间接识别特定自然人的信息。就医疗机构可能泄露的个人信息来说，其范围

---

① 张新宝：《隐私权的法律保护》，群众出版社1997年版，第21页。

比较广泛，但其中一种重要的类型就是个人健康信息，涉及自然人的疾病、身体健康以及参与诊疗活动等方面的信息。健康信息是个人的核心隐私，是个人的敏感信息，对他人健康信息的侵害，会影响他人的人身安全。我国相关立法对个人的健康信息保护作出了规定。例如，《传染病防治法》第12条第1款第2句规定："疾病预防控制机构、医疗机构不得泄露涉及个人隐私的有关信息、资料。"《艾滋病防治条例》第39条第2款规定："未经本人或者其监护人同意，任何单位或者个人不得公开艾滋病病毒感染者、艾滋病病人及其家属的姓名、住址、工作单位、肖像、病史资料以及其他可能推断出其具体身份的信息。"对于依法收集的敏感的个人信息，医疗机构应当尽到妥善保管义务，相关主体在处理此类信息时负有更高度的注意义务，法律法规对其有更严格的要求，如必须进行风险评估等。患者隐私权和个人信息的客体包括如下几项内容：

第一，患者的病历资料。病历资料是指在诊疗过程中形成的，记载患者病情、病史、症状以及治疗的进展和结果等情况的资料。[①] 病历资料包括医疗机构保管的门（急）诊病历、住院志、体温单、医嘱单、检验报告、医学影像检查资料、特殊检查（治疗）同意书、手术同意书、手术及麻醉记录、病理资料、护理记录、出院记录以及国务院卫生行政主管部门规定的其他病历资料。就患者的病历资料而言，主要是指以患者疾病信息为主的一系列相关信息的总和。个人身患疾病、传染病，本人一般不愿意对公众公开。一旦公开，有可能会影响其与他人的交往，甚至使其遭受他人歧视。对于传染性疾病或者隐秘性较强的疾病，如肺炎、肝炎、宫外孕、肿瘤疾病及性病等，患者更是不愿意暴露。当然，如果出于疾病防控等正当目的，医疗机构向政府卫生行政主管部门披露患者私人信息时，该行为并不构成侵权。

第二，患者的生理信息。生理信息包括个人先天得来的一切遗传信息和后天成长发育过程中形成的有关信息。例如，关于个人的身高、体重、血型、肤色、长相等的信息。在个人的生理信息中，基因信息是核心。[②] 基因是人类基础的遗传信息单位，它决定着一个人由生到死的整个生命过程，决定着一个人所有的生理特性和行为特征。基因信息的泄露，将导致个人的未来生活部分或全部地暴露在公众面前，使其丧失私人生活的私密性。肖像本身不是隐私，但也可能涉及生理隐私。

第三，患者的身体隐私。身体隐私是指不愿对他人公开的身体的各个部位，尤其是性器官、有残疾的部位等。《民法典》第1033条明确禁止"拍摄、窥视他人身体的私密部位"。身体隐私是个人的敏感区域，甚至关系到个人的名誉、贞操，尤其是对女性而言，身体隐私更为重要。身体隐私不仅包括个人不愿意公开的身体部位，还包括个人的裸体照片等。所以患者在治疗期间所拍摄的有关其身体的各种照片和视频资料，医疗机构及其医务人员不得擅自将其公开，否则，构成对患者隐私权的侵害。

第四，患者及其家属的病历史。患者个人的病历史属于个人信息资料的组成部

---

① 孟强：《医疗损害责任：争点与案例》，法律出版社2010年版，第270页。
② 李秀芬：《论隐私权的法律保护范围》，载《当代法学》2004年第4期。

分，而患者家属的病历史则属于患者家庭隐私的一部分，这两者都属于法律应当保护的隐私权的内容。在医疗机构掌握相关病历资料的情况下，医疗机构可以采用符合档案管理要求的缩微技术等对纸质病历进行处理后保存；门（急）诊病历由医疗机构保管的，保存时间自患者最后一次就诊之日起不少于 15 年；住院病历保存时间自患者最后一次住院出院之日起不少于 30 年。（《医疗机构管理条例实施细则》第 53 条，《医疗机构病历管理规定（2013 年版）》第 28 条、第 29 条）

三、侵犯患者隐私权和个人信息的表现

医疗机构及其医务人员应当对患者的隐私和个人信息进行保密，即医疗机构及其医务人员对其在诊疗活动中所了解到的患者的隐私和个人信息负有保密义务。医疗机构及其医务人员泄露患者隐私和个人信息或者未经患者同意公开其病历资料，造成患者损害的，应当承担侵权责任。对于医务人员侵害患者隐私权和个人信息权益，《民法典》列举了"泄露患者的隐私和个人信息"和"未经患者同意公开其病历资料"两种形态，但在现实生活中，并非一定就是这两种形态。如医务人员阻止患者对载有有关其隐私和个人信息的病历为其他医疗机构利用，其实也是对之隐私权和个人信息权益的侵害，也应依法承担侵权责任。

1. 泄露患者的隐私和个人信息

泄露患者的隐私和个人信息，主要是指采取各种方法、形式或者途径，将自己了解、获得的患者隐私和个人信息告知、透露给他人，让不应该了解的人知道的行为。既包括采用言语、书信、录音、录像、微信等传统或者现代的传播方式，将所了解的患者隐私和个人信息透露给他人，又包括将患者隐私和个人信息有关资料直接提供给他人；既包括故意泄露，又包括过失泄露；既包括不泄露病历资料的泄露，又包括泄露病历资料的原件或者复制件的泄露；既包括在诊疗活动外的泄露，又包括在诊疗活动中的泄露，如对患者进行隐私部位的检查，让无关人员观看；等等。不论方式如何，只要自己的行为造成了不应接触、了解的人可以了解、知情，就可构成对患者隐私和个人信息的泄露。

需要指出，与此相关的一个问题是医学教学实践中参与有关临床实习的学生了解有关诊疗活动的问题。患者为了治病会以放弃自己的隐私和个人信息让诊疗人员知情为代价，这种代价乃是用于医务人员对自己诊疗的目的，而未表明可以让进行实习的学生来了解自己的隐私和个人信息，更不能让无关的人观看自己的身体或者不体面、不正常的形态。所以，如果要让实习学生观看、了解患者有关隐私和个人信息的资料甚至身体，必须征得患者同意。不然，也是一种泄露，会对患者隐私权和个人信息权益构成侵害，需要依法承担侵权责任。

2. 未经患者同意公开其病历资料

这其实是一种泄露的特定形态。泄露有的出于正常使用的目的，有的完全是基于闲聊甚至出于恶意而泄露。前者通常表现为基于教学、科研、传染病防治、新药开发等正常使用的目的。即使如此，要公开病历资料，也需要征得患者的同意。未经同意

而公开的，依然属于侵权。当然，基于上述正当使用的目的，在对原始病历资料作出匿名化处理，提供有关处理后的非原始病历资料，根据这些资料无法指向特定的患者时，不符合隐私权和个人信息权益侵害的对象特定化特征的，则不构成对患者隐私权和个人信息权益的侵害。至于"未经患者同意公开其病历资料"中的病历资料，既可以是原件，又可以是复印件、影印件、相片、录像片、幻灯片、打印件、电子数据等各种形式的载体；既可以是全部病历资料，又可以是部分病历资料；等等。

"未经患者同意公开其病历资料"，其对象是不应该接触、了解的人。倘若因工作需要等应该接触、了解的人，如主治医生、护士、会诊人员，负责病案管理、医疗管理等部门的人员等，或者为患者的近亲属或者诉讼代理人，或者基于医学鉴定的需要，或者基于行政机关、司法机关依法执行调查、审理等履行职务的需要，自应依法提供。此时，并不需要征得患者的同意。

（1）除为患者提供诊疗服务的医务人员，以及经卫生计生行政部门、中医药管理部门或者医疗机构授权的负责病案管理、医疗管理的部门或者人员外，其他任何机构和个人不得擅自查阅患者病历。（《医疗机构病历管理规定（2013年版）》第15条）

（2）其他医疗机构及医务人员因科研、教学需要查阅、借阅病历的，应当向患者就诊医疗机构提出申请，经同意并办理相应手续后方可查阅、借阅。查阅后应当立即归还，借阅病历应当在3个工作日内归还。查阅的病历资料不得带离患者就诊医疗机构。（《医疗机构病历管理规定（2013年版）》第16条）

（3）公安、司法、人力资源社会保障、保险以及负责医疗事故技术鉴定的部门，因办理案件、依法实施专业技术鉴定、医疗保险审核或仲裁、商业保险审核等需要，提出审核、查阅或者复制病历资料要求的，经办人员提供以下证明材料后，医疗机构可以根据需要提供患者部分或全部病历：① 该行政机关、司法机关、保险或者负责医疗事故技术鉴定部门出具的调取病历的法定证明；② 经办人本人有效身份证明；③ 经办人本人有效工作证明（需与该行政机关、司法机关、保险或者负责医疗事故技术鉴定部门一致）。保险机构因商业保险审核等需要，提出审核、查阅或者复制病历资料要求的，还应当提供保险合同复印件、患者本人或者其代理人同意的法定证明材料；患者死亡的，应当提供保险合同复印件、死亡患者法定继承人或者其代理人同意的法定证明材料。合同或者法律另有规定的除外。（《医疗机构病历管理规定（2013年版）》第20条）

四、医疗产品损害责任

（一）医疗产品损害责任的概念和特点

《民法典》第1223条规定："因药品、消毒产品、医疗器械的缺陷，或者输入不合格的血液造成患者损害的，患者可以向药品上市许可持有人、生产者、血液提供机构请求赔偿，也可以向医疗机构请求赔偿。患者向医疗机构请求赔偿的，医疗机构赔偿后，有权向负有责任的药品上市许可持有人、生产者、血液提供机构追偿。"据此，医疗产品损害责任，是指医疗机构在给患者诊疗的过程中使用具有缺陷的药品、消毒药剂、医疗器械或者输入不合格的血液而致患者损害，所产生的损害责任。它是一种特定状态的产品责任，属于产品责任的一部分，具体来说，有以下几个特点：

1. 它是适用于特殊医疗产品的责任

由于考虑到医疗产品损害责任与医疗的密切联系，因此，将其置于医疗损害责任部分。就一般的产品而言，如果是微小的缺陷（如外观上的瑕疵等），可能只会造成消费者在使用上的某些不便，但一般不会造成严重的损害后果。然而对于医疗产品而言，它往往直接作用于患者身体之上，甚至需要植入患者体内，其任何微小的缺陷都有可能给患者的身体造成极大的伤害，而进行检查、更换器材、康复治疗等过程，又将给患者带来极大的金钱损失，甚至还会给患者带来相当大的精神痛苦。因此，对于医疗产品缺陷的定义应当更为明确，其认定标准也应当更加严格，以求对医疗产品的生产者形成责任激励机制，促使其生产高质量的医疗产品。①

2. 它是在诊疗过程中发生的产品责任

医疗损害责任是否应当包括产品责任，对此存在不同看法。我们认为，医疗活动本身就要借助大量的医疗器械，对患者的治疗也需要借助于药物的作用。但是如果没有进行诊疗，而只是出售药物或医用器械等，则医院纯粹只是一个产品的销售者，对其应当直接适用《民法典》"产品责任"的规定。如果是在诊疗过程中因为医疗产品缺陷造成患者损害的，应当适用《民法典》"医疗损害责任"的规定。因此，《民法典》第1223条所规定的"患者"，必须是到医疗机构进行诊疗的患者，而不是没有任何诊疗行为、单纯只是购买医疗产品的消费者。故这种责任应该属于在诊疗过程中发生的产品责任。

3. 它是一种无过错责任

因诊疗而发生的损害赔偿责任，原则上都是过错责任，但对于《民法典》第1223条所规定的医疗产品损害责任来说，其适用应为无过错责任。《民法典》第1223条之所以这样规定，是因为任何微小的医疗缺陷产品都有可能给患者的身体造成极大的伤害，给患者带来极大的金钱损失，甚至还会给患者带来相当大的精神痛苦。同时，这样规定也和产品责任的归责原则保持一致，也有利于强化对患者人身权益的保护。

4. 它是一种不真正连带责任

缺陷产品的生产者和销售者之间承担的是不真正连带责任。《民法典》第1223条主要是按照产品责任制度的基本原则，确立了医疗机构和生产者的连带责任。因为受害人既可以向生产者，也可以向医疗机构请求赔偿。允许患者直接向医疗机构索赔，是因为医疗机构出售了药品等，其作为销售者原本应当承担产品责任。尤其是因为药品、消毒药剂、医疗器械的生产者和血液的供应者可能距离受害人过于遥远，要求医疗机构赔偿便于受害人主张权利。此外，药品等的生产者可能并不具有足够的赔偿能力。因此，法律应当赋予患者选择权，同时赋予医疗机构追偿权。但医疗产品责任与一般连带责任并不相同，此种责任大都存在终局责任者，一方承担责任后，可以向终

---

① 王利明：《侵权责任法》，中国人民大学出版社2021年版，第288—289页。

局责任者全部追偿，因此，医疗机构就医疗产品所承担的责任在性质上属于不真正连带责任。

（二）医疗产品损害责任的归责原则及责任构成

为了强化对患者的保护，规范产品责任归责的一致性，医疗产品损害责任的归责原则是无过错责任。这样，不仅保护了患者的合法权益，也让法律实现了体系化的要求。

医疗产品损害责任的构成，应当具备产品侵权责任的构成要件：

1. 因药品、消毒产品、医疗器械的缺陷及输入不合格血液造成患者损害

根据《民法典》第1223条的规定，医疗产品包括药品、消毒产品、医疗器械及血液。

（1）因药品缺陷造成患者损害。药品缺陷而导致的侵权，主要是指因假药或者劣药而造成患者损害。《药品管理法》第2条第2款规定：药品是指用于预防、治疗、诊断人的疾病，有目的地调节人的生理机能并规定有适应征或者功能主治、用法和用量的物质，包括中药、化学药和生物制品等。严格地讲，药品也是一种产品，是制药企业所生产的、向不特定消费者销售的产品。其特殊之处在于药品的功能不同于一般产品，不在于辅助人们的生活和生产或提升人们的生活品质，而在于治疗人体的疾病，使患者得到康复。药品不合格致人损害的责任在本质上也是一种产品责任，只是因为药品的使用一般都和诊疗活动密切结合在一起，所以，《民法典》没有将药品致人损害的责任置于产品责任之中，而是置于医疗损害责任之中加以规定。如果是医疗机构自行配制、生产的药剂造成他人损害，则医疗机构应当如同产品的生产者那样就该损害承担侵权责任。

（2）因消毒产品缺陷导致患者损害。《消毒管理办法》第45条第2款规定：消毒产品包括消毒剂、消毒器械（含生物指示物、化学指示物和灭菌物品包装物）、卫生用品和一次性使用医疗用品。因消毒产品缺陷导致患者损害责任，在构成要件上，首先必须是消毒产品本身不合格。消毒产品的主要功能是灭菌消毒，但如果本身存在缺陷，则不仅不能达到消毒的目的，而且可能造成患者新的损害。其次必须是医疗机构使用或销售的消毒产品。如果患者自己从市场上购买消毒药剂，就应当由患者自己负责。最后对患者的损害是因使用不合格的消毒产品而造成的。

（3）因医疗器械缺陷导致患者损害。医疗器械，系直接或者间接用于人体的仪器、设备、器具、体外诊断试剂及校准物、材料以及其他类似或者相关的物品。在诊疗过程中，医疗器械主要发挥对药品的辅助作用。但医疗器械不合格，也会造成对患者的损害，如心脏起搏器有缺陷不工作导致患者死亡。所以，医疗器械是一种典型的产品，生产医疗器械，应当符合医疗器械国家标准，没有国家标准的，应当符合医疗器械行业标准。

（4）因血液不合格造成患者损害。血液不合格是指用于诊疗用途的血液或血液制品不符合诊疗要求。血液要输入患者体内，直接与患者自身的血液融为一体，并经过心脏输送到全身，一旦血液不合格（如带有某种传染性病菌），则输入患者血管之后

将在极短的时间内输送到患者全身,从而造成无法弥补的损害。例如,许多艾滋病患者并非通过传统的艾滋病传播途径受到感染,而是因为输入带有艾滋病病菌的不合格血液而成为艾滋病病毒携带者。在我国,因为输血感染乙肝病毒等纠纷时有发生。如何认定医疗机构的责任和血液提供机构的责任成为实践中需要解决的重要问题。

2. 必须是在诊疗活动中的医疗产品导致患者损害

《民法典》在"医疗损害责任"部分专门规定医疗产品的责任问题,是因为这些医疗产品是在诊疗活动中使用的产品。如果患者在药店等地方自行购买了医疗产品,或者是医疗机构只开具了处方,患者自行从市场上购买了特定的药品,则属于普通的产品责任问题,不应当适用本条规定。

3. 必须是因为药品等的缺陷造成患者损害

这里的损害通常表现为,使患者的病情加重,导致患者死亡等。损害往往都是人身损害,包括精神损害。如果是因为医疗机构开具处方存在问题,则属于一般的医疗损害责任,而不是医疗产品责任。例如,在医疗机构开具的用药处方中,用药方案是错误的,没能做到对症下药,其开出的药物并不能治疗患者的病症,反而可能加重患者的病症甚至危害患者的健康,对于此种情形应当按照一般的医疗损害责任处理。

(三)医疗产品损害责任的承担

医疗产品损害责任的承担,包括对外承担与对内承担两个方面。

1. 医疗产品责任的对外承担

它系医疗机构在诊疗活动中因使用缺陷医疗产品而致患者损害,由有关责任主体对患者损害负责,并依法承担赔偿责任。

(1)患者具有选择责任主体承担的权利。《民法典》第1223条规定:患者既可以向药品上市许可持有人、生产者、血液提供机构请求赔偿,也可以向医疗机构请求赔偿。

(2)患者仅因缺陷医疗产品且医疗机构没有过错如根本不明知而遭受损害的,并将医疗机构和生产者、销售者同时起诉的,从节约有限的诉讼资源、提高诉讼效率、减轻当事人诉累等出发,宜并案处理,并可以直接适用最终规则,确定造成缺陷者承担赔偿责任,不必先让非造成缺陷者承担责任后再通过诉讼进行追偿,当然也可以判决造成缺陷者承担不真正连带责任,由非造成缺陷者先对患者承担赔偿责任后再对造成缺陷者进行追偿。

(3)《审理医疗损害责任案件解释》第22条规定:患者因缺陷医疗产品或者输入不合格血液与医疗机构的过错诊疗行为共同造成同一损害的,患者请求医疗机构与医疗产品的生产者或销售者、药品上市许可持有人承担连带责任的,应予支持。医疗机构或者医疗产品的生产者、销售者、药品上市许可持有人承担赔偿责任后,向其他责任主体追偿的,应当根据诊疗行为与缺陷医疗产品造成患者损害的原因力大小确定相应的数额。

(4)《药品管理法》第144条第3款规定:患者因生产的假药、劣药或者明知是假药、劣药仍然销售、使用的假药、劣药而在诊疗活动中遭受损害的,患者或者其近亲属除请求赔偿损失外,还可以请求支付价款 10 倍或者损失 3 倍的赔偿金;增加赔偿的金额不足 1000 元的,为 1000 元。《审理医疗损害责任案件解释》第 23 条规定:医疗产品的生产者、销售者、药品上市许可持有人明知医疗产品存在缺陷仍然生产、销售,造成患者死亡或者健康严重损害,被侵权人请求生产者、销售者、药品上市许可持有人赔偿损失及 2 倍以下惩罚性赔偿的,人民法院应予支持。

(5)《药品管理法》第 138 条规定:药品检验机构出具虚假检验报告、出具的检验结果不实,造成患者损失的,应当承担相应的赔偿责任。

(6) 医疗机构或其医务人员在诊疗活动外,给患者提供具有缺陷的药品、消毒产品、医疗器械等医疗产品,如患者在医疗机构诊断后根据诊断意见从其他地方如药品商店购买具有缺陷的医疗产品使用后造成损害的,由于诊断医疗机构或其医务人员并无类似于产品销售者的地位,也未从中获益,更无法控制、转嫁该医疗产品的风险,故不能让其承担医疗产品责任,[①] 此时应由生产、销售缺陷医疗产品的生产者、销售者或者医疗机构承担一般的产品责任;诊断医疗机构有过错的,则依过错承担医疗损害责任。

2. 医疗产品责任的对内承担

它系医疗机构在诊疗活动中因使用缺陷医疗产品而致患者损害,在有关责任主体对患者损害承担责任后,依法对造成医疗产品缺陷者进行追偿,让真正责任者最终承担侵权责任。对此,《民法典》第 1223 条规定:"患者向医疗机构请求赔偿的,医疗机构赔偿后,有权向负有责任的药品上市许可持有人、生产者、血液提供机构追偿。"其实,医疗产品的缺陷也可能因为医疗机构的保管等行为造成,若是这种情形,则应由医疗机构承担医疗产品责任,而不能再行追偿。此外,患者向医疗产品的生产者、销售者等请求损害赔偿的,生产者或者销售者承担责任后,也可以依法对造成医疗产品缺陷者如设计开发者、仓储运输者、医疗机构、出具不实检验报告者等予以追偿,让后者依法对自己的行为承担相应的责任。

[①] 最高人民法院民法典贯彻实施工作领导小组主编:《中华人民共和国民法典侵权责任编理解与适用》,人民法院出版社 2020 年版,第 471 页。

第十一章

环境污染和生态破坏责任

第一节　环境污染和生态破坏责任概述

一、环境污染和生态破坏责任的概念

(一) 环境污染的概念

环境，按照《环境保护法》第 2 条的规定，是指影响人类生存和发展的各种天然的和经过人工改造的自然因素的总体。它包括大气、水、海洋、土地、矿藏、森林、草原、湿地、野生生物、自然遗迹、人文遗迹、自然保护区、风景名胜区、城市和乡村等。既包括含有生命体如植物、动物、微生物形式的生命自然环境，又包括含有生命体形式的非生命自然环境，如空气、水土、矿藏等。环境污染是指被人们利用的物质或者能量直接或者间接进入环境，导致对自然的有害影响，以致危及人类健康、危害生命资源和生态系统，以及损害或者妨碍舒适性和环境的其他合法用途的现象。① 如此，人类实施的那些导致"被人们利用的物质或者能量直接或者间接进入环境"的行为，包括向大气、水、土壤和海洋等环境介质排放废气、废水、废渣、粉尘、垃圾、放射性物质、噪声、震动、恶臭等有毒有害物质，以及其他物质及能量的行为，便都属于污染环境的行为。简言之，环境污染，就是通过向环境中添加某些超过环境自身净化能力的物质、能量，以致环境功能受到影响甚至破坏，从而给生物的生长繁殖、人们的正常生活和身体健康乃至生命安全带来各种各样危害乃至损害的行为。

(二) 生态破坏的概念

生态，在不同场合中有不同的意义。在我国传统语义中，它常用来描绘美好、健康、和谐等的事物、举止、行为等，如南朝梁简文帝《筝赋》所绘"丹荑成叶，翠阴如黛。佳人采掇，动容生态"。现代意义上的"生态"(ecological) 一词，来源于古希腊"oikos"一词，意指"房屋""住所"或者"栖息地"，现指生物在一定的自然环境下生存和发展的状态，以及生物之间、生物与环境之间环环相扣的关系。换言之，生态是指生物群落和与之相互作用的自然环境以及其中的能量交流过程构成的动态系统，同时也指生物的生理特性和生活习性。生态破坏，是指对生态环境不合理地开发

---

① 汪劲：《环境法学》，北京大学出版社 2018 年版，第 149 页。

利用使得生态资源逐渐消失、毁坏、灭失，甚至采取直接损害、毁坏生态资源的形式危害大气、江河、山川、海洋、森林、土地、草原、草地、湿地、滩涂、自然保护区等生态环境，致使人类、动物、植物、微生物等的生存条件不断恶化的现象。水土流失、土壤沙化、气候变化异常、生物多样性减少、动植物质源和渔业资源枯竭，如此等等，就是生态遭受破坏的严重后果。乱捕滥猎、过度采挖珍稀动植物，乱砍滥伐、过度放牧，毁林造田、过度垦荒，围湖造田、填海造地，建设大坝导致流域生态系统破坏，开采矿产造成土地塌陷、水土流失，不合理地引进物种，破坏遗传（基因），等等，则是生态破坏的种种不同行为方式。①

（三）环境污染与生态破坏责任

环境污染与生态破坏责任，是指行为人实施的致使环境发生化学、物理、生物等特征上的不良变化，从而影响人类健康和生产生活，影响生物生存和发展的行为。行为人因其环境侵权行为造成他人人身、财产损害，或者造成生态环境公共利益的损害，依法应当承担的民事责任，即为环境污染与生态破坏责任。

长期以来，基于对环境污染损害及其防治迫切性的认知，我国环境立法一直将环境侵权的原因行为限定为污染环境。2010年实施的原《侵权责任法》采取这一做法，在第八章"环境污染责任"中用4个条文对污染环境侵权责任作了规定。直至2014年修订《环境保护法》，这一状况方得以改变。修订后的《环境保护法》第64条规定，"因污染环境和破坏生态造成损害的，应当依照《中华人民共和国侵权责任法》的有关规定承担侵权责任"，采用引致的立法技术将破坏生态行为纳入原《侵权责任法》的调整范围。《关于审理环境民事公益诉讼案件适用法律若干问题的解释》以及《关于审理环境侵权责任纠纷案件适用法律若干问题的解释》，均将污染环境和破坏生态并列作为承担环境侵权责任的原因行为。《民法典》第1229条对原《侵权责任法》第65条的修改，从民事基本法层面扩大了环境侵权原因行为的范围，弥补了原《侵权责任法》只规定污染环境侵权责任而没有规定破坏生态侵权责任的缺陷。《民法典》"侵权责任编"的这一修改，既是对我国生态环境治理需要的立法回应，也是对环境资源法学理论研究与司法实践经验的总结吸收。

环境污染与生态破坏，最终结果都会造成生态环境功能的减弱、恶化乃至一些自然资源的消失，在本质上均为不正当、不合理使用生态环境资源的行为。不过，作为两种不同的行为，它们之间还是存在着这样或那样的区别，主要表现在行为方式上：前者行为方式的基本特征表现为"过度排放"，通常是由于人类活动直接或者间接向环境排入超过环境自净能力的物质和能量，导致部分环境及其资源恶化、功能削弱、退化甚至消失，对人类的正常生活、生存和发展造成影响、威胁及危害；后者即破坏生态行为方式的基本特征乃为"过度索取"，一般为人类超过生态环境及其资源所能承受的限度，过度、过量地向自然索取物质和能量或者不合理地使用自然资源，使得

---

① 最高人民法院环境资源审判庭编著：《最高人民法院关于环境民事公益诉讼司法解释理解与适用》，人民法院出版社2015年版，第30—33页。

生态环境遭受损害、灭失进而影响、威胁以及危及人类的生存和发展。显然，两种不同行为相互联系、相互作用，有时还互为因果，如严重的环境污染造成动植物死亡、灭失等以致生态受到破坏；而生态环境及其资源遭受破坏的同时，又会降低环境通过各种资源对危害物质等进行净化、处理的能力，导致环境功能减弱，久而久之又使得这些净化危害物质的资源损毁灭失，形成新的生态破坏。[1] 有的本身，就同时兼有两者的性质，如向耕地大量倾倒放射性废物，致使耕地完全毁损破坏，同时又对环境造成污染，既可归于生态破坏行为，又可归于环境污染行为。故环境保护的要求是，既要防范、惩治环境污染，又要规制、处置生态破坏，两者兼顾，不可偏废。

二、环境污染、生态破坏致人损害责任的归责原则

1. 环境污染致人损害责任的归责原则

对于环境污染致人损害责任，采用无过错责任原则，无论是理论界还是实践界，都不存在争议。

（1）从环境污染行为主体考虑，实行无过错责任，不论其是否具有过错，仅以其污染行为的结果让其承担责任，加重其责任负担，有利于促使有关人员依法履行自己应尽的环境保护义务，防范、控制环境污染行为的不断发生。尤其是在环境污染行为还较为严重、存在尚比较普遍的情况下，更是如此。

（2）从环境污染致害行为的受害人方面来说，倘若实行过错责任，则要由受害人对环境污染人是否具有过错承担举证责任，那么，环境污染行为涉及诸多复杂、专业、技术等问题，受害人往往难以承担此种举证责任从而使得自己所遭受的损害无法得到赔偿。另外，因为环境污染造成他人损害的，受害者通常众多，众人因环境污染这一大家公认的公害遭受损害得不到赔偿，不仅不公平，有关矛盾也难以平息，进而会扩大矛盾，危害社会的和谐与稳定。但是，适用无过错责任，则可以减轻被侵权人的举证责任，自然更利于保护受害人的合法权益，并可以解决源于受害人损害的仅仅因为并非受害人自身原因的举证不能导致不能获得公平救济所产生的一系列问题。

（3）环境污染行为，常常发生在生产经营尤其是工业化的生产经营中，之所以造成环境污染，主要还是因为不依法或者不严格依法而为，如不使用能够控制环境污染的生产经营设备，不按照有关工艺、生产程序操作，不按照规定的排放标准过度排放污染物质等。在通常一时难以造成而需长期反复实施污染行为才能造成他人损害的情况下，污染环境者也就谋取了巨大利益，此时若还让其承担过错责任，要求受害人对其长期置法律于不顾并对公共环境造成污染、危害的行为承担因为环境污染本身的复杂性等客观原因而无法承担的举证责任，自然有失公平。

（4）在比较法上，对环境污染致人损害责任取无过错责任，为基本立法趋势。① 英美法系国家，以美国为代表，20世纪70年代以来，就以环境专门立法的形式对

---

[1] 最高人民法院民法典贯彻实施工作领导小组主编：《中华人民共和国民法典侵权责任编理解与适用》，人民法院出版社2020年版，第502—503页。

环境污染损害赔偿确立了无过错责任这一严格责任原则。② 大陆法系国家，以德国为代表，将环境侵权分为环境一般侵权与环境特殊侵权。前者指人们的日常活动或者企业无须政府许可的营业活动引起的环境侵害，如使用煤气、蒸汽、臭气、烟气、煤烟、热气、噪声、震动等给他人造成的妨害超出预期的程度，受害人可以要求适当的金钱赔偿，但实行过错责任原则，侵害造成的后果仅限于精神层面，而不涉及生命、身体、健康、自由和财产权利；后者为经政府许可的营业活动所引起的环境侵权，以专门性法律如《德国公害防治法》《德国水利法》《德国环境责任法》《德国联邦固体废弃物防治和固体废弃物管理法》等，将其作为高度危险责任加以规制。③ 大陆法系中的日本。日本认为，公害①及环境污染侵权以过错责任为原则，以无过错责任为例外。"凡公害及环境污染民事损害适用无过错责任的，需要有特别单行环境法律规定，如《日本水污染防治法》第19条规定，伴随企业的活动排放含有有害物质的废水或废液，或者向地下渗透而危害了人的生命和身体时，与该排放或向地下渗透有关的企业，应该承担由此引起的损害责任。《日本核损害赔偿法》第3条第1款规定，由核反应堆的运行造成损害，无论核设施营运人有无过失，均由该营运人承担损害责任。"② 即便如此，对于特定领域主要是工业领域极为严重的环境污染行为还是采无过错责任原则。

（5）我国有关环境保护的专门性法律，对环境污染致人损害责任进行规定时，均明确实行无过错责任。如《水污染防治法》第96条第1款规定："因水污染受到损害的当事人，有权要求排污方排除危害和赔偿损失"；《大气污染防治法》第125条规定："排放大气污染物造成损害的，应当依法承担侵权责任"；《民法典》第1229条规定："因污染环境、破坏生态造成他人损害的，侵权人应当承担侵权责任"。对此，《审理环境侵权案件解释》第1条第1款亦规定："因污染环境、破坏生态造成他人损害，不论侵权人有无过错，侵权人应当承担侵权责任。"

2. 生态破坏致人损害责任的归责原则

对此，理论界曾经存在不同看法，最后立法机关选择了无过错责任归责原则。

（1）与环境污染一样，生态破坏均属危害环境的侵害行为，对其给他人造成损害所生责任的归责原则，实行同一原则，理所当然。

（2）生态破坏与环境污染，作为环境侵害的两种不同的具体表现形式，虽存在一定的区别，表现出各自的属性，一个主要表现为"过度排放"，一个基本体现为"过度索取"。然而，不管是"过度排放"还是"过度索取"，两者均为无视生态环境的自然规律、承载能力的过度的、不合理的、不正当的利用，并相互影响，且有时互为因果。正因为如此，在生态破坏责任未被侵权责任法律规范明确规制时，《环境保护法》第64条将破坏生态致人损害责任作为环境污染致人损害的一种情形，《民法典》现将其独立为一种生态破坏致人损害责任，并与环境污染致人损害责任并列规定于同

---

① 日本1967年制定的《公害对策基本法》规定：公害，系指较大规模的污染环境的行为。
② 黄薇主编：《中华人民共和国民法典侵权责任编释义》，法律出版社2020年版，第177—179页。

一条文中，若适用不同的归责原则，难以自圆其说。

（3）生态破坏行为，不少还表现为直接对构成环境资源的要素，如野生动物、土地、草原、名胜古迹等的污损、毁灭，让之消失、灭亡，对生态环境资源链的侵害，让其某些环节明显失衡、功能不足，甚至完全中断，其危害性与一些较为缓慢而致环境资源逐渐弱化、丧失功能乃至损毁的环境污染行为相比，有过之而无不及，如若给他人造成损害，举轻以明重，对之自然更应适用无过错责任原则，而不是适用过错责任原则。

三、环境污染、生态破坏致人损害责任的构成要件

（一）行为人实施了环境污染和生态破坏行为

没有这两种行为，自然不能构成环境污染、生态破坏致人损害责任。这两种行为，在法律层面上，均属于违反有关环境保护的法律、行政法规、部门规章的行为，或向环境过度排放污染危害物质，或对生态资源过度获取、利用，致使环境生态资源功能降低、损害甚至毁损、灭失，直接给他人造成损害的，行为人固然需要依法承担损害赔偿等侵权责任。

（二）造成了他人遭受损害的结果

（1）他人遭受损害乃是环境污染、生态破坏致人损害责任产生的必要基础，没有这一损害结果，就不存在构成这两种责任问题。当然，不构成这种侵权责任，并不意味着不构成侵权，对于没有造成致他人损害而给他人带来危险或者危害的环境污染或生态破坏行为，则应根据以下规定依法承担非损害赔偿责任的侵权责任：《民法典》第995条规定即"人格权受到侵害的，受害人有权依照本法和其他法律的规定请求行为人承担民事责任。受害人的停止侵害、排除妨碍、消除危险、消除影响、恢复名誉、赔礼道歉请求权，不适用诉讼时效的规定"；第1166条规定即"行为人造成他人民事权益损害，不论行为人有无过错，法律规定应当承担侵权责任的，依照其规定"；第1167条规定即"侵权行为危及他人人身、财产安全的，被侵权人有权请求侵权人承担停止侵害、排除妨碍、消除危险等侵权责任"；等等。

（2）这种损害是指生产经营服务过程中的环境污染或生态破坏行为所产生的损害。倘若不是这种损害，而是相邻关系人因为日常生活等的环境污染或生态破坏的行为所产生的侵权责任，不应以环境污染、生态破坏致人损害责任加以处理。对此，《民法典》第294条规定："不动产权利人不得违反国家规定弃置固体废物，排放大气污染物、水污染物、土壤污染物、噪声、光辐射、电磁辐射等有害物质。"不动产权利人实施上述规定的行为给相邻人造成侵害的，则按侵害相邻关系所产生的责任处理。而对相邻关系侵害所产生的侵权责任，属于一般侵权责任，为过错责任，应当根据《民法典》第1165条第1款关于"行为人因过错侵害他人民事权益造成损害的，

应当承担侵权责任"的规定等依法承担侵权责任。① 对此,《审理环境侵权案件解释》第 17 条第 2 款明确规定,相邻污染侵害纠纷不适用本解释。

（3）这种损害结果既包括给自然人造成的身体健康乃至生命的损害,以及由此带来的精神损害,也包括对自然人、法人或非法人组织造成的财产损害。但就遭受损害的主体而言,仅属特定个人、法人或非法人组织,不包括因自身行为造成本身损害的环境污染者或者生态破坏者。环境污染者或者生态破坏者为法人或非法人组织的,其中的工作人员因环境污染、生态破坏所遭受的损害,属于环境污染者或者生态破坏者本身的损害,不属于环境污染、生态破坏致人损害责任的损害,乃属于劳动者所遭受的损害,应适用《劳动法》《职业病防治法》《工伤保险条例》等法律规范进行损害赔偿,而不能适用环境污染、生态破坏致人损害责任。对此,《审理环境侵权案件解释》第 17 条第 2 款明确规定,劳动者在职业活动中因受污染损害发生的纠纷,不适用本解释。

（4）这种损害不包括对非特定主体的环境生态本身所造成的损害。重大的环境污染事故或者严重的生态破坏行为,在对他人人身财产造成损害的同时,往往也会对并非属于特定主体的公共资源尤其是公共环境或者生态造成损害。相对于环境污染、生态破坏致人损害责任中的他人损害而言,这种损害属于公共利益的损害。对此,环境污染者、生态破坏者应当按照《民法典》第 1230—1235 条等的规定以环境污染致人损害责任或者生态破坏致人损害责任承担侵权责任。

（三）损害结果与环境污染或生态破坏侵害他人民事权益的行为之间存在着因果关系

这种因果关系,既可能是一因一果关系,即环境污染、生态破坏行为乃是造成他人损害的唯一原因,也可能是多因一果关系,也就是环境污染、生态破坏行为乃是造成他人损害的部分原因,而非全部原因。无论是全部原因还是部分原因,只要构成了他人损害结果的原因力,不论环境污染者或者生态破坏者是否具有过错,也不论其他原因如何,都要对这一损害承担赔偿责任。即使因第三人的过错而致环境污染、生态破坏并致他人损害的,也不能例外。只是若因受害人要求承担损害赔偿责任的,则在承担损害赔偿责任后有权依法向第三人进行追偿。

第二节　环境污染和生态破坏的行为方式

一、环境污染行为方式

（一）大气污染行为方式

大气污染是指因自然现象或人为活动使某种物质进入大气而导致其化学、物理、

---

① 参见最高人民法院民法典贯彻实施工作领导小组主编:《中华人民共和国民法典侵权责任编理解与适用》,人民法院出版社 2020 年版,第 514 页。

生物或者放射性等方面的特性改变，造成一定区域的空气质量恶化以及大气功能弱化、衰退，并使得人们的身体健康甚至生命、财产及其安全遭受影响、危害以致损害的现象。

根据《大气污染防治法》的有关规定，大气污染行为方式主要有：（1）需要排污许可的单位无证排污；（2）使用国家禁用等的不能有效控制污染产生的设备设施、工艺方法、产品导致污染；（3）在国家禁止或者限制控制排污的地方排污；（4）排放禁止排放的物质，或者超标准、超限量排放限制排放的污染物；（5）其他在生产保存运输过程中违反有关规定排放污染物的行为。

（二）水污染行为方式

根据《水污染防治法》第102条第1项的规定，水污染是指水体因某种物质的介入，而导致其化学、物理、生物或者放射性等方面特性的改变，从而影响水的有效利用，危害人体健康或者破坏生态环境，造成水质恶化的现象。

根据《大气污染防治法》的有关规定，水污染行为方式主要有：（1）需要排污许可的单位无证排污；（2）使用国家禁用等的不能有效控制污染产生的项目，以及设备设施、工艺方法、产品导致污染；（3）在国家禁止或者限制控制排污的地方排污；（4）排放禁止排放的物质，或者超标准、超限量排放限制排放的污染物质；（5）不采取防漏等有关措施，造成地下水污染；（6）其他在生产保存运输过程中违反有关规定排放污染物的行为。

（三）土壤污染行为方式

土壤污染行为主要是指采取堆置、排放等方式向土壤输入污染物的行为，涉及诸多环境保护法律规定，如违反《水污染防治法》第53条、第54条、第56条、第58条的规定，向农田灌溉渠道排放工业废水或者医疗污水，或排放城镇污水以及未综合利用或者进行无害化处理的畜禽养殖粪便、废水、农产品加工废水，或农田灌溉用水不符合相应的水质标准的水；或者过量使用农药、化肥，或者使用国家禁止使用、过期的农药、化肥，或使用不符合产品质量标准和使用标准的农药、化肥。又如，违反《固体废物污染环境防治法》第72条、第120条第2项的规定，擅自向土壤及其周围倾倒、堆放、丢弃、遗撒城镇污水处理设施产生的污泥和处理后的污泥，或含有含量超标的重金属或者其他有毒有害物质的污泥及可能造成土壤污染的清淤底泥，或者在生态保护红线区域、永久基本农田集中区域和其他需要特别保护的区域，建设工业固体废物、危险废物集中贮存、利用、处置的设施、场所和生活垃圾填埋场等造成土壤污染。再如，违反《森林法》第39条第2款的规定，向林地排放重金属或者其他有毒有害物质含量超标的污水、污泥，以及可能造成林地污染的清淤底泥、尾矿、矿渣等。

（四）电子废物污染行为方式

电子废物污染系指人们在对电子废物的拆解、利用、处置等过程中产生的有毒有害物质给环境造成的污染。拆解是指不包括产品或者设备维修、翻新、再制造过程中的拆卸行为在内的,以利用、贮存或者处置为目的,通过人工或者机械的方式对电子废物进行的拆卸、解体活动;利用则为不包括对产品或者设备的维修、翻新和再制造在内的,从电子废物中提取物质作为原材料或者燃料的活动。

根据《电子废物污染环境防治管理办法》有关规定,电子废物污染行为主要有:(1)未经批准许可无证拆解、利用、处置电子废物,产生污染;(2)使用国家禁用或者达不到电子废物污染防治要求等的不能有效控制污染产生的项目,以及设备设施、工艺方法、产品处置电子废物,导致污染;(3)在国家禁止或者限制控制处置的地方处置电子废物;(4)排放不符合排放电子废物污染物标准的电子废物;(5)拆解、利用、处置电子废物单位的其他电子废物污染行为;(6)电子电器产品、设备的生产者、经营者违反规定造成电子废物污染。

(五)固体废物污染行为方式

固体废物污染是指在对放射性固体废物以外的固体废物予以贮存、利用、处置或者进行其他活动的过程中,违反有关规定,不按程序操作,致使固体废物流入、暴露于海洋环境之外的其他环境而造成污染或者破坏的行为。贮存,是指将固体废物临时置于特定设施或者场所中的活动;利用,系从固体废物中提取物质作为原材料或者燃料的活动;处置,指将固体废物焚烧或者用其他改变固体废物的物理、化学、生物特性的方法,达到减少已产生的固体废物数量、缩小固体废物体积、减少或消除其危险成分的活动,或将固体废物最终置于符合环境保护规定要求的填埋场的活动。

根据《固体废物污染环境防治法》的规定,固体废物污染行为方式主要有:(1)未经批准许可无证产生、贮存、运输、处置废弃物,或者不按许可证的规定产生、贮存、运输、处置废弃物,造成污染;(2)使用国家禁用或者达不到控制产生严重污染环境的工业固体废物量的落后生产项目,以及设备设施、工艺方法、产品,导致污染;(3)在国家禁止或者限制倾倒、丢弃、处置等的地方倾倒、处置固体废物;(4)有关危险废物处置的污染行为;(5)有关医疗卫生危险废物处置的污染行为;(6)有关工业废物、建筑废物处置的污染行为;(7)有关农用废物处置的污染行为;(8)有关生活垃圾废物处置的污染行为;(9)单位和其他生产经营者违反固体废物管理其他要求,污染环境。

(六)噪声污染行为方式

根据《噪声污染防治法》第2条的规定,噪声污染是指超过噪声排放标准或者未依法采取防控措施产生噪声,并干扰他人正常生活、工作和学习的现象。其中的噪声,是指在工业生产、建筑施工、交通运输和社会生活中产生的干扰周围生活环境的声音,包括工业噪声(工业生产活动中产生的干扰周围生活环境的声音)、建筑施工噪声(在建筑施工过程中产生的干扰周围生活环境的声音)、交通运输噪声(机动车、铁路机车车辆、城市轨道交通车辆、机动船舶、航空器等交通运输工具在运行时产生的干扰周围生活环境的声音)、社会生活噪声(人为活动产生的除工业噪声、建筑施工噪声和交通运输噪声之外的干扰周围生活环境的声音)等。至于噪声排放,根据《噪声污染防治法》第88条第1项的规定,则是指噪声源向周围生活环境辐射噪声。

根据《噪声污染防治法》有关规定，噪声污染行为主要有：（1）使用国家禁用或者达不到噪声污染防治要求的不能有效控制污染产生的项目，以及设备设施、工艺方法、产品，导致污染；（2）在禁止或者限制控制排放的地方排放噪声；（3）不采取减轻噪声措施，排放不符合噪声防治标准的噪声。

（七）光污染行为方式

光污染是指作为环境污染物的燥光对环境所造成的污染，包括书本纸张、电脑电视屏幕、墙面涂料、境面建筑的反光、路边彩色广告的"光芒"等能对人的视觉环境和身体健康产生的诸如眩晕不适、视觉障碍、视感错乱甚至暂时性失明等不良影响的事物，包括白亮污染、人工白昼与彩光污染。

（1）白亮污染。使人长时间处于白亮强光的照射刺激下，就会造成视网膜水肿、模糊甚至破坏视网膜上的感光细胞，引起视疲劳和视力下降。有的突然遭受强光照射，如建筑物的玻璃幕墙将光反射到车内，高速上设置的强烈白光照射，对面车辆的远光灯直射等，可能会造成司机突发性视力错觉甚至暂时性失明，以致引发交通事故。

（2）人工白昼，不仅使得城市夜晚星空消失，而且诸如路灯、照明灯、装饰灯、广告灯、霓虹灯、远射灯、车照灯等各种各样的灯造成城市夜如白昼，从而影响生物体长期进化形成的生物钟节律，如植物茎叶变色、花芽不能正常形成，严重者甚至枯死；在夜间活动的昆虫、鸟类的正常活动环境受到破坏，影响其正常的生长繁殖；人则容易失明，致使白天工作效率低下。

（3）彩光污染，如一些歌舞厅里的超过极限的激光辐射压的高密集热性光束，通过眼睛晶状球体集中于视网膜时可在聚光点形成高达70℃的温度，不但会致人的视力受损，而且还会使人出现头痛头晕、出冷汗、神经衰弱、失眠等大脑中枢神经系统的疾病；要是长期遭受彩光照射，则会不同程度地引起倦怠无力、头晕、性欲减退、阳痿、月经不调、神经衰弱等身心方面的病患。

关于光污染的法律规范很少，目前只有原文化部1994年1月18日发布的《歌舞厅照明及光污染限定标准》这一行业标准对歌舞厅中的有关光污染标准作了一定规范。最高人民法院将光污染责任纠纷列为一类，说明这种纠纷应当具有一定的量，有关规范及其纠纷的解决还需要在司法实践经验的基础上加以总结、升华。

（八）放射性污染行为方式

放射性污染是指由于人类活动造成物料、人体、场所、环境介质表面或者内部出现超过国家标准的放射性物质或者射线而产生的污染。其中，某些物质的原子核能发生衰变，会产生并放射出一些人们肉眼感觉不到，只能借助于专门仪器才能探测到的射线的特性，被称为放射性，放射出的射线有α射线、β射线和γ射线3种。放射性物质，则是指能够自然发出射线向外辐射能量的物质，如钚、铀等。人或动物，受到大剂量射线的照射会遭受损害，在400rad的照射下，有5%的人会死亡；照射量若达

650rad，则100%的人会死亡。受到放射性物质的照射，剂量不大的，所受损害一时感觉不出，如照射量150rad以下的，其损害要经过很多年，通常要在20年以后才能表现出一些症状。尤其是辐射会对人的遗传物质造成损害，引起基因突变和染色体畸变，受害的不仅是本人，还可能影响后代。

根据《放射性污染防治法》的有关规定，放射性污染行为方式主要有：（1）未经批准许可无证经营、贮存、处置核设施、放射性物质或废料，造成污染；（2）使用国家禁用或者达不到放射性污染防治要求的项目，以及设备设施、工艺方法、产品，导致污染；（3）违反规定排放放射性废气、废液；（4）生产、贮存、处置放射性物质及其废物，不符合国家规定。

（九）海洋环境污染行为方式

海洋环境污染是指直接或者间接地把物质或者能量引入海洋环境，产生损害海洋生物资源、危害人体健康、妨害渔业和海上其他合法活动、损害海水使用素质和减损环境质量等有害影响。其中的海洋环境，包括我国内水、领海、毗连区、专属经济区、大陆架以及我国管辖的其他海域。

根据《海洋环境保护法》的有关规定，海洋环境污染行为方式主要有：（1）未经批准许可无证向海洋倾倒废弃物，或者不按许可证的规定向海洋倾倒废弃物；（2）使用国家禁用或者达不到海洋环境保护要求等的不能有效控制污染产生的项目，以及设备设施、工艺方法、产品，导致污染；（3）在国家禁止或者限制控制排放的地方排放污染物；（4）排放禁止排放的物质，或者超标准、超限量排放污染物；（5）海上作业违反有关规定实施的污染海洋环境行为；（6）其他污染海洋环境的行为，如在海上焚烧废弃物、引进海洋动植物物种，不进行科学论证，对海洋生态系统造成危害等。

二、生态破坏行为方式

（一）破坏森林资源

根据《森林法》第83条规定，森林包括乔木林、竹林和国家特别规定的灌木林，按照用途，可以分为防护林、特种用途林、用材林、经济林和能源林。根据《森林法实施条例》第2条的规定，森林资源包括森林、林木、林地以及依托森林、林木、林地生存的野生动物、植物和微生物。森林，包括乔木林和竹林。众所周知，森林资源，具有蓄水保土、调节气候、改善环境、维护生物多样性和提供林产品等多种功能。因此，国家不断强化对森林资源的保护，在不同自然地带的典型森林生态地区、珍贵动物和植物生长繁殖的林区、天然热带雨林区和具有特殊保护价值的其他天然林区，建立以国家公园为主体的自然保护地体系，加强保护管理；支持生态脆弱地区森林资源的保护修复；要求县级以上人民政府采取措施对具有特殊价值的野生植物资源予以保护。

破坏森林资源行为的主要方式有：（1）非法占有林地或者改变林地用途。（2）实施《森林法》禁止的直接破坏森林资源的行为，如在幼林地砍柴、毁苗、放牧造成林木毁坏。（3）盗伐林木。所谓盗伐，是指以非法占有为目的而实施的擅自砍伐国家、集体、他人所有或者他人承包经营管理的森林或者其他林木，或者擅自砍伐本单位或者本人承包经营管理的森林或者其他林木，或者在林木采伐许可证规定的地点以外采伐国家、集体、他人所有或者他人承包经营管理的森林或者其他林木的行为。(4) 滥伐森林。其中的滥伐，系指违反《森林法》的规定，实施的未经林业行政主管部门及法律规定的其他主管部门批准并核发林木采伐许可证，或者虽持有林木采伐许可证，但违反林木采伐许可证规定的时间、数量、树种或者方式，任意采伐本单位所有或者本人所有的森林或者其他林木，或者超过林木采伐许可证规定的数量采伐他人所有的森林或者其他林木的行为。(5) 未依法完成更新林木。采伐林木的组织和个人不按照有关规定完成更新造林，或者更新造林的面积少于采伐的面积，或者更新造林未达到相关技术规程规定的标准等。

(二) 破坏野生动物资源

根据《野生动物保护法》第2条第2款、第3款规定，野生动物是指珍贵、濒危的陆生、水生野生动物和有重要生态、科学、社会价值的陆生野生动物；野生动物及其制品，是指野生动物的整体（含卵、蛋）、部分及其衍生物。野生动物资源属于国家所有。国家保障依法从事野生动物科学研究、人工繁育等保护及相关活动的组织和个人的合法权益。国家保护野生动物及其栖息地。县级以上人民政府应当制定野生动物及其栖息地相关保护规划和措施，并将野生动物保护经费纳入预算。国家鼓励公民、法人和其他组织依法通过捐赠、资助、志愿服务等方式参与野生动物保护活动，支持野生动物保护公益事业。国家对野生动物实行分类分级保护。国家对珍贵、濒危的野生动物实行重点保护。国家重点保护的野生动物分为一级保护野生动物和二级保护野生动物。

破坏野生动物资源行为的主要方式有：(1) 违法建设有害于野生动物资源的项目，甚至破坏野生动物栖息地；(2) 违反国家有关猎捕许可、禁猎区、禁猎期、禁猎工具、方法等猎捕野生动物；(3) 违法生产、买卖、运输、食用野生动物及其制品；(4) 违法引进、进口野生动物及其制品或者人工繁育野生动物；(5) 其他破坏野生动物资源的行为，如在人工繁育国家重点保护野生动物中破坏野外种群资源，或者不根据野生动物习性确保其具有必要的活动空间和生息繁衍、卫生健康条件，具备与其繁育目的、种类、发展规模相适应的场所、设施、技术，或者虐待野生动物。

(三) 破坏水资源

根据《水法》第2条第2款的规定，水资源包括地表水和地下水。水资源为国家所有，农村集体经济组织的水塘和由农村集体经济组织修建管理的水库中的水，则归各农村集体经济组织使用。对于水资源，国家采取有效措施，保护植被，植树种草，涵养水源，防治水土流失和水体污染，改善生态环境。基于水资源严重缺乏的事实，国家厉行节约用水，大力推行节约用水措施，推广节约用水新技术、新工艺，发展节水型工业、农业和服务业，建立节水型社会，要求各级人民政府采取措施，加强对节约用水的管理，建立节约用水技术开发推广体系，培育和发展节约用水产业；单位和个人亦有节约用水的义务；跨流域调水，则要求进行全面规划和科学论证，统筹兼顾调出和调入流域的用水需要，防止对生态环境造成破坏。

破坏水资源行为的主要方式有：(1) 擅自进行有关工程建设，或者工程建设项目不符合节约用水、防洪、水运等的要求，如在河道管理范围内建设桥梁、码头和其他拦河、跨河、临河建筑物、构筑物，铺设跨河管道、电缆，不符合国家规定的防洪标准和其他有关的技术要求。(2) 在水生生物洄游通道、通航或者竹木流放的河流上修建永久性拦河闸坝，建设单位未同时修建过鱼、过船、过木设施，或者没有采取经国务院授权的部门批准采取的其他补救措施并妥善安排施工和蓄水期间的水生生物保护、航运和竹木流放；在不通航的河流或者人工水道上修建闸坝后可以通航，闸坝建设单位不同时修建过船设施或者预留过船设施位置。(3) 使用国家明令禁止的高耗水量的工艺、设备及产品。如生产、销售或者在生产经营中使用国家明令淘汰的落后的、耗水量高的工艺、设备和产品。(4) 破坏水工程及其有关水资源的保护设备、设施。(5) 在水资源区域实施法律禁止进行的行为，或者未经允许实施进行的行为。(6) 其他破坏水资源的行为。

（四）破坏海洋资源

海洋资源是指形成和存在于海水或海洋中的有关资源，包括海水中生存的生物，溶解于海水中的化学元素，海水波浪、潮汐及海流所产生的能量、贮存的热量，滨海、大陆架及深海海底所蕴藏的矿产资源，以及海水所形成的压力差、浓度差等。

根据《海洋环境保护法》的规定，破坏海洋资源的行为方式主要有：(1) 违反《海洋环境保护法》规定，破坏红树林、珊瑚礁、滨海湿地、海岛、海湾、入海河口、重要渔业水域等具有典型性、代表性的海洋生态系统，珍稀、濒危海洋生物的天然集中分布区，具有重要经济价值的海洋生物生存区域及有重大科学文化价值的海洋自然历史遗迹和自然景观；(2) 毁坏海岸防护设施、沿海防护林、沿海城镇园林和绿地；(3) 在依法划定的海洋自然保护区、海滨风景名胜区、重要渔业水域及其他需要特别保护的区域，从事污染环境、破坏景观的海岸工程项目建设或者其他活动；(4) 兴建海岸工程建设项目，没有有效措施保护国家和地方重点保护的野生动植物及其生存环境和海洋水产资源；(5) 海洋工程建设项目进行爆破作业未采取有效措施，保护海洋资源；(6) 开发海岛及周围海域的资源，不采取严格的生态保护措施，造成海岛地形、岸滩、植被以及海岛周围海域生态环境的破坏；(7) 海洋石油勘探开发及输油过程中，未采取有效措施避免溢油事故的发生等。

（五）破坏渔业资源

渔业资源是指水域中可以作为渔业生产经营对象以及具有科学研究价值的水生生物的总称，是一种可再生的生物资源。为此，国家专门立法强化渔业资源的保护，要求在我国的内水、滩涂、领海、专属经济区以及我国管辖的一切其他海域从事养殖和捕捞水生动物、水生植物等渔业生产活动，都必须遵守《渔业法》的有关规定。在鼓励全民所有制单位、集体所有制单位和个人充分利用适于养殖的水域、滩涂，发展养殖业的同时，要求各级人民政府采取措施，保护和改善渔业水域的生态环境，防止污染。

破坏渔业资源行为的主要方式有：(1) 未获许可擅自捕捞渔业资源或者虽获许可而不按许可捕捞渔业资源；(2) 违法在禁渔区、禁渔期、用禁用工具或者方法等捕捞渔业资源；(3) 违法从事渔业生产、经营以及鱼苗进出口、生产；(4) 其他破坏渔业资源的行为，如在鱼、虾、蟹、贝幼苗的重点产区直接引水、用水，不采取避开幼苗的密集期、密集区或者设置网栅等保护措施，保护苗种。

（六）破坏土地资源

土地资源是指可以供农、林、牧业或者其他用途的土地，为人类生存的基本资料。按照不同的标准，土地资源可以作不同的分类，如以地形为标准，可以分为高原、山地、丘陵、平原、盆地。一般而言，山地宜发展林牧业，平原、盆地宜发展耕作业。以可以开发利用的功能为标准，可以分为耕地、林地、草地、工矿交通居民点用地等；宜开发利用土地、宜垦荒地、宜林荒地、宜牧荒地、沼泽滩涂水域等；暂时难利用土地，如戈壁、沙漠、高寒山地等。

根据《土地管理法》等规定，破坏土地资源的行为主要包括：(1) 直接损毁土地，使之完全丧失土地原有功能的行为，如占用耕地建窑、建坟或者擅自在耕地上建房、挖砂、采石、采矿、取土等，破坏种植条件，或者因开发土地造成土地荒漠化、盐渍化；(2) 未经依法批准而非法占用土地的行为，如未经批准或者采取欺骗手段骗取批准，非法占用土地，或者违反土地利用总体规划擅自将农用地改为建设用地，或者超过批准的数量多占用土地；(3) 非法占用、破坏耕地的行为；(4) 其他破坏土地资源的行为，如对破坏生态环境开垦、围垦的土地，不根据土地利用总体规划有计划、有步骤地退耕还林、还牧、还湖。

（七）破坏草原资源

草原资源，作为草原、草山及其他一切草类的生物性资源的总称，包括野生草类和人工种植草类，具有生产功能、防护功能和环境功能，是动物饲养业赖以发展的物质基础，对调节气候、防风固沙、涵养水源、保护水土以及美化环境、净化空气、防治公害等具有十分重要的作用。

根据《草原法》规定，破坏草原资源的行为主要包括：(1) 未经批准擅自占用草原或者改变草原用途或者进行有关活动；(2) 在草原上进行非法开垦等法律禁止的活动，如对水土流失严重、有沙化趋势、需要改善生态环境的已垦草原，拒不退耕还草，或者对已造成沙化、盐碱化、石漠化的草原，妨碍治理；(3) 不按照有关规定从事牧业等生产，如在草原上种植牧草或者饲料作物，不符合草原保护、建设、利用规划，造成草原沙化和水土流失；(4) 其他破坏草原的行为，如未经全国草品种审定委员会审定并由国务院草原行政主管部门公告后推广新草品种，或者从境外引进草种不依法进行审批，造成草原其他植物损害。

（八）破坏湿地资源

湿地资源是指与湿地相关的所有资源。其中的湿地，是指具有显著生态功能的自然或者人工的、常年或者季节性积水地带、水域，包括低潮时水深不超过6米的海域，但是水田以及用于养殖的人工的水域和滩涂除外。

根据《湿地保护法》规定，破坏湿地资源的行为主要包括：（1）违反法律规定，建设项目擅自占用国家重要湿地，或者建设项目占用重要湿地，未依照本法规定恢复、重建湿地；（2）违反法律规定，开（围）垦、填埋自然湿地，擅自采砂、采矿、取土，或者排干自然湿地或者永久性截断自然湿地水源；（3）排放不符合水污染物排放标准的工业废水、生活污水及其他污染湿地的废水、污水，倾倒、堆放、丢弃、遗撒固体废物；（4）过度放牧或者滥采野生植物，过度捕捞或者灭绝式捕捞，过度施肥、投药、投放饵料等污染湿地的种植养殖行为；（5）破坏鸟类和水生生物的生存环境；（6）违反法律规定，向湿地引进或者放生外来物种；（7）违反法律规定，在红树林湿地内挖塘，或者在红树林湿地内投放、种植妨碍红树林生长的物种；（8）违反法律规定开采泥炭，或者从泥炭沼泽湿地向外排水。

（九）破坏自然保护区资源

根据《自然保护区条例》第2条规定，自然保护区是指对有代表性的自然生态系统、珍稀濒危野生动植物物种的天然集中分布区、有特殊意义的自然遗迹等保护对象所在的陆地、陆地水体或者海域，依法划出一定面积予以特殊保护和管理的区域。自然保护区分为国家级自然保护区和地方级自然保护区。在国内外有典型意义、在科学上有重大国际影响或者有特殊科学研究价值的自然保护区，列为国家级自然保护区。除列为国家级自然保护区的外，其他具有典型意义或者重要科学研究价值的自然保护区列为地方级自然保护区。地方级自然保护区可以分级管理，具体办法由国务院有关自然保护区行政主管部门或者省、自治区、直辖市人民政府根据实际情况规定，报国务院环境保护行政主管部门备案。自然保护区可以分为核心区、缓冲区和实验区。自然保护区内保存完好的天然状态的生态系统以及珍稀、濒危动植物的集中分布地，应当划为核心区，禁止任何单位和个人进入；除依照《自然保护区条例》第27条的规定经批准外，也不允许进入从事科学研究活动。核心区外围可以划定一定面积的缓冲区，只准进入从事科学研究观测活动。缓冲区外围划为实验区，可以进入从事科学试验，教学实习，参观考察，旅游以及驯化、繁殖珍稀、濒危野生动植物等活动。原批准建立自然保护区的人民政府认为必要时，可以在自然保护区的外围划定一定面积的外围保护地带。

根据《自然保护区条例》的规定，破坏自然保护区资源的行为主要包括：（1）未经批准进入自然保护区进行有关活动，如因科学研究的需要，必须进入核心区从事科学研究观测、调查活动，不事先向自然保护区管理机构提交申请和活动计划，或不经自然保护区管理机构批准；其中，进入国家级自然保护区核心区的，不经省、自治区、直辖市人民政府有关自然保护区行政主管部门批准。（2）在自然保护区违法进行禁止从事的活动，如违反规定擅自移动或者破坏自然保护区界标。（3）其他破坏自然保护区资源的行为，如在自然保护区的实验区内开展参观、旅游活动，自然保护区管理机构未编制方案或者编制的方案不符合自然保护区管理目标，或者开设与自然保护区保护方向不一致的参观、旅游项目，或者不按照编制的方案开展参观、旅游活动，或者违法批准人员进入自然保护区的核心区,或者违法批准外国人进入自然保护区等。

(十)破坏基因资源

基因资源又称遗传资源或种质资源,是指决定动植物各种性状的核内和核外基因的总和。其中,作为遗传因子的基因,系指具有遗传效应的DNA片段,储存着生命的种族、血型、孕育、生长、凋亡等过程的全部信息,属于决定着生命体的性状、健康的内在因素,支持着生命的基本构造和性能,生物体的生、长、衰、老、病、死等一切生命现象都与之相关。所有生物体,包括不同的动物、植物、微生物,都有着自己的基因。随着对基因研究的深入,对其认识也越来越深刻,产生了许多基因方面的技术,并将其用于培育品种、生产转基因产品、拯救濒危物种、治疗疾病等。如动植物杂交育种,就是通过杂交和人工选择的手段,把双亲的不同基因(具有优良性状的基因)组合在一个新的个体上,形成新的优良品种(系),大大提高了植物品种的产量。转基因产品,系指利用转基因生物技术获得的转基因生物品系,并以该转基因生物为直接产品或为原料加工生产的产品。其中,转基因生物技术,乃指在特定生物物种基因组导入外源基因并使其有效地表达相应产物的新型育种技术。基因治疗,指将外源正常基因导入靶细胞,纠正或补偿缺陷和异常基因引起的疾病,以达到治疗目的。其中包括转基因等方面的技术应用,也就是将外源基因通过基因转移技术将其插入病人的适当的受体细胞中,使外源基因制造的产物能治疗某种疾病。

基因污染是指对原生物种基因库非预期或不受控制的基因流动。外源基因通过转基因作物或者家养动物扩散到其他栽培作物或自然野生物种并成为后者基因的一部分,便属于基因污染。其中,人类进行基因重组,乃是基因污染的主要途径。所谓基因重组,乃为不同基因通过酶催化产生转移、交换而重新组合,从而导致生物表达出新的结构和功能特征的过程。倘若基因重组生物从实验室里扩散到自然界中,生物的新功能就有可能造成生态平衡的破坏,于是产生基因污染。

(十一)其他破坏生态资源的行为

生态环境涉及整个自然生态系统,对其破坏行为不可能——列举。某一行为,是否属于破坏生态环境的行为,则要看其是否能够对生态环境及其资源的功能造成损毁、破坏,如能则构成生态破坏行为,不能则不构成生态破坏行为。破坏生态的行为,有的是直接的,如对珍稀野生动物进行猎捕杀害,或者开采矿产造成一定范围内的耕地、草原、林地、森林遭受损毁等。有的行为本身并不一定直接造成生态的破坏,如开采矿产,若合法进行,并非一定破坏生态,但若违法进行破坏性采矿,采矿后到处堆放矿产,或者让具有污染的矿产随意暴露于环境中,或者不按规定对矿道进行回填等,久而久之,均可能间接地造成一定范围的土地、林地、草原、森林等资源的破坏。

第三节 环境污染、生态破坏致人损害责任的减免责事由

一、环境污染、生态破坏致人损害责任减免责事由的一般规定

环境污染、生态破坏致人损害责任一旦构成，行为人倘若没有免责或者减责的事由，或者虽有这种事由然无法举证加以证明，均要依法承担损害责任。这些免责或者减责事由，是由法律事先预设规定并在有关环境污染、生态破坏致人损害责任中发生的。举证证明则是针对发生免责或者减责的事实而言的，至于法律的预设规定，乃是构成免责或者减责的法律根据，也是确定免责或者减责事由举证证明范围的前提。具体来说，这种免责或减责事由，既有法律针对所有侵害行为可以免责或者减责所作的一般规定，也就是侵害行为共同的免责或者减责事由，又有法律针对某一具体侵权行为可以免责或者减责所作的特别规定，只适用于某一种或者某一类侵权行为的免责或者减责的情形。按照前面有关减免责事由的界定，由《民法典》总则编、侵权责任编第1章"一般规定"分别规定的减免责事由为一般减免责事由、准一般减免责事由；由《民法典》侵权责任编第3章至第10章就某类或某种侵权责任规定的减免责事由或者单行法就某一侵权责任规定的减免责事由分别称为准特别减免责事由与特别减免责事由。

（一）一般减免责事由在环境私益侵权责任中的适用

如前所述，环境私益侵权责任即环境污染、生态破坏致人损害责任，为无过错责任，按照一般减免责事由在非替代无过错责任中的适用规定，因不可抗力基于法律规定转化为一些环境私益侵权责任的特别减免责事由可以继续适用，除此以及其他一般减免责事由，除非确实在此责任中可以用于保护更大法益、避免更大法益损害才能够适用环境私益侵权责任。

(1) 在环境私益侵权责任中，正当防卫、自愿紧急救助从性质上一般很难成为减免责事由。但也不能绝对化，如猛虎冲向自己，在没有其他救济途径的情况下对其加以伤害的紧急避险，不宜视为对生态环境进行破坏的行为；又如，恐怖分子进攻生产有毒有害气体的工厂，生产者利用有毒有害气体毒杀恐怖分子，尽管污染了环境，但却是出于正当防卫而保护更大法益、避免更大法益损害的发生。如此，正当防卫、自愿实施紧急救助在某些特定的条件下，亦可以成为环境污染、生态破坏责任中的减免责事由。

(2) 紧急避险尽管在性质上可以作为本责任的免责事由，并且可以用于保护更大法益、避免更大法益损害，但与正当防卫、自愿紧急救助不同，依旧不能作为本责任的免责事由而减免侵权人的侵权责任。（具体参见本书第四章"减免责事由"）

(3) 不可抗力从性质上看可以适用环境私益侵权责任。如果有具体的（准）特别规定的，则适用（准）特别规定；倘若没有具体的（准）特别规定的，则只有在法律明文规定不承担责任或者减轻责任的情况下，侵权人才可以提出抗辩。

（二）准一般减免责事由在环境私益侵权责任中的适用

(1) 自甘风险的免责事由，根据《民法典》第1176条的规定，只适用于具有一定风险的文体活动，在性质上不能适用于环境私益侵权责任。

(2) 自助这一准免责事由，按其性质根本无法适用于环境私益侵权责任，自不能成为环境污染、生态破坏致人损害责任的免责事由。

(3) 受害人故意、重大过失分别属于水污染损害责任的免责、减责事由，但不属于其他环境私益侵权责任的免责、减责事由。

二、环境污染、生态破坏致人损害责任减免责事由的特别规定

《审理环境侵权案件解释》第1条规定："侵权人不承担责任或者减轻责任的情形，适用海洋环境保护法、水污染防治法、大气污染防治法等环境保护单行法的规定；相关环境保护单行法没有规定的，适用民法典的规定。"据此，关于环境私益侵权责任的减免责事由，与其他相关规定一样，一般法与特别法均有规定且相互冲突的，则依特别法优先于一般法的适用规则进行处理。具体来说，这种特别法现只有《海洋环境保护法》《水污染防治法》。2000年修订的《大气污染防治法》第63条曾有关于"完全由于不可抗拒的自然灾害，并经及时采取合理措施，仍然不能避免造成大气污染损失的，免于承担责任"这一免责事由的规定，但是，2015年、2018年分别修订、修正的《大气污染防治法》均取消了这一规定，从而不再存在特别规定。

（一）关于海洋环境污染损害责任的减免责事由的特别规定

(1) 第三人过错的免责事由。《海洋环境保护法》第89条第1款规定：完全由于第三者的故意或者过失，造成海洋环境污染损害的，由第三者排除危害，并承担赔偿责任。《海洋环境保护法》第91条第3项亦规定，对于完全由负责灯塔或者其他助航设备的主管部门，在执行职责时的疏忽或者其他过失行为造成的环境污染损害，环境侵权人及时采取了合理措施，仍然不能避免对海洋环境造成污染损害的，可免予承担责任。

(2) 非第三人过错的免责事由。《海洋环境保护法》第91条规定："完全属于下列情形之一，经过及时采取合理措施，仍然不能避免对海洋环境造成污染损害的，造成污染损害的有关责任者免予承担责任：（一）战争；（二）不可抗拒的自然灾害……"

（二）关于水污染减免责事由的特别规定

对此，《水污染防治法》第96条第2款规定："由于不可抗力造成水污染损害的，排污方不承担赔偿责任；法律另有规定的除外。"第3款规定："水污染损害是由受害人故意造成的，排污方不承担赔偿责任。水污染损害是由受害人重大过失造成的，可以减轻排污方的赔偿责任。"第4款规定："水污染损害是由第三人造成的，排污方承担赔偿责任后，有权向第三人追偿。"

第四节 环境污染、生态破坏致人损害责任的承担

一、单因单果环境污染、生态破坏致人损害责任的承担

如果环境污染、生态破坏系一种侵权行为作为唯一原因形成的，自然由该行为人依法承担侵权责任，不过应基于受害人的诉讼请求为限。对此，《审理环境侵权案件解释》第13条规定："人民法院应当根据被侵权人的诉讼请求以及具体案情，合理判定侵权人承担停止侵害、排除妨碍、消除危险、修复生态环境、赔礼道歉、赔偿损失等民事责任。"第15条规定："被侵权人起诉请求侵权人赔偿因污染环境、破坏生态造成的财产损失、人身损害以及为防止损害发生和扩大、清除污染、修复生态环境而采取必要措施所支出的合理费用的，人民法院应予支持。"

二、多因一果环境污染、生态破坏致人损害责任的承担

这一问题，涉及《民法典》第1231条关于"两个以上侵权人污染环境、破坏生态的，承担责任的大小，根据污染物的种类、浓度、排放量，破坏生态的方式、范围、程度，以及行为对损害后果所起的作用等因素确定"的规定，究竟是各侵权人之间对外给受害人损害赔偿的按份责任的规定，还是各侵权人之间对内各自责任承担的规定，存在着不同的看法。我们认为，《民法典》关于共同侵权、分别侵权等数人侵权及其侵权责任的有关规则无疑适用于环境污染、生态破坏的数人侵权及其侵权责任。对于后者，既不能一概肯定属于共同侵权等而要承担连带责任，也不能一律否定不能适用连带责任而只能适用按份责任。是适用连带责任还是适用按份责任应当依照法律有关数人侵权责任的有关规定处理：系依法应当承担连带责任的共同侵权、充分原因累加致害的分别侵权责任的，应当依法承担连带责任；为不能适用连带责任而只能适用部分责任即按份责任的部分原因聚加致害的分别侵权责任的，应适用按份责任，各个侵权人承担按份责任的大小则依《民法典》第1231条的规定确定。换言之，《民法典》第1231条的规定乃为数个环境污染者、生态破坏者在依法不承担连带责任而承担按份责任时用以确定各侵权人对外对受害人承担赔偿数额的规则，而不是对外均承担连带责任后内部责任的划分规则。

三、惩罚性赔偿环境污染、生态破坏致人损害责任的承担

对于环境污染、生态破坏致人损害的行为，适用惩罚性赔偿，自然要以行为构成环境污染、生态破坏致人损害应当承担损害赔偿的侵权责任为前提。没有环境污染、生态破坏行为或者虽有环境污染、生态破坏行为然没有致人损害的后果，无须承担损害责任的，自然也就不存在对其适用更重的惩罚性赔偿的问题。除此适用前提与基础之外，对环境污染、生态破坏致人损害的行为给予惩罚性赔偿，还需要从主观方面、客观行为违法性方面、客观后果方面做进一步的考察，只有主观上出于故意，行为违

反法律规定，且造成严重后果的污染环境、破坏生态行为，才能适用惩罚性赔偿。

（1）主观方面要求环境侵权行为人必须出于故意，不是出于故意，而是因为过失包括重大过失甚至没有任何过错，如出于意外或者因为第三人行为等所致，则不能对其适用惩罚性赔偿。这种故意，应当是相对于环境污染、生态破坏致人损害结果而言的，一般应是间接故意，即明知自己的行为会污染环境或者破坏生态且会造成严重后果，却为了减少成本、谋取利益等放任这种危害结果的发生。出于直接故意，如有的工作人员出于报复的目的明知自己的行为会污染环境或者破坏生态并会造成严重后果，而仍然希望发生的，乃属罕见，但亦不能排除。

（2）客观行为方面要求违反法律规定实施了侵害他人民事权益的环境污染、生态破坏行为。这是环境污染、生态破坏行为适用惩罚性赔偿的另一条件。虽有环境侵权行为然没有违反法律规定，则不能适用惩罚性赔偿。其中的"违反法律规定"，能否等同于侵权行为的违法性，法律规定的外延范围如何，直接决定着环境侵权行为适用惩罚性赔偿的范围。故必须对之加以明确。

（3）客观因果关系方面要求他人的损害与违反国家规定侵害他人民事权益的环境污染、生态破坏行为具有因果关系，即前者的发生必须具有后者的原因，没有后者的存在则绝无前者发生的可能。

（4）客观后果程度方面要求必须造成了严重后果。虽有出于故意违反法律规定实施了环境污染、生态破坏的行为，但没有造成实际后果，或者虽已造成了实际后果但后果并非严重，也不能适用惩罚性赔偿。所谓严重后果，既包括给他人身体健康造成严重损害乃至死亡的严重后果，又包括给他人财产造成巨大损失，还包括对环境生态本身造成巨大损失等情形。

四、第三人过错环境污染、生态破坏致人损害责任的承担

《民法典》第1233条规定："因第三人的过错污染环境、破坏生态的，被侵权人可以向侵权人请求赔偿，也可以向第三人请求赔偿。侵权人赔偿后，有权向第三人追偿。"据此，第三人即环境侵权人、受害人之外的其他人，因过错造成环境污染、生态破坏致人损害的，应当依法承担赔偿责任。

第十二章

高度危险责任

第一节 高度危险责任概述

一、高度危险责任的概念与特征

（一）高度危险责任的概念

高度危险责任，又称高度危险作业责任或者高度危险致人损害责任，是指因从事高度危险活动或者保有高度危险物致人损害所产生的侵权责任。对此，"侵权行为法上的归责原则，除过失责任外，尚有无过失责任，即侵权行为的成立不以行为人的故意或过失为要件，德国法则称为危险责任（Gefäahrdungshaftung）。英美法上称为严格责任（strict liability）。所谓危险责任，顾名思义，系以特定危险为归责理由。简言之，即持有或经营某特定具有危险的物品、设施或活动之人，于该物品、设施或活动所具危险的实现，致侵害他人权益时，应就所生损害负赔偿责任，赔偿义务人对该事故的发生是否具有故意或过失，在所不问"①。

（二）法律特征

1. 高度危险责任属于危险责任

"高度危险责任"是一个外来词，源于德国法中的专用术语，大致相当于美国法中的严格责任，通常也称为无过错责任。在德国法中，高度危险责任范围广泛，包括动物致害、环境污染、产品责任、铁路或悬浮轨道致害、机动车致害、航空器致害、核技术设施致害、能源设施致害、开挖矿山致害、开发基因技术致害等责任。在我国，高度危险责任通常是指从事高空、高压、地下挖掘活动或者使用高速轨道运输工具等高度危险作业活动或者占有、使用易燃、易爆、剧毒、高放射性、强腐蚀性、高致病性等高度危险物致人损害所产生的责任。产品责任、环境污染与生态破坏致人损害责任乃至饲养动物损害责任并不列入高度危险责任。所以，不能把我国法上的高度危险责任等同于国外法上的高度危险责任。

---

① 王泽鉴：《侵权行为》（第3版），北京大学出版社2016年版，第14页。

2. 高度危险责任的产生，以法律允许进行生产经营高度危险活动、高度危险物等为原则，以遗失、抛弃乃至非法占有高度危险物为例外

高度危险责任首先所规范的高度危险活动、高度危险物经营等行为本身，一般为经过批准则可依法进行的行为。所以，有很多学者认为，高度危险责任所规范的高度危险作业是一种合法行为，至少是一种不为法律所禁止的行为。人类为了享受现代科技文明所带来的巨大经济利益，就必须允许从事某些高空、高压、地下挖掘或者经营民用核实施、民用航空器，以及高速铁路轨道运输工具等危险经营活动或者占有、使用具有易燃易爆、剧毒腐蚀、放射致病等容易致人损害的高度危险物的存在与发展，并赋予对其占有、保存、仓储、运输、使用等合法性。在德国法上，区分不法与不幸，过错责任以侵权人不法侵害他人合法权益为前提，危险责任则是对不幸损害的分配，并非对违法行为的制裁。但是，有关高度危险活动、高度危险物的生产出售、运输仓储、占有使用等经营活动，都必须严格依法进行，努力保障安全，减少并尽量杜绝有关致人损害的危害事件的发生。

但作为例外，对于遗失、抛弃乃至非法占有高度危险物致人损害的，需要按高度危险责任加以规范。对此，《民法典》第1241条、第1242条分别规定，遗失、抛弃或者非法占有高度危险物，造成他人损害的，所有人、管理人、非法占有人等均应依法承担侵权责任。

还有，进行高度危险活动，在法律上虽要求依法批准获得许可或备案，然并非所有人都会遵守有关规定，未经批准，在没有得到许可的情况下进行高度危险活动的现象，在现实生活中不时发生。尤其是在建筑领域，存在着大量的违章建筑的现象。若将这些未经批准并获得许可进行的高度危险活动排除在高度危险责任之外，不适用严格的无过错责任，就只能适用过错责任。如此，造成损害而让经过批准获得许可合法实施的高度危险活动、进行的高度危险活动适用无过错责任，然非法进行的高度危险活动则只适用过错责任，似与法理不合。

3. 高度危险责任以无过错责任为原则，以过错推定责任为例外

高度危险责任自诞生之始就是一种典型的无过错责任，很大程度上也被等同于无过错责任。但在我国侵权责任法律规范上，一方面，大多数高度危险责任属于无过错责任的一种类型，但是，无过错责任并不限于高度危险责任，如环境私益侵权责任就是无过错责任。另一方面，遗失、抛弃高度危险物损害责任或者非法占有高度危险物损害责任，对遗失、抛弃者或者非法占有人来说，实行无过错责任，然对承担连带责任的所有人或者管理人来说，则实行过错责任或者过错推定责任。

4. 高度危险责任是自己责任

高度危险致人损害，责任主体无论是合法的经营人或者占有人、使用人、管理人，还是遗失、抛弃人或者非法占有人，以及遗失物、抛弃物的所有人或非法占有物的所有人、管理人，均是为自己的行为承担责任而不是为他人的行为如单位工作人员的行为承担责任。高度危险责任与替代责任同属无过错责任的范畴，但两者存在根本的区别：高度危险责任是自己责任；而监护人责任、用人单位责任等乃为替代责任，即对他人行为造成的损害承担责任。

5. 高度危险责任系一种难以避免的实害责任

高度危险，顾名思义，是一种损害极易发生，潜藏着发生损害的高度风险，也就是尚未发生的损害在高度危险作业经营的过程中极易转化为现实。特别是损害一旦发生，危害后果往往极为严重。因此，《民法典》在"侵权责任编"第八章"高度危险责任"中，无论是第1236条就高度危险责任所作的一般规定，还是第1237—1242条规定的所有具体高度危险责任，均要求造成他人损害才能构成。如此，高度危险责任，乃为实害责任，虽有高度危险作业的行为，有的甚至违反法律规定，对他人权益损害带来了巨大风险，还有的构成违法犯罪，需要依法承担相应的责任。然若没有给他人造成实际损害的，则不构成高度危险责任而让其承担损害赔偿的侵权责任。

二、高度危险责任的归责原则

对于高度危险责任，适用什么样的归责原则，我国民法学界素有争议，主要存在无过错责任原则、过错责任原则（含过错推定责任）、无过错责任原则和过错责任原则并存的二元论三种观点。根据《民法典》的规定，所有高度危险责任行为实施人，均适用无过错责任，但对于遗失、抛弃高度危险物责任中的高度危险的所有人，非法占有高度危险物责任中的高度危险物的所有人或管理人，需要与高度危险物的遗失者、抛弃者或者非法占有人承担连带责任时，则分别实行过错责任、过错推定责任。这一设置表明，我国法律根据具体高度危险责任的某些特殊情况，在坚持行为人负无过错责任这一基本原则的基础上，设置了不同的责任归责原则，体现了原则性与灵活性相结合，具体问题具体分析的实事求是的态度，是我国法律的一个鲜明特点。之所以如此，主要是因为：

1. 从事高度危险作业者系高度危险转化为现实损害的开启者、造成者

高度危险作业，是一种具有致人损害的高风险行业，既超出了一般人正常的防范意识，又超出了人们可以完全避免的范围。行为人即使尽力采取了安全措施，尽到了相当的注意义务，也不可能完全避免损害事故的发生，只能尽力减少损害事件的出现。尽管如此，也不能将之作为高度危险作业经营者免责的理由，只能成为依法减轻其赔偿责任的原因，如法律规定损害责任的限额就是如此。但是，不论其是否具有过错，高度危险作业的经营者乃系高度危险的开启者，是高度危险损害风险转化为现实损害的造成者。造成损害者若不承担损害责任，那由谁来承担呢？由他人承担，不现实；由国家承担，也不公平；由受害人承担，则在其遭受身心痛苦的情况下，连应该得到的物质性损害都无法得到一定程度的弥补，自不公平。其实，从另一个角度讲，正是因为高度危险作业、高度危险物的高度危险性，对生产、经营、使用者，提出了更高的要求，只有课以较为严格的责任，才能促使其在这些高度危险作业与高度危险物的占有、使用、处置中严格依法操作，以尽量减少高度危险转化为现实损害现象的发生。

2. 高度危险作业经营者系高额风险利润的享有者

高风险、高利润，一直是经营行为的基本规则。倘若没有高额的利润，却要经营

极易致他人损害发生的高度危险作业,从人的趋利避害的本性来说,难以想象。只有能获得高额利润,才会有人愿意去经营这种能够满足人们快捷、方便需要由此使得物质生活、精神生活更为充分并为社会所需要的高度危险作业。为了保障这种高度危险作业的经营取得适度甚至高额利润,一些行业如航空、铁路、电力、民用核实施等不仅需要依法获得经营许可,还实行有限制地控制经营者甚至实施垄断性的经营。这些行业一方面,享受到限制竞争乃至垄断经营的高额利润,另一方面又在经营造成他人损害时,却以无过错而免责,与之获得的经营便利及其利益相比,从常理上也难以说得过去。

3. 高度危险作业经营者系控制损害发生的主要义务者

高度危险作业尽管具有无法完全避免损害发生的高度风险转化为现实损害事件的较大乃至极大可能性,可是,有关损害的发生大多还是因为工作人员等的过错行为,如有的不负责任,有的应当作为而不作为,有的不应作为而又作为,有的强令冒险作业等,实行无过错责任,既可以避免经营者借无过错而逃避自己应负的责任,又可以促使经营者严格按照有关安全操作法律规范、高度危险作业活动的特点、规律进行经营,还可进一步促使经营者研究有关防范危险发生的设备设施、经营方案与工艺等,促进相关科学技术的发展,从而尽量防范、减少高度危险作业损害事件的发生,一举多得,自应作为制度予以全面设置,彻底执行。

4. 高度危险作业者可以通过各种途径分散责任的承担

高度危险作业经营者不仅可以享受限制经营竞争甚至垄断经营的高额利润,具有一定的甚至完全的损害赔偿能力,而且还能按法律规定实行有限额的赔偿,也可购买商业保险以分散损害责任的承担。有的还要求实行强制保险,如所有机动车都必须依法购买交强险;经营民用核设施、核材料的核电站,根据《国务院关于核事故损害赔偿责任问题的批复》关于"在核电站运行之前或者乏燃料贮存、运输、后处理之前,营运者必须购买足以履行其责任限额的保险"的规定,必须购买保险。如此,就可以将高度危险作业等带来的不幸损害责任的承担分散至社会,并不会对高度危险作业的有关经营乃至科学技术的研究、开发、利用等活动构成妨碍甚至阻碍。

5. 因高度危险作业遭受损害者有权依法获得弥补

源于各种行为遭受损害的受害人,从法律上看自然需要有人承担责任而对其给予救济。对此,有的实行过错责任,有的基于损害极易发生、损害造成者因为行为获得利益的情况、行为的专业化程度、受害人不具有相关方面的举证能力、损害后果发生的严重性或者广泛性等各种因素的考虑,对一些责任如产品责任、环境污染私益侵权责任、高度危险责任等,实行无过错责任,自有利于受害人遭受损害的权益依法获得弥补,而不至于因实行过错责任而让由于缺乏有关专业知识等原因无法承担举证责任的受害人源于举证不能导致权利得不到补偿保障的现象发生。事实上,在高度危险责任尤其是在民用航空器运行过程中发生事故致人伤害责任中,受害人大多都丧失了生命,主张损害赔偿权利的人,往往没有经历受害过程,要实行过错责任,由其举证,也不可能。如此等等,极有可能造成有损害而无赔偿的不公平现象发生,有的还会因受害人众多产生不稳定因素，影响甚至危及社会稳定。

6. 非法从事高度危险作业或者占有、处置高度危险物的行为危害性更劣

非法从事高度危险活动的经营，或者对高度危险物进行非法占有、处置或基于过失遗失，给他人造成损害的，较合法经营高度危险作业，以及合法占有、使用、处置高度危险物的行为而言，危害性更大。既然对后者造成的损害采无过错责任，举轻以明重，那么对前者造成的损害自然更加需要取无过错责任。

7. 让特定情形的间接责任人承担连带责任，既符合法理，又吻合公平

高度危险作业经营者承担无过错责任乃为世界各国的通例。然根据我国法律规定，承担高度危险责任者并非都是直接经营高度危险作业者，有的如遗失、抛弃高度危险物责任，非法占有高度危险物责任，责任者还包括高度危险物的所有者、管理者。这些所有者、管理者并非直接占有、控制高度危险物而致人损害的直接责任者。他们作为高度危险物的所有者或管理者，对高度危险物具有高度保存、管理义务，从而使高度危险物不致流落于社会、不应当占有控制或者不应当放置的地方以致人损害，对损害的发生亦具有过错，应当依法承担责任。然而，与高度危险责任直接造成者承担无过错责任，而应承担过错连带责任，这与法理以及法律制度设置应有的公平亦相匹配、吻合。

8. 对高度危险责任实行无过错责任有利于强化高度危险活动、高度危险物的经营、占有者依法作为或不作为，进而减少或者防范高度危险行为的损害的发生

无过错责任设置的主观目的不是对侵权人加以惩戒，"窃贼、恐怖分子和非法侵入人并不会因其身份本身而负严格责任，盖'惩罚'并非课加严格责任的正当理由"。然不得不承认，无过错责任在客观上对侵权责任的承担特别是免责事由的事实上的限制，无疑会加重侵权人的责任，相应地，对受害人损害的充分救济则更为有利。如就非法占有高度危险物损害责任而言，"因为这些物高度危险，故'应当加重'原控制人的责任，'使其对自己的过失行为负责'；又说，'非法占有人可能没有赔偿能力'，为了更好地保护受害人，也有必要令原控制人承担连带责任"[①]。

三、高度危险责任的构成要件

《民法典》第1236规定："从事高度危险作业造成他人损害的，应当承担侵权责任。"据此，高度危险责任一般条款的适用也就是高度危险责任的构成必须同时满足以下三个方面的要件，缺一就不可能构成高度危险责任。

（一）客观行为方面要求在从事高度危险作业中实施了侵害他人民事权益的行为

任何责任的产生，均要以人的一定行为为前提与基础，高度危险责任也不能例外。作为高度危险责任产生的行为基础，乃为在从事高度危险作业时实施了侵害他人

[①] 王胜明主编、全国人大常委会法制工作委员会民法室编著：《中华人民共和国侵权责任法解读》，中国法制出版社2010年版，第374页；邹海林、朱广新主编：《民法典评注：侵权责任编》（第2册），中国法制出版社2020年版，第708页。

民事权益的行为。没有这种高度危险作业,自不会也不可能构成高度危险责任的问题。

(1) 高度危险作业的内涵与外延。① 所谓高度危险作业,"既包括使用民用核设施、高速轨道运输工具和高压、高空、地下挖掘等高度危险活动,也包括占有、使用易燃、易爆、剧毒、高放射性、强腐蚀性、高致病性等高度危险物的行为。'高度危险作业'的表述是个开放性的概念,包括一切对周围环境产生高度危险的作业形式"[1]。② 作为高度危险责任一般规定的高度危险作业,不是所有的高度危险作业,而是被规定为具体的高度危险作业责任以外的其他高度危险作业。倘若某一高度危险作业,如因从事高空、高压、地下挖掘活动或者使用高速轨道运输工具造成他人损害所产生的高度危险活动损害责任;因生产、经营而占有、使用易燃、易爆、剧毒、高放射性、强腐蚀性、高致病性等高度危险物造成他人损害所产生的占有、使用高度危险物损害责任;在民用航空器的经营活动中,因民用航空器造成他人损害所产生的民用航空器损害责任等具有其他高度危险作业具体规范的,则就不属于高度危险责任的一般条款中的高度危险作业,造成他人损害的,不能适用一般条款,而应适用某种具体高度危险作业的条款。③ 高度危险作业并非仅指合法允许从事的高度危险作业,而且还包括未经允许而占有、使用甚至非法占有高度危险物致人损害的行为。④ 从事高度危险作业,一般指进行高度危险作业的经营、占有、使用等活动,也包括对高度危险作业进行科学研究、开发利用等活动。但国家机关执行公务的活动以及军队的军事行动,即使具有高度危险,如刑事侦查人员追捕罪犯、从事禁毒工作、深入犯罪集团或者敌人内部、进行高度危险活动的训练等,就不能归属于高度危险责任中的"高度危险作业"的范围,若造成他人人身或财产损害,则应按照《国家赔偿法》等法律规定处理。

(2) 从事高度危险作业行为的违法性问题。有学者认为,这里的高度危险作业为法律所允许,属于合法行为,如此,就不会存在行为的违法性问题。我们认为,高度危险作业为法律所允许,属于合法行为,但不一定不存在行为的违法性。高度危险作业的经营,包括高度危险物的占有、使用,属于限制性经营,其生产经营、仓储运输、占有使用等均应依法经过批准、获得许可证或者依法备案,可这不意味着从事高度危险作业致人损害的行为就一定合法。合法有三个不同的层次:一是高度危险作业的经营合法需要经过批准、许可或者备案,否则自然属于非法。二是经过合法批准、许可或备案而允许从事高度危险作业经营,但在经营过程中不按照法律的有关规定尤其是有关安全管理方面的规定进行经营,自然也属违法经营,从而不具有合法性或者说具有违法性。三是行为致人损害后果具有不法性。显然,除非根据法律规定并按照一定的程序对他人财产乃至生命自由加以限制或者剥夺,或者实行正当防卫等极少数法律规定的情形之外,任何民事主体及其行为之间都不能因为自己的行为造成他人的损害。

---

[1] 黄薇主编:《中华人民共和国民法典侵权责任编释义》,法律出版社2020年版,第209页。

（二）须发生损害后果

有损害才有赔偿，这是所有损害责任构成要件的前提。高度危险责任作为一种致人损害责任，自然也不能例外。

（1）这里的损害，乃为实际存在的他人财产、身体、健康乃至生命的物质性损害，而非单纯的精神性损害，更非可能造成损害的潜在危险。但是，高度危险作业者违反法律有关安全管理规定进行操作，应为不为或应不为而又为，具有致使他人人身、财产遭受损害的危险时，为了防止这一危险转化现实，自有权请求行为人依法承担停止高度危险作业、消除危险等民事责任。然而，这种请求的根据并非高度危险责任，而是《民法典》第995条的规定即"人格权受到侵害的，受害人有权依照本法和其他法律的规定请求行为人承担民事责任。受害人的停止侵害、排除妨碍、消除危险、消除影响、恢复名誉、赔礼道歉请求权，不适用诉讼时效的规定"；第1167条的规定即"侵权行为危及他人人身、财产安全的，被侵权人有权请求侵权人承担停止侵害、排除妨碍、消除危险等侵权责任"；等等。

（2）因高度危险作业遭受损害的他人，既包括与高度危险作业没有直接关系的人，如火车发生铁路出轨翻覆导致在农田耕地受伤的村民，农田庄稼遭受损害的所有者、承包者，又包括与高度危险作业直接相关的人，如接受经营航空器和火车服务的乘客、货物委托运输商，或者作为平等民事主体为高度危险作业提供服务、进行交易等的人，如正在从事高度危险作业的地方进行交易谈判的人，但不包括从事高度危险作业本身的自然人、法人或非法人组织及其工作人员。从事高度危险作业为法人或非法人组织的，其中的工作人员因所从事高度危险作业遭受损害的，不属于高度危险作业所产生的责任，而应按照工伤损害责任依法进行处理。

（三）高度危险作业行为与损害后果之间存在因果关系

任何行为，即使是具有危害的违法犯罪行为，都只有对与之具有因果关系的损害结果才产生相应的责任。行为与损害结果倘若不存在这种因果关系，即行为不构成损害结果的任何原因，就不能构成有关责任，对损害自不需要予以赔偿。当然，构成因果关系的原因行为，既可以是引发损害结果的完全唯一的原因，也就是一因一果关系，也可以是引发损害结果的部分原因，即与其他原因共同或者分别作用而造成损害结果的发生，即多因一果关系。不论是完全原因还是部分原因，从否定的角度来说，没有该原因的存在，就绝无他人损害发生的可能。

四、高度危险责任的限额赔偿

（一）高度危险责任限额赔偿设置的根据

高度危险责任限额赔偿，与传统侵权责任对给受害人造成的损害进行全部赔偿的原则相区别，根据法律规定，是侵权人对受害人的损害赔偿具有最高限额的一种赔偿。如此，受害人损害的赔偿可能得不到完全、充分的实现。原因主要在于，作为一类无过错严格责任的高度危险责任，它产生于高度危险作业中，而高度危险作业本身就蕴藏着极易发生给他人人身、财产造成损害事故的可能性、风险性。但它能够满足人们不断增长的物质、精神需要又为现代社会所需要且越来越需要。尽管从事高度危险作业者享有限制竞争甚至垄断经营所获得的高额利润，但在服务对象广泛、造成损失往往巨大的情况下，再考虑到高度危险作业投入通常巨大，而且涉及许多科学技术研究、创新等需要更大投入且具有极高风险等因素，为了平衡高度危险作业者的利益，促使有关高度危险行业的正常健康发展，在一定条件下对高度危险作业者承担损害赔偿的数额进行限制，实有必要。所以，《民法典》第1244条规定："承担高度危险责任，法律规定赔偿限额的，依照其规定，但是行为人有故意或者重大过失的除外。"如此，这一规定只是一种原则性规定，高度危险责任是否设置赔偿限额，还需要有关单行法律或者行政法规作出规定。如《民用航空法》《铁路法》《国务院关于核事故损害责任问题的批复》等就对经营公共航空运输、铁路运输及核设施、核材料等高度危险作业所造成的损害责任的赔偿限额等作了规定，需要遵照执行。

（二）高度危险责任限额赔偿的条件

（1）按照《民法典》第1244条的规定，高度危险责任的限额赔偿，必须由特别法律、法规规定。

（2）除法律具有明确的规定外，还要以高度危险作业者不是出于故意或者重大过失为前提。倘若高度危险作业者具有故意或者重大过失，则不能适用损害责任的限额赔偿规定，即使特别法律没有作出这种限制，也应按照《民法典》第1244条设置的前提条件加以规制，以促使高度危险作业者依法依规进行，尽力保证作业安全，防范、减少高度危险作业损害事故的发生。换言之，适用限额赔偿的高度危险责任，并非不论高度危险作业者是否具有过错，均可实施。在高度危险作业者具有重大过错时，就不应实行限额赔偿，也就是高度危险责任的限额赔偿存在例外。

（3）对于一些高度危险责任，法律即使设置了限额赔偿，也并非一定对该责任的所有情形均要实行。如前所述，限额赔偿不仅受到《民法典》第1244条的约束，而且受到特别法的规范。特别法若对限额赔偿适用的范围、条件作了特别规定，受害人可以据之抗辩主张完全赔偿的，则仍旧需要适用完全赔偿。如《民用航空法》第132条规定："经证明，航空运输中的损失是由于承运人或者其受雇人、代理人的故意或者明知可能造成损失而轻率地作为或者不作为造成的，承运人无权援用本法第一百二十八条、第一百二十九条有关赔偿责任限制的规定；证明承运人的受雇人、代理人有此种作为或者不作为的，还应当证明该受雇人、代理人是在受雇、代理范围内行事。"

（三）高度危险责任限额赔偿的具体规定

如前所述，《民法典》第1244条只是对高度危险责任作了原则上的规定，不能直接作为某种具体危险责任适用限额赔偿的唯一根据。某种高度危险责任能否适用限额赔偿，是否有例外规定，限额赔偿到何种程度等，还需要以其他法律或者行政法规的具体规定为根据。在其他法律或者行政法规明确某种具体的高度危险责任可以适用限额赔偿后，有关部门可以通过规章就具体赔偿的限额作出补充性规定。如此，既不会因为规定主体太多而导致限额赔偿责任设置的滥用，又可以在确定应当适用限额赔偿的基础上根据各具体的高度危险责任的情况确定更为合适的赔偿限额。

具体而言，高度危险责任的限额赔偿，通观有关法律与行政法规规定，主要包括四种情形。

1. 民用核设施、核材料损害责任的限额赔偿

所经营的核实施、核材料发生核事故致人损害，实行损害责任的限额赔偿，在比较法乃属通例，如德国、日本和我国台湾地区都有这方面的规定。根据《国务院关于核事故损害责任问题的批复》第7条的规定，核电站的营运者和乏燃料贮存、运输、后处理的营运者，对一次核事故所造成的核事故损害的最高赔偿额为3亿元；其他营运者对一次核事故所造成的核事故损害的最高赔偿额为1亿元。核事故损害的应赔总额超过规定的最高赔偿额的，国家提供最高限额为8亿元的财政补偿。对非常核事故造成的核事故损害赔偿，需要国家增加财政补偿金额的由国务院评估后决定。

2. 民用航空器致人损害的限额赔偿

《民用航空法》第128条规定：国内航空运输承运人的赔偿责任限额由国务院民用航空主管部门制定，报国务院批准后公布执行。旅客或者托运人在交运托运行李或者货物时，特别声明在目的地点交付时的利益，并在必要时支付附加费的，除承运人证明旅客或者托运人声明的金额高于托运行李或者货物在目的地点交付时的实际利益外，承运人应当在声明金额范围内承担责任；本法第129条的其他规定，除赔偿责任限额外，适用于国内航空运输。第129条规定：国际航空运输承运人的赔偿责任限额按照下列规定执行：（1）对每名旅客的赔偿责任限额为16600计算单位；但是，旅客可以同承运人书面约定高于本项规定的赔偿责任限额。（2）对托运行李或者货物的赔偿责任限额，每公斤为17计算单位。旅客或者托运人在交运托运行李或者货物时，特别声明在目的地点交付时的利益，并在必要时支付附加费的，除承运人证明旅客或者托运人声明的金额高于托运行李或者货物在目的地点交付时的实际利益外，承运人应当在声明金额范围内承担责任。托运行李或者货物的一部分或者托运行李、货物中的任何物件毁灭、遗失、损坏或者延误的，用以确定承运人赔偿责任限额的重量，仅为该一包件或者数包件的总重量；但是，因托运行李或者货物的一部分或者托运行李、货物中的任何物件的毁灭、遗失、损坏或者延误，影响同一份行李票或者同一份航空货运单所列其他包件的价值的，确定承运人的赔偿责任限额时，此种包件的总重量也应当考虑在内。（3）对每名旅客随身携带的物品的赔偿责任限额为332计算单位。第130条规定：任何旨在免除本法规定的承运人责任或者降低本法规定的赔偿责任限额的条款，均属无效；但是，此种条款的无效，不影响整个航空运输合同的效力。第132条规定：经证明，航空运输中的损失是由于承运人或者其受雇人、代理人的故意或者明知可能造成损失而轻率地作为或不作为造成的，承运人无权援用本法第128条、第129条有关赔偿责任限制的规定；证明承运人的受雇人、代理人有此种作为或者不作为的，还应当证明该受雇人、代理人是在受雇、代理范围内行事。

关于民用航空器致人损害赔偿责任限额，相关规范性文件还有《国内航空运输承运人赔偿责任限额规定》（中国民用航空总局令第164号）。其第3条规定：国内航空

运输承运人（以下简称承运人）应当在下列规定的赔偿责任限额内按照实际损害承担赔偿责任，但是《民用航空法》另有规定的除外：（1）对每名旅客的赔偿责任限额为人民币 40 万元；（2）对每名旅客随身携带物品的赔偿责任限额为人民币 3000 元；（3）对旅客托运的行李和对运输的货物的赔偿责任限额，为每公斤人民币 100 元。第 4 条规定：本规定第 3 条所确定的赔偿责任限额的调整，由国务院民用航空主管部门制定，报国务院批准后公布执行。第 5 条规定：旅客自行向保险公司投保航空旅客人身意外保险的，此项保险金额的给付，不免除或者减少承运人应当承担的赔偿责任。

3. 火车等高速运输工具致人损害的限额赔偿

《铁路法》第 17 条规定：铁路运输企业应当对承运的货物、包裹、行李自接受承运时起到交付时止发生的灭失、短少、变质、污染或者损坏，承担赔偿责任：（1）托运人或者旅客根据自愿申请办理保价运输的，按照实际损失赔偿，但最高不超过保价额；（2）未按保价运输承运的，按照实际损失赔偿，但最高不超过国务院铁路主管部门规定的赔偿限额；如果损失是由于铁路运输企业的故意或者重大过失造成的，不适用赔偿限额的规定，按照实际损失赔偿。托运人或者旅客根据自愿可以向保险公司办理货物运输保险，保险公司按照保险合同的约定承担赔偿责任。托运人或者旅客根据自愿，可以办理保价运输，也可以办理货物运输保险；还可以既不办理保价运输，也不办理货物运输保险。不得以任何方式强迫办理保价运输或者货物运输保险。《铁路货物运输规程》（铁运〔1991〕40 号）第 56 条规定：货物损失的赔偿价格：灭失时，按灭失货物的价格；损坏时，按损坏货物所降低的价格。货物赔偿价格的标准为：（1）执行国家定价的货物，应按照各级物价管理部门规定的价格计算；（2）执行国家指导价格或市场调节价格的货物，比照前项国家定价货物中相同规格或类似商品价格计算；（3）个人托运的搬家货物、行李按货物交付当日（全部灭失时，为运到期限满了的当日）当地国有企业或供销部门的零售价格计算。但保价运输的货物，最多不能超过该批货物的保价金额。只损失一部分时，按损失货物与全批货物的比例乘以保价金额赔偿。不保价运输的，不按件数只按重量承运的货物，每吨最高赔偿 100 元，按件数和重量承运的货物，每吨最高赔偿 2000 元；个人托运的搬家货物、行李每 10 公斤最高赔偿 30 元，实际损失低于上述赔偿限额的，按货物实际损失的价格赔偿。货物的损失由于承运人的故意行为或重大过失造成的，不适用赔偿限额的规定，按照实际损失赔偿。投保运输险的货物由承运人与保险公司按规定赔偿。

根据《铁路法》第 17 条、《铁路货物运输规程》第 56 条、国务院《铁路交通事故应急救援和调查处理条例》第 33 条的规定，事故造成铁路旅客人身伤亡和自带行李损失的，铁路运输企业对每名铁路旅客人身伤亡的赔偿责任限额为 15 万元，对每名铁路旅客自带行李损失的赔偿责任限额为人民币 2000 元。铁路运输企业与铁路旅客可以书面约定高于前款规定的赔偿责任限额。

4. 海上运输损害责任的赔偿限额

（1）海上货物运输损害责任的限额赔偿。《海商法》第 56 条规定：承运人对货物的灭失或者损坏的赔偿限额，按照货物件数或者其他货运单位数计算，每件或者每个其他货运单位为666.67计算单位，或者按照货物毛重计算，每公斤为2计算单位，以二者中赔偿限额较高的为准。但是，托运人在货物装运前已经申报其性质和价值，并在提单中载明的，或者承运人与托运人已经另行约定高于本条规定的赔偿限额的除外。货物用集装箱、货盘或者类似装运器具集装的，提单中载明装在此类装运器具中的货物件数或者其他货运单位数，视为前款所指的货物件数或者其他货运单位数；未载明的，每一装运器具视为一件或者一个单位。装运器具不属于承运人所有或者非由承运人提供的，装运器具本身应当视为一件或者一个单位。第58条规定：就海上货物运输合同所涉及的货物灭失、损坏或者迟延交付对承运人提起的任何诉讼，不论海事请求人是否为合同的一方，也不论是根据合同或者是根据侵权行为提起的，均适用本章关于承运人的抗辩理由和限制赔偿责任的规定。前款诉讼是对承运人的受雇人或者代理人提起的，经承运人的受雇人或者代理人证明，其行为是在受雇或者受委托的范围之内的，适用前款规定。

（2）海上旅客运输损害责任的限额赔偿。《海商法》第117条规定："除本条第四款规定的情形外，承运人在每次海上旅客运输中的赔偿责任限额，依照下列规定执行：（一）旅客人身伤亡的，每名旅客不超过46666计算单位；（二）旅客自带行李灭失或者损坏的，每名旅客不超过833计算单位；（三）旅客车辆包括该车辆所载行李灭失或者损坏的，每一车辆不超过3333计算单位；（四）本款第（二）、（三）项以外的旅客其他行李灭失或者损坏的，每名旅客不超过1200计算单位。承运人和旅客可以约定，承运人对旅客车辆和旅客车辆以外的其他行李损失的免赔额。但是，对每一车辆损失的免赔额不得超过117计算单位，对每名旅客的车辆以外的其他行李损失的免赔额不得超过13计算单位。在计算每一车辆或者每名旅客的车辆以外的其他行李的损失赔偿数额时，应当扣除约定的承运人免赔额。承运人和旅客可以书面约定高于本条第一款规定的赔偿责任限额。中华人民共和国港口之间的海上旅客运输，承运人的赔偿责任限额，由国务院交通主管部门制定，报国务院批准后施行。"

《港口间海上旅客运输赔偿责任限额规定》（交通部令第6号）第1条规定：根据《海商法》第117条、第211条的规定，制定本规定。第2条规定：本规定适用于中华人民共和国港口之间海上旅客运输。第3条规定："承运人在每次海上旅客运输中的赔偿责任限额，按照下列规定执行：（一）旅客人身伤亡的，每名旅客不超过4万元人民币；（二）旅客自带行李灭失或者损坏的，每名旅客不超过800元人民币；（三）旅客车辆包括该车辆所载行李灭失或者损坏的，每一车辆不超过3200元人民币；（四）本款第（二）项、第（三）项以外的旅客其他行李灭失或者损坏的，每千克不超过20元人民币。承运人和旅客可以书面约定高于本条第一款规定的赔偿责任限额。"第4条规定：海上旅客运输的旅客人身伤亡赔偿责任限制，按照4万元乘以船舶证书规定的载客定额计算赔偿限额，但是最高不超过2100万元。第5条规定：向外籍旅客、华侨和港、澳、台胞旅客给付的赔偿金，可以兑换成该外国或者地区的货币。其汇率按照赔偿金给付之日中华人民共和国外汇管理部门公布的外汇牌价确定。

《海商法》第 116 条规定：承运人对旅客的货币、金银、珠宝、有价证券或者其他贵重物品所发生的灭失、损坏，不负赔偿责任。旅客与承运人约定将前款规定的物品交由承运人保管的，承运人应当依照本法第 117 条的规定负赔偿责任；双方以书面约定的赔偿限额高于本法第 117 条的规定的，承运人应当按照约定的数额负赔偿责任。

《海商法》第 118 条规定：经证明，旅客的人身伤亡或者行李的灭失、损坏，是由于承运人的故意或者明知可能造成损害而轻率地作为或者不作为造成的，承运人不得援用本法第 116 条不负赔偿责任和第 117 条限制赔偿责任的规定。经证明，旅客的人身伤亡或者行李的灭失、损坏，是由于承运人的受雇人、代理人的故意或者明知可能造成损害而轻率地作为或者不作为造成的，承运人的受雇人、代理人不得援用本法第 116 条不负赔偿责任和第 117 条限制赔偿责任的规定。

第二节　各种具体的高度危险责任

一、民用核设施、核材料损害责任

（一）民用核设施、核材料损害责任的概念

《民法典》第 1237 条规定："民用核设施或者运入运出核设施的核材料发生核事故造成他人损害的，民用核设施的营运单位应当承担侵权责任；但是，能够证明损害是因战争、武装冲突、暴乱等情形或者受害人故意造成的，不承担责任。"据此，民用核设施、核材料损害责任，是指民用核设施或者运入运出核设施的核材料发生核事故造成他人损害而产生的，应由营运单位依法承担的一种高度危险责任。

根据《核安全法》第 2 条第 2 款、《放射性污染防治法》第 62 条第 2 项的规定，所谓核设施，是指：（1）核电厂、核热电厂、核供汽供热厂等核动力厂及装置；（2）核动力厂以外的研究堆、实验堆、临界装置等其他反应堆；（3）核燃料生产、加工、贮存和后处理设施等核燃料循环设施；（4）放射性废物的处理、贮存、处置设施。《核安全法》第 2 条第 3 款规定，所谓核材料，是指铀-235 材料及其制品，铀-233 材料及其制品，钚-239 材料及其制品，以及法律、行政法规规定的其他需要管制的核材料。《核材料实物保护公约》[①] 第 1 条规定："为本公约的目的：（a）'核材料'是指钚，但同位素钚-238 含量超过 80% 者除外；铀-233；同位素 235 或 233 浓缩的铀；含有天然存在但非矿砂或矿渣形式的同位素混合物的铀；任何含有上述一种或多种成分的材料。（b）'同位素 235 或 233 浓缩的铀'是指含有铀同位素 235 或 233 或两者之量高到其总含量对同位素 238 的相对丰度超过天然存在的同位素 235 对同位素 238 的相对丰度……"

---

① 该公约于 1987 年 2 月 8 日生效。我国国务院 1988 年 12 月 2 日发布《关于加入〈核材料实物保护公约〉的决定》，决定加入该公约，加入时提出如下保留，中华人民共和国不受该公约第 17 条第 2 款所规定的两种争端解决程序的约束。该公约于 1989 年 2 月 9 日对我国生效。

我们知道，核设施包括民用核设施和军用核设施。在这里，《民法典》规定的自然属于经国家有关部门批准而为和平目的建立使用的民用核设施。全国人大常委会1996年3月1日批准加入的由国际原子能机构1994年6月17日在维也纳举行的外交会议上通过的《核安全公约》第2条第1项规定的也是民用核设施。该项规定："'核设施'：对每一缔约方而言，系指在其管辖下的任何陆基民用核动力厂，包括设在同一场址并与该核动力厂的运行直接有关的设施，如贮存、装卸和处理放射性材料的设施。当按照批准的程序永久地从堆芯卸出所有核燃料元件和安全贮存以及其退役计划经监管机构同意后，该厂即不再为核设施。"

上述核实施、核材料，直接属于核物质及其动力反应堆等有关物质材料，并非指用于教学、科研、医疗、工农业生产等中的含有放射性的某些物质，如放射性同位素与材料。后者即使因为放射性而致人损害，产生的责任亦非核实施、核材料损害责任，而是占有、使用高度危险物损害责任等。

根据《核安全法》第93条第1款之一、《民用核设施安全监督管理条例》第24条第5项的规定，所谓核事故，系指核设施内的核燃料、放射性产物、放射性废料或运入运出核设施的核材料所发生的放射性、毒害性、爆炸性或其他危害性事故，或一系列事故。

（二）民用核设施、核材料损害责任的赔偿主体

1. 积极赔偿主体

这种积极赔偿主体就是依法能够成为民用核设施、核材料损害责任赔偿主体的单位，包括：（1）民用核设施、核材料的营运单位。按照《民法典》第1237条的规定，该责任的赔偿主体为民用核设施的营运单位。（《国务院关于核事故损害赔偿责任问题的批复》第1项）在我国境内，依法取得法人资格，营运核电站、民用研究堆、民用工程实验反应堆的单位或者从事民用核燃料生产、运输和乏燃料贮存、运输、后处理且拥有核设施的单位，为该核电站或者核设施的营运者。《核安全法》第93条、《民用核设施安全监督管理条例》第24条第3项规定，核设施营运单位，是指在我国境内，申请或者持有核设施安全许可证，可以经营和运行核设施的单位。其中的核设施安全许可证，根据《民用核设施安全监督管理条例》第24条第2项、第8条的规定，是指为了进行与核设施有关的选址定点、建造、调试、运行和退役等特定活动，由国家核安全局颁发的书面批准文件，包括：① 核设施建造许可证；② 核设施运行许可证；③ 核设施操纵员执照；④ 其他需要批准的文件。（2）两个依法承担连带责任的营运单位。根据《国务院关于核事故损害赔偿责任问题的批复》第5项的规定，核事故损害涉及2个以上营运者，且不能明确区分各营运者所应承担的责任的，相关营运者应当承担连带责任。

2. 消极赔偿主体

消极赔偿主体系指依法不能够成为民用核设施、核材料损害责任赔偿主体的自然人、法人或非法人组织，包括：（1）自然人。如上所述，民用核设施、核材料损害责任的主体乃为依法取得合法经营核设施、核材料的营运单位，个人不能构成此责任。

另外，没有取得经营许可而擅自占有经营核设施、核材料的，也不能构成该责任，但可以构成非法占有高度危险物损害责任。（2）非营运单位之外的其他人。根据《国务院关于核事故损害赔偿责任问题的批复》第 2 项的规定，营运者应当对核事故造成的人身伤亡、财产损失或者环境受到的损害承担赔偿责任，营运者以外的其他人不承担赔偿责任。这样，即使营运者以外的人造成该种损害责任产生的，也应由营运单位承担损害赔偿责任。如由他人原因造成损害的，营运者可依法或者依约进行追偿。对此，《核安全法》第 90 条第 2 款规定明确规定："为核设施营运单位提供设备、工程以及服务等的单位不承担核损害赔偿责任。核设施营运单位与其有约定的，在承担赔偿责任后，可以按照约定追偿。"《国务院关于核事故损害赔偿责任问题的批复》第 9 项规定："营运者与他人签订的书面合同对追索权有约定的，营运者向受害人赔偿后，按照合同的约定对他人行使追索权。核事故损害是由自然人的故意作为或者不作为造成的，营运者向受害人赔偿后，对该自然人行使追索权。"

（三）民用核设施、核材料损害责任的承担

如前所述，营运单位所经营的核设施、核材料只要一发生核事故并致他人损害，除非具有法律明确规定的免责事由，均应由营运单位承担损害赔偿责任。尽管如此，还需要注意以下几方面：

1. 营运单位承担责任后的追偿权

根据《国务院关于核事故损害赔偿责任问题的批复》第 9 条的规定，营运者与他人签订的书面合同对追索权有约定的，营运者向受害人赔偿后，按照合同的约定对他人行使追索权。核事故损害是由自然人的故意作为或者不作为造成的，营运者向受害人赔偿后，对该自然人行使追索权。对此，《核安全法》第 90 条第 2 款亦明确规定："为核设施营运单位提供设备、工程以及服务等的单位不承担核损害赔偿责任。核设施营运单位与其有约定的，在承担赔偿责任后，可以按照约定追偿。"

2. 核设施、核材料损害责任的减免责事由

（1）战争、武装冲突、暴乱等情形，根据《民法典》第 1237 条、《核安全法》第 90 条第 1 款的规定，为该责任的免责事由。①

（2）《民法典》规定了受害人故意亦构成该责任的免责事由，而《核安全法》则未对此加以规定。后者的规定为特别规定，前者的规定为准特别规定，按照减免责事由从特别规定→准特别规定→准一般规定→一般规定的适用顺序应当适用后者。但前者为新法且为基本法，从立法意图来讲，在旧法的基础上特意将受害人故意增列为免责事由，一般应先予适用，否则就会失去增加规定的意义。为了解决这种法律规定之间的冲突，需要对《核安全法》的有关规定尽快作出修改，以避免在选择适用时无法按照一般规则进行的现象发生。

（3）营运单位依免责事由主张减免责的，对所主张的减免责事由负有举证责任。

（4）战争、武装冲突、暴乱等之外的诸如洪水、台风、地震、海啸等自然不可抗

---

① 《国务院关于核事故损害赔偿责任问题的批复》第 6 项还规定"敌对行为"也属于这一责任的免责事由。

力，不能成为该责任的免责事由。换言之，自然不可抗力所致的核事故造成他人损害的，不能免除营运单位的侵权责任。这是因为，《核安全法》第16条规定："核设施营运单位应当依照法律、行政法规和标准的要求，设置核设施纵深防御体系，有效防范技术原因、人为原因和自然灾害造成的威胁，确保核设施安全。核设施营运单位应当对核设施进行定期安全评价，并接受国务院核安全监督管理部门的审查。"第17条规定："核设施营运单位和为其提供设备、工程以及服务等的单位应当建立并实施质量保证体系，有效保证设备、工程和服务等的质量，确保设备的性能满足核安全标准的要求，工程和服务等满足核安全相关要求。"第23条规定："核设施营运单位应当对地质、地震、气象、水文、环境和人口分布等因素进行科学评估，在满足核安全技术评价要求的前提下，向国务院核安全监督管理部门提交核设施选址安全分析报告，经审查符合核安全要求后，取得核设施场址选择审查意见书。"第24条规定："核设施设计应当符合核安全标准，采用科学合理的构筑物、系统和设备参数与技术要求，提供多样保护和多重屏障，确保核设施运行可靠、稳定和便于操作，满足核安全要求。"据此，法律明确规定，有关核设施的建设要求经得起"自然灾害造成的威胁"。也就是说，台风、洪水、海啸、地震等自然灾害在一开始就已经被加以考量。倘若营运单位有关核设施达不到抵抗这些自然灾害的要求，本身就不符合核设施营运的要求，便不能营运。若仍然营运，并因自然灾害等造成核事故发生致人损害的，固然存在过错，需要承担侵权责任。但是，战争、武装冲突、暴乱等人为灾难，乃系国家之间的行为，若国家都无法控制，营运单位当然更无法控制，由此造成核事故致人损害的，自然需要免责。①

（5）未经许可擅自进入已经采取足够安全措施并尽到充分警示义务的核设施、核材料作业、存放区域而受到损害的，由于这种区域的"高度危险"性质，根据《民法典》第1243条的规定即"未经许可进入高度危险活动区域或者高度危险物存放区域受到损害，管理人能够证明已经采取足够安全措施并尽到充分警示义务的，可以减轻或者不承担责任"，应当减轻或者免除营运单位的赔偿责任。

3.（准）一般减免责事由在本责任中的适用

（1）如前所述，准一般减免责事由中的受害人故意，特别法将之作为特别减免责事由作了规定，其他没有规定为特别减免责事由的准一般减免责事由，即第三人造成、自甘风险、自助，要么因为按之性质根本无法适用此责任，要么因为虽可适用此责任但不能因之保护更大法益、避免更大法益损害从而不能再成为该责任的减免责事由。

（2）一般减免责事由，包括战争、武装冲突、暴乱等情形已作为特别免责事由作了规定，其他不可抗力情形不能再作为本责任的免责事由，前文已经进行了分析。

（3）正当防卫、紧急避险或者自愿紧急救助，在该责任中若能用于保护更大法益、避免更大法益损害的，如对屠杀民众的恐怖分子利用经营的民用核实施、核材料

---

① 张新宝：《中国民法典释评：侵权责任编》，中国人民大学出版社2020年版，第244页。

进行正当防卫或者实施紧急救助，能够构成正当防卫、自愿紧急救助等行为的，亦可以成为本责任的减免责事由。否则，不能成为本责任的减免责事由。

（4）紧急避险尽管在性质上可以作为本责任的免责事由，并且可以用于保护更大法益、避免更大法益损害，但它与正当防卫、自愿紧急救助不同，依旧不能作为本责任的免责事由而减免侵权人的侵权责任。[①]

4. 民用核设施、核材料损害责任的限额赔偿

《国务院关于核事故损害赔偿责任问题的批复》第7项规定：核电站的营运者和乏燃料贮存、运输、后处理的营运者，对一次核事故所造成的核事故损害的最高赔偿额为3亿元；其他营运者对一次核事故所造成的核事故损害的最高赔偿额为1亿元。核事故损害的应赔总额超过规定的最高赔偿额的，国家提供最高限额为8亿元的财政补偿。对非常核事故造成的核事故损害赔偿，需要国家增加财政补偿金额的由国务院评估后决定。第8项规定：营运者应当作出适当的财务保证安排，以确保发生核事故损害时能够及时、有效的履行核事故损害赔偿责任。在核电站运行之前或者乏燃料贮存、运输、后处理之前，营运者必须购买足以履行其责任限额的保险。

二、民用航空器损害责任

（一）民用航空器损害责任的概念

《民法典》第1238条规定："民用航空器造成他人损害的，民用航空器的经营者应当承担侵权责任；但是，能够证明损害是因受害人故意造成的，不承担责任。"由此，民用航空器损害责任是指因民用航空器造成他人损害所产生的应由经营者依法承担的一种高度危险责任。

1. 航空器的概念

从广义上讲，航空器，是指能够在大气层中飞行的任何机器，包括飞机、飞艇、气球、火箭、飞船、卫星、振翼机、旋翼机、直升机、滑翔机等任何能借空气反作用力在大气中航行的器物。随着科学技术的发展，航空器的应用日益广泛，既可以用于反潜、轰炸、战斗以及运输兵员、武器、作战物资等军事行动，也可用于警务、海关、援救等公共管理活动；既可用于货运、客运、农业、渔业、林业、气象、探矿、空中测量和空中摄影等各种各样的民事活动，又可以用于高空气象、大气物理、地球物理、地质学、地理学等有关科学技术的研究、发现活动。

2. 民用航空器的概念

1944年12月7日，国际民用航空组织在美国芝加哥通过的《国际民用航空公约》[②]第3条虽然首次提出了民用航空器的概念，但对民用航空器并未从内涵上作出规定，而是将航空器按使用目的与用途分为民用航空器和国家航空器，并将国家航空

---

① 有关分析可参见本书第四章"减免责事由"。
② 该公约又称为《芝加哥公约》，我国于1974年2月15日承认该公约，同时决定参加国际民用航空组织的活动。

器定义为用于军事、海关和警察部门的航空器,而对民用航空器则用排除法或者否定法的方式确定其外延,即除国家航空器之外的航空器,均为民用航空器。我国《民用航空法》对民用航空器的界定也采取这一方法,其第 5 条规定:"本法所称民用航空器,是指除用于执行军事、海关、警察飞行任务外的航空器。"

3. 民用航空器损害责任中的民用航空器

有的指出,该责任中的民用航空器是指国家有关部门批准而投入营运的各类民用航空器,如飞机、飞船、卫星、热气球等。① 有的（多指司法人员）认为,民用航空器的主要特征在于其高速运载工具的功能,而非高空作业意义上的高度危险物。因此,飞艇、热气球等飞行物除非具备高速运载工具的特征,否则不能认为属于本责任中的民用航空器。② 显然,后者认为的民用航空器的外延要比前者认为的窄。有的（多指立法人员）则认为:"民用航空器主要用途有两个方面:一是专门从事运送旅客、行李、邮件或者货物的运输飞行。二是通用航空,包括从事工业、农业、林业、渔业和建筑业的作业飞行,以及医疗卫生、抢险救灾、气象探测、海洋监测、科学实验、教育训练、文化教育等方面的飞行活动。"③ 如此,民用航空器的功能并不限于高速运载功能,还可以承载其他方面的功能。我们认为,对民用航空器要结合《民法典》关于民用航空器损害责任的规定来理解。由于该责任的主体为民用航空器的经营者,所对应的民用航空器固然为用于民事主体经营的民用航空器。

(二) 民用航空器损害责任的主体

按照《民法典》第 1238 条的规定,民用航空器的经营者为该责任的赔偿义务主体。具体来讲,包括以下三种:

1. 从事公共航空运输的企业法人即承运人

(1) 承运人。《民用航空法》第 91 条规定:公共航空运输企业,是指以营利为目的,取得公共航空运输经营许可,使用民用航空器运送旅客、行李、邮件或者货物的企业法人。这样,承运人乃为从事运送旅客、行李、邮件或者货物的企业法人。既包括从事国内航空运输的承运人,又包括从事国际航空运输的承运人;既包括缔约承运人,又包括实际承运人。

(2) 缔约承运人与实际承运人。根据《民用航空法》第 137 条第 1 款、第 138 条的规定,缔约承运人是指以本人名义与旅客或者托运人,或者与旅客或者托运人的代理人,订立航空运输合同的人。缔约承运人应当对合同约定的全部运输负责。根据第 137 条第 2 款、第 138 条的规定,实际承运人是指根据缔约承运人的授权,履行前款全部或者部分运输的人,不是指连续承运人;在没有相反证明时,此种授权被认为是存在的。实际承运人应当对其履行的运输负责。

---

① 王利明主编:《中国民法典学者建议稿及立法理由:侵权行为编》,法律出版社 2005 年版,第 191 页。
② 最高人民法院民法典贯彻实施工作领导小组主编:《中华人民共和国民法典侵权责任编理解与适用》,人民法院出版社 2020 年版,第 597 页。
③ 石宏主编:《〈中华人民共和国民法典〉释解与适用（人格权编侵权责任编）》,人民法院出版社 2020 年版,第 268 页。

（3）连续承运人。连续承运，乃是指《民用航空器》第108条规定的"航空运输合同各方认为几个连续的航空运输承运人办理的运输是一项单一业务活动的，无论其形式是以一个合同订立或者数个合同订立，应当视为一项不可分割的运输"。这样，共同承担一项不可分割的运输的多个承运人为连续承运人。

（4）承运人的受雇人、代理人。《民用航空法》第133条规定："就航空运输中的损失向承运人的受雇人、代理人提起诉讼时，该受雇人、代理人证明他是在受雇、代理范围内行事的，有权援用本法第一百二十八条、第一百二十九条有关赔偿责任限制的规定。在前款规定情形下，承运人及其受雇人、代理人的赔偿总额不得超过法定的赔偿责任限额。经证明，航空运输中的损失是由于承运人的受雇人、代理人的故意或者明知可能造成损失而轻率地作为或者不作为造成的，不适用本条第一款和第二款的规定。"据此，承运人的受雇人、代理人，依法可以直接承担责任，似也可以成为公共运输损害责任的延伸主体。

2. 从事经营性通用航空的企业法人

根据《民用航空法》第145条的规定，所谓通用航空，是指使用民用航空器从事公共航空运输以外的民用航空活动，包括从事工业、农业、林业、渔业和建筑业的作业飞行以及医疗卫生、抢险救灾、气象探测、海洋监测、科学实验、教育训练、文化体育等方面的飞行活动。根据第147条关于"从事非经营性通用航空的，应当向国务院民用航空主管部门备案。从事经营性通用航空的，应当向国务院民用航空主管部门申请领取通用航空经营许可证"的规定，从事通用航空的，包括从事经营性通用航空者与从事非经营性通用航空者。后者由于不属于通用航空的经营者，于是不能成为民用航空器损害责任的主体。根据第146条第3款、第148条、第149条的规定，从事经营性通用航空，限于企业法人；通用航空企业从事经营性通用航空活动，除紧急情况下的救护或者救灾飞行的外，应当与用户订立书面合同；组织实施作业飞行时，应当采取有效措施，保证飞行安全，保护环境和生态平衡，防止对环境、居民、作物或者牲畜等造成损害。

3. 对包括水面在内的地面第三人损害赔偿责任的主体为经营人，以及视为经营人的民用航空器的航行控制权人、民用航空器的所有人和经营人的受雇人、代理人

（1）《民用航空法》第157条规定的赔偿责任，由民用航空器的经营人承担。经营人是指损害发生时使用民用航空器的人。民用航空器的使用权已经直接或者间接地授予他人，本人保留对该民用航空器的航行控制权的，本人仍被视为经营人（《民用航空法》第158条第1款、第2款）。其中的第157条规定为：因飞行中的民用航空器或者从飞行中的民用航空器上落下的人或者物，造成地面上的人身伤亡或者财产损害的，受害人有权获得赔偿；但是，所受损害并非造成损害的事故的直接后果，或者所受损害仅是民用航空器依照国家有关的空中交通规则在空中通过造成的，受害人无权要求赔偿。

（2）经营人的受雇人、代理人在受雇、代理过程中使用民用航空器，无论是否在其受雇、代理范围内行事，均视为经营人使用民用航空器。（《民用航空法》第158条

第3款)

(3)民用航空器登记的所有人应当视为经营人,并承担经营人的责任;除非在判定其责任的诉讼中,所有人证明经营人是他人,并在法律程序许可的范围内采取适当措施使该人成为诉讼当事人之一。(《民用航空法》第158条第4款)

(4)未经对民用航空器有航行控制权的人同意而使用民用航空器,对地面第三人造成损害的,有航行控制权的人除能够证明本人已经适当注意防止此种使用外,应当与该非法使用人承担连带责任。(《民用航空法》第159条)

(三)民用航空器损害责任的承担

《民法典》第1238条只是以"民用航空器造成他人损害的,民用航空器的经营者应当承担侵权责任;但是,能够证明损害是因受害人故意造成的,不承担责任"的规定作了原则上的规范,具体如何承担还要结合《民用航空法》及有关行政法规等的规定。鉴于经营民用航空器行为及其造成损害等的不同,需要分为三种不同情形加以考虑:

1. 通用航空经营者对通用航空中航空器损害责任的承担

(1)减免责事由。① 根据《民法典》第1238条的规定,受害人故意构成利用民用航空器从事通用航空经营作业人的免责事由。换言之,从事通用航空经营者若能证明损害是因受害人故意造成航空器致其损害的,不承担责任。② 未经许可擅自进入已经采取足够安全措施并尽到充分警示义务的民用航空器通用航空作业、存放区域而受到损害的,由于这种区域的"高度危险"性质,根据《民法典》第1243条关于"未经许可进入高度危险活动区域或者高度危险物存放区域受到损害,管理人能够证明已经采取足够安全措施并尽到充分警示义务的,可以减轻或者不承担责任"的规定,应当减轻或者免除通用航空经营者的赔偿责任。③ 通用航空经营者以免责事由主张免责的,对所主张的减免责事由负有举证责任。

(2)购买地面第三人责任保险。对此,《民用航空法》第150条规定:从事通用航空活动的,应当投保地面第三人责任险。

2. 民用航空器经营者对地面第三人损害的赔偿责任的承担

民用航空器经营者对地面第三人造成的损害,既包括公共航空运输经营者所经营航空器给地面第三人造成的损害,又包括通用航空运输经营者所经营民用航空器给地面第三人造成的损害,还包括损害发生时其他使用人使用民用航空器所造成的损害。不论属于哪种经营者使用民用航空器时造成的损害,除主体有所区别外,其他内容并没有本质上的不同。

3. (准)一般减免责事由在本责任中的适用

(1)如前所述,准一般减免责事由中的受害人故意、过错,特别法将之作为特别减免责事由作了规定,其他没有规定为特别减免责事由的准一般减免责事由,即第三人造成、自甘风险、自助,要么因为按之性质根本无法适用此责任,要么因为虽可适用此责任但不能因之保护更大法益、避免更大法益损害从而不能再成为该责任的减免责事由。

（2）一般减免责事由，就地面第三人损害而言，武装冲突或者骚乱已作为特别免责事由作了规定，其他不可抗力情形如自然灾害等没有作为特别免事由加以规定，尽管在理论上可以成为本责任的免责事由，但在该责任中不能用于保护更大法益、避免更大法益损害。所以，在没有作为特别免责事由规定的情况下，不能作为该责任的免责事由。

三、占有、使用高度危险物损害责任

（一）高度危险物的概念

1. 危险物品的概念

危险物品，又称危险货物、危险物或危险品，根据《危险货物分类和品名编号》（GB 6944—2012）第 3.1 条的规定，是指具有爆炸、易燃、毒害、感染、腐蚀、放射性等危险特性，在运输、储存、生产、经营、使用和处置中，容易造成人身伤亡、财产损毁或环境污染而需要特别防护的物质和物品。它包括九大类：（1）爆炸品；（2）气体；（3）易燃液体；（4）易燃固体、易于自燃的物质、遇水放出易燃气体的物质；（5）氧化性物质和有机过氧化物；（6）毒性物质和感染性物质；（7）放射性物质；（8）腐蚀性物质；（9）危害环境物质在内的杂项危险物质和物品等。

2. 高度危险物的外延

危险品在生产、销售、购买、运输等占有、使用中虽因其危险特性容易发生安全事故，给人们的人身和财产带来安全隐患甚至现实的损害，然并非一有危险就会给人带来损害。这些危险品虽具有危险然为社会生产发展所需，给人类创造了大量物质财富的同时也丰富了人们的精神文化生活，如烟花、礼炮的燃放、鸣响，不能一有危险就因噎废食，而是要予以规范，严格操作规程，以防范有关事故的发生。同时，即使发生事故要承担责任，《民法典》也未将所有占有、使用危险物品造成损害所产生的责任都归于高度危险责任，而以严格的无过错责任对之归责。即使占有、使用了危险物品，然若只是一般危险物品，而不是高度危险物，仍然属于一般侵权，归于过错责任。只有占有、使用的为高度危险物并造成他人损害的，才适用占有、使用高度危险物损害责任等高度危险责任。这样，如何确定危险物品是否属于高度危险物，是适用该责任的关键。因此，《民法典》第 1239 条在列举易燃、易爆、剧毒、高放射性、强腐蚀性、高致病性等具体高度危险物时，都比列举一般危险品提出了更高的要求。如按照《危险化学品安全管理条例》规定，作为具有毒害、腐蚀、爆炸、燃烧、助燃等性质，对人体、设施、环境具有危害的剧毒化学品和其他化学品等危险化学品，虽具有燃烧、助燃、爆炸、腐蚀、毒害等特性，但并非都属于易燃、易爆、剧毒、强腐蚀性等特性从而归属于高度危险物之列。由此，危险品名录中的物品并非一定属于该责任中的高度危险物。

（二）占有、使用高度危险物损害责任的概念与特点

占有、使用高度危险物损害责任，是指占有或者使用易燃、易爆、剧毒、高放射性、强腐蚀性、高致病性等高度危险物造成他人损害，责任人应当承担的危险责任。

《民法典》第1239条规定："占有或者使用易燃、易爆、剧毒、高放射性、强腐蚀性、高致病性等高度危险物造成他人损害的，占有人或者使用人应当承担侵权责任；但是，能够证明损害是因受害人故意或者不可抗力造成的，不承担责任。被侵权人对损害的发生有重大过失的，可以减轻占有人或者使用人的责任。"第1241条规定："遗失、抛弃高度危险物造成他人损害的，由所有人承担侵权责任。所有人将高度危险物交由他人管理的，由管理人承担侵权责任；所有人有过错的，与管理人承担连带责任。"第1242条规定："非法占有高度危险物造成他人损害的，由非法占有人承担侵权责任。所有人、管理人不能证明对防止非法占有尽到高度注意义务的，与非法占有人承担连带责任。"这三条法律条文吸收了原《民法通则》第123条的经验，丰富和完善并共同组成了我国法上的高度危险物损害责任制度。高度危险物损害责任的特点在于：

(1) 它是具有开放性的高度危险责任类型。我国法上具体列举了四种高度危险责任，高度危险物损害责任是其中的一种。不过，与其他高度危险责任不同，它是具有开放性的责任类型，因为《民法典》第1239条使用了"等高度危险物"这一表述。

(2) 它是责任主体多元化的侵权责任。与其他高度危险责任不同，法律根据不同的情形进行了类型化的规定，因此，此种责任的主体具有多元化的特点，如包括非法占有人、所有人与管理人等。

(3) 它是不以责任人的过错为要件的责任。高度危险物损害责任是不以责任人的过错为要件的。虽然《民法典》顺便规定了两种过错推定责任，即第1241条中所有人的责任和第1242条中所有人或管理人的责任。但它们本身并不属于高度危险责任。

(4) 它是对合法行为的责任。保有高度危险物本身并非违法行为，即使其嗣后导致了损害而使其转化为违法行为。所以，高度危险物损害责任并不以违法性为要件。

(三) 占有、使用高度危险物损害责任的构成要件

占有、使用高度危险物损害责任，作为一种因易燃、易爆、剧毒、高放射性、强腐蚀性、高致病性等高度危险物的占有、使用而给他人造成损害，依法由占有人、使用人承担的高度危险责任，属于无过错责任。就其构成而言，需要同时满足以下三个方面的要件，缺一不可：

1. 客观行为方面要求具有占有、使用高度危险物并发生了侵害他人民事权益事故的行为

这里的占有、使用，并非狭义的对自己物的占有与利用，而是基于高度危险物的生产、加工、制造、保管、仓储、运输、搬运、卸载、邮寄、买卖、使用、废弃、处置，以及将高度危险物作为原料或者工具进行加工、制造、生产、经营等的一切活动的控制、接触、占有、利用的行为。①

占有、使用高度危险物发生了侵害他人民事权益的事故行为，就引发事故的原因而言，多种多样。既可以是自然灾害、战争等不可抗力无法为人所控制的原因，又可

---

① 黄薇主编：《中华人民共和国民法典侵权责任编释义》，法律出版社2020年版，第216页。

以是能够为人所控制防范的原因；既可以是占有、使用者的原因，又可以是占有、使用者之外的如受害人故意、第三人行为等的原因，还可以是因为有关生产设施、运输工具等故障、毁损等的原因。就自身原因而言，既可以是完全依法操作然因占有、使用的高度危险物本身的特性依旧无法避免事故发生的原因，又可以是违反规范操作或者本来可以防范却因自己的过错而致事故发生的原因，等等，无论原因如何，只要在高度危险物的占有、使用中发生了损害事故，就可以构成本责任，至于具体原因则在所不论。当然，如因法律对该责任明文规定的"不可抗力"或者"受害人故意"的特别免责事由而产生的损害事故，则不承担侵权责任。

2. 客观后果方面要求他人必须具有损害

这种损害，乃是一种实际存在的且并非单纯属于精神损害的物质性损害。既包括他人身心健康、生命的损害，又包括他人财产的损害。应当指出，这种损害一旦发生，后果可以说是不亚于一场灾难。2015年8月12日23:30左右，位于天津市滨海新区天津港的瑞海公司危险品仓库发生火灾爆炸事故，造成165人遇难、8人失踪，798人受伤，以及304幢建筑物、12428辆商品汽车、7533个集装箱受损，截至2015年12月10日，已核定的直接经济损失68.66亿元。2016年2月5日，天津爆炸事故调查结果公布，导致事故发生的直接原因是，瑞海公司危险品仓库运抵区南侧集装箱内硝化棉由于湿润剂散失出现局部干燥，在高温（天气）等因素的作用下加速分解放热，积热自燃，引起相邻集装箱内的硝化棉和其他危险化学品长时间大面积燃烧，导致堆放于运抵区的硝酸铵等危险化学品发生爆炸，属于一起特别重大生产安全责任事故。调查组认定，瑞海公司严重违反有关法律法规，是造成事故发生的主体责任单位。该公司无视安全生产主体责任，严重违反天津市城市总体规划和滨海新区控制性详细规划，违法建设危险货物堆场，违法经营，违规储存危险货物，安全管理极其混乱，安全隐患长期存在。

3. 损害结果与高度危险物占有、使用期间发生的侵害他人民事权益的事故行为具有因果关系

他人的损害结果倘若与高度危险物的占有、使用发生的侵害他人民事权益的事故行为根本没有任何关系，则不能构成此责任。作为一种无过错的严格责任，尽管不需要自己具有过错，可能系第三人行为等其他原因造成，然这些内在的原因还是通过之占有、使用并发生侵害事故来实现的。如果没有之占有、使用高度危险物发生的侵害事故这一行为载体，不可能造成损害的发生。从这种意义上来说，只要系因占有、使用的高度危险物发生了侵害事故，该行为就与他人损害具有了因果关系，从而应当承担侵权责任，具体原因如何，则不影响该责任的成立。

应当指出，高度危险物占有、使用期间给他人造成损害，且是基于高度危险物的易燃、易爆、剧毒等高度危险特性的爆发表现出来的损害，如易燃、易爆物质燃烧、爆炸造成人身财产的毁损，剧毒物质因其毒性给人、动物等造成的损害等。若不是因为这些高度危险物的危险特性爆发所产生的损害，而仅仅是高度危险物或者连同包装物被人利用如将装有剧毒物品密封的铁瓶掷向他人直接对他人造成损伤，铁瓶未破也

没有流出毒物而因剧毒物致人损害，就不能认为占有、使用高度危险物的行为与他人损害之间具有因果关系而构成本责任。

（四）占有、使用高度危险物损害责任的承担

《民法典》第1239条规定："占有或者使用易燃、易爆、剧毒、高放射性、强腐蚀性、高致病性等高度危险物造成他人损害的，占有人或者使用人应当承担侵权责任；但是，能够证明损害是因受害人故意或者不可抗力造成的，不承担责任。被侵权人对损害的发生有重大过失的，可以减轻占有人或者使用人的责任。"

1. 承担责任的主体是占有人或者使用人

在高度危险责任中，由于其归责的基础在于危险的存在，因此，责任的承担者原则上是控制或者应当控制该危险的人。高度危险物本身具有危及他人人身、财产的自然属性，但往往是因为在占有和使用当中造成他人损害。这里的"占有"和"使用"包括生产、储存、运输高度危险品以及将高度危险品作为原料或者工具进行生产等行为。因此，高度危险物的占有人或者使用人必须采取可靠的安全措施，避免高度危险物造成他人损害。如《放射性污染防治法》明确规定：放射性同位素应当单独存放，不得与易燃、易爆、腐蚀性物品等一起存放，其贮存场所应当采取有效的防火、防盗、防射线泄露的安全防护措施。《化学危险品安全管理条例》也明确要求，生产、储存、使用危险化学品的，应当根据危险化学品的种类、特性，在车间、库房等作业场所设置相应的监测、通风、防晒、调温、防火、灭火、防爆、泄压、防毒、消毒、中和、防潮、防雷、防静电、防腐、防渗漏、防护围堤或者隔离操作等安全设施、设备，并按照国家标准和国家有关规定进行维护、保养，保证符合安全运行要求。

2. 占有人或者使用人承担无过错责任

只要是易燃、易爆、剧毒、高放射性、强腐蚀性、高致病性等高度危险物造成他人人身、财产损害的，占有人或者使用人都应当承担侵权责任。这里的"侵权责任"并不限于赔偿损失，而且应当包括在事故发生后，占有人或者使用人应当迅速采取有效措施，组织抢救，防止事故扩大，减少人员伤亡和财产损失等措施。同时，在归责原则上适用无过错责任原则。

3. 免责事由

能够证明损害是因受害人故意或者不可抗力造成的，占有人或者使用人不承担责任。《民法典》之所以这样规定，主要有两点理由：一是，高度危险物虽然本身具有危险属性，但危险程度不及民用核设施和民用航空器，因此，在不承担和减轻责任上，应有所区别。二是根据《环境保护法》《水污染防治法》等法律规定，因不可抗力造成高度危险物污染损害的，免予承担责任。《民法典》第1239条增加"不可抗力"作为不承担责任情形，也是符合实际情况的。需要指出的是，不承担责任情形的举证责任在于占有人或者使用人，由其证明损害是因为受害人故意或者不可抗力引起的，才能依法不承担责任。

此外，《民法典》第1239条还明确规定，"被侵权人对损害的发生有重大过失的，可以减轻占有人或者使用人的责任"，这一规定也体现了占有、使用高度危险物损害

责任与民用核设施发生核事故致害责任的不同,民用核设施如果发生核事故损害,波及的范围广,损害后果非常严重,因此责任更为严格,不论受害人有无过失,过失程度如何,民用核设施的经营者都不能减轻责任。相比之下,高度危险物发生损害的危险程度一般逊于民用核设施,因此,在高度危险物占有人或者使用人已经尽到注意义务的前提下,在受害人有重大过失的情况下,减轻占有人或者使用人的赔偿责任,也是合理的。毕竟高度危险物的危险性很高,一旦造成损害,对其周围的环境和人民群众人身、财产安全影响就会很大,因此,《民法典》第1239条将减轻责任的情形严格限定于被侵权人的"重大过失",被侵权人有一般过失的,不能减轻占有人或者使用人的赔偿责任。至于什么是"重大过失",可以在实践中根据占有人或者使用人是否已经尽到注意义务、被侵权人行为方式、因果关系等因素具体判断。

四、高度危险活动损害责任

(一)高度危险活动损害责任的概念

高度危险活动损害责任,是指从事高空、高压、地下挖掘活动或者使用高速轨道运输工具造成他人损害,而应由经营者依法承担的一种高度危险责任。把握该责任的关键,在于准确理解高空、高压、地下挖掘活动、使用高速轨道运输工具等高度危险活动的内涵与外延。

1. 高空活动

高空活动,在这里乃为高空作业,又称高处作业,根据高处作业标准规定,凡距坠落高度基准面2米及以上,有可能坠落的在高处进行的作业,称为高处作业。坠落高度基准面是指通过最低坠落着落点的水平面。坠落高度(又称作业高度)是指从作业位置到坠落基准面的垂直距离。高处作业分为一级、二级、三级和特级。作业高度在2米及以上低于5米时,为一级高处作业;作业高度在5米及以上低于15米时,为二级高处作业;作业高度在15米及以上低于30米时,为三级高处作业;作业高度在30米及以上时,为特级高处作业。高空作业在实践中很常见,包括高层建筑施工、在建筑物顶部安装广告牌、对高层建筑物表面进行清洁工作等。根据这里的解释,民用航空运输不属于高空作业,在民用航空器飞行中因坠落物体造成地面人员损害的,应当适用《民用航空法》关于民用航空器致人损害责任。如果是高空缆车造成他人损害的,则属于高空作业,适用《民法典》第1240条的规定。

2. 高压活动

高压,作为较高压强的表达,在工业、医学、物理、地理、气候、心理等许多领域都存在。在高度危险活动损害责任中,高压主要是指工业生产领域的高压,如高压电、高压气体、高压液体、高压容器等中的高压。与此相关的生产、经营、保存、运输、使用等活动便称为高压活动。"高压作业主要包括高压制造、储藏、运送电力、液体、煤气、蒸汽等,生活中最常见多发的高压作业致人损害责任是高压电流致人损害责任。"① "'高压'应当包括高压力和高压电。其中高压设施致人损害是从事利用高压力设施的作业时造成的损害和高压电作业造成的损害。"②

3. 地下挖掘活动

地下挖掘，系在地表下面一定深度范围内从事矿山开采、建筑施工、管道铺设等进行的各种危险活动，如地表下的隧道、仓库、矿道、防空设施、污水处理设施等的挖掘、建设等。这些活动在地表下面进行，上面的人不一定知情，如深层煤矿开采过程中所进行的挖掘，若不依法进行，就会造成各种各样的事故，如塌陷、爆炸等，有的还会对地面上的他人造成损害；而且这些地下挖掘所形成的通道等，已经使得原有的地质结构发生改变，若不严格加以管理，让无关的人进入，就会由于无关的人不了解地质地貌等情况，造成损害事故的发生。尤其是城市地下设施，如地铁、管道等的铺设，既是所需，风险亦很大，一旦发现坍塌事故，往往会上面密集的建筑物、他人等造成重大的损害。近年来，北京、上海、深圳、杭州等就发生过地铁隧道塌陷并造成多人伤亡的事故。故将地下挖掘活动作为一种高度危险活动实行严格的无过错责任，有现实的内在根据。

应当指出，地下挖掘活动主要是指在地下即距地表一定深度进行挖掘，而非直接在地表进行的诸如开渠、开沟、构筑房屋地基等完全可以让人看见的挖掘活动。此种活动尽管具有一定的危险性，但危险程度并未达到高度危险的程度，不应以高度危险活动论之。造成损害的，不属于高度危险责任，而应是一般的过错侵权责任；在公共场所或者道路上挖掘、修缮安装地下设施等造成他人损害的，根据《民法典》第1258条的规定即"在公共场所或者道路上挖掘、修缮安装地下设施等造成他人损害，施工人不能证明已经设置明显标志和采取安全措施的，应当承担侵权责任"，乃为过错推定责任。

4. 使用高速轨道运输工具的活动

高速轨道运输工具，就是指沿着固定轨道上行驶的车辆。它随着科学技术的发展，不断增多，如列车、动车、高速电力动车、地铁、轻轨、磁悬浮列车、有轨电车等。以铁路为例，铁路速度的分档为：时速100—120公里称为常速；时速120—160公里称为中速；时速160—200公里称为准高速和快速；时速200—400公里称为高速，时速400公里以上称为特高速。在1997年铁路大提速前，我国铁路旅客运输列车的最高时速一直在110公里左右。经过6次大提速，时速120公里及以上线路延展里程达到2.2万公里，比第五次大提速增加6000公里。其中，时速160公里及以上提速线路延展里程达1.4万公里，分布在京哈、京沪、京广、京九、武九、陇海等干线；时速200公里及以上线路延展里程达到6000多公里，分布在京哈、京沪、京广等干线，其中京哈、京广、京沪、胶济线部分区段时速达250公里。2008年8月开始运行的京津高速城际铁路最高时速达350公里。2009年12月9日，武（汉）广（州）

---

① 张新宝：《中国民法典释评：侵权责任编》，中国人民大学出版社2020年版，第254页。
② 最高人民法院民法典贯彻实施工作领导小组主编：《中华人民共和国民法典侵权责任编理解与适用》，人民法院出版社2020年版，第612页。

铁路客运专线的列车时速最高达 394.2 公里，创造两车重联情况下的世界高速铁路最高运营速度。正因为高速，如果列车与车外的人员、物体发生碰撞或者发生脱轨、列车相撞，所产生的冲击力就会巨大，从而产生严重的损害后果。地铁也是如此，从技术角度看，地铁的速度并不快，平均运行时速是 33 公里，进站时速小于 15 公里。但因为地铁列车本身重量大、体积大，虽然速度远低于铁路，但产生的动能非常大，如果和车外人员发生撞击，也会造成伤亡。因此，运营速度较低的地铁、轻轨列车等也属于高速轨道运输工具。高速轨道运输工具的另一个主要特点就是不可避让性。因为高速轨道运输工具只能在固定的轨道上运行，如果在前方轨道上出现人员或者其他物体，列车无法避让，即使紧急制动，也会因为高速和本身的重量大，由于惯性向前滑行一段距离。据铁道部有关专家介绍，时速 160 公里的列车急刹车的制动距离是 1.8 公里，而时速 350 公里的列车急刹车的制动距离是 5 公里。因此，高速轨道运输工具对近距离内轨道上出现的人员和车辆或者其他物品，将无法避免地产生严重碰撞损害。正因为这种高速性和不可避让性，使用高速轨道运输工具便会产生高度危险性。

(二) 高度危险活动损害责任的构成要件

高度危险活动损害责任，作为一种高度危险责任，主观方面采无过错责任原则，其构成在客观方面需同时满足如下三个方面的要求：

1. 客观行为方面要求在从事高空、高压、地下挖掘或者使用高速轨道运输工具的高度危险活动中实施了侵害他人民事权益的行为

所从事的高度危险活动，在本责任中仅限于高空、高压、地下挖掘或者使用高速轨道运输工具四种。根本没有进行高度危险活动，或者虽已进行了高度危险活动然不是进行上述高度危险活动，不可能构成本责任。

另外，要求在从事高空、高压、地下挖掘或者使用高速轨道运输工具等高度危险活动中实施了侵害他人民事权益的行为。尽管从事了高空、高压、地下挖掘或者使用高速轨道运输工具的高度危险活动，然没有实施有关侵害他人民事权益的行为，即不会给他人民事权益造成侵害，自然不能构成本责任。

2. 客观后果方面要求他人必须具有损害

高度危险活动，尽管已给他人的民事权益造成了现实的威胁但还未造成实际损害的，也不能构成高度危险活动损害这种实害责任。当然，没有造成实际损害，并不意味着高度危险活动的行为一定不构成侵权。他人若认为该行为已经具有对其权益造成现实的可能危害时，则可以按照《民法典》第 995 条的规定，即"人格权受到侵害的，受害人有权依照本法和其他法律的规定请求行为人承担民事责任。受害人的停止侵害、排除妨碍、消除危险、消除影响、恢复名誉、赔礼道歉请求权，不适用诉讼时效的规定"；第 1167 条的规定，即"侵权行为危及他人人身、财产安全的，被侵权人有权请求侵权人承担停止侵害、排除妨碍、消除危险等侵权责任"等，请求停止进行高度危险活动、排除妨碍、消除危险等侵权责任。

3. 客观因果关系方面要求发生于高空、高压、地下挖掘或者使用高速轨道运输工具的高度危险活动中的侵害他人民事权益的行为与他人损害结果之间具有因果关系

这种因果关系表现为后者的发生必有前者的原因，没有前者的发生，绝不会有后者的出现。至于高空、高压、地下挖掘或者使用高速轨道运输工具的高度危险活动中的侵害他人民事权益的行为，则可能由不可抗力、第三人行为、受害人故意等所致。即使如此，其他原因并不直接对他人造成损害，而是通过高度危险活动进行者的行为这一载体才会对他人造成损害，从而形成两者之间的因果关系。如果高度危险活动之外的行为，不需要通过高度危险活动进行者的侵害行为这一媒介就直接对他人造成损害，则高度危险活动中的行为与他人损害结果之间没有任何关系，从而不能构成该责任。如他人盗窃高空作业安全设备，高空作业者不知情照常作业，结果从空中摔下，之后又与下面的他人相撞而致他人死亡，他人死亡乃因高空作业的侵害行为造成，于是它们形成了因果关系，尽管其中有他人盗窃高空作业安全设备的原因存在，也不能免除高空作业者对他人造成损害的侵权责任。

（三）高度危险活动损害责任的承担

1. 高度危险活动损害责任的法律规定

《民法典》第1240条规定："从事高空、高压、地下挖掘活动或者使用高速轨道运输工具造成他人损害的，经营者应当承担侵权责任；但是，能够证明损害是因受害人故意或者不可抗力造成的，不承担责任。被侵权人对损害的发生有重大过失的，可以减轻经营者的责任。"这是高度危险活动损害责任的一般规定。除此之外，一些单行特别法就有关高度危险活动造成他人损害所产生的责任也作了规定，需要加以注意。如《安全生产法》第52条规定："生产经营单位与从业人员订立的劳动合同，应当载明有关保障从业人员劳动安全、防止职业危害的事项，以及依法为从业人员办理工伤保险的事项。生产经营单位不得以任何形式与从业人员订立协议，免除或者减轻其对从业人员因生产安全事故伤亡依法应承担的责任。"

2. 高度危险活动损害责任的责任主体

根据《民法典》第1240条的规定，高度危险活动损害责任的责任主体为经营者。一般情况下，一种活动可以通过一个主体的行为完成，如从事某一地下挖掘活动、进行某一高速轨道交通工具运输的从头至尾的经营等。但有的活动，并非一个民事主体的行为就能完成。如电力运行活动，从电力产生到客户使用，按照我国电力管理体制，要经过生产电力（发电）、运输电力（变电）、供应电力（配电、供电）再到客户使用电力（用电）四个阶段。每个阶段均由不同的单位进行经营管理。发电由电力生产企业负责；变电由电力运输企业负责；配电则由供电企业负责等。电力产生后，为了减少损害，必须升高电压进行运输再降低电压供应给客户。有关电力升压、降压的变压器等设备，用以变电的电力线路设施，以及其他高压电设备，分属于不同的经营主体。有关高压电的作业造成某些高压电设备设施损坏并导致他人损害的，具体由哪一经营主体承担，则要看是发电主体还是变电主体或是供电主体的作业活动造成，又或者是共同造成。如此，有关高压电的高度危险活动的经营者，具体认定时还要结合进行高度危险活动并造成设施设备破坏的具体情况分析认定。另外，若造成他人损害的高压电设备设施的经营者与所有人一致，则没有多大问题；若经营者与所有人、管理人不一致，经营者自然要承担侵权责任，所有人、管理人是否承担侵权责任，承担的侵权责任是过错责任还是无过错责任，是否为连带责任，均需要考虑。我们认为，所有人、管理人存在过错的，则应当与经营人承担连带责任；没有过错的，则不承担责任。

3. 高度危险活动损害责任的减免责事由

受害人故意或者不可抗力均为该责任的特别免责事由。其中，受害人故意造成高度危险活动损害而涉及多人的，高度危险活动的经营者只能对出于故意的受害人免除责任，而不能对其他没有故意的受害人也免除责任。

五、遗失、抛弃高度危险物致人损害责任

（一）遗失、抛弃高度危险物损害责任的概念

1. 遗失、抛弃高度危险物损害责任的概念

遗失、抛弃高度危险物损害责任，是指对自己所有、管理的高度危险物因为遗失、抛弃而致人损害产生的一种高度危险责任。其中，遗失，系所有人或者管理人基于自己的过失在没有觉察的情况下，对高度危险物失去控制、占有的一种非自己主观意志的行为；所谓抛弃，则为所有人或者管理人基于自己的主观意志而对高度危险物加以处置，不再对高度危险物进行占有、控制，并不再视为自己所有或者管理的一种对物的所有权、管理权进行处分的行为。

2. 遗失高度危险物与抛弃高度危险物的主要区别

（1）从主观上看，前者造成的高度危险物的丧失占有、控制，并非自己主观意志的表示，只是出于自己的过失主要是疏忽大意的过失，主观上没有将高度危险物予以"遗失"的意图；后者则是一种主观意识清楚并在自己意志支配下的故意扔弃行为。

（2）从行为性质上看，前者是自己主观上没有意识并且不是出于自己意志支配的过失而对高度危险物丧失占有、控制的行为，属于一种事实行为，而非法律行为；后者则为基于自己的意识并在自己意志支配下将高度危险物丢失，是对高度危险物的所有权、管理权的处分，属于一种法律行为。

（3）从行为主体上看，前者作为一种事实行为，任何占有、控制高度危险物的人，包括无民事行为能力人或限制民事行为能力人都可以"遗失"高度危险物；后者作为一种处分所有权、管理权的法律行为，无民事行为能力人或者限制民事行为能力人在未经监护人同意的情况下进行抛弃处分，则属于无效行为。

（4）从行为的法律后果上看，前者作为一种事实行为，遗失者对遗失的高度危险物并未丧失所有权，若为他人捡拾，他人不能因此取得所有权；然后者作为一种对物的处分行为，抛弃者不再对抛弃的高度危险物具有所有权。当然，他人拾捡到高度危险物，因为高度危险物往往为国家禁止，不经法律允许的占有、使用属于一种非法占有、使用，在法律上不可能获得真正的所有权。

（5）从行为实施者来看，遗失、抛弃若为所有人所为，两者的区别如上；但若为所有人以外的管理者所为，管理人的遗失自然亦构成所有人的遗失，然管理人的抛弃

并非一定构成所有人的抛弃,除非双方具有事先的联络。不然,管理人的自主擅自抛弃,对于所有人来说,并非出于其意志,于是构成所有人的遗失而非所有人的抛弃,等等。

(二)遗失、抛弃高度危险物损害责任的构成要件

1. 客观行为方面要求具有遗失、抛弃高度危险物的行为

遗失高度危险物,是指高度危险物的所有权人(管理人)并非基于自己的意愿而对高度危险物丧失占有,高度危险物处于无人占有且非为无主动产的一种状态。抛弃高度危险物,是指所有人基于明确放弃对该危险物所有权的意思表示,丧失对高度危险物的占有。依据物权法原理,构成抛弃须满足两个条件:一是放弃对物的占有;二是所有人作出放弃所有权的意思表示。原则上,在遗失物与抛弃物难以区分的情况下,应推定为遗失物。①

2. 客观后果方面要求他人具有损害

他人没有损害,自然不能构成遗失、抛弃高度危险物损害责任这种实害责任。

(1)他人的损害,乃指他人人身或者财产方面的损害,是一种对他人私益的损害。高度危险物,尤其是高放射性、高致病性等高度危险物对环境往往也会产生污染甚至造成破坏,具有危害性,要是没有导致他人损害的发生,仍然不能构成该责任,但可以构成环境公益侵权责任。

(2)他人的损害,乃是基于遗失、抛弃的高度危险物的强腐蚀性、高致病性等高度危险特性的爆发表现出来的损害,如强腐蚀性、高致病性物质腐蚀他人身体、致他人或动物感染患病等。若不是因为这些高度危险物的危险特性爆发所产生的损害,如自制手雷,不拉开引线让其爆炸伤人而是直接向他人投掷利用冲击力产生的能量伤人,则不能认为属于遗失、抛弃高度危险物损害责任中的损害。

(3)他人的损害,可能与他人行为没有任何关系。如遗失、抛弃的高度危险物自然会对他人产生危害,也可能不系遗失、抛弃行为直接造成,如他人拾捡而致自身损害,还可以由于其他原因,如风将剧毒物品吹至他人身上、第三人拾捡后用以侵害他人等,不论属于哪种损害,均源于遗失、抛弃行为。故遗失者、抛弃者对这种损害均应承担侵权责任。

(4)遗失高度危险物的,要立即组织力量追查寻找,采取一切可能的警示措施,同时报告公安、环保等有关主管部门并配合采取应急措施,以防止尚未发生的损害发生或者已经发生的损害扩大。能够采取措施而不采取措施造成损害发生或者扩大的,固然属于本责任中的损害。

3. 客观因果关系方面要求他人的损害结果与高度危险物的遗失、抛弃行为之间具有因果关系

倘若两者没有任何因果关系,即使存在遗失、抛弃高度危险物的行为,也不应承

---

① 最高人民法院民法典贯彻实施工作领导小组主编:《中华人民共和国民法典侵权责任编理解与适用》,人民法院出版社2020年版,第621页。

担侵权责任。不过，这种因果关系，并非要求后者是前者的完全、唯一的原因，往往还要介入其他因素，如受害人拾捡、第三人利用等，但不论怎样，他人的损害乃系遗失、抛弃的高度危险物造成，为此必然具有因果关系而需要承担侵权责任。

（三）遗失、抛弃高度危险物损害责任的承担

《民法典》第1241条规定："遗失、抛弃高度危险物造成他人损害的，由所有人承担侵权责任。所有人将高度危险物交由他人管理的，由管理人承担侵权责任；所有人有过错的，与管理人承担连带责任。"据此，该责任的承担包括三种情形：

1. 所有人遗失、抛弃高度危险物造成他人损害的，由所有人承担侵权责任

高度危险物，从生产、销售、运输、仓储、保管到购买、使用等，环节尽管很多，但从所有属性来说，则分为对高度危险物的所有与管理，相应行为人则为所有人与管理人。是以，作为依法对高度危险物具有占有、使用、收益、处分等权能的人，体现在生产、销售、购买、使用环节中，而保管则是对高度危险物不具有所有权但依法具有的控制、占有、保管、管理等职责，体现在运输、仓储、代销、寄销等环节中。高度危险物如果处于所有人占有、控制阶段而由其遗失、抛弃造成他人损害的，自然要由所有人承担包括损害赔偿责任在内的侵权责任。

2. 管理人管理他人所有的高度危险物而遗失、抛弃并致他人损害，所有人没有过错的，由管理人承担侵权责任

如前所述，高度危险物从一个环节流转到另一个环节，都必须由依法具有占有、使用许可的主体进行，在没有生产、经营、运输、仓储、购买等许可证的人之间，不能进行移转，如生产者不能将之交给没有经营许可证的人经营，生产者、经营者不能将之交给没有运输、仓储许可证的运输、仓储者运输、仓储，购买者不能从没有经营许可证的人处购买，经营者不能向没有购买许可证的人销售，等等。然而，作为危险物品的所有者，不可能因为其对高度危险物的所有就一定都得自己保管。现实生活中，所有人根据生产、经营的需要，将其所有的高度危险物交由他人管理的现象大量存在。如所有人可能不具备大量储存高度危险物的条件，将生产所需的高度危险物交由符合条件的储存单位保管；有的因生产、经营需要将高度危险物通过运输交由他人占有、使用；等等。如此，对高度危险物不具有所有权但根据所有人的委托对高度危险物进行占有并进行管理的单位，如专业的危险化学品仓储公司、危险化学品运输公司等，一旦因为运输、仓储、销售等原因而占有、控制，就对其具有依法严格管理，防止遗失、丢失而危害社会之责。另外，高度危险物由管理人占有、控制、管理，所有人失去了有效的控制，控制高度危险物风险源的责任自然也就落在身上；由于这种管理往往基于合法许可产生，系在具有相应条件、能力、资质、人员等的情况下进行的，有的还属于有偿管理，具有利益，由此妥善、安全保管，防止不当遗失，也是管理人应有的责任，给他人造成损害的，需要承担侵权责任。至于保管他人高度危险物，不经允许而予以抛弃，更有背于自己的保管职责，于是更要依法承担侵权责任。

3. 所有人将高度危险物交由他人管理，并对管理人遗失或者抛弃高度危险物致人损害的行为具有过错的，由所有人与管理人承担连带侵权责任

所有人将高度危险物交由他人运输、仓储等，因其对物的所有权等权能，基于高度危险物的高度危险及其法律严格控制外流的特性，必须严格依法交付管理，而不能非法而为，如交给没有资质的人进行运输、储存等。倘若这些违法保管、占有、管理的人遗失或者抛弃高度危险物并致人损害，因之交付行为本身违法并具有过错，为遏制这些违法行为，让其与管理人承担连带责任，具有合理性、正当性。

此外，即使在交付管理环节上没有过错，将高度危险物交给具有资质的经营者、运输者、仓储者等保管，也并非意味着所有人对管理者的遗失或者抛弃行为没有过错，如故意指示管理人抛弃；明知管理人有抛弃意图而不加制止；在知道管理人遗失或者抛弃后不采取措施并向公安机关报告；知道管理人不负责任，将高度危险物乱堆乱放而不加提醒或采取有关措施，等等，均属于所有人对管理人遗失或者抛弃高度危险物的行为具有过错，造成他人损害的，应当承担连带责任。

还有，所有人具有过错，在此责任中，并不要求为重大过错。出于故意或者重大过失，属于重大过错，可以成为所有人与管理人承担连带责任的法定事由。不属于重大过错的一般过失，如未严格、认真、全面审查他人许可资格、条件，致使不符合资格、条件的人对高度危险物进行经营、运输、仓储等并造成遗失、抛弃并致他人损害的，即使为一般过失，也要与管理人承担连带责任。

(四) 遗失、抛弃高度危险物损害责任的（准）一般减免责事由的适用

对于该责任，《民法典》没有像核设施、核材料损害责任，民用航空器损害责任，占有、使用高度危险物损害责任，高度危险活动损害责任那样，规定了特别的减免责事由。那么，该责任是否适用《民法典》总则编、侵权责任编分别规定的一般减免责事由、准一般减免责事由，按照前述有关规则，不能一概肯定或否定，具体应当根据行为的实施情况作出选择。

1. 一般减免责事由在遗失、抛弃高度危险物损害责任中的适用

（1）不可抗力从理论上虽可适用该责任，但由于法律没有将其作为特别免责事由加以规定，且其在本责任中的适用不能用于保护更大法益、避免更大法益损害，由此不能再作为该责任的免责事由据之对侵权责任人免责。不然，法律在占有、使用高度危险物、高度危险活动损害责任中将其规定为特别免责事由等就多此一举。

（2）正当防卫、自愿紧急救助，对于遗失高度危险物的行为来说，不能用于保护更大法益、避免更大法益损害，因此不能作为遗失、抛弃高度危险物损害责任的减免责事由。但在抛弃高度危险物中，如果确实因为保护更大法益、避免更大法益损害而进行正当防卫或者自愿实施紧急救助的"抛弃"时，则宜作为免责事由予以适用。

（3）紧急避险尽管在性质上可以作为本责任的免责事由，并且可以用于保护更大法益、避免更大法益损害，但它与正当防卫、自愿紧急救助不同，依旧不能作为本责任的免责事由而减免侵权人的侵权责任。具体参见本书第四章"减免责事由"相关内容。

2. 准一般减免责事由在遗失、抛弃高度危险物损害责任中的适用

受害人过错、自甘风险、自助、第三人造成等准一般减免责事由，自甘风险、自助从性质上看不能适用于该责任。受害人过错（含故意或重大过失）、第三人造成在理论上虽可适用该责任，然法律只将有的高度危险责任列为特别减免责事由但却未普遍设定特别减免责事由。另外，它也不能像正当防卫或者自愿紧急救助等那样可以用于保护更大法益、避免更大法益损害。所以，受害人过错、第三人造成不能作为该责任的减免责事由。

此外，《民法典》第1243条对高度危险责任规定的"未经许可擅自进入已经采取足够安全措施并尽到充分警示义务的高度危险活动区域"这一特别减免责事由，从该责任的行为特点来看，很难适用。

六、非法占有高度危险物损害责任

（一）非法占有高度危险物损害责任的归责原则

非法占有高度危险物损害责任，系指没有合法占有高度危险物并致他人损害所产生的应由非法占有者、所有人或者管理人等依法承担的一种高度危险责任。

《民法典》第1242条规定："非法占有高度危险物造成他人损害的，由非法占有人承担侵权责任。所有人、管理人不能证明对防止非法占有尽到高度注意义务的，与非法占有人承担连带责任。"据此，在归责原则上，该责任实行二元归责的做法，区分不同的责任主体实行不同的归责原则。

1. 对于非法占有高度危险物者，采无过错责任

有的认为，非法占有高度危险物也属于过错责任。理由为："本条规定的'非法占有高度危险物造成他人损害的'中的'非法占有'本身就包含了过错要件，对于这一表述中的'非法占有'，既可以解释为仅仅是一种非法占有的状态，也可以解释为是一种进行非法占有的行为。在进行非法占有的行为的情况下，非法占有人具有过错当属无疑。但是即使在仅仅是事实上非法占有的状态下，也要求事实占有人具有过错才构成此处所说的'非法占有'。在没有任何过错的情况下，即使实际上'占有'了该高度危险物，并且该种占有也不'合法'，但是仍然不构成此处的'非法占有'，并不承担侵权责任。例如，在无完全民事行为能力人没有任何过错的情况下，高度危险物被放置在其车辆中，而无完全民事行为能力人对此并不知悉。在这种情况下，可以说无完全民事行为能力人事实上非法占有了该高度危险物，但是无完全民事行为能力人并不具有任何过错，不承担任何侵权责任。"[1]

我们认为，非法占有高度危险物与占有、使用高度危险物的合法占有相比，从行为的不法性、危害性等方面看，前者无疑更大，若不加以控制，高度危险物的滥用及危害不可能得到有效控制。因此，在主观归责方面，无疑应当更为严格。对非法占有高度危险物实行过错责任，然对合法占有、使用高度危险物实行无过错责任，于理不

---

[1] 张新宝：《中国民法典释评：侵权责任编》，中国人民大学出版社2020年版，第259—260页。

符，既不利于有效遏制各种各样的非法占有高度危险物行为的发生，也不利于对受害人给予及时的救济。在过错责任下，受害人要承担非法占有人具有过错以及非法占有的举证责任，无疑加重了受害人获得补救、维护自己损害权利的负担。

另外，上面举例所称无完全民事行为能力人对自己车上存在的高度危险物不知情而不具有过错，于是不应承担侵权责任，也不能成立。无完全民事行为能力人，因为缺乏侵权责任所必要的辨识事物行为的性质、进行意志控制的行为能力，不仅不能构成非法占有高度危险物损害责任，而且不能构成所有侵权责任。不构成所有侵权责任，不是考虑其主观上是否具有过错，而是基于其无完全民事行为能力而在主体构成上就不合格。事实上，无完全民事行为能力人非法占有高度危险物给他人造成损害的，虽不承担侵权责任，然其监护人还是要以监护人责任对这一损害承担无过错的侵权责任，也就是说，即使为未成年人等无完全民事行为能力人，其非法占有高度危险物对他人造成损害，所产生的赔偿责任也没有消失，只是不由其直接承担，而是由其监护人依法承担无过错的替代责任而已。

2. 对于高度危险物的所有人、管理人，取过错推定责任

高度危险物的所有人、管理人对高度危险物有妥善保管、严格控制流转于社会并让他人非法占有的法律责任与义务。然而，基于高度危险物兼有有益性与有害性的双重属性，加之国家严格管控，有些人千方百计通过各种非法渠道获取，如矿山开采需要炸药，却因正当途径获得的有限，便采取盗窃或者非法买卖等手段。在对高度危险物具有需求而市场相对封闭有限并且严格控制的情况下，非法获取的现象可以说是屡见不鲜，手段层出不穷，这时所有人、管理人即使对自己所有、管理的高度危险物给予高度而充分的注意、保护，尤其是个人购买的高度危险物，因保管能力等原因，更易丢失而让他人非法占有。在他人基于自己意志之外占有且通过各种努力无法恢复占有，也就是完全丧失占有的情况下，对高度危险物的控制、管理责任即转移给非法占有人，非法占有人用之损害他人的，自应承担侵权责任。对于已经失去占有、控制的所有人、管理人，只要没有过错，就不承担侵权责任。但是，对高度危险物失去占有、控制等而让他人非法占有具有过错或者虽在失去占有、控制时没有过错然在失去后若及时采取措施于正常情况下可以找回却不采取任何措施，或虽采取了措施然不属于正当、合理的必要措施等存在过错的，则因其占有、管理高度危险物时就负有的妥善保管并不应让之流入社会让他人非法占有、控制的法定义务没有完全得以履行，需要承担相应的过错侵权责任。不过，对这种过错责任，采取的是过错推定责任，不像非法占有那样，实行无过错责任。

（二）非法占有高度危险物损害责任的构成要件

非法占有高度危险物损害责任的构成在客观方面应同时满足以下三个方面的要件：

1. 客观行为方面需要具有非法占有高度危险物并用以侵害他人民事权益的行为

这一要件需要具备两个条件：第一，必须是"非法占有"高度危险物。对于这里的"非法占有"，一般认为，是指明知自己无权占有，而通过诸如盗窃、抢夺、抢劫、

非法买卖等非法手段将他人所有、管理的高度危险物占为己有的行为。如此，将该责任中的"非法占有"限制在无权占有而通过不法手段所获取的占有内。占有，以是否因所有权这一合法的前权利产生为标准，可以分为有权占有与无权占有。有权占有，乃是基于所有权人同意许可下的占有，如所有人将物品交给他人保管，借给他人使用，出售或者赠予他人，质押、典当给他人等，他人基于合法的交易或者其他行为而获得占有、控制等，就属有权占有；无权占有，则是未经所有权人许可或者通过各种不法手段违背其意志获取占有、控制的行为，这种行为具有不法性，在法律上不可能获得所有权，只是事实上获得了占有、控制权，除盗窃、抢夺、抢劫之外，还有诈骗、敲诈勒索、贪污、受贿、职务侵占、侵占、挪用等各种各样手段所获取的无权占有。第二，具有侵害他人民事权益的行为。

2. 客观后果方面要求他人必须具有损害

他人具有损害，乃是一切损害责任的前提与基础，对于非法占有高度危险物损害责任也不能例外。尽管对高度危险物的占有属于非法，没有造成损害，如非法买卖爆炸物，也需要依法承担行政责任乃至刑事责任，但没有造成他人损害的，依旧不能让其承担非法占有高度危险物损害责任这种实害责任。当然，发现某人非法占有高度危险物已经具有给自己人身、财产带来损害的现实威胁的，则可根据《民法典》第995条的规定，即"人格权受到侵害的，受害人有权依照本法和其他法律的规定请求行为人承担民事责任。受害人的停止侵害、排除妨碍、消除危险、消除影响、恢复名誉、赔礼道歉请求权，不适用诉讼时效的规定"；第1167条的规定，即"侵权行为危及他人人身、财产安全的，被侵权人有权请求侵权人承担停止侵害、排除妨碍、消除危险等侵权责任"等，主张非法占有人承担停止占有、消除危险等侵权责任。

3. 客观因果关系方面要求他人损害结果与非法占有高度危险物并用以侵害他人民事权益行为之间具有因果关系

虽同时存在他人损害结果与非法占有高度危险物并用以侵害他人民事权益的行为，然两者之间没有任何因果关系，则不能构成此责任让非法占有人承担包括损害赔偿责任在内的侵权责任。当然，这种因果关系，既可是一因一果关系，后者乃为前者发生的完全的、唯一的原因，也可是部分原因，与其他原因共同导致他人损害结果发生而形成多因一果关系。

需要注意的是，他人的这种损害乃是源于非法占有的高度危险物的高度危险特性爆发所表现出来的损害，例如，高放射性物质对他人、动物辐射所产生的损害，如由此引起疾病等。若不是因为这些高度危险物的危险特性本身爆发所产生的损害，例如，非法占有易爆物质如自制子弹用于直接刺伤他人眼睛，则就不能认为系非法占有高度危险物并用以侵害他人民事权益的行为与他人损害之间具有本责任中的因果关系而构成本责任，构成侵权责任的，也是其他侵权责任如侵害他人身体、财产等的过错侵权责任。

(三)非法占有高度危险物损害责任的承担

关于非法占有高度危险物损害责任的减免责事由，与遗失、抛弃高度危险物损害责任一样，《民法典》也没有作出特别规定。《民法典》总则编、侵权责任编分别规定的一般减免责事由、准一般减免责事由在该责任中的适用，完全与前文遗失、抛弃高度危险物损害责任适用的规则、情形相同，具体参见相关内容，这里不再多述。

至于该责任的承担，按照《民法典》第1242条的规定，分为两种情形：

（1）非法占有高度危险物造成他人损害的，由非法占有人承担侵权责任。

（2）所有人、管理人不能证明对防止非法占有尽到高度注意义务的，与非法占有人承担连带责任

① 所有人、管理人与非法占有人承担连带责任的条件。高度危险物的所有人、管理人，与非法占有人承担连带责任，在主观上要求具有过错，该过错在客观方面表现为不能证明对防止非法占有已经尽到高度注意义务。这是所有人、管理人与非法占有人承担连带责任的必要条件与基础。不仅如此，而且这一条件又要同时满足四个方面的要求：

第一，必须没有尽到注意义务。我们知道，易燃、易爆、剧毒等高度危险品，对人身、财产具有极大的危险性，极易造成人身、财产的损害，需要严格控制使用，不能随意让之流入社会。不然，就易造成滥用甚至为一些为非作歹之徒占有控制，从而给人们的人身、财产安全乃至社会带来严重的威胁、危害与灾难。于是，法律、法规和部门规章等在允许生产、经营者占有、使用危险品的同时，对于高度危险物的生产、销售、保管、处置等各个环节的行为作出了全面且具体的规范，以防止高度危险物流入社会被他人非法占有。如果违反有关规定，不全面、不认真尽到这些法律规范所设定的义务，如生产、经营、仓储者等要有专门的场所，要有专人看管，要严格向具有许可证的人购买、出售等，若让不该占有的人非法占有，如将自己购买的高度危险物通过借用、转让、出租、抵押、典当等非法手段转移给他人占有，固然就没有尽到注意义务，更不可能说已经尽到高度注意义务，非法占有人若因非法占有行为给他人造成损害，所有人、管理人就要与之承担连带责任。

第二，必须没有尽到高度义务。所有人、管理人虽尽到了注意义务然没有尽到高度注意义务，造成他人非法占有并致人损害的，同样要与非法占有人承担连带责任。高度义务，以严格遵守法律规定为前提。如专人看管认真负责，严格控制保管、仓储场所人员的进入，严格采取监控措施，严格检查许可证及有关身份证件，做到购买人与法定许可等相一致；及时进行登记、清点，做到进出数额完全相符；发现问题及时向公安机关报告，并采取必要措施尽力查找；等等。只有全面尽到了法律设定的高度义务，仍然为他人非法占有的，则属没有过错，不需要承担侵权责任，也就不再存在非法占有人承担连带责任的问题。

第三，必须是在防止非法占有方面尽到了高度注意义务。也就是说，这里的高度注意义务的内容具有极强的针对性，是相对防范不应该占有高度危险物的单位与个人占有而言的，目的就是控制高度危险物被依法不能占有的人占有。如何确定所有人、管理人是否尽到了高度注意义务，一般可以从以下方面进行分析判断：一是是否预见他人非法占有高度危险物的可能性；二是是否预见高度危险物致害风险的可能性；三

是是否为防止高度危险物落入他人之手采取了必要的防范措施;四是是否为防止高度危险物因自身危险性造成他人损害采取了防范措施;五是高度危险物被他人非法占有后,是否采取措施防止损害发生或扩大等。①

第四,必须由所有人、管理人证明自己已经在防止非法占有方面尽到了高度注意义务。即使在实体上尽到了注意义务,但是程序上无法完成这一举证责任,即不能或者不足以证明在防止不应当占有高度危险物的人占有这一方面已经尽到了高度注意义务的,依然需要与非法占有人承担连带责任。

综上,这一与非法占有人承担连带责任的条件,是实体条件与程序条件、主观要件与客观要件两方面的有机结合,缺一不可。

② 所有人、管理人与非法占有人承担连带责任的原因。如前所述,高度危险物的所有人、管理人对他人非法占有自己的高度危险物并造成损害承担责任,因其对防止非法占有未尽到高度注意义务所致,这点没有问题。然而,该责任人的损害毕竟是非法占有人的行为引起,所有人、管理人只是在防止他人非法占有方面没有尽到高度注意义务,让其承担何种责任值得考量。一是高度危险物具有高度危险性,一旦流入社会由他人非法占有,会给他人民事权益乃至社会安全带来严重的威胁甚至损害。因此,作为高度危险物的所有人、管理人等初始保有人,具有对这一高度危险物进行控制使其不流入社会的高度注意义务。没有尽到这一高度注意义务的,自然要承担侵权责任。二是若未尽到高度注意义务导致高度危险物丢失、遗失或者不小心扔弃,如没有被他人非法占有,而是直接造成他人损害的,依法应当承担全部责任。三是高度危险物的所有人将其交由他人管理,造成他人损害,所有人有过错的也应与管理人承担连带责任。举轻以明重,因自己过错造成他人非法占有高度危险物并致他人损害的,自然更应承担连带责任。四是为了促使这些物品的所有人、管理人依法妥善保管高度危险物,在防止他人非法占有方面尽到自己应尽的高度注意义务,有必要加重所有人、管理人的责任;② 若出于过错,没有尽到应负的高度注意义务而致他人非法占有并造成他人损害的,与非法占有人承担连带责任存在合理性。五是"非法占有人可能没有赔偿能力,如果仅让其承担侵权责任,受害人可能得不到合理的赔偿,对受害人保护不力,也不利于促使高度危险物的所有人或者管理人加强管理,采取有效的安全措施。所以,所有人、管理人不能证明已对防止非法占有尽到高度注意义务的,与非法占有人承担连带责任。如果是所有人自己的原因导致他人非法占有高度危险物的,由所有人与非法占有人承担连带责任。如果所有人将高度危险物交由他人管理,是管理人的原因造成他人非法占有高度危险物的,由管理人与非法占有人承担连带责任。如果所有人和管理人都有过错的,所有人、管理人和非法占有人一起承担连带责任。需要指出的是,是否尽到高度注意义务的举证责任在所有人、管理人,如果他们不能证

---

① 中国审判理论研究会民事专业委员会编著:《民法典侵权责任编条文理解与司法适用》,法律出版社2020年版,第271页。

② 王胜明主编、全国人大常委会法制工作委员会民法室编著:《中华人民共和国侵权责任法解读》,中国法制出版社2010年版,第374页。

明已尽到高度注意义务，就推定其有过错，应当与非法占有人承担连带责任，受害人可以要求所有人、管理人、非法占有人中的任何人，部分或者全部承担侵权责任"①。

至于其中的高度注意义务，"由于高度危险物的性质使然，诸如《化学危险品安全管理条例》《放射性物品运输安全管理条例》之类安全管理规范繁似秋荼。在事实层面，可以想见这些安全管理规范的要求当'高度'严格；但在规范层面，也只是善良管理人的注意而已。规范层面并不存在比善良管理人的注意更高度的注意，盖善良管理人本来视案情而定，可以是普通民众，也可以是高度专业化的职业人。故而，本条（《民法典》第1242条）第2句所谓'高度注意义务'，实务界及学说上或以为乃高于善良管理人注意义务水平的义务，② 本书以为非是，善良管理人的注意水平本来就因处理事务性质之不同而有高低之别。"③

七、高度危险区域损害责任

《民法典》第1243条规定："未经许可进入高度危险活动区域或者高度危险物存放区域受到损害，管理人能够证明已经采取足够安全措施并尽到充分警示义务的，可以减轻或者不承担责任。"

高度危险活动区域或者高度危险物存放区域都同社会大众的活动场所相隔绝。在管理人已经采取安全措施并且尽到警示义务的情况下，受害人未经许可进入该高度危险区域这一行为本身就说明受害人对于损害的发生具有过错。例如，出于自杀的故意积极追求损害的发生；或者出于过失，虽然看到警示标识但轻信自己能够避免，在这两种情况下，高度危险活动区域或者高度危险物存放区域的管理人可以减轻或者不承担责任。

---

① 石宏主编：《〈中华人民共和国民法典〉释解与适用（人格权编侵权责任编）》，人民法院出版社2020年版，第275页。

② 最高人民法院侵权责任法研究小组编著：《〈中华人民共和国侵权责任法〉条文理解与适用》，人民法院出版社2016年版，第516页。

③ 邹海林、朱广新主编：《民法典评注：侵权责任编》（第2册），中国法制出版社2020年版，第709—710页。

第十三章

饲养动物损害责任

第一节 饲养动物损害责任概述

一、饲养动物损害责任的概念与特征

（一）饲养动物损害责任的概念

饲养动物损害责任，是指动物饲养人或者管理人因饲养、管理的动物给他人造成损害所应依法承担的一种损害赔偿特殊侵权责任。《民法典》第1245条为饲养动物损害责任的一般规定，即："饲养的动物造成他人损害的，动物饲养人或者管理人应当承担侵权责任；但是，能够证明损害是因被侵权人故意或者重大过失造成的，可以不承担或者减轻责任。"

（二）饲养动物损害责任的特征

1. 责任的义务主体为饲养动物的所有人、管理人或者具有过错的第三人

饲养动物者，一般为所有人，即对动物享有占有、使用、收益及其处分等所有权能的人。所有人基于各种原因将所饲养的动物交给他人占有、控制而与自身相分离的，他人便称管理人。如外出时间较长委托亲戚朋友代为饲养照看动物，或者将自己饲养的动物抵押、出租、借用给他人使用，或者让他人进行驯化、训练、清洗、治病、试验、观赏、展览、繁殖、培育等各种各样的活动，他人便成为该饲养动物的管理人。在饲养动物为管理人占有、控制的情况下，饲养人基于所有人的地位仍然具有间接控制权。现实生活中，能够认定为所有人的，则应认定为饲养人，而不认定为管理人。有时，尽管可以认定所有人占有、控制饲养动物的行为成立，然难以认定其对动物具有所有关系，这时就可以认定为管理人，而不认定为饲养人。问题在于第三人通过盗窃等非法手段占有他人饲养的动物，他人在法律上仍然为所有人。此时，"当动物的本权人并非基于本意而丧失对动物的占有（如动物被盗）时，第三人直接饲养或管理动物的，动物的本权人虽然在物权法和行政法上仍可认定为动物的主人，但在侵权责任法上继续认定为'饲养人'显得过于观念化，而将第三人认定为'饲养人'

又显然忽视了第三人与本权人的区别,此时应将第三人认定为管理人较为妥当"[①]。不过,有的认为,"解决这一问题涉及两个方面:一是对占有人的解释;二是对'第三人过错'的理解。按照保有者责任理论,非法占有者可以被解释为'保有者',从而由其直接承担责任。将非法占有者解释为管理者似乎显得牵强,应当按照《民法典》第1175条规定的'第三人过错'处理。被侵权人可以向饲养人或者管理人请求赔偿,也可以向作为第三人的非法占有者请求赔偿,动物饲养人或者管理人赔偿后,有权向第三人追偿"[②]。如此,将非法占有者作为第三人对待。非法占有者饲养动物后致他人损害的,为第三人过错造成的损害,受害人既可以向饲养人、管理人主张赔偿,又可以向第三人主张赔偿。我们认为,源于盗窃、抢劫等违法犯罪手段非法占有他人的饲养动物,比饲养动物本身具有更大的社会危害性,将这种非法占有者作为第三人让其承担过错责任,而对合法饲养动物人课以无过错责任,无疑有背法理,也有失公平。此时,应将这种非法占有者作为管理人让其直接承担饲养动物损害责任。

2. 加害举动者为饲养的动物,侵害行为实施者则为饲养人、管理人或者具有过错的第三人

动物因活动或所携带的致病性物质等,可以给人带来损害。但这种损害并非民事主体有意识的侵害行为,仅仅是属于人的财产权利这一载体给人带来的损害,依旧属于饲养动物损害责任这一民事法律关系的客体,而非这一民事法律关系的主体,于是有别于作为民事主体人的损害,承担责任的不是动物,而是对该动物具有所有、管理关系的人。即使是无民事行为能力人或者限制民事行为能力人给他人造成的损害,尽管行为人没有正常的意识、意志能力,但造成的损害还是其行为的损害,而不像本责任中动物所造成的损害乃是动物举动的加害,该加害进一步基于所有、管理等关系深化为饲养人、管理人或者第三人过错的侵害,正如法谚所云"物件是人的手臂的延长",让饲养人、管理人或者第三人为对之作为自己延长的手臂的饲养动物所造成的损害承担侵权责任。

3. 作为一种特殊侵权责任形式,其基本属性为一间接侵权行为所导致的直接责任,是人的饲养动物与动物加害举动两者的结合

人的行为与动物举动的结合构成了此类责任行为的重要特点。动物活动属于非民事主体的无意识举动,属于侵权人之动产给他人造成的损害,而人之所以对此要承担主要责任,乃在于其对造成他人损害的动物享有所有、占有、控制、管理等权利的同时,负有预见并有效控制动物致他人损害这一危险源的义务,但却因没有履行而造成动物的加害举动损害了他人的权益。故本责任行为乃是动物的活动与饲养人、管理人没有履行应尽之义务的行为(一般表现为不作为)有机结合,构成了一个完整的侵权行为,应由所有人、管理人承担侵权责任。缺少之一,或没有动物加害举动,或没有动物饲养人、管理人对动物的所有、占有、控制、管理及其与这些行为相应的义务,

---

[①] 最高人民法院民法典贯彻实施工作领导小组主编:《中华人民共和国民法典侵权责任编理解与适用》,人民法院出版社2020年版,第642页。

[②] 张新宝:《中国民法典释评:侵权责任编》,中国人民大学出版社2020年版,第268页。

就不能构成此类责任。

4. 对饲养动物损害责任实行一般规定与特殊规定相结合的立法体例进行规范

《民法典》"侵权责任编"第九章对于饲养动物损害责任，既规定了一般条款，也规定了特殊责任，实行的是一般条款下的特殊责任的立法体例。一般条款为第1245条，规定了饲养动物损害责任的一般规则，在此基础上又对四种不同的情况分别规定了具体的特殊侵权责任。饲养动物损害行为所产生的责任，若不能适用第九章中的其他具体条文进行规制，则适用第1245条一般条款的规定；属于第1246条至第1249条特别规定的，则按有关特别规定确定侵权责任。

5. 归责原则实行多元化的立法体制

关于饲养动物损害责任的规定，《民法典》在归责原则上沿袭了原《侵权责任法》的做法，以无过错责任为基本原则，过错推定责任和过错责任则为例外规定：除动物园动物损害责任采过错推定责任原则、第三人归责取过错责任原则外，其他诸如饲养动物损害责任、不采取安全措施饲养动物损害责任、饲养危险动物损害责任，以及遗弃、逃逸动物损害责任等，均择无过错责任原则。

二、饲养动物损害责任的归责原则

饲养动物致人损害应该承担责任是一项古老的法律规则，各国一般适用无过错责任的归责原则或者严格责任的归责原则。《民法典》"侵权责任编"在规定饲养动物损害责任时，既参照了大陆法系的规则，也借鉴了英美法系的规则，在沿袭原《侵权责任法》的基础上确定了多元化的归责原则体系。

1. 饲养的动物致人损害的，采用无过错责任原则

《民法典》第1246条规定："违反管理规定，未对动物采取安全措施造成他人损害的，动物饲养人或者管理人应当承担侵权责任；但是，能够证明损害是因被侵权人故意造成的，可以减轻责任。"第1247条规定："禁止饲养的烈性犬等危险动物造成他人损害的，动物饲养人或者管理人应当承担侵权责任。"这两条是绝对无过错责任的规定。

2. 动物园饲养的动物致人损害的，适用过错推定责任

《民法典》第1248条规定："动物园的动物造成他人损害的，动物园应当承担侵权责任，但能够证明尽到管理职责的，不承担责任。"换言之，如果动物园能够证明安全措施适当、有明显的警示牌，或当游客挑逗、擅自越栏杆靠近动物时，管理人员及时进行了劝阻等，即使出现了损害后果，动物园也可不承担。因此，动物园饲养的动物致人损害的，适用过错推定责任。主要原因在于：动物园具有社会公益性质，向社会公众开放。如果要求其承担过重的责任，可能会增加公共负担。但是，对这一规定持不同意见的人认为这一规定不合理。理由如下：（1）它违反了法律上的平等原则。动物园的动物致害和其他动物致害没有区别。（2）它违反了民法上的抽象人格。民法以抽象人格为基础，除非有足够充分且正当理由，不能采具体人格。法律对动物园单独处理，就是以具体人格为基础，而且似乎没有足够充分且正当理由。（3）它违

反了公共负担平等原则。公共负担应当由社会成员平等承受，不能要求受害人自己过多承受。

3. 第三人的过错致使动物造成他人损害的，适用过错责任原则

《民法典》第1250条规定："因第三人的过错致使动物造成他人损害的，被侵权人可以向动物饲养人或者管理人请求赔偿，也可以向第三人请求赔偿。动物饲养人或者管理人赔偿后，有权向第三人追偿。"

三、动物饲养人的法定义务

《民法典》第1251条规定："饲养动物应当遵守法律法规，尊重社会公德，不得妨碍他人生活。"为此，法律为饲养动物设置了三个应当遵守的基本规则。

1. 遵守法律法规

动物饲养人或者管理人遵守法律法规，最主要的是遵守关于饲养动物所应当遵守的法律法规。这里的法律法规，不仅包括国家层面，普遍适用于全国的法律、行政法规及部门规章，而且包括地方权力机关与各级人民政府依法颁行的地方性法规以及发布的行政命令、执行措施、行动计划方案等各种各样的具有法律性质的广义的法律法规，如依法办理饲养证、对饲养动物进行免疫、饲养动物过程中所要遵守的有关法律法规。

2. 尊重社会公德

社会公德，简称公德，作为人们在社会生活、实践等中长期形成的，要求每个社会成员于涉及公众利益、履行社会义务等活动中应当遵循的道德准则，系人们为了社会群体利益而约定俗成的行为规范。社会公德虽不像法律规范那样具有强制执行性，不执行就要受到法律的惩戒，但它通过社会对公民个体的监督、评价（鼓励、赞扬、批评、指责等）规范、引导人们的行为，对于形成稳定、和谐的社会秩序具有重要的意义，是与法律规范并行的相辅相成的不可缺少的社会规范。两者有的相互重合，不少社会公德如诚实信用已经上升为法律的基本准则，本身就构成法律规范的组成部分。对于没有成为法律规范的社会公德，同样需要予以尊重，否则就要受到否定性的道德责难与评价。同样，饲养动物也要尊重有关社会公德，如饲养动物排泄产生的垃圾应当及时清理，动物对人吠叫、过分接近他人等应当及时制止就是如此。

3. 不得妨碍他人生活

饲养动物作为一种法定权利，自然可以依自己的意志按照意思自治原则行使。然而，任何权利都是相对的，并非绝对的，乃是与之相对应的义务的统一。自己有权利，他人也有权利，自己行使权利必然不能妨碍他人权利的行使，则是权利行使的基本原则。只顾自己行使所享有的权利，而忽视他人权利享有的存在，必然产生冲突而致自己的权利也无法行使或享有。饲养动物不得妨碍他人生活，是最基本的要求。对此，法律法规都有规定，如《治安管理处罚法》第75条规定：饲养动物，干扰他人正常生活的，处警告；警告后不改正的，或者放任动物恐吓他人的，处200元以上500元以下罚款。驱使动物伤害他人的，依照本法第43条第1款关于"殴打他人的，

或者故意伤害他人身体的，处五日以上十日以下拘留，并处二百元以上五百元以下罚款；情节较轻的，处五日以下拘留或者五百元以下罚款"的规定处罚。《长沙市养犬管理条例》[①] 第 49 条规定："放任饲养、经营或者管理的犬只经常发出犬吠干扰他人正常生活、放任犬只恐吓他人或者驱使犬只伤害他人的，由公安机关依照《中华人民共和国治安管理处罚法》的有关规定予以处罚。犬只对他人造成损害的，养犬人应当依法承担相应的法律责任。"《民法典》在这里只是再对饲养动物的行为不得妨碍他人生活作宣示性的强调。

第二节　饲养动物致人损害责任的构成要件和免责事由

一、饲养动物致人损害责任的构成要件

《民法典》专章规定了动物致害责任。其第 1245 条规定饲养的动物造成他人损害的，动物饲养人或者管理人应当承担侵权责任，但能够证明损害是因被侵权人故意或者重大过失造成的，可以不承担或者减轻责任。这一条款实际上确立了动物致害责任的一般规则。即使是特殊类型的动物致害责任，除非法律有特别的规定或者按照法律的精神可以作不同的解释，否则都可以适用动物致害的一般规则。按照《民法典》第 1245 条规定所确立的构成要件，也就是动物致害责任的一般构成要件。就动物致害责任的一般构成要件来说，它包括三项：饲养动物的内在危险之爆发、受害人的损害和饲养动物的内在危险之爆发与损害之间存在因果关系。

（一）饲养动物的加害举动

饲养动物的加害举动，为动物施加于他人损害的举动。一般认为，动物不是人，即使其加害于人，也不是行为，而是事件，我们在这里称之为"举动"。不过动物加害与其他物件加害一样，都是人的行为，只不过动物加害举动是指人对于其所管领的动物管束不妥因而致人损害的间接行为。由于饲养动物存在一种内在危险，在饲养动物致人损害责任中，就是因为饲养的动物内在危险的爆发，从而导致饲养动物实施了某种加害举动，也正是由于饲养动物的这种加害举动施加于他人的人身或财产，造成他人损害。对此，在司法实践中我们应该注意以下问题：

1. 须为动物

对于动物可以从自然科学的角度进行定义，也可以从法律的角度进行定义。我们认为，动物乃具有生命且可以自主活动之物。一方面，它区别于不可自主活动之植物，可以自己独立地实施某种加害举动；另一方面，它又区别于作为民事法律关系之主体的人，动物只能成为民事法律关系的客体而非主体，它只能实施某种加害举动而

[①] 该条例由长沙市人大常委会 2018 年 8 月 30 日通过，湖南省人大常委会 2018 年 9 月 30 日批准，2021 年 8 月 25 日修正，湖南省人大常委会 2021 年 9 月 29 日批准，2021 年 10 月 20 日起施行。

非加害行为。因此，动物致人损害责任既不同于树木等致人损害责任，也不同于无民事行为能力人等致人损害责任。

动物是否包括微生物（细菌、病毒）？对此学界有肯定说和否定说两种观点，我们认为，微生物不属于动物，病菌和病毒传播致人损害的，不属于饲养动物致人损害，而属于危险物品致人损害。应依照《民法典》第1239条规定的高度危险物致人损害承担责任。

2. 须为饲养的动物

如何界定"饲养的动物"？不同的国家或不同时期对其理解和限定并不一致。古代法（罗马法和日耳曼法）将赔偿责任局限于"家畜"所造成的损害；近代大陆法系民法典则一般地规定为"动物"；美国法则采取分别列举的方式，既包括"放牧牲畜"，也包括"家养动物"和野兽。我国《民法典》"侵权责任编"既不像古代法的规定那么狭窄，也不像德、日、法等国民法典的规定那么宽泛，而是给出了"饲养的"这一定性因素，表明动物与人类活动之间的关系，便于分析和理解。至于何谓"饲养的动物"，我们认为应同时具备以下条件：

（1）它为特定的人所有或占有，即为特定的人所饲养或管理，强调动物与人类活动的关系。这是由饲养人、管理人承担责任的法理基础。野生动物，如处于野生状态的虎、豹、狮子、毒蛇等，不属于饲养的动物。

（2）饲养人或管理人对动物具有适当程度的控制力。也正因为此，自然保护区（或野生动物保护区）的野兽，虽可能为人们在一定程度上所饲养或管理（如定期投放食物），但人们对它的控制力较低，不能认其为"饲养的动物"。

（3）该动物依其自身的特性，有可能对他人的人身或财产造成损害。那些对他人人身或财产不具有可能的危险性的动物，如家养的金鱼，则不构成《民法典》"侵权责任编"中动物致人损害责任意义上的"饲养的动物"。当然，动物对他人的人身或财产是否具有危险，如鸡是否属于具有危险性的动物，我们不能一概而论。在一般情况下，鸡通常不会伤害人类，不会对他人的人身或财产造成损害。但是，在特殊情况下，鸡可能危害他人庄稼，造成他人财产上的损害，也可能对他人的人身造成伤害。如一小孩吃饭时不小心把饭掉在了脸和鼻子上，鸡为了吃小孩脸上的饭把小孩的脸和鼻子啄伤了。

（4）该动物可以为家畜、家禽、宠物或驯养的野兽和爬行类动物等。例如，人们家养的牛、马、狗、猫或驯养的野生动物（如猛兽、毒蛇、鱼），如果同时符合这四个条件，应认定为"饲养的动物"；某些实行封闭管理而且收费的场所（如动物园）所驯养的猛兽等动物同时符合这四个条件，属于"饲养的动物"，因为人们对这些动物有较强的控制力。《民法典》"侵权责任编"第9章列举的饲养动物类型有：饲养的一般动物、饲养的危险动物、动物园里的动物、遗弃或逃逸的动物。在实践中，人们饲养的狗咬伤人导致损害的案件最为常见，而国内外报道的最小的致人损害的饲养动物是蜜蜂。

3. 须是饲养动物的独立加害

饲养的动物本身对他人具有一定的内在危险性，在某种特定的条件下这种内在危险性得以爆发，这种爆发是通过动物实施某种加害举动实现的。由于动物不具有民法上的意思能力，其实施的"加害行为"不能称为行为，而只能称为举动。此种举动可以是某种积极的作为，也可以是某种消极的"不作为"。如牛卧于铁轨导致火车出轨；恶犬立于某学童上学所必经之路，导致学童因害怕而不敢上学，恶犬的举动对他人造成了妨碍，学童得请求恶犬之饲养人、管理人排除妨碍。

此外，饲养动物实施的加害举动，应具有一定的独立性，而非受人的意志支配或驱使。在此，需要区别以饲养的动物作为侵权工具的情形。在一些案件中，当事人利用饲养的动物作为侵害他人权益的工具，或者在饲养动物致人损害的情形中包含了当事人的过错因素，例如饲养动物由于人的过错（如当事人的驱使、挑逗）致人损害，这时的侵权责任之承担不应当按照饲养动物致人损害的民事责任规则处理，而应当按照当事人的过错责任规则处理：有过错的当事人应当对损害后果承担责任；如果双方当事人均有过错的，则按照过错程度或原因力大小分担责任。

（二）须给他人的人身、财产造成损害

只有在受害人遭受人身或财产损害的情况下，才可能构成饲养动物致人损害的侵权责任。如果没有损害，也就不存在相应的责任。饲养动物致人损害，与其他侵权案件中的损害并无不同，既可以是人身损害，也可以是财产损害。后者如饲养的狗偷吃了邻居家的鸡；又如饲养的杂种狗使邻居家纯种的名贵狗怀孕。人身损害包括轻伤、重伤、残疾和死亡，财产损害包括直接损失和间接损失。后者如狗追咬人，致使被追咬者跌入水沟受伤，又如马受惊撞到路旁的车辆，车辆倾覆致人损害。

（三）动物的致害举动与损害之间具有因果关系

饲养动物致人损害案件中的因果关系，是指动物的致害举动与受害人所遭受的损害之间存在因果关系。首先，需要证明饲养的动物本身具有危险性，某些饲养动物对他人的人身和财产具有内在危险性，这种内在危险性爆发出来导致他人损害。如果饲养的动物根本就不具有对他人人身、财产的内在危险，将导致对因果关系的否定。其次，需要证明饲养动物的内在危险以一定的方式爆发出来（如狗确实咬了受害人）。如果不能证明饲养动物的内在危险曾爆发出来即它"实施"了加害"举动"，将导致对因果关系的否定。最后，判断饲养动物的举动与损害之间是否存在因果关系，判断因果关系的一般规则在此均可适用。

因果关系的证明责任由受害人承担。但在某些案件中，只需受害人对因果关系的证明达到一定程度，即可将举证责任转移至饲养人、管理人一方。假如甲3岁幼儿在其家设有一米多高的木栅栏的后院玩耍，被翻越木栅栏的德国狼犬咬伤。甲未能看清该犬的形状和颜色，查后院里有两只德国狼犬脚印；周围200平方公里内仅有两人豢养两只德国狼犬；医生检查不能断定咬伤为一只或两只狼犬所为。遇此情况，甲只需提供上述医院检查证明、现场勘查报告，即在一定程度上证明了因果关系之存在，从而转由两只狼犬的主人证明狼犬的举动与损害之间没有因果关系，否则即应承担责任。

二、饲养动物损害责任的免责事由

饲养的动物致人损害责任中，动物的饲养人或者管理人并非要对其饲养或管理的动物所造成的一切损害承担赔偿责任。饲养动物致人损害的免责情形一般包括两类：一是法定免责；二是约定免责。

（一）被侵权人故意或者重大过失

《民法典》第1245条的规定就是把被侵权人的过错作为法定的免责事由。当然，被侵权人的过错在不同的案件中并不完全相同。只有在受害人的过错是引起损害的全部或主要原因时，动物的饲养人或管理人才能免责。若被侵权人的过错只是引起损害的部分原因或次要原因，则不能免除动物饲养人或管理人的赔偿责任，而应适用过失相抵规则。

被侵权人故意或者重大过失如何认定？在司法实践中，受害人具有故意，是指受害人明知其会遭受动物的侵害，而追求或放任这一结果。例如，动物的饲养人或者管理人将危险动物置于笼中，受害人故意将手伸入笼中挑逗危险动物，结果被动物咬伤；再如，受害人明知他人饲养的动物凶猛，而故意敲打，或无视警戒标志、无视管理人员的劝阻，跨越隔离设施接近凶猛动物被凶猛动物攻击而受伤。故意既包括直接故意，也包括间接故意。受害人具有重大过失，是指受害人应当认识到其行为会导致动物致害，仍毫不顾及自己的安全，而实施一定的行为并被动物伤害。例如，受害人明知动物具有攻击性，仍然挑逗动物，导致其受到动物的攻击。此时，挑逗动物的行为可以认定为构成重大过失。但如何区分重大过失和一般过失，则是实践中比较困难的问题。王利明教授认为，在认定受害人是否具有重大过失时，要考虑如下因素：第一，社会一般人的标准。这里所说的社会一般人，是指具有社会一般注意水平的人。社会一般人与合理人或善良管理人不同，依据后两种标准确定的注意义务水平较高。在动物致害案件中，如果受害人毫不顾及自己的安全、严重缺乏社会一般人的注意义务水平，就可以认定其具有重大过失。第二，可预见性。如果受害人已经预见到动物侵害的可能性，但仍然实施一定的行为，导致其被动物侵害，通常可以认定其具有重大过失。例如，受害人在狗的身边经过而呵斥该狗，被狗咬伤，是否属于重大过失？王利明教授认为，这是社会一般人都有可能实施的行为，因此，不能认定为重大过失。再如，受害人到他人家里做客，虽然听到狗的叫声，但是仍然推门进入，结果被狗咬伤，此时，也不能认定为受害人具有重大过失。因为按照社会一般观念，进入他人家里，不能预见到会被狗咬伤，不能据此认定为具有重大过失。第三，受害人实施的违法行为。通常来说，受害人实施违法行为，就表明其毫不顺及自己可能遭受的损害，因而可以认定为具有重大过失。例如，窃贼夜晚入他人家中，盗窃他人饲养的毒蛇，而被毒蛇咬伤。[①]

[①] 王利明：《侵权责任法》，中国人民大学出版社2021年版，第370页。

在受害人具有故意或重大过失的情况下，究竟是作为减轻责任还是免除责任的事由，要结合具体案件考虑。在确定责任时，主要应考虑如下因素：一是动物的危险性。动物的危险性存在区别，如果动物本身就是凶猛的，特别是动物具有伤害他人的经历，而受害人对此并不知情，此时，就应当要求动物饲养人或管理人承担更重的责任。二是饲养人或管理人的过错。饲养人或管理人的过错程度也影响责任的减轻或免除，如果饲养人或管理人也具有重大过失，即便受害人具有故意，也应当是减轻而不能免除其责任。例如，饲养人或管理人故意将其动物置于人群之中，此时就应当承担较重的责任。三是动物对损害的原因力。这尤其表现在有外来因素介入而导致动物致人损害的情形，如动物因受他人动物的攻击而导致损害，此时，饲养人或管理人的责任相对较轻。[1]

（二）约定免责

对于动物饲养人或者管理人与驯兽员、兽医等为动物提供服务的专业服务人员之间达成协议，进行驯养、医疗、服务等活动，大多学者认为他们系存在明示或默示的免责约定，在发生饲养动物损害责任时可以免责。也有学者认为应当予以区分，受害者系驯兽员、兽医等特殊职业者时，如果该采取防范措施未采取而自甘冒险，则应责任自负；受害人为一般人时，动物的饲养人或管理人应当承担责任。

对此，《民法典》没有规定，我们认为，如果符合《民法典》第506条的规定，即"合同中的下列免责条款无效：（一）造成对方人身伤害的；（二）因故意或者重大过失造成对方财产损失的"，则该约定应当无效。如果为动物提供服务的专业服务人员所受的损害属于履行工作职责中造成的损害，能够通过工伤保险待遇或者其他保险关系进行保险理赔，则免责的约定是合法的；如果是一般合同关系，则动物的饲养人或管理人应对为动物提供服务的专业服务人员的人身伤害负赔偿责任，不能免责。

（三）不可抗力

《民法典》在"饲养动物损害责任"一章中并没有规定不可抗力是免责事由。有的学者认为应当区分两种不同情形来考虑不可抗力的免责问题。如果动物系维持动物饲养人、管理人营业或生计所必需，遇不可抗力致使动物造成他人损害，动物饲养人或管理人已尽善良管理人的管束义务，则不应承担赔偿责任；如果动物非系维持动物饲养人、管理人营业或生计所必需，纵然由于不可抗力导致动物致人损害，也不得因其已尽善良管理人的管束义务或没有过错而免除赔偿责任。我们认为，这种主张有一定道理，但《民法典》在"饲养动物损害责任"中并未规定用益性动物和奢侈性动物的区别，更没有对其规定不同规则。对此，应当适用《民法典》第180条的一般规定："因不可抗力不能履行民事义务的，不承担民事责任。法律另有规定的，依照其规定。"饲养动物损害责任应当适用这一规则。发生不可抗力造成动物损害他人的，动物饲养人或者管理人已尽管束义务，实际上是损害的发生与是否尽了管束义务没有因果关系，无须承担责任。但如果动物饲养人或者管理人确有过失，则应当根据原因

---

[1] 王利明：《侵权责任法》，中国人民大学出版社2021年版，第370页。

力的原理和规则，根据动物饲养人或者管理人的过失程度与不可抗力的各自原因力，适当减轻动物饲养人或者管理人的赔偿责任，而不是免除责任。不过，对于禁止饲养的烈性犬等危险动物，或者违反管理规定饲养动物造成他人损害的，即使不可抗力构成因果关系，动物饲养人或者管理人也应当对损害承担责任，不能免责。

第三节　各种具体的饲养动物损害责任

一、未采取安全措施饲养动物损害责任

（一）未采取安全措施饲养动物损害责任的概念

未采取安全措施饲养动物损害责任，是指动物饲养人或管理人违反管理规定，未对饲养动物采取安全措施造成他人损害而应依法承担的无过错侵权责任。例如，某人饲养的宠物曾经伤过人，但饲养人仍将该宠物带入公共场所，而且不对该宠物采取安全措施（戴嘴套），导致该宠物伤害他人。近年来，随着人们生活水平的提高，无论在农村还是在城镇，饲养宠物的人都越来越多，由于有关管理制度不完善，导致动物伤人事件时有发生。因此，《民法典》第1246条规定："违反管理规定，未对动物采取安全措施造成他人损害的，动物饲养人或者管理人应当承担侵权责任；但是，能够证明损害是因被侵权人故意造成的，可以减轻责任。"

（二）未采取安全措施饲养动物损害责任的构成要件

未采取安全措施饲养动物损害责任与普通的饲养动物损害责任类似，也要满足饲养动物损害责任的一般构成要件。除此之外，它还要求满足特殊的构成要件，即违反管理规定未对动物采取安全措施。

(1) 违反了饲养动物的管理规定。这里所说的管理规定，应当限于规范性法律文件的规定，包括法律、行政法规、规章、条例、办法等，同时，它不仅指国家法律的管理规定，也包括地方法律的管理规定，如《北京市养犬管理条例》等。但是，小区的管理规约等不属于此处所说的管理规定。

(2) 未对动物采取安全措施。所谓未对动物采取安全措施，是指没有按照规范性法律文件的要求，采取保护社会公众安全的措施。是否对饲养动物采取安全措施，我们应该根据动物的特性从以下几个方面来衡量：第一，动物的饲养方式，即动物是否可以散养，是否要装笼中饲养等；第二，动物的拘束，即动物是否要戴口罩、拴链条；第三，动物可以进入的场所，如特定动物不得进入特定的场所；第四，动物疫苗的注射，如养犬应定期注射狂犬疫苗。同时，很多地方性法规、规章等都对动物饲养人的安全措施作出了规定。例如，《长沙市养犬管理条例》规定：市民外出遛狗时，需在其颈部佩戴智能犬牌，用两米以下的犬绳牵领，并为其佩戴嘴套。在楼道、电梯及其他拥挤场合，市民要怀抱犬只，或收紧犬绳并贴身携带犬只，不得由14周岁以下未成年人单独携带犬只，不得乘坐除小型出租汽车以外的公共交通工具。

严格地说，未对动物采取安全措施与饲养动物违反管理规定是一致的，也就是

说，对动物采取安全措施本身就是管理规定的内容。但两者之间也存在一定的区别，因为管理规定所包含的内容非常宽泛，饲养人或管理人虽然违反了管理规定，但可能与安全措施无关，如饲养宠物没有登记、办证，因其不属于安全措施的范畴，故不应适用《民法典》第1246条。[①]

（三）未采取安全措施饲养动物损害责任的承担

（1）违反管理规定，未对动物采取安全措施造成他人损害的，动物饲养人或者管理人应当承担侵权责任。（《民法典》第1246条）

（2）因第三人的过错致使动物造成他人损害的，被侵权人可以向动物饲养人或者管理人请求赔偿，也可以向第三人请求赔偿。动物饲养人或者管理人赔偿后，有权向第三人追偿。（《民法典》第1250条）

（3）未采取安全措施饲养动物损害责任的减免责事由。根据《民法典》第1246条规定，只有受害人故意才构成该责任的特别减责事由，其他没有规定为特别减免责事由的（准）一般减免责事由，根据饲养动物损害赔偿责任等非替代无过错责任中反复提出的，非替代无过错责任适用《民法典》总则编、侵权责任编规定的（准）一般减免责事由的规则——没有规定为某一具体非替代无过错责任特别减免责事由，除非性质可以用来保护更大法益、避免更大法益损害，否则不能再作为该无过错责任的减免责事由据之减免责任人的责任。

二、禁止饲养的危险动物损害责任

（一）禁止饲养的危险动物损害责任的概念

《民法典》第1247条规定："禁止饲养的烈性犬等危险动物造成他人损害的，动物饲养人或者管理人应当承担侵权责任。"据此，饲养危险动物损害责任，是指因饲养禁止饲养的危险动物造成他人损害而产生的，应由动物饲养人或者管理人承担的侵权责任。

（二）禁止饲养的危险动物损害责任的构成要件

关于该责任的主观方面，是否采用无过错责任，有的认为，饲养危险动物的行为本身就足以说明饲养人具有过错，应当归属于过错责任的范围。然而，这种观点并不能代表所有情况。如甲饲养某种危险动物，在家里亦采取了极为严格的安全措施，不想因他人入屋盗窃而将危险动物放出造成他人伤害，这时就很难认定动物饲养人对饲养的危险动物所造成的他人损害具有过错。至于甲违反规定饲养危险动物，具有不法性，那是客观行为的范畴，对于行为本身系明知故犯，然就饲养的危险动物致人损害的结果而言，认定甲具有过错则过于牵强。另外，饲养非危险动物适用无过错责任，饲养危险动物之危害远远大于此，举轻以明重，饲养危险动物损害责任自然应当采取无过错责任。

[①] 最高人民法院侵权责任法研究小组编著：《〈中华人民共和国侵权责任法〉条文理解与适用》，人民法院出版社2010年版，第534页。

如此，与饲养动物损害责任的一般构成要件类似，禁止饲养的危险动物损害责任的构成要件也包括：

（1）必须是禁止饲养的危险动物造成他人损害。哪些动物是禁止饲养的动物，应当根据法律法规等规定的禁止饲养的动物标准来判断。这里的法律应当从广义上理解，包括法律、法规等规范性法律文件。危险动物是指对人类及其法益能够产生损害，并具有相当可能，容易将这种损害转化为现实的动物。动物，有一定的意识，但其对事物、对人类及其他动物的认识只是一般、局部、感观化、表象化的，之间的相处，对他方行为的理解因为缺乏相互沟通、理解的渠道而经常造成误判，并基于求生本能，大多都通过进攻或者自卫损害他方以求自保，有的因为肉食本性，天生具有攻击、猎捕他方的习性，在具有损害他方能力的情况下，对他方更具有危险性。若是能够对人类及其财产等法益造成损害尤其是对他人人身造成损害，就给人类及其利益带来了损害的危险，具有这种危险性的动物就属于危险动物的范畴。危险动物，广泛而普遍地存在。即使人类饲养用于食用、经营、观赏等经济、文化生活的诸如牛、马、猪、羊、狗、鸡、鸭等与人们朝夕相处的家养动物，通常也只能与饲养人、管理人或者某些专业人员进行一定范围的沟通，与他人则无法交流，于是在诸多场合，也容易损害他人而具有一定的危险性，至于野生动物更是如此。当然，不会因为动物一有危险就禁止饲养。只有对人类能够造成较大损害并具有相当危险的动物，才会予以禁止饲养，并成为禁止饲养的动物。禁止饲养的危险动物通常有明确的类型，之所以对禁止饲养的危险动物要特别规定，是因为该种动物具有特别的危险性，如烈性犬、毒蛇等。需要指出的是，禁止饲养是指违反规定饲养，如果是经过特别的许可以后饲养，就不属于禁止饲养。例如，实验室经过批准饲养特种危险动物，就不属于禁止饲养。

（2）危险动物的特别危险实现。禁止饲养的危险动物导致他人损害的情形很多，可能是因为其特别危险的实现，也可能是因为其作为动物所具有的一般危险的实现。动物的特别危险的实现，不仅包括动物的积极活动（如咬伤、撞伤他人），还包括受动物惊吓等。例如，某人违规饲养眼镜蛇，将其置于地窖中，后来，该毒蛇从地窖窜出，进入邻居家中，邻居因被吓，心脏病复发，送入医院救治。该案中，受害人虽然没有被直接咬伤，但也是由于动物危险的实现而遭受了损害，因此，饲养人应当承担责任。①

（3）受害人遭受了损害。禁止饲养的危险动物造成他人损害，一方面，必须是动物造成了损害。如果违反了禁止饲养危险动物的规定，但是没有造成损害，则只能对其进行行政处罚，而无法请求其承担侵权责任。另一方面，必须造成了他人的损害。动物造成的损害应当是对他人的损害。如果动物伤害了饲养人自己或者饲养人的员工，都不属于对他人的损害，此时应当通过违约责任或工伤保险责任来解决。

（4）存在因果关系。造成受害人损害的原因是饲养人或者管理人违反法律规定，饲养了禁止饲养的危险动物，并且该饲养的危险动物造成了受害人的人身或财产

---

① 王利明：《侵权责任法》，中国人民大学出版社 2021 年版，第 374 页。

损害。

（三）禁止饲养的危险动物损害责任的承担

（1）禁止饲养的烈性犬等危险动物造成他人损害的，动物饲养人或者管理人应当承担侵权责任。（《民法典》第1247条）

（2）因第三人的过错致使动物造成他人损害的，被侵权人可以向动物饲养人或者管理人请求赔偿，也可以向第三人请求赔偿。动物饲养人或者管理人赔偿后，有权向第三人追偿。（《民法典》第1250条）

（3）一些单位或者特定个人，经过批准，如军事机关、公安机关饲养的军犬、警犬，国家级文物保护单位、高度危险物存放单位等因特殊工作需要饲养的护卫犬，盲人饲养的导盲犬，科研、医疗、实验单位饲养的各种危险动物，动物园饲养的各种野生动物等，倘若造成他人损害的，由于系依法经过批准而饲养，不属于违反规定禁止饲养的范围，所应承担的责任不是饲养危险动物损害责任，而是饲养动物损害责任或者未采取安全措施饲养动物损害责任等。

（4）禁止饲养的危险动物损害责任的减免责事由。对于该责任，《民法典》未像饲养动物损害责任、未采取安全措施饲养动物损害责任那样规定了特别减免责事由。那么，该责任是否适用《民法典》"总则编""侵权责任编"分别规定的一般减免责事由、准一般减免责事由，按照前述有关规则，不能一概肯定或否定，应当根据行为的具体情况作出认定。

三、动物园的动物损害责任

（一）动物园的动物损害责任的概念与特点

动物园的动物损害责任，是指动物园的动物造成他人损害，动物园应当承担的侵权责任。《民法典》第1248条规定："动物园的动物造成他人损害的，动物园应当承担侵权责任；但是，能够证明尽到管理职责的，不承担侵权责任。"《民法典》之所以将动物园的动物损害责任单独规定，一方面是因为在实践中，动物园的动物致人损害案件时有发生，发生纠纷以后，有关承担责任的主体、归责原则等方面不清晰、不明确，给法官裁判案件带来一定的困难。另一方面，动物园大多是国家设立的，具有一定的公益性质，且其饲养动物也要遵循严格的管理规范，因此，对动物园的动物损害责任可以规定特殊的规则。与其他动物损害责任相比，动物园的动物损害责任具有如下特点：

（1）它是特殊类型的主体承担的侵权责任。《民法典》第1248条规定中的动物园，应当解释为包括各种类型的动物园，尤其包括野生动物园。尽管野生动物本身不属于动物园的动物损害责任的调整范围，但如果其经过动物园的圈养，则应认为其与普通的野生动物不同。就动物园中的动物而言，其管理或饲养工作由动物园工作人员开展，但动物在法律上的管理人或者饲养人并不是工作人员，而是动物园本身。与饲养动物的普通个人不同，动物园工作人员只是执行动物园的工作指令，其自身并不对动物致害负责。即使工作人员对损害发生有过错，受害人也不能直接请求其承担侵权责任。

（2）致害动物的特殊性。动物园饲养的动物与个人饲养的动物都属于《民法典》规范的动物，在动物造成损害后果后，饲养人都要承担损害责任。但毕竟动物园饲养的动物主要用于游客观赏，因此，游客与动物之间具有接触频率高、物理距离近的特点，动物致害的危险性虽然较小，但依然存在。有鉴于此，动物园需要依法对供观赏动物采取圈养等严格的安全防护措施，降低动物致害的危险性，避免游客遭受动物的攻击。

（3）归责原则的特殊性。与其他饲养动物损害责任不同，动物园的动物损害责任的归责原则采过错推定原则。动物园的动物造成他人损害，首先推定加害人具有过错，加害人主张自己无过错的，实行举证责任倒置，必须证明自己已经尽到管理职责。能够证明已经尽到管理职责的，为无过错，免除侵权赔偿责任；不能证明的，为有过错，应当承担赔偿责任。

（4）它属于自己责任。与其他饲养动物损害责任不同，动物园是就其自己的行为承担责任，确切地说，是就自己没有尽到管理职责（即作为义务）承担责任，属于不作为侵权责任。

（二）动物园的动物损害责任的构成要件

《民法典》对饲养动物损害采无过错责任原则。但是，对于动物园的动物损害采过错推定原则，同时实行举证责任倒置，因此与饲养动物损害责任的一般构成要件存在较大差异。动物园的动物损害责任的构成要件包括如下三个方面：

（1）动物园的动物致人损害。这里关键是对"动物园"的界定。根据《城市动物园管理规定》[①] 第2条的规定，动物园包括综合性动物园（水族馆）、专类性动物园、野生动物园、城市公园的动物展区、珍稀濒危动物饲养繁殖研究场所。"动物园"并非严谨的法律术语，对其界定需要结合社会的一般观念，例如，农民饲养了不少动物，并将其养在一起，就不能认定为动物园。再如，马戏团饲养了不少表演用的动物，也不应当属于动物园。另外，从实践来看，动物园包括国家的动物园和私人的动物园，《民法典》第1248条规定是否可以适用于私人的动物园？我们认为，从《民法典》"侵权责任编"制定的目的来看，是为了减轻为公众提供服务的国家的动物园的损害责任，所以，对于《民法典》第1248条应当进行目的性限缩，将其限于国家的动物园。私人动物园的动物致害，应当适用《民法典》第1245—1247条的规定。

（2）必须是受害人遭受了损害。《民法典》第1248条规定"动物园的动物造成他人损害"，这就明确了损害是责任成立的要件。不过，损害应当是他人的损害，"他人"是指动物园之外的他人，不包括动物园的工作人员。如果动物园的工作人员受到动物的侵害，应当纳入工伤保险范畴，而不应适用本条规定。

（3）动物园未尽到管理职责。动物园是否尽到了管理职责，应根据其履行管理尤

---

① 该规定由住房和城乡建设部（原建设部）于1994年8月16日发布，2004年7月23日根据《关于修改〈城市动物园管理规定〉的决定》第2次修正。

其是安全管理方面的职责的有关行为来确定。首先固然要求有相应的管理职责标准。这种标准为有关法律规范对动物园及其工作人员的要求，如是否具有足够的对动物进行驯化管理的专业人员；是否对饲养动物履行了必要的驯化、培养、保护以及防止其兽性发作的义务；防范、控制饲养动物的设备设施是否完善、合理、安全、可靠，能否与相应的饲养动物习性、损害能力相适应；将动物与人隔离的设施是否能够完全起到作用，能否让人与动物保持必要的安全距离；是否在动物活动区域设立醒目的警示标志及其注意事项；工作人员是否按照规定进行安排，是否在危险区域进行警戒、巡逻；遇有违反动物园规定，尤其是可能引发动物加害风险的行为，是否及时劝阻、制止；是否具有专业的救助人员；是否具有动物伤人突发事件的防范、救助方案以及是否准备了科学合理、充分有效的救助措施；进行的救助是否及时，采取的措施是否合理、恰当；等等。只有按照有关动物园法律规范的要求，全面、严格遵守执行，履行了应尽的义务，才能视为尽到了职责。如果应为而完全不为，或者虽为但不尽心尽力全面有效而为，甚至不应为又为，如私自带人进入危险野生动物区域等，均属玩忽职守或者滥用职权，固然属于未尽到管理职责，造成他人损害的，就应承担侵权责任。

（三）动物园的动物损害责任的承担

（1）《民法典》第1248条规定："动物园的动物造成他人损害的，动物园应当承担侵权责任；但是，能够证明尽到管理职责的，不承担侵权责任。"据此，动物园对所饲养动物给他人造成的损害，除能够证明已经尽到管理职责而不承担侵权责任外，均应承担侵权责任。

应当指出，该责任为动物园饲养的动物因为攻击，如抓咬、冲撞等造成他人损害所产生的赔偿责任，不是动物园工作人员直接实施的损害他人法益的责任。饲养动物在损害他人时，工作人员不作为，从理论上也对他人构成不作为的损害，可以归属《民法典》第1191条关于"用人单位的工作人员因执行工作任务造成他人损害的，由用人单位承担侵权责任。用人单位承担侵权责任后，可以向有故意或者重大过失的工作人员追偿"的规定所设置的用人单位责任的范畴，属于一种法条之间的竞合。但该责任相对于用人单位责任为特别法条，动物园应当按此责任承担责任。至于工作人员在执行职务过程中不是通过动物而是以自己的行为直接损害他人的，则只构成用人单位责任，而不是构成该责任。

（2）根据《民法典》第1250条规定，因第三人的过错致使动物造成他人损害的，被侵权人可以向动物饲养人或者管理人请求赔偿，也可以向第三人请求赔偿。动物饲养人或者管理人赔偿后，有权向第三人追偿。

四、遗弃或逃逸动物致害责任

（一）遗弃或逃逸动物损害责任的概念

遗弃、逃逸动物损害责任，是指饲养动物在遗弃或逃逸期间造成他人损害，应由原动物饲养人或者管理人承担的一种无过错侵权责任。《民法典》第1249条规定，"遗弃、逃逸的动物在遗弃、逃逸期间造成他人损害的，由动物原饲养人或者管理人承担侵权责任",本责任的主体为原饲养人或者管理人。应当指出:"原饲养人或管理人是相对于动物是否处于占有、控制状态而言的,并不是权属意义上的区分。在遗弃的情形下,动物所有权发生改变,由有主物变成无主物,原饲养人或管理人可以理解为指向原所有权人。但是,对于逃逸动物而言,原饲养人或管理人承担责任的原因恰是权属并未发生改变,原饲养人或管理人是相对于无人管理控制的状态而言。该类责任的承担,最大的阻碍是原饲养人或管理人的确定。在具体案件中,主要通过饲养动物的登记、周围群众的证言、原饲养人或管理人的自认等方式加以证明。但上述情况的证明并非易事,表现为很多动物并未办理登记手续。无关群众并不愿意指证,一旦动物伤人,饲养人或管理人多避之不认等。实践中,不能确定原饲养人、管理人的,受害人往往通过其他途径寻求法律救济。如根据安全保障义务违反的规定使负有安全保障义务的主体承担责任。"[①]

(二)遗弃或逃逸动物损害责任的归责根据

(1)遗弃、逃逸动物乃是流浪动物产生的主要原因:一方面,饲养动物人基于动物患病、繁殖以及城乡拆迁、搬家流动、不愿意办证等原因主动遗弃饲养动物;被抛弃、遗失的动物又繁殖幼仔,造成大量饲养动物主要包括狗、猫流浪街头。另一方面,流浪动物身上携带各种病毒和寄生虫,容易形成疾病的传染源,还可能污染水源,成了流动的"生物武器",加之流浪动物的攻击性强,容易给社会公众造成损害,对公共卫生安全形成严重威胁。"据有关部门统计,流浪动物伤人事件中,流浪狗约占82%,流浪猫约占12%。在北京,每月到'狂犬病免疫预防门诊'就诊的人数就有近万人,其中大多是被流浪猫、狗抓伤、咬伤。至今,已知的人与猫、狗共患的疾病有60多种,其中危害较大的常见疾病有10多种,如狂犬病、弓形虫病、钩端螺旋体病、结核病、皮霉菌病等。在我国,狂犬病的发病率和致死率多年居各类传染病之首,狂犬病的死亡率接近100%。"[②]

(2)饲养人、管理人遗弃饲养动物或者动物逃逸,乃是流浪动物形成的重要原因,属于流浪动物这一危险源的重要开启者。作为动物饲养人、管理人,对饲养动物具有管理、控制并防止其损害他人利益的责任与义务。这种义务,自然包括对饲养动物进行管控,不让其流入社会,从而无人管理、控制,给社会带来更大危害的义务。如果遗弃即丢掉、扔掉、甩掉、扔弃、放弃、抛弃饲养动物,基于自己的主观意志完全放弃自己应尽的占有、控制饲养动物,让饲养动物失去控制并损害他人法益的义务,自然要对遗弃动物这种不应为而为的主动放弃义务并造成放弃动物流入社会给他人带来损害的作为承担责任,而不能因为其事实丧失占有、控制就减免责任。动物逃逸,尽管与所有人、管理人意志无关,但也是其没有履行应尽的占有、控制饲养动物而致动物逃逸,流入社会,损害他人法益的义务所致。是以,逃逸动物造成他人损

[①] 邹海林、朱广新主编:《民法典评注:侵权责任编》(第2册),中国法制出版社2020年版,第774—775页。

[②] 黄薇主编:《中华人民共和国民法典侵权责任编解读》,中国法制出版社2020年版,第313页。

害、危害社会的最终根源还是所有人、管理人没有全面、切实、有效履行自己占有、控制所饲养动物的义务,两者之间存在因果关系,所有人、管理人对这种应为而不为的不作为或者虽为但没有效力的作为应承担侵权责任。

(3) 饲养动物虽属于所有人的财产,对于财产可以按照意思自治原则自由加以处分,然而,同时也有行使权利应当遵守法律法规,尊重社会公德,不得妨碍他人生活,不得给国家、社会、他人带来危害等的法定义务。但饲养动物不同于一般的只能给人带来利益的财产,对于后者可以自由处分,包括遗弃,可按自己意思处置,法律不会干预。饲养动物,这种财产,有的只对饲养人具有价值,对于他人价值不大甚至没有价值;即使存在价值,但由于其习性等难以与他人沟通,并带有难以为他人所知的病菌而属于对社会、他人等具有一定甚或高度危险的财产。故不仅不能遗弃,而且还负有义务妥善保管,不能让之逃逸给社会、他人带来潜在的危险。倘若因遗弃、不妥善保管造成饲养动物逃逸等流入社会,对社会、他人形成潜在的危险并转化为给他人造成损害的现实的,固然要对此承担侵权责任。

(4) 从比较法的角度看,国外法律对于此种侵权及侵权责任大多作了规定。如《法国民法典》第 1385 条规定:"动物的所有人,或者使用人,在使用牲畜的时间内,对动物或牲畜造成的损害应负赔偿之责任,不论该动物或牲畜是在其管束之下还是走失或逃逸。"[1]《意大利民法典》第 2052 条规定:"动物的所有人或在一定期间内将其为自己使用的人,不论其在自己保管下场合或者在丢失或逃走场合,对由该动物引起的损害应负赔偿责任。但证明系由于偶然的事故引起时不在此限。"[2]《智利民法典》第 2326 条第 1 款规定:动物即使在逃逸或迷失后造成损害,其所有权人亦负责任,但这种损害不能归咎于所有人或者负责看管或喂养动物的雇员的过失时,不在此限。[3]英国判例亦认为,对于丧失占有的动物造成损害的,要是能认为该丧失占有的动物为被告之物,尽管该动物已经恢复为天然状态,被告依旧需要承担侵权责任。[4]

(三) 遗弃或逃逸动物损害责任的承担

《民法典》第 1249 条规定:"遗弃、逃逸的动物在遗弃、逃逸期间造成他人损害的,由动物原饲养人或者管理人承担侵权责任。"第 1250 条规定:"因第三人的过错致使动物造成他人损害的,被侵权人可以向动物饲养人或者管理人请求赔偿,也可以向第三人请求赔偿。动物饲养人或者管理人赔偿后,有权向第三人追偿。"这样,在遗弃或逃逸动物致害时,其责任的承担要适用侵权责任的一般规则。不过,在以下两种情况下,原动物饲养人或管理人免于承担责任:

(1) 遗弃或逃逸的动物被他人收留,此时,收留者就成为新的饲养人或管理人,那么,原饲养人或管理人是否需要承担责任? 对此,理论上有不同观点,实践中亦有

---

[1] 《法国民法典》,罗结珍译,北京大学出版社 2010 年版,第 352 页。
[2] 《意大利民法典》,陈国柱译,中国人民大学出版社 2010 年版,第 354 页。
[3] 最高人民法院民法典贯彻实施工作领导小组主编:《中华人民共和国民法典侵权责任编理解与适用》,人民法院出版社 2020 年版,第 668 页。
[4] 黄薇主编:《中华人民共和国民法典侵权责任编释义》,法律出版社 2020 年版,第 239 页。

不同做法。我们认为，既然收留人成为新的饲养人，受害人足以获得救济，就不必再要求原饲养人或管理人承担责任。另外，要求收留动物的人承担责任，已经足以督促其加强对动物的控制，从而避免损害的发生。但如果被遗弃或逃逸的动物是危险动物，而收留动物的人对此并不知情，此时，要求原动物饲养人或管理人承担责任，也具有合理性。

我们还要注意一个问题，那就是一些爱心人士对流浪动物定时定点投喂食物，我们认为，由于爱心人士对动物缺乏足够的控制力，亦不构成对流浪动物的饲养或管理，所以，不能认定为新的饲养人或管理人。

（2）遗弃或逃逸的动物可能回复野生状态，并适应新的生活，与其群体一样生活栖息，动物的原饲养人或管理人则不再对其所造成的侵害负赔偿责任，因为此时其已经变成了野生动物，不再是饲养动物。

另外，受害人的过错是否可以导致责任的减轻或免除？对此，《民法典》第1249条并未作特别规定。我们认为，可以考虑遗弃或逃逸动物的具体特点分别确定责任：第一，如果遗弃或逃逸的动物是禁止饲养的危险动物，此时要适用《民法典》第1247条的规定，免责事由要严格限制，受害人的故意或重大过失不能导致责任的减轻或免除。第二，如果遗弃或逃逸的动物是动物园的动物，适用《民法典》第1173—1174条的规定，受害人的故意或过失（包括轻过失）都可以导致责任的减轻或免除。第三，如果遗弃或逃逸的动物是其他动物，则适用《民法典》第1245条的规定，即被侵权人的故意或重大过失都可以导致责任的减轻或免除。

五、因第三人过错导致动物致害责任

（一）因第三人过错导致动物损害责任的性质

《民法典》第1250条规定："因第三人的过错致使动物造成他人损害的，被侵权人可以向动物饲养人或者管理人请求赔偿，也可以向第三人请求赔偿。动物饲养人或者管理人赔偿后，有权向第三人追偿。"第三人过错致使饲养动物给他人造成损害所产生的责任，在饲养动物损害责任中，它只是揭示饲养动物之所以损害他人的原因，并由此改变责任承担的方式，但不会改变责任的性质，也不会影响饲养动物损害责任的构成要件，同时也不会影响饲养人或管理人对受害人损害责任的承担。故因第三人过错致使饲养动物给他人造成损害所产生的责任，并非一种独立的责任，它仍然为饲养动物损害责任。

其特点在于：

（1）它是动物致人损害的特殊形态。饲养动物与纯粹的野生动物不同，其危险程度相对较低，但毕竟是动物，在第三人挑逗、惊吓、殴打等情况下，可能会基于本能反应造成他人损害。一般的动物致人损害，都是因饲养人或管理人的过错造成的。但是，在因第三人过错致使动物致害的情况下，损害发生的直接原因是第三人的行为，所以，第三人要按照自己的过错以一般过错侵权对受害人承担终局责任。

（2）责任主体具有多重性。在第三人致使动物致害的情况下，第三人和动物饲养

人都应当承担责任。受害人可以要求他们承担责任，也可以选择任何一人要求其承担责任，这对于受害人的保护是非常有利的。第三人过错致使饲养动物给他人造成损害所产生的责任，存在于饲养动物损害责任中，自然涉及第三人与动物饲养人、管理人之间的关系。第三人过错能否直接减免饲养人或管理人的责任，饲养人或管理人以及第三人在对受害人承担责任时的具体方式与途径，都需要加以明确。所以，《民法典》第1250条对此作出了明确规定。但是，如果第三人以动物作为侵害他人的工具，是否适用该条规定？我们认为，此时不应当适用，因为动物完全是作为侵权工具使用的，并不存在动物固有危险实现的问题。

（3）责任形态具有特殊性。在因第三人的过错导致动物致害的情况下，责任形态上采不真正连带责任。就第三人和动物饲养人或管理人的关系而言，两者之间实际上形成了不真正的连带债务。因为第三人由于过错和动物饲养人、管理人基于偶然的原因而对同一损害具有因果关系均要承担侵权责任。根据《民法典》第1250条前段关于"因第三人的过错致使动物造成他人损害的，被侵权人可以向动物饲养人或者管理人请求赔偿，也可以向第三人请求赔偿"的规定，两者对外即对受害人损害承担的责任为一种不真正的连带责任。对于不真正连带侵权责任人，受害人可以向其中的任何人求偿，具体在该责任中，既可向饲养人或者管理人请求赔偿，也可以向第三人请求赔偿。这种对外责任的承担，具体由受害人加以选择。当然，这种对外损害责任的实际承担，并不意味着在法律上最终均应由其承担。是否由其最终承担，又存在着不真正连带人之间责任的内部分配问题。对受害人实际承担损害的不真正连带侵权责任人，如果认为其他人具有过错而应承担责任时，则可以向没有对受害人损害承担其应负责任的不真正连带人主张追偿。因此，《民法典》第1250条后段又规定："动物饲养人或者管理人赔偿后，有权向第三人追偿。"这里的追偿，既包括部分追偿，又包括全部追偿。是全部还是部分追偿，则应按第三人的过错责任大小予以确定。换言之，在追偿责任中，实行的乃是过错责任，而非无过错责任。

（二）因第三人过错导致动物损害责任的构成要件

在因第三人过错导致动物损害时，动物饲养人或管理人承担责任的构成要件要考虑动物的不同类型，从而适用相应的构成要件。例如，因第三人过错导致动物园的动物损害，就要适用动物园的动物损害责任的构成要件。再如，因禁止饲养的危险动物损害，就要适用禁止饲养的危险动物损害责任的构成要件。尤其是在因第三人过错导致动物损害时，并不能免除因果关系的要求。受害人要求动物饲养人或管理人承担责任，必须举证证明因果关系的存在，即动物的危险行为与损害之间存在因果关系。如果第三人过错导致因果关系中断，则动物饲养人或管理人不必再承担责任。在因第三人过错导致动物损害时，无论是何种类型的动物，责任的构成要件中，都必须有如下两项附加要件，即第三人实施了具有过错的行为，第三人具有过错的行为与动物危险结合。

（1）第三人实施了具有过错的行为。《民法典》第1250条使用了"因第三人的过错致使动物造成他人损害的"这一表述，这就明确了此类责任的构成要件必然包括第三人实施了具有过错的行为。第三人，是指动物饲养人或者管理人以及受害人以外的人。动物饲养人或管理人是法人或其他组织的，其工作人员不属于这里所说的第三人。受害人是被监护人时，其监护人也不属于此处所说的第三人，因为监护人的过错要视为受害人的过错，直接适用过失相抵规则。第三人实施的具有过错的行为，可以是作为，也可以是不作为。

（2）第三人具有过错的行为与动物危险结合。第三人过错致使饲养动物造成他人损害，乃系第三人具有过错的行为与非自己饲养动物加害举动的结合，共同造成了他人损害结果的发生。动物饲养人或管理人之所以要承担侵权责任，因为其作为饲养动物损害责任的动物危险源的开启者，其控制饲养动物及其损害他人的义务并未因为第三人的过错而消失。但是，不是第三人具有过错的行为与饲养动物的加害举动的结合，即不存在饲养动物的加害举动，自然不能让饲养人或者管理人承担侵权责任，如第三人将他人的宠物猫像抛掷铅球一样抛出，砸伤他人，此时因为没有饲养动物的加害举动就不能让饲养人或者管理人承担侵权责任。当然，猫与他人接触时受惊而抓伤或者咬伤他人或者将身上的病菌传染给他人的，则又属两者的结合，饲养人或者管理人对因其饲养之猫给他人造成的损害要承担责任。

（三）因第三人的过错导致动物致害责任的承担

（1）《民法典》第1250条规定的赔偿应适用侵权责任的一般规则。因为《民法典》第1250条的规定可以适用于任何类型的动物，包括动物园的动物、禁止饲养的危险动物、遗弃或逃逸的动物和其他动物。因此，应当根据不同的动物，结合《民法典》第1245条以下诸条的规定，分别确定责任主体。例如，动物园的动物损害，就由动物园承担责任。

（2）动物饲养人或管理人的追偿权。就第三人和动物饲养人或管理人的关系而言，两者之间实际上形成了不真正连带债务。因为第三人和动物饲养人或管理人是基于偶然原因而对同一损害负责。根据《民法典》第1250条前段的规定，被侵权人可以向动物饲养人或者管理人请求赔偿，也可以向第三人请求赔偿。这似乎明确了两者的关系。不真正连带债务人之间并不当然产生求偿的关系，但如果可以认为某一债务人应负终局的责任，则其他债务人清偿之后，可以向其追偿。《民法典》第1250条后段规定：动物饲养人或者管理人赔偿后，有权向第三人追偿。这实际上明确了第三人是终局的责任人，所以，动物饲养人或管理人可以向其追偿，而且具有全部求偿权。

（3）第三人的自身责任。在因第三人的行为而导致动物损害时，第三人自己是否承担责任？对此，《民法典》第1250条并没有明确，但是，应当认定第三人要承担责任，只不过承担的是过错责任。如此解释的理由在于：第一，过错责任原则意味着任何人都要对其具有过错的行为负责，即便法律没有明确规定也是如此。第二，《民法典》第1165条第1款规定了过错责任一般条款，第三人对自己的过错行为负责，是该条规定适用的当然结果。

（4）因第三人过错导致动物损害责任制度的类推适用。从实践来看，因第三人的动物而导致他人动物致害，也时有发生。例如，因第三人的狗追咬他人的耕牛，导致耕牛冲撞了受害人。从比较法上看,《瑞士债务法》第 56 条第 2 款和我国台湾地区"民法典"第 190 条第 2 款的适用范围都包括因第三人或第三人的动物挑逗而导致动物致人损害的情形。按照我国《民法典》第 1250 条的规定,该条适用于因第三人过错而导致他人动物致害的情形,但无法适用于因第三人的动物而导致他人动物致害的情形,从而形成法律漏洞。

  在这种情况下,我们认为,从法律适用的角度来看,为了填补法律漏洞,可以通过类推适用的方式,将《民法典》第 1250 条的规定类推适用于因第三人的动物而导致他人动物致害的情形。当然,此时动物危险的实现与损害之间必须存在因果关系,这样动物的饲养人或管理人才应当承担责任。例如,一条狗追咬另一个动物,被追咬的动物在逃跑时造成了车祸。此时,狗的主人要承担因车祸致害的责任。

第十四章

建筑物和物件损害责任

第一节 建筑物和物件损害责任概述

一、建筑物和物件损害责任的概念与特征

(一) 建筑物和物件损害责任的概念

"建筑物和物件损害责任"这一章在《民法典》侵权责任编中共有7个条文，主要规定了建筑物、构筑物或者其他设施倒塌、塌陷造成他人损害责任，建筑物、构筑物或者其他设施及其搁置物、悬挂物发生脱落、坠落造成他人损害责任，从建筑物中抛掷物品或者从建筑物上坠落的物品造成他人损害责任，堆放物造成他人损害责任，在公共道路上堆放、倾倒、遗撒妨碍通行的物品造成他人损害责任，林木造成他人损害责任，在公共场所或者道路上挖坑、修缮安装地下设施等造成他人损害责任，窨井等地下设施造成他人损害责任。

原《侵权责任法》第十一章的章名为"物件损害责任"，《民法典》编纂过程中，有意见提出，从语义上看，"物件"似乎无法涵盖有关"建筑物"等情形，可能使人误解。因此，《民法典》将原《侵权责任法》的"物件损害责任"修改为"建筑物和物件损害责任"。《民法典》所指建筑物和物件包括建筑物、构筑物或者其他设施及其搁置物、悬挂物，堆放物，妨碍通行物和林木等。建筑物和物件损害责任，是指因建筑物、构筑物及其他设备设施、物品等倒塌、塌陷，物件脱落、坠落、滚落、滑落、折断、倾倒、堆放、遗撒、高空抛下，以及公共场所、道路上的挖掘和地下设施施工等各种行为造成他人损害，所产生的应由建筑建设单位、施工单位、所有人、管理人、使用人或者第三人等责任人依法承担的包括损害赔偿责任在内的侵权责任。简言之，就是因为建筑物、构筑物及其他设备设施、物品等致人损害所产生的侵权责任。

建筑物和物件损害责任是侵权责任法律的重要组成部分。在建筑物和物件损害责任的概念中，核心问题是建筑物和物件的范围。建筑物这个概念很容易理解，物件，或者说是物品、物质、物，其范围包罗万象，涉及社会生活的方方面面，物件致人损害责任中的"物件"显然不是一个随便的物件。比如产品责任中的产品，环境污染致人损害责任中的工业废水，高度危险致人损害责任中的高度危险物品，饲养动物致人损害责任中的动物，这些都是物或物件，但显然不是物件致人损害责任中的物件。再

如生活中的各类物件，包括桌椅板凳、锤头斧子、羽毛球拍、运动鞋、电线电缆、图书唱片等，这些物件也都不是物件致人损害责任中的物件。究竟什么是物件致人损害责任中的"物件"呢？

自《法国民法典》以来的近代民法多将建筑物和物件损害责任中的物件限制在建筑物或者其他地上工作物等物件上。日本、韩国增加了竹木。我国《民法典》"侵权责任编"增加了林木、堆放物、地下设施、妨碍通行物。《荷兰民法典》进一步将责任从不动产扩展到动产，确立了动产致害的一般条款。法国法院在司法实践中将《法国民法典》第1384条第1款关于物所致害的规定发展成一般条款，用来解决现代社会中的产品责任以及高度危险致害责任等各种情形。在此发展过程中，我们看到建筑物和物件损害责任的范围不断扩大。其中，法国法院的做法主要是针对该国危险责任立法滞后的情况，不具有普遍性。比较突出的是，荷兰在具体规定之外创设了物件致人损害责任的一般条款，其适用性有待观察。就多数国家的立法而言，建筑物和物件损害责任中的物件被限制在建筑物以及其他地上工作物或者类似物件上。

为什么法律要对建筑物以及其他地上工作物进行特别调整，创设不同于一般侵权责任的规范？其原因在于建筑物等工作物日益巨大化、科技化、高层化及地下化，已经成为一种危险来源。为了保障交通安全，建筑物等工作物的所有人或者占有人有义务控制风险，防止损害发生。事实上，建筑物和物件损害责任的理论基础正是社会交往安全义务理论，责任人承担责任的原因是其违反了防止设置缺陷或者维护缺陷致人损害的作为义务。从致害原因来看，建筑物等造成损害的原因在于建筑物的坚固性瑕疵导致其脱落或倒塌，这里没有人的直接加害行为，是建筑物自身的原因造成损害。这种由于建筑物倒塌、脱落等物件自身原因造成损害的危险是一般的动产所不具备的，故一般动产不属于物件致人损害责任中的物件，它们的致害责任要适用一般侵权责任的规则。而缺陷产品以及高度危险物品等特殊动产中所内含的危险程度又远远高于建筑物等，需要通用无过错责任原则，同样不属于物件致人损害责任中的物件。通过比较可以看出，建筑物等工作物的风险高于一般动产，低于危险物质，因而存在特别规范的需要，由此创设出物件致人损害的过错推定责任。

(二) 建筑物和物件损害责任的法律特征

1. 建筑物和物件损害责任是一种特殊侵权责任

建筑物和物件损害责任之所以是一种特殊侵权责任，主要原因如下：(1) 承担的责任类型为替代责任。在特殊侵权责任中，一类是对他人的行为负责的特殊侵权责任，另一类是对自己管领下的建筑物和物件致他人损害负责的特殊侵权责任。建筑物和物件损害责任属于对自己管领下的建筑物和物件造成他人损害承担赔偿责任的特殊侵权责任。(2) 责任主体具有多元化的特点。责任主体主要是能够控制物件的人。在物件损害责任中，责任主体并非都是物的所有人，而可能是物的管理人、使用人、堆放人、施工人等。这些责任主体虽然各不相同，但其共同之处在于这些责任主体能够控制物件。这里所说的控制，是指能够通过自己的行为避免物件致人损害。物件损害责任的设置就是为了控制物件致害的风险，避免损害的发生。因此，物件损害责任的主体都是最能够控制物件风险的主体。

2. 建筑物和物件损害责任的行为是对物件的损害负责的行为

物件损害责任之所以称为"准侵权行为"的责任,就是因为其并非因侵权人的直接行为而导致损害。在物件致人损害中,所有人和管理人本身并没有针对特定人的人身或财产实施一定的行为,直接造成他人财产和人身损害的是物件的损害行为而非人的行为。如果某人借助于某种物件致他人损害,如行为人使用棍棒殴打他人,应属于一般侵权行为,而非特殊侵权行为。但是有一个例外的地方,那就是《民法典》第1258条关于地面施工致人损害责任,主要是行为造成损害的责任,而不是物件致人损害的责任。这一责任由于仍然适用过错推定原则,尤其是在施工过程中也要使用一定的物,因此,我们也把它放在物件损害责任当中。

3. 建筑物和物件损害责任归责原则以适用过错推定责任为基本原则,并以公平原则为辅助

一旦物件造成他人损害,通常推定物件的所有人或管理人具有过错。所有人或管理人必须举证证明自己没有过错才能免责。在某些情况下,法律还对证明的内容设有严格的限制。例如,在高楼抛掷物致害不能确定加害人的情况下,可能加害的建筑物使用人必须要证明自己不是加害人。物件致人损害与动物致人损害等责任的区别在于,其采用的并不是严格责任,而是过错推定责任。这是为了更好地保护被侵权人的合法权益,使损害能够得到及时赔偿,同时也不使物件所有人、管理人或者使用人承担过重的责任,是兼顾双方利益的责任形式。

另外,我们之所以说它以公平原则为辅助,是因为从建筑物中抛掷物品或者从建筑物上坠落的物品造成他人损害,经过公安等机关调查后仍然无法查清确定物品的抛掷者、坠落物品的建筑物所有人和管理人等具体侵权人的,实行公平责任,由从中或表面抛掷、坠落物品的建筑物中可能实施该行为的建筑物使用人按公平原则给予补偿。当然,后来查清物品的抛掷、坠落人的,承担了补偿责任的建筑物使用人自然有权向已经查明的高空抛物、坠物者进行追偿。

(三)建筑物和物件损害责任的类型

对于建筑物和物件损害责任,《民法典》第1252—1258条规定了七种具体的责任,分别为:(1)建筑物、构筑物倒塌、塌陷损害责任;(2)物件脱落、坠落损害责任;(3)高空抛物、坠物损害责任;(4)堆放物倒塌、滚落、滑落损害责任;(5)公共道路妨碍通行损害责任;(6)林木折断、倾倒或果实坠落损害责任;(7)地面施工、地下设施损害责任。

二、建筑物和物件损害责任的归责原则和减免责事由

(一)建筑物和物件损害责任主要适用过错推定责任原则

建筑物和物件损害责任主要适用过错推定责任原则。在《民法典》第1252—1258条规定建筑物和物件损害责任的条文中,除了第1254条规定的是公平责任之外,其余条文规定的都是过错推定责任原则。当然,也有人认为,《民法典》第1252条应该

属于过错责任原则。但从《民法典》第1252条的规定来看，我们认为应该也属于过错推定责任原则。该条在原《侵权责任法》第86条的基础上增加了"但是建设单位与施工单位能够证明不存在质量缺陷的除外"这一内容，明确表明该条属于过错推定责任原则。

建筑物和物件损害责任主要适用过错推定责任原则，其实关于过错推定的类型是不完全统一的，有的建筑物和物件损害责任适用过错推定责任原则比较典型，有的适用过错推定责任原则不是很典型，这就造成学者对建筑物和物件损害责任归责原则意见不统一。例如，《民法典》第1253条规定的建筑物、构筑物或者其他设施及其搁置物、悬挂物损害责任就是典型的过错推定责任原则，而《民法典》第1258条规定的公共场所或者道路上施工致害责任和窨井等地下设施致害责任适用过错推定责任原则就不是很典型，因而造成很多学者对该条规定的归责原则质疑。

（二）建筑物和物件损害责任的减免责事由

有人认为，建筑物和物件损害责任作为过错推定责任，对免责事由应当严格限制，除了不可抗力、受害人以及第三人原因造成损害才能免责外，即使发生了意外致使建筑物和物件损害他人，基于"物件等同于人的手臂的延长"① 这一基本原理，行为人也应承担责任。

我们认为，建筑物和物件损害虽实行过错推定责任，然本质上仍为一种过错责任。对于过错责任，除非法律有明确规定排斥《民法典》"总则编""侵权责任编"规定的（准）一般减免责事由的适用，或者完全有悖于相关法理，如在性质上不能适用，或者适用与其他特别规定相互冲突等，否则就可以也应当适用。

第二节　各种具体的建筑物和物件损害责任

一、建筑物、构筑物倒塌、塌陷损害责任

（一）建筑物、构筑物倒塌、塌陷损害责任的概念

建筑物、构筑物倒塌、塌陷损害责任，是指建筑物、构筑物或者其他设施倒塌、塌陷造成他人损害所引起的侵权责任。该种责任的外在直接表现形式为建筑设施倒塌、塌陷造成他人损害所产生的赔偿责任，实际内容则为建筑设施因为建设、施工、装修、使用等过程中违反建设质量管理规定而产生安全质量问题并致人损害所产生的责任。所谓倒塌、塌陷，是指建筑物、构筑物或者其他设施坍塌、倒覆，造成该建筑物、构筑物或者其他设施丧失基本使用功能。例如，楼房倒塌、桥梁的桥墩坍塌、电视塔从中间折断、烟囱倾倒、地面塌陷等。

近年来，我国发生多起房屋、桥梁倒塌事故，对公民的生命、财产安全造成了较大危害，建筑物、构筑物等设施的质量问题引发了社会的广泛关注。建筑物倒塌、塌

---

① 杨立新：《侵权责任法》，法律出版社2018年版，第323页。

陷严重危害公民的人身、财产安全,应当对此作出严格规定,从而促使建设单位等提高建设工程质量,杜绝"豆腐渣"工程,保障公民的生命财产安全。原《侵权责任法》第86条专门对建筑物、构筑物或者其他设施倒塌造成他人损害的情形作了规定。2020年5月《民法典》草案提请十三届全国人大三次会议审议过程中,有意见提出,实践中有的地方发生了地面塌陷致人损害问题,严重危害了公民的人身财产安全。因此,《民法典》第1252条第1款规定:"建筑物、构筑物或者其他设施倒塌、塌陷造成他人损害的,由建设单位与施工单位承担连带责任,但是建设单位与施工单位能够证明不存在质量缺陷的除外。建设单位、施工单位赔偿后,有其他责任人的,有权向其他责任人追偿。"

(二)建筑物、构筑物或者其他设施倒塌、塌陷致害责任的归责原则和构成要件

建筑物、构筑物或者其他设施倒塌、塌陷致害责任适用过错推定原则。建筑物、构筑物或者其他设施倒塌、塌陷造成他人损害的,推定该建筑物、构筑物或者其他设施存在建设缺陷,由建设单位与施工单位对被侵权人的损害承担连带责任。

构成建筑物、构筑物或者其他设施倒塌、塌陷致害责任,须具备以下要件:

(1)必须是建筑物、构筑物或者其他设施造成他人损害。这一要件有二层含义:第一,造成损害的物件须为建筑物、构筑物或者其他设施。建筑物、构筑物或者其他设施倒塌、塌陷致害责任不是侵权人直接实施的行为所致损害,而是由物件所致损害。其致害物为建筑物、构筑物或者其他设施。建筑物、构筑物或者其他设施,是指为自己使用或者公共使用目的而建筑或者构筑的不动产。在此种侵权中,致害的物是特定的,不包括搁置物和悬挂物,仅限于建筑物、构筑物或者其他设施。具体来说,包括三类:一是建筑物,是指附着于土地之上的,为了人类居住、物品存放等目的而建造的不动产。如房屋、写字楼、商厦等。二是构筑物,是指附着于土地之上的,为了其他目的而建造的设施。如道路、桥梁、隧道、堤防渠堰、上下水道、纪念碑馆、运动场馆、公园、名胜古迹等一切构筑物。三是其他设施,是指除了建筑物和构筑物之外的其他工作物,如广告牌、脚手架、电线杆等。第二,造成他人损害。他人没有损害,自然不能构成此种损害侵权责任。建筑物等具有倒塌、塌陷危险但没有倒塌、塌陷的,则不能构成此种损害责任。此处所说的他人损害,既包括所有人、使用人所受的损害,也包括所有人、使用人以外的第三人遭受的损害。损害不仅包括财产损害,而且包括人身损害。例如,建筑物等物件倒塌可能致使路旁的汽车毁损,也可能导致行人伤亡。《民法典》第1253条中的"其他设施"只能是指类似于建筑物、构筑物的其他"不动产",而不是附属于建筑物、构筑物的某些"动产"设施。

(2)必须存在建筑物、构筑物或者其他设施等建筑设施倒塌、塌陷这一客观事实。没有这一客观存在的事实,就不存在所谓的建筑物、构筑物倒塌、塌陷损害责任的问题。其中的倒塌,指地面的建筑物、构筑物或者其他设施倾倒、垮塌、倒覆等,不涉及地基的损坏,既包括部分倒塌,又包括全部倒塌。塌陷,则是指涉及地基的破坏,建筑物、构筑物或者其他设施随着地基往下滑落、塌方、陷落等造成的陷入、垮塌于地下,既包括全部陷入地下,又包括部分陷入地下及其引起的有关倒塌;既包括垂直

陷入地下，又包括建筑物等随着地基下沉、滑动、塌方等引起的非垂直陷入地下。无论是倒塌还是塌陷，都会造成建筑物等的使用功能损毁或者丧失，有的是完全毁损，使用功能完全丧失；有的是部分损毁，使用功能部分丧失等，如楼房倒塌、桥梁的桥墩坍塌、电视塔从中间折断、烟囱倾倒、地面塌陷等。

（3）建筑设施倒塌、塌陷的客观事实须存在建筑物、构筑物或者其他设施有设置和管理缺陷。建筑设施倒塌、塌陷的客观事实，必须因建设人、施工人、所有人、管理人、使用人或者第三人等在建设、构筑、占有、使用期间因为自己行为所产生的建筑设施的缺陷等各种各样的原因所致。虽有建筑设施倒塌、塌陷的事实，但若不是建设者、施工者的行为造成的建筑设施的缺陷，或者不是所有人、管理人、使用人或者第三人等的行为所致，也不能构成本责任。

（4）客观因果关系方面要求他人所受到的损害与建筑物等倒塌、塌陷这一侵害他人民事权益的客观行为之间存在着因果关系。换言之，前者的出现必有后者的因素，后者的出现乃是构成前者的原因。没有后者的存在，则绝无前者发生的可能。当然，这种原因，既可以是部分的并非完全的唯一原因，也可以是完全的唯一原因。不论是部分原因还是全部原因，均可构成两者的因果关系而满足因果关系方面的构成要件。

（三）建筑物、构筑物倒塌、塌陷损害责任的主体

建筑物、构筑物或者其他设施倒塌、塌陷致他人损害依法应对遭受损害的他人直接承担侵权责任的人包括对内、对外责任主体，对外责任主体包括建设单位、施工单位、所有人、管理人、使用人以及第三人；对内责任主体包括勘察、设计单位，监理、验收单位，借用、挂靠建筑施工单位资质施工的单位或者个人等。

（1）建设单位，是指在依法取得土地使用权的土地上，在办理施工许可证之后建设、构造建筑物、构筑物或者其他设施等建筑工程的单位。简言之，就是出资建设有关建筑物、构筑物或者其他设施而取得首任产权的人。如国家机关、国有企业事业单位、房地产开发企业等，为建设工程的总牵头人即发包人，具有选择、确定勘察、设计、施工单位的权利。

（2）施工单位，是指依法成立从事建筑物、构筑物和其他建设设施建造、构造、安装等施工活动的企业法人。其中的施工，是指按照设计的要求、方法，利用一定的工具、方法对构造工程的材料进行叠加、重组、融合等工作，将设计的建设工程观念模型加以具体化、物化即变为现实之物的建构、筑造的过程。作为施工人，既可以与建设单位签订单独的施工承包合同，也可以在总承包人与建设单位签订的建设工程合同下进行分包施工，具体包括建设工程的承包人、分包人、转包人和实际施工单位，相互之间对受害人承担连带责任。其他单位或个人借用建筑施工单位的资质施工产生质量问题并因此倒塌、塌陷致人损害的，应先由借给其资质的建筑施工单位对受害人承担侵权责任，之后再由该建筑施工单位向施工的单位或个人追偿。为了保证建筑工程质量，有关法律、行政法规对施工单位的行为也作了全面而细致的规范，如《民法典》第791条第2款、第3款规定：承包人不得将其承包的全部建设工程转包给第三

人或者将其承包的全部建设工程肢解以后以分包的名义分别转包给第三人；禁止承包人将工程分包给不具备相应资质条件的单位；禁止分包单位将其承包的工程再分包；建设工程主体结构的施工必须由承包人自行完成。

（3）建设工程的所有人、管理人、使用人与第三人。这些人在对建筑物等进行占有、管理、使用、收益等过程中，或者任意改变、破坏建筑物的主体结构，或者在建筑物超过使用期限后不按照《建设工程勘察设计管理条例》第42条关于"建设工程在超过合理使用年限后需要继续使用的，产权所有人应当委托具有相应资质等级的勘察、设计单位鉴定，并根据鉴定结果采取加固、维修等措施，重新界定使用期"的规定继续使用，或者在建筑物地下及周围进行不当的其他施工；或者擅自加层等，造成倒塌、塌陷等。其中，所有人为对建筑物、构筑物或者其他设施等依法具有占有、使用、收益、处分等所有权的人。管理人为对建筑物等不具有所有权然因受托等原因代所有人占有、控制、维护、保养等的人。使用人系因所有人、管理人将建筑物等有偿或者无偿交给其占有、利用而获取使用价值的人，如通过借用、租赁等对物使用的人。当然，使用人也包括通过贪污、敲诈等不法行为而对物予以占有、使用的人。第三人为所有人、管理人、使用人之外，且不属于对引起建筑物倒塌、塌陷的质量缺陷具有责任的建设单位、施工单位和对内责任主体的"其他责任人"的人，包括自然人、法人或非法人组织，如在装修过程中改变结构等造成质量问题的装修人，或者在建筑物地下进行挖掘、铺设管道时不正当施工的人。

（4）勘察、设计单位。根据《建设工程勘察设计管理条例》第2条第2款、第3款的规定，建设工程勘察，是指根据建设工程的要求，查明、分析、评价建设场地的地质地理环境特征和岩土工程条件，编制建设工程勘察文件的活动。建设工程设计，是指根据建设工程的要求，对建设工程所需的技术、经济、资源、环境等条件进行综合分析、论证，编制建设工程设计文件的活动。其中的设计，是指将要建设的工程，就之形态、结构、构造、用材、预算等从无到有予以构筑、建造所需要进行的构思、制定方案、实施操作、绘制图样、进行施工、检验样本、设计方案的验收等各个环节的工作，以一定的方式如图纸表达出来的过程，也就是对建设工程进行设想、运筹、计划、预算的从观念到模型化的过程。

（5）监理单位，是指依照法律、行政法规及有关的技术标准、设计文件和建筑工程承包合同，对承包单位的施工质量、建设工期和建设资金使用等方面，代表建设单位实施监督的单位。

（6）勘察、设计、监理单位以外的责任人。例如，根据《建筑法》第79条的规定，负责颁发建筑工程施工许可证的部门及其工作人员对不符合施工条件的建筑工程颁发施工许可证，负责工程质量监督检查或者竣工验收的部门及其工作人员对不合格的建筑工程出具质量合格文件或者按合格工程验收，造成损失的，由该部门承担相应的赔偿责任。

(四) 建筑物、构筑物倒塌、塌陷损害责任的承担

根据《民法典》第1252条的规定，该责任的承担具体包括责任人对受害人的对

外承担与责任人之间的对内承担两个方面。

（1）建筑物、构筑物倒塌、塌陷损害责任的对外承担，具体又分为两种情形：

① 因建设工程建设时产生质量缺陷造成倒塌、塌陷致人损害产生的责任，由建设单位、施工单位对受害人承担连带责任。这是因为，建设单位、施工单位对于建筑设施缺陷的形成，基于承包施工合同的约定以及施工过程中的相互协商、监督、管理等活动，相互之间具有共同的过错，至少存在相应的意思联络，毫无疑问，符合共同侵权的主观要件；在客观上，建设单位、施工单位基于共同过错或者非共同过错的意思联络通过各自的作为与不作为造成了建筑设施的缺陷，并由此导致建筑设施倒塌、塌陷且引发了他人损害的发生，也满足了共同侵权的要求。是以，在本责任中，建设单位、施工单位对建筑设施缺陷的形成并致使造成他人损害的建筑设施倒塌、塌陷事故发生的行为，属于对他人民事权益的共同侵权，由此产生的侵权责任也就为连带责任，而非按份责任。

② 建筑设施在建设、构筑、使用、占有期间因所有人、管理人、使用人或者第三人的原因造成倒塌、塌陷致人损害产生的责任，由所有人、管理人、使用人或者第三人对受害人承担侵权责任。如违反规定，涉及建筑主体或者承重结构变动的装修工程，或者房屋建筑使用者在装修过程中擅自变动房屋建筑主体和承重结构，造成损失的，依法承担赔偿责任

（2）建筑物、构筑物倒塌、塌陷损害责任的对内承担。此对内责任，系因建设工程建设时造成的质量缺陷引起倒塌、塌陷并致人损害的责任，除建设单位、施工单位之外若还有其他责任人的，建设单位、施工单位对受害人赔偿后，有权对其他责任人进行追偿。其他责任人，可能包括勘察单位、设计单位、监理单位、对不合格的建筑工程出具质量合格文件或者按合格工程验收的负责颁发建筑工程施工许可证的部门；对不符施工条件的建筑工程颁发施工许可证的负责工程质量监督检查或者竣工验收的部门等。

二、物件脱落、坠落损害责任

（一）物件脱落、坠落损害责任的概念

《民法典》第1253条规定："建筑物、构筑物或者其他设施及其搁置物、悬挂物发生脱落、坠落造成他人损害，所有人、管理人或者使用人不能证明自己没有过错的，应当承担侵权责任。所有人、管理人或者使用人赔偿后，有其他责任人的，有权向其他责任人追偿。"据此，物件脱落、坠落损害责任，是指建筑物、构筑物或者其他设施及其搁置物、悬挂物因设置或保管不善而脱落、坠落等，造成他人人身或财产损害，由之所有人或管理人承担的侵权责任。

我国民事立法承认物件脱落、坠落损害责任制度。原《民法通则》第126条规定："建筑物或者其他设施以及建筑物上的搁置物、悬挂物发生倒塌、脱落、坠落造成他人损害的，它的所有人或者管理人应当承担民事责任，但能够证明自己没有过错的除外。"原《侵权责任法》第85条规定的内容与原《民法通则》第126条有所不

同，区别在于后者规定中的建筑物或者其他设施倒塌的责任被分离出去，单独成立了建筑物及其他设施倒塌责任，而前者仅仅规定了搁置物、悬挂物损害责任，因此，前者的范围比后者窄。《民法典》第1253条沿袭了原《侵权责任法》第85条的规定，单独规定搁置物、悬挂物损害责任。

（二）物件脱落、坠落损害责任的特点

1. 该责任是因为建筑物、构筑物或者其他设施及其搁置物、悬挂物发生脱落、坠落造成他人损害

首先，致害物为建筑物、构筑物或者其他设施等工作物及其搁置物、悬挂物。在建筑物、构筑物或者其他设施等工作物物件上安放的搁置物、悬挂物，就是这种侵权责任的致害物。搁置物是指搁于、置于、放在、安放于、放置于建筑物、构筑物或者其他设施上的物品。这种搁置使得搁置物与承载该搁置物的建筑物、构筑物或者其他设施之间形成了搁置与承载的联系，搁置物在上，承载物在下，相互之间至少有部分重叠，有的搁置物完全置于建筑物等之上或者之中。这种联系，一般并不紧密，平时可以移动、分开，如放在阳台上的桌椅、花盆等物品，与房屋就是搁置物与建筑物的关系。悬挂物，则系不是依靠建筑物等的从下至上的承载、支撑，而是将物品悬于、挂在、吊挂在建筑物等上，其下没有建筑物等整体物的从下至上的支撑，一般靠上部钩挂、吊置于整体物上，悬挂物整个或者大部分悬在空中，如挂在建筑物上的空调、标语横幅，挂在脚手架上的工具，悬于屋顶、天花板、墙壁上的灯具、吊扇等。

其次，致害形态为建筑物和物件发生了脱落、坠落。建筑物、构筑物或者其他设施及其搁置物、悬挂物造成他人损害的方式有倒塌、脱落、坠落三种。倒塌的情形已单独规定在《民法典》第1252条中并在前文进行了分析。《民法典》1253条规范的是脱落、坠落两种情形。所谓脱落，是指某一物品的构成部分之物与该物品，或者附着、依附于某一物品的另外之物与所构成、依附的物，发生分离、脱开、落下、掉落等情形。所脱落之物与所构成、依附之物，已经形成了部分与整体的关系。是以，脱落可以简单称为部分与整体相互分离并因为重力的作用往下掉落的事实。如房屋外墙上的玻璃、瓷片、亮化灯饰，房屋的窗户及玻璃，房上的天花板、屋顶上的瓦片等的掉落等。所谓坠落，是指独立处于空中的某物，或者因为悬挂、搁置等与某一物品连成一个整体的高处物品从高空坠下、掉落等事实，如挂在建筑物上的广告牌、放置在阳台上的花盆、吊挂在脚手架上的建筑工具。脱离、坠落强调物体自发动作，区别于《民法典》第1254条中的抛掷，后者存在人力介入。建筑物、构筑物或者其他设施的加害形态主要是脱落，如房屋外墙上的表皮、瓷砖脱落。搁置物、悬挂物的加害形态则主要是坠落，如屋顶瓦片坠落、房屋天花板吊灯坠落、阳台上放置的花盆坠落等。

2. 属于典型的过错推定归责原则

《民法典》第1253条明确规定："所有人、管理人或者使用人不能证明自己没有过错的，应当承担侵权责任"。即在所有人、管理人或者使用人不能证明自己没有过错的情况下，推定其对建筑物、构筑物或者其他设施及其搁置物、悬挂物存在设置或

管理瑕疵。这清晰地表明由建筑物所有人、管理人或者使用人承担自己没有过错的举证责任，否则，就要承担侵权责任。

3. 责任主体为三方主体

引发建筑物等物件脱落、坠落的原因是多方面的，《民法典》第1253条规定了三方主体，即所有人、管理人或者使用人。所有人，指对建筑物等设施拥有所有权的人。建筑物、构筑物或者其他设施多为不动产。一般来讲，不动产的所有人是指不动产登记机构依法登记确定的人。在农村宅基地上自建的房屋和城市中一些依法新建的房屋，虽然没有来得及登记，但仍然可以依法确定具体的所有人。管理人，是指基于法律、行政法规等法律规范规定、行政命令或者合同约定，对并非自己所有而为他人所有的建筑物等物品进行管理的人。如基于法律规定或者授权而对国家机关所使用的资产进行管理的国家机关、国有事业单位；基于对国有资产实行所有权与经营权分离，按照法律、行政法规规定依法成立的对国有资产进行经营管理的国有公司、企业；根据法律规定对遗产进行管理的遗产管理人；根据所有人或者他人签订的合同交由他人对建筑物等物品进行管理的人如信托管理人；受所有人委托对建筑物等物品进行管理的管理人；因其他原因如非法占有等负有管理责任的人。使用人，则是"所有人、管理人以外的因为租赁、借用或者其他情形使用建筑物等设施的人"[①]。"因租赁、借用等各类债权合同关系而获得对特定物件'使用'的人，属于本责任的主体。"[②] 如此，使用人似为因债权关系而使用建筑设施的人。我们认为，因合同关系而使用建筑设施的人，并非仅仅因为债权合同才可使用，有的因为物权如承包、担保、居住权等设立目的签订的物权合同，也可以形成使用关系，这种因物权设立而使用建筑设施的人，自然不能排除在使用人之外。

物件脱落、坠落损害责任的所有人、管理人，为建筑物、构筑物或者其他设施的所有人、管理人，而非一定是脱落、坠落之物的所有人、管理人。至于脱落、坠落之物的所有人、管理人、使用人是谁，是否为所有人、管理人，则不影响其为该责任的所有人、管理人的认定。当然，脱落、坠落之物的所有人、管理人，自然也可以构成本责任的所有人、管理人。管理人、使用人则不属于建筑物、构筑物或者其他设施这一整体物的所有人，但可以是搁置物、悬挂物或者对建筑物等整体物添置加附的附属物的所有人。如他人住酒店时将自己的物品放在房间外的阳台上坠落而致人损害，宾馆的所有人、管理人或者使用人，以及搁置物的所有人，均可以构成本责任的主体。

(三) 归责原则

《民法典》第1253条规定："建筑物、构筑物或者其他设施及其搁置物、悬挂物发生脱落、坠落造成他人损害，所有人、管理人或者使用人不能证明自己没有过错的，应当承担侵权责任。"这既借鉴了国外多数国家的立法例，也是我国长期以来立

---

① 全国人大常委会法制工作委员会民法室编：《中华人民共和国侵权责任法条文说明、立法理由及相关规定》，北京大学出版社2010年版，第345页。
② 王胜明主编、全国人大常委会法制工作委员会编著：《中华人民共和国侵权责任法释义》，法律出版社2010年版，第416—417页。

法经验的总结。采纳过错推定责任原则的原因主要在于：一是减轻受害人的举证负担。在建筑物、构筑物等物件脱落、坠落的情况下，事发突然，受害人很难知道损害是因何种原因发生的，要由其证明所有人、管理人等的过错十分困难。采用举证责任倒置的方式，有助于减轻受害人的举证负担。二是预防损害的发生。建筑物、构筑物等虽然不会轻易发生脱落、坠落，但一旦发生，就会造成严重的后果。实际上，只要建筑物等物件的所有人、管理人或使用人尽到了其应尽的注意义务，大量的损害都是可以避免的。采用举证责任倒置的办法是由建筑物、构筑物所有人、管理人承担责任，也可以督促他们尽力维修、保护好建筑物、构筑物，从而防止损害事件再次发生。三是在建筑物等物件致害的情况下，推定建筑物、构筑物所有人、管理人有过错，由其承担相应的赔偿责任，通常也和社会实践中这类损害发生的原因相一致。也就是说，在绝大多数情况下，损害是由于建筑物、构筑物所有人、管理人的过错造成的。当然，这类损害的发生也可能是由于第三人的原因造成的，但概率比较小。①

（四）物件脱落、坠落损害责任的承担

1. 物件脱落、坠落损害责任的主体

物件脱落、坠落损害责任的主体包括对外责任主体与对内责任主体。前者是指因为建筑物、构筑物或者其他设施及其搁置物、悬挂物发生脱落、坠落造成他人损害时，依法对受害人承担侵权责任的责任主体，包括脱落、坠落建筑物、构筑物或者其他设施及其搁置物、悬挂物等物品的所有人、管理人或者使用人。后者则是指虽对物品脱落、坠落致人损害负有责任，但不对受害人直接承担侵权责任，而是对外责任人对受害人承担侵权责任后可以对之进行追偿的责任人。物品脱落、坠落造成他人损害，由对外责任主体对受害人承担侵权责任。作为物品所有人、管理人、使用人的对外责任主体，外延明确，但内涵相互包容、重叠，有时容易造成理解上的障碍。在承担具体责任时，既要注意各自内涵的区别所造成的外延的不同，又要注意各自内涵的相互重叠等造成的外延的重合。

2. 物品脱落、坠落损害责任的对外承担

（1）建筑物、构筑物或者其他设施及其搁置物、悬挂物发生脱落、坠落造成他人损害的，所有人、管理人或者使用人不能证明自己没有过错的，应当对受害人承担侵权责任。换言之，所有人、管理人或者使用人若能证明自己没有过错，则不承担侵权责任。证明自己没有过错，"不能简单以证明自己尽过注意义务或维修义务而要求免责，因为建筑物和物件脱落、坠落的事实本身即已表明，缺陷是客观存在的，且未采取安全防护措施，对于所有人、管理人或者使用人没有过错的认定，应当采取善良管理人或者合理人的客观判断标准，前者是大陆法上的概念，后者是英美法上的概念"②。"所有人、管理人或者使用人只有在证明其本身已尽管理、维护义务，或者损

---

① 王利明：《侵权责任法》，中国人民大学出版社2021年版，第394页。
② 张新宝：《侵权责任构成要件研究》，法律出版社2007年版，第466页。

害是因第三人原因、受害人原因或者不可抗力造成的情况下，才能够免责。"① "即便损害是因第三人过错、受害人过错或者不可抗力等原因造成，如果所有人、管理人或者使用人自身也存在过错，仍应当承担相应的责任，责任的大小根据其过错确定。"②

（2）建筑物、构筑物或者其他设施及其搁置物、悬挂物发生脱落、坠落造成他人损害，所有人、管理人或者使用人能够证明自己没有过错，有其他责任人时，所有人、管理人或使用人仍然为责任人而要承担侵权责任。

（3）建筑物、构筑物或者其他设施及其搁置物、悬挂物发生脱落、坠落造成他人损害的，所有人、管理人或者使用人能够证明自己没有过错，且没有其他责任人，如因不可抗力或者受害人故意等完全免责事由造成的，则对受害人不承担侵权责任。

3. 物品脱落、坠落损害责任的对内承担

物品脱落、坠落致人损害后，建筑物等的所有人、管理人或者使用人除了第三人行为外的因不可抗力、受害人故意等完全免责事由而不对受害人直接承担责任外，对受害人先要承担侵权责任，即使有其他责任人的原因包括部分或者完全原因也是如此。如购买房屋进行所有权登记后没几天，原所有安置的悬挂物本身具有缺陷而造成他人损害；安装防盗网的人安装存在质量缺陷致防盗网坠落造成他人损害等，所有人在承担责任后就可以向转让人、防盗网安装人予以追偿。当然，第三人承担完全责任的，则应承担全部责任；承担部分责任的，所有人、管理人或者使用人也要承担相应的责任，对其他责任人追偿的部分则只能是后者所应承担的责任部分。至于追偿时所主张的侵权责任性质，则应根据被追偿人的行为性质论，而不是适用该责任。如房屋所有人向防盗网安装人追偿，安装人则应根据《民法典》第1202关于"因产品存在缺陷造成他人损害的，生产者应当承担侵权责任"的或者按照合同约定等对追偿人承担侵权责任。

三、高空抛物、坠物损害责任

（一）高空抛物、坠物损害责任的概念

高空抛物、坠物损害责任，是指源于从建筑物中抛掷物品或者从建筑物上坠落的物品造成他人损害的客观事实，而产生的应由侵权人依法承担的侵权责任，或者在经调查难以确定具体侵权人时可能加害的建筑物使用人给予补偿的责任。

高空抛物、坠物损害责任入法的原因如下：2009年通过《侵权责任法》前，法律并无高空抛物、坠物损害责任的具体规定。但是，在司法实践中，高空抛物、坠物致人损害的现象不时发生，"头顶上的安全"引起社会的广泛关注。在无明确法律规定的情况下，各地法院基于自己对法律的理解与解释予以裁判，结果不一。具有典型意义的有"重庆烟灰缸案""济南菜板案""深圳玻璃案"。因此，《民法典》第1254条

---

① 王利明：《侵权责任法研究》（下卷），中国人民大学出版社2011年版，第684—687页。
② 最高人民法院民法典贯彻实施工作领导小组主编：《中华人民共和国民法典侵权责任编理解与适用》，人民法院出版社2020年版，第692—693页。

明确规定:"禁止从建筑物中抛掷物品。从建筑物中抛掷物品或者从建筑物上坠落的物品造成他人损害的,由侵权人依法承担侵权责任;经调查难以确定具体侵权人的,除能够证明自己不是侵权人的外,由可能加害的建筑物使用人给予补偿。可能加害的建筑物使用人补偿后,有权向侵权人追偿。物业服务企业等建筑物管理人应当采取必要的安全保障措施防止前款规定情形的发生;未采取必要的安全保障措施的,应当依法承担未履行安全保障义务的侵权责任。发生本条第一款规定的情形的,公安等机关应当依法及时调查,查清责任人。"

与原《侵权责任法》第 87 条相比较,《民法典》第 1254 条作了如下完善:(1)首先开宗明义地作出"禁止从建筑物中抛掷物品"的规定,价值导向明确,告诫人们不得从建筑物中抛掷物品,在法律上旗帜鲜明地对高空抛物行为作出明确的否定。(2)明确从建筑物中抛掷物品或者从建筑物上坠落的物品造成他人损害的,先要由侵权人依法承担侵权责任,确定了高空抛物人、坠物人乃是高空抛物、坠物损害责任的第一位责任人,对之前给人以由可能加害的建筑物使用人给予补偿为原则的印象的规定作了修正,确定查清直接抛物人、坠物人并由之承担侵权责任,乃是该责任的第一原则;查不清责任人才由可能加害的建筑物使用人给予补偿。(3)为了落实该责任应由侵权人承担的基本规则,明确规定发生高空抛物、坠物致人损害时,公安等机关应当依法及时调查,查清责任人。这类行为实际涉嫌违法犯罪,公安等机关查证责任人乃是法定义务,这里则是针对此类行为高发、社会各方关注等具体情况的进一步强调,以宣示其责任。不仅如此,具有查证职责的机关并非只有公安机关,还有公安机关以外的其他机关,如审理高空抛物、坠物损害责任纠纷案件的人民法院,就可依职权进行有关调查取证活动,尽力查找出高空抛物人、坠物人。(4)明确由可能加害的建筑物使用人给予补偿的前提条件,乃是经过公安等机关及时努力调查后,依然"难以确定具体侵权人"并且不能证明自己不是侵权人时,才由可能加害的建筑物使用人给予补偿,适用条件比过去更加严格。(5)明确可能加害的建筑物使用人给予受害人补偿后,又查清侵权人的,则有权向侵权人追偿,体现了在侵权人查明的情况下,由补充例外规定向正常规则适用的恢复与回归。(6)对就此类行为具有安全防范义务的责任人增加了承担责任的规定,完善了此类责任人的全面规范,防止其他应负责任人的遗漏。具体体现在第 1254 条第 2 款:"物业服务企业等建筑物管理人应当采取必要的安全保障措施防止前款规定情形的发生;未采取必要的安全保障措施的,应当依法承担未履行安全保障义务的侵权责任。"

(二)高空抛物、坠物损害责任的特征

1. 因高楼中抛掷和坠落的物致人损害

根据《民法典》第 1254 条的规定,高楼抛掷物和坠落物致人损害,包括两种情形:一是从建筑物中抛掷物品造成他人损害。所谓抛物,是指行为人基于自己的主观意志将可能致人损害的物品从建筑物中抛掷出去的行为。对这种抛物行为,我们要注意以下几点:(1)该损害责任中的抛物行为,应该是可以致人损害的抛物行为。如果抛物行为或者抛出的物品不能造成他人损害,如从高楼扔出一张纸,则不构成该责任的高空抛物。(2) 高空抛物行为必须始于建筑物中,结束于建筑物外。即他人是从建筑物中抛掷物品。若不是从建筑物中抛掷物品,如从广场人群中抛掷物品、从行驶的车辆上抛掷物品致人损害,也不构成该责任。(3) 从建筑物中抛掷物品,既包括在建筑物中即墙壁内侧抛掷物品,也包括在建筑物墙外如立于墙外的防护栏、空调座架等上或者悬于墙壁之外,或者将手、身体部分伸出窗户、阳台,或者在建筑屋顶部等抛掷物品,而不能仅仅理解只有在建筑物墙壁里面抛掷物品。换言之,对"在建筑物中抛掷物品"中的"建筑物中"要作符合法律原意的理解。(4) 高空抛物,一般要求处于建筑物中的一定高度。倘若处于建筑物中的底部或者建筑物中的较低部位,通常难以构成高空抛物。当然,也不能绝对化,如在建筑物第一层用力向远方的公路上抛掷物品致人损害,能够查清抛掷人的,自然构成本责任中的侵权。(5) 高空抛物,一般是通过手所为,当然并不限于这种狭义的抛掷物品,如利用弹弓投射物品,用口将硬物向屋外吐出,设法让建筑物的悬挂物掉落等。二是从建筑物上坠落的物品造成他人损害。这主要是指建筑物本身的装饰材料、阳台玻璃、花盆等坠落导致他人损害,但无法查明所有人或管理人。如果不是从高层建筑中抛掷的物件,而是从看台上往球场内抛掷物品,或者从观众席上抛掷奖牌等物件致人损害等,不属于抛掷物和坠落物致人损害。在抛掷物和坠落物致人损害的情况下,并非建筑物自身的缺陷造成的,而是建筑物以外的物从建筑物向外抛出或坠落致人损害,而且这种损害难以确定真正的行为人。所谓坠物,是指基于自己的过失,不小心即在没有意识觉察的情况下将控制、握有的物品从建筑物上坠落、掉落于建筑物外的行为。它与抛物行为之间的区别,难以在客观上比较,要结合行为人主观上进行,也就是两者的主要本质区别乃在于行为人主观上故意与过失的区别。抛物出于故意为之;坠物则是出于过失即无意为之。

2. 因从建筑物中抛掷物品或者从建筑物上坠落的物品造成他人损害

这就是说,因两种情形造成了他人的损害:一是从建筑物中抛掷物品造成他人损害。例如,在"重庆烟灰缸案"中,重庆市民郝某被临路楼上坠落的烟灰缸砸中头部,导致基本丧失生活自理能力。二是从建筑物上坠落的物品造成他人损害。例如,在"深圳玻璃案"中,深圳市一名小学生经过一幢居民楼时,被该楼上掉下的一块玻璃砸中头部当场死亡。如果从建筑物中抛掷物品或者从建筑物上坠落的物品没有发生任何损害,则尽管此种抛掷物品的行为会受到道德的谴责或者违反有关物业管理规定,但不涉及该责任的损害赔偿问题。

3. 难以确定具体侵权人

高楼抛掷物或坠落物致人损害之所以成为侵权法上的一个真空,乃是因为此种侵权行为致人损害以后,常常难以确定具体侵权人。如果能够确定抛物人、坠物人的,固然要让被确定的抛物人、坠物人承担侵权责任,而不是由可能加害的建筑物使用人给予补偿。我们说难以确定具体侵权人是指经过调查后无法确定具体侵权人,这里所说的调查是指公安等机关的调查,不是指受害人自行的搜寻、走访等不具有法律强制力的探寻,也不是指代理律师依法进行的调查活动。倘若没有经过公安等机关依法及时查证,我们不能认定为难以确定具体侵权人。

(三）高空抛物、坠物损害责任的承担

（1）高空抛物人、坠物人的侵权责任。从建筑物中抛掷物品或者从建筑物上坠落物品造成他人损害的，由侵权人依法承担侵权责任。这是高空抛物、坠物损害责任承担的第一顺序，也是高空抛物、坠物损害责任承担的首要原则。为了实现、落实这一基本规则，具有查证高空抛物人、坠物人职责的公安等国家机关，要主动、积极采取调查、侦查措施，尽力查找出抛物人、坠物人。

（2）有可能加害的建筑物使用人的补偿责任。《民法典》第 1254 条第 1 款、第 3 款规定："经调查难以确定具体侵权人的，除能够证明自己不是侵权人的外，由可能加害的建筑物使用人给予补偿。可能加害的建筑物使用人补偿后，有权向侵权人追偿。""发生本条第一款规定的情形的，公安等机关应当依法及时调查，查清责任人。"有可能加害的建筑物使用人补偿责任的适用条件，具体包括三个方面：① 该补偿责任的主体为有可能加害的建筑物使用人。这又需要同时满足两个条件：一是必须为从中抛掷、坠落物品的建筑物的使用人，而非所有人、管理人。二是使用人是因所有、管理、租赁、借用等而对建筑物具有使用权的人。② 该补偿责任适用的前提条件系经过查证无法确定高空抛物人、坠物人。能够确定抛物人、坠物人的，固然要让被确定的抛物人、坠物人承担侵权责任，而不是由可能加害的建筑物使用人给予补偿。③ 该补偿责任适用的另一个条件乃为被认为有可能加害的建筑物使用人无法证明自己不是抛物人或者坠物人。倘若能够证明自己不是抛物人或者坠物人，如在事发当时自己所在的建筑物内根本没有人，自己根本没有行为时间；家里虽有人但为无法实施抛物、坠物行为能力的人；自己根本没有致人损害的抛掷、坠落之物；自己所使用的建筑物所处位置根据力学、物品形成伤害等特点根本无法实施让受害人遭受损害的抛物、坠物行为等，不能构成可能加害的建筑物使用人的，不能让之给予补偿。

（3）对高空抛物、坠物致人损害具有防止义务的物业服务企业等建筑物管理人的侵权责任。对此有以下几点说明：① 物业服务企业等建筑物管理人不属于可能加害的建筑物使用人。按照《民法典》第 1254 条第 2 款的规定，物业服务企业等建筑物管理人只有在违反安全保障义务时才承担一定的侵权责任，在不满足第 2 款规定的条件下，物业服务企业根据与业主签订的合同负责对物业的管理、服务，并不占有建筑物本身，不属于建筑物使用人。当然，实际占有、使用建筑物的，自应属于建筑物使用人。① ② 对于建筑物，其所有人、管理人、使用人既具有依法占有、管理、使用的权利，同时也负有安全使用，防止建筑物以及来自建筑物使用而产生的诸如建筑物及其设施、搁置物、悬挂物脱落、坠落，高空抛物、坠物的义务。倘若不履行有关义务而对此负有责任的，就应承担侵权责任。就物业服务企业等建筑物管理人而言，对于产生于所管理区域内的建筑物中或建筑物上的高空抛物、坠物行为，也具有应当采取必要安全保障措施防止发生的义务。如果违反这些义务，就应承担侵权责任。

---

① 王胜明主编、全国人大常委会法制工作委员会编著：《中华人民共和国侵权责任法释义》，法律出版社 2010 年版，第 428 页。

四、堆放物倒塌、滚落或者滑落损害责任

(一) 堆放物倒塌、滚落或者滑落损害责任的概念与特征

堆放物倒塌、滚落、滑落损害责任，是指因堆放物倒塌、滚落或者滑落造成他人损害，应由堆放人依法承担的包括损害赔偿责任在内的侵权责任。其中的堆放物，是指堆放在地上或者其他地方的物品，要求并非固定于某一地方或者某一物体上，如堆放在路旁的草堆、堆放在木料场内的木头等。

堆放物倒塌、滚落或者滑落损害责任具有以下法律特征：（1）损害物为堆放物，如果致损的是建筑物或其他物件，则应适用本章其他条款的规定。（2）损害原因为堆放瑕疵或者管理瑕疵，堆放人未按相关操作规程进行堆放，或者未尽检查、看护义务，从而导致损害结果的发生，这主要是一种不作为侵权责任。（3）采用过错推定的归责原则，只要发生了堆放物致人损害的事实，即推定堆放人具有过错，需要由堆放人提供反证证明自己不存在过错才能够免责。（4）责任主体具有特殊性，建筑物和物件损害责任的主体通常为物的所有人、管理人、使用人，而堆放物损害责任的主体为堆放人，这是基于堆放人对堆放物享有直接控制权并负有管护职责。

(二) 堆放物倒塌、滚落或者滑落损害责任的归责原则

堆放物倒塌、滚落或者滑落损害责任的归责原则，适用过错推定原则。理由是：首先，堆放物倒塌、滚落或者滑落致害责任是一般侵权行为，是一种特殊的物件损害责任，不能适用过错责任原则，应当从适用于特殊侵权责任的无过错责任原则与过错推定责任原则中选择。其次，适用无过错责任原则不符合物件损害责任的理论基础，况且没有法律依据。最后，也不能适用公平责任，公平责任只能是一种责任形态，不能是一种归责原则，堆放物倒塌、滚落或者滑落损害责任不存在适用公平责任原则的可能。在实行过错推定的时候，受害人请求赔偿，无需举证证明堆放物的所有人或者管理人对致害有过错，只需举证证明自己的人身损害事实，该人身损害事实为物件所有人或者管理人的堆放物所致，且所有人或者管理人对该物件具有支配关系，即从损实事实中推定所有人或者管理人在主观上有过错。所有人或者管理人主张自己无过错者，应当举证证明。不能证明或者证明不足，则推定成立，即应承担人身损害赔偿责任；确能证明者，免除其人身损害赔偿责任。

(三) 堆放物倒塌、滚落或者滑落损害责任的构成要件

堆放物倒塌、滚落或者滑落致害责任的构成要件包括：

（1）堆放物发生倒塌、滚落或者滑落。首先，致害物为堆放物。堆放物是指将动产堆积在土地上或者其他地方而形成的物。堆放物只能是动产，非固定在土地或者其他物体之上，通常是临时堆积形成的。这些物品在没有堆放、垒高的情况下，一般不会对他人造成损害，但是如果堆放不当，则会产生一定的危险性。其次，加害形态为倒塌、滚落、滑落。倒塌是指堆放物全部或者部分倾倒、坍塌。滚落是指高处的堆放物滚下。滑落是指高处的堆放物滑下。滚落、滑落是《民法典》编纂时吸收司法解释

规定增补的两种情形。

（2）客观行为方面要求倒塌、滚落或者滑落的堆放物对他人的民事权益造成了侵害。没有人的堆放行为，如系自然形成的堆积物倒塌、滚落、滑落致人损害，或者虽为人为的堆放物然没有倒塌、滚落或滑落，或者堆放物尽管倒塌、滚落或滑落但并没有对他人的民事权益造成侵害，则不可能构成本责任。

首先，发生了致人损害的结果。这种损害，乃是人身、财产上的物质损害，而非指单纯意义上的精神损害。当然，因堆放物倒塌、滚落、滑落造成他人人身或者与精神相联系的特定物品损害的，亦可产生精神损害，但这种精神损害并非因本责任行为直接产生，而是因本责任行为在造成人身或者特定之物损害的基础上所产生。其次，损害是堆放人以外的其他人所遭受的。如果堆放物倒塌、滚落、滑落造成了堆放人自身的损害，应当由堆放人自行承担损失或者追究其他责任人的责任。堆放物的所有人、管理人可以成为《民法典》第1255条中的"他人"。最后，客观因果关系方面要求他人的损害与堆放人的堆放物倒塌、滚落、滑落之间具有因果关系。前者的发生必有后者的因素，后者必成为前者出现的内在原因。没有后者的出现，绝不会有前者的发生。

（3）堆放人不能证明自己没有过错。堆放物损害责任采过错推定的归责原则。堆放人不能证明自己没有过错的，即应承担侵权责任。堆放物损害责任仍然是一种过错责任，堆放人存在疏忽或懈怠的过失心理状态，才导致了堆放物倒塌、滚落、滑落并致人损害的结果。堆放人要证明自己没有过错，应当证明其已尽善良管理人的合理注意义务，且不存在堆放瑕疵或者管理瑕疵。因过失不法侵害他人之权利者，固应负损害赔偿责任，但过失之有无，应以是否怠于善良管理人之注意义务为断者，苟非怠于此种注意，即不得谓之有过失。堆放物致人损害系因不可抗力、第三人过错、受害人故意等所致的情况下，堆放人不承担责任。《关于处理汶川地震案件意见（二）》第9条规定："因地震灾害致使堆放物品倒塌、滚落、滑落或者树木倾倒、折断或者果实坠落致人损害的，所有人或者管理人不承担赔偿责任。"需要注意的是，在这些情形下，堆放人仍然需要举证证明自己对堆放物的倒塌、滚落、滑落致害没有过错，如果不能证明，仍然要承担侵权责任。因为许多情况下，堆放物的倒塌、滚落、滑落虽然表面上系由自然原因或者第三人过错造成的，但实质上与堆放人的过错有关，例如，孩童攀爬无人看管的堆放木头而摔伤等。如果堆放人的堆放瑕疵或者管理瑕疵是损害发生的原因之一，则应当根据各方的过错程度来确定责任和分担责任。

（四）堆放物倒塌、滚落、滑落损害责任的承担

（1）根据《民法典》第1255条的规定，堆放物倒塌、滚落或者滑落造成他人损害，堆放人只要不能证明自己没有过错的，就应当承担侵权责任。作为过错责任，《民法典》"总则编""侵权责任编"规定的（准）一般减免责事由，如不可抗力、正当防卫、紧急避险、自愿紧急救助、受害人故意、受害人过错、第三人造成等可以成为此责任的减免责事由。但是，自助、自甘风险按性质似不能成为该责任的免责事由而不能继续适用于该责任。

(2) 本责任的主体为堆放人。关于堆放人,有的认为,并非指从事堆放行为的人,而应理解为堆放物品的所有人或者管理人,因为从事堆放物品行为的人可能只是该物品的所有人或者管理人的工作人员,此时适用的应为用人单位责任。① 堆放人,从文义上很明确,法律之所以不像其他同类责任那样规定所有人、管理人作为本责任的主体,其目的就是要将本责任的主体与其他责任的主体加以区分。其实,本条之所以强调责任主体为堆放人,也就是"实施堆放行为的人,亦即当时当地对堆放物进行管理的人,在立法上体现了一定的行为责任倾向"②。

(3) 现实生活中,堆放人与所有人、管理人可能同一,也可能不同一。如堆放人为单位或他人进行堆放,堆放人可以构成本责任,作为所有人或者管理人的单位或者他人,也应依法承担相应的责任,如用人单位责任、提供劳务致人损害责任等,他们之间承担的责任为不真正连带责任。这样,无疑有利于受害人损害的充分救济。

五、公共道路妨碍通行损害责任

(一) 公共道路妨碍通行损害责任的概念

《民法典》第1256条规定:"在公共道路上堆放、倾倒、遗撒妨碍通行的物品造成他人损害的,由行为人承担侵权责任。公共道路管理人不能证明已经尽到清理、防护、警示等义务的,应当承担相应的责任。"据此,公共道路妨碍通行损害责任,是指在公共道路上堆放、倾倒、遗撒妨碍通行的障碍物,造成他人损害,应由行为人、公共道路管理人依法承担的侵权责任。其特点如下:

1. 必须具有堆放、倾倒或者遗撒物品的行为

所谓堆放,是指将固体物品任意或者有意堆积、放置的行为。液体、气体无法堆积,故不能成为此行为的对象。所谓倾倒,系将物品歪斜、倒落或者将有物品的容器打开、倾斜、倒转而将物品倒出、落下的行为。此行为的对象,既可以是固体物,也可以是液体物或者气体物,如垃圾、溜滑的石油或者恶臭、浓黑的气体等。另外,将道路两旁可以弯折的树木故意压弯、倾倒的,也可以构成这里的倾倒物品。所谓遗撒,是指将物品遗弃、丢弃、撒落的行为,既可以基于自己的主观意志故意实施,又可以出于过失而实施,对象主要是固体物、液体物,但不排除包括气体在内。在公共道路上,主要是违反规定,未将置于车上的物品安全稳固放置而造成的遗撒,如长、宽、高超出法律规范要求或者严重超载等造成的物品遗撒。

2. 堆放、倾倒、遗撒物品必须是在公共道路上进行的行为

虽有堆放、倾倒、遗撒物品的行为但不是在公共道路上进行,也不能构成本责任。对于公共道路有以下几点说明:首先要求是道路。道路是指在地面上供人或者其他交通工具通行的一种基础设施,如公路、城市道路、乡村道路、厂矿道路、林业道

---

① 程啸:《侵权责任法》,法律出版社2015年版,第646页。
② 最高人民法院侵权责任法研究小组编著:《〈中华人民共和国侵权责任法〉条文理解与适用》,人民法院出版社2010年版,第587页。

路、驾驶考试道路、竞赛道路、汽车试验道路、车间通道以及学校道路等，只要能够用于通行的都称为道路。但是，这种道路，不包括水面、空中的航道。其次必须是公共道路。其要求是不仅能够供人通行，而且能够供不特定的公众通行。不向公众开放，只允许特定的人通行的道路便不是公共道路。如国家机关、国有企业事业单位、私人庭院等必须经过允许才能进入即不向公众开放的内部道路，不属于公共道路。但是，单位内部特别是建筑区划内属于业主共有且允许业主之外的社会上不特定公众通行的道路，仍然可以归属于本责任中的公共道路。再次是不限于机动车道的公共道路。本责任中的道路，不限于机动车道，而且包括非机动车道、行人道等道路。《道路交通安全法》第119条第1款第1项规定："'道路'，是指公路、城市道路和虽在单位管辖范围但允许社会机动车通行的地方，包括广场、公共停车场等用于公众通行的场所。"据此，《道路交通安全法》中的道路仅指社会机动车通行的道路。显然，该责任中的道路并不限于只供机动车行驶的道路，还包括人行道路、公园、广场、停车场等可供公众通行的场地，建筑区划内属于业主共有但允许不特定公众通行的道路，[①] 以及过街天桥、地下通道、地下车库等所有可供不特定公众通行的道路与地方。最后是在公共道路上。公共道路的路面固然是公共道路上。但是，对于公共道路上不能作此狭义理解，应包括在公共道路两旁一定区域内的范围。也就是说，在公共道路两旁一定范围内实施堆放、倾倒或者遗撒物品并足以妨碍公共道路通行的，宜应理解为在公共道路上实施了堆放、倾倒或者遗撒物品的行为。

3. 在公共道路上堆放、倾倒、遗撒物品的行为必须会妨碍通行且会给他人民事权益造成侵害

第一，在公共道路上堆放、倾倒、遗撒物品妨碍通行。虽在公共道路上堆放、倾倒、遗撒物品，但根本不会对公共道路用于通行的功能产生妨碍，则不构成本责任。所谓妨碍，是指道路的通行功能因为堆放、倾倒、遗撒的物品受到干扰、阻碍等，有的甚至完全不能通行，有的则影响通行安全等。第二，在公共道路上堆放、倾倒、遗撒妨碍通行的物品造成了他人损害。如果是除此之外的行为导致他人损害（如在公共道路上飙车导致他人受伤），公共道路的管理人等不承担责任。法律之所以特别规定了堆放、倾倒、遗撒妨碍通行的物品致害的情形，既因为此类行为频繁发生，也因为此类行为妨碍了道路的通行，可能造成不特定人的损害。

4. 责任主体具有多样性

依据《民法典》第1256条的规定，责任主体包括两种：一是行为人，具体包括堆放人、倾倒人、遗撒人。在公共道路上堆放、倾倒、遗撒妨碍通行的物品造成他人损害的，由行为人承担侵权责任。二是公共道路管理人。如果管理人不能证明已经尽到清理、防护、警示等义务，则应当承担相应的责任。

（二）公共道路妨碍通行损害责任的归责原则

作为一种独立的侵权责任，公共道路妨碍通行损害责任直至2009年通过的原

[①] 王胜明主编、全国人大常委会法制工作委员会编著：《中华人民共和国侵权责任法释义》，法律出版社2010年版，第433页。

《侵权责任法》才作出设置。此前,对于此种侵权行为,则按照原《民法通则》第126条的规定,以及《道路交通安全法》第30条关于"道路出现坍塌、坑槽、水毁、隆起等损毁或者交通信号灯、交通标志、交通标线等交通设施损毁、灭失的,道路、交通设施的养护部门或者管理部门应当设置警示标志并及时修复。公安机关交通管理部门发现前款情形,危及交通安全,尚未设置警示标志的,应当及时采取安全措施,疏导交通,并通知道路、交通设施的养护部门或者管理部门";第31条关于"未经许可,任何单位和个人不得占用道路从事非交通活动";第105条关于"道路施工作业或者道路出现损毁,未及时设置警示标志、未采取防护措施,或者应当设置交通信号灯、交通标志、交通标线而没有设置或者应当及时变更交通信号灯、交通标志、交通标线而没有及时变更,致使通行的人员、车辆及其他财产遭受损失的,负有相关职责的单位应当依法承担赔偿责任"等的规定依法让行为人承担侵权责任。

就归责原则而言,鉴于原《侵权责任法》第89条关于"在公共道路上堆放、倾倒、遗撒妨碍通行的物品造成他人损害的,有关单位或者个人应当承担侵权责任"的规定,没有出现过错或者要求侵权人就自己没有过错承担举证责任等的明示,实行何种归责原则进行归责,乃仁者见仁,智者见智。有的认为,该责任为一般过错责任;有的认为,该责任属于过错推定责任;有的认为,基于行为的危险性,对于行为人、管理人,应分别实行无过错责任,对于管理人而言,其请求权的基础不再为原《侵权责任法》第89条的规定,而应是原《民法通则》第126条关于"建筑物或者其他设施以及建筑物上的搁置物、悬挂物发生倒塌、脱落、坠落造成他人损害的,它的所有人或者管理人应当承担民事责任,但能够证明自己没有过错的除外",以及2003年通过、2020年修正前的《审理人身损害赔偿案件解释》第16条第1款第1项关于"下列情形,适用民法通则第一百二十六条的规定,由所有人或者管理人承担赔偿责任,但能够证明自己没有过错的除外:(一)道路、桥梁、隧道等人工建造的构筑物因维护、管理瑕疵致人损害的……。前款第(一)项情形,因设计、施工缺陷造成损害的,由所有人、管理人与设计、施工者承担连带责任"的规定,从而属于过错推定责任。[①]

《民法典》则将该责任的主体分为直接行为人与公共道路管理人,对后者明确为过错推定责任,对前者仍然未加明示。是以,有关归责原则的争议依旧存在。有的主张:"对于堆放、倾倒、遗撒妨碍通行物品的行为人的责任,立法仍没有明确,留待理论和实务界继续探索。司法实务中,一方面要注意对被侵权人的保护,原则上行为人只要在公共道路上实施了堆放、倾倒、遗撒的行为,即应认定为有过错,应当对所造成的损害承担侵权责任,而不应将过错的举证责任施加被侵权人;另一方面要注意区分个案具体情况,在高速公路、省道、村道等不同道路上,堆放人、倾倒人、遗撒人的注意义务和公共道路管理人的管理义务的标准是不同的,其责任的认定需要考虑

---

① 王胜明:《〈侵权责任法〉实施疑难问题专家学者纵横谈》,载《法律适用》2011年第10期;杨立新:《侵权责任法》,法律出版社2010年版,第593页;韩世远:《物件损害责任的体系位置》,载《法商研究》2010年第6期。

具体案情。"①

我们认为,对行为人而言,该责任宜采过错推定责任理由如下:

(1) 从行为人的行为来看:① 在公共道路上堆放、倾倒妨碍通行的物品,属于主动行为,不仅违法性明显,而且其过错内容明确。任何一个正常人,对于在公共道路上堆放、倾倒行为会妨碍行人、交通工具的通行及其可能给他人造成损害的后果都会表现为明知或者应知,并在主观意志上表现为希望或放任的故意或者疏忽大意或轻信能够避免的过失,实施此种行为时完全无过错的似乎难以想象。② 在公共道路上遗撒物品,可能并非出于故意而是出于过失,当然也可能出于不可抗力,然对不可抗力,法律规定的条件极为严格,很少存在,不宜因此就否定此类行为主要是出于过错形成。

(2) 从体系上看,建筑物和物件损害责任,对直接行为人均实行过错推定责任,从危险及其损害后果来看,建筑物、构筑物倒塌、塌陷损害责任与高空抛物、坠物损害责任等实际危险、危害,以及对人们心理所产生的影响、冲击,并不亚于本责任。从理论上讲,在公共道路上堆放、倾倒、遗撒物品确实会给公共道路交通安全造成严重的威胁与危害。但是,堆放、倾倒、遗撒的物品,一般都有一定的量,除非晚上、浓雾、下雨等光线不好,或者油腻、滑溜、尖刺等特定情况不易被人发现外,其他还是较易发现,比起在道路上挖坑妨碍通行的行为,危害较小。既然与本责任同类的其他危险、危害更大的责任对行为人均实行过错推定责任,举重以明轻,对该责任也不宜实行无过错责任。

(3) 从对受害人救济情况来看,实行过错责任与无过错责任,重要原因就是对于一些危险、危害极大的侵权行为,不能因为受害人举证不能而让侵权人逃逸责任。故实行无过错责任,根本不需要考虑侵权人的过错而对其进行追责。然而,过错推定责任,实行举证责任倒置,由行为人对其没有过错进行举证,同样可以免除受害人的举证责任,而不至于使得侵权人仅仅因为受害人举证不能而逃逸责任。

(4) 无过错责任作为一种严格责任,对侵权人要求极为严苛,主要体现在减免责事由的规定与适用上。如前所述,在非替代无过错责任中,行为人即使没有任何过错,法律未对之规定(准)特别减免责事由的,《民法典》"总则编""侵权责任编"规定的(准)一般减免责事由的适用,除了可以保护更大法益、避免更大法益损害的情形,都不应适用。然而,过错推定责任,本质上还是属于过错责任,在举证责任这一程序的设置上加重了行为人的负担,在(准)一般减免责事由这一实体的安排上除非法律明确排除适用,则与非过错推定的一般过错责任一致。具体言之,受害人故意或者过错、第三人造成,对于非替代无过错责任法律没有明确为特别减免责事由的,不能因为它们属于准一般减免责事由而可以继续适用,也就是不能再行适用;而对过错推定责任,除非法律明确不能作为减免责事由适用外则均可以适用。因此,过错推

---

① 最高人民法院民法典贯彻实施工作领导小组主编:《中华人民共和国民法典侵权责任编理解与适用》,人民法院出版社 2020 年版,第 716 页。

定责任相对于非严格的一般过错责任（通称过错责任）与极为严格的无过错责任（常称严格责任）来说，则属于相对严格的过错责任。显然，在公共道路上堆放、倾倒、遗撒物品，若具有不可抗力、受害人故意、受害人过错、第三人造成等因素，实行无过错责任因为法律没有明确作为（准）特别减免责事由而不能再行适用，即无法减免行为人的责任，实是过于严格。

（5）基于此类行为不仅明显违反有关法律规范，如《公路法》第46条规定："任何单位和个人不得在公路上及公路用地范围内摆摊设点、堆放物品、倾倒垃圾、设置障碍、挖沟引水、利用公路边沟排放污物或者进行其他损坏、污染公路和影响公路畅通的活动"，而且还会妨碍公共道路的通行，特别是会给道路交通安全带来严重的隐患及危险，如堆放物品致使道路狭窄，或者遮挡司机视线，或者致使车辆碰撞，或者致使行人滑倒、绊倒等，尤其是在特定时空范围的道路上如高速公路、浓雾天气等威胁更大，造成他人损害的，需要适用比一般过错责任更重的责任，这种责任便是过错推定责任。

(三) 公共道路妨碍通行损害责任的承担

（1）公共道路妨碍通行人的责任。在公共道路上堆放、倾倒、遗撒妨碍通行的物品造成他人损害的，堆放人、倾倒人或者遗撒人等行为人依法承担全部侵权责任。当然，具有《民法典》"总则编""侵权责任编"规定的（准）一般减免责事由的，则可以依法减免责任。

（2）未尽到管理义务的公共道路管理人的责任。对于在公共道路上堆放、倾倒、遗撒妨碍通行的物品造成的损害，公共道路管理人不能证明已经尽到清理、防护、警示等义务的，应当承担相应的责任。

对于公共道路管理人的确定，按照道路性质的不同而有所不同，如高速公路、城市道路、普通公路等的管理、维护、保养、营运、所有主体等均不相同，应当根据具体情况加以确定。管理人无法确定的，所有人应视为管理人。关于公共道路管理人是否尽到"清理""防护""警示"义务的标准，主要是法律规范关于义务的规定，其中的法律规范，既包括法律、行政法规、部门规章，又包括国家标准、行业标准、地方标准等。公共道路管理人所承担的责任，为与之过错相应的民事责任。这种相应的责任，一般不会构成全部责任，而是一种按过错责任的大小具体包括过错的程度与未尽到相关义务的行为对损害发生的原因力强弱等产生的相应责任。这是因为，本责任毕竟是行为人在公共道路上堆放、倾倒或者遗撒行为所致，后者才是导致本责任发生的主要根据。

六、林木折断、倾倒、果实坠落损害责任

(一) 林木折断、倾倒、果实坠落损害责任的概念

绿色伴随着人们的生活，林木可以净化空气、保持水土、美化环境。但是，如果管护不当，林木也可能对社会公众安全造成威胁，如树枝折断砸坏路边车辆、果实掉落砸伤路上经过的行人等。因此，《民法典》第1257条规定："因林木折断、倾倒或

者果实坠落等造成他人损害，林木的所有人或者管理人不能证明自己没有过错的，应当承担侵权责任。"据此，所谓林木折断、倾倒、果实坠落损害责任，是指因林木折断、倾倒或者果实坠落等致使他人遭受损害，林木的所有人或者管理人由此所应承担包括损害赔偿责任在内的侵权责任。其特点在于：第一，致害物为林木，包括林木的枝条、果实等。第二，多为不作为侵权，林木的所有人或者管理人并未实施积极的加害行为，而是因其未尽合理的管理、维护义务，导致发生了林木折断、倾倒或者果实坠落并致人损害的结果。第三，责任主体具有多样性，林木的所有人、管理人包括国家、集体和个人，尤其是公共道路两旁的护路林，通常属国家所有，因此其致损的责任主体往往是具有管理职责的国家机关或者事业单位。

（二）林木折断、倾倒、果实坠落损害责任的归责原则

该责任作为一种独立的侵权责任，2009年原《侵权责任法》通过之前没有对此作出规定，按照2003年通过、2020年修正前的《审理人身损害赔偿案件解释》第16条第1款第3项关于"下列情形，适用民法通则第一百二十六条的规定，由所有人或者管理人承担赔偿责任，但能够证明自己没有过错的除外：……（三）树木倾倒、折断或者果实坠落致人损害的……"的规定，原《民法通则》第126条关于"建筑物或者其他设施以及建筑物上的搁置物、悬挂物发生倒塌、脱落、坠落造成他人损害的，它的所有人或者管理人应当承担民事责任，但能够证明自己没有过错的除外"的规定予以处理。原《侵权责任法》第90条关于"因林木折断造成他人损害，林木的所有人或者管理人不能证明自己没有过错的，应当承担侵权责任"的规定，仅确定了林木折断损害责任。对此，参与立法者解释称，林木折断造成他人损害不仅包括林木枝蔓等的掉落致人损害，还包括诸如司法实践中出现的椰树果实坠落砸伤路人、树木倒伏压坏汽车等其他情形。[①]《民法典》则在吸收司法解释规定的基础上作出明确规定，基于此，该责任的行为不仅比原《侵权责任法》的规定宽，而且较司法解释的规定广。

就归责原则设置来说，该责任由司法解释确定为一种独立的责任时便选择过错推定责任原则。对此有以下几点说明：

（1）它系一种过错责任。这种过错，既可以表现为故意，但通常表现为过失。如明知林木会倒塌、倾斜或者果实坠落等会导致他人损害的结果发生，却放任甚至希望这种结果发生，或者对于上述结果发生应当预见却因疏忽大意没有预见或者虽已预见却轻信能够避免，结果导致这种结果发生。如明知病虫害使得树干、树根中空，大风将林木吹斜、树根破坏随时可能倒塌，树枝干枯已久可能折断，果实成熟、沉重可能压断树枝或者掉落等，却不采取任何措施加以清理、加固、摘取，致使林木折断、倾斜或者果实坠落造成他人损害的，就是如此。

（2）它为一种过错推定责任。它不仅要求林木的所有人、管理人在实体上本身确实没有过错，而且要求在程序上能够证明自己没有过错。虽没有过错然不能证明自己

[①] 王胜明主编、全国人大常委会法制工作委员会编著：《中华人民共和国侵权责任法释义》，法律出版社2013年版，第482页。

没有过错的,基于法律设定的对之过错推定成立的过错推定责任,仍然要承担侵权责任。

(3) 行为人对林木折断、倾斜或者果实坠落等致人损害的事实不具有任何过错的证明途径,通常包括:"1) 在特定的地点种植林木没有过错,不违反禁止性规定;2) 尽到了养护、管理职责,如及时清除干枯树枝、枯朽或者病害的危险树干,及时采摘成熟的果实;3) 遇到不可抗力或者恶劣气象、地质灾害后作出了及时和适当的处理;4) 对第三人原因造成某种危险的情形进行了及时处理和警示。需要指出的是,不同区域、不同性质场所,所有人或者管理人应当达到的注意程度是不一样的。一般说来,对公共场所的林木等的养护、管理要求更高一些;对私人场所或者不对外开放的场所的林木等的养护、管理要求会低一些;对于山林等的养护、管理要求会更低。受害人无视法规规定和相应的警示,进入禁止进入的林区受到损害,林木的所有人或者管理人没有过错不承担侵权责任。"①

应当指出,行为人对于自己主观上没有过错的证明,不是一种肯定的证明,而是一种否定的证明。否定过错的证明,应当就可能存在过错的一切方面证明自己没有过错,即将存在过错可能的所有因素一一加以排除时,才视为完成了自己没有过错的证明。只是在上述等某一方面证明自己没有过错,而不能在其他有关存在过错的其他所有方面完成不存在过错的证明,同样属于不能证明自己没有过错。

(三) 林木折断、倾倒、果实坠落损害责任的构成要件

1. 必须具有折断、倾倒或者果实坠落等的客观事实

这一条件包括以下几个方面:(1) 没有折断、倾倒或者果实坠落等客观事实存在,自然不能构成所谓的林木折断、倾倒、果实坠落损害责任。所谓折断,指物体因为外力或者自身原因而从某处裂开、弯折而致断裂、分离成两个或者多个部分。所谓倾倒,系往上竖立的物体因为歪斜失去平衡而倒落。所谓果实坠落,则为植物上的果实因为成熟、病虫害等原因而从植物上由上自下、由高自低的下坠、掉落。折断、倾倒或者果实坠落等的事实必须发生于林木上。(2) 虽有折断、倾倒或者果实坠落等的事实然不是发生在林木上,即不是林木的折断、倾倒或者果实坠落等,也不能构成本责任。(3) 我们所说的林木,包括自然生长和人工种植的林木,并未限定林木生长的地域范围,公共道路两旁的护路林、院落周围生长的零星树木、林地中成片的林木等致人损害的,均在规范之列。(4) 林木的折断、倾倒或者果实坠落等,并非仅指《民法典》所列举的折断、倾倒或者果实坠落这三种情况。法律在明确列举折断、倾倒或者果实坠落三种具体情形后以"等"加以概之,表明并未穷尽林木致人损害的所有方式,于是并不否认林木致人损害的其他方式的存在。

2. 因林木折断、倾倒或者果实坠落等造成了他人损害

首先,发生了致使人身伤亡或者财产损害的结果。林木折断、倾倒、果实坠落损害责任以损害后果的发生为前提。如果林木、果实摇摇欲坠,存在随时掉落的危险,

---

① 张新宝:《中国民法典释评:侵权责任编》,中国人民大学出版社 2020 年版,第 303 页。

但没有造成人身伤亡或者财产损害的结果，那么，就不适用《民法典》第1257条的规定，人身、财产受到威胁的被侵权人可依据《民法典》第1167条的规定请求消除危险。其次，损害是林木的所有人或者管理人以外的其他人所遭受的。如果林木造成的是其所有人或者管理人自身的损害，则不能通过《民法典》第1257条获得救济，而应由林木所有人、管理人自担损失，或者依法追究其他侵权人的责任。最后，林木折断、倾倒或者果实坠落等与损害结果之间具有因果关系。人身伤亡或者财产损害系由林木折断、倾倒或者果实坠落等引起的，既可以是由林木、果实的物理力直接作用于他人的人身或财产造成，也可以是由该作用力引发的其他现象造成。

3. 林木的所有人或者管理人不能证明自己没有过错

林木的所有人或者管理人对其所有或者管理的林木负有管理、维护的义务，应当对林木采取合理的修剪及必要的防护措施，防止林木对社会公众的人身、财产安全造成威胁。例如，所有人或者管理人应当定时修剪枯枝、病枝，及时采摘成熟的果实，对于可能发生倾倒的树木采取加固措施并设置明显警示标志等。林木致人损害时，采取过错推定的归责原则，推定所有人或者管理人存在疏忽、懈怠的过失。此时应当由所有人或者管理人举证证明其已尽管理、维护义务，且不存在主观过错。

（四）林木折断、倾倒、果实坠落损害责任的承担

根据《民法典》第1257条的规定，因林木折断、倾倒或者果实坠落等造成他人损害，林木的所有人或者管理人不能证明自己没有过错的，应当承担侵权责任。对此有以下几点说明：

1. 本责任的主体为林木的所有人或者管理人

林木的所有人是依法对林木享有占有、使用、收益、处分权利的人。《森林法》第20条规定："国有企业事业单位、机关、团体、部队营造的林木，由营造单位管护并按照国家规定支配林木收益。农村居民在房前屋后、自留地、自留山种植的林木，归个人所有。城镇居民在自有房屋的庭院内种植的林木，归个人所有。集体或者个人承包国家所有和集体所有的宜林荒山荒地荒滩营造的林木，归承包的集体或者个人所有；合同另有约定的从其约定。其他组织或者个人营造的林木，依法由营造者所有并享有林木收益；合同另有约定的从其约定。"《民法典》第250条规定：森林资源属于国家所有，但法律规定属于集体所有的除外；第274条规定：建筑区划内的绿地，属于业主共有，但属于城镇公共绿地或者明示属于个人的除外。林木的所有人直接管理和控制林木时发生了林木致损的事故，所有人应当依法承担侵权责任。

林木的管理人是指依法或者依约对林木享有管理、维护职责的人。《国家赔偿法》并未对国家所有的林木致人损害时的赔偿责任进行规定。国有林木致人损害时，国家作为所有人，并不直接对受害人承担侵权责任，而是由对国有林木享有管理、维护职责的国家机关、事业单位等管理人作为赔偿责任主体。小区内公共绿地的林木由全体业主共有，但业主不可能自行维护这些林木，通常将其委托给物业公司管理，物业公司应当善意履行管护职责，如发生林木致害事件，物业公司应当依法承担侵权责任。

2. 所有人、管理人不能证明自己没有过错的，即应依法承担侵权责任

是否具有过错，有的比较明显，如对新移植栽种的树木不进行加固；对倾斜具有倒塌可能的林木未设置警示标志或者采取支撑、加固措施；对果实、积雪重压弯折或者大风吹刮折损甚至断折悬挂在树上的树枝不及时进行清理等。有的则不易察觉，如树木中心已经完全腐化再由他人攀爬、摇动时折断、倾倒，或者因交通事故、第三人毁损未及时检查、清理折断、倾倒等。这时，需要查明原因以判断所有人或者管理人是否具有过错。

3. 不可抗力造成的林木折断、倾倒或者果实坠落

有时，林木折断、倾倒或者果实坠落等的原因并非唯一，如地震、飓风等不可抗力完全可以造成这种现象发生。因此，《关于处理汶川地震案件意见（二）》第9条规定："因地震灾害致使堆放物品倒塌、滚落、滑落或者树木倾倒、折断或者果实坠落致人损害的，所有人或者管理人不承担赔偿责任。"但是，这仅仅限于地震等不可抗力为林木折断、倾倒或者果实坠落等完全、唯一原因的情况。除此之外，若存在所有人、管理人过错的原因，所有人、管理人还是要依法承担责任。这样，即使存在不可抗力等非林木所有人、管理人之外的原因，所有人、管理人也要就自己对林木折断、倾倒或者果实坠落等没有过错承担举证责任。只有能够证明林木折断、倾倒或者果实坠落等致人损害没有任何过错时，所有人、管理人才能完全免除责任。

4. 第三人因素造成的林木折断、倾倒或者果实坠落

本责任中的林木折断、倾斜或者果实坠落等，尽管可能存在不可抗力或者第三人乃至行为人先行损坏等因素，但最终折断、倾倒或者果实坠落等还有着自然作用的因素。如果最后折断、倾斜或者果实坠落完全是行为人的行为所致，如折断树枝用以伤人或者砍伐树木、打落果实后捡起袭击并致伤他人的，则不构成本责任。至于在砍伐、折断林木或者打落果实的过程中，因树木倒塌、倾倒或者果实坠落等直接损害他人，所有人或者管理人若不能证明没有过错的，仍要依法承担侵权责任。

七、地面施工、地下设施损害责任

（一）地面施工、地下设施损害责任的概念

《民法典》第1258条规定："在公共场所或者道路上挖掘、修缮安装地下设施等造成他人损害，施工人不能证明已经设置明显标志和采取安全措施的，应当承担侵权责任。窨井等地下设施造成他人损害，管理人不能证明尽到管理职责的，应当承担侵权责任。"据此，地面施工、地下设施损害责任，是指在公共场所或者道路上进行挖坑、修缮安装地下设施等施工时，违反规定不设置明显标志并采取安全措施，或者对窨井等地下设施未尽到管理职责，而致他人损害，应由施工人依法承担赔偿损失责任在内的侵权责任。

应当指出，这种责任实际是由两种独立责任构成的一种选择性责任，具体分为地面施工损害责任和地下设施损害责任。这种选择性责任很多，建筑物和物件损害责任这类责任，包括建筑物、构筑物倒塌、塌陷损害责任；物件脱落、坠落损害责任；高

空抛物、坠物损害责任；堆放物倒塌、滚落、滑落损害责任；林木折断、倾倒、果实坠落损害责任，以及本责任均为选择性责任。公共道路妨碍通行损害责任，其实也是在公共道路上堆放、倾倒、遗撒妨碍通行物品的三种选择性行为的结合，实施其中一种或者两种乃至全部，均可构成该责任，只是在概括责任名称时未采取选择性责任的外在形式。

法律或者司法解释之所以将本来各自独立的责任联系在一起而规定为一种选择性责任，乃是因为这些独立的责任之间，在构成方面通常只是客观行为方式或者对象有所不同，其他则基本类似，并经常在一起发生，如林木倾倒时往往同时伴随着林木折断、果实坠落等；地下设施的铺设、维修等常常伴随着地面施工，或者地面施工亦常会造成窨井等地下设施的损坏，等等，这些行为相互交错而致人损害。若规定为不同的独立责任，则就存在适用不同责任或者不同法院选择不同责任适用的问题，而且法律规定也会变得更为烦琐而有失简洁、规范的要求。因此，法律将一些各自独立而又相互联系并经常伴随发生的行为规定在同一条文中，司法解释则将其概括为选择性责任加以适用。

至于选择性责任的适用原则，乃根据行为人的具体行为确定，以本责任为例，仅因地面施工致他人损害的，则适用地面施工损害责任；只因地下设施造成他人损害的，则适用地下设施损害责任；因同一主体的地面施工与地下设施同时造成他人（包括不同的人）损害的，则适用地面施工、地下设施损害责任。

（二）地面施工、地下设施损害责任的归责原则

《民法典》第1258条规定："在公共场所或者道路上挖掘、修缮安装地下设施等造成他人损害，施工人不能证明已经设置明显标志和采取安全措施的，应当承担侵权责任。窨井等地下设施造成他人损害，管理人不能证明尽到管理职责的，应当承担侵权责任。"据此，地面施工损害责任和地下设施损害责任采取过错推定责任归责原则。在《民法典》立法过程中，为了不引起学者的争议，对第一款和第二款都统一明确规定采用过错推定归责原则，施工人不能证明已经设置明显标志和采取安全措施的或者管理人不能证明尽到管理职责的，都应当承担侵权责任，理由主要有：一是公共场所是人们经常聚集、活动和通行的地方，施工人必须采取严格的安全措施方能避免损害的发生，采用过错推定与在公共场所施工的危险程度是相符合的。二是从救济受害人的角度考虑，施工人距离证据较近，有利于查明事实真相，采用过错推定更利于对受害人的救济。三是从体系解释的角度来看，《民法典》本章规定的主要是过错推定责任，地下工作物损害责任也应适用过错推定原则。

（三）地面施工、地下设施损害责任的构成要件

1. 主观方面要求行为人必须具有过错

这种过错，既可以出于故意，也可以出于过失。过错属于主观方面的内容，然它依旧要通过一定的客观存在来表现，如明显违反法律有关地面施工、地下设施安全方面的有关规定而致人损害的，一般就可以认定行为人具有过错。为了使这种过错证明的内容客观化、具体化，更加保障该责任的准确适用，《民法典》第1258条要求地面

施工人、地下设施管理人对有关能够反映、表现其具有过错的客观物化内容承担举证责任。换言之，关于自己没有过错的证明便转化为客观上已经实施了某些客观行为的证明。只要能够证明依法及时完全实施了有关行为，就不具有过错；倘若不能证明依法及时完全实施了有关行为，就具有过错。

就地面施工损害行为而言，《民法典》第1258条第1款要求施工人必须完成已经设置明显标志和采取安全措施两个方面的证明。只有完成了这两个方面的证明，才视为没有过错而无须承担侵权责任。不能完成两个方面的证明，包括只完成其中之一的证明，仍然需要承担侵权责任。应当指出，这里是要求施工人就已经设置明显标志和采取安全措施两个方面完成举证责任。已经设置明显标志和采取安全措施的事实与证明这一事实的存在，虽相互关联，然两者要求、性质及内容并不相同。地面施工人尽管设置了明显标志并采取了安全措施，但是无法证明的，依旧需要承担侵权责任。

就地下设施损害事实而言，《民法典》第1258条第2款则要求管理人就自己是否对地下设施已经尽到了管理职责承担举证责任。若能证明已经尽到了管理职责，则不具有过错，不承担侵权责任；如不能证明已经尽到了管理职责，则应承担侵权责任。这种管理职责，乃是在对物进行所有、占有、使用、收益等权利行使时，应当进行有效的管理以保障物的安全使用，不得妨碍、侵害、损害他人合法权益的这一基本规则的要求，具体包括对地下设施应当及时检查、维护、保养、维修等各个方面，保证地下设施不存在安全质量缺陷。

2. 客观方面要求地面施工违反安全义务的行为与未对地下设施尽到管理职责的行为造成了他人损害

这一条件包含两个方面的内容：第一，存在地面施工违反有关安全义务的行为和未对地下设施尽到管理职责的行为。地面施工违反有关安全义务的行为，同时又需要满足三个条件：（1）进行了地面施工活动。所谓地面施工，是基于地面、地下建筑物、构筑物或者其他设施等工程建设的需要，而在地表进行的诸如挖掘、地下设施修缮等的活动。（2）属于在公共场所或者道路上的地面施工，即地面施工必须在公共场所或者道路上进行。虽有地面施工行为然不是在公共场所或道路上进行，也不构成本责任。如相邻不动产权利人，因建造、修缮建筑物以及铺设电线、电缆、水管、暖气和燃气管线，安装设备等必须利用相邻他人的非公共场所或者道路上的土地进行挖掘等施工活动，给相邻不动产人及其财产造成损害的，就不构成本责任。（3）属于不能证明已经设置了明显标志和采取安全措施的地面施工。虽为地面施工且为公共场所或者道路上的施工，然系能够证明已经设置明显标志和采取安全措施的地面施工，也不能构成本责任的地面施工。未对地下设施尽到管理职责的行为，是指未对地下设施尽到管理职责，以致地下设施对他人造成损害。至于地下设施，则是埋设或者在地下构筑的诸如窨井、水井、地窖、下水道、地铁、隧道、通道以及用于供水、排水、燃气、热力、供电、通信、消防等输水、输电、输油、输气、输热管道等所有的地下设施。其中的窨井，是指为了便于对地下管线进行检查、保养、维护、修缮、疏浚等管理活动，由人工建设、构造的一种用于上下管线的井状构筑物。地下设施的管理人具有保障设施质量、安全使用、维护保养、检查修缮等管理的作为义务。第二，其行为造成了他人损害。他人是指施工人、管理人以外的他人。施工人、管理人为单位的，其中的工作人员并不属于本责任人的他人。地面施工或者地下设施施工人或者管理人及其工作人员因为地面施工、地下设施遭受损害的，不构成本责任。不过，这里的工作人员，系进行施工活动或者管理活动即在履行职责时的工作人员。未履行职责，如输气管道管理人的工作人员在休息日去商场购物的路上因管道缺陷遭受损害的，仍可构成本责任。至于损害，既包括他人人身的损害，又包括他人财产的损害。

3. 他人损害结果与没有设置明显标志和采取安全措施的地面施工或未对地下设施尽到管理职责有因果关系

他人的损害，与在公共场所或者道路上存在没有设置明显标志和采取安全措施的地面施工，或者未对地下设施尽到管理职责而对他人民事权益造成侵害的行为之间，具有因果关系。也就是说，前者的发生必须有后者的因素，没有后者的存在，就不可能有前者发生的可能。当然，这种必要因素，既可以是全部的唯一因素，也可以是其中的部分即并不唯一的因素。换言之，两者之间是构成一因一果关系还是多因一果关系，在所不论。

（四）地面施工、地下设施损害责任的承担

地面施工、地下设施损害责任的主体，包括地面施工人与地下设施管理人。地面施工人是指因工程建设等需要而与发包单位签订合同进行工程建设时于公共场所或者道路表面进行挖掘、地下设施修缮等施工活动的人，具体包括：（1）建设工程总承包人、施工承包人。（2）施工分包人。（3）实际施工人，司法解释虽有此称呼然对之内涵与外延却没有明确界定。一般认为，包括借用建筑企业的名义或者资质证书承接建设工程的承包人、非法转包中接受建设工程转包的承包人、违法分包中接受建设工程分包的分包人等。地下设施管理人是属于对地下设施因为所有、占有、使用等原因负有管理职责与义务的人。所有人、管理人可以为同一人；所有人将自己的地下设施通过租赁、承包、所有权保留出售等给他人占有、使用，或者委托他人经营、管理的，则实际占有、使用、经营、管理的人为管理人。倘若难以查明管理人的，所有人则可认定为管理人。另外，地下设施，可以归属不同的单位或者个人，具体认定时也应加以注意。对此，《城市道路管理条例》第23条明确规定："设在城市道路上的各类管线的检查井、箱盖或者城市道路附属设施，应当符合城市道路养护规范。因缺损影响交通和安全时，有关产权单位应当及时补缺或者修复。"

主要参考书目

《意大利民法典》,陈国柱译,中国人民大学出版社 2010 年版。
陈甦、谢鸿飞主编:《民法典评注·人格权编》,中国法制出版社 2020 年版。
程啸:《侵权责任法》,法律出版社 2021 年版。
程啸:《侵权责任法教程》,中国人民大学出版社 2020 年版。
《奥地利普通民法典》,戴永盛译,中国政法大学出版社 2016 年版。
《瑞士民法典》,戴永盛译,中国政法大学出版社 2016 年版。
《瑞士债务法》,戴永盛译,中国政法大学出版社 2016 年版。
〔德〕迪特尔·梅迪库斯:《德国债法总论》,卢谌等译,法律出版社 2004 年版。
方新军主编:《侵权责任法学》,北京大学出版社 2013 年版。
《意大利民法典》,费安玲、丁玫译,中国政法大学出版社 1997 年版。
何孝元:《损害赔偿之研究》,中国台湾地区商务印书馆 1982 年版。
《俄罗斯联邦民法典》,黄道秀译,中国民主法制出版社 2020 年版。
黄薇主编:《中华人民共和国民法典侵权责任编释义》,法律出版社 2020 年版。
黄薇主编:《中华人民共和国民法典人格权编释义》,法律出版社 2020 年版。
黄薇主编:《中华人民共和国民法典人格权编解读》,中国法制出版社 2020 年版。
黄薇主编:《中华人民共和国民法典侵权责任编解读》,中国法制出版社 2020 年版。
梁慧星:《民法总论》,法律出版社 2017 年版。
《法国民法典》,罗结珍译,北京大学出版社 2010 年版。
《马克思恩格斯全集》(第 6 卷),人民出版社 1961 年版。
〔美〕肯尼斯·S. 亚伯拉罕、阿尔伯特·C. 泰特选编:《侵权法重述——纲要》,许传玺、石宏等译,法律出版社 2006 年版。
全国人大常委会法制工作委员会民法室编著:《侵权责任法立法背景与观点全集》,法律出版社 2010 年版。
全国人大常委会法制工作委员会民法室编著:《中华人民共和国侵权责任法条文说明、立法理由及相关规定》,北京大学出版社 2010 年版。
人民法院出版社编:《解读最高人民法院司法解释(含指导性案例)综合卷》,人民法院出版社 2019 年版。
人民法院出版社编著:《最高人民法院民事案件案由适用要点与请求权规范指

引》，人民法院出版社 2020 年版。

石宏主编：《〈中华人民共和国民法典〉释解与适用（人格权编侵权责任编）》，人民法院出版社 2020 年版。

史尚宽：《债法总论》，中国台湾地区荣泰印书馆 1978 年版。

史尚宽：《债权法论》，中国政法大学出版社 2000 年版。

《宋刑统校证》，宝仪等详定，岳纯之校正，北京大学出版社 2015 年版。

《德国民法典》，台湾大学法律学院、台大法学基金会编译，北京大学出版社 2016 年版。

《葡萄牙民法典》，唐晓晴、曹锦俊、关冠雄、邓志强、艾林芝译，北京大学出版社 2009 年版。

汪劲：《环境法学》，北京大学出版社 2018 年版。

王利明、程啸：《中国民法典释评：人格权编》，中国人民大学出版社 2020 年版。

王利明、周友军、高圣平：《中国侵权责任法教程》，人民法院出版社 2010 年版。

王利明：《侵权责任法》，中国人民大学出版社 2021 年版。

王利明：《中国民法典释评：人格权编》，中国人民大学出版社 2020 年版。

王泽鉴：《侵权行为》，北京大学出版社 2016 年版。

王泽鉴：《人格权法：法释义学、比较法、案例研究》，北京大学出版社 2013 年版。

王泽鉴：《损害赔偿》，北京大学出版社 2017 年版。

王泽鉴：《民法学说与判例研究》，北京大学出版社 2009 年版。

王胜明主编：《〈中华人民共和国侵权责任法〉条文解释与立法背景》，人民法院出版社 2010 年版。

王胜明主编、全国人大常委会法制工作委员会编著：《中华人民共和国侵权责任法释义》，法律出版社 2010 年版。

王胜明主编、全国人大常委会法制工作委员会民法室编著：《中华人民共和国侵权责任法解读》，中国法制出版社 2010 年版。

《美国侵权法重述第二版：条文部分》，许传玺、石宏、和育东译，许传玺审校，法律出版社 2012 年版。

杨立新：《侵权责任法》，法律出版社 2018 年版。

杨立新：《人格权法》，法律出版社 2011 年版。

《德国民法典》，郑冲、贾红梅译，法律出版社 2001 年版。

张民安、丘志乔主编：《民法总论》，中山大学出版社 2017 年版。

张民安：《法国民法总论》（Ⅱ），清华大学出版社 2020 年版。

张新宝：《侵权责任法》，中国人民大学出版社 2016 年版。

张新宝：《中国民法典释评：侵权责任编》，中国人民大学出版社 2020 年版。

中国审判理论研究会民事专业委员会编著：《民法典侵权责任编条文理解与司法

适用》,法律出版社 2020 年版。

中国审判理论研究会民事审判理论专业委员会编著:《民法典人格权编条文理解与司法适用》,法律出版社 2020 年版。

邹海林、朱广新主编:《民法典评注:侵权责任编》,中国法制出版社 2020 年版。

最高人民法院环境资源审判庭编著:《最高人民法院关于环境民事公益诉讼司法解释理解与适用》,人民法院出版社 2015 年版。

最高人民法院民法典贯彻实施工作领导小组主编:《中华人民共和国民法典侵权责任编理解与适用》,人民法院出版社 2020 年版。

最高人民法院民法典贯彻实施工作领导小组主编:《中华人民共和国民法典人格权编理解与适用》,人民法院出版社 2020 年版。

最高人民法院侵权责任法研究小组编著:《〈中华人民共和国侵权责任法〉条文理解与适用》,人民法院出版社 2016 年版。